"博学而笃志，切问而近思。"
　　　　　　　　　　《论语》

博晓古今，可立一家之说；
学贯中西，或成经国之才。

作者简介

叶世昌，浙江台州人，复旦大学经济学院教授，博士生导师。1929年生，1951年毕业于复旦大学银行学系，留校任教；1952年院系调整至上海财经学院；1972年调入复旦大学。曾任中国经济思想史学会副会长、中国钱币学会理事、上海市钱币学会副理事长等，现任中国经济思想史学会理事。主要研究方向为中国经济思想史、货币理论、中国货币史、中国金融史。出版的著作有《鸦片战争前后我国的货币学说》、《中国经济思想简史》（上、中、下）、《中国货币理论史》（上、下，下册为合著）、《中国古代经济管理思想》（主编）、《中国学术名著提要·经济卷》（主编）、《中国近代市场经济思想》（合著）、《中国历代货币大系·清民国银锭银元铜元》（主编之一）、《近代中国经济思想史》、《中国古近代金融史》（合著）、《中国金融通史》第一卷、《中国近代经济思想史》（上、下，下册为合著）等。

博学·经济学系列
ECONOMICS SERIES

古代中国经济思想史（修订版）

叶世昌 著

复旦大学出版社

ECONOMICS SERIES

内容提要

　　本书主要介绍了先秦至清前期中国古代具有理论性的经济思想的产生和演变。本书第一版于2003年由复旦大学出版社出版以后，广受读者喜爱。全书尤侧重于商品经济（包括货币）相关思想，注意重要经济思想的发展脉络，力求做到正确阐释古人经济思想的原意，并对其做了符合现代经济学观点的诠释和评价。本次修订版增加了两节内容，对"经济学"学科名的确定过程及1949年以前中国经济思想史的研究情况做了论述。此外，修订版修正了对一些文献章句的诠释和解读，重新考订了古人的生平经历，校对、补充了引用文献及其出处，使全书内容更加准确，同时便于读者根据本书提供的线索查阅相关资料，以进一步研究感兴趣的问题。

　　本书篇幅适中，史料翔实，文字简洁，观点明确。它既可以作为高等学校相关专业研究生的教材或参考书，也可以供经济工作者学习和研究中国传统经济思想时阅读和参考。

目　录

导言 …………………………………………………………………………… 1
　第一节　"经济学"学科名的争论和确定 ………………………………… 1
　第二节　1949年以前中国经济思想史的研究概况 ……………………… 5

第一章　西周及西周前的经济思想(前771年以前) …………………… 13
　第一节　西周的社会 ………………………………………………………… 13
　第二节　西周及西周前的重农思想 ………………………………………… 15
　　一、重农思想综述 ………………………………………………………… 15
　　二、虢文公的籍礼论 ……………………………………………………… 17
　第三节　西周的其他经济思想 ……………………………………………… 18
　　一、工商业思想 …………………………………………………………… 18
　　二、芮良夫的反专利论 …………………………………………………… 19
　　三、《周礼》中的经济思想 ………………………………………………… 20

第二章　春秋时期的经济思想(前770—前476年) …………………… 23
　第一节　春秋时期的政治和经济 …………………………………………… 23
　　一、地主制封建生产关系的形成和权力的转移 ……………………… 23
　　二、商品经济的发展和货币流通 ………………………………………… 25
　第二节　早期的义利论和劳心劳力论 ……………………………………… 27
　　一、义利论 ………………………………………………………………… 27
　　二、劳心劳力论和利民、养民思想 ……………………………………… 29
　第三节　管仲和晏婴的经济思想 …………………………………………… 30
　　一、管仲的经济思想 ……………………………………………………… 30
　　二、晏婴的幅利论和节用、薄敛思想 …………………………………… 32
　第四节　单旗和计然的经济思想 …………………………………………… 34
　　一、单旗的子母相权论 …………………………………………………… 34
　　二、计然的商业经营理论 ………………………………………………… 35
　第五节　孔子的经济思想 …………………………………………………… 38

一、儒家的创始人孔子 …………………………………… 38
　　二、义利论 ………………………………………………… 40
　　三、贫富论 ………………………………………………… 41
　　四、财政思想和奢俭论 …………………………………… 43
　　五、谋道不谋食论和食、兵、信论 ……………………… 44

第三章　战国时期的经济思想(前 475—前 221 年) ………… 46
第一节　地主政权的建立和封建经济的发展 ………………… 46
　　一、七雄并峙和秦的统一 ………………………………… 46
　　二、经济发展和商业繁荣 ………………………………… 48
第二节　墨子的经济思想 ……………………………………… 49
　　一、墨家的创始人墨子 …………………………………… 49
　　二、义利论 ………………………………………………… 51
　　三、生财论 ………………………………………………… 52
　　四、增加和保护人力资源思想 …………………………… 54
　　五、节用论 ………………………………………………… 56
第三节　李悝的经济思想 ……………………………………… 57
　　一、法家的奠基者李悝 …………………………………… 57
　　二、重农和禁技巧论 ……………………………………… 58
　　三、平籴论 ………………………………………………… 59
第四节　《老子》的经济思想 …………………………………… 60
　　一、道家的代表作《老子》 ………………………………… 60
　　二、以无欲或寡欲为特征的经济思想 …………………… 62
第五节　商鞅和《商君书》的经济思想 ………………………… 64
　　一、法家商鞅和《商君书》 ………………………………… 64
　　二、名利论 ………………………………………………… 65
　　三、农本论 ………………………………………………… 66
　　四、农战论 ………………………………………………… 69
　　五、抑商论 ………………………………………………… 71
　　六、禁末论 ………………………………………………… 72
第六节　孟子的经济思想 ……………………………………… 73
　　一、战国儒家代表孟子 …………………………………… 73

二、义利论 …………………………………………… 75
　　三、劳心劳力论 ……………………………………… 77
　　四、恒产论和井田论 ………………………………… 77
　　五、农业赋税论 ……………………………………… 79
　　六、对工商业的放任思想 …………………………… 81
第七节　《管子》(不包括《轻重》)的经济思想 …………… 82
　　一、《管子》概述 …………………………………… 82
　　二、道德的经济决定论 ……………………………… 84
　　三、正地论 …………………………………………… 85
　　四、农本论 …………………………………………… 86
　　五、薄税敛论 ………………………………………… 89
　　六、工商业理论 ……………………………………… 91
　　七、禁末论 …………………………………………… 93
　　八、侈靡论 …………………………………………… 95
第八节　荀子的经济思想 ………………………………… 97
　　一、儒法结合的荀子 ………………………………… 97
　　二、义利论和欲望论 ………………………………… 99
　　三、分工和分配论 …………………………………… 100
　　四、农业理论 ………………………………………… 102
　　五、开源节流论和节用裕民论 ……………………… 104
　　六、工商业理论 ……………………………………… 105
第九节　韩非的经济思想 ………………………………… 107
　　一、法家思想集大成者韩非 ………………………… 107
　　二、自利论 …………………………………………… 108
　　三、财富增殖论 ……………………………………… 110
　　四、抑工商论和"末"的新含义 …………………… 112
　　五、赋税论和经济上的反仁治论 …………………… 113
第十节　《吕氏春秋》的经济思想 ………………………… 115
　　一、吕不韦和《吕氏春秋》 ………………………… 115
　　二、月令的经济管理思想 …………………………… 118
　　三、上农论 …………………………………………… 120
　　四、审时论 …………………………………………… 122

第四章　秦汉的经济思想(前 221—220 年) …………………… 123

第一节　秦汉的政治和经济 ……………………………………… 123
一、秦汉的政治概况 …………………………………………… 123
二、汉武帝时的工商业政策 …………………………………… 125
三、货币制度的演变 …………………………………………… 126

第二节　《大学》、贾谊、晁错的经济思想 ……………………… 127
一、《大学》的德本财末论 …………………………………… 127
二、贾谊的重农论和货币论 …………………………………… 128
三、晁错的重农贵粟论 ………………………………………… 131

第三节　《管子·轻重》的经济思想 …………………………… 134
一、《管子·轻重》的著作年代 ……………………………… 134
二、轻重理论总论 ……………………………………………… 136
三、价值论和货币论 …………………………………………… 138
四、国家商业经营论 …………………………………………… 140
五、财政收入论 ………………………………………………… 143
六、赈济和借贷论 ……………………………………………… 145

第四节　《淮南子》、董仲舒的经济思想 ……………………… 146
一、《淮南子》的经济思想 …………………………………… 146
二、董仲舒的义利论和限田论 ………………………………… 150

第五节　司马迁的经济思想 ……………………………………… 153
一、主张经济自由的司马迁 …………………………………… 153
二、义利论 ……………………………………………………… 155
三、农工商并重和本末富论 …………………………………… 156
四、素封论和货币起源论 ……………………………………… 157

第六节　桑弘羊及其批评者的经济思想 ………………………… 159
一、盐铁会议上的争论 ………………………………………… 159
二、义利论 ……………………………………………………… 160
三、本末论 ……………………………………………………… 162
四、轻重论 ……………………………………………………… 164
五、货币论和奢俭论 …………………………………………… 166

第七节　贡禹、王莽的经济思想 ………………………………… 168
一、贡禹的节俭论和罢货币论 ………………………………… 168
二、王莽的田制论和六管论 …………………………………… 170

第八节　王符的经济思想 …… 174
　一、发愤著书的王符 …… 174
　二、本末论和反浮侈论 …… 176
　三、爱日论 …… 178
第九节　崔寔、荀悦、仲长统的经济思想 …… 179
　一、崔寔的经济思想 …… 179
　二、荀悦的经济思想 …… 182
　三、仲长统的经济思想 …… 184

第五章　三国至五代的经济思想(220—960年) …… 188
第一节　三国至五代的政治和经济 …… 188
　一、魏晋南北朝的政治和经济 …… 188
　二、隋唐五代的政治和经济 …… 191
第二节　傅玄、鲁褒、孔琳之的经济思想 …… 193
　一、傅玄的经济思想 …… 193
　二、鲁褒的钱神论 …… 198
　三、孔琳之的反废钱论 …… 200
第三节　何尚之、颜竣、萧子良的经济思想 …… 203
　一、何尚之的货币论 …… 203
　二、颜竣的货币论 …… 205
　三、萧子良的轻赋役论 …… 208
第四节　李安世、贾思勰、苏绰的经济思想 …… 211
　一、李安世的均田论 …… 211
　二、贾思勰的以农治生思想 …… 213
　三、苏绰的尽地利论和均赋役论 …… 215
第五节　刘秩、刘晏、杨炎的经济思想 …… 218
　一、刘秩的货币论 …… 218
　二、刘晏的经济管理思想 …… 221
　三、杨炎的财政思想 …… 224
第六节　陆贽的经济思想 …… 227
　一、两税法的批评者陆贽 …… 227
　二、薄税敛论 …… 228
　三、税制论 …… 230

  四、货币论和限田减租论……………………………………………… 231

 第七节 白居易的经济思想……………………………………………… 233
  一、现实主义诗人白居易…………………………………………… 233
  二、本于农桑而兴利论……………………………………………… 235
  三、调节商品流通论………………………………………………… 237
  四、其他经济思想…………………………………………………… 238

 第八节 韩愈、李翱的经济思想…………………………………………… 240
  一、韩愈的经济思想………………………………………………… 240
  二、李翱的财政思想………………………………………………… 243

第六章 宋辽金元的经济思想(960—1368年) 247

 第一节 宋辽金元的政治和经济…………………………………………… 247
  一、宋辽金元的更替………………………………………………… 247
  二、宋元的经济和农民起义领袖的均贫富思想…………………… 249

 第二节 李觏的经济思想………………………………………………… 251
  一、批评"何必曰利"的李觏………………………………………… 251
  二、治国之实必本于财用论………………………………………… 253
  三、尽地力论和垦田论……………………………………………… 255
  四、工商业理论……………………………………………………… 257
  五、货币论…………………………………………………………… 260

 第三节 欧阳修、苏洵、司马光的经济思想…………………………… 261
  一、欧阳修的经济思想……………………………………………… 261
  二、苏洵的义利论和田制论………………………………………… 265
  三、司马光的经济思想……………………………………………… 267

 第四节 王安石的经济思想……………………………………………… 272
  一、推行新法的王安石……………………………………………… 272
  二、理财论…………………………………………………………… 274
  三、抑兼并论………………………………………………………… 279

 第五节 周行己、吕祖谦、辛弃疾的经济思想………………………… 281
  一、周行己的货币论………………………………………………… 281
  二、吕祖谦的经济思想……………………………………………… 284
  三、辛弃疾的纸币论及其他经济思想……………………………… 288

 第六节 朱熹的经济思想………………………………………………… 291

一、程朱理学集大成者朱熹 291
　　二、义利论 292
　　三、其他经济思想 295
　第七节　叶适的经济思想 298
　　一、永嘉学派集大成者叶适 298
　　二、理财论 300
　　三、货币论 303
　　四、其他经济思想 307
　第八节　董煟、许衡、王恽的经济思想 308
　　一、董煟的救荒论 308
　　二、许衡的纸币论 312
　　三、王恽的经济思想 314
　第九节　郑介夫、马端临、刘基的经济思想 319
　　一、郑介夫的经济思想 319
　　二、马端临的经济思想 322
　　三、刘基的经济思想 327

第七章　明至清前期的经济思想(1368年—18世纪末) 331
　第一节　明至清前期的政治和经济 331
　第二节　方孝孺、刘定之的经济思想 335
　　一、方孝孺的复井田论 335
　　二、刘定之的经济思想 340
　第三节　丘濬的经济思想 344
　　一、《大学衍义补》作者丘濬 344
　　二、养民论 346
　　三、理财论 348
　　四、货币论和价值论 351
　　五、商业理论 354
　　六、救荒论及其他 355
　第四节　林希元、陆楫的经济思想 358
　　一、林希元的经济思想 358
　　二、陆楫的反禁奢论 363
　第五节　海瑞、张居正的经济思想 365

一、海瑞的经济思想…………………………………365
　　二、张居正的理财论…………………………………370
　第六节　徐光启、宋应星、李雯的经济思想……………373
　　一、徐光启的重农论和人口论………………………373
　　二、宋应星的经济思想………………………………377
　　三、李雯的盐策论及其他……………………………381
　第七节　黄宗羲、顾炎武的经济思想……………………383
　　一、黄宗羲的田制论和财计论………………………383
　　二、顾炎武的经济思想………………………………388
　第八节　王夫之的经济思想………………………………392
　　一、隐居著书四十年的王夫之………………………392
　　二、义利论……………………………………………394
　　三、田制论……………………………………………397
　　四、赋役论……………………………………………399
　　五、抑商论和对外通商论……………………………402
　　六、货币论……………………………………………406
　第九节　唐甄、王源、洪亮吉的经济思想………………408
　　一、唐甄的富民论……………………………………408
　　二、王源及颜李学派的经济思想……………………412
　　三、洪亮吉的人口论…………………………………418

导　言

第一节　"经济学"学科名的争论和确定

　　本书定名为《古代中国经济思想史》,应以1840年为下限。但为了说清楚中国"经济"一词词义的演变和"经济思想"名称的产生过程,必须突破这个下限。这个突破仅限于"导言"部分,同初版一样,以1949年为下限。初版的导言原有两节,现取消原第二节,以原第一节为基础做修改、补充。

　　虽然本书名为《古代中国经济思想史》,但整个中国古代始终没有出现过"经济思想"或"经济思想史"之类的词。"经济"一词倒是有的,但不是"经济思想史"中所说的"经济"。所以要了解本书,先要了解"经济"的含义。

　　在中国古代,"经济"是"经世济民"或"经邦济世"的简称,至迟在隋朝已通行,隋人王通的《中说·礼乐篇》可以证明。另查《四库全书总目》,可以查到8部以"经济"为主名的图书:①《经济文衡》,编者不详,共72卷;②《经济文集》,元人李士瞻著,共6卷;③《经济文辑》,明人陈其愫编,共32卷;④《经济文钞》,明人张文炎编,共11卷;⑤《经济言》,明人陈子壮编;⑥《经济录》,明人张錬著,共2卷;⑦《经济类编》,明人冯琦编,初分4类,后经其弟冯瑗和门人增加至23类;⑧《经济宏词》,编者不详,分12门,所收皆明人之文。对这些称为"经济"的书,《四库全书总目》往往有些批评意见,说书的内容还不够规范,即还没有完全达到"经济"所要求的标准。这说明在中国古代,"经济"是一个高标准的词,要做到完全符合标准是很难的。它同经济学的"经济"根本不是一回事。

　　另外,查阅上海古籍出版社1986年出版的《艺文志二十种综合引得》,也可以找到一批中国历史上以"经济"组成书名的书,有《经济八编类纂》《经济文集》《经济集》《经济考》《经济考略》《经济名臣录》《经济总论》《经济类编》《经济录》(三种),时间从宋、辽至明。其中同《四库全书总目》所收重复的只有《经济文集》《经济类编》两种。这里的"经济"也是属于中国传统的概念。

　　还可以举一个文学上的例子。《红楼梦》第五回警幻仙姑劝诫贾宝玉,其中有"留意于孔孟之间,委身于经济之道"的话,"经济之道"可以和孔子、孟子等并列,可见其政治地位之高。如果将"经济"解释为现在通行的概念,警幻仙姑是绝不会以此话来感化贾宝玉的。

中国传统的"经济"标准是如此之高,而日本人却没有这个传统。所以日本很容易地将西方的 Economy 译为"经济",而中国却不能。中国的留日学生一般会接受日本的译名,以孙中山为领袖的革命党人也接受了这一译名。但中国的学者中,如严复、梁启超,对日本的译名并不以为然。梁启超在光绪二十三年(1897年)发表的《〈史记·货殖列传〉今义》中提到:"西人富国之学,列为专门,举国通人才士,相与讲肄之……观计然、白圭所云,知吾中国先秦以前,实有此学。"①"富国学"是梁启超曾主张采用的译名之一。次年戊戌变法失败,梁启超逃亡日本。学习日文后,于二十五年发表《论学日本文之益》,其中说:"日本自维新三十年来,广求智识于寰宇。其所译所著有用之书,不下数千种,而尤详于政治学、资生学(即理财学,日本谓之经济学)、智学(日本谓之哲学)、群学(日本谓之社会学)等,皆开民智强国基之急务也。"②他虽然称赞日本的维新,却用"资生学""理财学"来取代"经济学",明确指出"经济学"是日本的译名,泾渭分明。

光绪二十七年至二十八年,严复翻译的《原富》陆续出版。他将学科名译为"计学",并在《译事例言》中解释说:日本译为"经济"既嫌太廓,中国译为"理财"又为过狭。他解释称"计学"的理由说:"虽计之为义,不止于地官之所掌,平准之所书,然考往籍,会计、计相、计偕诸语,与常俗国计、家计之称,似与希腊之聂摩③较为有合,故《原富》者,计学之书也。"④

光绪二十八年,梁启超先后提出了两个可代替日本"经济学"的学科名称。一是"平准学",梁启超还开始在《新民丛报》连载《平准学学说沿革小史》。二是对严复的"计学"加一个"生"字而成的"生计学",便于通行。他在《论中国学术思想变迁之大势》一文中指出:"盖全地球生计学(即前论所屡称之平准学)发达之早,未有吾中国若者也。"并加夹注表示:"余拟著一《中国生计学史》,搜集前哲所论,以与泰西学说相比较。若能成之,亦一壮观也。"⑤他决定将原来在《新民丛报》连载的"平准学"改为"生计学",并发表《例言七则》,其中提到:"本论乃辑译英人英革廉(Ingram)、意人科莎(Cossa)、日人井上辰九郎三氏所著之生计学史,而删繁就简,时参考他书以补缀之。""兹学之名,今尚未定。本编向用平准二

---

① 梁启超:《〈史记·货殖列传〉今义》,《饮冰室合集·文集》第2册,中华书局2015年版,第177页。
② 梁启超:《论学日本文之益》,《饮冰室合集·文集》第2册,中华书局2015年版,第362页。
③ "聂摩"意为"管理"。
④ [英]亚当·斯密:《原富·译事例言》,严复译,商务印书馆1981年版,第7页。
⑤ 梁启超:《论中国学术思想变迁之大势》,《饮冰室合集·文集》第3册,中华书局2015年版,第608页。

字,似未安。而严氏定为计学,又嫌其于复用名词,颇有不便。或有谓当用生计二字者,今姑用之以俟后人。""篇中人名及学理之名词,依严书者十之八九。间有异同者,偶失检耳。"①

光绪三十年,梁启超发表《子墨子学说》。当时他还主张用"生计学",指出:"西语之 Economy,此译计或译生计,日本译经济,在今日蔚然成一独立之学科矣。而推其语源,则以'节用'二字为最正当之训诂。可见生计学之概念,实以节用思想为其滥觞也。故墨子有节用篇,而其实利主义之目的亦在于是。子墨子屡言曰:'诸加费不加于民利者,圣王弗为。'(《辞过》及《节用中》)此墨氏生计学一最严重之公例也。"②《子墨子学说》第二章"墨子之实利主义"是关于经济思想的内容。

梁启超虽然反对"经济学"的译名,但他在日本期间,在和以孙中山为首的革命派的论争中,则也使用"经济学"这个译名。他说:"言经济学必当以国民经济为鹄,固已。虽然,国民之富亦私人之富之集积也。不根本于国民经济的观念以言私人经济,其偏狭谬误自不待言。然在现今经济制度之下,而离私人经济以言国民经济,亦无有是处。"③此类的例子还有很多。

虽然以严复、梁启超等为代表的著名学者反对"经济学"这个译名,但在中国的留日学生的影响下,"经济学"很快成为译名的主流。光绪三十年,就有学者发表文章论述中国古代学者对"经济学"的贡献,而不是说他们对"生计学"的贡献。此文无作者名,题为《论中国古代经济学》,发表于上海的《警钟日报》,次年正月出版的《东方杂志》(第2年第1期)予以转载。此文正文只有394字,另有夹注补充。其中提到孔子、曾子、孟子、墨子、管子、商鞅、李悝、白圭、许行的经济观点,最后指出:"此皆周末之经济学也,孰谓中国古无经济学哉?至秦汉以后,士夫高谭性命,讳'利'字而不言,至有'正义不计利'之说,数千年习焉成风,而古代经济学亡矣。此富国之术所以失传,而国家日有患贫之虑也。悲夫!"

宣统元年(1909年),梁启超突然决定放弃自己的种种译名主张,而回头采用他自己反对过的"经济学"译名。他从三月初一日开始写《管子传》,于十六日完成,共6万余字。此书1916年刊于《饮冰室丛著》,1932年编入《饮冰

---

① 梁启超:《生计学学说沿革小史》,《饮冰室合集·文集》第5册,中华书局2015年版,第1033—1034页。《生计学学说沿革小史》在《新民丛报》第7号(光绪二十八年四月初一)刊出题时为《生计学(即平准学)学说沿革小史》,第9号(五月初一)续刊时取消"即平准学"字样。
② 梁启超:《子墨子学说》,《饮冰室合集·专集》第10册,中华书局2015年版,第6959页。
③ 梁启超:《驳某报之土地国有论》,《饮冰室合集·文集》第6册,中华书局2015年版,1595页。

室合集·专集》,1936年由中华书局出版单行本。《管子传》中,"经济""经济学"等已成为通用词,如第十一章的章名是《管子之经济政策》;下分六节,有两节的节名为《国民经济之观念》和《国际经济政策》。在《国民经济之观念》一节中,梁启超说:"经济学之成为专门科学,自近代始也,前此非独吾国无之,即泰西亦无之(虽稍有一二,不成为科学)。自百余年前,英人有亚丹斯密者起,天下始翕然知此之为重。"他批评亚当·斯密的经济"以个人为本位,不以国家为本位"。并指出:"善言经济者,必合全国民而盈虚消长之,此国民经济学所为可贵也。此义也,直至最近二三十年间,始大昌于天下。然吾国有人焉于二千年前导其先河者,则管子也。"①由此可见,梁启超不但接受了"经济学"的译名,而且将这译名上溯到了中国古代。有他的这种表态,"经济学"译名在中国的通行就更加顺利了。

宣统三年,留学美国哥伦比亚大学的陈焕章完成了博士论文 *The Economic Principles of Confucius and His School*。该论文被选入哥伦比亚大学政法丛书出版。他定此论文的中译名为《孔门理财学》。民国元年(1912年)6月,他作《〈孔门理财学〉之旨趣》的讲演,其中说:"是书实可名为《中国理财学史》,不过于诸子学说,尚未详备耳。"②理财学史即经济学史,但陈焕章不赞成"经济学"这个名称。他明确指出日本的翻译以及中国引进的错误:"理财学三字,实当西文之Economics。而日本人译为经济学,则兄弟期期以为不可也。经济二字,包含甚广,实括政界之全。以之代政治学尚可,以之代理财学或生计学则嫌太泛。吾国人向无以经济二字作如是解者,何必奴效日本之名词,而不计其确当否乎! 理财二字,在吾国极古,其意义又尽人可晓,实至当而无以易之名词也。"③

辛亥革命成功以后,1912年10月,孙中山在一次演说中提到:"按经济学,本滥觞于我国。管子者,经济家也,兴盐鱼之利,治齐而致富强,特当时无经济学之名词,且无条理,故未能成为科学。厥后经济之原理,成为有统系之学说,或以富国学名,或以理财学名,皆不足以赅其义,惟经济二字,似稍近之。"④当时梁启超的《管子传》尚未公开发表,孙中山所说的"管子者,经济家也",不知是巧合还是得到了梁启超写《管子传》的信息而受到影响。无论是哪一种,都会形成一种社会影响的合力,使"经济学"的名称更容易被中国的学者们所接受。将同一种

---

① 梁启超:《管子传》,《饮冰室合集·专集》第8册,中华书局2015年版,第46页。
② 陈焕章:《〈孔门理财学〉之旨趣》,《孔教论》,孔教会事务所1913年版,第66页。
③ 同上书,第69页。
④ 《在上海中国社会党的演说》,《孙中山全集》第2卷,中华书局1982年版,第510页。

学科的各种不同定名观点统一于"经济"和"经济学"之中,应该说是时代的进步。但这种统一也存在一个缺陷,就是没有注意到词义的混淆。前已提到,"经济"在中国自古有本身的特定含义,即它是"经世济民"的简称。如果说经济学科要发扬经世济民的精神,那么别的学科呢?当然也应该发扬。因此,将"经世济民"等同于经济学的"经济",是缩小了该词的适用范围。对于这一客观存在的问题,不论是经济学者还是非经济学者,都应该有明确的认识,不能将这一普遍适用的观点当作仅是对经济学者的要求。对"经世济民"的这种混淆近年曾有显现,应该引起大家的注意。

第二节 1949年以前中国经济思想史的研究概况

中国以"经济"为学科名的中国经济思想史著作开始于宣统元年,至1949年中华人民共和国成立以前,大致有以下一些著作问世。

(1) 宣统元年(1909年),梁启超著《管子传》,共13章,章名分别为《叙论》《管子之时代及其位置》《管子之微时及齐国前此之形势》《管子之爱国心及其返国》《管子之初政》《管子之法治主义》《管子之官僚政治》《管子之官制》《管子内政之条目》《管子之教育》《管子之经济政策》《管子之外交》《管子之军政》。各章长短不一,短的只有章名,不分节。只有第六章《管子之法治主义》和第十一章《管子之经济政策》各分6节。第十一章的字数最多,占全书的40%以上。梁启超对管子的评价很高,称管子为"中国之最大政治家,而亦学术思想界一巨子"(《叙论》)。对于《管子》一书的真实性问题,梁启超估计《管子》中十之六七为原文,十之三四为后人增益。"且即非自作,而自彼卒后,齐国遵其政者数百年。然则虽当时稷下先生所讨论所记载,其亦必衍《管子》绪论已耳。吾今故据《管子》以传管子,以今日之人之眼光观察管子,以世界之人之眼光观察管子,爱国之士,或有取焉。"[①]

(2) 1920年李大钊在北京大学讲授的课程中,讲到有关中国经济思想史的内容。在《守常文集》(又编入《李大钊文集》下册)中收有未完成的《中国古代经济思想之特点》一文,选自1920年的《北大讲义》。李大钊在此文的开端比较了东西方经济思想的差异,指出:"西方人的经济思想,既于欲望的是非邪正,一概不加择别,而惟尽力以求其满足,而满足的手段,亦复不加以选择;东方人的经济思想,于欲望既须加以严正的择别,于一定的限度内认为必要的欲望,可以使之

[①] 梁启超:《管子传》,《饮冰室合集·专集》第8册,中华书局2015年版,第3页。

满足,此外则必须加以节制,而于满足欲望的手段,亦须守正当的轨范。"①认为这是因为受了环境的影响而造成的不同。接着介绍了老子、儒家、管子、韩非子、墨子的"经济学说"和荀子的"经济论",都是摘录原文,未做解释。

(3) 1920年冬,梁启超应清华学校邀请讲演国学小史。在此基础上,他写成了《墨子学案》,摘要发表于《改造》杂志上。该书1932年编入《饮冰室合集·专集》,1936年由中华书局出版单行本。书中第三章为《墨子之实利主义及其经济学说》,是经济思想史的性质。

梁启超指出,自孟子提出"何必曰利",后世儒家以言利为大戒。墨子不然,总是"爱利"两字并举,如"兼相爱交相利"(《兼爱中》《兼爱下》)、"爱利万民""兼而爱之从而利之"(《尚贤中》)、"天必欲人之相爱相利"(《法仪》)等,"简单说,从经济新组织上建设兼爱的社会,这是墨学特色"②。墨子以为人类欲望当以维持生命所必需的最低限度为标准,因此又衍生出非乐的主张。梁启超解释"墨子经济学"说:"经济学的原字Economy,本来的训诂,就是'节用'。所以墨子的实利主义,拿'节用'做骨子。'节葬'不过'节用'之一端,'非乐'也从'节用'演绎出来。"③所以要以消费为起点来研究墨子的经济学。

梁启超分析墨子的经济学有七个公例:一是"以自苦为极"(《庄子·天下》),"凡足以奉给民用则止"(《节用中》);二是"诸加费不加利于民者弗为"(《节用中》),"凡费财劳力不加利者不为也"(《辞过》);三是"赖其力则生,不赖其力则不生"(《非乐上》);四是"各从事其所能"(《节用中》);五是"以时生财,财不足则反之时"(《七患》);六是"欲民之众而恶其寡"(《辞过》);七是"有余力以相劳,有余财以相分"(《尚同上》)。在第六个公例后梁启超还指出:"墨子的人口论,和玛尔梭士的人口论正相反。玛尔梭士愁的是人多,墨子愁的是人少,人少确是当时的通患。"④"玛尔梭士"即马尔萨斯(T. R. Malthus)。

梁启超还指出墨子把"利"字的道理发挥尽致,《经上》篇直说"义,利也"。墨子又为"利"下了两条重要的界说:一是"凡事利余于害者谓之利,害余于利者谓之不利";二是"凡事利于最大多数者谓之利,利于少数者谓之不利"⑤。这两条结论是梁启超根据《墨子》中的原文分析出来的。他并不完全赞成墨子的观点,引《庄子·天下》批评墨子的话说:"其道太觳(hú),使人忧,使人悲,其行难为

---

① 《李大钊文集》下册,人民出版社1984年版,第244页。
② 梁启超:《墨子学案》,《饮冰室合集·专集》第11册,中华书局2015年版,第14页。
③ 同上。
④ 同上书,第17页。
⑤ 同上书,第19页。

也,恐其不可以为圣人之道,反天下之心,天下不堪。墨子虽能独任,奈天下何!"

(4) 1922年毕业于岭南大学经济系的甘乃光在该校讲授中国经济思想史,1924年完成了《先秦经济思想史》一书,1926年由商务印书馆出版。他在《自序》中说:"汉后的经济思想不过延先秦的余绪罢了……汉后只有些经济政策聊以应付环境而已。汉后什么王莽、李觏、王安石以至最近的谭嗣同等等,实在无特别研究的价值,故这书把先秦一部分提出,即作结束。"这样评价汉以后的经济思想,实际上正反映了他对秦以后经济思想的缺乏研究。此书前后有《导论》和《结论》,中间基本上按人分章,有老子、孔子、墨子、孟子、荀子和管子。但书中又插有《先秦的社会主义思想》一章,是按观点划分的,其中有狂矞、华士、陈仲、庄子、许行、陈相,显得不协调。他同意《管子》书是伪造的结论,并列举三条理由。① 事实不附。如提到西施,西施之生距管仲之死已167年了。② 学说因袭。《管子·立政》说:"寝兵之说胜,则险阻不守,兼爱之说胜,则士卒不战。"这明明是墨子的学说。③ 文体悬殊。"《道德经》与《论语》时代的文体,断不能产得出《管子》书那种文法笔势。"①

(5) 1927年,复旦大学教授李权时的《中国经济思想小史》由世界书局出版。他在《例言》中说:"中国历来经济思想之可述者,当推古代与近代。故本书对于先秦及近世之经济思想,述之特详。"这里所说的"古代"是指先秦,比起甘乃光来,增加了对中国近代经济思想的肯定。《中国经济思想小史》约3万字,按观点分为四章,第一章占全书的一半以上。

第一章是《中国历来经济思想之关于经济制度及分配者》。此章把涉及的经济思想归纳为8个主义:① 无政府主义,提到的人有伯夷、叔齐、狂矞、华士、老聃、庄周、盗跖、漆雕开、季次、原宪、杨朱、陈仲子、史鰌(qiū)、许行、阮籍、陶潜、鲍敬言、邓牧;② 均产主义,提到的有孔子、孟子、墨子。③ 富国主义,提到的人有李悝、商鞅、管仲;④ 共产主义(陈独秀);⑤ 国家社会主义(江亢虎);⑥ 资本制度改良主义(马寅初);⑦ 新均产主义(前溪,即吴鼎昌);⑧ 民生主义(孙中山)。给古代人戴"主义"的帽子更超过了甘乃光。

第二章是《中国历来经济思想之关于欲望及消费者》。认为中国欲望的思想有寡欲论、绝欲论和任欲论三派。① 儒、墨二派是寡欲论;宋儒受印度佛教影响而产生无欲论,如周濂溪、朱晦庵。② 道家是绝欲论。③ 管子、杨朱与司马迁是任欲论。与欲望论密切关系的是消费论,任欲论者不主张崇俭,如管子的"侈靡",绝欲论者则极端主张节俭。

---

① 甘乃光:《先秦经济思想史》,1926年版,第78—79页。

第三章是《历来经济思想之关于生产、人口及租税者》。指出中国历来生产政策为重农轻商所左右,至鸦片战争后始稍稍言商。"至最近数年来,则又有时贤章行严、董时进、李协之流,极力提倡重农主义。"①清乾嘉年间,户口日繁,生存竞争日烈,有"社会科学者洪亮吉出而倡人口论,其意盖与英国经济学家马尔塞斯相同也。"②本章详细引录了洪亮吉的文章,又引了孙中山在《民族主义》报告中担心中国人口增加速率不如列强的言论。两种观点并立,既表示洪亮吉说的是"至理明言",又表示孙中山说的是"老成谋国,极有远见"③。租税论则主要说了孔、孟的观点,比较简单。

第四章是《中国历来经济思想之关于交易、货币及唯物史观者》。交易论引孟子和《管子·国蓄》的观点。货币论引《管子·国蓄》及朱执信和孙中山的观点。关于唯物史观则提出中国先秦就已发明,例如《管子·牧民》中说的"仓廪实而知礼节,衣食足而知荣辱"等。

(6) 1930年,熊瑾的《晚周诸子经济思想史》由商务印书馆出版。他在1928年写的《序》中说自己1925年曾写有60余万字的中国经济思想史稿子,因遭丧乱,稿多流失,整齐全部,尚须时日,故先出版一部分。此书前两章为《导言》和《诸子思想之考原及其勃兴之故》,然后分道家、儒家、墨家、法家思想四章,第七章为《晚周思想补遗》。道家分别谈老子、列子、杨朱、庄子的经济思想,结论指出:"统观道家经济思想,在教人撇开物质文明以追寻精神文化,离开外生活以完成内生活……虽能言之成理,要不免有开倒车之嫌。"④儒家分别谈孔子、孟子、荀子的经济思想,结论既有肯定,也有批评。墨家只谈墨子的经济思想,结论认为墨子的"勤俭坚苦之精神,在吾国二千年中,实为多数人所崇拜。至今人民勤苦耐劳之习,或竟为墨学所养成,亦未可知"⑤。法家思想讲管子和商君(商鞅)的经济思想,管子的文字最多,通篇抄自梁启超《管子传》中的《管子之经济政策》。作者还附言声明说:"梁卓如曩著《管子传》(刊于《饮冰室丛著》内),于管子经济政策颇多发明。愚研此尤力,已撰《集解》一书。兹为省时记,以下言管子思想者,即用卓如旧文。至其疏漏抵牾处,《集解》已详为商榷,故不赘。阅者如欲深究,可径参照。"⑥最后一章补遗,补李悝、子贡、范蠡计然、许行、白圭、宋钘、尹

---

① 李权时:《中国经济思想小史》,世界书局1927年版,第67—68页。
② 同上书,第72页。
③ 同上书,第75页。
④ 熊瑾:《晚周诸子经济思想史》,商务印书馆1936年版,第34—35页。
⑤ 同上书,第87页。
⑥ 同上书,第89—90页。

文、彭蒙、田骈、慎到、尸佼等的经济思想。

(7) 1034年,李权时又有《现代中国经济思想》作为中华百科丛书之一,由中华书局出版。该丛书每种篇幅以5万字为限。《现代中国经济思想》的体例和《中国经济思想小史》相似。第一章为《绪论》,以下五章为:《现代中国经济思想之关于消费论者》《现代中国经济思想之关于生产论者》《现代中国经济思想之关于交易论者》《现代中国经济思想之关于分配论者》《现代中国经济思想之关于经济理论与经济事业的关系论者》。除最后一章谈他自己的理论外,其余四章各按专题分节:消费论分为欲望论和消费合理化论,生产论分为农国和工国之辩和人口论,交易论分为价值论和货币论,分配论分为无政府主义、共产主义、国家社会主义及基尔特社会主义、资本制度改良主义、新均富主义和民生主义或均产主义。内容与前书有重复。

(8) 1935年,赵可任的《孙中山先生经济学说》由正中书局出版,至1942年已出了五版。此书分《绪论》《价值》《货币》《资本的积累》《生产方法的改变》《分配》《金融资本》和《恐慌》八章。每章都是先谈相关的经济学理论,然后引述孙中山的观点表明符合此理论。因此,书中所述不能算是严格意义上的孙中山的经济学说。

(9) 1936年,唐庆增的《中国经济思想史》上卷由商务印书馆出版。上卷即先秦卷,共10编33章,400多页,篇幅和质量都大大超过了已出的先秦经济思想史著作。唐庆增在1935年写的《自序》中说:1928年春他在交大担任中国经济思想史课,开始编写此书。同年秋由广西回上海,更致力于此。"穷年兀兀,几废寝食,为时既久,积稿遂多",将古代的一部分先行付梓。但以后未再有中、下卷出版。《自序》中还指出创建中国经济科学必须研究中国经济思想史:"处今日而欲创造适合我国之经济科学,必以不背乎国情为尚……盖一国自有其特殊之环境与其需要,非审度本国思想上之背景,不足以建设有系统之经济科学也……然则中国经济思想史之研究,讵非当前之急务耶?"

本书第一编为《绪论》,分《中国经济思想之性质》和《中国经济思想史在世界经济思想史所占之位置》两章。他谈到:"中国先哲之经济名论,产生虽早,进步固缓,如果十分发达,中国经济思想史,早在世界经济思想史中占一重要之位置矣。"[①]第二至第八编为各家的经济思想,分别论述老孔以前、儒家、道家、墨家、法家、农家及其他各家、政治家与商人的经济思想。第九编谈《左传》《国语》中的经济思想。第十编为《结论》,其中分析了中国上古经济思想对西洋各国的影响,

---

① 唐庆增:《中国经济思想史》上卷,商务印书馆1936年版,第15页。

指出:"中国上古经济思想在西洋各国,确曾产生有相当之影响,尤以对于法国之重农派为最显著,但此项影响,虽甚深切,并不普遍,盖仅限于一时期一派别而已……顾中西人士之治西洋经济思想史者,但知尊视罗马学说等,而置中国上古经济思想于不问不闻之列,诚所谓数典忘祖者矣。"[1]此外,据《中国经济思想史论文索引》所载,唐庆增还发表中国经济思想史论文17篇。他是新中国成立前从事中国经济思想史研究和教学时间最久、论著最多的人。

(10) 同年,黄汉的《管子经济思想》由商务印书馆出版,这是第一部研究《管子》经济思想的专著。作者在第一章《绪论》中指出:"《管子》一书,经济思想之丰富,在中国旧籍中几无其比。"[2]又说:"《管子》之经济思想……尚有一最有价值之学说,即货币学说是也。货币数量之理论(Quantity Theory of Money),于一千五百七十三年,始发明于法人巴丹(Bodin),而管子已先西人二千年发其端。"[3]他认为管子的"轻重之说"即"货币数量说"。"管子财政政策,经济政策,以及分配政策之运用,皆本其货币数量说也。"[4]这未免太过其实。《管子》非一人一时之作,就算是《管子》书中的管子,也没有进入完全货币化的社会,怎么会在一切政策上都采用货币数量说的政策?第二章《管子为战国时代作品考》,从经济发达阶段、学术思想系统、文字组织、文字等方面论证了《管子》的大部分是战国作品,这是继罗根泽《管子探源》以后讨论《管子》著作年代的文字。第三至九章分《管子》经济思想之基础、货币学说、财政政策、工业政策、商业政策、农业政策、分配与消费等专题阐述《管子》的经济思想。第十章为《结论——管子经济思想在中国经济思想史中所占之地位》,指出《管子》经济思想"不惟无诸家之短,而且兼诸家之长……而于农业政策,工业政策,商业政策,言之弥备,此诸家未敢望其项背也。货币学说,创于《管子》,后之研究者代有其人。如汉有贾谊,唐有陆贽,明有王船山、顾亭林、黄梨洲等,清有王鎏、许楣等,虽立意不同,要皆肇于《管子》。此《管子》经济思想在中国经济思想中应占重要之地位也"[5]。

(11) 1939年,燕京大学引得编纂处编辑赵丰田的《晚清五十年经济思想史》由哈佛燕京学社出版。这是中国第一部近代经济思想史著作。此书以史料丰富见长。全书分前、上、下、后四篇,分别为《晚清经济状况》《国民经济改良诸说》《国家经济改良诸说》和《附论》。上、下篇各按专题分章,上篇分《农本说》《开

---

[1] 唐庆增:《中国经济思想史》上卷,第366页。
[2] 黄汉:《管子经济思想》,商务印书馆1936年版,第4页。
[3] 同上书,第6页。
[4] 同上。
[5] 同上书,第178页。

矿说》《劝工说》《重商说》和《改良交通说》,下篇分除《弊政说》《崇俭约说》《增岁入说》《厚俸禄说》和《行预算说》。其中涉及的历史人物有冯桂芬、薛福成、马建忠、黄遵宪、郑观应、汤寿潜、邵作舟、陈炽、何启、胡礼垣、严复、张之洞、张謇、康有为、梁启超等。在附论的《晚清经济思想之来源》中,作者指出:"晚清经济思想之来源,约有两端:即西洋思想与中国古代思想之影响是已。"①关于古代思想的影响,他说:"其有关政治经济而常为诸家所称引者,以《周礼》《管子》《史记·货殖列传》《墨子》《孟子》诸书为最要。"②

(12) 1943 年,蒋介石的《中国经济学说》出版。全书 2 万余字,分为《中国经济学的定义与范围》《中西经济学说的分别》《中国古来的经济规模》《民生主义的经济的道理》和《将来的经济理想》五部分。蒋介石指出近百年来西洋经济学的流入,"中国自己的经济的原理反而没有人讲求"③。对于中国历史上的经济学说,他从周公谈到张居正,而以管子、王安石、张居正为重点,称他们为"大经济家"。但此书不是一部严格的中国经济思想史著作,政治目的大于学术意义。他说自由主义经济学和马克思主义都"不适合于时代与中国的社会状况"④。最后做出的结论是,"民生本位与计划经济的原则,是达到大同世界的唯一正确的道路"⑤。

(13) 1944 年,在浙江瑞安避战乱的俞寰澄写成《管子之统制经济》(又名《最古统制经济制度》),同年在温州中华铸字制版印刷厂印刷出版。全书分 10 章 51 节。10 章只有 4 个章名:第一章《绪引》,第二、三章都是《管子关于经济理论之纲要》,第四至九章都是《轻重之三前提——地时令》,第十章是《国用》。章下的节则次序联用到底,10 章共 49 节,还有两节《附缀》,合计 51 节。作者在第一章《绪引》中指出:"我国古代诸家论著,涉及经济者大都趋重自由经济……惟管子独重统制经济,以为立国强兵之首要。"他说梁启超写《管子传》时,"统制经济"还未大行,梁又不是"经济学行家,评论乃多隔膜",这是"时代为之,非任公过"。第二、三章同一章名,第二章有《何谓轻重》《轻重作用在谷币物三者》《谷非交易媒介物》《重谷之原因》《谷币物轻重办法》《守轻重以准平》6 节;第三章有《币之运用》《上中下币》《黄金兑换率》《黄金与粟》4 节。本书以评述《管子·轻重》的统制思想为主线,《管子》其他各篇的有关经济思想则插入相关章节。作者

---

① 赵丰田:《晚清五十年经济思想史》,哈佛燕京学社 1939 年版,第 305 页。
② 同上书,第 311 页。
③ 蒋介石:《中国经济学说》,连锁书店 1944 年版,第 1 页。
④ 同上书,第 46 页。
⑤ 同上书,第 63—64 页。

都从积极方面理解《管子》的轻重理论,对其中片面追求国家财政利益而制造市场混乱和物价波动的方面则没有什么认识。

(14) 1948年,复旦大学教授夏炎德的《中国近百年经济思想》由商务印书馆出版。这是第二部中国近代经济思想史的著作。第一章为《绪言》,以后五章,每章各列对称式的标题:《清代重臣的富强政策》《驻外使节的洋务献议》《维新志士的变法理想》《官商巨子的实业方案》《革命领袖的民生主义》。第七章为《结论》,最后还有附录。《绪言》中提出要重视过去的经济思想,特别是近代的经济思想的研究说:"在今日我们要确定今后中国的经济制度与政策,最紧要的固须看清当前本国与世界的经济情势,但对于过去的经济思想也不能轻易忽视。尤其是过去一百年——从十九世纪的四十年代到二十世纪的四十年代——是中国整部历史的转变期。这时期中各派经济思想的起伏及其得失,于目前国民经济情况有深切的关系,应当细加检视。"①《结论》中,夏炎德又提出建立经济学要符合中国国情:"建立一种社会经济学的时候,必须适合国情。我们对于一般经济原则与世界经济趋势,固然要有充分的认识,但实地应用起来,非针对本国环境不可。试遍涉西洋各国经济文献,几乎没有一种不注重其本国环境,且以本国立场立论。"②这是深通各国经济学之言。书中还有附录三篇:《中国经济思想之轮廓》《中国近三十年来经济学之进步》和《中国抗战期间经济研究之成绩》。第二篇介绍了当时中国新近经济学书籍的出版,提到在世的经济学家很多,有的还对其学术造诣进行了直率的评论。这在其他著作中很少见到。

---

① 夏炎德:《中国近百年经济思想》,商务印书馆1948年版,第1页。
② 同上书,第152页。

第一章 西周及西周前的经济思想

（前771年以前）

第一节 西周的社会

中国是具有悠久历史的国家。经历了约1 000年的夏（约前2070—约前1600年）、商（约前1600—前1046年）奴隶制国家后，进入了周朝，史称西周（前1046—前771年）。

关于西周的社会性质，学术界有不同见解。主要有两种：一种认为是奴隶社会，一种认为是领主制封建社会。西周社会存在着大量奴隶是没有问题的，问题在于主要农业劳动者的身份是农奴还是奴隶。西周封建论者认为从《诗经》中西周的农事诗看，西周的农民有自己的生产工具，还有自己的家庭，种田时有妻子来送饭，不能说是一无所有的奴隶。而西周奴隶社会论者则认为这种农民类似农奴，实为农业奴隶，《诗经》农事诗中的"十千维耦"[①]"千耦其耘"[②]，反映了奴隶集体耦耕的场面。由于主要农业劳动者的身份难以确定，西周的社会性质也就长期得不到统一。在未能统一的情况下，笔者只能对西周的社会性质做适当的回避。这并不影响对当时的经济思想做出恰当的分析，因为无论是封建领主或是奴隶主，他们的经济思想都是农业社会中统治阶级的经济思想；单从经济思想上看，分不出它应属于封建领主的经济思想还是奴隶主的经济思想。以下从实际的史实出发简述西周的社会制度，而对社会性质（封建制或奴隶制）则避免作明确的论定。

周灭商后，实行分封制，相传周初先后分封了71个诸侯国，其中武王的兄弟15人（一说16人），同姓40人。这些封国都具有相当的规模，相对于商时小邦林立的状况，是向大一统方向迈进了一步，并为融合众多部族为华夏民族奠定了基础。在西周的宗法社会中，天子是天下的大宗，同姓的诸侯都尊他为宗子。在

---

① 《诗经·周颂·噫嘻》。
② 《诗经·周颂·载芟》。

一诸侯国内,诸侯是大宗,同姓卿大夫尊诸侯为宗子。各级统治者都是世袭的,称为"世卿世禄制"。商代已经形成了维护统治秩序的"礼","周因于殷礼"①,建立了更为完整的政治制度和与此相联系的礼节仪式等,总称为"周礼"。

西周继承了殷商的天命观,而加以改造。殷商的统治者认为宇宙间有一个至高无上的神,叫作"帝"或"上帝"。他们对神的崇拜遍及社会生活的各个方面,年成、战争、建造、婚丧、生育等,都要占卜祈祷于神。西周的统治者用"天"来取代"上帝"。他们说夏、商本来都是得天命的,后来不敬德,所以失天命而亡。周灭商也是顺应天命,是"昊(广大)天有成命,二后(周文王、武王)受之"②,周王是"受禄于天"③。但西周的统治者也注意考虑人民的意志,说"天视自我民视,天听自我民听"④,把人民的意志看作是天命的体现。

周天子拥有对全国土地和臣民的所有权,所谓"溥(普)天之下,莫非王土;率土之滨,莫非王臣"⑤,即是对这一历史现象的描述。天子把土地和臣民分给诸侯和卿大夫,诸侯又分土地和臣民给卿大夫,卿大夫又将土地分给士和庶民。授予土地者有权向接受土地者征取贡赋和徭役。天子向诸侯征取,诸侯向卿大夫征取,卿大夫向士和庶民征取。这种土地占有形式称为井田制。甲骨文中,"田"字写作田、田、囲等形,象征着一块块方形的田地,通常认为这是商代实行井田制的证据。井田间有沟洫构成的灌溉系统,还有称作阡陌的纵横道路。在西周铜器的铭文中,农田常以"田"为单位,"一田"当即是史籍中的"一夫之田"。"一夫之田"面积为百亩(约合今28.8亩)。对统治者们来说,井田是分封、赏赐和计算俸禄的依据。

古籍中有所谓"公田"。《诗经·小雅·大田》:"雨我公田,遂及我私。"据孟子的解释,公田是井田中属于公有(即统治者所有)的土地,"我私"即私田,是井田中属各家农民私有的份地。此外如《大戴礼记·夏小正》和《管子·乘马》都谈到正月"服于公田",说明农民要在公田中服劳役。

王城周围直属天子的土地称为"王畿"。诸侯国的都城称为"国",大城市称为"都",农村地区称为"野"或"鄙"。各级贵族居住在国、都及其周围地区,统称"国人";广大的农业劳动者则称为"野人"。国、野的对立反映了阶级的对立。

西周的农业和手工业都有很大发展。黍(糜子)、稷(小米)、粱(稷的良种)、

---

① 《论语·为政》。
② 《诗经·周颂·昊天有成命》。"二后"为周文王和周武王。
③ 《诗经·大雅·假乐》。
④ 《孟子·万章上》,孟子引《太誓》语。
⑤ 《诗经·小雅·北山》。

麦(小麦)、牟(大麦)、稻、菽(大豆)和桑、麻、瓜果等主要农作物品种都已齐备。青铜业是商、周时期最重要的手工业。历代出土的青铜器的种类和数量十分惊人,其制作之精美和构造之复杂显示出制作者的高超技艺。西周的釉陶有的已达到原始瓷器的水平,丝麻纺织、舟车制造、房屋建筑、玉器、骨器等也达到很高的水平。

农业、手工业的发展,促进了商业活动。传说中国早在神农氏时即已有商品交换。《周易·系辞下》说神农氏之时,"日中为市,致天下之民,聚天下之货,交易而退,各得其所"。这还是物物交换。《淮南子·览冥训》说黄帝时"市不豫(欺骗)贾(价)",即市场上没有商业欺诈行为。《吕氏春秋·勿躬》说"祝融作市",祝融是楚国君主的祖先,曾任高辛氏帝喾的火正(掌火的官)。《山海经·大荒东经》说:"王亥(商族祖先)托于有易仆牛,有易杀王亥,取仆牛。"史家一般解释为王亥驾着牛车到有易经商,被有易人所杀,财物被劫。这些是关于中国早期商业的一些传说。商代的商业已有一定的发展。史家多认为商业的"商"源于商族的"商",说明商族人是善于经商的。姜尚在遇周文王前曾"屠牛于朝歌,卖饮于孟津"①,也是一种经商活动。"如贾三倍,君子是识"②的诗句说明,西周的许多贵族因为商业能获取很高的利润而对经商感兴趣。

商业的发展产生了货币。本来作为装饰品和祭祀品的贝壳(一种学名为货贝的海贝)成了最早的货币之一。夏代可能已以贝为货币。商、周普遍使用贝币,还出现骨贝、石贝、玞(蚌)贝、铜贝等仿贝制品。贝的单位为"朋",一朋的贝数有2枚、5枚、10枚之说,近人一般认为是10枚。西周的青铜器铭文中记录的贝数最高为百朋,《诗经·小雅·菁菁者莪》中亦有"既见君子,锡(赐)我百朋"的话。此外,西周还以铜、布帛等为货币。铜是称量货币,已开始铸造铲形的铜币(后人称为"原始布")。

第二节　西周及西周前的重农思想

一、重农思想综述

农业是古代社会的决定性的生产部门,重农自然是最早出现的最普遍的经济思想。相传神农氏是农业的发明者,他"斫木为耜,揉木为耒,耒耨之利,以教

---

① 《史记》卷三二《齐太公世家》"吕尚盖尝穷困,年老矣"《索隐》引谯周语。
② 《诗经·大雅·瞻卬》。

天下"①。因此后世的农家以神农为其祖师,战国时就有"为神农之言者许行"②。《吕氏春秋·爱类》引"神农之教"说:"士有当年而不耕者,则天下或受其饥矣;女有当年而不绩者,则天下或受其寒矣。"西汉晁错引"神农之教"说:"有石城十仞,汤池百步,带甲百万,而亡(无)粟,弗能守也。"③这些话显然出于后人的附会,借神农来强调农业的重要性。

农业是深受时令影响的生产部门,重农必然要重视掌握农时。相传尧命羲仲、和仲等根据天象,"敬授人时"④。"人时"即民时,也就是农时。舜对十二牧(部落首领)说:"食哉,惟时。"强调了农时对粮食生产的决定性作用。周的始祖弃(后稷)曾担任舜的农官,舜曾向他交代任务说:"弃,黎民阻饥,汝后稷,播时百谷。"⑤夏朝的农时观念有很大发展,相传《夏小正》是反映夏朝每月农事活动的历法。商王盘庚赞扬商先王"鲜以不浮(胜)于天时"⑥,认为他们都能主动地掌握农时。《逸周书·月令》(已佚)、《诗经·国风·七月》也记载了一年的农事活动,反映了西周的农时观念。

保护生物资源思想同农时观念有联系。人类的生存,除了人工种植和饲养生物外,还要利用野生生物。生物有自己的成长规律,只有保证它们有一定生长时期,让它们能顺利成长,才能得到最有效的利用。中国很早就产生了保护生物资源的思想。周初,周公旦介绍"禹之禁"说:"春三月,山林不登斧,以成草木之长。夏三月,川泽不入网罟,以成鱼鳖之长。"⑦周文王也提出:"山林非时不升斤斧,以成草木之长。川泽非时不入网罟,以成鱼鳖之长。不麛(不捕小兽)不卵(不取鸟卵),以成鸟兽之长。"⑧

粮食是维持人们生命的最必需的农产品,粮食关系到国家和个人的存亡。相传夏禹就有关于积聚粮食的戒语说:"土广无守,可袭伐。土狭无食,可围竭。二祸之来,不称之灾。天有四殃,水旱饥荒,其至无时,非务积聚,何以备之……小人无兼年之食,遇天饥,妻子非其有也。大夫无兼年之食,遇天饥,臣妾舆马非其有也。"⑨

---

① 《周易·系辞下》。
② 《孟子·滕文公上》。
③ 《汉书》卷二四上《食货志上》。
④ 《尚书·尧典》。
⑤ 《尚书·舜典》。
⑥ 《尚书·盘庚中》。
⑦ 《逸周书·大聚》。
⑧ 《逸周书·文传》。
⑨ 《逸周书·文传》引《夏箴》。

《尚书·洪范》传为周灭商后,武王访问商贵族箕子,箕子告武王之辞。"洪范"意为大法。箕子在《洪范》中提出"农用八政",这八政是:"一曰食,二曰货,三曰祀,四曰司空(掌工程),五曰司徒(掌土地、人民),六曰司寇(掌刑),七曰宾(掌接待),八曰师(兵)。""八政"包括了治国的八个方面,但冠以"农"字,说明治国也就是治农。其中列于第一、二位的是"食"和"货",属于经济的内容。"食"指粮食,"货"指粮食以外的生活用品,主要是农产品①。由此可见,箕子把发展农业定为治国的首要任务。后来史书中以"食货"代表经济,即源于此。

《尚书·无逸》记载周公训成王的话,其中总结商朝灭亡的原因,指出商末几代商王都"生则逸,不知稼穑之艰难,不闻小人之劳,惟耽乐之从",只晓得吃喝玩乐。他称赞文王参加农业生产,"自朝至于日中昃(西斜),不遑暇食",连饭都顾不上吃。他告诫成王要"先知稼穑之艰难",继承这种传统。

统治者的重农,对农民来说就是艰苦地从事农业劳动。《诗经·七月》中显示了农民一年四季终日劳累,耕种收获了黍、稷、稻、麻、菽、麦、瓜果、蔬菜等,还要进行其他劳动,却过着"无衣无褐(粗麻布),何以卒岁"的贫困生活。

二、虢文公的籍礼论

每年春耕开始时,周王要举行籍礼。籍礼可能产生于商朝,殷墟卜辞就有"王大令众人曰协田"②的简单记载。西周末年宣王即位(前828年)后,"不籍千亩",即废除籍礼,卿士(执政的王卿)虢文公进谏,对籍礼的意义做了论述③。

虢文公指出:"夫民之大事在农,上帝之粢盛(祭品)于是乎出,民之蕃庶于是乎生,事之供给于是乎在,和协辑(聚)睦于是乎兴,财用蕃殖于是乎始,敦庞(丰足)纯固于是乎成。"意思是说:农业是扩大财富的起点,增加人口的条件,各种费用的来源,巩固统治秩序的根本。财富要从农业获取,对农业生产决不能放松。

关于籍礼,虢文公说在立春前九天就开始准备(准备的情况这里从略)。籍礼在籍田千亩上举行。在举行籍礼时,周王、百官、庶民都参加。先由"王耕一垅,班三之"。据三国时吴人韦昭注,"班三之"包括公三垅,卿九垅,大夫二十七垅。这些都是象征性的仪式,然后由"庶民终于千亩",进行真正的耕作。举行籍礼以后,紧张的农耕就开始了,"土不备垦,辟(罪)在司寇(由司寇治罪)"。于是

---

① 东汉班固在《汉书·食货志上》说:"《洪范》八政,一曰食,二曰货。食谓农殖嘉谷可食之物,货谓布帛可衣,及金刀龟贝,所以分财布利通有无者也。"这里的"货"包括货币,已不是《洪范》的原意。
② 中国社会科学院历史研究所:《甲骨文合集》第1册第1号(H0001),中华书局1999年版。
③ 《国语·周语上》。

"民用(农具)莫不震动,恪恭于农,修其疆畔,日服其镈(一种农具),不解(懈)于时",以求做到"财用不乏,民用和同"。农耕期间,"王事唯农是务",不能有干扰农功的"求利"举动,"三时(春、夏、秋季)务农而一时(冬季)讲武,故征则有威,守则有财"。

虢文公的必须举行籍礼的论述,并没有被宣王所接受。宣王三十九年(前789年)王师同姜氏之戎战于千亩而失败,史家即认为是种因于宣王的"不籍千亩"。

第三节 西周的其他经济思想

一、工商业思想

西周没有抑工商思想。司马迁在《史记·货殖列传》中引《周书》(已佚)说:"农不出则乏其食,工不出则乏其事,商不出则三宝①绝,虞不出则财匮少,财匮少而山泽不辟矣。"肯定农、工、商、虞(掌山泽,指开发山泽资源)都是社会所必需。

《逸周书·大匡》说周文王在程(在今陕西咸阳东)时,曾"告四方游旅",其中说:"津济道宿,所至如归。币租轻,乃作母以行其子。易资贵贱,以均游旅,使无滞。"这里的游旅包括商人,要对商人提供交易的方便。"币租轻,作母以行其子"的意思是说,如果货币太轻,可以铸造更重的货币(母),和轻币(子)一起流通。但文王时还没有铸币,这一史料并不可靠。

《逸周书·大聚》中也有周文王的商业政策,是周灭商后周公向武王介绍的。为了"来远宾",文王"乃令县鄙商旅曰:能来三室者,与之一室之禄。辟开修道,五里有郊,十里有井,二十里有舍。远旅来至关,人易资,舍有委(积)。市有五均,早暮如一。送行逆(迎)来,振(赈)乏救穷。"对商人和行旅的优惠政策说得更具体。来三家的由政府供给一家的费用,创造有利于他们居住的环境,以吸引人们到周地来。"五均"指管理市场的机构,使物价保持早晚一致。周公还介绍说:"工匠役工以攻其材,商贾趣(趋)市以合其用。外商资贵而来,贵物益贱,资贱物,出贵物,以通其器。夫然则关夷市平,财无郁废,商不乏资,百工不失其时,无愚不教,则无穷乏,此谓和德。"让工商业者自由经营,国外商人运来本地价贵的

---

① "三宝"的解释难以确定。《六韬·六守》太公曰:"大农,大工,大商,谓之三宝。"李埏认为"以农工商释'三宝'是适当的"(《不自小斋文存》,云南人民出版社2001年版,第433页)。

商品,可促使本地价贵的商品降低价格,国内价贱的商品则可以出口而成为贵物。这样可以使物价平稳,财物得到充分利用,商人有利可图,手工业者能不失时机地进行生产,不会有穷乏现象。

周灭商后,武王在文告中要商故都妹土(在今河南淇县)的居民认真种田,或者"肇(敏)牵车牛,远服(事)贾,用孝养厥(其)父母"①,使父母喜庆。说明民间的经商是受到西周统治者的鼓励的。

二、芮良夫的反专利论

周厉王(前877—前841年在位)准备以荣夷公为卿士,受到贵族们的反对。大夫芮良夫认为厉王信任荣夷公是王室将要卑微的表现。他批评荣夷公"好专利而不知大难",提出利不可专的理由说:"夫利,百物之所生也,天地之所载(成)也,而或专之,其害多矣。"他把利看成天地生成之物,好像财富的产生完全是大自然的恩赐,忽视了人类劳动的作用。他的逻辑是利既然来自天地,则不应由少数人所独占。这也是论辩的需要。

芮良夫进一步指出,实行专利政策"所怨甚多",将会影响周王的统治,使其不能长久。他说:"夫王人者,将导利而布之上下者也,使神人百物无不得其极(中),犹日怵惕(恐惧),惧怨之来也。""布利"和"惧难"使周的统治能维持至今,实行专利就不会那么太平了。"匹夫专利,犹谓之盗。王而行之,其归鲜(少)矣。"天子实行专利政策,归附的人就会很少。他预言"荣公若用,周必败"。

由于史书记载简略,难以知道"专利"的具体内容,或者是专山泽之利,或者是专工商之利,不能肯定。芮良夫主张最高统治者应该布利于上下,即调节好各种利益关系,这样才能巩固自己的统治。这是一种正确的主张。当然,在阶级社会中,不同阶级地位的人所获得的利益是不均等的,所以"布利"实际上主要是指利益在贵族之间的合理分配问题。

厉王不听芮良夫的谏阻,仍任荣夷公为卿士,果然诸侯都不来进献。厉王的暴虐统治,受到国人的批评。厉王命卫国巫师来监视批评者,一经告发,就予以处死。卿士召虎(穆公)进行劝谏,他说:"防民之口,甚于防川。"还用财富的生产为例说明不能禁止人民发表意见:"民之有口,犹土之有山川也,财用于是乎出;犹其原隰(低湿地)之有衍沃(平坦肥美土地)也,衣食于是乎生。"②有口就要讲话,就像有土地就会产生衣食财用一样,是禁止不了的。这比喻很有想象力,但

---

① 《尚书·酒诰》。
② 本目引文均见《国语·周语上》。

也忽视了劳动的作用。厉王仍不听。国人忍无可忍,终于起来斗争。厉王逃奔于彘(在今山西霍州东北),不久去世。

三、《周礼》中的经济思想

《周礼》又名《周官》,传为周公所作,也有人说是王莽时刘歆所伪造。近人一般认为成于战国时,也有人提出成于西汉说①。传世的《周礼》缺《冬官》,汉人以《考工记》并入。故我们看到的《周礼》实包含两部书。

《周礼》是一部关于西周国家制度的著作,它的思想体现在对国家制度的具体构想中。这些构想究竟有多少符合西周的实际情况,难以肯定。笔者将它的经济思想附于西周下,并不肯定其中所反映的一定是西周的思想。因为以后的经济思想有些要涉及此书,故先在这里提出,以便呼应。

《周礼》中有关于田制的记载。《周礼·司徒下》记载的田制从一夫开始:"凡治野,夫间有遂,遂上有径。十夫有沟,沟上有畛。百夫有洫,洫上有涂。千夫有浍,浍上有道。万夫有川,川上有路,以达于畿。"《周礼·考工记下》的记载则从"九夫为井"开始,以后也是十进位制:九夫为井,井间有沟;方十里为成,成间有洫;方百里为同,同间有浍。前者未明确说是井田,后者则明说是井田,但同孟子说的八家共井(见后)也不一样。这些记载都有传说和想象的成分。

《周礼》把人的职业分为九种。《周礼·冢宰上》:"以九职任万民:一曰三农,生九谷;二曰园圃,毓(育)草木;三曰虞衡,作山泽之材;四曰薮牧,养蕃鸟兽;五曰百工,饬化八材;六曰商贾,阜通货贿(财);七曰嫔妇,化治丝枲(麻);八曰臣妾,聚敛疏材(可食的草类根实);九曰闲民,无常职,转移执事。"九职中,对农业的划分过细,其实农业劳动有许多是一家人兼做的,分工并不那么明确。第九种闲民是失业者,有什么工作就做什么工作,常常变换职业。

《周礼·司徒下》有一套完整的市场管理制度。市场管理的指导原则是:"凡治市之货贿、六畜、珍异,亡(无)者使有,利者使阜,害者使亡,靡(奢侈品)者使微(少)。"市场上要实行"伪饰之禁",即禁止生产和买卖"伪饰"的商品,计在民者、在商者、在贾者、在工者各12种,但没有说明是哪些商品。市场要保持物价的稳定。商品价格由贾师(20肆设一贾师)按其规格、质量评定。发生灾荒时,贾师禁止抬高物价,使商品保持常价。卖不出去的商品,由泉府②按其价购买,标好

---

① 参见彭林:《〈周礼〉主体思想与成书年代研究》,中国社会科学出版社1991年版。
② 东汉郑众说:"故书'泉'或作'钱'。"(《周礼注疏》卷九)可见"泉府"本作"钱府",王莽时改"钱府"为"泉府"。

价,"以待不时而买者"。滞销商品不可能由政府包下来,这只能是一种理想。

中国传统的财政思想主张"量入为出",《周礼》尚无这一提法,但已经有这个意思。国家的财政收入有赋和贡,赋由王畿(方千里)内交纳;贡分为"邦国之贡"和"万民之贡",前者由诸侯国交纳。赋按其不同来源分为九种:"一曰邦中之赋,二曰四郊之赋,三曰邦甸之赋,四曰家削(稍)之赋,五曰邦县之赋,六曰邦都之赋,七曰关市之赋,八曰山泽之赋,九曰币余之赋。"第一至第六是按地区划分的:"邦甸"指距王城100里至200里的地区。"家削""邦县""邦都"依此类推,至500里为止。"币余之赋"郑玄说是对"末作"(西周尚无"末作"之称)的增赋。"邦国之贡"按其不同品种分为九种:"一曰祀贡,二曰嫔贡,三曰器贡,四曰币贡,五曰材贡,六曰货贡,七曰服贡,八曰斿(游)贡,九曰物贡。"赋、贡的收入实行专项专用,九赋的用途有九式:"一曰祭祀之式,二曰宾客之式,三曰丧荒之式,四曰羞服之式,五曰工事之式,六曰币帛(礼品)之式,七曰刍秣(牛马食料)之式,八曰匪(分)颁(分赐群臣)之式,九曰好用(宴好赐予)之式。"①

九赋和九式具有对应关系:"关市之赋,以待王之膳服;邦中之赋,以待宾客;四郊之赋,以待稍秣;家削之赋,以待匪颁;邦甸之赋,以待工事;邦县之赋,以待币帛;邦都之赋,以待祭祀;山泽之赋,以待丧纪;币余之赋,以待赐予。"贡的用途为:"凡邦国之贡,以待吊(凶礼)用。凡万民之贡,以充府库。"②式、贡使用后的余财,则供"玩好之用"。显然,这种财政收支的划分,理想的成分居多。

《周礼》还提出以下的税收政策:"凡任地,国宅无征,园廛(chán)二十而一,近郊十一,远郊二十而三,甸、稍、县、都皆无过十二,唯其漆林之征二十而五。"官府房屋不征税,其余征税标准,园地和民房5%,漆林25%,地区按远近实行差别税率,分别为10%、15%和20%。近地税轻是因为负担的徭役比远地多。"凡宅不毛者有里布。凡田不耕者出屋粟。凡民无职事者出夫家之征。"③"宅不毛"指住宅旁不种桑麻。对不种桑麻、有田不耕和无职业的人都要额外征税。"里布"的布,郑众释为布质的货币:"布参印书,广二寸,长二尺,以为币,贸易物。"郑玄则释为"泉",即钱。据此解释,则"布"即布币(一种铜铸币,见后)。但西周还只有原始布,而"原始布"的名称当时还没有出现。如果"里布"确是指布币,则正好证明《周礼》的晚出。对不生产者征税是一种经济制裁,是古人懂得以赋税为杠杆来促进经济发展的一种表现。

---

① 《周礼·冢宰上》。
② 《周礼·冢宰下》。
③ 《周礼·司徒下》。

在发生灾荒时,政府要实行救荒政策,简称"荒政"。《周礼》提出"以荒政十有二聚万民:一曰散利(贷种食),二曰薄征,三曰缓刑,四曰弛力(减徭役),五曰舍禁(去禁令),六曰去几(关市不讥查),七曰眚礼(省吉礼),八曰杀哀(减哀礼),九曰蕃乐(闭藏乐器),十曰多昏(不备礼而婚者多),十有一曰索鬼神(求祀鬼神),十有二曰除盗贼。"①这是中国最早归纳的救荒办法,有些成为历代救荒的常法。《周礼》又说:"国凶荒札(瘟疫)丧,则市无征而作布。"②在发生大灾害时,免收市税而"作布",这里的"布"更像是指布币。"作布"即铸造布币用于救济。

《周礼》还提出:"以保息六养万民:一曰慈幼,二曰养老,三曰振穷,四曰恤贫,五曰宽疾,六曰安富。"③"保息"即保养蕃息。保息的对象,前五条都为有某种困难的人,第六条则为富人。"安富"后人亦称"保富",主张保护富人的人往往引《周礼》为根据。

《周礼》中的泉府除征市税和收购滞销商品外,还实行赊贷;"凡赊者,祭祀无过旬日,丧纪无过三月。凡民之贷者,与其有司辨而授之,以国服为之息。"④赊和贷有区别:前者是消费性贷款,所以不收息,祭祀10日内归还,办丧事三个月内归还;后者是经营性贷款,有收入,所以要收息。"以国服为之息",郑众说是以所借者之国的出产为息,如其国出丝絮,就以丝絮为息。郑玄说是"以其于国服事之税为息",即按所在地的税率定利率。

---

① 《周礼·司徒上》。
② 《周礼·司徒下》。
③ 《周礼·司徒上》。
④ 《周礼·司徒下》。

第二章 春秋时期的经济思想

（前770—前476年）

第一节 春秋时期的政治和经济

一、地主制封建生产关系的形成和权力的转移

公元前771年，周幽王被杀，西周亡。次年，周平王在诸侯的帮助下东迁雒邑（今河南洛阳），史称东周。东周又分为春秋、战国两个时期。

春秋时期，名义上还有一个周天子，但失去了共主的地位。有些诸侯打出"尊王攘夷"的旗号，曾相继地成为霸主。然而好景不长，各诸侯国的政权又纷纷转入各国的大夫手中。"《春秋》之中，弑君三十六，亡国五十二，诸侯奔走不得保其社稷者不可胜数。"① 这一权力的更换，反映了土地制度的深刻变化。

诸侯独立性的加强改变了"溥天之下，莫非王土"的观念，他们不再承认周王是唯一的土地所有者。各级贵族都视自己占有的土地为私产，而且力求扩大自己的占有。《左传》中有关土地占有关系的记载有数十起，有夺田、赐田、易田、还田、贿田、争田等。因土地占有而起的纠纷时有发生，严重的就会发生战争。如公元前718年，宋国夺了邾国的田，触发了郑、邾联合对宋的战争②。随着生产技术的提高，铁制农具的使用，牛耕的推广和水利的兴修，除原有的耕地外，人们还开垦了许多新的耕地，这些都成为开垦者的私田。有些占有较多私田的人，把私田分给农民耕种，收取地租，从而产生了地主制的封建生产关系。农业劳动者既有分耕地主土地的佃农，还有受雇于地主的雇农。公元前548年齐国内乱，齐庄公被杀，近臣申鲜虞逃到鲁国，"仆赁于野"③，就成为雇农。

土地制度的演变，使有些诸侯国不得不在政策上做一些调整。齐国的管仲实行了"相地而衰（差）征"的政策（见后）。公元前645年，秦晋交战，晋军失败，

---

① 《史记》卷一三〇《太史公自序》。
② 《左传》隐公五年。
③ 《左传》襄公二十七年。

晋惠公成了俘虏。晋国为了激励士气,"作爰田"①。史学界对"作爰田"并无一致的解释,可能是承认开垦荒地者对私田的所有权。公元前594年,鲁国实行"初税亩"②,开始对私田按亩征税。私田既要纳税,也就获得了合法地位。公元前548年,楚国蒍掩为司马,全面调查楚国各种不同类型的土地及山林、薮泽等的物产,"量入修赋,赋车籍(税)马,赋车兵、徒兵、甲楯之数"③。这自然包括对私田的整理,使其纳入"量入修赋"的范围,以增加政府的财政收入。

郑国的子产是被孔子称为"其养民也惠"④的政治家。公元前563年,郑国执政子驷"为田洫"⑤,司氏、堵氏、侯氏、子师氏丧田,导致一场政变,子驷和司马子国、司空子耳被杀。公元前543年,子产执政,使"田有封洫,庐井有伍",对土地进行整理。推行这一政策的第一年,人们担心自己的土地被没收,恨不得杀掉子产。但三年后舆论大变,人们说:"我有子弟,子产诲之;我有田畴,子产殖之。"⑥还怕子产死后政策不能继续。从中可以看出子产实行了承认私田所有权的政策。公元前538年,子产"作丘赋"⑦,按一定土地面积征收军赋。这是一次加赋措施,受到国人的批评,子产说有利于社稷的事,一定要做。公元前536年,郑国"铸刑书",将刑律铸在鼎上。晋国大夫叔向致书子产提出批评,认为公布刑书后"民知争端矣,将弃礼而征于书"⑧。子产回信表示他这样做是为了救世,只能如此。

春秋后期,有些诸侯国的权力渐向大夫转移。鲁国的大夫季孙氏、叔孙氏、孟孙氏在公元前562年掌握了鲁国的三军,"三分公室而各有其一"⑨,由三家各统率一军。公元前537年,三家又"四分公室"⑩,瓜分了公室的土地,季氏独得二份,由他们征税,再贡于昭公。公元前517年,鲁昭公出兵攻打季平子,反而被三家赶跑,死于齐国。鲁国虽然仍存在,但鲁君只能听命于三家。

齐国的权力逐渐归于大夫陈(田)氏。当时齐国的赋役很重,"民参(三)其力,二入于公,而衣食其一",人民的劳动收获有三分之二被公室所榨取。国君仓

---

① 《左传》僖公十五年。
② 《左传》宣公十五年。
③ 《左传》襄公二十五年。
④ 《论语·公冶长》。
⑤ 《左传》襄公十年。
⑥ 《左传》襄公三十年。
⑦ 《左传》昭公四年。
⑧ 《左传》昭公六年。
⑨ 《左传》襄公十一年。
⑩ 《左传》昭公五年。

库里的财物朽坏,粮食被虫蛀,而"三老(80 岁以上的老人)冻馁(饿)",得不到救济。许多人被贵族残暴地砍断了足,以致市场上出现了"屦(鞋)贱踊(假腿)贵"的现象。大夫陈桓子则反其道而行之。他"以家量贷,而以公量收之",家量大,公量小,即多贷少收。他家在市场上出卖的山木和海产,价格仍同原产地。田氏用这些办法争取民心,扩大势力,孤立公室,结果人民"爱之如父母,归之如流水"①。后来他的儿子陈僖子、孙子陈成子仍袭用这些办法,先后消灭了高、栾、鲍、崔、庆、晏等十余支大贵族。公元前 481 年,陈成子杀齐简公,立平公,控制了齐国。

晋国在春秋后期也进入了衰世。"庶民罢(疲)敝,而宫室滋侈。道殣(饿死于路)相望,而女富溢尤。民闻公命,如逃寇仇。"②原来的栾、郤、胥、原、狐、续、庆、伯等八家贵族都已沦落,由魏、赵、韩、范、知与中行氏等六家贵族(六卿)掌握实权。公元前 513 年,赵简子等"铸刑鼎",在鼎上公布范宣子所写的"刑书"③。公元前 493 年,赵简子率兵同支持范氏、中行氏的郑国作战,用"上大夫受县,下大夫受郡,士田十万,庶人工商遂(上升为士),人臣隶圉免(免除奴隶身份)"④的办法奖励军功。公元前 490 年,赵氏击败范氏、中行氏。

二、商品经济的发展和货币流通

春秋时期仍没有抑商思想,卫文公(前 659—前 635 年在位)实行"务材训农,通商惠工"⑤等政策,晋文公(前 636—前 628 年在位)实行"轻关易道,通商宽农"和"工商食官"⑥等政策,对商业都突出了一个"通"字。为了通商,必然要保护商人的利益,郑国表现得尤为突出。

郑桓公受封于周宣王时,封地在今陕西地区。幽王时,桓公决定东迁,在今河南地区建立新郑国。东迁时带来许多商人,参与了开辟新地区的工作。郑国国君和商人"世有盟誓,以相信也,曰:'尔无我叛,我无强贾,毋或匄夺。'"⑦商人不能背叛郑国,郑国统治者也不能强买或强夺商人的财物,对商人的经营和财宝不予过问。直到子产执政时,仍遵守这一盟誓。公元前 526 年,晋国韩起(韩宣

---

① 《左传》昭公三年。
② 同上。
③ 《左传》昭公二十九年。
④ 《左传》哀公二年。
⑤ 《左传》闵公二年。
⑥ 《国语·晋语四》。
⑦ 《左传》昭公十六年。

子)出使郑国,发现有一和自己的玉环配套的玉环。他先向子产索取,子产以非官府之物而拒绝。韩起又向商人购买,议定价钱后商人说还要报告"君大夫"。韩起再向子产提出,子产就说了先君和商人的盟誓,仍不予支持。韩起只得放弃玉环。可见郑国一直采取不干预商人的政策。郑国的商人也有很强的爱国心。公元前627年,商人弦高到周地去经商,路遇袭郑的秦兵,便一面假托君命犒劳秦军,一面派人回国报告。秦军以为郑国已有准备,灭滑国后便退兵①。

农业和手工业的发展,统治者对工商业的支持,加上土地成为买卖对象这一重要因素,使春秋时期的商业和商品经济有了很大的发展。市场日益扩大,商品种类繁多。除众多的小商贩外,还产生了一些大商人。晋国绛(今山西曲沃西南)之富商"能金玉其车,文错其服,能行诸侯之贿(结交诸侯)"②。越国的大夫范蠡在越灭吴后弃官经商,成为著名的大商人。孔子的学生子贡在曹、鲁之间经商,"结驷连骑,束帛之币(礼物)以聘享诸侯,所至,国君无不分庭与之抗礼",孔子也靠他而"名布扬于天下"③。商品经济的发展,初步形成了反映市场规律的商业经营理论。

手工业和商业的兴盛,使城市也相应地得到发展。春秋前期的都城一般都不大。诸侯国的国都周围不过900丈,卿大夫的都邑大的300丈,小的只有百余丈。一邑的住户一般不过千室,最小只有10室。春秋后期,城市规模扩大,人口增多,各国出现了许多大城市。"三里之城,七里之郭"④成为城市的一般概念。大城市中商贾云集,贸易繁盛,是各国商品交换的中心。

商品流通要以货币为媒介,商业的发展促进了货币的发展。春秋时期的货币有铜、金、银、布帛等。铜既保留秤量货币(亦作"称量货币")的形式,也已经产生了铸币。因为农具是人们普遍需要的商品,故最早的铜铸币就模仿铲形农具的形状。上一章提到的原始布就是一把微型铲。原始布至春秋时逐渐变形,但大体上仍保持铲形,称为"布币"。因这种布币上端有方孔,就像农具铲上端有孔可以纳柄一样,故称为"空首布"。空首布按其形状又可分平肩弧足空首布、耸肩尖足空首布、斜肩弧足空首布三大类,流通于春秋时期中原地区晋、卫、郑、宋等国。有些空首布已分为大小两个等级。1974年在河南还出土银布币18件⑤。

铲形币为什么叫"布币"?一般的解释,"布"是农具"镈"的同音假借字。《诗

---

① 《左传》僖公三十三年。
② 《国语·晋语八》。
③ 《史记》卷一二九《货殖列传》。
④ 《墨子·非攻中》《孟子·公孙丑》等。
⑤ 河南省博物馆扶沟县文化馆:《河南扶沟古城村出土的楚金银币》,《文物》1980年第10期。

经·周颂·臣工》:"庤(准备)乃(你的)钱镈。""钱"和"镈"都是农具。因为铸币从仿农具开始,所以"钱"字又转成了货币义,而和"镈"同音的"布"则成为铲形币的名称。由于"布"又可能是布帛之布,春秋战国古籍中的"布"字有时难以确定是布币之布还是布帛之布,《周礼》中的"布"就是一例。

除布币外,还有刀币,由刀、削(一种小刀)演变而成,仍具刀形。一种称"尖首刀",一般认为始铸于春秋时的燕国。另有齐国的刀币,有学者认为始铸于春秋时,也有学者认为始铸于战国时。

1986年以来,浙江绍兴陆续有戈形青铜铸件出土,总数达数千枚,研究者认为可能是春秋时越国的铜铸币①。

第二节 早期的义利论和劳心劳力论

一、义利论

义利论是关于道德规范和物质利益的关系及人们如何对待两者的理论。它起源于春秋时,萌芽于孔子之前。这时的义利论可以称之为早期的义利论。

义是一种道德规范。道德规范不限于义,但用来同利相对举的主要是义。《礼记·中庸》:"义者宜也"。这就是说,对社会来说是适宜的思想和行为就是义。在阶级社会中,义具有阶级性,符合统治阶级的利益。但另一方面,任何一个社会总有社会的共同利益,因此义又反映社会的共同利益。

利是各种利益的泛称,主要是指经济利益或物质利益。经济利益有集体利益(阶级利益也是一种集体利益)和个人利益之分。中国古代往往把利看成是个人利益,从这个意义上说,利就成了义的对立面。

关于义利关系,在孔子前有以下几种概念性的论述。

(1) 晋国大夫丕郑说:"义以生利,利以丰民。"②
(2) 晋国大夫里克说:"夫义者,利之足(脚)也……废义则利不立"③。
(3) 晋国大夫赵衰说:"德、义,利之本也。"④
(4) 楚国大夫申叔时说:"义以建利"⑤。

---

① 陈浩:《试论越国的仿戈青铜铸币》,《中国钱币》1996年第4期。
② 《国语·晋语一》。
③ 《国语·晋语二》。
④ 《左传》僖公二十七年。
⑤ 《左传》成公十六年。

(5) 鲁成公之母穆姜说:"利,义之和也……利物足以和义"①。

以上五条可以分为两类。前四条为一类,认为利产生于义。第一条说按照义的要求去做可以得到利。第二条说利要靠义来支撑,没有义也就没有了利。第三条说义是利的根本,没有了根本自然不会有由它派生的利。第四条说利要靠义来建立。这四条又可以用第一条即"义以生利"来代表。义以生利否定了利的本源性,好像经济利益产生于政治、道德原则。这是对真实关系的颠倒。但撇开本源性问题,则义以生利又是处理义利关系的一个正确原则。因为大家都讲义,人们的相互关系协调得好,社会得到稳定,人们就能获得与其社会地位相当的一份利益,这不就是义以生利吗?由于社会地位的不平等,人们从义以生利的利中获得的利益也是不均等的,社会地位越高,获得的利益越多。这又反映了义以生利命题的阶级性。

第五条是穆姜说的。穆姜因企图废其子成公,被迁居于东宫。公元前564年她在死前问卜,得随卦。《周易》随卦的卦辞为"元、亨、利、贞,无咎"。穆姜进行了分析,其中有这两句。她分析的结果是自己不可能"无咎"。她的分析又见于《周易·乾传·文言》("利,义之和也"作"利者,义之和也")。《文言》晚出②,因为《周易》影响大,故后人涉及这几句话时都引《文言》。

除上述概念性的论述外,还有周襄王时的大夫富辰也有关于义利的理论。公元前636年,周襄王决定借狄族兵攻打郑国。富辰进行谏阻③。他指出周和郑是兄弟之国,郑又对周有功,让狄兵伐郑,"利乃外矣"。这样做有三失德:不义,不祥,不仁。他说:"夫义所以生利也,祥所以事神也,仁所以保民也。不义则利不阜(厚),不祥则福不降,不仁则民不至。"襄王不听谏阻,又以狄女为后。富辰又说:"夫婚姻,祸福之阶也。由之利内则福,利外则取祸。今王外利矣,其无乃阶祸乎?"利如何分内外?富辰说,君王要有七德:尊贵,明贤,庸(用)勋(功),长老,爱亲,礼新,亲旧。做到这七德,就能使"民莫不审固其心力以役(为)上令",人人"奉利而归诸上",这就是利内。而襄王的伐郑及娶狄后却是"一举而弃七德",就会使人民"各以利退,上求不暨(至)",这就是利外。不久,果然发生了狄族侵周的事,富辰亦死于此难。

富辰的论述中,也谈到义以生利,还将利分为利内和利外。内外的区别既有宗族的因素,又有道德的因素。最后则归结到对谁有利的问题,利内对统治者有

---

① 《左传》襄公九年。
② 《春秋左传注》作者杨伯峻说:"穆姜非引《文言》,乃《文言》作者袭用穆姜语。"
③ 《国语·周语中》。年份据《左传》僖公二十四年。

利,利外对统治者不利,明白地显示了义以生利的阶级实质。

二、劳心劳力论和利民、养民思想

劳心、劳力的分工是人类进入阶级社会后的最基本的分工,反映了统治者和被统治者阶级地位的划分。中国在孔子之前,对这一分工也已经有了概念性的论述。

(1) 鲁国曹刿说:"君子务治而小人务力。"①
(2) 周王族刘康公说:"是故君子勤礼,小人尽力。"②
(3) 晋国大夫知䓨说:"君子劳心,小人劳力,先王之制也。"③

以上论述都是君子、小人对举。君子是统治者,"务治""勤礼""劳心",从不同的角度说明了统治者的职责。"务治"就是专心于统治和管理,"勤礼"是统治和管理所依据的准则,"劳心"则是统治和管理活动的性质。小人是被统治者,他们的职责就是尽力劳动。

对一个好的统治者来说,应该做到关心人民的利益,这叫作"利民"。公元前706年,楚国攻打随国,用疲弱士兵来引诱随国出战。随侯拟出兵,被贤人季梁劝止。他谈到:"上思利民,忠也。""夫民,神之主也,是以圣王先成民而后致力于神。"民是要从事生产的,因此不能妨碍农时。"故务其三时,修其五教(父义、母慈、兄友、弟恭、子孝),亲其九族,以致其禋祀(祭祀),于是乎民和而神降之福,故动则有成。"④这是季梁对利民的理解,利民的结果仍符合统治者的利益。随侯接受了他的意见,"惧而修政",楚国也不敢来犯了。

养民是中国经济思想史的重要范畴之一。中国古代的思想家普遍主张政府有养民的责任。养民不是说由政府来养活人民,而是指给人民以适宜的生存条件,实行使人民有适当生活手段来养活自己的政策。在中国古籍中,最早提出养民观点的是春秋时的邾(今山东邹县)文公。公元前614年,邾文公卜迁于绎,史官说迁绎"利于民而不利于君"。文公说:"苟利于民,孤之利也。天生民而树之君,以利之也。民既利矣,孤必与焉。"认为上天立君的目的是要利民,只要对民有利,即使对君不利也应该迁都。左右说不迁都可以使他命长,文公又说:"命在

---

① 《国语·鲁语上》。
② 《左传》成公十三年。
③ 《左传》襄公九年。
④ 《左传》桓公六年。

养民。死之短长,时也。民苟利矣,迁也,吉莫如之!"①仍决定迁都。左右说不迁可以命长,是生命的"命",邾文公将它转换为天命的"命",引申出"命在养民"的命题,即天命要求国君养民。这充分反映出邾文公对养民的重视。

第三节 管仲和晏婴的经济思想

一、管仲的经济思想

管仲(? —前645年),又称管敬仲,名夷吾,颍上(颍水之滨)人。曾和鲍叔牙一起经商。先事齐国公子纠。公元前685年公子小白即位(齐桓公),杀公子纠。经鲍叔牙推荐,桓公任管仲为卿。管仲辅佐桓公40年,使他成为春秋的第一位霸主,"九合诸侯,一匡天下"②。托名管仲的著作为《管子》。此书情况复杂,另有专节讨论。以下管仲的经济思想以《国语·齐语》为据。

管仲在中国历史上第一次将人们按职业划分为士、农、工、商四民。他主张四民"勿使杂处",说:"昔圣王之处士也,使就闲燕③;处工,就官府;处商,就市井;处农,就田野。"为此,管仲采取三其国而伍其鄙的措施。三其国是将国都划分为士、工、商三部分共21乡,其中士乡15,工、商之乡各3。从"处工就官府"来看,当时的手工业者还是奴隶身份。五其鄙是将农村划分为五属,都是农业人口。他还主张做到士之子恒为士,工之子恒为工,商之子恒为商,农之子恒为农。

管仲对四民分别提出了职业要求。士要做到"父与父言义,子与子言孝,其事君者言敬,其幼者言弟(悌)"。农要根据农时耕作,使用适当的农具;冬天"击草除(治)田,以待时耕";耕作时,要"深耕而疾耰(覆盖种子)之,以待时雨";时雨既至,拿起各种农具,"以旦暮从事于田野","脱衣就功,首戴茅蒲,身衣袯襫(蓑衣),沾体涂(泥)足,暴其发肤,尽其四支(肢)之敏"。工要"审其四时,辩其功(牢)苦(脆),权节其用,论比协(和)材,旦暮从事,施于四方"。商要"察其四时,而监(视)其乡之资,以知其市之贾(价),负任担荷,服牛(牛车)轺马(马车),以周四方,以其所有,易其所无,市贱鬻(卖)贵,旦暮从事于此"。

管仲认为,四民分别集中居住的好处,一是便于传授职业道德和技能,"是故其父兄之教不肃而成,其子弟之学不劳而能";二是安心于继承父兄的职业,"少

---

① 《左传》文公十三年。《尚书·大禹谟》提到"政在养民"。《大禹谟》是伪古文《尚书》,故不能作为最早出现"养民"的根据。
② 《史记》卷六二《管晏列传》。
③ 三国吴韦昭将"闲燕"释为清净,郭沫若在《管子集校·小匡》中将"闲燕"释为乡校。

而习焉,其心安焉,不见异物而迁焉"。这样就能做到"士之子恒为士","农之子恒为农","工之子恒为工","商之子恒为商"。

从管仲的国、野编制推算,当时齐国共 492 000 家,其中士 3 万家,农 45 万家,工、商各 6 000 家。士约占 6.1%,农约占 91.5%,工、商各约占 1.2%。

在社会动荡和分化时期,管仲企图定四民之居,使人们保持职业世袭制,至多只能奏效于一时。土地、贫富、人口等因素都是经常变动的,管仲企图使它们凝固不动,只能是一种美好的愿望。他的这一主张即使当时已经付诸实施,也不可能长期坚持下去。

在农业方面,管仲提出了一些改革措施。最重要的是"相地而衰(差)征",即按照土质的好坏、产量的高低来确定赋税征收额。这是贯彻合理负担的措施,调整了土地所有者之间的实际收入。土质差、产量低的土地所有者不会因赋税负担过重而破产、逃亡,或进行反抗斗争。因此管仲说:"相地而衰征,则民不移。""相地而衰征"如果包括私田,则是春秋时最早承认私田的国家了。

管仲还指出:"山泽各致其时,则民不苟。陆、阜、陵、墐(沟上的路)、井(井田)、田(谷田)、畴(麻田)均,则民不憾。无夺民时,则百姓富。牺牲(家畜)不略(掠),则牛羊遂(长)。""山泽各致其时"是为了保护生物资源,何时可砍伐树木,何时可捕捉鸟兽鱼虾,都有时间的规定,这样人民就不会求苟得。各种土地分配合理,人民就不会怨恨政府。"无夺民时"是不要在农忙时征发徭役,可以保证农业的劳动时间。管仲说这样可使"百姓富"。"百姓"在西周是指贵族,管仲也应该是这个意思,则无夺民时可保证掌握土地的贵族富裕。随意掠夺家畜影响家畜的繁殖,对经济发展不利,所以对家畜要进行保护,使其得以顺利成长。管仲的这些政策主张对社会的稳定和农业的发展是有积极作用的。

关于保护生物资源思想,上一章已有谈到。史书记载管仲的话极简单,想必当时也有具体的政策。管仲以后,有鲁国大夫里革发表保护生物资源的议论,可以作为春秋时保护生物资源思想的代表。鲁宣公(前 608—前 591 年在位)在夏天于泗水上张网捕鱼,大夫里革将网丢弃,向宣公指出:春天是鸟兽孕育的时节,而鱼类已经长成,这时兽虞(官名)要禁止张网捕鸟兽,但允许捕捞鱼鳖。夏天鸟兽已经长成,而鱼类正在孕育,这时水虞(官名)要禁止捕捞鱼鳖,但允许捕捉鸟兽。他又说:"且夫山不槎(斫)蘖(树芽),泽不伐夭(初生草木),鱼禁鲲(鱼子)鲕(鱼苗),兽长麑(幼鹿)䴠(幼麋),鸟翼(成)鷇(雏鸟)卵,虫舍蚔蝝(蚁卵),蕃庶物也,古之训也。"[①]他批评宣公在鱼的孕育时节设网捕鱼,是"贪无艺(极)"的表

---

① 《国语·鲁语上》。

现。宣公接受了里革的劝谏,命有司将这网保存,以示不忘。里革说他所讲的是"古之训",可见其由来已久。对未成长的生物进行保护以防止生物资源的枯竭,是中国古代思想的一个优良传统。

司马迁在《史记》中多次将管仲和"轻重"联系起来。《齐太公世家》说管仲"设轻重鱼盐之利";《管晏列传》说管仲"贵轻重,慎权衡";《平准书》说"齐桓公用管仲之谋,通轻重之权"。他这样说是根据《管子》书。在《国语·齐语》中,关于管仲商业政策的记载极简单:"通齐国之鱼盐于东莱(莱夷族),使关市几(讥)而不征,以为诸侯利"。开展对外贸易,关市只要进行查察而不征税。此外,管仲还采取用甲、盾和铜赎罪的办法来扩大这些战略物资的来源。美金(优质铜)用来铸造兵器,恶金(劣质铜)用来铸造农具。实行这一政策后,齐国"甲兵大足"。

二、晏婴的幅利论和节用、薄敛思想

晏婴(？—前 500 年),字平仲,春秋末年齐国夷维(今山东高密)人。历任灵公、庄公、景公的卿。严于律己,以节俭著称。"既相齐,食不重肉,妾不衣帛。"[①]他用自己的收入帮助他人,"亲戚待其禄而衣食五百余家,处士待而举火(烧饭)者亦甚众"[②]。晏婴为卿时,正是齐国大夫陈氏势力日益强大的时期。晏婴明知齐景公实行暴政,人民痛苦不堪,陈桓子得到了人民的拥护,但他仍尽力维护公室的统治,希望景公改善自己的统治,同陈氏争夺民心。晏婴的言行《左传》有记载。另有《晏子春秋》,是后人依托晏婴之作,详细记述了晏婴的事迹,约成于战国时。

晏婴对同时代的孔子并不欣赏,认为孔子"其道不足以示世,其学不可以导众"[③]。他主张以礼治国,认为能够同陈氏对抗的只有礼。他说礼是"先王所禀于天地以为其民"的,"礼之可以为(治)国也久矣,与天地并"。礼能使"家施(施惠)不及国,民不迁,农不移,工贾不变,士不滥(失职),官不滔(倨慢),大夫不收公利";又能使"君令,臣共(恭),父慈,子孝,兄爱,弟敬,夫和,妻柔,姑慈,妇听"[④]。这样原有的上下等级关系就能够维持下去,陈氏也不会和国君争夺权力了。

晏婴的义利论可称为"幅利论"。"幅"是布帛的边幅,"幅利"是指人们获得

---

① 《史记》卷六二《管晏列传》。
② 《晏子春秋》刘向叙录。
③ 《墨子·非儒下》。"示"原作"期",据《晏子春秋·外篇下》改。
④ 《左传》昭公二十六年。

物质利益要有一个界限,就像"布帛之有幅"一样,不能漫无限制。他提出的界限不是别的,就是德和义。

公元前545年,专齐国国政的大夫庆封被逐,景公召还逃亡在外的群公子,归还封邑。同时赐给晏婴邶殿60邑,晏婴不肯接受。他解释不接受的理由说:人不能足欲,"足欲,亡无日矣"。庆氏的邑已足欲,结果逃亡在外,连一个邑都得不到。所以自己这样做不是"恶富",而是害怕"失富"。他说:"且夫富,如布帛之有幅焉。为之制度,使无迁也。夫民,生厚而用利,于是乎正德以幅之,使无黜(不足)嫚(过多),谓之幅利。"①他不敢贪多,就是要用德这个"幅"来限制自己。也就是说,对待个人利益问题,要用德来衡量一下该不该得,不该得的就一定不能得。

公元前532年,齐国贵族陈、鲍氏和栾、高氏争斗。栾、高败,土地、财产被陈、鲍瓜分。晏婴劝陈桓子说:"让,德之主也。让之谓懿(美)德。凡有血气,皆有争心,故利不可强,思义为愈。义,利之本也。蕴(蓄)利生孽(害)。"②要求陈桓子以让为美德,见利思义,不要因取利而受祸害。这是要用幅利论来限制贵族的求利活动。陈桓子接受了他的劝告,将消灭栾、高氏分得的土地和财物上交给齐景公,还将自己原来占有的部分土地分给齐国的诸公子公孙,用粮食救济贫穷孤寡的人。这样做的结果,和晏婴强公室的主观愿望相反,陈桓子反而因得民心而更加强大。对陈桓子来说,这正是一次义以生利的体现。

在经济政策上,晏婴主张开放山泽资源,反对到处设官把守;主张薄敛,反对"征敛无度"③;主张节俭,反对统治者的奢侈淫乐。据《晏子春秋·内篇问上》,他还提到了"均贫富"。当齐景公问他"古之盛君"如何行事时,晏婴说:"其取财也,权有无,均贫富,不以养嗜欲。"这里的"均贫富"不是指平均财富,而是指盛君的取财,即国家的征收赋税要根据人民的有无、贫富情况,做到合理负担,不能为了满足统治者的嗜欲而任意进行搜括。中国的"均贫富"一词首见于此。

因晏婴的不断讽谏,齐景公有时也在政策上做些调整。公元前522年,晏婴向景公指出齐国当时已面临"民人苦病,夫妇皆诅"的局面,景公因此实行了"宽政,毁关,去禁,薄敛,已责(取消债务)"④等政策。但是,局部的改良改变不了社会历史发展的必然趋势。晏婴死后不久,陈氏就掌握了齐国的政权。

---

① 《左传》襄公二十八年。
② 《左传》昭公十年。
③ 《左传》昭公二十年。
④ 同上。

第四节 单旗和计然的经济思想

一、单旗的子母相权论

单旗(穆公),春秋末年人,周景王、敬王的卿士。曾支持周敬王平定王子朝夺取王位之乱。周景王二十一年(前524年),"将铸大钱",单旗表示反对,提出了他的子母相权论。这是中国最早的货币理论。

子母相权论从货币的职能谈起。单旗说:"古者天灾降戾(至),于是乎量资(物资)币,权轻重,以振(拯)救民。""量资币,权轻重",即用货币来衡量商品的价值,说的是货币的价值尺度职能;"振救民",即用货币来购买粮食救济穷人,说的是货币的流通手段职能。"价值尺度和流通手段的统一是货币。"①单旗对这两个货币的首要职能,都已接触到了。

接着,单旗指出:"民患轻,则为作重币以行之,于是乎有母权子而行,民皆得焉。若不堪重,则多作轻而行之,亦不废重,于是乎有子权母而行,小大利之。"这是说,钱币分量的轻重应视流通的情况而定。如果商品的价格水平高,人们感到原来流通的钱币太轻,因而购买力太低,则要铸造分量重的钱币,和原来的轻币按一定的比价同时流通,这叫作"母权子而行"。如果商品的价格水平低,人民感到原来的钱币太重,因而购买力太高,则要铸造分量轻的钱币,和原来的重币按一定比价同时流通,这叫作"子权母而行"。这是指市场上原来只有一种钱币流通的情况。如果原来市场上已经有子母相权的两种钱币流通,则应根据市场的需要情况,随时多铸轻币或多铸重币,以保证和商品流通的需要相适应。这在货币理论上是正确的。

然后,单旗提出了反对铸大钱的理由说:"今王废轻而作重,民失其资,能无匮乎?""废轻"是将原来流通的轻钱作废。轻钱作废以后,所含的金属还在,为什么说是"民失其资"呢?这是因为,在货币由国家垄断铸造,或虽不是垄断铸造,但铸造数量不多的情况下,钱币的流通价值可能高出它所含金属的实际价值很多。其超出部分又可分解为两部分:一是铸造费,二是超过金属价值和铸造费的纯增加值。这种钱币一作废,就会丧失其超值部分,只剩下金属含量的价值,造成钱币持有者很大的经济损失。春秋末年布币的流通价值必然是大大高于含铜量的价值的,一旦作废就使它丧失了大部分价值,单旗所说的"民失其资"就属于

---

① 马克思:《政治经济学批判》,《马克思恩格斯全集》第13卷,人民出版社1962年版,第113页。

这种情况。至于另铸分量较重的钱币,相对于其含铜量来说,也必然是超值的。所造钱币的分量越重,超值的比例越大。它是王室手中的购买手段,用它来进行不等价交换,低价收购商品或民间藏铜(作废后的铜币也视作铜),收购来的铜则再铸成大钱投入流通。所以,"废轻而作重"是为了加强对人民的掠夺。

单旗反对实行使"民失其资"的货币政策,分析了由此将会造成的严重后果。他指出,人民遭到重大的财产损失后,国家的财政收入就会减少,"王用将有所乏"。王用不足,又要"厚取于民"。人民负担不起,就会逃亡。所以铸大钱的政策是"离民""召灾"的政策。他还指出,当时的周天子统治区,已经"民力雕(伤)尽,田畴荒芜,资用乏匮"。实行"绝民用以实王府"的政策,就像"塞川原而为潢污(水池)",很快就会枯竭。他告诫景王对这种"民离而财匮,灾至而备亡"的严重后果要引起足够的注意。周景王不听单旗的劝告,"卒铸大钱"①。

关于货币的本质,西方有金属主义货币理论和名目主义货币理论。中国古代也有这两种倾向的货币理论。单旗肯定货币的"权轻重"作用,强调货币的价值尺度职能,反对铸币贬值。他的货币理论是中国金属主义货币理论的萌芽。

上一章已提到《逸周书》中有"币租轻,作母以行其子"的话,也将货币分为母、子,这一点和单旗相同。春秋时有些布币已有大小之分,是产生母币、子币概念的前提条件。所以《逸周书》中的话也不会早于春秋时。而即使是单旗的子母相权论,也有学者怀疑其可靠性,认为可能是战国时人所伪托②。

子母相权的概念常为后人所引用,它的含义随着货币制度的变化而变化。

二、计然的商业经营理论

计然首见于《史记·货殖列传》,其中说:"昔者越王勾践困于会稽之上,乃用范蠡、计然。"计然有人名或书名两种说法。《汉书》作人名,一名计研,见《古今人表》。东汉范晔《吴越春秋》、袁康《越绝书》也为人名,前者作计倪(同研),后者作计倪。东晋蔡谟首先提出计然是"范蠡所著书篇名",并解释说:"谓之'计然'者,所计而然也。"此说受到唐人颜师古的驳斥,说"蔡说谬矣"。马总《意林》有《范子》12卷,其中说:"计然者,葵丘濮上人,姓辛,字文子,其先晋国之公子也。"南宋洪迈在《计然意林》③中据《意林》等书,说"计然姓名出处,皎然可见"。此外肯

---

① 本目引文未注明出处的均见《国语·周语下》。
② [日]加藤繁:《周景王铸钱传说批判》,《中国经济史考证》第1卷,吴杰译,商务印书馆1959年版。
③ 《容斋续笔》卷一五。

定计然是人名的古籍还有《新唐书·艺文志三》等多种。相传为范蠡老师。

20世纪20年代，钱穆作《计然乃范蠡著书篇名非人名辨》①，提出计然是人名之说有十不可信。近人否定计然是人名的均以此为据。若否定计然是人名，则将计然的经济思想归之于范蠡。

笔者并不坚持计然一定是人名，将某种经济思想归之于计然或归之于范蠡，并不改变经济思想本身。以下仍以计然为人名，如有不同意见，只要将计然的经济思想改成范蠡的经济思想就可以了。

公元前496年，越王勾践打败吴国，吴王阖闾受伤病死。三年后，吴王夫差（阖闾之子）又打败越国，勾践求和，使越成为吴的属国。勾践决心报仇，任用计然、范蠡、文种等人，发奋图强，改革内政。经过多年努力，国势复振。于公元前473年终于灭吴，并一度称霸中原。

《史记·货殖列传》说，越国由于实行了"计然之策"，使经济得到了发展，"修之十年，国富"，"遂报强吴，观兵中国"。"计然之策"究竟包括哪些方面，《货殖列传》并未一一列举，只介绍了农业丰歉循环论、"平籴"理论和"积著之理"。后两者为计然的商业经营理论。

农业丰歉循环论是需要进行平籴的理论前提。计然认为，农业的丰歉同木星的运行有关。木星在天空的相对位置，大概12年一个周期，木星运行的一个周期，就是农业丰歉的一个周期。"故岁在金，穰（丰熟）；水，毁；木，饥；火，旱……六岁穰，六岁旱，十二岁一大饥。""岁"就是岁星，即木星。金、木、水、火代表木星在天空的位置。掌握了这一规律就可以预测未来年成的丰歉情况而早做准备。农业丰歉循环论并不是某一个人独有的观点，而是春秋战国时期的流行观点。《货殖列传》在谈到战国时的白圭时又说："太阴在卯，穰；明岁衰恶。至午，旱；明岁美。至酉，穰；明岁衰恶。至子，大旱；明岁美，有水。""太阴"也是木星。这段话也属于农业丰歉循环论的内容。在科学不发达的古代，农业的丰歉在很大程度上受气候条件的影响，用木星的位置来预测年成的好坏是古人企图用天象来说明农业丰歉的一种尝试。

农业收成有周期性的变化，因此农产品的价格也会有周期性的波动。对待这种波动，要有正确的政策。计然指出："夫粜，二十病农，九十病末。末病则财不出，农病则草不辟矣。上不过八十，下不减三十，则农末俱利，平粜齐物，关市不乏，治国之道也。"丰年时，粮价下跌，跌到每石20钱，就会病农，破坏农业生产；荒年时，粮价上涨，涨到每石90钱，就会"病末"。这里的"末"是司马迁的用

---

① 钱穆：《先秦诸子系年》卷二，商务印书馆2015年版。

语,因为春秋末年还没有以工商业为末的思想。"病末"不利于手工业生产和商品流通。

为了防止病农、病末情况的发生,计然主张实行平粜政策。由国家买卖粮食,在荒年粮价过高时以低于市场的价格出售粮食,丰年粮价过低时以高于市场的价格收购粮食,将粮价的波动维持在每石30至80钱的幅度内。他认为这样就能做到"农末俱利"。不仅如此,由于粮食在各种商品中具有特别重要的地位,粮食的价格稳定后,能促使其他商品价格的稳定,并使市场上的商品充足,这就是"平粜齐物,关市不乏"的意思。

关于商业经营,计然说:"旱则资(取)舟,水则资车,物之理也。"天旱时船的使用价值下降,需求少,价格较低,可以买进,到发大水时出卖,那时船价必涨;反之,发大水时则要买进车子,准备在天旱涨价时出卖。这不仅是对车船而言,所有商品买卖都要运用这个原则,所以说是"物之理也"。类似的话又见于《国语·越语上》,那是大夫文种说的:"臣闻之贾人,夏则资皮,冬则资绤(葛),旱则资舟,水则资车,以待乏也。"夏天买皮、冬天买葛和天旱买船、雨涝买车的道理是一样的,都是为了"待乏"。文种说是听商人说的,说明这是当时商人们普遍遵循的经营原则。

"积著之理"即经商致富的道理。"积著"是当时的术语,这两字可以颠倒,"著"或作"居"。《史记·货殖列传》说范蠡"乃治产积居",《汉书·货殖传》说范蠡"乃治产居积",《盐铁论·贫富》说"子贡以著积显于诸侯",其中的"积居""居积"和"著积"同"积著"都是一个意思。

计然的积著之理为:"务完(坚固)物,无息币。以物相贸易,腐败而食(蚀)之货勿留,无敢居贵。论其有余不足则知贵贱,贵上极则反贱,贱下极则反贵。贵出如粪土,贱取如珠玉。财币欲其行如流水。"商品质量要好,不要贮存容易腐败耗蚀的物品。从商品的有余不足情况可以推知商品的贵贱。在商品贵的时候要看到它向贱的方向转化的可能性,在商品贱的时候要看到它向贵的方向转化的可能性。贵到极点就会反贱,贱到极点就会反贵。所以,买卖商品必须把握有利时机。在某种商品的价格已经很贵时,要将它看得如粪土一样及时抛售;在某种商品的价格已经很贱时,要将它看得如珠玉一样及时收购。商品和货币要不断循环周转,使其"行如流水",才能不断获得巨额商业利润。

积著之理主要从商品供求关系的变化来掌握商品价格变动的趋势,通过贱买贵卖以获取尽可能多的商业利润。在商品买卖中,物价围绕价值上下波动是价值规律的表现。计然虽不懂得价值规律,但他所说的"贵上极则反贱,贱下极则反贵"却反映了这一规律起作用的表象。因此,要掌握经营商业的主动权,就要实行"贵出如粪土,贱取如珠玉"的经营策略。这是对商品价格变动规律的一个正确的总结。只是对"极"的确定却不是一件容易的事,仍须靠经营者的经验积累和正确的判断。

越灭吴后,范蠡说:"计然之策七,越用其五而得意。既已施于国,吾欲用之家。"他改名"朱公",在陶(今山东定陶)经商,"十九年之中三致千金",人称"陶朱公"。子孙财产达到"巨万"。

第五节　孔子的经济思想

一、儒家的创始人孔子

孔子(前551—前479年),名丘,字仲尼,鲁国陬邑(今山东曲阜东南)人。幼年丧父,过着"贫且贱"①的生活。鲁国原是周公的封地。公元前540年晋国韩宣子到鲁国访问,曾发出"周礼尽在鲁矣,吾乃今知周公之德与周之所以王也"②的感叹,可见鲁国保留西周礼制之完整。孔子从小就爱习礼,接受传统思想的熏陶。年轻时做过管理仓库账目的"委吏"和看管牛羊的"乘田"③。一生主要从事教育工作。50岁以后曾担任鲁国的官职,历任中都宰(国都行政长官)、司空、大司寇,56岁时由大司寇摄相事。由于当时鲁国的政权掌握在大夫季氏手中,使他不能大有作为,只得辞官。在任官前和辞官后,先后游历宋、卫、陈、蔡、周、齐、郑、楚等国,寻找实现自己政治主张的机会,被讥为"累累若丧家之狗"④。死后由他的弟子和再传弟子整理他的言论,编成《论语》一书。

孔子是儒家学派的创始人,在中国历史上产生了极深远的影响。经他整理和修订的儒家经典有《诗》《书》《春秋》等,在发扬中国古代文化上作出了很大的贡献。他又是伟大的教育家,开中国私人讲学之风。相传有3 000弟子,著名的70余人。他在世时屡遭挫折,其道不行,汉以后才受到了历代统治者的尊崇,被尊为"圣人"。

孔子"祖述尧舜,宪章(效法)文武"⑤。他的思想体系以"仁"为核心。仁有多种解释,一种解释是"爱人"。所谓爱人,就是用仁来调节人们的相互关系,特

---

① 《史记》卷四七《孔子世家》。
② 《左传》昭公二年。
③ 《孟子·万章下》。
④ 《史记》卷四七《孔子世家》。
⑤ 《礼记·中庸》。

别是要求统治者减轻对人民的剥削和压迫。这是有进步意义的。孔子又将仁归结为"克己复礼"。他说:"克己复礼为仁。一日克己复礼,天下归仁焉。"①"克己复礼"是说人们要约束自己,将自己的思想、言论、行动都纳入礼的轨道,做到"非礼勿视,非礼勿听,非礼勿言,非礼勿动"。这样做就是仁,否则就是不仁。可见用仁来调节人们的相互关系,就是要按礼的规定来调节人们的相互关系。

　　春秋时期,礼崩乐坏,孔子希望重新建立礼治的社会。对任何一个社会来说,反映经济基础的礼制、礼仪总是需要的,按礼的要求行事确是实现社会稳定的必要条件。孔子说"上好礼,则民易使也"②,明白地道出了礼对统治者的重要作用。但是礼是随着经济基础的变化而变化的,而孔子要恢复的礼却是周礼,这就背离了社会发展变化的现实,因而在某些方面具有保守性。他说:"天下有道,则礼乐征伐自天子出;天下无道,则礼乐征伐自诸侯出。"③他希望改变"礼乐征伐自诸侯出"的政治局面,恢复"君君,臣臣,父父,子子"④的社会尊卑等级关系。他看不惯鲁国大夫季桓子用了天子规格的乐舞,指责说:"是可忍也,孰不可忍也?"⑤公元前481年,齐国大夫陈成子杀了齐简公,这是以臣杀君,所以孔子请求鲁哀公出兵讨伐陈成子。晋国赵简子等铸刑鼎,他也不以为然,批评说:"贵贱无序,何以为国?"⑥这些都反映了他维护旧贵族统治的政治立场。

　　孔子相信天命。他说:"君子有三畏:畏天命,畏大人,畏圣人之言。"⑦认为小人不知道有天命,因而也不畏天命,还"狎(戏)大人,侮圣人之言"。他又说:"获罪于天,无所祷也。"⑧认为人们应该服从天命的安排,不能做得罪于上天的事。这种天命观要求被统治者安分守己,听天由命,不能对统治者进行抗争。他说自己"五十而知天命"⑨,表明他相信自己的政治主张是符合天命的。

　　对于人性,孔子说"性相近也,习相远也"。意思是说人性本来是差不多的,后天的影响造成了人性的差异。但他又说:"唯上知(智)与下愚不移。"⑩也就是说,除性相近、习相远的普通人外,还有上智和下愚两种人,他们的品性是先天生

---

① 《论语·颜渊》。
② 《论语·宪问》。
③ 《论语·季氏》。
④ 《论语·颜渊》。
⑤ 《论语·八佾》。
⑥ 《左传》昭公二十九年。
⑦ 《论语·季氏》。
⑧ 《论语·八佾》。
⑨ 《论语·为政》。
⑩ 《论语·阳货》。

成的,后天不可能予以改变。

《礼记·礼运》记述了孔子的大同、小康思想。大同社会是"天下为公"的社会。在大同社会中,人们"老有所终,壮有所用,幼有所长,矜(鳏)寡孤独废疾者皆有所养"。财货不必藏于自己,出力也不必是为了自己。没有奸谋,没有盗贼,外出用不到关门。后来大道隐去,进入了小康社会。在小康社会中,人们"各亲其亲,各子其子,货力为己。大人世及(世袭)以为礼,城郭沟池以为固,礼义以为纪"。这种社会需要礼治,禹、汤、文、武、成王、周公等"六君子",都是认真进行礼治的人。这里的大同社会是对原始社会的理想化描述,小康社会则是现实社会。

《论语》中记录的是孔子的语录式言论,有些只是提出观点,未做分析,而且各种观点之间缺乏联系。归纳起来,主要有义利论、贫富论、财政思想、奢俭论和君子谋道不谋食论等。

二、义利论

孔子说:"放(依)于利而行,多怨。"①认为对利的追求会造成人和人之间的矛盾,造成社会的动乱。因此他"罕言利"②,对利采取尽量少谈的态度。

公元前589年,卫、齐交战,卫国败,新筑大夫仲叔于奚率兵援救卫将孙良夫,击败齐军。事后卫国赏邑给仲叔于奚,仲叔辞邑,要求赏给曲悬、繁缨(表示诸侯身份的礼器),卫君同意了。后来孔子就此事发议论,指出对仲叔于奚宁可多赏一些邑,而不可以赏给他代表身份地位的器和名。他说:"名以出信,信以守器,器以藏礼,礼以行义,义以生利,利以平民,政之大节也。若以假人,与人政也。政亡,则国家从之,弗可止也已。"③名分是有关国家存亡的大节,存在着一系列的因果关系,其中的一个环节就是"义以生利"。"义以生利"的命题产生于孔子以前,本章第二节已分析过。孔子也是义以生利的主张者。"义以生利,利以平民"是说讲义能够产生利,利在社会成员中的合理分配可以安定民心,使人民拥护统治者,保持统治秩序的稳定。

孔子的学生子路问"成(完)人"的标准,孔子回答说:"若臧武仲之知(智),公绰之不欲,卞庄子之勇,冉求之艺,文之以礼乐,亦可以为成人矣。"臧武子、公绰、卞庄子都是鲁国的大夫,冉求即冉有,是孔子的学生。融合这些人的优点,还要节之以礼,和之以乐,才能成为完人。这个标准很高,故孔子又降低标准说:"今

---

① 《论语·里仁》。
② 《论语·子罕》。
③ 《左传》成公二年。

之成人者何必然？见利思义，见危授命，久要(旧约)不忘平生之言，亦可以为成人矣。"①在这里他提出了"见利思义"的原则。见利思义和义以生利从不同的角度说明了义利关系：义以生利是说利要从义中得到；见利思义则对可能得到的利要用义来进行检验，以是否符合义的要求来决定取舍。

孔子还赋予义、利以不同的阶级属性。他说："君子喻于义，小人喻于利。"②就是说，作为统治者的"君子"是懂得讲义的，而被统治者"小人"则只知道追求利。他的话一方面有阶级辩护的性质，把义说成是只有统治者才具有的美德；另一方面也是对统治者提出的要求，即身居统治者位置的人应该把义作为自己思想、行为的指导思想，才能管理好国家。他说："君子义以为上。君子有勇而无义为乱，小人有勇而无义为盗。"③"上好义，则民莫敢不服"④。这些都说明了"君子喻于义"对维护统治权威的重要性。

孔子的学生子张问如何从政，孔子提出要"尊五美，屏四恶"，五美之一是"君子惠而不费"。他解释"惠而不费"说："因民之所利而利之，斯不亦惠而不费乎？"⑤这是孔子的利民思想。所谓"因民之所利而利之"，就是决策要考虑人民的利益所在，实行能使人民得利的政策。实行这种政策，国家并不需要有额外的支出，让人民自己去实现自己的利益，所以是"惠而不费"。这同孔子的义利观并不矛盾，因为政府实行对人民有利的政策本是属于义的要求。

三、贫富论

春秋时期社会的大变动，许多人的社会、经济地位发生了变化，有的由富变贫，有的由贫变富。孔子有感于此，发表了不少关于贫富的议论。

孔子到卫国，学生冉有随行。孔子看到卫国人多，赞叹说："庶矣哉！"冉有问他人多以后要做什么，孔子说："富之。"冉有再问既富以后还要做什么，孔子说："教之。"⑥这是孔子对一个国家发展的基本看法，先要使人民富起来，再进行教育提高其文化素质。这一论述后人称为"富教论"。

富民是从总体说的。至于个人的求富活动，孔子并不反对，但主张受一定原则的限制。这些原则可以归纳为五个字：命，礼，义，道，均。以下分别予以说明。

---

① 《论语·宪问》。
② 《论语·里仁》。
③ 《论语·阳货》。
④ 《论语·子路》。
⑤ 《论语·尧曰》。
⑥ 《论语·子路》。

"命"就是天命。孔子认为:"死生有命,富贵在天。"①人们应听从天命的安排,不能违反天命而强求富贵。为了说明天命的不可抗拒,孔子说:"富而可求也,虽执鞭之士,吾亦为之。如不可求,从吾所好。"②这里的"可求""不可求"都是针对天命而言的。因为"富贵在天",不能强求,所以他也就不去求了。但是孔子的学生子贡却不信天命而去经商,孔子说:"赐(子贡)不受命,而货殖焉,亿则屡中。"③称赞了子贡的经商才能。

"礼"是周礼。公元前484年,鲁国大夫季孙"欲以田赋",按田亩征收军赋。孔子批评实行这一赋制是"不度于礼,而贪冒无厌"④的表现。田赋名义上是鲁国的财政收入,实际上被季孙所控制。季孙的幕后策划者是孔子的学生冉求(即冉有),所以《论语》对此事就说"季氏富于周公,而求也为之聚敛而附益之"。孔子对冉求的"不度于礼"使季氏富上加富非常生气,向学生们宣称:"非吾徒也,小子鸣鼓而攻之可也。"⑤

"义"就是要人们的求富活动符合义的要求。孔子说:"饭疏(粗)食饮水,曲肱而枕之,乐亦在其中矣。不义而富且贵,于我如浮云。"⑥把违反义的富贵看成是转瞬即逝的浮云,表示自己宁愿过着清贫的生活也决不去追求。他反对的是"不义而富且贵",不是反对富贵本身。做官可以富贵,孔子并不讳言他想做官。他把自己比作待价而沽的美玉,毫不掩饰地说:"沽之哉!沽之哉!我待贾者也。"⑦

"道"是儒家的一种世界观或政治思想体系。符合这个思想体系的叫作"有道",违反这个思想体系的就是"无道"。孔子说:"邦有道,贫且贱焉,耻也;邦无道,富且贵焉,耻也。"⑧在"有道"的国家,贤能的人受到重用而富贵,所以贫贱是可耻的;在"无道"的国家,贤能的人受到排挤而贫贱,所以富贵是可耻的。孔子还说:"富与贵是人之所欲也,不以其道得之,不处也;贫与贱是人之所恶也,不以其道得之,不去也。君子去仁,恶乎成名?"富贵或贫贱都要以道为标准决定取舍,否则就是不仁。有志于道的人是不害怕贫贱的,因此孔子又说:"士志于道,

---

① 《论语·颜渊》。这是孔子的学生子夏转述的,注释家都认为是来自孔子。
② 《论语·述而》。
③ 《论语·先进》。
④ 《左传》哀公十一年。
⑤ 《论语·先进》。
⑥ 《论语·述而》。
⑦ 《论语·子罕》。
⑧ 《论语·泰伯》。

而耻恶衣恶食者,未足与议也。"①

"均"是指按等级身份占有财富。季孙准备攻打鲁国附庸小国颛臾,派孔子的学生冉有、子路来试探孔子。孔子提出了反对意见,其中说:"丘也闻有国有家者,不患寡而患不均,不患贫而患不安。盖均无贫,和无寡,安无倾……吾恐季孙之忧,不在颛臾,而在萧墙之内也。"②"有国有家者"指诸侯和大夫,孔子说的是诸侯和大夫的患寡患贫问题,不是指一般百姓。这里的"均"不是指平均财富,朱熹解释为"各得其分",是正确的。诸侯和大夫应各按自己的等级身份占有财富,做到了这一点就是均;季氏要消灭颛臾,夺取颛臾应有的一份,则是"不均"。据此,则一个人的富或贫应和他的等级身份相称。孔子的均的思想本意如此,后人将它引申为"均富",已不是孔子的原意。

贫富差别严重必然会加剧社会矛盾,孔子深知这一点,指出:"好勇疾贫,乱也。"③穷人不安心自己的贫穷就会犯上作乱。他希望人们做到"贫而乐,富而好礼"④。富人不胡作非为,穷人能安贫乐道,社会就稳定了。

孔子的贫富论和他的义利论是一致的,核心的观点都是义以生利。他的贫富论着眼点主要是政治而不是经济。例如,无论有道之邦或无道之邦,其中的富贵者或贫贱者,都是政治因素造成的,和经济活动无关。他所说的道有他的特定内涵,诸侯篡夺天子的权力,大夫篡夺诸侯的权力,在他看来就是邦无道的表现。新兴势力的富贵一定是"不义而富且贵",是可耻的。因此,他的贫富理论不可能被当时的当权者所接受也就可想而知了。但从长远来看,用一定的道德规范来制约人们追求财富的活动总是需要的,这有利于建立良好的社会和经济秩序。孔子贫富论的积极作用正在于此。当然,道德规范本身也应随着时代的变化而变化,而且不能将道德规范的约束作用强调得过了头,过分的强调也会成为阻碍经济发展的因素。

四、财政思想和奢俭论

孔子说:"道(治)千乘之国,敬事而信,节用而爱人,使民以时。"⑤"千乘之国"即是有千乘兵车的诸侯国。这里提到的几条中,"节用"和"使民以时"属于财

---

① 《论语·里仁》。
② 《论语·季氏》。"不患寡而患不均",西汉董仲舒《春秋繁露·度制》引作"不患贫而患不均",比较合理。
③ 《论语·泰伯》。
④ 《论语·学而》。
⑤ 同上。

政思想。节用是节省国家的财政开支,国家开支的节省可以减轻赋税。"使民以时"是指官府在征发徭役时不要妨碍农时。这是管仲的"无夺民时"的另一种提法。它是保护社会生产力的需要。

在反对季孙"用田赋"时,孔子还提出了"敛从其薄"的赋税原则,批评实行新赋制是"贪冒无厌"①的表现。

孔子的学生有若曾经谈到如何增加财政收入的问题。鲁哀公感到"年饥,用不足",询问有若有什么办法。有若回答说:"盍彻乎?""彻",后人一般理解为征十分之一的税。哀公又问:"二(征十分之二),吾犹不足,如之何其彻也?"有若回答说:"百姓足,君孰与不足?百姓不足,君孰与足?"②指出了国君的富足要建立在百姓富足的基础上,即足民才能足君。足民是经济问题,足君是财政问题,因此有若的回答实际上正确地反映了财政和经济的关系。足君必先足民的观点对后世有深刻的影响。

在消费上,孔子对奢、俭都有批评。他说:"奢则不孙(逊,顺),俭则固(陋)。与其不孙也,宁固。"③不顺和鄙陋都不好,两害相权取其轻,则宁可取俭而去奢。取俭又不能违背礼。鲁国从文公开始就停止了每月初一日的告朔礼,但每届这一天仍要杀羊上供。子贡主张将羊省去,孔子反对说:"尔爱其羊,我爱其礼!"为了维护礼,即使是杀羊摆摆遵礼的样子也是应该的。他又说:"礼,与其奢也,宁俭。"④在照礼而行的前提下,仍然要取俭而去奢。孔子的奢俭论说明他主张适度的消费,不能奢也不能俭,但比较起来,俭更胜于奢。

五、谋道不谋食论和食、兵、信论

孔子把"君子劳心,小人劳力"的劳心劳力论发展为君子谋道不谋食论。他说:"君子谋道不谋食。耕也,馁在其中矣;学也,禄在其中矣。君子忧道不忧贫。"⑤"谋道"就是劳心,"谋食"就是劳力。统治者担忧的是道之不行,只要学会治国之道,就不怕没有高官厚禄,用不到担忧自己的贫穷。只有劳动人民才需要谋食,农民为谋食而耕田,却只能饿肚子。

孔子将谋道和谋食对立起来,不仅认为统治者不需要参加农业生产,而且认为懂得点生产知识都是多余的事。他的学生樊迟(樊须)要向他学种田,孔子说:

---

① 《左传》哀公十一年。
② 《论语·颜渊》。
③ 《论语·述而》。
④ 《论语·八佾》。
⑤ 《论语·卫灵公》。

"吾不如老农。"樊迟又要向他学种菜,孔子说:"吾不如老圃。"樊迟走后,孔子批评樊迟说:"小人哉,樊须也!上好礼,则民莫敢不敬;上好义,则民莫敢不服;上好信,则民莫敢不用情。夫如是,则四方之民襁负(背负)其子而至矣,焉用稼!"①统治者只要讲礼、讲义、讲信(都是属于道的范畴),人民就会拥护他,根本不需要参加农业生产。孔子说自己"少也贱,故多能鄙事"②,应该是懂得一些农业生产知识的,否则樊迟也不会提出向他学稼、学圃。但是他不许学生学习这一方面的知识,反映了鄙视体力劳动的思想,同他的君子谋道不谋食论是一致的。他在游历各国时,就曾受到"四体不勤,五谷不分"③的讥笑。这是儒家教育的很大的弱点。

在子贡问政时,孔子回答说:"足食,足兵,民信之矣。"④把足食和足兵看作是使民信的前提条件。"足食"反映了孔子对农业的重视。子贡问他足食、足兵和民信三者不得已而去其一,应先去何者,他答复是"去兵"。子贡再问他足食和民信两者不得已而去其一,应先去何者,他答复是"去食"。而信则不能去,因为"自古皆有死,民无信不立"。这又否定了足食、足兵是民信的前提,表明孔子认为人们的思想能够脱离一定的物质条件而凭空地产生和存在,反映了他的唯心思想。

---

① 《论语·子路》。
② 《论语·子罕》。
③ 《论语·微子》。
④ 《论语·颜渊》。

第三章 战国时期的经济思想

（前475—前221年）

第一节 地主政权的建立和封建经济的发展

一、七雄并峙和秦的统一

公元前458年，晋国大夫智、赵、韩、魏四家瓜分了范氏、中行氏的土地。公元前453年，赵、韩、魏三家灭智伯，三分其地，形成了三家分晋的局面，晋君成为附庸。公元前403年，周天子正式承认赵、韩、魏为诸侯国。公元前386年，周天子承认齐国田氏为诸侯。这四国和楚、秦、燕是战国时期的七个大国，还有若干小诸侯国。

魏国第一任国君魏文侯任用李悝、吴起等进行改革，使魏国成为战国初期的强国。吴起先在鲁国为将，曾大破齐军。后来到魏国，进行兵制改革，为魏国培养出一支英勇善战的军队。魏武侯时，吴起被逸而投奔楚国。

公元前402年，楚悼王即位，任命吴起为令尹，进行变法。吴起"明法审令"①，"均楚国之爵而平其禄，损其有余而继其不足，厉甲兵以时争于天下"②。他打击旧贵族势力，规定"封君之子孙三世而收爵禄"③，使贵族只能世袭三代；命令"贵人往实广虚之地"④，到地多人少的地方去垦荒。此外，他还整顿政治机构，裁减百官秩禄，淘汰冗员，用节约下来的开支来抚养兵士，增强军队的战斗力。经过吴起变法，楚国国力加强。公元前381年，楚悼王一死，许多贵族联合进攻吴起，用乱箭把他射死在王尸之旁，还将他的尸体车裂肢解。楚国的国势从此又逐渐衰落下去。

---

① 《史记》卷六五《吴起列传》。
② 刘向：《说苑·指武》。
③ 《韩非子·和氏》。
④ 《吕氏春秋·贵卒》。

秦国在公元前408年才"初租禾"①,它的性质类似于鲁国的"初税亩",但比后者迟了186年。公元前385年,长期出奔在魏国的公子连回到秦国,利用倒戈的兵卒夺得了政权,即位为秦献公。献公即位的第一年(前384年),就宣布"止从死"②,废除人殉制度。公元前375年着手编制全国户籍,以五家为一伍。此外,还推广县制。后两项措施的推行,加强了中央集权,使秦国开始由弱转强。公元前362年,献公去世,继位的孝公下令求贤,法家商鞅从魏国来到秦国,受到重用,进行变法。秦国由此迅速强盛起来。商鞅自己后来虽被贵族杀害,但"秦法未败"③。公元前307年,年幼的昭王即位,宣太后听政,重用魏冉,使政局出现了反复。公元前266年,昭王废太后,逐魏冉,任范雎为相。以后,秦国更加强大。

在商鞅变法的同时,齐威王(前356—前320年在位)重用邹忌、孙膑等政治家和军事家,使齐国威势大振,成为关东的强国。齐国特别重视学术的发展,从齐桓公(田氏)开始,在临淄西边的稷门外设立学宫,招收各国学者、游士前来议论讲学,称为"稷下学士"。齐宣王(前319—前301年在位)时,稷下学士达数百千人。

公元前316年,燕王哙让位给相国子之,以致国内大乱。孟子鼓动齐宣王伐燕,齐国大胜。燕国太子平即位,为燕昭王(前311—前279年在位),"卑身厚币以招贤者"④。公元前284年,昭王以乐毅为上将军,率领燕、秦、魏、韩、赵五国军队攻齐,占领齐国包括临淄等70余城。公元前279年,昭王死,新即位的惠王中齐反间计,以骑劫取代乐毅。齐国田单领兵攻燕,恢复齐国的全部故地。

韩国是七国中最弱的。公元前355年,韩昭侯以法家申不害为相,执政15年,"国内以治,诸侯不来侵伐"⑤。申不害死后,国力仍转弱。公元前307年赵国的赵武灵王曾进行军事方面的改革。他为了抵御游牧部族的侵扰,命令官兵改穿胡服,练习骑射。但后来他由于继承人问题,在一次政变中被活活饿死。

秦国则继续保持了政治优势和强大的军事力量。公元前238年,秦王政亲政。公元前230年至前221年,秦国进行统一六国的战争,先后消灭了韩、魏、楚、燕、赵、齐,建立起中国第一个统一的中央集权的封建国家。

政权分立有利于不同思想的形成,商品经济的发展又促进思想的解放。在

---

① 《史记》卷一五《六国年表》。
② 《史记》卷五《秦本纪》。
③ 《韩非子·定法》。
④ 《史记》卷三四《燕召公世家》。
⑤ 《史记》卷四五《韩世家》。

春秋末年至战国期间形成了百家争鸣的局面,产生了儒、墨、道、法、名、阴阳等家。齐国的稷下学宫对推动百家争鸣做出了积极的贡献。

二、经济发展和商业繁荣

战国时期的社会生产力有很大进步,各诸侯国的经济出现了不同程度的繁荣景象。冶铸生铁的技术提高,铁器的使用更为广泛。《孟子·滕文公上》提到"以铁耕",说明战国中期铁制农具已在农业生产中取得了主导地位。铁制农具的广泛使用,大大提高了农业生产力。农民已注意到识别土壤,根据各种土壤情况因地制宜地进行种植,懂得了使用多种肥料。农业生产知识开始系统化和理论化,出现了以总结农业生产技术为其重要任务的农家学派及其著作。

大型的水利工程更多地兴办,各国都有引河流、湖泊以灌溉农田的水利建设。最有名的水利工程是至今仍在发挥效益的秦国的都江堰和郑国渠两大水利工程。都江堰的建成不仅解除了岷江水患,还灌溉了大量农田,使蜀地成为天府之国。郑国渠的建成使"关中为沃野,无凶年"①。这些宏伟壮观的工程都出现在秦国,反映了秦国国力的强盛。

农业的发展为手工业提供了原料和市场,铁工具的使用又促进了手工业技术的进步。商业更为兴盛,产生了"长袖善舞,多钱善贾"②的俗谚。城市的规模更大,如齐宣王时,苏秦曾描绘临淄(今山东临淄北)的繁荣景象说:"临淄之中七万户……甚富而实,其民无不吹竽鼓瑟,击筑弹琴,斗鸡走犬,六博蹋鞠者。临淄之途,车毂击,人肩摩,连衽成帷,举袂成幕,挥汗成雨。"③

战国时期著名的大商人有白圭、猗顿、郭纵、吕不韦、乌氏倮、巴寡妇清等。白圭"乐观时变,人弃我取,人取我予",在某种商品供应充裕时低价买进,到供应不足时高价卖出,能获取厚利。他的生活节俭,"薄饮食,忍嗜欲,节衣服,与用事僮仆同苦乐";善于抓住商机,"趋时若猛兽鸷鸟之发"。他对商业经营者提出了素质要求说:"吾治生产,犹伊尹、吕尚之谋,孙(武)、吴(起)用兵,商鞅行法是也。是故其智不足与权变,勇不足以决断,仁不能以取予,强不能有所守,虽欲学吾术,终不告之矣。"猗顿是大盐商,郭纵是大冶铁商,能"与王者埒富"。大商人吕不韦靠自己的经济实力进行政治投机,登上了秦国相国的宝座。乌氏倮是大畜

---

① 《史记》卷九《河渠书》。
② 《韩非子·五蠹》。
③ 《战国策·齐一》。

牧主,巴寡妇清是大矿业主,受到秦始皇的礼遇,"礼抗万乘,名显天下"①。

商业的发展促进了货币形式的发展。黄金的使用大增,有镒(20两)和斤(16两)两种单位。楚国还将黄金铸成薄版形,上面钤有方印(少数为圆印),有几种不同文字。最多的一种文字为"郢爯","爯"旧释"爰"。两字字形相近似,后者又有称量之意,故有此议②。金版在使用时根据需要截成小块,按重量计算,故仍是秤量货币。铜铸币有布币、刀币、圜钱、蚁鼻钱等。

布币由空首布演变成平首布,钱首变平,钱型变小,形状已脱离铲形。按其形状可分为尖足布、方足布、圆足布、三孔布等。战国时韩、赵、魏、燕、楚等国都有铸造。有一种布币以"釿"为单位,有二釿、一釿和半釿。

齐国、燕国继续铸刀币。燕刀除尖首刀外,还有明刀。明刀因刀上的字像"明"字而得名,亦释为"易"或"匽"(燕)。赵国也铸有刀币,属小刀型,刀身平直,又称"直刀"。

圜钱因《汉书·食货志下》有"太公为周立九府圜法"而得名,或称"环钱",圆形圆孔或圆形方孔。魏、东周、西周、赵、齐、燕、秦都有圜钱,大小、文字各不相同。秦国的一种方孔圜钱,钱文为"半两"(一两为24铢),秦统一后推行于全国。

蚁鼻钱是楚国的铸币,由贝币发展而成。上有文字,一种为"𠕇",或释"贝"字。一种为"桼",释文多种,难成定论。关于"蚁鼻钱"名称的由来,一说是因这两种钱前者像人脸(故又称"鬼脸钱"),上有高鼻,后者的文字像蚂蚁,故合称"蚁鼻"。还有其他文字的蚁鼻钱,数量较少。

布帛也有货币性。1975年在湖北云梦睡虎地秦末墓葬中发现的竹简,秦国的《金布律》③规定:"布袤八尺,福(幅)广二尺五寸。布恶,其广袤不如式者,不行。"布和钱的比价为1∶11,两者完全通用,收受者不能挑选。商人、官吏拒绝用钱或用布的"皆有罪"。此外,珠玉、龟贝、银锡等也具有货币性。

第二节 墨子的经济思想

一、墨家的创始人墨子

墨子(约前468—前376年),名翟,相传原为宋国人(或说是鲁国人)。墨子的生平,西汉司马迁已搞不清楚。《史记》中将墨子附于《孟荀列传》后,只有寥寥

---

① 本段引文均见《史记》卷一二九《货殖列传》。
② 参见萧清:《中国古代货币史》,人民出版社1984年版,第90—91页。
③ 睡虎地秦墓竹简整理小组:《睡虎地秦墓竹简》,文物出版社1978年版。

24字:"盖墨翟,宋之大夫,善守御,为节用。或曰并孔子时,或曰在其后。"上述生卒年是清末孙诒让根据《墨子》中的《鲁问》《非乐上》《亲士》所记墨子的活动而推定的,它的可靠性的前提是这三篇的记载都必须是真实的。如果这三篇不足为据,对于生卒年的推定就会不同。如胡适就认为这三篇都靠不住,他的《中国哲学史大纲》将墨子的生年定为公元前500至前490年,卒年定为公元前425至前416年,同孙诒让的推定相差很远。墨子自称"上无君上之事,下无耕农之难"①,可见是属于士的阶层。他曾"学儒家之业,受孔子之术",因不满儒家礼仪的繁杂及"厚葬靡财而贫民"②,另创墨家学派,收徒讲学。墨子身体力行自己的主张,以禹为榜样,"日夜不休,以自苦为极"③。其言行由弟子和再传弟子记述,编为《墨子》。其中的《经上》《经下》《经说上》《经说下》《大取》《小取》称为《墨经》,亦称《墨辩》,是关于逻辑学和自然科学的著作。《墨经》六篇一般定为后期墨家所著,也有的学者认为其中的《经上》《经下》是墨子自著。

墨家学派有严密的组织,其首领称巨子,握有发号施令、指挥门徒的权力。墨子死后,墨家分为相里氏、相夫氏和邓陵氏三派。墨家和儒家都是战国时期的显学。两派有许多观点上的对立,但仍有相通的地方。墨子也主张"祖述尧、舜、禹、汤之道"④。所以,战国末韩非说:"孔子、墨子俱道尧、舜,而取舍不同。"⑤

墨子的基本主张包括尚贤、尚同、兼爱、非攻、节用、节葬、天志、明鬼、非乐、非命10个方面。其中节用、节葬、非乐留待经济思想中讨论,先简要说明其他方面的观点。

尚贤是要使贤良之士为官。墨子提出要"量功而分禄",做到"官无常贵,而民无终贱,有能则举之,无能则下之";即使是"农与工肆之人",也要"有能则举之,高予之爵,重予之禄,任之以事,断予之令"⑥。

尚同是要将人们的思想统一于上。墨子认为在未有国家之前,人们的思想不统一,"一人一义,十人十义,百人百义",以致"天下之乱也,至如禽兽然";于是,人们"选择天下贤良圣知辩慧之人,立以为天子"⑦。天子设立各级统治者,然后命令天下百姓以上之所是为是,以上之所非为非,都上同于天子。认为这样

---

① 《墨子·贵义》。
② 《淮南子·要略》。
③ 《庄子·天下》。
④ 《墨子·尚贤上》。
⑤ 《韩非子·显学》。
⑥ 《墨子·尚贤上》。
⑦ 《墨子·尚同中》。

国家就会得到治理。

兼爱是墨子思想的核心。他认为社会动乱不安,王公大人不能治理国家,是由于人们不相爱而相恶。他说:"天下兼相爱则治,交相恶则乱。"①认为"天下之人皆相爱",则"天下祸篡怨恨可使毋起"②,天下也就会太平。兼爱表现在诸侯国之间的关系上则是非攻。墨子指责当时的战争造成了人民生命财产的严重损失,指出统治者如忙于战争,就会影响对本国人民的治理。

天志是说天有意志,明鬼是说明鬼神之实有。墨子认为天、鬼能赏贤罚暴,福人祸人,主张尊天事鬼。天子要执行天、鬼的意志;天下百姓不仅要"上同于天子",而且还要"上同于天"③。他所说的天、鬼是他的政治主张的神化。

非命是反对儒家的天命论。墨子认为统治者相信天命,就会荒于政事而"刑政乱";劳动者相信天命,就会不去努力生产而"财用不足"④。要求人们不受天命思想的束缚,发挥主观能动作用来做好自己的工作,改变自己的命运。

墨子的经济思想有义利论、生财论、增加和保护人力资源思想、节用论以及《墨经》中的价格论等。

二、义利论

墨子主张"兴天下之利,除天下之害"。他所说的"天下之利"就是"兼相爱,交相利"的利。"兼相爱,交相利"简称"兼",而"兼即仁矣义矣"⑤,所以"兴天下之利"也就是提倡行义。墨子认为"万事莫贵于义"⑥,"天下有义则治,无义则乱"⑦。他把义看作是天的本性,它"不从愚且贱者出,而必自贵且知(智)者出";最贵最智的是天,因此义"自天出"⑧。他指出,诸侯都把和氏之璧、隋侯之珠和九鼎等当作"良宝",其实这些东西根本不能"富国家,众人民,治刑政,安社稷"。真正的"天下之良宝"是义:"今用义为政于国家,人民必众,刑政必治,社稷必安。所为贵良宝者,可以利民也,而义可以利人,故曰:义,天下之良宝也。"⑨

"兼相爱,交相利"就是义,所以《经上》说:"义,利也。"这里的"利"仅指"交相

---

① 《墨子·兼爱上》。
② 《墨子·兼爱中》。
③ 《墨子·尚同上》。
④ 《墨子·非命上》。
⑤ 《墨子·兼爱下》。
⑥ 《墨子·贵义》。
⑦ 《墨子·天志下》。
⑧ 《墨子·天志中》。
⑨ 《墨子·耕柱》。

利"的利,并不包括它的对立面"亏人自利"的利。所以不能说"义,利也"的命题表明墨子把义归结为具有普遍意义的利。

墨子用"亏人自利"来解释造成社会动乱的原因。他说:"子自爱不爱父,故亏父而自利;弟自爱不爱兄,故亏兄而自利;臣自爱不爱君,故亏君而自利,此所谓乱也。"同样,"父自爱也不爱子,故亏子而自利;兄自爱也不爱弟,故亏弟而自利;君自爱也不爱臣,故亏臣而自利"。他还说:"盗爱其室不爱其异室,故窃异室以利其室;贼爱其身不爱人,故贼人以利其身。"推而广之,"大夫各爱其家,不爱异家,故乱异家以利其家;诸侯各爱其国,不爱异国,故攻异国以利其国"。既然动乱的根源就在于人们不相爱,要"亏人自利",那么只要大家都做到"兼相爱,交相利",把人家的国看成自己的国,把人家的家看成自己的家,把人家的身看成自己的身,就会出现"国与国不相攻,家与家不相乱,盗贼无有,君臣、父子皆能孝慈"的治世。①

人们为什么要"亏人自利"? 是因为人们不相爱。人们为什么不相爱?墨子没有做出回答,但我们也可以反过来说,是因为人们要"亏人自利"。这样就陷于循环论证。其实,"亏人自利"也好,"不相爱"也好,都只是从个人道德上寻找社会动乱的根源。企图通过道德的完善来解决社会矛盾,只能是一种幻想。

"交相利"在经济上就是要互相承认对方的财产所有权,不属于自己的财产决不能去侵犯。这一主张有利于社会的稳定,但也最符合既得利益者的利益。在统治者的统治地位和所有财产不受侵犯的前提下,墨子又强调统治者要"爱利万民"②。他说:"民有三患:饥者不得食,寒者不得衣,劳者不得息,三者民之巨患也。"③他主张实行"有力者疾以助人,有财者勉以分人,有道者劝以教人"的"为贤之道",认为这样能使"饥者得食,寒者得衣,乱者得治"④。"爱利万民"归根到底仍然对统治者有利,因为:"爱人者,人亦从而爱之;利人者,人亦从而利之;恶人者,人亦从而恶之;害人者,人亦从而害之。"⑤统治者的"爱利万民",万民也会拥护统治者。墨子希望以此造成一个和谐的社会,以维护社会的稳定。

三、生财论

墨子的基本经济主张是生财和节用。他说禹七年水,汤五年旱,然而民不冻

---

① 本段引文均见《墨子·兼爱上》。
② 《墨子·尚贤中》。
③ 《墨子·非乐上》。
④ 《墨子·尚贤下》。
⑤ 《墨子·兼爱中》。

饿,原因就在于生财和节用。他所说的财,主要指衣食之财,其中食又重于衣。所以他说:"财不足则反之时,食不足则反之用。故先民以时生财,固本而用财,则财足。"①这里简直把粮食作为财的代表了。此外,还有房屋、车、船等生活必需品,只要符合节用的原则,墨子也是肯定的,但并没有明确地将它们作为财来看待。不仅如此,他还认为建造这些东西,会耗费人们的"衣食之财"。在他看来,财用足,就是衣食足;财用不足,就是衣食不足。

上引墨子的话中提到"固本",意思是说要努力生财,"本"就是"生财"。因为这里的"财"专指粮食,所以"固本"也就是搞好粮食生产。从这个意义上说,这里所说的"本"同后来以农业为本的"本"有相通之处,但着眼点还是不同。可以说墨子的固本思想是农本思想的萌芽。

墨子对粮食的重要性做了专门的论述。他说:"凡五谷者,民之所仰也,君之所以为养也。故民无仰则君无养,民无食则不可事。故食不可不务也,地不可不力也,用不可不节也。"又说:"食者国之宝也","食者,圣人之所宝也"。粮食收成的多少直接影响人们的思想,丰年"民仁且良",凶年"民吝且恶",因此它关系着国家能否得到治理。他还强调必须有充足的粮食贮备,"仓无备粟,不可以待凶饥"。②

墨子主张非乐,即反对统治者进行音乐活动,认为进行音乐活动会妨碍生财。他从人和动物的区别来说明非乐的必要性。动物"雄不耕稼树艺,雌亦不纺绩织纴",就已具备衣食之财;而人则"赖其力者生,不赖其力者不生",要依赖劳动来谋生。"君子"听音乐影响他们的听治,"贱人"听音乐影响他们的从事(生产)。"君子不强听治,即刑政乱;贱人不强从事,即财用不足。"墨子所说的"力"包括"王公大人""士君子"用于"强听治"的力和"贱人"用于"强从事"的力。"王公大人蚤(早)朝晏(晚)退,听狱治政","士君子竭股肱之力,亶(殚)其思虑之智,内治官府,外收敛关市、山林、泽梁之利,以实仓廪府库"等行政活动,在墨子看来都是"赖其力者生"的表现。③ 因此,墨子所说的"力"包括前人所说的劳心和劳力。

墨子对统治者的听治和劳动者的从事都突出一个"强"字。"王公大人之所以蚤朝晏退,听狱治政,终朝均分,而不敢怠倦",是因为他们认识到"强必治,不强必乱;强必宁,不强必危"。"卿大夫之所以竭股肱之力,殚其思虑之知,内治官

---

① 《墨子·七患》。
② 本段引文均见《墨子·七患》。
③ 本段引文均见《墨子·非乐上》。

府,外敛关市、山林、泽梁之利,以实官府,而不敢怠倦",是因为他们认识到"强必贵,不强必贱;强必荣,不强必辱"。"农夫之所以蚤出暮入,强乎耕稼树艺,多聚叔(菽)粟,而不敢怠倦",是因为他们认识到"强必富,不强必贫;强必饱,不强必饥"。"妇人之所以夙兴夜寐,强乎纺绩织纴",多治麻葛,而不敢怠倦,是因为她们认识到"强必富,不强必贫;强必暖,不强必寒"。墨子要求劳动者强力进行财富的生产。这样做对个人来说可以避免饥寒,争取富裕;对国家来说也可以做到财用充足。否则,"农夫怠乎耕稼树艺,妇人怠乎纺绩织纴",则"天下衣食之财将必不足"。①

总之,墨子生财论就是要求劳动者专心于衣食之财的生产,以免财用不足。至于他所说的"赖其力者生",一方面固然反映了对劳动的重视;但另一方面,他所说的"力"包括了劳心和劳力,并不是专指生产财富的劳动,不能将这句话的意义作过分的夸大。

四、增加和保护人力资源思想

墨子担心财用不足,希望有尽可能多的人从事衣食之财的生产,因此很重视增加和保护人力资源。为了增加人力资源的总量,墨子主张早婚,以加速人口的增殖,反对一切妨碍人口增殖的行为。对于现有的人力资源则要注意保护,使他们能在生财中发挥作用。

墨子认为人口很难成倍地增加,但也有增加的办法,就是提早结婚。他说:"昔者圣王为法曰:'丈夫年二十,毋敢不处家。女子年十五,毋敢不事人。'此圣王之法也。"②"圣王"没后,有的人20岁结婚,有的人40岁结婚,平均比"圣王之法"要晚10年。若按三年生一孩子计算,就少生了三个孩子。因此,人们提早结婚可以使人口成倍地增加。

墨子主张非攻。反对战争的理由之一是因为战争既使人口减少,又妨碍"下强从事"。兴兵攻伐邻国,"久者终年,速者数月,男女久不相见",降低了人口出生率;"攻城野战死者,不可胜数"③,因战争而"饥寒冻馁疾病,而转死沟壑中者,不可胜计"④,增加了人口的死亡率。这些都减少了人力资源的总量。战争期间还使"上不暇听治,士不暇治其官府,农夫不暇稼穑,妇人不暇纺绩织纴"⑤,造成

---

① 本段引文均见《墨子·非命下》。
② 《墨子·节用上》。
③ 同上。
④ 《墨子·非攻下》。
⑤ 同上。

了人力资源的浪费。

墨子的节葬主张也同增加和保护人力资源思想有关。他揭露统治者的杀殉说:"天子杀殉,众者数百,寡者数十。将军大夫杀殉,众者数十,寡者数人。"杀殉陪葬白白损失了很多人力资源。根据儒家久丧的规定,君、父、母、妻与长子死后,丧期都是三年;其他亲族死后,丧期各有数月。守丧期间人们"相率强不食而为饥,薄衣而为寒",以致面容憔悴,颜色黧黑,"耳目不聪明,手足不劲强","必扶而能起,杖而能行"。"使王公大人行此,则必不能蚤朝。[使士大夫行此,则必不能治]五官六府,辟草木,实仓廪。使农夫行此,则必不能蚤出夜入,耕稼树艺。使百工行此,则必不能修舟车为器皿矣。使妇人行此,则必不能夙兴夜寐,纺绩织纴。"造成了人力资源的浪费。而且因此而病死者"不可胜计","败男女之交多矣",影响了人力资源的增加。①

墨子的非乐主张也具有保护人力资源的意义。他指出撞巨钟、击鸣鼓、弹琴瑟、吹竽笙等演奏音乐活动需要耳目聪明、股肱强劲,非老弱者所能胜任,必须用年轻力壮的人。"使丈夫为之,废丈夫耕稼树艺之时;使妇人为之,废妇人纺绩织纴之事。"②这也造成了人力资源的浪费。

墨子还批评了统治者的蓄养妾媵之风。他说:"虽上世至圣,必蓄私不以伤行,故民无怨;宫无拘女,故天下无寡夫。内无拘女,外无寡夫,故天下之民众。"但是"当今之君,其蓄私也,大国拘女累千,小国累百。是以天下之男多寡无妻,女多拘无夫,男女失时,故民少"③。他提出"蓄私不可不节",使男女能够婚配,以增加人口,增加人力资源。

人口减少还有赋税方面的原因。墨子说:"今天下为政者,其所以寡人之道多,其使民劳,其籍敛厚,民财不足,冻饿死者不可胜数也。"④统治者征发的徭役多,赋敛重,使许多人的财产不足以养活自己,以致冻饿而死。这是"寡人之道"。要想增加人口,增加人力资源,就应该实行轻徭役、薄赋敛的政策。

春秋以来,战争频仍,人民遭受了巨大的灾难。墨子针对时弊,提出增加人口、保护人力资源的主张,是有进步作用的。这些主张的提出,反映了墨子对生产的极端重视。因为战争妨碍生产,他就反对当时进行的一切战争。因为认为从事音乐活动会妨碍生产,他就根本反对音乐。这样绝对的否定,则又是一种片

---

① 本段引文均见《墨子·节葬下》。
② 《墨子·非乐上》。
③ 《墨子·辞过》。
④ 《墨子·节用上》。

面性的表现。

五、节用论

墨子的节用主张包括国家财政开支的节省和个人消费的节俭。他认为节用能够兴利,因为节用使国家"去其无用之费",减少了财物的消耗,等于是增加了财物。所以,他说:"圣人为政一国,一国可倍也。大之为政天下,天下可倍也。"①这里的"倍"即是指因节用而使财物成倍地增加。他还把"先尽民力无用之功,赏赐无能之人,民力尽于无用,财宝虚于待客"②定为国家的七患之一。"先尽民力无用之功"和"民力尽于无用"就是将劳动力都投向了奢侈品生产或其他非生产性劳动方面,使生活必需品的生产受到影响。墨子主张将劳动力投向生产有用产品的部门,是正确的。但他对有用产品的理解过于狭隘,又具有片面性。

墨子主张消费以维持较低的生活需要为限。他说"古者圣王制为节用之法",要求"天下群百工……各从事其所能",制造的产品"凡足以奉给民用,则止",据此他提出"诸加费不加于民利者,圣王弗为"③。意思是说,手工业产品以对人民有用为原则,增加成本而不增加使用效益的产品一律不生产。这原则抽象地看是很对的,追加的费用应该获得新增的使用效益,否则就是浪费。只是是否增加使用效益难以有统一的标准。例如,增加房屋的装饰性开支,会增加住户的观赏性效益,但是按照墨子所定的住房标准,则是一种"不加于民利"的浪费。

墨子在衣、食、住、行方面都以"圣王"之法的名义提出了严格的消费标准:饮食"足以充虚继气,强股肱,耳目聪明,则止";"冬服绀(天青色)緅(红青色)之衣,轻且暖,夏服绤(细葛布)绤(粗葛布)之衣,轻且清(凉),则止";"车为服重致远,乘之则安,引之则利",舟楫"足以将(行)之,则止";宫室"其旁可以圉风寒,上可以圉雪霜雨露,其中蠲洁,可以祭祀,宫墙足以为男女之别,则止"④。

节用主张表现在丧葬方面就是节葬。墨子指出,"匹夫贱人"下葬,"殆(疲困)竭家室";"王公大人"下葬,"棺椁必重,葬埋必厚,衣衾必多,文绣必繁,丘陇(坟墓)必巨","辍民之事,靡民之财,不可胜计"。这样就造成了财物的很大浪费。他强调应根据"古圣王"的"葬埋之法":"棺三寸,足以朽体。衣衾三领,足以覆恶。以及其葬也,下毋及泉,上无通臭(气),垄若参(三)耕之亩,则止矣。"⑤

---

① 《墨子·节用上》。
② 《墨子·七患》。
③ 《墨子·节用中》。
④ 同上。
⑤ 《墨子·节葬下》。

上述消费标准并没有区分不同的对象,似乎它适用于一切人。这标准对广大劳动人民来说是比较高的,但对于富裕阶层来说却又太低。一个社会不可能有统一的消费标准。实际上墨子的消费标准是针对统治者提出来的。他批评当时的统治者住的是"宫室台榭曲直之望,青黄刻镂之饰";穿的是"锦绣文采靡曼之衣,铸金以为钩,珠玉以为佩";吃的是"美食刍豢,蒸炙鱼鳖,大国累百器,小国累十器,前方丈,目不能遍视,手不能遍操,口不能遍味";行的方面,还要"饰车以文采,饰舟以刻镂"。这些衣、食、住、行的费用,都由"厚作敛于百姓,暴夺民衣食之财"而来。为了满足统治者过奢华生活的需要,使"女子废其纺织而修文采","男子离其耕稼而修刻镂",他们没有时间进行正常的生产,就会遭受饥寒。"其民饥寒并至,故为奸邪。奸邪多则刑罚深,刑罚深则国乱。"所以,统治者要治理好国家,就要懂得"俭节则昌,淫佚(逸)则亡"的道理,自觉地过俭节的生活,把赋税徭役限制在"劳而不伤""费而不病"的限度内。①

在粮食歉收的年份,墨子还主张采取减少官吏俸禄及其他措施以节约国家的财政支出。他说:"一谷不收谓之馑,二谷不收谓之旱,三谷不收谓之凶,四谷不收谓之馈(匮),五谷不收谓之饥。"②官吏的俸禄,一谷不收减五分之一,二谷不收减五分之二,余类推,到五谷不收时只发口粮而取消俸禄。

第三节 李悝的经济思想

一、法家的奠基者李悝

李悝(约前 455—前 395 年),战国初年人,曾任魏国上地守,中山君(后为魏武侯)和魏文侯的相。《史记·孟荀列传》说:"魏有李悝,尽地力之教。"但《史记·魏世家》有李克而无李悝。《史记·平准书》和《史记·货殖列传》也只提到李克,前者说"魏用李克,尽地力,为强君";后者说"当魏文侯时,李克务尽地力"。《汉书》将李悝和李克分为两人,《汉书·艺文志》记李悝有《李子》32 篇,李克有《李克》7 篇,两书都已失传。李悝、李克都是魏文侯相,都主张尽地力,且悝、克二字读音相近,当属同一人。本书按一人处理。

李悝在任魏文侯相时,进行了政治、经济和军事等方面的改革,取得了成功,使魏国成为战国初期的强国。他提出"食有劳而禄有功,使有能而赏必行,罚必

---

① 本段引文均见《墨子·辞过》。
② 《墨子·七患》。

当"的"为国之道"。他把那些靠祖先功劳而获得世袭禄位,过着骄奢淫逸生活的贵族称为"淫民",主张"夺淫民之禄,以来四方之士"①。这一政策进一步限制了贵族的政治和经济特权,并为有为之士参加政权敞开了大门。他主张法治,是法家的奠基人。

李悝总结了各国的立法,为地主阶级的统治制定了一部《法经》(已失传)。《法经》分《盗法》、《贼法》、《网法》(《唐律疏议》引作《囚法》)、《捕法》、《杂法》和《具法》六篇,"以为王者之政莫急于盗贼,故其律始于《盗》《贼》"②。这说明"新起的法家精神是以保卫私有财产权为本位的"③。后来,《法经》被商鞅带往秦国,因此又成为秦汉基本法典的蓝本。它对建立和巩固统一的中央集权制的封建国家发挥了积极的作用。

相传李悝"以沟洫为墟,自谓过于周公"④。这大概是指李悝彻底改造了井田制的遗迹,重新安排灌溉系统,加强了水利建设,所以自认为功劳比周公还大。

由于李悝著作的失传,关于李悝的经济思想,也只留存一些零星记载。他的主要经济管理措施是进行"尽地力之教",主要经济思想有重农、禁技巧和平籴论。

二、重农和禁技巧论

李悝明确地把包括家庭纺织业在内的农业放在经济工作的首位。当魏文侯问他"刑罚之源安生"时,他回答说"生于奸邪淫佚之行",而"奸邪之心"则由"饥寒而起"。他分析造成饥寒的原因:"雕文刻镂(高级手工业品),害农事者也;锦绣纂组(高级丝织品),伤女工者也。农事害,则饥之本也;女工伤,则寒之原也。饥寒并至,而能不为奸邪者,未之有也。男女饰美以相矜,而能无淫佚者,未尝闻也。"⑤这段话说明农业是人们的衣食之源。这是中国古代重农的最基本的理由。如果农业搞不好,吃饭穿衣问题不能解决,社会秩序就不能稳定。这同墨子的论述相似。另外,李悝还指出"农伤则国贫"⑥,只有搞好农业才能使国家富裕。这是重农的第二个理由,即农业是财富积累和国家财政收入的源泉。从这两点出发,李悝认为发展农业极其重要。这正是他进行"尽地力之教"的理论基础。

---

① 刘向:《说苑·政理》。原作"李克"。
② 《晋书》卷三〇《刑法志》。
③ 郭沫若:《前期法家的批判》,《十批判书》,人民出版社1954年版,第274页。
④ 董说:《七国考·魏食货》引《水利拾遗》。
⑤ 刘向:《说苑·反质》。原作"李克"。
⑥ 《汉书》卷二四上《食货志上》。

上引李悝的话还说明,妨碍农业生产的是"雕文刻镂"和"锦绣纂组"等奢侈品的生产。搞这些非平民生活所必需的东西,要消耗很多劳动力,"害农事","伤女工"。李悝把奢侈品生产称为"技巧",主张"禁技巧"。他接着说:"故上不禁技巧则国贫民侈。国贫穷者为奸邪,而富足者为淫佚,则驱民而为邪也。民已为邪,因以法随,诛之不赦其罪,则是为民设陷也。"主张禁技巧的理由基本上同墨子一样,只是墨子没有用"技巧"这个名称。

"尽地力之教"的目的是通过提高农民的劳动强度和耕作技术,挖掘增产潜力,以增加单位面积的产量。李悝十分重视劳动在农业生产中的作用。他指出:以地方百里计算,共土地900万亩,山泽和城乡住宅区等不能耕种的地方占三分之一,还有耕地600万亩;如果"治田勤谨",每亩可以增产3斗(每斗约合今2升),不勤谨就会减产3斗,600万亩耕地共可增减粮食180万石①。从这里可以看出,尽地力的关键是"治田勤谨"。李悝还提出种植粮食要杂种五谷以备灾害,做到"力耕数耘,收获如寇盗之至"②,收获农作物时要像寇盗来了那样急迫。只有农民提高了劳动的积极性,做到精耕细作,才能挖掘土地潜力,取得农业的好收成。

三、平籴论

"尽地力之教"的又一重要措施是实行平籴政策。李悝指出:"籴甚贵伤民(非农业人口),甚贱伤农,民伤则离散,农伤则国贫。故甚贵与甚贱,其伤一也。善为国者,使民毋伤而农益劝。"要做到"使民毋伤而农益劝",必须实行平籴政策。

李悝对百亩之田、五口之家的农民一年的收入和支出算了一笔账。每亩常年产粟1.5石,百亩共收粟150石。除去十一税15石,五人的全年口粮90石,尚余45石。这45石全部出售,每石30钱,共收入1 350钱。又除去春秋祭祀的费用300钱,尚余1 050钱。而五人全年的衣服费用需1 500钱,尚不足450钱。"疾病死丧之费"和额外赋敛尚不在内。这就造成了"农夫所以常困,有不劝耕之心,而令籴至于甚贵"的后果。

李悝认为这两个后果可以通过平籴政策来消除。他指出,百亩田的粮食产量,上熟年份可达600石,余粮400石;中熟450石,余粮300石;下熟300石,余粮100石。小饥收100石,中饥70石,大饥30石。政府在丰收年份买进粮食:

---

① 《汉书》卷二四上《食货志上》。
② 《太平御览》卷八二一引《史记》佚文。

上熟年份收购余粮 300 石,中熟收购 200 石,下熟收购 100 石,"使民适足,贾(价)平则止"。遇到荒年就粜出粮食。小饥年份粜出小熟年份收购的粮食,中饥年份粜出中熟年份收购的粮食,大饥年份粜出大熟年份收购的粮食。李悝认为实行这一"取有余以补不足"的平籴政策,"虽遇饥馑水旱",也能做到"籴不贵而民不散"。"行之魏国,国以富强。"

李悝的这笔账算得并不准确。如正常年份农民一家把一年的收成全部吃光用光还不够,连种子都没有着落;丰收年份粮食增产的幅度高达正常年份的 4 倍;自给自足的农民每人每年做衣服要花 300 钱等,都很不合理。所以,我们不必拘泥于这些数字计算,主要从平籴政策本身做些分析。

李悝的平籴和计然的平粜说的是同一回事,从买的一面说是籴,从卖的一面说是粜。虽然是同一回事,两人的着眼点不完全一样。计然主张"农末俱利",考虑到了工商业者的利益。而李悝则主张"民无伤而农益劝",这里的"民"尽管也包括工商业者,却并没有特别考虑工商业者的利益。计然的平粜政策以粮食价格为衡量标准,从市场可以获得粮食多缺的信息,实行较易;李悝的平籴政策以粮食产量为衡量标准,要从统计中得出属于何种年成的结论,实行较难。计然主张的粮价仍保留较大的波动幅度,在波动幅度范围内并不需要政府干预;李悝则主张"使民适足,贾平则止",要求政府随时干预,以保持粮价的稳定。李悝主张由政府收购余粮,再在荒年抛售,这就在很大程度上限制了商人的粮食买卖活动。因此,李悝的平籴政策从某种意义上说,具有抑商的性质。

粮食是人们的最主要的生活资料,保持粮价的基本稳定是社会稳定的必要条件。自从计然和李悝提出平粜或平籴主张以后,中国历代政府都把平籴作为荒政的重要项目之一。西汉宣帝五凤四年(前 54 年),大司农中丞耿寿昌奏请在边郡设立常平仓,"谷贱时增其贾而籴,以利农,谷贵时减贾而粜",使平籴政策进一步制度化[①]。

第四节 《老子》的经济思想

一、道家的代表作《老子》

《老子》是道家的代表作,又名《道德经》,分《道经》和《德经》上、下二篇。1973 年长沙马王堆三号汉墓出土的《老子》帛书,《德经》是上篇,《道经》是下篇。

---

① 本目引文除"农末俱利"外均见《汉书》卷二四上《食货志上》。

1993年冬在湖北荆门郭店一号楚墓(战国中期偏晚)出土竹简,其中有《老子》简三种,"是迄今为止所见年代最早的《老子》传抄本。它的绝大部分文句与今本《老子》相近或相同,但不分德经和道经,而且章次与今本也不相对应"①。简本现存的字数约为今本的五分之二。

相传《老子》的作者是老子,姓李名耳,字聃,春秋末年楚国苦县(今河南鹿邑东)人,曾为周的守藏室之史(藏书室官员),后弃官隐居,不知所终。孔子至周时,曾问礼于老子。《史记·老子列传》在老子后又提到楚人老莱子和战国时的周太史儋,并说:"或曰儋即老子,或曰非也,世莫知其然否。"而太史儋在孔子死后129年曾见秦献公,老子的寿命不可能这样长。司马迁则说:"盖老子百有六十余岁,或言二百余岁,以其修道而养寿也。"这说明司马迁对老子的生平已讲不清楚。

今本《老子》可能形成于战国中期。《庄子·天下》称关尹、老聃为"古之博大真人",《史记·田齐世家》说宣王(前319—前301年在位)"喜文学游说之士……环渊之徒七十六人,皆赐列第为上大夫,不治而论议"。《史记·孟荀列传》说楚人"环渊著上下篇"。郭沫若据此认为《道德经》出于环渊,关尹是环渊的音变②。

今本《老子》对儒、墨的思想都不赞同。它说:"故失道而后德,失德而后仁,失仁而后义,失义而后礼。夫礼者,忠信之薄,而乱之首。""大道废,有仁义。""绝仁弃义,民复孝慈。"表明了它对道、德、仁、义、礼等儒家提倡的道德规范的否定态度。墨子主张尚贤,《老子》则说:"不尚贤,使民不争。"但"大道废,有仁义"郭店竹简作"大道废,安有仁义","绝仁弃义"郭店竹简作"绝伪弃作"③,似乎《老子》对儒家的态度前后有变化。某些文字的改变说明今本《老子》的形成时间不会早于战国中期。以下所引《老子》文字都以今本为据。

《老子》主张统治者无为。它指出:"法令滋章,盗贼多有。""民之难治,以其上之有为,是以难治。民之轻死,以其上求生之厚,是以轻死。"并引"圣人"的话说:"我无为而民自化,我好静而民自正,我无事而民自富,我无欲而民自朴。"认为通过"无为"可以达到"无不为""无不治"。它还指出:"民不畏死,奈何以死惧之?"认为"若使民常畏死",然后将那些不服从统治的人"执而杀之",人民就不会

---

① 荆门市博物馆:《郭店楚墓竹简》,文物出版社1998年版,前言第1页。
② 郭沫若:《稷下黄老学派的批判》,《十批判书》,人民出版社1954年版,第137页。
③ 竹简引文中的"废、仁、绝、伪、作"等字都不同于通行字的写法,此处所引已据《郭店楚墓竹简》注释改为今通用字。

反抗。

《老子》哲学的最高范畴是"道",它"先天地生","可以为天下母",是物质世界的创造者。至于这"道"是精神性的东西还是物质性的东西,学术界有不同理解。《老子》的哲学思想中,包含着比较丰富的朴素辩证法思想,提出了"祸兮福之所倚,福兮祸之所伏"等著名的矛盾转化命题。但是,它看不到新事物的嫩弱与旧事物的衰朽之间的区别,认为矛盾转化是无条件的,是一个简单的循环往复的过程。

《老子》的一部分内容是谈兵的,还有一些内容以哲理来喻兵。它辩证地阐述了强与弱的转化,提出了"柔弱胜刚强"的战略思想。从这个战略思想出发,它又阐发了一些克敌制胜的策略,主张"将欲歙(收)之,必固张之;将欲弱之,必固强之;将欲废之,必固兴之;将欲夺之,必固与之"。《老子》运用朴素辩证法思想总结和阐明的这些战争规律,对中国古代军事理论的发展有着重要的意义。同时,这些策略思想也常被后人用在政治、经济斗争等方面。

在《老子》的整个思想体系中,经济思想是比较次要的部分。《老子》不满社会生产力的发展,主张无欲、寡欲、崇俭等,希望回到较原始的社会中去,提出了"小国寡民"的社会理想。这是"无为"思想在经济思想方面的表现。

二、以无欲或寡欲为特征的经济思想

《老子》把社会动乱的根源归之于形形色色的物质刺激了人们的欲念。它说:"五色令人目盲,五音令人耳聋,五味令人口爽(辨不出味道),驰骋畋猎令人心发狂,难得之货令人行妨。"诚然,五色、五音、五味、飞禽走兽和难得之货等等的存在,使人们产生了追求这些东西的欲望。社会愈发展,可供消费的对象愈多,消费的欲望也愈增长。人们追求欲望的满足确实可能造成社会的动乱,但它也是推动社会前进的动力,不能因噎废食,对一切欲望都采取贬抑的态度。《老子》认为有欲望就是坏事,只能造成社会的动乱,因此主张:"不贵难得之货,使民不为盗。不见可欲,使民心不乱。"似乎只要回到较低的生产水平中去,使人们接触不到能引起消费欲望的事物,将欲望降低到最低限度,社会矛盾就会消除,社会动乱就可避免。

社会生产力的发展依靠生产工具和生产技能的进步,《老子》也对生产工具和生产技能的进步持批评态度。它说:"民多利器,国家滋昏;人多伎巧,奇物滋起。"把"利器"和"伎巧"视为不祥之物,认为只有"绝巧弃利",把一切能够推动社会进步的生产工具和生产技能统统弃置不用,才能使"盗贼无有",使社会归于太平。

但是,生产总是不断发展,难得之货总是客观存在,要人们"不见可欲"是不可能的。因此,《老子》要求人们在主观意识上下功夫,做到"无欲"或"少私寡欲"。无欲或寡欲就会"知足"。《老子》赞美"知足"的人生态度,认为"知足者富","知足不辱"。并警告说:"罪莫大于可欲,祸莫大于不知足,咎莫大于欲得。故知足之足,常足矣。"根据这一主张,则人人都应满足于自己原有的政治、经济地位,从"知足"就是"常足"中求得心理平衡,不要为改变自己的命运而抗争,免得因"不知足"而自取其祸。

为了使民常处于"无知无欲"的状态,《老子》主张实行愚民政策。它说:"古之善为道者,非以明民,将以愚之。民之难治,以其智多。"又说,"圣人"的治国,要使民"虚其心,实其腹,弱其志,强其骨"。人民只要能吃饱饭,有强健的体魄就可以了,不要使他们有自己的志向和智慧,免得产生希望改善生活的欲念。

在奢俭问题上,《老子》主张"去奢"从俭。它说:"我有三宝,持而保之:一曰慈,二曰俭,三曰不敢为天下先。"把俭定为"三宝"之一。"俭,故能广",即提高节俭可以达到宽裕。如舍俭而直接求广,则必然失败。"俭,故能广"也是《老子》辩证思想的体现。

《老子》对统治者的聚敛财富的行为进行了批评。它指出人民的贫困是由于统治者的征税太重:"民之饥,以其上食税之多,是以饥。"又说:"朝甚除①,田甚芜,仓甚虚。服文采,带利剑,厌饮食,财货有余,是谓盗夸②。"把财货有余、过着奢侈生活的统治者比作大盗。它还指出:"天之道,损有余而补不足。人之道则不然,损不足以奉有余。熟能有余以奉天下?唯有道者。"意思是说富人是靠剥损穷人而致富的,违反了"天之道"。它警告富人说:"多藏必厚亡。""金玉满堂,莫之能守。富贵而骄,自遗其咎。"要他们适可而止。

《老子》的理想社会是"小国寡民"。这个社会的特点是:"使有什伯之器而不用,使民重死而不远徙。虽有舟舆无所乘之,虽有甲兵无所陈之。使人复结绳而用之。甘其食,美其服,安其居,乐其俗。邻国相望,鸡犬之声相闻,民至老死不相往来。"显然,在这样的社会中,只有最简单的经济活动。"使有什伯之器而不用",生产工具的生产就成为多余的了。没有生产工具的使用,农业也不可能得到发展。它要人民"老死不相往来",商业当然也在否定之列。这完全是脱离现实而且永远也无法实现的主观幻想。

---

① 这里的"除"一般作"整洁"解,马叙伦《老子核诂》认为"除"借为"污"。
② "盗夸"《韩非子·解老》引作"盗竽"。竽为"五声之长","竽唱则诸乐皆和",故有些《老子》注释将"盗夸"释为"强盗头子"。

第五节 商鞅和《商君书》的经济思想

一、法家商鞅和《商君书》

商鞅(约前390—前338年),卫国国君后裔,原名卫鞅或公孙鞅。在秦国立功后受封於(今河南内乡东)、商(今陕西省商洛市商州区东南)15邑,号为商君,故又称商鞅。他"少好刑(形)名之学",到魏国,为相国公叔痤家臣(中庶子)。公叔痤将他推荐给魏惠王,惠王不肯用。公元前361年,秦孝公下令求贤,他前往秦国,通过孝公的宠臣景监见到孝公,在宫廷上同贵族甘龙、杜挚进行辩论,得到了孝公的赞赏和信任,任为左庶长(相当于卿)。后又升为大良造(最高军政长官)。在秦国执政期间,曾先后两次变法。

变法的主要内容有:统一度量衡,废除井田制,准许土地自由买卖,并把亩积从100方步扩大为240方步。推行重农抑商政策,大力促进农业生产的发展。推行法治,将李悝的《法经》增加"连坐法"等内容,在秦国施行。废除贵族的世袭特权,打击他们的反抗活动。制定奖励军功的法律,按军功授予官爵。还普遍推行县制,加强中央集权。"行之十年,秦民大悦。道不拾遗,山无盗贼,家给人足。民勇于公战,怯于私斗,乡邑大治。"① 韩非说:"楚不用吴起而削乱,秦行商君法而富强。"② 公元前338年秦孝公死后,一些贵族诬告商鞅谋反,将他车裂而死,其家人亦被杀害。

《商君书》是商鞅和商鞅学派的著作,成文的时间早迟不一。其中《垦令》可能是当时的法令,而《徕民》则写得很晚。《徕民》中提到"周军之胜,华军之胜,长平之胜"。"周军之胜"指秦昭王十四年(前293年)秦将白起败韩、魏于伊阙(龙门),斩首24万的胜利。"华军之胜"指秦昭王三十四年白起败魏华阳军,斩首24万的胜利。"长平之胜"指秦昭王四十七年白起攻赵长平(今山西高平),坑降卒45万的胜利。这些战事都发生在商鞅死后,长平之胜距商鞅死时已78年。《商君书》总结了商鞅变法和变法以后的治国经验,提出了较完整的法家理论和政策。因为很难确定《商君书》中哪些是商鞅本人的思想,下面不加区别,都作为商鞅思想来处理。

商鞅在和甘龙、杜挚辩论时,提出了"治世不一道,便国不必法古","当时而

---

① 《史记》卷六八《商君列传》。
② 《韩非子·和氏》。

立法,因事而制礼"①的变法理论。在《商君书·开塞》中,商鞅把历史的发展分为上世、中世、下世三个时期。上世"民知其母而不知其父,其道亲亲而爱私"。这样就会发生争夺,需要"贤者"来主持公正。"贤者"产生以后,人类社会进入了中世。中世"上(尚)贤而说(悦)仁",后来"贤者"要争相超过对方,天下又乱,需要"圣人"来建立制度,设官来治理,设君来统一。这些条件具备以后,人类社会进入了"贵贵而尊官"的下世。他用这种历史发展观来说明"世事变而行道异"。

战国时期的法家有重法、重术、重势三派,商鞅是重法一派的代表。他主张凭法令治国,指出:"法令者,民之命也,为治之本也,所以备(防)民也。"为了使法令得以贯彻,他提出在中央和诸侯、郡县各置法官,吏、民有关法令的问题可以问法官,使全国没有不知法的吏、民。认为这样就可以做到"吏不敢以非法遇民,民又不敢犯法。如此,天下之吏、民虽有贤良辩慧,不能开一言以枉法"。他把明确法令称为"定分",举例说:一只兔子在地上跑,上百人去捉,是由于这只兔子的"名分未定";而市场上出售的兔子"盗不敢取",则是因为"名分已定"。"故圣人必为法令置官也置吏也为天下师,所以定名分也。"②认为名分一定,人们就会遵行,国家就能得到治理。

商鞅将法家思想和儒家思想完全对立起来,认为仁义"不足以治天下","圣王者不贵义而贵法"③。他把儒家经籍《诗》《书》及礼、乐、仁、义等称为害人的虱子,"燔《诗》《书》而明法令"④,企图用焚毁儒家经籍的办法消除儒家思想的影响。

商鞅反对讲义,认为人都要追求名利,并以此为基础来推行农战政策。他非常重视农业,提出以农业为本业,以奢侈品的生产、销售和游食为末业的重农抑商禁末理论。

二、名利论

孔子只承认"小人喻于利",商鞅则认为好利是一切人的本性。他说:"民之于利也,若水于下也,四旁无择也。"⑤人们对个人利益的追求就像水向下流一样,哪里地势低就流向哪里,以此比喻求利思想的不可抗拒性。他又说:"民之性,饥而求食,劳而求佚,苦则索乐,辱则求荣,此民之情也。"他把这种"民之情"

---

① 《商君书·更法》。
② 本段引文均见《商君书·定分》。
③ 《商君书·画策》。
④ 《韩非子·和氏》。
⑤ 《商君书·君臣》。

归纳为名和利两方面,认为"民生则计利,死则虑名",为了求利而"失礼之法",为了求名而"失性之常"。他论证说:"盗贼上犯君上之所禁,而下失臣民之礼,故名辱而身危,犹不止者,利也。其上世之士(高士),衣不煖(暖)肤,食不满肠,苦其志意,劳其四肢,伤其五脏……而为之者,名也。"①他又说:"民之欲富(利)贵(名)也,共阖棺而后止。"②说明人们对名利追求的一贯性,只有死后才会停止。恩格斯在评价黑格尔的性恶论时指出:"自从阶级对立产生以来,正是人的恶劣的情欲——贪欲和权势欲成了历史发展的杠杆。"③"贪欲"就是求利欲,"权势欲"就是求名欲,商鞅认为两者都是人的本性,正是阶级社会中人的阶级性两个基本方面的表现。

商鞅对人性进行分析,目的在于要采取符合这种人性的政策。他说:"民之所欲万,而利之所出一。民非一则无以致欲,故作一。作一则力抟(专),力抟则强。"④人民的欲望很多,归纳起来就是名和利。如果国家采取使他们只能从一条途径得利的政策,就能够统一人们的思想和行动,这叫作"作一"。人民都专力于作一,就会使国家强盛。"作一"或写作"作壹"。商鞅说:"民见上利之从壹空(孔)出也,则作壹。""国作壹一岁者十岁强,作壹十岁者百岁强,作壹百岁者千岁强,千岁强者王。"⑤说明了作一的重要性。"利之从壹空出"就是只能从一条途径得到利益,简称"利出一空"。商鞅认为:"利出一空者,其国无敌。利出二空者,国半利。利出十空者,其国不守。"⑥"利出一空"的具体内容留待农战论中再谈。

商鞅的名利论对人性做出了分析,肯定人们都有追求名利的欲望,指出要从物质利益原则出发制定国家的政策。这是一种深刻的见解,而且行之有效。但是,他完全否定道德教化的作用则是走向了另一极端。道德教育虽然不是万能的,却又是任何社会所不可缺的。不承认道德规范对人们思想的约束作用,对它采取排斥的态度是错误的,终将受到历史的惩罚。

三、农本论

商鞅极端重农,他说:"圣人知治国之要,故令民归心于农。""惟圣人之治国,

---

① 《商君书·算地》。
② 《商君书·赏刑》。
③ 恩格斯:《路德维希·费尔巴哈和德国古典哲学的终结》,《马克思恩格斯选集》第四卷,人民出版社 2012 年版,第 244 页。
④ 《商君书·说民》。
⑤ 《商君书·农战》。
⑥ 《商君书·靳令》。

作壹抟之于农而已矣。"①他以包括家庭纺织业在内的农业为本业,因此又说:"凡将立国……事本不可不抟也。"②专于农和专于本是同样的意思。以农为本思想的产生,表明了对农业的认识有了一个新的发展。商鞅从两个方面论述了农业的重要作用。

(1) 农业是财富积累和国家财政收入的源泉。商鞅指出:"所谓富者,入多而出寡。衣服有制,饮食有节,则出寡矣;女事尽于内,男事尽于外,则入多矣。"③一个家庭,能做到收入多,支出少,就能积累财富。收入多要靠"女事尽于内,男事尽于外"。"女事"指纺织,"男事"指农耕,即男女尽力于耕织,努力发展农业生产可以致富。就国家而言,致富也要靠农业。所以商鞅说:"民毕农则国富。"④"民无逃粟,野无荒草,则国富。"⑤

(2) 农业为战争提供物质基础。商鞅指出:"百人农一人居者王,十人农一人居者强,半农半居者危。故治国者欲民之农也。国不农,则与诸侯争权,不能自持也。"⑥国家的强弱取决于从事农业的人的多少。农业人口应占一国人口的绝大多数。从事农业生产的人越多,由农业提供的物质财富也就越多,这个国家的强盛才能有可靠的保证。不重视发展农业,就争不到统一各诸侯国的权,而要被其他诸侯国所统一。商鞅所举的比例数字,反映了在劳动生产率比较低下的条件下,社会上必须花最大量的人力和时间生产衣食等生活必需品的客观要求。

从李悝到商鞅,一共提出了三条重农的理由,实际上已从某些角度说明了农业的基础作用。农业劳动生产率越高,剩余农产品越多,才越有可能增加财富积累并为战争提供粮食等物质储备。当时的社会经济结构还比较简单,社会的主要经济部门是农业,他们只是单纯地突出农业,还没有从各经济部门的关系上来认识农业的基础作用。因此,他们对农业基础作用的认识还是很粗浅的。

人民耕种土地,国家根据产量征收赋税,称为"任地"。商鞅指出:"地诚任,不患无财。"⑦反之,"地大而不垦,与无地同"。为了加强土地和人力的利用,商鞅提出了"度地"理论。他说:"有地狭而民众者,民胜其地;地广而民少者,地胜

---

① 《商君书·农战》。
② 《商君书·壹言》。
③ 《商君书·画策》。
④ 《商君书·靳令》。原作"民泽毕农则国富",有多人指出"泽"字衍。参见蒋礼鸿《商君书锥指》。
⑤ 《商君书·去强》。
⑥ 《商君书·农战》。
⑦ 《商君书·错法》。

其民。民胜其地,务开;地胜其民,事徕。"①人口和土地资源要配合恰当,人多地少的要进行开垦,人少地多的要进行徕民。否则,不是浪费劳动力和削弱战斗力,就是浪费山泽财物等自然资源。

《徕民》篇对秦国的情况做了分析:"今秦之地,方千里者五,而谷土不能处二,田数不满百万,其薮泽、溪谷、名山、大川之财物货宝又不尽为用,此人不称土也。"秦国是地多人少,而三晋(韩、赵、魏)则相反,"土狭而民众","其土不足以生其民"。根据这一分析,商鞅提出了"徕三晋之民,而使之事本"的主张。他指出:"秦四竟(境)之内,陵阪(山坡)丘隰不起十年征者,于律也,足以造作夫百万。"意思是说,秦国的陵阪丘隰等次等土地,如无人开垦,再过十年也征不到税,而根据"先王制土分民之律",足可以容纳100万劳动力。招徕三晋的人到秦国来垦荒,"利其田宅而复之三世",即给他们土地、住宅外,还免除他们三代人的徭役。不要他们当兵打仗,只要他们种田。徕民政策可以加速发展秦国的农业生产,增强秦国的经济实力,而三晋则因劳动力和兵力资源的减少而大大削弱。他认为这样做"与战胜同实"。

商鞅提出了一系列发展农业的政策。《垦令》一连宣布了20条措施,每条的结束语都是"则草必垦矣"。基本精神是限制一切有碍于农业的活动,把尽可能多的人束缚在土地上,促使他们专心致志地投身于农业生产。其中有澄清吏治,提高官府的办事效率,使官吏不得违法而害农,按粮食产量征税,减轻农业税和农民的徭役,"壹山泽"(由政府独占山泽之利),对犯法者施以重刑并实行连坐法,禁止人民自由迁徙等。还有一些是限制非农业人口和非农事活动的措施。有些措施显得不近人情而且难以实行,如有一条是"废逆旅",认为取消旅店可以使住旅店和开旅店的人都只得去参加农业劳动。事实上商鞅变法后仍有旅店存在,在秦孝公死后商鞅被追捕时,他就曾逃到客舍,因无证件而被客舍主人拒之门外就是明证。

除《垦令》提到的以外,商鞅实行的重农政策还有如下几项。

(1)"僇力本业,耕织致粟帛多者复其身。事末利及怠而贫者,举以为收孥(奴)。"②"事末利"留在后面再谈,其余的意思是:对努力耕织而增产粟帛的人,给予免除徭役的奖励,对因懒惰而致贫穷的人要全家没为官奴婢。

(2)"民有二男以上不分异者,倍其赋。"③每户有两个以上成年男子的必须

---

① 《商君书·算地》。
② 《史记》卷六八《商君列传》。
③ 同上。

分家,否则就要加倍征收他们的口赋(人头税),以促进小农经济的发展。

(3) 有余粮上交官府的可以得到官爵。商鞅认为:"民有余粮,使民以粟出官爵。官爵必以其力,则农不怠。"①"民贫则弱,国富则淫……故贫者益之以刑则富,富者损之以赏则贫。治国之举,贵令贫者富,富者贫。贫者富,富者贫,国强。"②对贫者要用刑罚来迫使他劳动致富,对富者则要用交余粮赏官的办法使他适当变贫。实行这一政策,在经济上可以做到"家不积粟"而"上藏"于国家粮仓,以增加国家的粮食储备。这里的"富变贫""家不积粟"自然都是相对意义上的,不是将富人真的变成穷人,政府也不会把所有余粮都收归己有。

(4) 提高粮食价格。商鞅认为:"欲农富其国者,境内之食必贵……食贵则田者利,田者利则事者众。"③用提高粮价的办法来鼓励人们从事农业的积极性。

从商鞅的重农政策中得到好处的主要是地主阶级。地主能够通过剥削农民的剩余劳动得到大量粟帛,这样他们就可以享受到"复其身"的优待。同样,也只有地主才有余粮可以用来换取官爵。高粮价政策亦不是对所有"田者"都有利,只有地主和富裕农民才会有余粮出售,而一般贫苦农民非但没有余粮,在青黄不接时甚至还要向市场买进粮食,粮食贵了对这些"田者"并不利。总之,重农政策促进了地主经济的发展。

四、农战论

商鞅提出:"故治国者,其抟力也以富国强兵也"④,富国要重农,强兵要重战。因此商鞅又提出"农战"的概念。他说:"国之所以兴者,农战也。""国待农战而安,主待农战而尊。"⑤

商鞅的农战概念不仅是指国家的政策以农和战为中心,而且是指农和战的结合,从事农和战的属于同一种人——农民。商鞅指出,"归心于农,则民朴而可正也",专心于农业的农民具有朴实的性格,能遵照国家的法令行事;儒生和工商业者则不同,"国有事,则学民恶法,商民善化,技艺之民不用,故其国易破也"⑥。因此,种田靠农民,打仗也只能靠农民,国家的政策应做到"入使民属于农,出使

---

① 《商君书·靳令》。
② 《商君书·说民》。
③ 《商君书·外内》。
④ 《商君书·壹言》。
⑤ 《商君书·农战》。
⑥ 同上。

民壹于战"①。

前已谈到,商鞅主张"利出一空",使人民只能从一条途径上满足名利要求。这一条途径就是农战。国家的政策要使人们只有从事农业才可以得利,只有英勇作战才能够成名(做官)。"利出于地,则民尽力;名出于战,则民致死。"②这样就能促使人民致力于农战。商鞅说:"故吾教令民之欲利者非耕不得,避害者非战不免,境内之民莫不先务耕战而后得其所乐。故地少粟多,民少兵强。能行二者于境内,则霸王之道毕矣。"③认为只要把全国人民的注意力都集中于农和战,就一定能够成就霸王的事业。

为了使"民喜农而乐战",商鞅又提出必须实行"尊农战之士"的政策。有所尊必有所抑,要抑制妨碍农战的社会势力。他把《诗》《书》谈说之士、处士(隐士)、勇士(好私斗者)、技艺之士和商贾之士等"五民"列为抑制对象,指出任用《诗》《书》谈说之士,则民游而轻其君;事处士,则民远而非其上;事勇士,则民竞而轻其禁;任用技艺之士,则民剽(飘)而易徙;商贾之士佚且利,则民因而议其上。"故五民加于国用,则田荒而兵弱。"④如果让这些人有名有利,人们就会效法他们而逃避农战。所以商鞅又说:"农战之民千人,而有《诗》《书》辩慧者一人焉,千人者皆怠于农战矣。农战之民百人,而有技艺者一人焉,百人者皆怠于农战矣。"⑤商鞅的"五民"后来被韩非发展为"五蠹",但具体的对象不尽相同。

农战需要了解本国的人力资源。吴起曾经提出:"故强国之君,必料其民。"⑥料民即进行人口调查。吴起的料民主张仅是从兵源考虑。商鞅提出要进行人口登记:"举民众口数,生者著(登记),死者削。民不逃粟,野无荒草,则国富,国富者强。"从他的论述可见,人口登记的目的首先是为了使有劳动能力的人不能逃避农业,种田和打仗是同一种人,所以同时也掌握了兵源。商鞅还提出"强国知十三数",即为了强国需要掌握13个统计数字:"竟(境)内仓、口之数,壮男、壮女之数,老、弱之数,官、士之数,以言说取食者之数,利民之数,马、牛、刍藁之数。欲强国,不知国十三数,地虽利,民虽众,国愈弱至削。"⑦把对本国人力资

---

① 《商君书·算地》。
② 同上。
③ 《商君书·慎法》。
④ 《商君书·算地》。
⑤ 《商君书·农战》。
⑥ 《吴子·图国》。
⑦ 《商君书·去强》。"仓、口"高亨、蒋礼鸿认为当作"仓、府"。"利民"或说指工商业者,或说指农民。

源和物力资源的深入了解定为使国家富强的必备条件。

五、抑商论

商鞅肯定商业的必要性。他说:"农、商、官三者,国之常官也。农辟地,商致物,官法(治)民。"①商业可以起沟通有无的作用。他又说:"农少商多,贵人贫,商贫,农贫,三官贫必削。"②一国的商人多于农民,不仅使贵人、农民贫困,就是商人自己也不例外,造成国家的削弱。

商鞅分析了金(货币)、粟(粮食)的矛盾运动,他说:"金生而粟死,粟生而金死……金一两生于竟内,粟十二石死于竟外。粟十二石生于竟内,金一两死于竟外。国好生金于竟内,则金粟两死,仓府两虚,国弱。国好生粟于竟内,则金粟两生,仓府两实,国强。"③一两黄金可买 12 石粟。要得到一两黄金,需出口 12 石粟去交换;要得到 12 石粟,需出口一两黄金去交换。两者此长(生)彼消(死),此消(死)彼长(生)。因此,如果国家喜欢增加黄金的储备,不重视粮食生产,即使一时间增加了货币积累,到头来粮食不够吃,还得用货币去向别的诸侯国购买粮食,从而导致"金粟两死,仓府两虚"。反之,如果国家喜欢增加粮食的储备,重视农业生产,不仅可以保证国内的粮食需要,还可以出口多余粮食去换回货币,这样便能"金粟两生,仓府两实"。这一理论的意思是说:富国必须靠农业,不能单靠从流通领域获取利润来富国。农业搞好了,既有粮又有钱,否则就粮钱两失。这里虽然没有谈到抑商,但包含有抑商的意思。

在《农战论》中,我们已经看到商鞅把技艺之士和商贾之士列入抑制对象之中,这就是抑工商,简称"抑商"。商鞅还说:"夫民之不可用也,见言谈游士事君之可以尊身也,商贾之可以富家也,技艺之足以糊口也。民见此三者之便且利也,则必避农,避农则民轻其居。轻其居,则必不为上守战也。"④这里提到三种人,除"言谈游士"外就是工商业者。所以实行抑制工商业的政策是为了使农民能安心于农业,搞好农业生产。抑商是为了重农。在生产力水平低下,需要有尽可能多的劳动力投入农业部门的条件下,抑制工商业的过分发展,使之与农业的发展水平和要求相适应,有其客观的必要性,不能认为是完全错误的政策。当然,实行抑商政策也不能过分,商鞅的抑商就显得过于偏激。

---

① 《商君书·弱民》。"常官"原作"常食官"。《商君书·去强》作:"农、商、官三者,国之常官也"。
② 《商君书·去强》。
③ 同上书。"金生而粟死,粟生而金死"原作"金生而粟死,粟死而金生"。
④ 《商君书·农战》。

《垦令》中有关抑商的措施有如下几项。

(1)"使商无得籴,农无得粜。"①禁止商人经营粮食买卖,杜绝商人利用年岁丰歉进行粮食投机以获利的机会。农民不得购买粮食,可以促使农民努力生产,通过生产来获得自己的口粮。

(2)"贵酒肉之价,重其租,令十倍其朴。"对酒、肉征重税,使它们的价格上涨到原价的10倍。这样既可减少酒、肉商,又可消除人们流连于酒、肉的现象,使农民能将精力集中到生产中去。

(3)"重关市之赋。"加重商人的赋税负担,使农民不愿为商,商人有疑惰之心。

(4)"以商之口数使商,令之厮舆徒重②者必当名。"商人和他的奴隶们都要服徭役,使"农逸而商劳"。

此外,商鞅还指出:"欲农富其国者,境内之食必贵,而不农之征必多,市利之租(税)必重……食贵,籴食不利,而又加重征,则民不得无去其商贾技巧而事地利矣。故民之力尽在于地利矣。故为国者,边利尽归于兵,市利尽归于农。"③高粮价和高工商业税对工商业者不利,而高粮价和轻农业税又对农民有利,这样就能使农民安心于农业,不会弃农经商,以保证农业对劳动力的需要。事实上,"市利尽归于农"是不可能的,只是反映了商鞅力求限制商人势力发展的态度。

六、禁末论

商鞅还主张"禁末"。"末"和"本"相对而言,"本"指农业,"末"指什么呢?商鞅所说的"末"的含义,学术界的看法还不尽一致,需要做些分析。

《商君书》中提到"末"的有以下五处。

(1)《农战》:"下卖权,非忠臣也,而为之,以末货也。"

(2)《壹言》:"治国能抟民力壹民务者强,能事本而禁末者富。"

(3)《靳令》:"物多末众,农弛奸胜,则国必削。"

(4)《徕民》:"(三晋)民上无通名(不能上闻),下无田宅,而恃奸务末作以处。"

(5)《外内》:"末事不禁,则技巧之人利,而游食者众之谓也……苟能令商贾技巧之人无繁,则欲国之无富不可得也。"

---

① 原文"粜""籴"互易。
② 蒋礼鸿《商君书锥指》释"重"为"童","童"即奴。
③ 《商君书·外内》。

以上五条，《外内》的一条意思最明确，故从这一条谈起。"末事不禁，则技巧之人利，而游食者众之谓也。"可见不禁末只对"技巧之人"和"游食者"有利，这里并没有包括商人，甚至也不包括一般手工业者。"技巧"即李悝主张"禁技巧"的"技巧"，也就是指"雕文刻镂"和"锦绣纂组"等奢侈品的生产。"游食"指非正当职业或无业。商鞅又说："夫农者寡而游食者众，故其国贫危。"① 游食的人多使国家既贫且危，故也在禁止之列。因此，商鞅所说的"末"是指奢侈品的生产、销售和游食，不是指一般工商业。从禁末的"禁"字也可看出"末"不是指一般工商业，因为商鞅绝不会主张禁止一般工商业。至于上引《外内》后面一句话提到"商贾"，则是说商贾的人数也不能多。这是属于抑商的范畴，和禁末无关。

明确了"末"的含义，《壹言》的"能事本而禁末者富"也可依此类推，用不着解释了。《徕民》的"奸务末作"，"奸务"相当于游食，"末作"指奢侈品的生产。《靳令》中的"物多末众"可以解释为：财物虽多，但其中奢侈品众多。这是造成"国必削"的原因之一。还有《农战》中"末货"的"末"，陶鸿庆的《读诸子札记》认为是"求"字之误，朱师辙《商君书解诂》据《广雅》释为"逐"，高亨认为"朱说较好"②。不管做何解释，都同本末的"末"无关。

从以上分析可以肯定，商鞅既主张抑商，又主张禁末，抑商和禁末不是一回事。也就是说，战国中期开始将经济部门划分为本业和末业，最初的末业指奢侈品的生产、销售和游食，以工商业为末是后来的事。还需指出的是：所谓禁止奢侈品的生产和销售，主要是指禁止民间的，统治者对奢侈品的需要并不在禁止之列。

在"农本论"中，笔者曾引《史记·商君列传》的文字："事末利及怠而贫者，举以为收孥。"对"事末利"三字未做解释。按照司马迁的用语，"事末利"应该是指从事工商业以图利。但从事工商业以图利的要全家没为官奴婢并不符合商鞅的政策。如果将这里的"末"也解释成奢侈品行业，就比较说得通了。将从事奢侈品生产和销售的人的一家没为官奴婢，可能是商鞅禁末政策的一种体现。

第六节　孟子的经济思想

一、战国儒家代表孟子

孟子（约前 372—前 289 年），名轲，字子舆，邹（今山东邹城东南）人。相传

---

① 《商君书·农战》。
② 高亨：《商君书注译》，中华书局 1974 年版，第 33 页。

他少年时曾受其母的三迁之教,后来就学于孔子之孙子思,成为战国儒家的主要代表人物。他带着子弟们往来于魏、齐、宋、滕等国,宣传自己的主张,曾任齐宣王的卿。著作有他和弟子合编的《孟子》。

孔子死后,儒分为八。荀子在《非十二子》中将子思和孟子列为一派。孟子继承孔子的儒家学说并予以发展。在"杨朱、墨翟之言盈天下"时,他批评说:"杨氏为我,是无君也;墨氏兼爱,是无父也。无父无君,是禽兽也。"①孟子曾宣称:"如欲平治天下,当今之世,舍我其谁也?"②在儒家思想取得统治地位后,他被历代封建统治者奉为"亚圣"。

孟子主张人性本善。他说仁、义、礼、智等是人生来就有的"善性","人性之善也,犹水之就下也"③。只是由于后天的影响,才出现了人性的差异。在孟子看来,君臣、父子等社会伦理关系都是人的本性的表现。

孟子主张"行先王之道","遵先王之法"④。"先王之道"就是"王道"。王道的对立面是霸道,前者"以德服人",后者"以力服人"⑤。孟子肯定王道而否定霸道。行王道要对人民实行仁政,仁政思想是孟子对孔子的仁的思想的继承和发展。孟子认为,春秋战国时期的统治者的所作所为都违反了王道和仁政,而且一代不如一代,因此说:"五霸者,三王之罪人也;今之诸侯,五霸之罪人也;今之大夫,今之诸侯之罪人也。"⑥

孟子强调统治者得民心的重要,如说:"桀、纣之失天下也,失其民也;失其民者,失其心也。"⑦劝告统治者吸取前代君主得天下和失天下的经验和教训,实行得民心的政策。他还提出民贵君轻论,指出:"民为贵,社(土神)稷(谷神)次之,君为轻。"要统治者重视人民的意志,关心民间的疾苦。警告说:"诸侯危社稷,则变置。"⑧如果国君的行事使社稷受到威胁,这国君就要被置换。

孟子的经济思想是仁政的重要内容。他在义利关系上提出了"何必曰利"的主张,并发展了先秦的劳心劳力论。他关心农民的土地问题,提出了恒产论和井田论,还主张薄税敛,对工商业则主张采取放任的政策。

---

① 《孟子·滕文公下》。
② 《孟子·公孙丑下》。
③ 《孟子·告子上》。
④ 《孟子·离娄上》。
⑤ 《孟子·公孙丑上》。
⑥ 《孟子·告子下》。
⑦ 《孟子·离娄上》。
⑧ 《孟子·尽心下》。

二、义利论

孟子比孔子的"罕言利"还进了一步,主张"何必曰利",即根本不能言利。他说:"鸡鸣而起,孳孳为善者,舜之徒也。鸡鸣而起,孳孳为利者,跖之徒也。"①将"利"和"善"完全对立起来,将"孳孳为利"的人比作"盗跖",表明他对求利行为的深恶痛绝。

魏国在惠王(武侯子)时迁都大梁(今河南开封),故魏亦称"梁"。孟子见梁惠王时,惠王问他:"叟不远千里而来,亦将有以利吾国乎?"孟子回答说:"王何必曰利,亦有仁义而已矣。王曰'何以利吾国',大夫曰'何以利吾家',士庶人曰'何以利吾身',上下交征(争)利而国危矣。"他主张讲仁义,因为"后义而先利",就会"不夺不厌(满足)",造成国危的后果。讲仁义的好处是:"未有仁而遗其亲者也,未有义而后其君者也。"②显然,孟子认为只有讲仁义才对国君有利,只是他没有把这种利称为"利"而已。

秦楚交战,宋轻(即宋钘)准备到楚国说服楚王罢兵,如楚王不听,则去秦国说服秦王罢兵。在去楚国的路上碰到孟子。孟子问他用什么理由说服,他回答说指出交战对双方的不利。孟子认为为了利而罢兵会有不良后果:"为人臣者怀利以事其君,为人子者怀利以事其父,为人弟者怀利以事其兄,是君臣、父子、兄弟终去仁义,怀利以相接也。然而不亡者,未之有也。"如果以仁义来说服他们罢兵,就会得到相反的结果:"为人臣者怀仁义以事其君,为人子者怀仁义以事其父,为人弟者怀仁义以事其兄,是君臣、父子、兄弟去利,怀仁义以相接也。然而不王者,未之有也。"他的结论仍然是:"何必曰利!"③

其实,国君考虑如何对本国有利,从对本国有利出发停止同别国的战争,都是很正常的想法。而且国君考虑如何对本国有利,同他的臣下是否从自己的私利出发来对待国君,也是两个不同的概念。孟子的"何必曰利"未免有故作高论之嫌。它反映了孟子的一种恐利症。

孟子虽然主张"何必曰利",但对人民的经济利益仍是很关心的,并且认为经济条件对人们的思想起决定的作用。他向齐宣王提出:"明君制民之产,必使仰足以事父母,俯足以畜(养)妻子,乐岁(丰年)终身饱,凶年免于死亡。"在此基础上再驱民为善就比较容易。而齐国的实际情况却相反:"今也制民之产,仰不足

---

① 《孟子·尽心上》。
② 《孟子·梁惠王上》。
③ 《孟子·告子下》。

以事父母,俯不足以畜妻子,乐岁终身苦,凶年不免于死亡。此惟救死而恐不赡,奚暇治礼义哉?"①这意思是说,人先要吃饱饭,然后才能讲礼义。也就是说,孟子实际上是承认人们的道德观念要建立在经济利益的基础上的。孟子的恒产论(见后)也说明了这一点。他还说:"民非水火不生活,昏暮叩人之门户,求水火,无弗与者,至足矣。圣人治天下,使有菽粟如水火。菽粟如水火,而民焉有不仁者乎?"②向人讨水火,因为水火很充足,所以人家都肯给。如果能使粮食多得像水火一样,人民很容易生活,他们就都会成为仁人。这些论断说明孟子是深深懂得物质利益的重要性的,没有利就不会有义。

这样说来,能不能说孟子不是贵义贱利者呢?不能。因为孟子并没有把统治者关心人民经济利益的行为称为"利",在他看来,这是属于仁政的内容。而他所谓的"利"是指个人(包括统治者和被统治者)的私利,而个人的私利则是同义对立的,应该是"何必曰利"。因此,尽管孟子实际上懂得物质利益的重要性,而他的理论体系却是贵义贱利的。孟子认为:"君仁莫不仁,君义莫不义,君正莫不正,一正君而国定矣。"③只要国君讲仁义,就会上行下效,大家都讲仁义,国家也就得到了治理和巩固。这本来也是一种利,但孟子却绝口不肯说出一个"利"字来。这反映了他理论上的虚伪性。后来程朱学派就公然承认仁义也是一种利了。

商鞅完全反对仁义的作用,孟子则过高地估计了仁义的作用,儒、法两家各走一个极端,反映了治国思想的对立。

对于个人的欲望,孟子说:"口之于味也,目之于色也,耳之于声也,鼻之于臭(气味)也,四肢之于安佚也,性也,有命焉,君子不谓性也。"④性,就是本性,也就是人人都有的欲望。但君子相信有命,不能强求欲望的满足。要人们摒弃物质欲念,扩充仁义本性。

从字面上看,孟子的"何必曰利"违反了物质利益原则,是应该否定的。但是在一定的范围内,这主张仍有它的合理性。对于追求不义之利的人来说,就用得上"何必曰利"这句话了。本书前面说的"义以生利"和孟子的"何必曰利",合起来代表了儒家义利论的要义。以后程朱学派的义利论就从这八个字生发开来。

---

① 《孟子·梁惠王上》。
② 《孟子·尽心上》。
③ 《孟子·离娄上》。
④ 《孟子·尽心下》。

三、劳心劳力论

滕国(在今山东滕州西南)国君文公很尊重孟子,接受孟子的意见,为其父定公守丧三年,并推行仁政。"有为神农之言者"许行从楚国来到滕国定居。许行有徒数十人,穿粗布衣,制鞋织席以为生。儒家陈良的弟子陈相从宋国来到滕国,抛弃原来的所学,奉许行为师。

孟子到滕国时,陈相往见孟子,向他提出:"贤者与民并耕而食,饔飧(早晚餐,意为自己烧饭)而治。"而滕国有仓廪府库,这是"厉(剥削)民以自养",故算不上是贤君。孟子用社会分工的理论进行反驳。他问陈相,许子是否种粟而后食?回答说是的。再问是否织布而后衣?回答说穿褐。再问许子是否戴帽?回答说戴绢帽。是否自织?回答说是用粟换来的。问为什么不自织?回答说自织要妨害耕种。再问许子的釜甑(陶炊具)和铁制农具是否是自制的?回答说不是自制,是用粟换来的。经过这一系列问答,孟子指出:"以粟易械器者,不为厉陶冶;陶冶亦以其械器易粟者,岂为厉农夫哉?"商品交换不是谁剥削谁。一个人的需要,都是由"百工之所为备",如果没有分工,各人都靠自己的劳动来生产自己所需的各种用品,那就是"率天下而路",会使大家疲于奔命。既然一个人连自己生活需要的用品都不能由自己一人生产,难道"治天下独可耕且为与"?最后孟子从上述分工理论中引申出劳心劳力论说:"有大人之事,有小人之事……故曰:或劳心,或劳力;劳心者治人,劳力者治于人;治于人者食人,治人者食于人,天下之通义也。"他举尧、舜、禹等为例,说明"圣人之忧民如此",根本没有闲工夫耕种。[①] 据此,自然也不能要求滕文公与民并耕,自己烧饭给自己吃了。

在辩论中,孟子把先秦的劳心劳力论进一步理论化了。从此,中国的劳心劳力论就以孟子的话为代表了。恩格斯指出:"为阶级差别辩护的最终理由总是说:一定要有一个阶级无须为生产每天的生活必需品操劳,以便有时间为社会从事脑力劳动。"[②]孟子所持的正是这样的最后理由。不过,在相当长的历史时期内,"劳心者治人,劳力者治于人;治于人者食人,治人者食于人"确是"天下之通义"。从这个意义上说,孟子是正确的,陈相要求改变这种"通义",只能是一种不切实际的幻想。

四、恒产论和井田论

恒产论和井田论是孟子关于土地制度的理论。

---

① 本段引文均见《孟子·滕文公上》。
② 恩格斯:《论住宅问题》,《马克思恩格斯选集》第三卷,人民出版社 2012 年版,第 199—200 页。

"恒产"就是长期保有的财产,在农业社会中,主要的恒产是土地。孟子说:"无恒产而有恒心者,惟士为能。若民,则无恒产,因无恒心。苟无恒心,放辟,邪侈,无不为已。"①"民之为道也,有恒产者有恒心,无恒产者无恒心。苟无恒心,放辟邪侈,无不为已。"②"恒心"指人所常有的善心。士因为接受过教育,有治国理想,所以即使没有恒产,仍能保有善心。而一般的民如果没有恒产,就会丧失善心,什么坏事都能干出来。恒产论说明,孟子虽然认为人性本善,但实际上要被统治者具有善心,还得靠经济条件,要以他们能够生活得下去为前提;如果没有这个前提,他们就不会有他所说的善心。

前面谈到过的"制民之产",也就是统治者给民以恒产。孟子把"制民之产"定为行仁政之本。恒产的标准是五亩宅、百亩田。有了恒产,还要进行农业生产管理和教育。孟子对梁惠王提出:"五亩之宅,树之以桑,五十(岁)者可以衣帛矣。鸡豚狗彘之畜,无失其时,七十者可以食肉矣。百亩之田,勿夺其时,数口之家可以无饥矣。谨庠序(学校)之教,申之以孝悌之义,颁(斑)白者(老人)不负戴(背物)于道路矣。七十者衣帛食肉,黎民不饥不寒,然而不王者,未之有也。"他还提出:"不违农时,谷不可胜食也。数(密)罟(网)不入洿池(池塘),鱼鳖不可胜食也。斧斤以时入山林,材木不可胜用也。谷与鱼鳖不可胜食,材木不可胜用,是使民养生丧死无憾也。养生丧死无憾,王道之始也。"农业生产管理中农时管理极为重要,孟子也特别强调。无失其时,勿夺其时,不违农时,都是指农时的不能延误;而不要用密网捕鱼鳖,砍伐林木要有时间的限制,则是保护生物资源的措施。他批评有些诸侯国"夺其民时",使农民"不得耕耨以养其父母",以致"父母冻饿,兄弟妻子离散",指出这是在"陷溺其民"。③

恒产不一定是井田制,实行井田制则更符合孟子的心愿。当滕文公派毕战问孟子关于井田的情况时,孟子就根据自己所知做了介绍。他说:"夫仁政必自经(疆)界始。经界不正,井地不钧(均),谷禄不平。是故暴君污吏必慢(废)其经界。经界既正,分田制禄可坐而定也。"分田指分配土地给农民,制禄指以土地作为各级统治者的禄田。关于井田制的形式,孟子说:"方里而井,井九百亩,其中为公田,八家皆私百亩,同养公田。"一井900亩土地中,100亩公田用来制禄,由八家农民共同耕种,"公事毕,然后敢治私事";800亩私田分给八家农民。另外,卿以下有圭田50亩,余夫(受田者之弟)有田25亩。孟子为井田制描绘了一幅

---

① 《孟子·梁惠王上》。
② 《孟子·滕文公上》。
③ 本段引文均见《孟子·梁惠王上》。孟子还有向齐宣王提出的建议,内容不尽相同,此处从略。

美好的景象:"死徙无出乡,乡田同井。出入相友,守望相助,疾病相扶持,则百姓亲睦。"他把耕种私田的农民称为"野人",强调"无君子莫治野人,无野人莫养君子"。①"君子"就是占有公田的统治者。一井之中,"君子"和"野人"是统治者和被统治者的关系。

战国时土地私有制度的发展,使有些农民丧失了土地。孟子主张给农民以恒产,把它作为实现王道、仁政的首要目标。他的理想是使农民稳定地保有基本的生产资料,以维持一家的生活。但是,战国时期土地买卖盛行,土地占有的不均已无可挽回。商鞅在秦国就用鼓励竞争的办法大力发展地主经济,而不考虑土地占有数量的是否均平。孟子的恒产和井田思想动机虽好,因不符合历史发展的趋势,只能是一种理想,根本不会被齐、梁等国所采纳。

孟子的井田论对后世有很大影响。主张恢复井田制或实行类似于井田制的土地制度的议论一直延续到清代,同时也出现了一些反对复井田的议论。

五、农业赋税论

孟子的赋税论涉及农业和商业两方面,主要是农业。这里先谈农业赋税论,关于商业的留在下一目再谈。

孟子主张薄税敛,把它列为仁政的一项内容。他说:"易(治)其田畴,薄其税敛,民可使富也。"②把搞好生产和薄税敛定为富民的两个条件。

孟子主张富民而反对富国。"富国"的概念有广义和狭义之分。广义的富国指富整个国家,同富民的含义相近;狭义的富国仅指财政收入的增加。孟子反对的是狭义的富国,但广义的富国也不讲,用富民来否定富国。他引孔子批评冉求的话:"求非我徒也,小子鸣鼓而攻之可也。"接着说:"由此观之,君不行仁政而富之,皆弃于孔子者也。""不行仁政而富之"即不行仁政而富国,是孟子所根本反对的,所以他又说:"故善战者服上刑,连诸侯者次之,辟草莱、任土地者次之。"③南宋朱熹在《四书集注》中对此解释说:"善战,如孙膑、吴起之徒。连结诸侯,如苏秦、张仪之类。任土地,谓分土授民,使任耕稼之责,如李悝尽地力,商鞅开阡陌之类也。"孟子认为法家的"任土地"就是"不行仁政而富之",鼓吹对他们实施重刑。有些人自称"能为君辟土地,充府库",孟子指责这些人说:"今之所谓良臣,

---

① 本段引文均见《孟子·滕文公上》。
② 《孟子·尽心上》。
③ 《孟子·离娄上》。

古之所谓民贼也。"①他又说:"城郭不完,兵甲不多,非国之灾也。田野不辟,货财不聚,非国之害也。上无礼,下无学,贼民兴,丧无日矣。"②对法家的富国强兵路线提出了尖锐的批评。

为了减轻农民的赋税负担,孟子主张减少赋税的征收品种。他指出:"有布缕之征,粟米之征,力役之征。君子用其一,缓其二。用其二而民有殍(饿死),用其三而父子离。"③认为三者只能征其一。实际上征收品种和人民赋税负担的轻重并无必然联系。如果税率过高,征一种税,负担也会很重;如果税率适当,征三种税,负担也未必加重。几种征收品种同时并举在中国封建社会中持续了很长一段时期,在一定历史条件下是不可避免的。农业的税率,孟子认为以征十分之一最为恰当。他说:"夏后氏五十(亩)而贡,殷人七十而助,周人百亩而彻,其实皆什一也。""贡"是夏朝的税制,一夫50亩田,交纳相当于5亩产量的税;"助"是商朝的税制,一夫63亩田,另耕种7亩公田,不再交税;"彻"是西周的税制,一夫100亩田,照孟子的解释行的也是助法。孟子意在说明三代的税率都是十分之一。至于征收办法,他则肯定助法而反对贡法。并引龙子的话说:"治地莫善于助,莫不善于贡。"实行贡法,向政府交纳的粮食数量每年是固定的,而每年的收成却丰歉不定。丰年政府可以多取而不多取,凶年应该少取却要取足,以致农民"终岁勤动,不得以养其父母,又称贷而益之,使老稚转乎(弃尸于)沟壑"。而助法则只要在公田上劳动一定天数,同产量多少无关,不会产生上述弊病。因此他主张"野九一而助,国中什一使自赋"。④"九一而助"即井田制中的"同养公田",不能行井田制的城郊地区则用什一税制。

孟子主张薄税敛,但当白圭(非商人白圭)提出二十分取一时,他又表示反对。他认为要维持政府的各种开支,二十分取一是绝对不够的,除非是像貉(貊)这样"无城郭、宫室、宗庙、祭祀之礼,无诸侯币帛(礼品)饔飧,无百官有司"的落后民族。因此他批评白圭的轻税主张是"去人伦,无君子"的"貉道"。他把什一税定为"尧舜之道",宣称:"欲轻之于尧舜之道者,大貉小貉也;欲重之于尧舜之道者,大桀小桀也。"⑤

孟子还提出用轻税或免税来吸引邻国之民的政策。其中关于农民和无业者的政策是:"耕者助而不税,则天下之农皆悦而愿耕于其野矣。廛(宅)无夫、里之

---

① 《孟子·告子下》。
② 《孟子·离娄上》。
③ 《孟子·尽心下》。
④ 本段引文未注明出处的均见《孟子·滕文公上》。
⑤ 《孟子·告子下》。

布,则天下之民皆悦而愿为之氓(民)矣。"①"助而不税"即用劳役赋税取代实物赋税,如同井田制的助耕公田。"夫、里之布"即《周礼》所说的"凡宅不毛者有里布"和"凡民无职事者出夫家之征",孟子把不征夫布和里布作为统治者行仁政的表现,而不考虑这种赋税政策有促使懒人强化劳动的作用。

六、对工商业的放任思想

孟子提出吸引邻国之民的政策,关于商旅的也有两条:"市廛而不征,法而不廛,则天下之商皆悦而愿藏于其市矣。关讥而不征,则天下之旅皆悦而愿出于其路矣。"②"廛而不征"指市宅不征税。"法而不廛",东汉赵岐《孟子章句》说:"法而不廛者,当以什一之法征其地耳,不当征其廛宅也。""讥而不征"的意思已见第二章第三节中"管仲的经济思想"一目。总之,对商人要实行轻税或免税。孟子批评当时的设关征税违背了"讥而不征"的原则,指出:"古之为关也,将以御暴。今之为关也,将以为暴。"③

孟子认为商业税起源于对垄断商人的惩罚。他说:"古之为市也,以其所有易其所无者,有司者治之耳。"认为古时官府只管理市场而不征税。后来"有贱丈夫焉,必求龙(垄)断而登之,以左右望而罔(网)市利。人皆以为贱,故从而征之。征商,自此贱丈夫始矣"④。这种商业税起源论并不符合历史的实际。通过赋税取得收入是维持国家政权的需要,有商业必有商业税,就像有农业必有农业税一样,同是否有垄断商人无关。

前述陈相和孟子的辩论,还有一项内容是关于物价问题。许行为了反对商人的商业欺诈活动,主张做到"市贾(价)不贰,国中无伪",即使是小孩子上市买东西,也不会受到欺骗。他提出等量商品等价交换的原则:"布帛长短同,则贾相若;麻缕丝絮轻重同,则贾相若;五谷多寡同,则贾相若;屦大小同,则贾相若。"这一主张没有考虑商品的质量因素,在理论上是有缺点的。孟子听陈相转述许行的主张后,反驳说:"夫物之不齐,物之情也。"商品价格的高低不等是商品的本性决定的。至于这本性是什么,他没有进一步说明。他强调商品的价格千差万别:"或相倍蓰(五倍),或相什伯,或相千万。"将它们等同(实际上许行没有这个意思)就会"乱天下"。"巨屦小屦同贾,人岂为之哉?""巨屦"是粗糙的鞋,"小屦"是

---

① 《孟子·公孙丑上》。
② 同上。
③ 《孟子·尽心下》。
④ 《孟子·公孙丑下》。

精细的鞋。如果粗糙的鞋和精细的鞋同价,谁还愿意做精细的鞋?最后孟子指出:"从许子之道,相率而为伪者也,恶能治国家?"①

孟子对许行价格主张的反驳,只强调了物价不相等的一面,而对可能相等的一面则绝口不提。商品价格固然有贵贱之分,但许行说的是数量相同的同一种商品的价格应该相等,即使有质量差别,价格也不会相差至五倍十倍千倍万倍。孟子用商品价格的差异性来反驳许行,好像许行是主张把相差五倍十倍千倍万倍的商品价格都搞成一个价格,这并不符合许行的原意。从理论上说,商品价格有相异的一面,也有可以等同的一面。孟子只强调了其中的一面,也具有片面性。

孟子的仁政主张对工商业来说就是要实行自由放任的政策。不仅税要轻,而且国家根本不需要对市场进行干预。他的主张有利于工商业的发展,也有利于大商人操纵市场,进行欺诈活动。战国时期孟子和商鞅对待工商业的不同态度,形成了鲜明的对比。

第七节 《管子》(不包括《轻重》)的经济思想

一、《管子》概述

《管子》托名管仲所作,实是一部战国至西汉时期的论文集。最早提到《管子》的是韩非,他说:"今境内之民皆言治,藏商、管之法者家有之。"②《韩非子·难三》中还引有《管子·牧民》的文字。《管子》迟至战国末才被引用,可见其晚出。今本《管子》由西汉末刘向根据收集到的各种《管子》版本和与《管子》思想有关的著作,去除重复整理而成,定著 86 篇③,今存 76 篇。这些作品又分为《经言》《外言》《内言》《短语》《区言》《杂篇》《管子解》《轻重》(原作《管子轻重》)等八组。《轻重》作于西汉时(有不同意见)。本节只涉及《轻重》以外的《管子》。这部分《管子》大多属法家(主要是齐国法家)著作,此外还有黄老学派、儒家、阴阳家、农家等学派的著作。

关于《管子》的作者,清以前已有多人(如叶适、朱熹)指出不是管仲。1931

---

① 本段引文均见《孟子·滕文公上》。
② 《韩非子·五蠹》。
③ 《管子》刘向序:"所校雠中管子书三百八十九篇,太中大夫卜圭书二十七篇,臣富参书四十一篇,射声校尉立书十一篇,太史书九十六篇。凡中外书五百六十四,以校除复重四百八十四篇,定著八十六篇。"但 564 篇减 484 篇为 80 篇,数字不符。

年,罗根泽出版《管子探源》,对《管子》各篇的写作时间作了分析,都定在战国至西汉时期。书中有附录《战国前无私家著作说》("战国前"不包括战国)和《古代经济学中之本农末商学说》等。后一篇文章指出:"抑弃工商,提倡耕农,盖在战国中世。制为本农末工商之口号,则当在战国末,而盛行于西汉之初。""韩非著书,始有以农为本、以工商为末之简明口号。其披靡一世,在西汉初年。"1963年关锋、林聿时出版《春秋哲学史论集》,其中有《管仲遗著考》,将《经言》九篇加上司马迁读过而已佚的《轻重》《九府》①定为管仲本人著作。《经言》中有本末思想,是罗根泽定这些文章产生于战国的重要根据。关、林则以《管子》的"末"不是指一般工商业,而是指奢侈消费品为理由,来否定罗的结论。其实,"末"指奢侈品正是战国中期以后的经济思想的特点之一。罗根泽将战国中世的"末"解释为工商业固然是失误,而纠正这一失误并不足以推翻《经言》各篇产生于战国的结论。

《管子》中有几篇总结统治者实行法治经验的文章。《任法》指出"法"是统治者用来"一民使下"的武器,是"天下之至道""圣君之实用"。"圣君"只要实行法治,"守道要,处佚乐",就能"垂拱而天下治"。它说"尧之治天下","其民引之而来,推之而往,使之而成,禁之而止",是因为尧"善明法禁之令";而"黄帝之治天下","其民不引而来,不推而往,不使而成,不禁而止",则是因为"置法而不变,使民安其法"。《法禁》一共提出了18个"圣王之禁",矛头都指向臣下的篡权活动,指出"昔者圣王之治其民",对于"废上之法制者,必负以耻",即要坚决给以惩罚。

《管子》认为"道在天地之间也,其大无外,其小无内"②。道就是精气,是自然界的原始物质,它使"万物以生,万物以成"③。道又是天地万物的规律。《管子》认为自然界的运动有它的规律性:"天不变其常,地不易其则,春秋冬夏不更其节,古今一也。"人的活动必须符合客观规律,才能取得成功。它指出:"万物之于人也,无私近也,无私远也,巧者有余而拙者不足。其功顺天者天助之,其功逆天者天违之。"④巧者的经济活动符合客观规律,所以有余;拙者的经济活动违反客观规律,所以不足。巧、拙确是造成有余、不足的重要原因,但不是唯一的原因。

《管子》强调统治者得人的重要,而"得人之道,莫如利之"⑤,也就是要"顺民心"。顺民心的范围很广,如:"民恶忧劳,我佚乐之;民恶贫贱,我富贵之;民恶危

---

① 《史记》卷六二《管晏列传》:"吾读管氏《牧民》《山高》《乘马》《轻重》《九府》及《晏子春秋》,详哉其言之也。"
② 《管子·心术上》。
③ 《管子·内业》。
④ 《管子·形势》。
⑤ 《管子·五辅》。

坠,我存安之;民恶灭绝,我生育之。"这样做归根到底还是为了统治者的利益:"能佚乐之,则民为之忧劳;能富贵之,则民为之贫贱;能安存之,则民为之危坠;能生育之,则民为之灭绝。"实行"顺民心"政策的好处是人民的利益得到满足后,就会拥护统治者,甚至为了统治者的利益而牺牲自己,包括付出自己的生命。《管子》把这种因果关系叫作"予(给)之为取",说:"故知予之为取者,政之宝也。"①

《管子》的经济思想即使不包括《轻重》各篇,也是先秦古籍中最丰富的。不仅涉及的面广,而且理论深度在很多方面超过了前人。由于是非一人之作,其中也有互相对立的观点,如禁末论和侈靡论就是如此。

二、道德的经济决定论

《管子》对人的求利活动有生动的说明:"夫凡人之情,见利莫能勿就,见害莫能勿避。其商人通贾,倍道兼行,夜以续日,千里而不远者,利在前也。渔人之入海,海深万仞,就彼逆流,乘危百里,宿(夙)夜不出者,利在水也。故利之所在,虽千仞之山无所不上,深渊之下无所不入焉。"②

在肯定人的好利上,《管子》和商鞅相似,但商鞅否定道德的作用,而《管子》则相反。《管子》将礼、义、廉、耻四种道德观念定为国家的四维,即将它们比喻为四根拉住国家使其免于倾覆的绳索。它说:"国有四维,一维绝则倾,二维绝则危,三维绝则覆,四维绝则灭。""四维张则君令行……四维不张,国乃灭亡。"③把道德观念的能否确立提到了关系国家存亡的高度。

道德很重要,而道德的建立则要靠一定的经济条件。《管子·牧民》说:"仓廪实则知礼节,衣食足则知荣辱。"意思是说,只有使人们有饭吃,有衣穿,才能使他们树立道德观念。这同孟子所说的"菽粟如水火,而民焉有不仁者乎?""有恒产者有恒心,无恒产者无恒心"等观点意思一样,但《管子》这两句话影响更大,常为后人所引用。

《管子》又提出"德不可不兴"。兴德要做六方面的工作:"辟田畴,制坛宅,修树艺(种植),劝士民,勉稼穑,修墙屋,此谓厚其生。发伏利,输埒(蓄)积,修道途,便关市,慎将(送)宿,此谓输之以财。导水潦,利陂沟,决潘渚(挖通浅滩),溃泥滞,通郁闭,慎津梁,此谓遗之以利。薄征敛,轻征赋,弛刑罚,赦罪戾,宥小过,

---

① 本段引文未注明出处的均见《管子·牧民》。
② 《管子·禁藏》。
③ 《管子·牧民》。

此谓宽其政。养长老,慈幼孤,恤鳏寡,问疾病,吊祸丧,此谓匡其急。衣冻寒,食饥渴,匡贫窭,振(赈)罢(疲)露(败),资乏绝,此谓振其穷。"这六方面可以归纳为发展生产,便利交通,兴修水利,薄敛宽刑,关心疾苦和救济贫穷,绝大部分是属于经济方面的措施。"夫民必得其所欲,然后听上;听上,然后政可善为也。"①所以要使人民有道德,必须先由统治者实行一系列有利于人民经济生活的措施,使民"得其所欲"。

《管子》的道德的经济决定论实际上也是一种义利论。这种义利论将利放在第一性的地位,肯定先有利后有义,接近于早期义利论的"利制能义"和"利物足以和义"的观点。道德观念的树立要以一定的经济条件为基础,孟子、《管子》的这一认识是深刻的。但是有了一定的经济条件以后,道德观念也不一定都能加强,孟子就曾引阳虎的话说:"为富不仁矣,为仁不富矣。"②"为富不仁"说明,仓廪实并不一定能知礼节。但这只能说明《管子》对经济和道德的关系的论述还不够全面,不能根本推翻它的观点的合理性。从整个社会考虑,生活水平的提高是使人们重视道德的必不可少的条件。

三、正地论

正地论是《管子》关于土地制度的理论。它说:"地者,政之本也。"这同孟子说"制民之产"是仁政之本一样,都强调了土地问题的重要性。

《管子》认为"地可以正政","地不平均和调,则政不可正"。这是说土地的占有关系不合理,农民缺乏土地,必然会造成政治上的混乱;反之,就能使国家得到治理。它拿土地占有关系和自然现象作比较,指出了两者的不同。"春秋冬夏""时之短长""日夜之易",都是自然阴阳变化的结果。虽然四时有冷暖,日夜有长短,但这种"不正"是"有余不可损,不足不可益",人力"莫之能损益"的。而土地却不同,它的"不平均和调"是一种社会现象,完全可以用人力进行损益。这直接关系到政治的好坏,"故不可不正"。田块形状的长、短、大、小,都要核实正确。它说:"地不正则官不理,官不理则事不治,事不治则货不多。是故何以知货之多也,曰事治;何以知事之治也,曰货多。货多事治,则所求于天下者寡矣。"也就是说,土地问题解决不好就会造成"事不治""货不多"的严重后果。事治必然货多,货多反映事治。因而,《管子》强调要从正确解决土地问题下手,以保证"事治"和"货多"。

---

① 《管子·五辅》。
② 《孟子·滕文公上》。

《管子》提出实行"均地分力"和"与之分货"的土地政策。所谓"均地分力",就是使农民获得比较平均的土地,让他们在自己的土地上独立劳动。"均地分力"的好处是可以"使民知时":"民乃知时日之蚤(早)晏(晚),日月之不足,饥寒之至于身也。是故夜寝蚤起,父子兄弟不忘其功,为而不倦,民不惮劳苦。"农民没有土地,当然不会去抓紧农时,也就是不"知时"。而有了土地,要靠土地上的产品维持一家人的生活,就会知道时间的宝贵,因此一家人不知疲倦、不怕辛苦地积极劳动,以免陷于饥寒。"故不均之为恶也,地利不可(能)竭,民力不可殚。"

所谓"与之分货",就是地主和佃农分取劳动产品,即用封建地租来代替奴隶的无偿劳动。在奴隶劳动的情况下,奴隶们根本没有劳动的积极性,"不告之以时而民不知,不道之以事而民不为",不会主动去抓紧农时。"与之分货,则民知得正(征)矣;审其分,则民尽力矣。"农民从"分货"办法中知道被地主征取的一份和自己能得到的一份,就会尽力劳动。实行"与之分货"的办法,地主根本用不着像奴隶主那样派人去监督农民的劳动,农民就会"父子兄弟不忘其功",一家人积极从事生产。[1]

由此可见,实行"均地分力""与之分货"的政策,就是给农民以土地或由土地所有者和农民实行分租制,采取封建剥削方式。这在当时有利于提高劳动人民的生产积极性,促进农业的发展。

四、农本论

《管子》的农本论比商鞅的农本论有了进一步的发展。商鞅所说的农业,只是一个总的生产部门。《管子》则将农业分为五谷、桑麻、六畜、瓜果、蔬菜等不同的生产门类。不仅如此,《管子》对农业所做的理论分析,也比商鞅更深入了。它对三条重农的理由都有明确的论述。

首先,在农业是人类的衣食之源方面,《管子》也像墨子一样,特别强调粮食的作用。它指出:"行其田野,视其耕芸(耘),计其农事,而饥饱之国可以知也。"如果不重视农业,耕得不深,耘得不勤,不懂得因地制宜,耕者不必肥,荒者不必硗,按照人口来计算,"草田多而辟田少",即使不遇到水旱,也是"饥国"。"若是而民寡,则不足以守其地;若是而民众,则国贫民饥。以此遇水旱,则众散而不收。"这样就会使国家成为一片废墟。所以,不重视农业的国君不过是一个"寄生之君"[2]。

---

[1] 本目引文均见《管子·乘马》。
[2] 本段引文均见《管子·八观》。

其次,在农业是财富积累和财政收入的源泉方面,《管子》指出:"行其山泽,观其桑麻,计其六畜之产,而贫富之国可知也。"①这里把桑麻、六畜作为决定国家贫富的项目。在另一处,则提出了能够富国的五个方面:"山泽救(止)于火,草木殖成,国之富也;沟渎遂于隘,障水(水库)安其藏,国之富也;桑麻殖于野,五谷宜其地,国之富也;六畜育于家,瓜瓠、荤(辛)菜、百果备具,国之富也;工事无刻镂,女事无文章,国之富也。"②这五个方面,第五条"工事无刻镂,女事无文章"不属于农业,留待以后再说。前面四条把五谷、桑麻、六畜和其他农、林产品,以及为农业服务的水利建设等,即广义的农业作为决定国家贫富的项目。

《管子》所说的富国是广义的,前已指出,广义的富国同富民的含义相近。《管子》既讲富国,也讲富民。《治国》对富民的意义有很精辟的论述:"凡治国之道,必先富民。民富则易治也,民贫则难治也。奚以知其然也?民富则安乡重家,安乡重家则敬上畏罪,敬上畏罪则易治也。民贫则危乡轻家,危乡轻家则敢陵上犯禁,陵上犯禁则难治也。故治国常富,而乱国常贫。是以善为国者,必先富民,然后治之。"把能否富民提到国家能否得到治理的高度,可见实行富民政策的极端重要性。又《牧民》说:"积于不涸之仓者,务五谷也;藏于不竭之府者,养桑麻、育六畜也……务五谷则食足,养桑麻、育六畜则民富。""富国"和"富民"都要靠农业。

最后,在农业为战争提供物质基础方面,《管子》也有精辟的论述。它指出:"地之守在城,城之守在兵,兵之守在人,人之守在粟,故地不辟则城不固。"③又说:"民事农则田垦,田垦则粟多,粟多则国富,国富者兵强,兵强者战胜,战胜者地广,是以先王知众民、强兵、广地、富国之必生于粟也。"④对粮食在取得战争胜利中的作用作了充分的估计。

农业的作用是这样重要,所以《管子》作者也像商鞅一样,主张"壹民"于农,指出:"有地不务本事,君国不能壹民,而求宗庙社稷之无危,不可得也。"⑤它强调统治者要"为民除害兴利","所谓兴利者,利农事也;所谓除害者,禁害农事也"⑥。这就是说,封建统治者必须对农业生产予以足够的重视,实行利农政策。

---

① 《管子·八观》。
② 《管子·立政》。
③ 《管子·权修》。
④ 《管子·治国》。
⑤ 《管子·权修》。
⑥ 《管子·治国》。

《管子》指出,农业生产受天时、地利和人力三种因素的影响。"不务天时则财不生,不务地利则仓廪不盈。"①但天时、地利都是用人力去务的。"力地而动于时,则国必富矣。"②明确指出力、地、时三者的结合,对生产物质财富的意义。在这三种因素中,《管子》特别强调人力的决定作用。它说:"彼民非谷不食,谷非地不生,地非民不动,民非作力毋以致财。"③它也同商鞅一样,强调土地必须开垦,指出:"地之不辟者,非吾地也。"④

为了不误农时,《管子》提出"禁山泽之作"的主张:"山林虽广,草木虽美,禁发必有时……江海虽广,池泽虽博,鱼鳖虽多,网罟(gǔ)必有正(设官管理)。"这样做"非私草木爱鱼鳖",而是"恶废民于生谷"⑤,即为了避免农民在农忙时上山伐树砍柴或下水捕鱼捉鳖而妨碍粮食的生产。

中国古代的国家有管理经济的职能。《立政》中规定了管理经济的官员有虞师(管理山泽资源)、司空(管理水利)、司(原作"由")田、乡师和工师。五种职官中直接同农业有关的占了三种:司空、司田和乡师。司空的职责是"决水潦,通沟浍,修障防,安水藏,使时水虽过度,无害于五谷,岁虽凶旱,有所秎(收)获"。司田的职责是"相高下,视肥墝(瘠),观地宜,明诏期(服役期),前后农夫(服役先后),以时钧(均)修(安排)焉,使五谷、桑麻皆安其处"。乡师的职责是"行乡里,视宫室,观树艺,简(查)六畜,以时钧修焉,劝勉百姓,使力作毋偷(偷懒),怀乐家室,重去乡里"。

《八观》分析了一国农业生产及粮食余缺的几种情况。

(1)"彼野悉辟而民无积者,国地小而食地浅也。"土地都已开垦,民间仍无积蓄,是由于国家土地面积小,可耕的土地不多。

(2)"田半垦而民有余食而粟米多者,国地大而食地博也。"这同上一种情况正好相反。虽然土地只开垦了一半,但人民粮食有余,是因为国家土地面积大,可耕的土地多。

(3)"国地大而野不辟者,君好货而臣好利者也。"一国的土地虽多,但没有很好地开垦耕种,一定是君臣都在追求私利,妨碍了农业生产。

(4)"辟地广而民不足者,上赋重、流其藏者也。"土地大量开垦,而民间仍粮食不足,一定是赋税太重,把人民的积贮都搜括光了。

---

① 《管子·牧民》。
② 《管子·小问》。
③ 《管子·八观》。
④ 《管子·权修》。
⑤ 《管子·八观》。

以上四条,从土地面积、垦种情况和政府政策等方面说明其后果。另外,《八观》还以农业为起点分析了城市建设应注意的问题。

(1)"夫国城大而田野浅狭者,其野不足以养其民。"如果城市规模很大,而农村相对地狭小,农业收成就养活不了全国居民。

(2)"城域大而人民寡者,其民不足以守其城。"如果城市规模很大,而人口并不多,就没有足够的居民去守城。

(3)"宫营大而室屋寡者,其室不足以实其宫。"如果院落造得很大,而房屋造得不多,房屋就充实不了院落。

(4)"室屋众而人徒寡者,其人不足以处其室。"如果房屋造得多,而居民并不多,就没有足够的人去居住。

(5)"囷仓寡而台榭繁者,其藏不足以共(供)其费。"如果粮食储备不多,而亭台楼阁造得很多,粮食储备就供应不了开支。

以上五条,第一条实际上说的是城市的发展要依赖于农村的发展,农业的发展是城市发展的基础。第二条是说城市的发展要受人口数量的制约。第三至五条则是指在前两条的前提下,还要处理好城市建设内部的一些比例关系。

上述九条,反映了《管子》作者对农业社会经济平衡的一些认识。这在先秦古籍中是独一无二的,是《管子》经济思想的深刻之处。

五、薄税敛论

《管子》认为,要发展农业,必须有正确的财政政策。它提到"案田而税"①和"相地而衰(差)其政(征)"②。这是管仲实行的政策,反映了合理负担的赋税主张。

赋税的轻重反映了"家与府(府库)争货"的问题。《管子》主张"府不积货,藏于民也"③,即要减轻赋税,实行藏富于民的政策。

《管子》分析了造成农民贫困的原因。

(1)"凡农者月不足而岁有余者也,而上征暴急无时,则民倍贷以给上之征矣。"农民一年只收成一次,从全年来看可能有余,从一月来看则可能不足,国君征税暴急无时,农民就要借年息高达一倍的高利贷来交纳统治者的征求。

(2)"耕耨者有时而泽不必足,则民倍贷以取庸矣。"在雨水不足时,农民为了不误农时,抗旱保收,就要借同样高利贷来雇工。

---

① 《管子·大匡》。
② 《管子·小匡》。
③ 《管子·权修》。

(3)"秋籴以五,春粜以束,是又倍贷也。"秋收时农产品价格低,农民低价卖出,到春天农产品价格提高一倍("束"代表10,即5的一倍),农民要高价买进,也等于是借了一次高利贷。

(4)"关市之租,府库之征,粟什一,厮舆之事,此四时亦当一倍贷矣。"各种赋税徭役负担,又等于是借了一次高利贷。这种"一民养四主"的情况,造成了"粟少而民无积"的局面,即使用刑罚也不能制止他们逃亡[①]。

这里提到的四条,属于赋税的原因占了一半。

赋税会造成民贫,因此《管子》强调必须实行薄税敛的政策。它说:"舟车饰,台榭广,则赋敛厚矣;轻用众,使民劳,则民力竭矣。赋敛厚,则下怨上矣;民力竭,则令不行矣。下怨上,令不行,而求敌之勿谋己,不可得也。"赋敛厚,徭役重,第一会破坏农业生产,第二会加剧统治者和被统治者之间的矛盾,第三会削弱国家的战斗力,给敌国以可乘之机。薄税敛是巩固地主阶级统治的需要,因此《管子》告诫封建统治者要"取之民有度",指出:"故取于民有度,用之有止,国虽小必安;取于民无度,用之不止,国虽大必危。"[②]"取于民有度"的前提是"用之有止",统治者只有节约了开支,才有可能实行薄税敛的政策。

《管子》还提出了具体税率和荒年的减免税办法。由于作者不止一人,所以这些主张、记载也不一致。一种是说齐桓公三会诸侯时提出"田租百取五,市赋百取二,关赋百取一"[③]。另一种是说齐桓公十九年(前667年),"弛关市之征,五十而取一";农业"二岁而税一,上年(好年成)什取三,中年(正常年成)什取二,下年(坏年成)什取一,岁饥不税"[④]。还有一种则是说:"关几而不征。市廛而不税。"[⑤]"关几而不征"在《国语·齐语》的管仲政策中已经述及;"市,廛而不税"即孟子所说的"市廛而不征"。此外,《管子·乘马》还对荒年的减免税标准作了具体的规定。原文是:"十仞见水不大潦,五尺见水不大旱,十一仞见水轻征。十分去二三,二则去三四,四则去四,五则去半,比之于山。五尺见水,十分去一,四则去三,三则去二,二则去一。三尺而见水,比之于泽。"这段文字难以读懂,好在书中又附有刘绩学者的解释可以参考。其释文为:"言地高则难涝,故曰十仞见水不大涝。地低则难旱,故曰五尺见水不大旱。当涝之时,若高亢地十一仞见水,则常征十分中免二三分;十二仞见水,则免三四分;十四仞见水,则免四分;十五

---

① 本段引文均见《管子·治国》。
② 《管子·权修》。
③ 《管子·幼官》。
④ 《管子·大匡》。
⑤ 《管子·五辅》。

仞见水,则免五分,以其极高难灌溉,可以比于山也。当旱之时,若污下(下陷)地五尺见水,则常征十分免四分;四尺见水,则免三分;三尺见水,则免二分;二尺见水,则免一分,以其极低易灌溉,可以比于泽也。十分去一,当作十分去四,乃字之误。"这解释把《管子·乘马》中的农业灾害的一种免征政策解释得很清楚。但不知是实际上执行过的,还只是书生们的一种想象。

六、工商业理论

《管子》对奢侈品生产以外的手工业和商业的社会作用是肯定的。《小匡》中管仲的定民之居论比《国语·齐语》有所发展,它说:"士、农、工、商四民者,国之石民也。""国之石民"的提法在《齐语》中是没有的。"石"是柱石的意思。对四民的职业要求谈得也更详细了,如对于商的要求,增加了"观凶饥,审国变","料多少,计贵贱","是以羽(雉羽)旄(牦牛尾)不求而至,竹箭有余于国,奇怪时来,珍异物聚"等文字。这说明战国时商人的活动范围更扩大了,商业在物资交流中的作用有了进一步的加强。

手工业可以提供生产工具、作战武器和生活用品。《管子》说齐桓公三会诸侯时提出要"毋乏耕织之器"①,这只能由手工业者来提供。《管子》主张用兵来"正天下"。要实现这个目标,必须在聚财、论工、制器、选士、政教、服习(军事训练)、遍知天下、明于机数等八个方面"盖天下"。其中论工、制器是对手工业者的要求,要做到"聚天下之精财(材),论百工之锐器",使"工盖天下","器盖天下"②。这充分显示出对手工业生产的重视。

商品买卖要通过市场。《管子》提出:"聚(150方里)者有市,无市则民乏。"没有市场会造成人民消费品的不足。它还说:"市者,货之准也。是故百货贱则百利(过高的利润)不得,百利不得则百事治,百事治则百用节矣……故曰:市者,可以知治乱,可以知多寡,而不能为多寡。"③市场上的商品价格低,商人的利润减少,各项事业都能搞好,各种需求也能够得到调节。因此,通过市场可以知道国家的治乱,可以知道商品的多少。市场不仅是商品交换的场所,还能反映社会的经济政治情况。

战国时期,黄金是用于大额支付的货币,又是一种贵重的消费对象。《管子》提出把黄金作为衡量奢俭的一种标准,它说:"黄金者,用之量也。辨于黄金之理则知侈俭,知侈俭则百用节矣。"通过黄金的消费量可以看出社会的消费状况是

---

① 《管子·幼官》。
② 《管子·七法》。
③ 《管子·乘马》。

奢侈还是节俭,而懂得了侈俭的道理,就能使各种需求都得到适当的调节。《管子》认为奢侈和节俭都不好:"故俭则伤事,侈则伤货。"并解释说:"俭则金贱,金贱则事不成,故伤事。侈则金贵,金贵则货贱,故伤货。货尽而后知不足,是不知量也;事已而后知货之有余,是不知节也。不知量,不知节,不可。"[①]节俭对黄金的需求减少,黄金的价格下跌,以黄金为价值尺度的物价上涨。商品价格高,人们的有效需求下降,就会影响生产,这是"金贱则事不成,故伤事"的意思。反之,奢侈对黄金的需求增加,黄金的价格上涨,以黄金为价值尺度的物价下跌。商品价格低,人们的有效需求上升,就会过度消费,这是"金贵则货贱,故伤货"的意思。等到货被消费光才知道商品不足,是不懂得控制社会对商品的需求量;等到妨碍了生产才知道商品有余,是不懂得调节社会的有效需求。最理想的是做到适度消费,既不奢侈,也不节俭,既不伤事,也不伤货,使生产得到发展。这样从消费水平说明货币价值的变动,从货币价值的变动说明商品价格的变动,从商品价格的变动说明对生产和消费的影响,反映了《管子》作者对货币、物价、生产、消费等问题所做的连贯性观察和思考。

《管子》重视工商业的作用,但又认为工商业和农业相比不能不占次要的地位。它指出:"时货不遂,金玉虽多,谓之贫国也。"[②]这里的"时货",指的是需要"务天时"的农产品。只有使农产品增加,才是真正的富国,也就是说,不能靠工商业富国。为了保证农业的发展,必须解决"野与市争民"和"金与粟争贵"[③]的问题。"野与市争民"指农村和城市争夺劳动力,要首先满足农业对劳动力的需要,做到"野不积草,农事先也",使耕地全部种上庄稼。城市人口包括商人和手工业者。"野与市争民"的一个重要内容,就是农业和工商业争夺劳动力。只有抑制工商业的过分发展,才能增加农业人口,满足农业对劳动力的需要。"金与粟争贵"同商鞅的"金生而粟死,粟生而金死"的论点相似,对此《管子》提出"市不成肆,家用足也"。这是一种夸大的说法,违背了它所说的"无市则民乏"的观点。《管子》还指出:"悦商贩而不务本货,则民偷处(偷生)而不事积聚……民偷处而不事积聚,则困仓空虚。"[④]如果统治者重商轻农,人民就不会积极从事农业生产,导致粮食储备的空虚。这些论述反映了《管子》的抑商思想。

《管子》的抑商思想还包括对商人的抑制态度。它说:"金玉货财之说胜,则

————————

① 《管子·乘马》。
② 《管子·八观》。
③ 《管子·权修》。
④ 《管子·八观》。

爵服下流。"① 如果统治者追求金玉货财,就会使不该做官的人取得官位,其中自然包括商人。又说:"商贾在朝,则货财上流。"② "金玉货财商贾之人,不论志行而有爵禄也,则上令轻,法制毁。"③ 让商人做官,就会加强对人民的掠夺和搜括,并且会造成人们轻视政府法令,使国家的法制难以建立。为了降低商人的社会地位,《管子》提出"百工商贾"不得穿羔皮和貂皮的衣服④。

七、禁末论

战国时期的禁末思想以《管子》的论述最为充分。《管子》的"末"不是指一般工商业,20世纪30年代唐庆增已经做过明确的论述。他说《管子》"所谓末事者,乃指下列四事而言"。

(1)"谓一切作奸犯科之恶事,所谓'犯上作乱'者是"。

(2)"谓各种游荡不检之行为"。

(3)"谓小人贪货财牟利之举动"。

(4)"谓制造一切无用之器物,如雕刻精美之器具,华丽夺目之衣裳等等皆是"⑤。

这四条中,第一条实际上说的是不禁末的后果,他所用的例证是《管子·牧民》的"文巧不禁,则民乃淫",民淫是不禁文巧的结果;第三条可以并入第四条,他所用的例证是《管子·治国》的"今为末作技巧者,一日作而五日食",这里的"末作"即第四条所说的"一切无用之器物"。剩下来的两条,第二条指游食,第四条指奢侈品生产。也就是笔者在商鞅一节所说的:"末"是指奢侈品的生产、销售和游食。

《管子》中同"末"相关的词有末产、末用、末作、末事、末生、玩好、珍怪、文巧、技巧、无用之物等。它主张禁末的理由和李悝相同,但李悝只是点到为止,《管子》则有细致的分析。

第一,禁末是为了重农。《管子》指出,"雕文刻镂""美衣锦绣纂组"等奢侈品生产会影响农业,造成人民的饥寒:"菽粟不足,末生不禁,民必有饥饿之色";"布帛不足,衣服毋度,民必有冻寒之伤"⑥。"今工以巧矣,而民不足于备用者,其悦

---

① 《管子·立政》。
② 《管子·权修》。
③ 《管子·八观》。
④ 《管子·立政》。原文为:"百工商贾不得服长鬈貂。"
⑤ 唐庆增:《中国经济思想史》(上卷),商务印书馆1936年版,第212—213页。
⑥ 《管子·重令》。

在玩好;农以劳矣,而天下饥者,其悦在珍怪;女以巧矣,而天下寒者,其悦在文绣。"因此它强调:"古之良工,不劳其智巧以为玩好。是故无用之物,守法者不生。"① 为此,它甚至主张将已经生产出来的阔带子割狭,大袖子裁小,彩色的丝绸染成单色,精细的雕刻削平磨光。那么,为什么劳动者愿意生产奢侈品而不愿意生产生活必需品呢?《管子》指出这是因为两者的收入不同:"今为末作奇巧者,一日作而五日食,农夫终岁之作,不足以自食也。然则民舍本事而事末作。舍本事而事末作,则田荒而国贫矣。"② 从事奢侈品生产一天劳动的收入可以维持五天的生活,而农民终年劳动却难以维持自己的生活,所以要放弃农业而去从事奢侈品生产。为了保证农业生产,就要实行禁末政策。对此《管子》指出:"故上不好本事,则末产不禁。末产不禁,则民缓于时事(不抓紧农时)而轻地利。轻地利而求田野之辟,仓廪之实,不可得也。"③

第二,禁末可以净化社会风气。《管子》认为"文巧不禁,则民乃淫",不禁止奢侈品生产就会败坏社会风气,"故省刑之要,在禁文巧"④。它分析奢侈消费的表现及其后果说:"主上无积而宫室美,氓(民)家无积而衣服修(美),乘车者饰观望(外观),步行者杂文采,本资少而末用多者,侈国之俗也。国侈则用费,用费则民贫,民贫则奸智生,奸智生则邪巧作。故奸邪之所生,生于匮不足;匮不足之所生,生于侈;侈之所生,生于毋度。"⑤ 禁末不仅是重农的需要,而且也是稳定社会秩序的需要。

以上两点说明,禁末可以富国和富民。上面谈到《管子》提出决定国家贫富的五个项目,其中第五个项目是"工事无刻镂,女事无文章,国之富也",就是禁末可以富国的意思。《管子》又说:"明王之务,在于强本事,去无用,然后民可使富。"⑥ 则是从富民的角度谈重农和禁末。

《立政》中管理手工业的官员工师的职责是"论百工,审时事,辨功(质精)苦(质劣),上(尚)完(坚固)利,监壹五乡,以时钧修焉,使刻镂文采毋敢造于乡"。"刻镂文采毋敢造于乡"也就是工师要在所管辖的地区内禁末,不准有奢侈品的铸造。不过,禁末只是对一般百姓说的,统治者仍需要奢侈品,这不仅为了生活过得舒服,也为了区别等级身份。因此《管子》又说:"是故先王制轩(车)冕所以

---

① 《管子·五辅》。
② 《管子·治国》。
③ 《管子·权修》。
④ 《管子·牧民》。
⑤ 《管子·八观》。
⑥ 《管子·五辅》。

著贵贱,不求其美;设爵禄所以守其服(职),不求其观也。""明君制宗庙,足以设宾祀,不求其美;为宫室台榭,足以避燥湿寒暑,不求其大;为雕文刻镂,足以辨贵贱,不求其观。"①这是在肯定奢侈品对统治者的必要性的前提下再注意贯彻俭的原则。这种俭的标准同墨子的节用不同,因为它主张的是有差别的消费。

八、侈靡论

《侈靡》是《管子》中最长的一篇,错简很多,向称难读。它的著作年代有战国、西汉两说②。庄春波则确指它是齐湣王十二年(前 289 年)苏秦为燕国而谋齐弱齐之作③。《侈靡》的内容涉及经济、政治、军事、哲学等方面,这里仅谈其经济思想。

《侈靡》说:"百姓无宝,以利为首。一上一下(上下奔波),唯利所处。利然后能通,通然后成国。"百姓把对利益的追求放在首位,因此统治者必须实行对他们有利的政策,才能治理好国家。但另一方面《侈靡》又主张用教育来改变百姓的利己本性,指出:"为国者,反民性,然后可以与民戚(亲)。民欲佚而教以劳,民欲生而教以死。劳教定而国富,死教定而威行。"教育的目的一要使人民努力劳动,二要使人民勇敢作战,以求国家的富裕和强大。

《侈靡》主张奢侈消费,认为"莫善于侈靡"。它说:"积者立余日而侈,美车马而驰,多酒醴而靡,千岁毋出食(长期不须出而求食),此谓本事。"意思是说奢侈的基础在于农业。但它又认为农业也要靠奢侈而发展,"不侈,本事不得立"。墨子、李悝以及上述《管子》的禁末论都认为奢侈是发展农业的障碍,《侈靡》和他们唱了反调。因此《侈靡》并不主张禁末,认为"事末作而民兴之",肯定奢侈品的生产和销售有利于民业的兴旺。

---

① 《管子·法法》。
② 郭沫若在《〈侈靡篇〉的研究》(《奴隶制时代》,人民出版社 1973 年版)中除指出《侈靡》有汉人用语外,还据文中有"二十岁而可广,十二岁而聂广""妇人为政,铁之重反于金"等句子,推断出该文作于西汉惠帝时。他认为"可"借为"柯",是政权的意思,"二十岁而柯广"是说秦统一六国后 20 年西汉政权兴起;"聂"借为"摄","十二岁而摄广"是说刘邦被封为汉王后 12 年由吕后摄政;"妇人为政"意指吕后当政;"铁之重反于金"是说铁器的作用超过了青铜。巫宝三在《〈侈靡〉篇的经济思想和写作年代》(《管子经济思想》,中国社会科学出版社 1989 年版)中指出"《侈靡》篇的论述,是以战国中后期的齐国为背景的","是代表齐国封建统治阶级利益和要求的作品"。
③ 庄春波:《〈侈靡〉篇新探》,《历史研究》1991 年第 6 期。文中说齐湣王田遂从立太子至即位共 20 年,是"二十岁而可广"的意思;湣王在十二年立为东帝,是"十二岁而聂广"的意思。齐湣王时也有"妇人干政的迹象"。《史记》卷六九《苏秦列传》:"湣王即位,(苏秦)说湣王厚葬以明孝,高宫室大苑囿以明得意,欲破敝齐而为燕。"

奢侈的社会作用,从《侈靡》的论述中可以归纳为两点。

(1) 奢侈是使民效力于统治者的前提条件。《侈靡》说:"通于侈靡而士可戚……六畜遮(庶)育,五谷遮熟,然后民力可得用。"奢侈消费可以团结士人,六畜、五谷丰盛才能利用民力。以下的话说得更明白:"饮食者也,侈乐者也,民之所愿也。足其所欲,赡其所愿,则能用之耳。今使衣皮而冠角,食野草,饮野水,孰能用之?伤心者不可以致功。"人们都有奢侈消费的欲望,只有满足这些欲望,才能使他们为统治者所用。而让他们处于极低下的消费水平,披的是兽皮,戴的是牛角,吃的是野草,喝的是野水,这样伤他们的心,他们怎么会积极劳动呢?

(2) 富人侈靡可以为穷人增加谋生手段。《侈靡》指出:"甚富不可使,甚贫不知耻。"社会上有太富和太贫的人都不好,人太富会凭借财势而不听驱使,人太贫会轻易犯法而不顾羞耻。因此要鼓励富人进行奢侈消费,以减少他们的私人财富,而富人的奢侈消费又可以使穷人易于谋生,一举两得。"故上侈而下靡,而君臣相得,上下相亲,则君臣之财不私藏,然则贫动肢而得食矣。"为了推行奢侈消费,《侈靡》主张"尝至味而,罢(疲)至乐而",甚至提出"雕卵然后瀹(煮)之,雕橑(柴)然后爨之"。这种"富者靡之,贫者为之"的关系,《侈靡》说是为了穷人"畜(蓄)化(货)"。出于同样的理由,《侈靡》还提出长丧厚葬的主张说:"巨瘗培(墓室),所以使贫民也。美垄墓,所以使文萌(工匠)也。巨棺椁,所以起木工也。多衣衾,所以起女工也。犹不尽,故有次浮(各种包裹)也,有差樊(各种仪杖),有瘗藏(殉葬品)。作此相食,然后民相利,守战之备合矣。"厚葬可以使贫民、工匠、木工、女工等有工作做,穷人能够谋生,社会就能安定,从而使国家强盛,能守能战,所以是"守战之备合矣"。

《侈靡》没有抑商思想。它主张"丹沙之穴不塞",让商人去自由经营。它重视市场的作用,指出:"市也者,劝也。劝者所以起,本善而末事起。"这是说市场对农业和奢侈品生产都能起促进作用。

生产决定消费,消费对生产有反作用。《侈靡》是中国经济思想史上论述消费对生产的促进作用的第一篇,是一种创见。撇开《侈靡》是否是苏秦的阴谋之作不论,就经济理论本身而言,其缺点是对消费的反作用作了过分的渲染,以致使真理走向了谬误。鸡蛋要画上彩色再煮,木柴要雕上花纹再烧,完全是一种无效劳动,这样的消费就不能说是对社会有益无害的了。

侈靡思想后来在《管子·轻重》中受到了批评和修正。《山至数》说有一叫特的人向齐桓公提出使大夫厚葬的建议,桓公以此问管子。管子回答说:"大夫高其垄(墓),美其室(墓室),此夺农事及市庸(佣),此非便国之道也。"认为厚葬会妨碍工农业生产,并提出要禁止人民把缣帛埋于地中。这同《侈靡》的厚葬主张针锋相对。又《乘马数》中桓公向管子征求意见,说有虞已实行了策乘马,他也想实成。管子回答说:若岁凶旱水溢,民失本事,则修宫室台榭,以前无狗后无彘者为庸。故修宫室台榭,非丽其乐也,以平国策也。但现在那些不懂"策乘马"的国君,春秋冬夏,不知终始,作工起众,立宫室台榭。不知民失其本事,既失春策,又失夏秋之策,以致无粥而卖子者数矣。这回答反映了以工代赈的适用范围,否定了《侈靡》夸大奢侈消费作用的片面性。

第八节 荀子的经济思想

一、儒法结合的荀子

荀子(约前313—前238年),名况,字卿,"荀"或作"孙",赵国人。荀子一生主要是从事教育和学术工作,曾多次到齐国,在稷下学宫讲学,三次为学宫祭酒(领导),后任楚国兰陵(在今山东苍山)令。公元前238年春申君黄歇被杀,荀子亦被罢官,同年死于兰陵。著作有《荀子》32篇,最后的《宥坐》等五篇是他的弟子所记。

荀子是战国末年的儒家,但又融入了法家思想。他主张礼治,赋予礼以新的内容。他说:"礼以顺人心为本,故亡于《礼经》而顺人心者,皆礼也。"[①]对礼作了世俗化的解释。他还说:"礼者,法之大分,类之纲纪也。"[②]将礼和法结合起来,把礼作为立法的总纲。他既认为"法者,治之端也",又认为"有治人,无治法","得其人则存,失其人则亡",肯定"君子"是"法之原"和"治之原"[③]。他指出"为政"要"勉之以庆赏,惩之以刑罚"。人的社会地位应以礼义为标准:"虽王公士大夫之子孙也,不能属于礼义,则归之庶人。虽庶人之子孙也,积文学,正身行,能属于礼义,则归之卿相士大夫。"[④]礼和法是荀子用来维护封建统治的两手。在这种儒法结合思想的熏陶下,他的学生韩非和李斯成为著名的法家,也就不是偶然的了。

在儒家中,荀子推崇孔子、子弓,称他们为"大儒",而对子思、孟轲一派则多所批评。他的许多观点和孟子针锋相对。孟子主张人性本善,荀子则主张人性本恶。他著有《性恶》,指出:"人之性恶,其善者伪(人为)也。"认为人能够"出于

---

① 《荀子·大略》。
② 《荀子·劝学》。
③ 《荀子·君道》。
④ 《荀子·王制》。

辞让,合于文理",是"师法之化,礼义之道(导)"的结果,不是生来就有的。孟子赞扬王道而反对霸道,荀子则对王、霸都持肯定态度,只是认为王比霸更好。他到秦国考察以后,肯定秦国在商鞅变法后的成就,称赞秦国"四世有胜,非幸也,数也",已达到了"治之至";但又认为秦国比"王者之功名"还差得远,根本原因是"无儒"①。孟子主张"遵先王之法",荀子则提出"王者之制,道不过三代,法不贰后王"②。他批评主张"法先王"的人是"呼先王以欺愚者而求衣食焉"的"俗儒"③。实际上荀、孟都主张以三代为榜样,差别在于孟子还要"法尧舜"④,认为越古越好,荀子则认为三代以上已很渺茫,难以稽考。这里反映了两种不同的社会发展观。

荀子的自然观是唯物主义的。他在《天论》中指出:"天行有常,不为尧存,不为桀亡。""天不为人之恶寒也辍冬,地不为人之恶辽远也辍广。"就是说,天有自己的变化规律,它的存在和运行是不依人的意志为转移的。他主张"明于天人之分",反对用天命来解释人事。他又提出:"大天而思之,孰与物畜而制之?从天而颂之,孰与制天命而用之?"要求人们发挥主观能动作用,使自然界为人类造福,表现了人定胜天思想。在精神与物质的关系上,荀子认为"形具而神生",先有人的形体,然后才有人的精神。

荀子将君和民的关系比喻为舟和水的关系,指出:"君者,舟也;庶人者,水也。水则(能)载舟,水则覆舟。"⑤告诫国君要采取正确的政策,否则就会有覆舟之灾。他要求国君实行爱民、利民的政策,因为只有这样才能反过来使民爱君、利君。他说:"故有社稷者而不能爱民,不能利民,而求民之亲爱己,不可得也。民不亲不爱,而求其为己用,为己死,不可得也。民不为己用,不为己死,而求兵之劲,城之固,不可得也。"⑥爱民、利民归根到底还是巩固封建统治的需要。

荀子的经济思想不及《管子》丰富,但颇有理论性。他很重视人的欲望,主张按等级身份相对满足各种人的欲望。他对农业的发展充满了信心,并提出反映经济和财政的关系的开源节流论和节用裕民论。在工商业理论方面比较一般,提出"工商众则国贫"的论点。

---

① 《荀子·强国》。
② 《荀子·王制》。
③ 《荀子·儒效》。
④ 《孟子·离娄上》。
⑤ 《荀子·王制》。
⑥ 《荀子·君道》。

二、义利论和欲望论

荀子认为每个人都有好义和好利两种倾向:"义与利者,人之所两有也。"①按照他的性恶论,好利是与生俱来的,而好义则是后天教育的结果。所以他说:"人之生(性)固小人,无师无法则唯利之见耳。"②求利是人的本性,但无限制的求利会造成争夺,必须有义来进行调节。荀子对此做了很好的分析:"人……力不若牛,走不若马,而牛马为用,何也?曰:人能群,彼不能群也。人何以能群?曰:分。分何以能行?曰:义。故义以分则和,和则一,一则多力,多力则强,强则胜物,故宫室可得而居也。"③"人能群"就是人能组成一个社会,人在社会中必须有等级、职业之分,分的标准就是义。社会有义才能和谐、团结,和谐、团结才能有强大威力,使万物为人所用。因此,义虽然是后天的,却是人类社会所必需的,也是人们所必有的观念。这样,义、利就是人所两有的了。"虽尧、舜不能去民之欲利,然而能使其欲利不克其好义也。虽桀、纣亦不能去民之好义,然而能使其好义不胜其欲利也。"义、利虽然是人所两有,但两者的地位不是平等的,是一方战胜另一方的关系。荀子说:"故义胜利者为治世,利克义者为乱世。"而义能否战胜利,关键在于统治者:"上重义则义克利,上重利则利克义。"④

孔子说"君子喻于义,小人喻于利",而荀子则说义、利为"人之所两有",无论是君子还是小人都是一样的。这是理论上的进步。但作为儒家,荀子仍主张以义克利,把义、利看成是绝对对立的两极,两者非此即彼,非彼即此。他还没有义利并重或义利结合的思想。不过这只是荀子谈义利时的观点,在他的欲望论中,则实际上表示了他对同个人身份相当的那种私利的肯定。

对利的需要从主观上说就是人的欲望。荀子认为人生下来就有欲望,而且每人的欲望是相同的。他说:"凡人有所一同:饥而欲食,寒而欲暖,劳而欲息,好利而恶害,是人之所生而有也,是无待然者也,是禹、桀之所同也。"⑤人不仅有求得生存的欲望,而且还有追求物质享受的欲望:"夫人之情,目欲綦(极)色,耳欲綦声,口欲綦味,鼻欲綦臭(气),心欲綦佚。此五綦者,人情之所必不免也。"⑥"人之情,食欲有刍豢,衣欲有文绣,行欲有舆马,又欲夫余财蓄积之富也,然而穷

---

① 《荀子·大略》。
② 《荀子·荣辱》。
③ 《荀子·王制》。
④ 《荀子·大略》。
⑤ 《荀子·荣辱》。
⑥ 《荀子·王霸》。

年累世不知足。"甚至认为："夫贵为天子,富有天下,是人情之所同欲也。"①总之,荀子认为每个人除了要求满足直接的消费欲望外,还要求无止境地积累财富,还想成为一国的最高统治者。他不考虑人的欲望有千差万别,也没有考虑形成某些欲望的社会原因,而只是将它们归之于人的本性。

荀子反对靠"寡欲"和"去欲"来治理国家,而主张"道(导)欲"和"节欲"。他认为有欲无欲和欲多欲少都无关于治乱,因为："欲不待可得,所受乎天也;求者从所可,受乎心也。"欲望是天生的,对欲望的追求则决定于人的心(思想)。"心之所可中(合)理,则欲虽多,奚伤于治……心之所可失理,则欲虽寡,奚止于乱!"所以,国家的治乱不在于人们有无欲望及欲望的多少,而在于满足欲望的行动是否合理,在于能不能正确处理主观与客观、需要与可能的矛盾。即使欲望很多,只要满足欲望的行动合理,也无伤于国家的治理;反之,这种行动失理,纵然欲望很少,也不能制止国家的大乱。所谓满足欲望的行动合理,就是要对欲望有所节制,天子也不例外："虽为天子,欲不可尽。欲虽不可尽,可以近尽也;欲虽不可去,求可节也。"②

孔子、孟子都承认人有追求富贵的欲望,但把欲望看成是消极的东西。荀子则对欲望持肯定的态度,并加以渲染,这在认识上是一个很大的进步。肯定欲望就要考虑如何满足欲望,这将在下一目做进一步的分析。

三、分工和分配论

上一目已提到荀子认为人类社会建立在分的基础上。荀子认为分的责任在于人君,指出："而人君者,所以管分之枢要也。"③

分的一种含义是分工。分工包括职业分工和社会地位的划分。荀子论述分工的必要性说："故百技所成,所以养一人也。而能(有能力者)不能兼技,人不能兼官。"④一个人的消费品要由许多人的生产来提供,而一个人不可能兼会各种技能,也不可能兼管各种事情,因此需要分工。"人之百事如耳目鼻口之不可以相借官(官能)也"⑤,只能从事一种工作,精通一种技能。社会的基本职业分工是农、商、工、士,"农分田而耕,贾分货而贩,百工分事而劝,士大夫分职而听(治)"⑥。士大夫是统治者,上面还有诸侯、三公、天子等更高层的统治者。统治

---

① 《荀子·荣辱》。"不知足"原为"不知不足"。
② 本段引文均见《荀子·正名》。
③ 《荀子·富国》。
④ 同上。
⑤ 《荀子·君道》。
⑥ 《荀子·王霸》。

者和被统治者又可以以君子和小人的分工来说明:"君子以德,小人以力。力者,德之役也。"①这是传统的劳心劳力论的另一种表述。

分的另一种含义是分配,包括生产资料的分配和消费资料的分配。这里的分配是就生产关系中的分配关系而言,不是指统治者进行具体的分配。荀子所说的"农分田而耕,贾分货而贩,百工分事而劝"实际上已包含有生产资料的分配的意思。他还说:"不富无以养民情……故家五亩宅,百亩田,务其业而勿夺其时,所以富之也。"②"五亩宅,百亩田"和孟子所说的恒产的标准相同,但荀子只是提到,没有进一步发挥。

荀子主要是讨论了如何满足人们的消费欲望,即消费品的分配问题。他说:"人生而有欲,欲而不得,则不能无求。求而无度量分界,则不能不争,争则乱,乱则穷。先王恶其乱也,故制礼义以分之,以养人之欲,给人之求,使欲必不穷乎物,物必不屈于欲,两者相持而长,是礼之所起也。故礼者,养也。"这是从消费品分配的角度说明"制礼义以分之"的"分"。分是为了使人们的消费欲望得到适当的满足。既使消费欲望不低于可供应的消费资料("欲必不穷乎物"),又使消费资料不少于应满足的消费欲望("物必不屈于欲"),做到消费欲望和消费资料两者互相促进("相持而长"),在发展生产的基础上不断提高人们的消费水平。"礼者,养也"的"养"包括养口、养鼻、养目、养耳和养体诸方面:"刍豢稻粱,五味调和,所以养口也;椒兰芬苾(芳香),所以养鼻也;雕琢刻镂,黼黻文章(花纹),所以养目也;钟鼓管磬,琴瑟竽笙,所以养耳也;疏房(通明房屋)、檖貌(深邃宫庙)、越席(蒲席)、床笫、几筵,所以养体也。"③这样把满足人们的消费欲望作为礼的起源和作用,对礼完全作了经济性的解释,是极为深刻的见解。

但社会的消费品有限,不可能满足人人的欲望,因此荀子又提出了"别"的概念。他说:"君子既得其养,又好其别。曷谓别?曰:贵贱有等,长幼有差,贫富轻重皆有称(各得其宜)者也。"④又对礼下定义说:"礼者,贵贱有等,长幼有差,贫富轻重皆有称者也。"⑤"别"就是人的社会地位有区别,人的消费水平也应有区别。荀子还为等级制的分配关系建立了一套理论:"分均则不偏(遍),势齐则不壹,众齐则不使。有天有地而上下有差……夫两贵之不能相事,两贱之不能相使,是天数也。势位齐,而欲恶同,物不能澹(赡)则必争,争则必乱,乱则穷矣。

---

① 《荀子·富国》。
② 《荀子·大略》。
③ 《荀子·礼论》。"五味调和"原作"五味调香"。
④ 《荀子·礼论》。
⑤ 《荀子·富国》。

先王恶其乱也,故制礼义以分之,使有贫富贵贱之等,足以相兼临(制约)者,是养天下之本也。《书》曰:'维齐非齐。'此之谓也。"①他把人的不平等说成是"天数",把社会需要说成是自然规律。"制礼义以分之"就是要分出人的"贫富贵贱之等"。"维齐非齐"出自《尚书·吕刑》,意为刑罚轻重可以有权变,不齐才能齐。荀子借用来说明等级制的必要性。不同社会地位的人收入自应不同:"或禄天下而不自以为多,或监门、御旅(旅店)、抱关(守城兵士)、击柝(更夫)而不自以为寡。"②他还认为,君王"重色而衣之,重味而食之,重财物而制之",都不算什么"淫泰"③,而是和他的身份相当的享受。

从以上可见,荀子的分配理论是维护等级制的分配关系的理论。虽然他主张人的欲望是相同的,对欲望采取肯定的态度;但他只能根据实际的可能来建立他的分配理论,主张人们只能满足和自己的社会地位相当的那些欲望。他所说的先王"制礼义以分之",反映的是人类进入阶级社会以后,统治阶级为了维护本阶级的统治和社会的稳定,"制礼义"来约束人们的思想和行动,把已经形成的"分"和"别"从法令、道德等方面固定下来。

四、农业理论

荀子也称农业为"本",提出了"强本""务本"等重农主张。荀子认为发展农业靠人不靠天。他说:"强本而节用,则天不能(使之)贫……本荒而用侈,则天不能使之富。"④"强本"指努力搞好农业生产,同时还要注意节用,认为人们做到了这两条就能够使自己富裕。把造成一个人贫富的原因完全归之于强本节用与否,忽视了更重要的社会原因,是不全面的。但荀子的强本节用论肯定了人的主观能动作用,是对"富贵在天"的天命论的否定,能鼓舞人们同自然界斗争的勇气和信心。他还说:"务本节用财无极。"⑤也强调了搞好农业生产和节用。

《荀子·王制》中有"序官",提到的官员比《管子·立政》中更多。管理经济的官员同《管子》一样,但其中管理农业生产的官员称"治田"。司空的职责是"修堤梁,通沟浍,行水潦,安水臧(藏),以时决塞,岁虽凶败水旱,使民有所耘艾(刈,收获)"。治田的职责是"相高下,视肥硗,序五种,省农功,谨蓄藏,以时顺修,使农夫朴力而寡能"。乡师的职责是"顺州里,定廛宅,间树艺,劝教化,趣孝弟,以

---

① 《荀子·王制》。
② 《荀子·荣辱》。
③ 《荀子·富国》。
④ 《荀子·天论》。
⑤ 《荀子·成相》。

时顺修,使百姓顺命,安乐处乡"。有些职责内容不同于《管子》,如"使农夫朴力而寡能"就不见于《管子》。这是主张使农民除了尽力农业劳动外,不要有从事其他职业的技能,以便把农民束缚在土地上。

荀子认为在"义以分则和"的社会中,"万物皆得其宜,六畜皆得其长,群生皆得其命"。人们按照时令进行生产,注意保护生物资源,"故养长时则六畜育,杀生(斩伐)时则草木殖"。他提出"圣王之制"说:"草木荣华滋硕之时,则斧斤不入山林,不夭其生,不绝其长也;鼋鼍(扬子鳄)、鱼鳖、鳅鳣(鳝)孕别之时,罔(网)罟、毒药不入泽,不夭其生,不绝其长也;春耕、夏耘、秋收、冬藏四者不失时,故五谷不绝而百姓有余食也;污池、渊沼、川泽谨其时禁,故鱼鳖优多而百姓有余用也;斩伐养长不失其时,故山林不童(荒)而百姓有余材也。"①这是继春秋鲁国里革之后对保护生物资源所做的又一次较系统的论述。

荀子对满足人类生活需要的物资的供给充满了信心。他批评了墨子"昭昭然为天下忧不足"的态度,指出"夫不足非天下之公患也,特墨子之私忧过计也"。他分析可供人食用的农产品和野生生物说:"今是土之生五谷也,人善治之则亩数盆,一岁而再获之,然后瓜桃枣李一本(株)数以盆鼓(量器),然后荤菜百疏(蔬)以泽量,然后六畜禽兽一而剸(专)车,鼋鼍、鱼鳖、鳅鳣以时别(生育),一而成群,然后飞鸟、凫雁若烟海,然后昆虫、万物主其间,可以相食养者不可胜数也。"他的结论是:"夫天地之生万物也,固有余足以食人矣;麻葛、茧丝、鸟兽之羽毛齿革也,固有余足以衣人矣。"②

实际上,墨子和荀子都没有定量分析作为立论的根据,都是从自己的感觉出发,不同的结论反映了对现实社会生产能力和消费需要的不同估计。而且荀子所举的食品中,只有五谷是主食食品,用大量的非主食食品来证明"不足非天下之公患",还不足以说明墨子的"为天下忧不足"是杞人忧天。

不过荀子并没有到此为止。他认为在赏罚政策的激励下,能调动人们的生产和办事的积极性,从而使财富不断增加。而墨子主张非乐、节用,则不懂得精神消费(娱乐)和物质消费对消费者的激励作用,因此荀子又批评说:"墨子之非乐也,则使天下乱;墨子之节用也,则使天下贫。"因为非乐的结果使人们"不足欲,不足欲则赏不行";节用的结果使君王"不威,不威则罚不行"。"赏不行,则贤者不可得而进也;罚不行,则不肖者不可得而退也。"这样就使"万物失宜,事变失应,上失天时,下失地利,中失人和,天下敖然,若烧若焦"。反之,"先王圣人"则通过满足人们的消

---

① 《荀子·王制》。
② 《荀子·富国》。

费欲望来发展生产。"故必将撞大钟,击鸣鼓,吹竽笙,弹琴瑟以塞其耳;必将锢(雕)琢刻镂、黼黻文章以塞其目;必将刍豢稻粱、五味芬芳以塞其口;然后众人徒,备官职,渐(进)庆赏,严刑罚以戒其心。"这样"赏行罚威,则贤者可得而进也,不肖者可得而退也",就使"万物得宜,事变得应,上得天时,下得地利,中得人和,则财货浑浑如泉源,汸汸如河海,暴暴如丘山,不时焚烧,无所臧之"①。虽然荀子对生产发展表现得过分乐观,但这样强调激励政策的作用,是极有价值的观点。

五、开源节流论和节用裕民论

开源节流论和节用裕民论是荀子关于经济和财政关系的两个基本理论。

关于开源节流,荀子说:"下贫则上贫,下富则上富。故田野县鄙者(指农业生产),财之本也;垣窌(窖)仓廪者,财之末也;百姓时和,事业得叙者,货之源也;等赋(按等征赋)府库者,货之流也。"这里的"本""末"是一般意义上的本末,不是指本业和末业。意思是说,财富的生产是本,是源,官府储藏财富和征收赋税是末,是流。"故明主必谨养其和,节其流,开其源,而时斟酌焉",做到"上下俱富"。荀子认为这"是知国计之极"的表现。他举禹和汤为例,说他们都懂得"本末源流"的道理,所以"禹十年水,汤七年旱,而天下无菜色者,十年之后,年谷复熟而陈积有余"。"愚主"则相反,他们"伐其本,竭其源",以致"田野荒而仓廪实,百姓虚而府库满","则其倾覆灭亡可立而待也"。②

从以上可见,荀子的开源节流主张就是要多生产,少征税,将收获的农产品尽量保留在民间。"下贫则上贫,下富则上富"说明国家财政收入的增加要建立在人民富裕的基础上,和有若所说的"百姓足,君孰与不足?百姓不足,君孰与足?"是一个意思。

下富就是富民,荀子又提出富民的主张:"故王者富民,霸者富士(士卒),仅存之国富大夫,亡国富筐箧、实府库。筐箧已富,府库已实,而百姓贫,夫是之谓上溢而下漏。"上面满下面空,必然会遭到人民的反抗,这样的国家就"入不可以守,出不可以战,则倾覆灭亡可立而待也"。他告诫封建统治者要懂得"聚敛者亡"的道理,指出:"聚敛者,召寇、肥敌、亡国、危身之道也,故明君不蹈也。"③

关于节用裕民,荀子说:"足国之道,节用裕民而善臧其余。节用以礼,裕民以政。"他批评了墨子的节用主张,而他自己也主张节用,可见两者的实际含义是有区

---

① 本段引文均见《荀子·富国》。
② 同上。
③ 本段引文均见《荀子·王制》。

别的。墨子主张的是一种无差别的节用,荀子则主张"节用以礼",即节用要以礼为标准,人的身份不同节用的标准也不同。而且,荀子还主张通过满足人们的消费欲望来调动人们的积极性,已见上述。各级统治者的节用可以减轻国家的财政支出,这是实行裕民政策的前提条件。荀子将节用和裕民联系在一起,原因就在于此。

何谓"裕民"?荀子解释说:"轻田野之税,平关市之征,省商贾之数,罕兴力役,无夺农时,如是则国富矣。夫是之谓以政裕民。"其中所列的裕民政策,除"省商贾之数"外都属于薄税敛的范畴,这是裕民政策的核心内容。荀子分析是否实行裕民政策的不同后果说:"裕民则民富,民富则田肥以易(治),田肥以易则出实百倍……故知节用裕民,则必有仁义圣良之名,而且有富厚丘山之积矣。""不知节用裕民则民贫,民贫则田瘠以秽,田瘠以秽则出实不半……则必有贪利纠(收)诉(取)之名,而且有空虚穷乏之实矣。此无它故焉,不知节用裕民也。"①

荀子还有其他有关薄税敛的论述。如说:"轻田野之税,省刀布之敛,罕举力役,无夺农时,如是,则农夫莫不朴力而寡能矣。"②相反的政策则是:"厚刀布之敛以夺之财,重田野之税以夺之食,苛关市之征以难其事。"③在《王制》中,荀子提出的"王者"的赋税政策为:"田野什一,关市几而不征,山林泽梁以时禁发而不税,相地而衰政(征),理道之远近而致贡。"

关于经济和财政的关系,在先秦的思想家中,以荀子的分析最为深刻。开源节流论说的是经济决定财政,节用裕民论说的是财政影响经济。两者结合在一起就是经济和财政关系的较完整的理论了。但决定作用还是影响作用是今人的用语,对荀子还不能提出这样明确区分的要求。

六、工商业理论

荀子也有禁末思想。他把"知务本禁末之为多材(财)也"定为"卿相辅佐"必须具备的才能之一④。但全书提到"禁末"两字的仅此一处。《王制》"序官"关于管理手工业官员工师的职责,和《管子》的说法差不多,其中有"使雕琢文采不敢专造于家",表示了对奢侈品生产的禁止态度。荀子的禁止奢侈品生产也仅对民间而言,所以也像《管子》那样指出:"故为之雕琢刻镂、黼黻文章,使足以辨贵贱而已,不求其观;为之钟鼓管磬、琴瑟竽笙,使足以辨吉凶、合欢定和而已,不求其

---

① 以上两段引文均见《荀子·富国》。
② 《荀子·王霸》。
③ 《荀子·富国》。
④ 《荀子·君道》。

余;为之宫室台榭,使足以避燥湿、养德、辨轻重而已,不求其外。"①其中礼仪性的消费如"辨吉凶、合欢定和"和"养德"是《管子》没有提到的。

对于奢侈品生产以外的手工业,荀子对它作了充分的肯定。他提出"百工以巧尽械器"②,认为"百工忠信而不楛(恶劣),则器用巧便而财不匮矣"③。肯定生产工具的轻巧便利是发展农业生产而使财富增加的重要条件之一。

荀子提出"王者之法"要做到"通流财物粟米,无有滞留","四海之内若一家"。"北海则有走马、吠犬焉,然而中国(中原)得而畜使之;南海则有羽翮(大鸟羽)、齿(象牙)革(犀牛皮)、曾青(铜精)、丹干(丹砂)焉,然而中国得而财之;东海则有紫绐(绐?)、鱼盐焉,然而中国得而衣食之;西海则有皮革、文旄焉,然而中国得而用之。故泽人足乎木,山人足乎鱼,农夫不斫削、不陶冶而足械用,工贾不耕田而足菽粟……故天之所覆,地之所载,莫不尽其美,致其用。"④这里荀子虽然没有明指商业,但显然只有商业才能在不同地区和不同消费者之间起沟通有无的作用。

但荀子也认为同农业相比,工商业不能不占次要的地位,主张"省工贾,众农夫"⑤。前已提到,"省商贾之数"也是荀子的裕民之政中的一项内容。他还说"上好利则国贫,士大夫众则国贫,工商众则国贫,无制数度量则国贫"⑥。"工商众则国贫"反映了荀子认为财富主要来自农业部门的观点,工商业的从业人数多,从事农业的人数就要减少,所以会导致国贫。这是荀子的抑工商思想,但他并没有提出抑制工商业的具体政策主张,如前所述,他的薄税敛主张是包括工商业税在内的。这样又怎么能实现"省工贾,众农夫"的目标呢?所以,荀子对工商业的态度,理论观点和政策主张是矛盾的。

荀子在谈到商人时,一般都是持肯定态度,如赞同"贾以察尽财",说"良贾"不因为亏本而不做生意。他也指出一种"贾盗之勇",它的表现是"为事利,争货财,无辞让,果敢而振,猛贪而戾,悷悷然(贪欲貌)唯利之见"⑦。这在一定程度上揭示了某些商人的贪婪本性。他的理想是"商贾莫不敦悫(老实)而无诈","百工莫不忠信而不楛"⑧。这是要求工商业者应具有诚信的职业道德。

---

① 《荀子·富国》。
② 《荀子·荣辱》。
③ 《荀子·王霸》。
④ 《荀子·王制》。
⑤ 《荀子·君道》。
⑥ 《荀子·富国》。
⑦ 《荀子·荣辱》。"果敢而振"的"振",王引之认为是"很(狠)"字之误。
⑧ 《荀子·王霸》。

第九节 韩非的经济思想

一、法家思想集大成者韩非

韩非(约前280—前233年),韩国的诸公子之一,荀子的学生。他曾多次建议韩王变法,都未被采纳,于是退而著书,"观往者得失之变"。他的著作传到秦国,受到秦王政的重视,表示:"寡人得见此人与之游,死不恨矣!"[①]秦王攻韩国,韩王派韩非出使秦国,被秦王留下。李斯、姚贾向秦王进谗,说韩非会对秦国不利,将他下狱。李斯又派人送毒药给韩非,等到秦王决定放他时,韩非已服毒自杀。韩非死后,后人集其著作,编成《韩非子》一书。

战国法家,商鞅重法,申不害重术,慎到重势。韩非集前辈法家思想之大成,提出了一个以法治为中心的"法""术""势"相结合的政治思想体系。"法"是法令,"术"是国君的统治术,"势"是国君的权势。韩非认为商鞅用法治秦,虽然做到了"国富而兵强",但"无术以知奸"[②],富强反而被臣下用来发展自己的势力。申不害用术,但法令不一,仍使奸臣有机可乘。慎到主张势治,但还要看用势的人,"贤者用之则天下治,不肖者用之则天下乱"[③]。韩非主张封建君主要同时运用法、术、势来驾驭臣下,以维护自己的统治。

韩非指出社会是不断变化的,各个时代都有各个时代需要解决的问题和解决问题的方法。"上古之世,人民少而禽兽众",有"圣人"有巢氏教民"构木为巢以避群害";因生食"伤害腹胃,民多疾病","圣人"燧人氏"钻燧取火以化腥臊"。"中古之世,天下大水,而鲧、禹决渎。近古之世,桀、纣暴乱,而汤、武征伐。"如果在夏后氏之世还有人去架木为巢、钻木取火,一定要被鲧、禹所笑。如果在殷、周之世也像鲧、禹一样去治水,一定要被汤、武所笑。如果当今之世还有人赞美尧、舜、汤、武、禹之道,也一定要被"新圣"所笑。他指出"圣人不期修古,不法常可,论世之事,因为之备";"世异则事异","事异则备变",时代变了,治国的方法也必须改变。讥讽"以先王之政治当世之民"的做法是守株待兔。[④]他还作《显学》批判儒、墨两家,称两家的学说为"愚诬之学"。

韩非提出了一系列巩固封建统治的措施。他在《亡征》中一连举了47种使

---

① 《史记》卷六三《韩非列传》。
② 《韩非子·定法》。
③ 《韩非子·难势》。
④ 本段引文均见《韩非子·五蠹》。

国家致亡的征象。他主张中央集权，做到"事在四方，要在中央；圣人执要，四方来效"①。他强调人主要掌握赏、罚二柄，提出"赏莫如厚而信，使民利之；罚莫如重而必，使民畏之；法莫如一而固，使民知之"②。要做到"法不阿（曲从）贵"，"刑过不避大臣，赏善不遗匹夫"③。他主张"以法为教""以吏为师"④，用法家学说统一人们的思想。

在哲学上，韩非具有唯物主义思想。他否认有意志的天，认为天就是自然界。他指出"万物莫不有规矩"，把自然界的普遍规律叫作"道"，具体事物的特殊规律叫作"理"。认为"缘道理以从事者，无不能成"⑤。

韩非的经济思想是同他的法家思想紧密结合在一起的。他的自利论反映了商品经济的影响，并从经济条件的变化来说明人的思想的变化。他较全面地论述了财富的增殖理论，但并没有贯彻始终。他把末业的范围扩大到工商业，提出了抑制工商业者的理论。此外还从经济角度提出了反仁治的思想。

二、自利论

韩非说："好利恶害，夫人之所有也"；"喜利畏罪，人莫不然"⑥；"夫民之性，恶劳而乐佚"⑦；"人情皆喜贵而恶贱"⑧。也就是说，好利是人的本性。他把人的自利思想叫作"自为心"或"计算之心"等。他用自利思想来解释各种人与人的关系，包括君臣、父子关系在内。

(1) 君和臣："臣尽死力以与君市，君垂爵禄以与臣市，君臣之际，非父子之亲也，计数之所出也。"⑨

(2) 父母和子女："且父母之于子也，产男则相贺，产女则杀之。此俱出父母之怀衽，然男子受贺，女子杀之者，虑其后便，计之长利也。故父母之于子也，犹用计算之心以相待也，而况无父子之泽乎！"⑩

(3) 医生和病人："医善吮人之伤，含人之血，非骨肉之亲也，利所加也。"

---

① 《韩非子·扬权》。
② 《韩非子·五蠹》。
③ 《韩非子·有度》。
④ 《韩非子·五蠹》。
⑤ 《韩非子·解老》。
⑥ 《韩非子·难二》。
⑦ 《韩非子·心度》。
⑧ 《韩非子·难三》。
⑨ 《韩非子·难一》。
⑩ 《韩非子·六反》。

(4) 卖者和买者："故舆人(车工)成舆,则欲人之富贵,匠人成棺,则欲人之夭死也。非舆人仁而匠人贼也,人不贵则舆不售,人不死则棺不买,情非憎人也,利在人之死也。"①

(5) 地主和雇农："夫卖庸而播耕者,主人费家而美食,调钱布而求易者,非爱庸客也,曰:'如是,耕者且深,耨者熟耘也。'庸客致力而疾耘耕,尽巧而正畦陌者,非爱主人也,曰:'如是,羹且美,钱布且易云,有也。'……皆挟自为心也。"②

韩非对人的关系的分析,有明显的商品经济的烙印。战国时期商品经济的发展,使商品交换的原则严重地影响着人们的相互关系。韩非正是从这种社会现象中抽象出他的自利观念来的,甚至把君臣关系都看作是买卖关系。

另一方面,韩非将客观经济条件的变化作为人的思想变化的原因。他说:古时尧为天子,住的是茅草屋,吃的是粗米饭,喝的是野菜汤,冬披鹿皮,夏穿麻布,生活条件不比现在的看门人高。禹为天子,手拿农具带头劳动,累得大腿没肉,小腿无毛,辛苦有如奴隶。所以他们让掉天下"是去监门之养而离臣虏之劳",根本不看重传位给自己的后代。而现在的县令自己死后,子孙世代还能坐马车,自然不愿将这一官职让给人家。"是以人之于让也,轻辞古之天子,难去今之县令者,薄厚之实异也。"山居的人很珍视水,将水作为礼物来送人;泽居的人水太多,要出钱雇工来开沟排水。荒年粮食少,不供给幼弟食物;丰收的时候,却招待过客吃饭。"非疏骨肉、爱过客也,多少之实异也。"因此他得出结论说:"是以古之易(轻)财,非仁也,财多也;今之争夺,非鄙也,财寡也。"客观经济条件的不同导致人的思想的不同。

韩非还从人口的增加说明思想的变化。他说:"古者丈夫不耕,草木之实足食也;妇人不织,禽兽之皮足衣也。"这时"不事力而养足,人民少而财有余,故民不争。是以厚赏不行,重罚不用,而民自治"。后来人口增加,一人生五子不算多,五子又各生五子,祖父未死就已有25个孙子。"是以人民众而货财寡,事力劳而供养薄,故民争,虽倍赏累罚而不免于乱。"所以他认为"上古竞于道德,中世逐于智谋,当今争于气力","仁义用于古而不用于今"。③

从人的本性是自利的论断出发,韩非认为绝不能靠仁义来治国。他说:"夫慕仁义而弱乱者,三晋也;不慕而治强者,秦也。"④"夫圣人之治国,不恃人之为

---

① 以上两段引文均见《韩非子·备内》。
② 《韩非子·外储说左上》。"调钱布而求易者"原作"调布而求易钱者"。"庸客致力而疾耘耕,尽巧而正畦陌者"原作"庸客致力而疾耘耕者,尽巧而正畦畦畤者"。
③ 以上两段引文均见《韩非子·五蠹》。
④ 《韩非子·外储说左上》。

吾善也,而用其不得为非也。恃人之为吾善也,境内不什数;用人不得为非,一国可使齐。"①他不相信人会自动地为统治者做好事,但认为通过严刑峻法可以迫使人们不敢做坏事,从而达到一国的统一。

人的思想受经济条件的影响,墨子、孟子、《管子》都已有论述,而以韩非的最为系统和深刻。韩非的自利论和商鞅的名利论属于同一类型,其错误亦相同。韩非认为人不可能自动做好事,实际上在社会道德的影响和制约下,必然会有很多人考虑社会利益,并不都是因为怕犯法才不去做坏事的。任何社会都必须建立在一定的道德规范的基础上,韩非对此毫无认识。

韩非用人口增长速度快于生活资料增长速度的人口理论来说明"当今争于气力",他认为人口是按几何级数增加的。1917年李大钊在《战争与人口》一文中指出,韩非的"五子二十五孙之说,尤与英人马查士(今译马尔萨斯)几何级数增殖之理一致"②。韩非是人口几何级数增长论的先驱。

三、财富增殖论

韩非也农战并提,他说:"富国以农,距敌恃卒"③;"能越力于地者富,能起力于敌者强"④。认为在"明主之国","境内之民,其言谈者必轨于法,动作者归之于功(农业劳动),为勇者尽之于军。是故无事则国富,有事则兵强,此之谓'王资'"⑤。凭借此"王资"可以建立起"超五帝、侔(齐)三王"的功业。

在主张"富国以农"的同时,韩非也承认工、商业对增加一国财富的作用,在批评魏国李兑(或即李克)时就表达了这一观点。李兑治中山(治今河北定州)时,苦陉令的上计收入增加,李兑认为"无山林泽国之利而入多",是"窕货"(不当收入),将其免职。韩非在《难二》中批评李兑的责备是"无术之言",因为增加收入的途径很多,并不一定是窕货。他总结出六条财富增殖的途径,把它们归纳为"人为"和"天功"两个基本方面,即靠人的主观能动性和自然力的作用。六条中,前五条都是人为,只有第六条是天功。以下对六条分别予以说明。

(1)"举事慎(顺)阴阳之和,种树(种植)节四时之适,无早晚之失,寒温之灾,则入多。"农业劳动者掌握不同季节的气象变化情况,抓紧农时,在不发生自然灾害的条件下,使农作物顺利成长,能增加收入。

---

① 《韩非子·显学》。
② 《李大钊文集》(上),人民出版社1984年版,第383页。
③ 《韩非子·五蠹》。
④ 《韩非子·心度》。
⑤ 《韩非子·五蠹》。

(2)"不以小功妨大务,不以私欲害人事,丈夫尽于耕农,妇人力于织纴,则入多。"主要是指农业劳动力的合理使用能增加收入。

(3)"务于畜养之理,察于土地之宜,六畜遂,五谷殖,则入多。"农业劳动者因地制宜播种五谷,根据家畜生长规律繁殖六畜,能增加收入。

(4)"明于权计,审于地形、舟车、机械之利,用力少、致功大,则入多。"手工业为农业提供高效率的运输工具和劳动工具,使劳动生产率提高,能增加收入。

(5)"利商市关梁之行,能以所有致所无,客商归之,外货留之,俭于财用,节于衣食,宫室器械周(备)于资用,不事玩好,则入多。"这一条有两层意思。第一,实行有利于商业活动的政策能增加收入,发展对外贸易能增加一国的财富。另外,商业能促进工农业的发展,能增加国家的财政收入,这些韩非还没有涉及。第二,节约支出,使生活必需品能满足需要,不搞奢侈品的生产和消费,能增加收入。这实际上是说节约消费能增加积累。

(6)"若天事,风雨时,寒温适,土地不加大,而有丰年之功,则入多。"风调雨顺,冷暖适宜,耕地面积虽不变,但单位面积产量提高,能增加收入。马克思说:"在农业中,自然力的协助——通过运用和开发自动发生作用的自然力来提高人的劳动力,从一开始就具有广大的规模。"①实际上,在人为中已经包含有自然力的运用和开发,另立天功一条则更明确地指出,自然力本身就是农业增产的重要条件。

以上六条说明,韩非认为农、工、商业都能增殖财富,看不出他有严重的抑工商思想,同下一目所说的观点很不相同。这表明在不同时期或从不同角度讨论经济问题时,韩非会有不同的认识。

韩非还认为要提高劳动生产率,就必须把劳动者稳定在一种职业上,免得造成变业的损失。他在解释《老子》的"治大国若烹小鲜"时说:"工人数变业则失其功,作者数摇徙则亡其功。一人之作,日亡半日,十日则亡五人之功矣。万人之作,日亡半日,十日则亡五万人之功矣。然则数变业者,其人弥众,其亏弥大矣。"②变业会造成劳动日的白白浪费,因此不使劳动者变业也是财富增殖的必要措施。

---

① 马克思:《剩余价值理论》第1册,《马克思恩格斯全集》第26卷(Ⅰ),人民出版社1972年版,第22—23页。

② 《韩非子·解老》。

四、抑工商论和"末"的新含义

商鞅把他认为妨碍农战的社会势力称为"五民",韩非则把他认为妨碍耕战的社会势力称为"五蠹(蛀虫)"。"五蠹"为学者(儒家)、言谈者(游说的人)、带剑者(游侠)、患御者(逃避兵役的人)和商工之民,主张"除此五蠹之民"。

关于商工之民,韩非说:"其商工之民,修治苦窳之器,聚弗靡之财①,蓄积待时,而侔(牟取)农夫之利。"②意思是说,商工之民偷工减料,以次充好,积聚不散之财,囤积居奇,用欺诈的手段剥削农民。"商工之民"是全称,所有的工商业者都包括在内。实际上韩非所说的只是一部分工商业者的所为,以"商工之民"来概括,存在着以偏概全的毛病。商鞅指出粮食价格的高低不是有利于"田者"就是有利于商人,并没有涉及商业利润的来源;韩非则指出了商工之民以农民为剥削对象,认识有了深化。当然,说所有的工商业者都剥削了农民仍存在以偏概全的问题。

韩非主张抑制工商业,还同他的"富国以农"的思想有关。他说:"磐石千里,不可谓富……今商官技艺之士亦不垦而食,是地不垦,与磐石一贯也。"③他从人人都要参加农业生产的传统观念出发,认为工商业者脱离了农业部门,使本来可以由他们开垦的土地不能产出粮食,如同磐石一样,就认为他们是对社会无用的人。

韩非提出的致亡征象中,同商人有关的有"商贾外积(积累财富)","爵禄可以货得","耕战之士困,末作之民利"④等。在《五蠹》中,韩非说:"今世近习之请行则官爵可买,官爵可买则商工不卑矣;奸贾财货⑤得用于市,则商人不少矣。聚敛倍农,而致尊过耕战之士,则耿介之士寡而高价(或作'商贾')之民多矣。"针对这种情况,他提出:"夫明王治国之政,使其商工游食之民少而名卑,以(因为)寡趣(趋)本务而趋末作。"这里只要求使"商工游食之民少而名卑",没有说根本清除,而商工之民作为"五蠹"之一,则被韩非列为清除对象。这说明韩非对待工商业者的态度,究竟是抑制还是清除,他的论述是存在矛盾的。这又同"商工之

---

① "弗靡"曾有多种解释。因有些本子作"沸靡",梁启雄《韩子浅解》说"弗"当作"沸","靡"借为"糜",靡通"糜",又解释"沸糜"说:"沸糜,喻沸水煮烂生物;'沸糜之财',与'剥削的钱'意略同。"笔者一直认为没有那么复杂。"弗"即"不","靡"即"散"。"弗靡"就是"不散"。
② 《韩非子·五蠹》。
③ 《韩非子·显学》。
④ 《韩非子·亡征》。
⑤ "奸贾财货"原作"奸财货贾"。

民"的概念使用不当有关。综合韩非对工商业者的态度,对概念不当做适当的修补,则可以这样理解:列为"五蠹"之一的是不法的工商业者,应予清除;而对于一般工商业者,则要实行抑制的政策,使他们人数少而社会地位低。

上文已两次出现"末作"一词。按照原来的观点,"末"或"末作"是指奢侈品的生产、销售和游食。但韩非所说的"末作"含义有了变化,从"使其商工游食之民少而名卑,以寡趣本务而趋末作"的话中可以看出。"商工游食之民"的对应词是"末作",这就使"末作"的含义包括工商业者和游食之民了。也就是说,从韩非开始,产生了以工商为末的思想。据此,则上述"末作之民利"的"末作"也已指工商业了。由于这是末业概念的第一次变化,连它的首创者韩非自己在使用这个概念时也并非始终如一。如他说:"仓廪之所以实者,耕农之本务也;而綦组锦绣刻画为末作者富。"①这里的"末作"则仍是指"綦组锦绣刻画"等奢侈品生产。由于改变了"末"的含义,韩非不再使用"禁末"一词了。这是末业含义变化后的必然逻辑结论。

韩非以工商为末的思想产生以后,并没有一下子得到普遍承认。汉初以奢侈品和游食为末的思想仍比较普遍。以工商为末的思想流行于汉武帝时,司马迁的《史记》起了重要的作用。以后,抑工商和抑末才成为同义语,不过仍有少数例外。

五、赋税论和经济上的反仁治论

中国的"均贫富"一词原来用于赋税方面,先见于《晏子春秋》,又见于《韩非子》。韩非把"论其税赋以均贫富"定为"明主之治国"②的政策之一,即富人和穷人的赋税负担要合理。他也主张薄税敛,指出:"夫吏之所税,耕者也;而上之所养,学士也。耕者则重税,学士则多赏,而索民之疾作而少言谈,不可得也。"③赋税的轻重会影响农民耕作的积极性,应该对农民实行轻税的政策。韩非还分析了臣下为奸恶,投君主之好而实行重赋敛政策:"人主乐美宫室台池,好饰子女狗马以娱其心,此人主之殃也。为人臣者尽民力以美宫室台池,重赋敛以饰子女狗马,以娱其主而乱其心,从(纵)其所欲,而树私利其间,此谓'养殃'。"④臣下为了私利,有意迎合君主,不惜用重赋敛的收入来满足君主的玩乐需要,为君主培养

---

① 《韩非子·诡使》。
② 《韩非子·六反》。
③ 《韩非子·显学》。
④ 《韩非子·八奸》。

祸殃。他告诫君主要注意防止。

韩非又指出徭役多"非天下长利",因为"徭役多则民苦,民苦则权势起,权势起则复除重,复除重则贵人富"。后三句的意思是说:人民为了逃避徭役,就要依托权门,利用权门的势力免除徭役;免除徭役的好处为权门所得,免除得越多,贵人就越富。因此必须实行轻徭役政策:"徭役少则民安,民安则下无重权,下无重权则权势灭,权势灭则德在上矣。"①

韩非反对"征敛于富人以布施于贫家"。他的理由是:"今夫(富人)与人相若也,无丰年旁入之利,而独以完给者,非力则俭也;与人相若也,无饥馑疾疚(久病)祸罪之殃,独以贫穷者,非侈则惰也。侈而惰者贫,而力而俭者富。今上征敛于富人以布施于贫家,是夺力俭而与侈惰也,而欲索民之疾作而节用,不可得也。"②韩非先肯定人和人的条件是相同的,大家都无额外收入,都无灾祸发生;又肯定富人都是勤俭持家的,穷人都是奢侈懒惰的。既然如此,则向富人征税以救济穷人,只能起鼓励奢懒的作用,对调动人们勤俭的积极性不利。如果韩非所说的前提成立,救济的对象都是奢懒的人,对他们的救济确实会加强他们的依赖心理,使他们更加奢懒,更加成为社会的包袱。在这个限度内,韩非的主张是正确的。但问题在于,并不是所有的富人都是力而俭的,也不是所有的穷人都是侈而惰的。造成人的贫富有社会的和阶级的原因,有许多生活在底层的人,即使"力而俭"也成不了富人。将"侈而惰"或"力而俭"作为造成贫富的唯一原因,以此为理由反对向富人征税来救济穷人,也是一种以偏概全的论点。

"利民"是思想家们的普遍主张,韩非也不例外。他说:"圣人之治民,度于本,不从(纵)其欲,期于利民而已。"③但他所主张的"利民"不是指人们一望而知的眼前利益,而是指用法治办法所取得的人民的长远利益。他以两种家庭做比喻:"今家人之治产也,相忍以饥寒,相强以劳苦,虽犯军旅之难,饥馑之患,温衣美食者必是家也。相怜以衣食,相惠以佚乐,天饥岁荒,嫁妻卖子者必是家也。"④前一种家庭平日吃苦耐劳,即使遇到灾害,仍能温衣美食。后一种家庭平日耽于逸乐,一遇灾荒,就嫁妻卖子。然后他归结到法治和仁治:法治的作用就像前一种家庭,"前苦而长利";仁治的作用就像后一种家庭,"偷(苟且)乐而后穷"。也就是说,法治符合人民的长远利益,仁治从短期看好像对人民有利,从长

---

① 《韩非子·备内》。
② 《韩非子·显学》。
③ 《韩非子·心度》。
④ 《韩非子·六反》。

远看却是害民。

按照这一观点,韩非认为想靠得民心来治理国家是"不知治者"之言。他把民智比作"婴儿之心",慈母为其割疮,犹啼哭不止,不知道自己吃小苦可以致大利。治国也一样:"今上急耕田垦草以厚民产也,而以上为酷;修刑重罚以为禁邪也,而以上为严;征赋钱粟以实仓库,且以救饥馑、备军旅也,而以上为贪……并力疾斗所以禽(擒)虏也,而以上为暴。此四者所以治安也,而民不知悦也。"①他用这些例子说明,君主实行使国家长治久安的政策,人民是不会理解和支持的,故"为政而期适民,皆乱之端,未可与为治也"。根本否定了统治者得民心的必要性。

韩非也反对靠爱民、足民来治国,批评了"以为足其财用以加爱焉,虽轻刑罚可以治也"的观点。他举例说:"夫富家之爱子,财货足用,财货足用则轻用,轻用则侈泰;亲爱之则不忍,不忍则骄恣。侈泰则家贫,骄恣则行暴……凡人之生(性)也,财用足则隳于用力,上治懦则肆于为非。"靠仁慈既不能治家,也不能治国。他又认为人是永不知足的,"贵在天子""富有四海"的桀都不会知足,何况人君不可能使人民富足如天子,所以足民不能作为治国的目标。他提出"明主之治国"应"使民以力得富,以事致贵,以过受罪,以功致赏,而不念慈惠之赐",认为这才是"帝王之政"。②

韩非的反仁治论对得民心、爱民、足民等被普遍认同的治国的基本原则都提出了批评。他的本意是反对片面的仁慈观,主张统治者要有治国的魄力,推行促使国家富强的政策,即使一时间不能得到人民的理解也在所不惜。从"使民以力得富"可见,韩非也是主张富民的,但是认为财富的取得必须建立在个人努力的基础上,而不是靠统治者的恩赐。他的理论虽有一定的道理,却有很大的片面性,容易成为封建统治者加强对人民的压迫和剥削的一种借口。秦始皇的滥用民力,韩非的这种理论多少是起了作用的。

第十节 《吕氏春秋》的经济思想

一、吕不韦和《吕氏春秋》

吕不韦(?—前235年),濮阳(今河南濮阳西南)人。吕不韦原为阳翟(今河

---

① 《韩非子·显学》。
② 本段引文均见《韩非子·六反》。

南禹州)大商人,在赵国邯郸经商时,见到质于赵国的秦公子子楚,认为奇货可居,于是结交子楚,并以子楚的名义到秦国,以宝物献给太子安国君(子楚父)的爱姬华阳夫人,使华阳夫人立子楚为嫡子。公元前251年,秦昭襄王死,安国君即位(孝文王),子楚为太子。一年后孝文王死,子楚即位(庄襄王),以吕不韦为相国,封为文信侯,食邑河南雒阳10万户。公元前247年,庄襄王死,年幼的太子嬴政立为王,尊吕不韦为相国,号"仲父"。公元前238年,长信侯嫪毐作乱,被镇压。次年,吕不韦因嫪毐案被免相,去封地居住。吕在河南年余,"诸侯宾客使者相望于道"①。秦王怕他发动政变,命他及家属迁往蜀地。迁蜀后,吕不韦担心被杀,服毒自尽。

吕不韦有家僮万人,食客3 000人。他见著书成为风气,也组织门客为其著书,成十二纪、八览、六论,名为《吕氏春秋》。《史记》本传说书成后,"布咸阳市门,悬千金其上,延诸侯游士宾客有能增损一字者予千金"。东汉高诱在《吕氏春秋序》中指出,当时无人能增损,不是不能,而是畏惧相国的权势。关于本书的写作时间,《史记·太史公自序》说"不韦迁蜀,世传《吕览》"。这同在咸阳悬书的说法有矛盾。陈奇猷认为《吕氏春秋》中先完成的是"十二纪",在咸阳悬挂的是这一部分,其余两部分则完成于迁蜀以后②。《吕氏春秋》的文章编排颇为整齐。"纪"分12卷,每卷的第一篇为当月的月令,月令后各有文4篇,最后有序1篇。"览"分8卷,每卷有文8篇,只有《有始览》少一篇,可能是残缺所致。"论"分6卷,每卷有6篇,但《士容论》中的4篇农学著作同其他各篇风格不一,只做到了形式上的统一。在写法上,除月令和4篇农学著作外,其余各篇都是用简要的文字提出一个观点,然后举几个历史事例,有时还加上寓言来说明这一观点。因为是集体编写,书中包含有阴阳、儒、墨、道、法、兵、农等各家的观点,故被称为"杂家"。但《吕氏春秋》仍有自己的主流思想,由此决定对各派观点的取舍。如墨家主张节葬,《吕氏春秋》也主张节葬,这是同墨家一致的;然而对于墨家的非攻,《吕氏春秋》就持否定的态度了,说明它并没有全盘接受墨家的观点。而且即使是同样主张节葬,理由也不相同。墨子的节葬重点在于节用,而《吕氏春秋》的节葬重点则在于避免坟墓的被盗,造成死者的不安全。所以它说:"是故先王以俭节葬死也,非爱其费也,非恶其劳也,以为死者虑也。"③

《吕氏春秋》中,月令和农学著作外的其他各篇所论的主要是政治、军事和文

---

① 《史记》卷八五《吕不韦列传》。
② 《吕氏春秋成书的年代与书名的确立》,《吕氏春秋校释》附录,学林出版社1984年版。
③ 《吕氏春秋·安死》。

化等方面，无专论经济的文章。在这些文章中，对统治者(包括君和臣)的个人道德修养及如何治理国家提出了一系列的要求和主张。例如对于国君，要求他们应该有公、德、贤、义、信等品德。它指出国君要"贵公"："昔先圣王之治天下也，必先公，公则天下平矣……天下非一人之天下也，天下之天下也。"[1]贵公就要"去私"，去私才能行德，"行其德而万物得遂长焉"[2]。有德的国君就是贤君，"人主贤则豪杰归之"[3]。国君还必须行义，它说："义也者，万事之纪也，君臣上下亲疏之所由起也。治乱安危过胜(胜敌)之所在也。"[4]"故义者百事之始也，万利之本也……以义动则无旷(废)事矣。"[5]义是处理各种关系的出发点和基本准则，靠它可以使社会安定，国家强盛，事业兴旺，实现国家的各种利益。对于信，《吕氏春秋》指出："凡人主必信。信而又信，谁人不亲……故信之为功大矣。"[6]它要求国君能知人，善于用人，施政要执其要，以自己的"无智""无能""无为"而实现"众智""众能""众为"[7]，还要实行顺民心和适当的赏罚政策等。

德和义是《吕氏春秋》非常强调的，并提出了以德、义治国的主张。它说："为(治)天下及国，莫如以德，莫如行义。以德以义，不赏而民劝，不罚而邪止，此神农、黄帝之政也。以德以义，则四海之大，江河之水，不能亢(当)矣；太华之高，会稽之险，不能障矣；阖庐之教，孙、吴之兵，不能当矣。"[8]认为以德、义治国是神农、黄帝的传统，它能使人民自觉地去恶从善，为上所用，发挥出不可抗拒的力量。

从以上可见，《吕氏春秋》的主流政治思想是儒家思想，法家思想处于从属的地位。重德、重义无疑是儒家的主张。重信是儒法相同的，不是哪一家所专有。赏罚政策为法家所推崇，《吕氏春秋》虽也主张实行赏罚政策，但它更重视的还是道德的影响力。法家主张政策应随着时世的变化而变化，《吕氏春秋》也提出不法"先王之法"，认为"因时变法者，贤主也"[9]，但这观点在全书中并不突出。因此《吕氏春秋》的成书表明了吕不韦企图用儒家的治国思想来影响年轻的秦王政。秦国有根深蒂固的法家思想的传统，秦王政欣赏的是韩非的法家思想和政

---

[1] 《吕氏春秋·贵公》。
[2] 《吕氏春秋·去私》。
[3] 《吕氏春秋·功名》。
[4] 《吕氏春秋·论威》。
[5] 《吕氏春秋·无义》。
[6] 《吕氏春秋·贵信》。
[7] 《吕氏春秋·分职》。
[8] 《吕氏春秋·上德》。
[9] 《吕氏春秋·察今》。

策,他要建立的是君主专制的独裁国家,自然不可能接受《吕氏春秋》的观点。吕不韦组织编纂《吕氏春秋》一书势必加重秦王对他的不满和担心。

《吕氏春秋》的经济思想集中在各篇月令和四篇农学著作中。月令中有很多有关经济的内容,因为缺乏理论分析,可以称之为经济管理思想。农学著作名为《上农》《任地》《辩土》《审时》,一般认为是吕不韦门客辑自已佚的战国农书,因文中有"后稷曰"字样,夏纬瑛在《吕氏春秋上农等四篇校释》中认为它们出自《后稷》农书。这四篇中,有些谈的是农业技术,就经济思想而言,可以以两个篇名为代表,分为上农论和审时论。

二、月令的经济管理思想

月令即每月的时令。中国现存的最早的月令是《夏小正》,见于《大戴礼记》,戴德(大戴)作传。《夏小正》只400余字,《吕氏春秋》的月令每篇都在400字以上,多的超过600字。《礼记》中有《月令》一篇,即《吕氏春秋》各篇月令的汇集。又《逸周书》中原有《月令》,已佚,清人卢文弨据《吕氏春秋》月令补入。《淮南子·时则训》也是月令,文字和《吕氏春秋》月令大同小异。由此可见《吕氏春秋》月令在秦汉时的影响之大。

《吕氏春秋》月令分春、夏、秋、冬四季,每季以孟、仲、季代表三个月。它记载了每月的时令和应办及不能办的事情,指出错行时令的不良后果,反映了春生、夏长、秋收、冬藏的生物生长规律和先秦的农时观念。

在孟春之月,天子要择日"亲载耒耜","率三公九卿诸侯大夫躬耕帝籍田,天子三推,三公五推,卿诸侯大夫九推"。这就是籍礼,说法同前述虢文公及韦昭注不尽一致,说明对籍礼的具体仪式已产生传闻的差异。天子还要亲自布置农事,以"土地所宜,五谷所殖"等教导农民,又"先定准直,农乃不惑"。"准直"有人释为"标准价值",有人释为"准平",可能都不妥。结合《上农》篇(见后),似应指标准产量。事先规定各种土地的标准产量,农民知道了自己的生产目标,就不会疑惑了。为了不妨碍农耕,要"无聚大众,无置城郭"。

在仲春之月,统一度量衡。"无作大事,以妨农功。""大事"指兵役等事。

在季春之月,"天子布德行惠,命有司,发仓廪,赐贫穷,振乏绝"。因为在青黄不接之时,需要国家对贫民进行救济。又命司空"循行国邑,周视原野;修利堤防,导达沟渎,开通道路,无有障塞";命工师令百工检查各种手工业原料"无或不良",在监工的号令下,百工准时生产,"无或作为淫巧,以荡(动)上心"。"淫巧"即奢侈性消费品,禁止作淫巧,就是禁末。本月后妃亲自采桑,督促妇女养蚕。

在孟夏之月,"无起土功(建筑),无发大众"。天子"命野虞(官名),出行田原,劳农劝民,无或失时。命司徒,循行县鄙,命农勉作,无伏(藏)于都(国都)"。蚕事结束,由后妃献茧,并收茧税。

在仲夏之月,要祭祀前世百君卿士有功于民者,以祈求丰收。

在季夏之月,"不可以兴土功,不可以合诸侯,不可以起兵动众,无举大事……无发令而干时(违反时令),以妨神农(农官)之事"。

在孟秋之月,粮食成熟,天子命百官开始收敛,加固堤防,以备水潦,并修理宫室城郭。

在仲秋之月,"可以筑城郭,建都邑,穿窦窌(地窖通水),修囷仓。乃命有司,趣(促)民收敛,务蓄菜,多积聚"。并督促种麦,不使失时,失时的"行罪无疑"。还要统一度量衡。"易(治)关市,来商旅,入货贿,以便民事。四方来杂,远乡皆至,则财物不匮,上无乏用,百事乃遂。"肯定商业对便民和增加一国财富的作用。

在季秋之月,确定诸侯征税于民的"轻重之法"。诸侯的"贡职之数,以远近土地所宜为度",即按道路远近及土地所产来决定诸侯的贡赋。

在孟冬之月,"令百官,谨盖藏。命司徒,循行积聚,无有不敛"。工师呈报完成的手工业品,仍强调"无或作为淫巧,以荡上心"。产品以功致为上,"物勒工名,以考其诚",即在产品上刻上制造者的名字,以明确责任。"工有不当,必行其罪",查究其诈伪的情况。"命水虞、渔师收水泉池泽之赋",不许侵削百姓,违者"行罪无赦"。

在仲冬之月,"农有不收藏积聚者,牛马畜兽有放佚者,取之不诘(责)。山林薮泽,有能取疏(蔬)食、田猎禽兽者,野虞教导之",侵夺者"罪之不赦"。

在季冬之月,"命司农,计耦耕事,修耒耜,具田器",为明年的农业生产做好准备。向诸侯、卿大夫及庶民征敛牺牲,以供不同的祭祀之用,"凡在天下九州之民者,无不咸献其力"。

以上是月令所记一年的主要经济活动。经济活动是在官府的组织下进行,反映了中国古代政府的管理经济职能。经济活动的中心是和农事有关的活动,包括农业生产,农产品的收获和贮藏,以及为农业服务的仓窌、水利建设等。此外也进行手工业生产和商业活动。对手工业产品要坚持质量标准,用"物勒工名"的措施来实行对产品的质量负责制,禁止生产"淫巧"的物品。商业活动有比较集中的时期,此时要为商业提供有利的环境。在不影响农业的前提下,再进行城市、交通等建设。

月令中还有一重要内容是保护生物资源。孟春之月"牺牲无用牝",祭祀不用雌性的牺牲,这样有利于牲畜的繁殖;"禁止伐木,无覆巢,无杀孩(幼)虫胎夭(初生禽兽)飞鸟,无麛无卵",树木和野生动物成长之时,禁止砍伐和捕杀。仲春之月"无竭川泽,无漉(干涸)陂池,无焚山林"。季春之月"田猎罝弋(打猎),罟罘罗网(布网),喂兽之药,无出九门",这时仍禁止打猎、布网和用毒药毒杀禽兽;"无伐桑柘"。孟夏之月"无伐大树","无大田猎"。仲夏之月"令民无刈蓝以染,无烧炭"。季夏之月"树木方盛,乃命虞人入山行(巡视)木,无或斩伐"。季秋之月,进行田猎以学习军事,这时可以捕猎野生动物了;"草木黄落,乃伐薪为炭"。仲冬之月"伐林木,取竹箭"。季冬之月命渔师开始捕鱼。

注意保护生物资源是中国古代的一种优良传统,前面已多次谈到。《吕氏春秋》月令分月记载保护生物资源的有关政策,比前人的论述又进了一步。1975年在湖北云梦睡虎地秦末墓葬中发现的竹简,其中《田律》中规定:"春二月,毋敢伐材木山林及雍(壅)堤水。不夏月,毋敢夜草为灰,取生荔麛鷇(卵)鷇,毋……置阱罔(网),到七月而纵之。"①说明秦国已将保护生物资源思想形之于法律条文。

三、上农论

"上农"即尚农,也就是重农。《上农》篇指出重农的意义说:"古先圣王之所以导其民者,先务于农。民农非徒为地利也,贵其志也。民农则朴,朴则易用,易用则边境安,主位尊。民农则重(稳重),重则少私义(议),少私义则公法立,力专一。民农则其产复(厚),其产复则重徙,重徙则死处,而无二虑。"重农的意义前人已有很多论述,《上农》则以简要的文字说明它在经济上以及在国家治理上的重要作用。重农不仅可以开发地利,而且能使农民养成朴实、厚重及安土重迁的性格,这性格极有利于稳定社会秩序和巩固封建统治,并使国家趋于强盛。商鞅曾经说过"归心于农,则民朴而可正也",《上农》则对农民的性格特征作了更全面的分析。

接着《上农》又指出了舍本事末的害处:"舍本而事末则不令(不受令),不令则不可以守,不可以战。民舍本而事末则其产约(薄),其产约则轻迁徙,轻迁徙则国家有患,皆有远志,无有居心。民舍本而事末则好智,好智则多诈,多诈则巧法令,以是为非,以非为是。"害处也是三条,即上述三条"朴""重""重徙"的反面,成为"不令""好智""轻迁徙",由此造成了对社会和国家不利的后果。文中对舍本事末的"末"未做解释,它的含义留待下面再做分析。

统治者推行重农教育,天子要举行籍礼,后妃要亲自养蚕,以做表率。男耕

---

① 睡虎地秦墓竹简整理小组:《睡虎地秦墓竹简》,文物出版社 1978 年版。书中原注:夜,疑读择。荔,疑读甲,采取刚出芽的植物。

女织是农业社会中农民家庭的普遍劳动形式，《上农》从男女按性别分工、互相交换劳动以满足双方的生活需要来予以说明："是故丈夫不织而衣，妇人不耕而食，男女贸功以长生，此圣人之制也。"农忙时要做到"农不见于国（城市）"。农民要专心于农业，做到"敬时爱日，非老不休，非疾不息，非死不舍"，除年老、有病和死亡外，都不能脱离劳动。要实现以下产量指标：上等田，一夫的产量够九人吃；下等田，一夫的产量够五人吃。只能增加，不能减少。"一人治之，十人食之，六畜皆在其中矣。"

农忙时期，禁止一切妨碍农业的事情："不兴土功，不作师徒（军事行动），庶人不冠弁（行冠礼）、娶妻、嫁女、享祀（祭祀），不酒醴聚众"，无官职的农民不许雇人代耕。除非男女因同姓而不能在本乡婚嫁，否则"农不出御（出赘），女不外嫁"，避免因人口流动而影响农业生产。还规定野禁五条，其中有"农不敢行贾，不敢为异事"，禁止农民经商或做无关农业的事情。另外还有"四时之禁"：不得上山砍伐树木，不得在沼泽割草烧灰，不得出门狩猎，不得下水捕鱼，除了管理船只的官员不得私自行船。名之为"四时之禁"，好像一年四季都要禁止这些活动，实际上应指农忙时。其中禁止砍树、狩猎、捕鱼和月令中保护生物资源的规定相似。但这里说的是因为农忙而禁止，则其意义应同于《管子·八观》的"禁山泽之作"，而不是以保护生物资源为出发点。

《上农》通篇以谈农业和农民为主，但也提到其他社会成员手工业者和商人。它说："凡民自七尺以上，属诸三官（职业）：农攻粟，工攻器，贾攻货。时事不共（供），是谓大凶。"肯定基本职业是农、工、商三种，都是国家所必需的，如果他们不按时提供产品，就会造成社会的灾难。它又说："若民不力田，墨（没）乃家畜（蓄），国家难治。三疑乃极，是谓背本反则，失毁其国。"前一句说农民不致力于农业，家中没有积蓄，国家就难以治理。后一句的"三疑"，许维遹释"疑"为"拟（僭）"，"三疑"为农、工、商相僭，不安心做好本身的工作。这种情况发展到了极点，就会脱离正轨而失去原则，导致国家的灭亡。

现在再来讨论"末"的含义。前已指出，战国时期"末"的概念本来是指奢侈品的生产、销售和游食，韩非开始以工商为末。《上农》等篇源于战国农书，从上述对农、工、贾的论述来看根本没有抑工商思想，对工商业的态度同韩非大异其趣，不大可能接受韩非的观点而以工商为末。韩非观点的流行要有一定时间，在当时还没有。秦始皇二十八年（前219年）的琅邪台（在今山东诸城）刻石，其中说："皇帝之功，勤劳本事。上农除末，黔首是富。"①称重农为"上农"，和《上农》

---

① 《史记》卷六《秦始皇帝本纪》。

篇名一样。"除"就是"禁","除末"也就是"禁末"。秦始皇不会禁工商,他还为擅丹穴之利数世的巴寡妇清筑女怀清台呢!可见秦时以工商为末的思想还没有流行。因此《上农》中的"末"不是指一般工商业。由于文中未对"末"做出明确的解释,不妨说得含混一点,所谓"舍本而事末"是指不参加农业劳动而从事同农业无关的事情。

四、审时论

"审时"是四篇农学著作之一的篇目,但有关农时的论述并不限于这一篇。故虽以审时论为代表,所引文字并不限于《审时》篇。

《上农》分析了对农时"夺之以土功","夺之以水事(治水)","夺之以兵事"的严重后果,指出:"数夺民时,大饥乃来。"

《任地》指出:"天下时,地生财,不与民谋。"意思说,上天定下时令,土地生长财富,是有客观规律的,并不同人商量。要做到"无失民时"。人们知道农时是致富的"利器",因此"皆时至而作,渴(尽)时而止。是以老弱之力可尽起,其用日半,其功可使倍",收到事半功倍的效果。而不知事理的人,"时未至而逆之(逆时而动),时既往而慕(思)之,当时而薄(轻)之"。这样就不会有好的结果。

《辩土》指出:"所谓今之耕也,营而无获者:其蚤者先时,晚者不及时,寒暑不节,稼乃多灾。"不按照农时耕作,庄稼就会灾害繁多。

《审时》专谈农时。它说:"凡农之道,厚之为宝。"陈奇猷认为"厚之"的"之"是"时"字之误,"厚时为宝"即"重时为宝"①。《审时》又说:"夫稼为之者人也,生之者地也,养之者天也。"天、地、人的结合使庄稼成长,"天"就是天时,表现在农业上就是农时。它分别比较了得时、先时和后时种植禾(小米)、黍、稻、麻、菽、麦的质量差异,然后指出:"是故得时之稼兴,失时之稼约(衰)。茎相若[而]称之,得时者重,粟之(亦?)多。量粟相若而舂之,得时者多米。量米相若而食之,得时者忍饥。是故得时之稼,其臭(气味)香,其味甘,其气(力)章(盛),百日食之,耳目聪明,心意睿智,四卫(四肢)变强,殃(凶)气不入,身无苛(疴)殃。"对适时生长的庄稼的质量作了形象的描述。

科技越不发达,农业受时令的影响越大。《吕氏春秋》农学著作充分论证了适时耕种对农业生产的决定作用,反映了先秦农时观念的高度发展。

---

① 陈奇猷:《吕氏春秋校释》(下),学林出版社1984年版,第1783页。

第四章 秦汉的经济思想

（前 221—220 年）

第一节 秦汉的政治和经济

一、秦汉的政治概况

秦统一封建国家建立后,秦王政自号始皇帝,在全国推行郡县制,发展交通,兴修水利,改革文字,统一币制和度量衡。秦始皇三十一年(前 216 年)"使黔首自实田"①,令民呈报自己的土地,从法律上确定土地的所有权。为了统一思想,秦始皇根据丞相李斯的建议,实行了焚书坑儒的政策。他滥用民力建造长城和阿房宫等,既破坏了生产,又造成了人民的极大祸害。在他去世的第二年(前 209 年)就爆发了反秦的农民战争。

公元前 206 年,秦朝被推翻。又经过了五年的楚汉战争,刘邦(汉高祖)取得胜利,建立了汉朝,史称西汉(前 202—8 年)。汉初承长期战乱以后,社会经济凋敝,连天子的马车都配不齐四匹同样颜色的马,将相或乘牛车。汉初几代皇帝行黄、老之道,实行休养生息的政策。高祖时田赋十五税一,景帝时降到三十税一。另有征钱的算赋(成年人头税)和口赋(未成年人头税)。高祖实行重农抑商政策,不许商人穿丝织的衣服、乘车骑马、携带兵器和做官,还"重租税以困辱之"②。文帝、景帝时经济发展,社会安定,史称"文景之治"。景帝三年(前 154 年)曾爆发以吴王刘濞为首的吴楚七国(吴、楚、赵、胶东、胶西、济南、淄川)之乱。

公元前 141 年武帝即位时,西汉已进入经济繁荣时期。"非遇水旱之灾,民则人给家足,都鄙廪庾(粮仓)皆满,而府库余货财。京师之钱累巨万,贯(串钱的绳)朽而不可校。太仓之粟陈陈相因,充溢露积于外,至腐败不可食。"③丰富的物资贮备为武帝一代的文治武功提供了有利的物质条件。他派兵击败了匈奴的

---

① 《史记》卷六《秦始皇帝本纪》集解。
② 《史记》卷三〇《平准书》。
③ 同上。

侵扰,也进行对外扩张。武帝在位54年,约占整个西汉历史的四分之一,对西汉王朝的强盛起了重要作用,而广大人民亦为之付出了沉重的代价。武帝晚年悔征伐之事,征和四年(前89年)下诏说:"当今务在禁苛暴,止擅赋,力本农,修马复令(养马而免徭役之令),以补缺,毋乏武备而已。"①封丞相田千秋为富民侯。这反映了武帝政策思想的转变。

武帝以后,经昭帝、宣帝,至元帝时,政治日趋腐败,土地兼并加剧。社会矛盾的发展,使王莽得以夺取政权,建立新朝(8—23年)。王莽实行了不得人心的政策,最终被农民起义所推翻。

刘秀建立东汉(25—220年)后,曾六次下诏释放奴隶。还减轻赋役,兴修水利,移民垦荒,使社会生产得到恢复和发展。东汉只有最初的三位皇帝——光武帝、明帝、章帝是成年人。以后的皇帝即位时最大的15岁,最小的仅出生百余日,权力一直控制在外戚或宦官手中。和帝时窦太后临朝,外戚窦宪(窦太后兄)专权,成了第一个大权独揽的外戚。顺帝死后,梁太后临朝,外戚梁冀(梁太后兄)掌权。他霸占的土地,"周旋封域,殆将千里"②。桓帝依靠宦官杀掉梁冀,抄出的财产,官卖得钱多达30余亿。财富不断向外戚、宦官和官僚集中,彼此又进行着你争我夺和互相残杀。吏治日益腐败,生产遭到破坏,人民难以生存,促使农民起义的发生和发展。灵帝光和七年(184年)爆发了黄巾起义,"旬日之间,天下响应,京师震动"③。黄巾起义虽然失败,但也瓦解了东汉的中央政权。豪强各据一方,混战不休,逐渐形成了三国鼎立之势。

两汉的儒学有今文经学和古文经学的区别。今文经是秦始皇焚书后,经儒生口授流传,用西汉的通行文字隶书写成的儒家经典。《公羊传》、部分《尚书》等是今文经。古文经是西汉陆续发现的用战国文字和秦小篆写成的未经秦火的儒家经典。《左传》、《周礼》、部分《尚书》(已佚)等是古文经。今文经学注重经文大义,古文经学注重文字训诂。汉武帝建立经学博士,都是今文经学。东汉逐渐盛行古文经学,东汉末年产生了以郑玄为代表的糅合今古文的古文经学。

秦汉的经济思想主要是西汉的经济思想。主张自由放任和主张国家干预的两种对立的经济思想都在西汉大放异彩。西汉是战国经济思想发展高潮的继续和发展。王莽只有经济政策而没有多少经济理论。东汉的经济思想发展处于低潮,根本不能和西汉同日而语。

---

① 《汉书》卷九六《西域传下》。
② 《后汉书》卷三四《梁冀传》。
③ 《后汉书》卷七一《皇甫嵩传》。

二、汉武帝时的工商业政策

武帝元光六年(前 129 年),西汉开始了对匈奴的战争。到元狩四年(前 119 年),西汉取得了决定性的胜利,但战争耗尽了历年的财政积蓄,需要有更多的财政收入。因此,武帝以大盐商东郭咸阳、大铁商孔仅为大农丞,和侍中桑弘羊一起筹划财政收入。元封元年(前 110 年)孔仅被罢官,以桑弘羊为治粟都尉,领大农,总管财经工作。他们获取财政收入的主要方法就是对工商业者征税和实行官营工商业政策。

元狩四年开始实行盐铁官营。盐是由生产者领用政府的制盐工具进行生产,产品由政府收购后统一销售,铁器完全由政府生产和销售。元封元年扩大盐铁官营,在 28 郡设盐官,40 郡设铁官。

元狩四年又实行算缗。"缗"是缗钱,每千钱为一缗。"算缗"就是按缗计算的纳税办法。一算 20 钱①。商人按营业额(囤积商品按商品价额),贷款者按贷款额,每 2 缗纳一算。手工业者按产品销售额,每 4 缗纳一算。车船通过税,车每辆纳一算,商人加倍;船长 5 丈以上的纳一算。纳税数额根据自报,隐瞒不报或自报不实的,一经查出就没收其财产,并发往边疆服役一年。将没收财产的一半奖给告发的人。同时规定有市籍的商人及其家属不得占有土地,违者没收田、僮。元狩六年,武帝命杨可主持告缗。中等以上的工商业者大多被告发,受到了致命的打击,政府得到一笔很大的收入。

元鼎二年(前 115 年),在有些地区试行均输。政府通过征税或购买这些地区的土特产,运到价高的地区出售,朝廷所需的物资则到价低的地区购买。元封元年将均输推向全国。

元封元年,政府在京师和一些城市进行商品买卖,"贵即卖之,贱则买之",名曰"平准"。

实行上述官营工商业政策以后,武帝时的财政转危为安,根本摆脱了困境。以后武帝"北至朔方,东到太山,巡海上,并北边以归。所过赏赐,用帛百余万匹,钱金以巨万计,皆取足大农",史称"民不益赋而天下用饶"②。元帝初元五年(前 44 年)曾罢盐铁官,三年后又恢复。王莽的六管政策也包括盐铁官营。东汉仍继续实行盐铁官营政策。章帝章和二年(88 年),年仅 10 岁的和帝即位,窦太后

---

① 《汉书》卷六《武帝纪》"初算缗钱"颜师古注引李斐语,而《史记》卷一二二《酷吏列传》"出告缗令"张守节《正义》说是一算 120 文。后者可能是将算赋误为算缗了。

② 《史记》卷三〇《平准书》。

以和帝的名义下诏宣布"罢盐铁之禁,纵民煮铸"①,即取消盐铁官营,改为经营者向政府纳税的制度。

三、货币制度的演变

秦始皇统一币制,将货币(当时尚无"货币"的名称)分为二等:黄金为上币,以镒为单位;铜钱为下币,每枚重半两,即以秦国的半两钱为全国统一的铜钱。珠玉、龟贝、银锡之属为器饰宝藏,不为币。半两钱虽规定要"重如其文",但实际上重量并不统一,秦末减重严重。

西汉货币,黄金改以斤为单位,铜钱起初仍用半两。汉初曾实行自由铸钱政策,铜钱越铸越轻,细小如榆荚,称为"荚钱"。吕后二年(前186年)行八铢半两(重8铢的半两钱)。六年又改行五分钱(重2.4铢的半两钱)。文帝五年(前175年)行四铢半两,许民自由铸钱,造成了很多弊病(见后)。后来又禁止了私铸。

武帝建元元年(前140年)曾铸三铢钱,建元五年恢复四铢半两的铸造。在财政发生困难期间,于元狩四年发行白鹿皮币和白金币。白鹿皮币用白鹿皮制成,一尺见方,周围画上彩色花纹。规定一张值40万钱,王侯、宗室朝觐皇帝或互相聘问,都必须用它来垫璧做礼品。白鹿皮币是一种有价证券,朝廷用它来搜括贵族们的钱。白金币是银锡合金,分三等:圆形龙纹币,重8两,每枚值3 000钱;方形马纹币,重6两,每枚值500钱;椭圆形龟纹币,重4两,每枚值300钱。白金币发行后盗铸严重。政府对盗铸者进行了严厉的镇压,仍无效果,约在元鼎三年(前114年)废除。

在铸白金币的同时还废除了半两钱,改铸三铢钱。元狩五年改三铢为五铢。因郡国都可铸造,称"郡国五铢"。元鼎二年京师铸赤侧五铢②,以一当五。此钱比郡国五铢质量高,但以一当五则是价值的严重高估。元鼎四年因赤侧钱贬值,又废,并禁郡国铸钱,专由上林三官(上林苑的三个机构)铸。这时财政已无困难,故铸钱注意质量。三官五铢是中国古代质量最好的钱币之一。

王莽建立新朝前后,一再改变钱币形式,八年间变了四次币制。居摄二年(7年)铸大泉五十、契刀和错刀③。大泉五十当五铢钱50枚,契刀当五铢钱500

---

① 马端临:《文献通考·征榷考二》。
② "赤侧"或作"赤仄"。对"赤侧"的含义有多种解释,难做定论。但何者为赤侧五铢,基本上已能肯定。
③ 错刀上用黄金嵌"一刀"二字,故俗称"金错刀"。汉代又有一种刀名"金错刀",与此无关。

枚,错刀当五铢钱5 000枚,都是不足值铸币。禁止列侯以下私藏黄金,黄金由朝廷收兑,每斤万钱,两枚错刀就可以换黄金一斤。即使这样,收兑时往往仍不付钱。始建国元年(9年),因"刘"字含"卯、金、刀",凡有"卯、金、刀"字样的物品都要禁,五铢钱、契刀、错刀都犯禁,故只留大泉五十,另铸小泉直一。始建国二年王莽又推行宝货制,货币共五物六名二十八品①。二十八品的作价共分21级:10 000、2 160、1 580、1 000、900、800、700、600、500、400、300、216、200、100、50、40、30、20、10、3、1。天凤元年(14年)改行货布和货泉,货布一枚当货泉25枚。原来的大泉五十改为当一,可继续流通六年。传世另有布泉也应是王莽时所铸。王莽币制的特点是多变,多等级,多不足值大钱。这样复杂的币制害苦了百姓,使"农商失业,食货俱废,民涕泣于市道";"每壹易钱,民用破业,而大陷刑"②。随着新朝的被推翻,王莽推行的币制也退出了历史舞台。

东汉仍铸造和使用五铢钱,但已使用"货币"的名称。如《后汉书》卷一下就说:"十六年初,王莽乱后,货币杂用布、帛、金、粟。是岁,始行五铢钱。"献帝初平元年(190年),董卓大铸小钱,质量极差,造成了小钱流通地区的物价飞涨,谷价每石达几万、几十万或几百万钱。此后中国货币经济严重衰退,民间纷纷以谷帛为货币进行交易。

第二节 《大学》、贾谊、晁错的经济思想

一、《大学》的德本财末论

《大学》是《礼记》中的一篇。有经有传。相传经是曾子述孔子之言,传是曾子门人记曾子的观点。现一般认为《大学》是秦汉之际的儒家所作。宋代将它和《论语》、《孟子》、《中庸》(《礼记》中的一篇)合在一起,称为"四书",为科举考试的必读之书。

《大学》经的部分205字,其中提出了三纲八目。"大学之道,在明明德,在亲(新)民,在止于至善。"明明德、亲民、止于至善就是三纲。八目是格物(推究事物之理)、致知、诚意、正心、修身、齐家、治国、平天下。《大学》要求"自天子以至于庶人,壹是皆以修身为本"。修身从格物致知开始,最后归结到治国平天下。其过程为:"格物而后知至,知至而后意诚,意诚而后心正,心正而后身修,身修而后

---

① 五物指金、银、铜、龟、贝,六名指黄金、银货、布货、泉货、龟宝、贝货,二十八品指黄金、朱提银、它银、元龟、公龟、侯龟、子龟、大布、次布、弟布、壮布、中布、差布、序布、幼布、幺布、小布、大泉、壮泉、中泉、幼泉、幺泉、小泉、大贝、壮贝、幺贝、小贝、漏度(更小的贝)。

② 《汉书》卷二四下《食货志下》。

家齐,家齐而后国治,国治而后天下平。"

传的部分对三纲八目做出解释。在对治国平天下所做的解释中涉及一些经济思想。它强调"君子先慎乎德",指出:"有德此有人,有人此有土,有土此有财,有财此有用。"有德的统治者能得民心,拥护的人多就能保住或扩充疆土,有疆土就能生产财富,有财富就能满足消费的需要。这里谈到了人民和土地的关系,本意不在说明劳动力和生产资料的关系,而在说明人民和疆土的关系。有了人民,保住疆土,财富就能自然生产出来。也就是说,这一论述的出发点是政治而不是经济,经济只是政治的一个必然结果。

君子以德为先,也就是要以德为本,以财为末。《大学》说:"德者本也,财者末也。外本内末,争民施夺。""外本内末"就是以财为本,以德为末,这样就会对人民进行争夺,使统治者失去民心。因此《大学》提出:"是故财聚则民散,财散则民聚。"告诫统治者不要以聚财为治国的目标。它还引鲁国大夫孟献子(仲孙蔑)的话说:"畜马乘不察于鸡豚,伐冰之家不畜牛羊,百乘之家不畜聚敛之臣。与其有聚敛之臣,宁有盗臣。"然后得出结论说:"此谓国不以利为利,以义为利也。"("畜马乘"指"士初试士大夫","伐冰之家"指"卿大夫以上")

"国不以利为利,以义为利"在反聚敛的限度内是正确的。但它也可以被引申为普遍性的观点,就是国家不应该以经济利益为追求目标,这样就成为只重视政治不重视经济的理论了,它为士大夫不关心经济问题提供了理论依据。

但统治者总是需要财的,因此《大学》又提出了一个生财之道:"生财有大道,生之者众,食之者寡,为之者疾,用之者舒,则财恒足矣。"生产的人要多,只消费而不生产的人要少,生产要抓紧,消费要舒缓,这样财就永远充足了。这同墨子的"其生财密,其用之节"精神是一致的。《大学》的"食之者寡"的食者主要指官员,因此还包含有不使国家机构过分庞大的意思。

二、贾谊的重农论和货币论

贾谊(前200—前168年),洛阳(今河南洛阳东)人。贾谊18岁时即有文名,被河南守吴公招致门下。文帝元年(前179年)吴公被征为廷尉,推荐贾谊"颇通诸子百家之书"①,于是贾谊召为博士。因学识渊博,善于奏对,贾谊一年中被超迁为太中大夫。文帝准备任他以公卿之位,由于一些大臣的反对而作罢。后来贾谊被贬为长沙王吴差的太傅,七年召回,又任文帝爱子梁怀王刘胜的太傅。十一年梁怀王坠马死,贾谊感到自己失职,常哭泣,一年后去世,年仅33岁。

---

① 《史记》卷八四《贾谊列传》。

著作有《新书》及保留在其他文献中的奏疏和赋等。奏疏和《新书》有重复,重复部分文字有差异。

贾谊多次上书向文帝提出施政建议,有些被文帝接受,如文帝二年诏列侯就国和开籍田等都是采纳了他的意见。但也有许多未被采纳。贾谊认为西汉王朝的稳定只是表面现象,当时的时势有"可为痛哭者一,可为流涕者二,可为长太息者六"①。"可为痛哭者一"是指同姓诸侯王的势力日益强大,将成为中央政权的严重威胁。他说"天下之势方病大瘇(脚肿),一胫之大几如要(腰),一指之大几如股";主张"众建诸侯而少其力",认为这样可以"令海内之势,如身之使臂,臂之使指,莫不制从"。"可为流涕者二",一是匈奴成为严重的边患,二是没有粮食积贮。"可为长太息者六",在他的论著中只能见到四条:风俗趋于奢侈,上下等级不明,礼、义、廉、耻四维不张,铜布于下。

贾谊主张以礼义治国,批评商鞅"遗礼义,弃仁恩,并心于进取,行之二岁,秦俗日败"②;批评秦始皇"先诈力而后仁义,以暴虐为天下始"③。他指出:"以礼义治之者积礼义,以刑罚治之者积刑罚。刑罚积而民怨背,礼义积而民和亲。"④他强调民是为政之本,统治者决不可以与民为敌,"自古至于今,与民为仇者,有迟有速,而民必胜之"⑤。

在经济思想方面,贾谊继承和发展了战国以来的重农理论,提出驱民归农的主张;并提出统一铸币权论,反对汉文帝实行自由铸钱的政策。

贾谊很重视粮食的储备,他说:"禹有十年之蓄,故免九年之水;汤有十年之积,故胜七年之旱。夫蓄积者,天下之大命也。苟粟多而财有余,何向而不济?以攻则取,以守则固,以战则胜,怀柔附远,何招而不至?管子曰:'仓廪实,知礼节;衣食足,知荣辱。'民非足也,而可治之者,自古及今,未之尝闻。"⑥粮食储备是国家的命脉,只要有充足的粮食,就不怕严重灾荒,能兴办各种事业,能在军事或外交上取胜,还能使国家得到治理。这一切,基础都在于发展农业。

贾谊把农业发展缓慢的原因归之于"背本而趋末,食者甚众"和"淫侈之俗,日日以长"。他指出:"生之者甚少而靡之者甚多,天下财产何得不蹶!"⑦这是运

---

① 《汉书》卷四八《贾谊传》。
② 同上。
③ 《新书·过秦中》。
④ 《汉书》卷四八《贾谊传》。
⑤ 《新书·大政上》。
⑥ 《新书·无蓄》。
⑦ 《汉书》卷二四上《食货志上》。

用《大学》的生财之道来分析当时的实际情况。他所说"背本而趋末"的"末"是指"末技",即奢侈品的生产。在《新书·瑰玮》中,贾谊把奢侈品的生产分成两类,即李悝所说的"雕文刻镂"和"锦绣纂组"。对于前者,他指出:"夫雕文刻镂周用之物繁多,纤微苦窳之器日变而起,民弃完坚而务雕镂纤巧,以相竞高。作之宜一日,今十日不轻能成;用一岁,今半岁而弊。"生产这些费工而不经用的手工业品的人,自己不种田,而要吃农民生产的粮食,造成了"天下之所以困贫而不足"。"故以末予民,民大贫,以本予民,民大富。"对于后者,他指出:"繡黻文绣纂组害女工。"生产这种丝织品,"百人作之,不能衣一人"。而"虽刑余、鬻妾、下贱,衣服得过诸侯、拟天子"。这样"则天下寒而衣服不足矣"。

西汉初年的陆贾曾指出:"后世淫邪……民弃本趋末,技巧横出,用意各殊,则加雕文刻镂,傅致胶漆丹青、玄黄琦玮之色,以穷耳目之好,极工匠之巧。"①贾谊所说的"背本而趋末"和陆贾所说的"弃本趋末"意思相同,说明西汉初期以奢侈品生产为末的观点还比较流行。

贾谊分析奢侈品生产的危害性说:"夫百人作之,不能衣一人,欲天下亡寒,胡可得也? 一人耕之,十人聚而食之,欲天下亡饥,不可得也。饥寒切于民之肌肤,欲其亡为奸邪,不可得也。"②为了改变这种情况,他提出了驱民归农的建议:"今殴(驱)民而归之农,皆著于本,使天下各食其力,末技游食之民转而缘南亩,则畜积足而人乐其所矣。"③从贾谊批评背本趋末和"末技游食之民转而缘南亩"的话,可见他主张归农的主要对象是末技和游食之民,并不包括一般工商业者。但"驱民而归之农"的"民"是一个全称,包括了所有的民。据此推断,就把农业(包括家庭纺织业)看成唯一的生产部门了,似乎只有参加农业生产才算是"各食其力"。这反映了理论上的片面性。

文帝五年(前175年)废《盗铸钱令》,实行自由铸钱政策,贾谊和贾山上书谏阻。贾山的话比较简单,他说:"钱者,亡用器也,而可以易富贵。富贵者,人主之操柄也,令民为之,是与人主共操柄,不可长也。"④货币是一种权力,贾山从皇帝要控制货币权力的角度来说明垄断货币铸造权的必要性。

贾谊则从分析自由铸钱所造成的种种弊病入手,提出自由铸钱的弊病有三:第一,人们铸钱是为了获利,为了获利就要在铸钱时杂以铅铁或用其他巧法降低钱

---

① 《新语·道基》。
② 《汉书》卷四八《贾谊传》。
③ 《汉书》卷二四上《食货志上》。
④ 《汉书》卷五一《贾山传》。

的质量,以致犯黥罪。这是"县(悬)法以诱民,使入陷阱"。第二,私人铸钱造成"民用钱,郡县不同:或用轻钱,百加若干。或用重钱,平称不受(买者不愿一钱当一钱用)。法钱(法定钱币)不立。吏急而壹之虖(呼),则大为烦苛而力不能胜;纵而弗呵虖,则市肆异用,钱文大乱"。第三,造成"农事弃捐而采铜者日蕃,释其耒耨,冶熔炊炭,奸钱日多,五谷不为多"。也就是使农民弃农铸钱,影响农业生产。

贾谊不仅主张由国家垄断货币铸造权,还主张将铜收归国有。他认为禁止私人铸钱后,"则钱必重(购买力高),重则其利深,盗铸如云而起",用死刑也禁止不了。"故铜布于天下,其为祸博矣。"将铜收归国有则"博祸可除,而七福可致"。这七福是:"上收铜勿令布,则民不铸钱,黥罪不积,一矣。伪钱不蕃,民不相疑,二矣。采铜铸作者反于耕田,三矣。铜毕归于上,上挟铜积以御轻重,钱轻则以术敛之,重则以术散之,货物必平,四矣。以作兵器,以假贵臣,多少有制,用别贵贱,五矣。以临万货,以调盈虚,以收奇羡(赢余),则官富实而末民困,六矣。制吾弃财,以与匈奴逐争其民,则敌必怀(归顺),七矣。"①

上述七福中,前三福解决了自由铸钱的三个弊病,后四福值得注意的是第四和第六两条。第四条是说用调节货币数量的办法来调节物价。中国古代的论货币者多认为货币数量会影响物价,这一理论问题留待以后再讨论。第六条是说国家以货币为资本来经营商业以获取利润,使国家财政充裕而"末民"受困。这里的"末民"应是指工商业者,和前面所说的"末技"不同。这两条的观点属于轻重理论的范畴。

垄断铸币权和要不要将铸钱原料铜收归国有是两回事,贾谊想将两者统一起来。但铜不仅用于铸钱,而且也大量用于制造铜器,禁民间藏铜即禁止民间使用铜器,这会造成人民生活的种种不便,为了垄断铸币权而禁止民间藏铜是不可取的。后世曾实行过禁止民间藏铜的政策,都难以持久。

文帝没有接受贾山和贾谊的意见,坚持实行自由铸钱政策,还将严道(今四川荥经)铜山赐给宠臣邓通铸钱。结果吴王刘濞"以即山铸钱,富埒天子",大夫邓通"以铸钱财过王者",造成了"吴、邓氏钱布天下"②的局面。经济实力强大的刘濞后来成为发动吴楚七国之乱的首领。

三、晁错的重农贵粟论

晁错(? —前154年),颍川(治今河南禹州)人。晁错曾向轵县(治今河南济

---

① 《汉书》卷二四下《食货志下》。
② 《史记》卷三〇《平准书》。

源南)人张恢学申、商刑名之学。他起初任太常掌故,文帝派他向原秦博士伏胜学《尚书》,回京后任太子舍人、门大夫,升博士,又拜为太子家令,深得太子(即后来的景帝)的信任,号称"智囊"。文帝十五年(前165年)被举为贤良,"时贾谊已死,对策者百余人,唯错为高第,由是迁中大夫"。景帝即位,任晁错为内史(治京畿),宠幸"倾九卿,法令多所更定"①。升御史大夫(副丞相)后,晁错提出削藩策。景帝三年(前154年)吴楚七国以诛晁错为名,发动叛乱。景帝听信袁盎的谗言,斩晁错于东市。著作有《晁错》31篇,已失传。《汉书》中保留有8篇奏疏。同经济思想有关的主要是文帝十二年写的《论贵粟疏》,见《汉书·食货志上》。

晁错也很重视粮食的生产和储备。他说:"粟者,王者大用,政之本务。""圣王在上而民不冻饥者,非能耕而食之,织而衣之也,为开其资财之道也。故尧、禹有九年之水,汤有七年之旱,而国亡(无)捐瘠(饿死)者,以畜积多而备先具也。"而现在蓄积未备,是因为"地有遗利,民有遗力,生谷之土未尽垦,山泽之利未尽出……游食之民未尽归农"。他指出:"饥寒至身,不顾廉耻。""夫腹饥不得食,肤寒不得衣,虽慈母不能保其子,君安能以有其民哉!"所以"明主"懂得只有"务民于农桑,薄赋敛,广畜积,以实仓廪,备水旱",才能使人民拥护自己。

晁错认为民之"趋利如水走下,四方亡择"。珠玉金银成为人们的追逐对象,就不会安心于农业。他说:"夫珠玉金银,饥不可食,寒不可衣,然而众贵之者,以上用之故也。其为物轻微易臧(藏),在于把握,可以周海内而亡饥寒之患。此令臣轻背其主,而民易去其乡,盗贼有所劝,亡逃者得轻资也。"珠玉金银具有货币的性质(西汉人往往把珠玉视为货币,在下文《管子》的轻重理论和贡禹的罢货币论中可见),因此这一段话可以看作是晁错的货币理论。他认为珠玉金银"饥不可食,寒不可衣",不能直接满足人们的生活需要,它们之所以成为贵重之物,只是因为"上用之"的缘故。用"上用之"来解释珠玉金银的高价值,是一种名目主义的观点。"饥不可食,寒不可衣"由晁错开其端,以后常被人们用来形容货币没有直接使用价值。有了珠玉金银,人们就可以远走他乡,另谋出路,甚至为获得珠玉金银而成为盗贼,这不利于封建秩序的稳定和巩固。因此晁错主张"明君贵五谷而贱金玉",企图用统治者的意志来改变"贵金玉"的社会现象。

晁错对当时农民和商人的生活状况进行了比较。他指出一个五口之家的农民,至少有两人参加劳动,耕田百亩,收成不过百石。"春耕夏耘,秋获冬臧,伐薪樵,治官府,给徭役。春不得避风尘,夏不得避暑热,秋不得避阴雨,冬不得避寒冻,四时之间,亡日休息。"还要"送往迎来,吊死问疾,养孤长幼"。勤苦如此,还

---

① 《汉书》卷四九《晁错传》。

会遇到水旱之灾,又有官府的"急政(征)暴赋,赋敛不时,朝令而暮当具①",以致"有者半贾(价)而卖,亡者取倍称之息,于是有卖田宅鬻子孙以偿责(债)者矣"。而商人则不同:"商贾大者积贮倍息,小者坐列贩卖,操其奇赢,日游都市,乘上之急,所卖必倍。故其男不耕耘,女不蚕织,衣必文采,食必粱肉,亡(无)农夫之苦,有仟伯之得。"他们还"因其富厚,交通王侯,力过吏势,以利相倾",具有相当的政治势力。

商人为什么富,农民为什么贫?晁错认为是由于商人对农民的兼并:"此商人所以兼并农人,农人所以流亡者也。"韩非曾指出商工之民"侔农夫之利",晁错进而指出商人兼并农民,对农商关系的分析更进了一层。他还指出法律规定和现实社会的不一致:"今法律贱商人,商人已富贵矣;尊农夫,农夫已贫贱矣。"认为如不改变这种颠倒,就不可能做到"国富法立"。

针对上述情况,晁错提出以粟为赏罚的主张:"欲民务农,在于贵粟;贵粟之道,在于使民以粟为赏罚。"人们纳粟给政府的予以拜爵或免罪。他认为这样做有三点好处:一是朝廷的财用可以充足;二是可以减少赋税,"损有余补不足";三是能起劝农的作用。他提出先纳粟到边塞,以充实塞下。到"边食足以支五岁"以后,再纳粟到郡县。到郡县"足支一岁以上",就可以有时免收农民租税了。文帝实行他的建议后,当年减农民一半租税,第二年又全免民田的租税。

为了巩固边防,晁错又提出了募民实边的建议,也被文帝采纳。他指出原来的戍卒一年一换,"不知胡人之能",不如徙民到边塞成家立业,一面耕作,一面守边。政府为其准备房屋、农具,并赐给高爵,免除全家的赋税,供给衣服和粮食直到能够自给时止。没有夫或妻的,政府为其买配偶。能够从匈奴手中夺回被劫掠的财产的,一半归夺回者所有。有人口被匈奴俘虏的,由政府赎回。"如是,则邑里相救助,赴胡不避死。非以德上也,欲全亲戚而利其财也。"②这是用物质利益来激励人们守边的积极性。晁错的徙民实边主张开了中国历史上屯田的先声。

晁错的重农贵粟论以巩固自然经济,促进农业发展,加强封建统治为目标,

---

① "朝令而暮当具"原作"朝令而暮改当具"。清人王念孙说:"'改'本作'得'。言急政暴赋,朝出令而暮已得,非谓其朝令而暮改也。今作'改'者,后人不晓文义而妄易之耳。《通典》已误作'改',《汉纪》正作'朝令而暮得'。"(《读书杂志·汉书四》)但改"改"为"得"后,"当具"连下读,句子仍不通。笔者于1980年曾著文指出"改"字衍[《〈论贵粟疏〉中一个衍字》,《复旦学报》(社会科学版)1980年第5期]。主要根据为:《管子·国蓄》有"朝令而夕具",《管子·轻重甲》有"朝令而求夕具";丛书集成本影印唐人手写本《汉书·食货志》此句正无"改"字。

② 《汉书》卷四九《晁错传》。

适应了时代的需要。晁错注意到了商品经济和自然经济、商人和农民的矛盾,第一次明确提出了商人兼并农民的问题。这些论述是很深刻的。但他看不到商业发展对社会的积极作用,害怕货币对自然经济秩序的破坏,则反映了认识上的局限。以粟为赏罚的政策具有两重性,既能对农业起刺激作用,也会造成吏治的腐败和富人的敢于犯法。

第三节 《管子·轻重》的经济思想

一、《管子·轻重》的著作年代

本书前面已经讨论了管仲的经济思想,又有了《管子》的经济思想,为什么再写一个《管子·轻重》的经济思想呢?这是因为它们之间的区别比较大,分开来谈更能反映不同的历史背景和经济思想的差异与特点。

《管子·轻重》共19篇,现存16篇。它是《管子》最后一组文章的总名,每篇另有篇名。在它前面的一组是《管子解》。照理《管子解》应是全书的最后一组文章,因此马非百认为刘向整理的《管子》原无《轻重》诸篇,而是后人附加的[①]。《管子》前七组的标题除《管子解》外都无"管子"两字,唯独《轻重》这一组标题作《管子·轻重》,体例不一。这也说明这一组确有后加的可能。《轻重》各篇的观点并不完全一致,有的甚至互相抵牾,肯定非一人一时之作。其中《国蓄》是《轻重》各篇的理论纲领,可能在各篇中为早出。

《轻重》各篇的取名还有一个特点。19篇中,有12篇各有篇名,分别为《臣乘马》、《乘马数》、《问乘马》(佚)、《事语》、《海王》、《国蓄》、《山国轨》、《山权数》、《山至数》、《地数》、《揆度》、《国准》,篇名中不出现"轻重"二字,而在本文下端分注"管子轻重一""管子轻重二"等,直到"管子轻重十二"。另有7篇(佚2篇)则在篇名中出现"轻重"二字,从"轻重甲"至"轻重庚",又在各篇下端分注"管子轻重十三"至"管子轻重十九"。这情况说明,同样作为《管子·轻重》的文章,标题的内容分为有"轻重"和无"轻重"两类,而下端总排序则是格式一致。这说明被定为《管子·轻重》的文章格式原来并不统一,也就是说并不是一人一时之作,在编入《管子》书时才加上了统一的标签,这标签就是"管子轻重"。

《管子·轻重》的著作年代,主张战国直到王莽时的都有。主张战国说的有胡寄窗、胡家聪等。主张战国末至秦初韩非门徒所作的有巫宝三(《管子经济思

---

① 马非百:《管子轻重篇新诠》(上),中华书局1979年版,第30页。

想研究》)。主张西汉说的有王国维、郭沫若、赵守正、罗根泽、赵靖和笔者等,其中王国维、郭沫若认为成于文景时(《管子集校》),赵守正认为成于景帝时吴楚七国乱后(《管子通解》),罗根泽认为成于武昭时(《管子探源》)。主张成于王莽时的为马非百,他实际上说的是成书的时间,不是说全部都写于王莽时。

定《管子·轻重》为战国作品的理由是它以齐国为背景,所说的货币有刀、布等。但这不能作为根据,因为后人可以用前人的口气写文章。确定古书的著作年代,不是看它有哪些后人能写出的文字,而要看前人不可能写出的文字。西汉人能写战国时的事物,而战国人绝不可能写西汉时才出现的事物。《轻重》中确有许多战国人所不能写出的文字,这在郭沫若等的《管子集校》和马非百的《管子轻重篇新诠》中已有很多例证(其中有些还可讨论)。对于这些例证,本书不予列举,以下主要谈谈个人肯定西汉说的理由。

首先,从文章风格上看。战国时的文章都比较质朴,自然经济的色彩浓厚,没有较复杂的商品经济理论。直到韩非批评商人时还只能说商工之民"侔农夫之利",同《管子·轻重》批评商人的词汇及对商品经济的描述简直不可同日而语。战国时期的著作中,找不出第二篇有类似《管子·轻重》风格的文章,说明了《轻重》的晚出。

其次,从某些用词看。这方面前人的论述已多,这里所述仅限于笔者的发现。一是对商人的提法,战国时期的著作中很少有"富商"一类的词汇,笔者一共只发现两处:《国语·晋语八》有"绛之富商",《韩非子·说林下》有"宋之富贾"。而《管子·轻重》中则有"蓄贾""大贾蓄家""大家委资家""富商蓄贾""富商蓄贾称贷家"[①]等名称;又说"万乘之国有万金之贾,千乘之国有千金之贾"[②]。这只能是反映西汉商人的情况。二是"兼并"一词的含义,战国和西汉有很大的区别。战国时的"兼并"都是指军事或政治兼并,《荀子》中常使用"兼并"一词,没有一例是指经济兼并的。西汉的"兼并"则具有了经济含义,晁错说"商人兼并农人",《管子·山国轨》说"此民之所以相并兼之时也",《轻重甲》说"世且兼并而无止",汉武帝时的董仲舒也谈兼并(见后)。兼并的经济含义是西汉时才具有的。三是"缗"字。《管子·国蓄》有三个"缗"字,其中"岁适凶,则市籴釜十缗,而道有饿民"的"缗",是货币单位,代表千钱。"十缗"说明粮食贵至每釜万钱。"缗"本是穿钱的绳子,战国时布币无孔(仅三孔布有孔),根本不能穿;刀币、圜钱虽有孔,但大小不一,分属于不同国家,也不能形成统一的货币单位。只有经秦始皇统一

---

① 《管子·国蓄》《管子·山国轨》《管子·轻重乙》《管子·轻重丁》。
② 《管子·国蓄》。

币制,到西汉才逐渐形成以千钱为一计算单位,本义是穿钱绳子的"缗"和"繈"也转化成为代表千钱的货币单位名称。四是"泉"字。《管子·轻重丁》有10个"泉"字,其中8个都是"钱"的意思,如"凡称贷之家出泉三千万"等。称钱为"泉"是王莽时的习惯,虽然不能肯定《轻重丁》是王莽时的作品,但至少能说明确有王莽时的痕迹。

司马迁在《史记·管晏列传》中说:"吾读管氏《牧民》《山高》《乘马》《轻重》《九府》……详哉其言之也。"可见司马迁写《史记》时,至少已有一篇《管子·轻重》在流传。《盐铁论》中有同今本《管子·轻重》相似的理论,如果事先没有轻重理论在流传,在一次即席发言的辩论会上不可能讲得如此雷同。因此笔者认为,即使今本《管子·轻重》中有王莽时的痕迹,但作为《管子》轻重理论来说,则可以肯定是在西汉时期形成的,而且最迟在武帝时已大体形成。

《管子》中另有《七臣七主》一篇,不属于《轻重》组,但稍有涉及轻重的内容,可能是他篇的错简。有关内容在以下价值论中一并提及。

二、轻重理论总论

轻重理论有广狭二义。广义的可以包括封建帝王的整个统治术,如说:"自理国虙戏(伏羲)以来,未有不以轻重而能成其王者也。"①接着举伏羲、神农、燧人及虞、夏、殷、周等王的政绩,作为行轻重的表现。这种轻重概念在《轻重》诸篇中只是偶一出现,不能代表轻重理论的实质。狭义的则是一种封建国家控制市场和物价的经济理论,即通常所说的轻重理论。轻重理论主要包括两方面的内容:一是对形成商品贵贱原因的认识,一是封建国家控制市场和物价的方法。

国家控制市场和物价有两个目的。第一,维护社会的稳定。《管子·轻重》也像《侈靡》一样,认为太富、太贫都会造成社会的不安定。《国蓄》说:"夫民富则不可以禄使也,贫则不可以罚威也。法令之不行,万民之不治,贫富之不齐也。"造成贫富不齐的原因,它也像晁错一样将其归之于商人的兼并。它指出在物价变动时,"然而人君不能治,故使蓄贾游市,乘民之不给(足),百倍其本。分地若一,强者能守;分财若一,智者能收。智者有什倍人之功,愚者有不赓(偿)本之事。然而人君不能调,故民有相百倍之生也"。在商品买卖中,大商人能够操纵物价,获得很高的利润,如果统治者对这种情况不加以调节,就会形成人们收入上的严重差别。所以它警告说:"然则人君非能散积聚,钧羡不足,分并财利而调民事也,则君虽强本趣(促)耕,而自为铸币而无已,乃令使民下相役耳,恶能以为

---

① 《管子·轻重戊》。

治乎？"统治者只有用轻重的方法管理市场，限制商人的兼并活动，防止富人役使贫民，才能使国家得到治理。第二，获取国家的财政收入。《国蓄》说："利出于一孔者其国无敌，出二孔者其兵不诎（屈），出三孔者不可以举兵，出四孔者其国必亡。先王知其然，故塞民之羡，隘其利途。故予之在君，夺之在君，贫之在君，富之在君。故民之戴上如日月，亲君若父母。"这里的利出一孔是指利权要操在国君手中，同商鞅的利出于农战一途的利出一孔的意义不同。国君掌握了利权，就有条件做到掌握予、夺、贫、富之权，获得人民的爱戴。而利权的取得要靠国家运用轻重的方法，通过控制物价，控制市场，将原来归商人所得的商业利润尽可能多地转归国家手中。这两个目的合在一起，就是"凡将为国，不通于轻重，不可以为笼以守民；不能调通民利，不可以语制为大治"。"不通于轻重，不可以为笼以守民"是第二个目的，"不能调通民利，不可以语制为大治"是第一个目的。

在一定的条件下，这两个目的是可以兼顾的，但也可能产生矛盾。为了第一个目的，需要稳定物价；而为了第二个目的，则需要物价波动。实际上《管子·轻重》是主张物价波动的。《轻重乙》篇桓公问"衡"，管子回答说："衡者使物一高一下，不得常固。"桓公问"衡数"是否可调，即物价能否调节，管子回答说："不可调。调则澄（静），澄则常，常则高下不贰，高下不贰则万物不可得而使用。"最后管子说："发号出令，物之轻重相什而相伯。"这是说应该使物价经常成十倍成百倍地波动，国家才可以从中得利，否则万物就不可能为国君所用。《轻重》还鼓吹由国家垄断民间的财物，《臣乘马》说："彼善为国者，使农夫寒耕暑耘，力归于上，女勤于纤微而织归于府（官府）者，非怨民心伤民意，高下之策不得不然之理也。""高下之策"即轻重之策，将农夫、织妇的劳动产品收为国家所有是轻重之策的要求。《轻重》还认为国家通过轻重可以极大地增加收入。《山权数》说："徐疾之数，轻重之策也，一可以为十，十可以为百。"《轻重丁》说："无可以为有"，"贫可以为富"，"一可以为百"。《轻重》实际上是把增加国家财政收入的目的放到了首位。

轻重理论的一个重要组成部分是发挥政治权力的作用，《管子·轻重》称之为"号令"。国家通过号令的开阖（闭）、徐疾、决（开）塞等，可以改变商品的轻重关系。它说："今人君籍求于民，令曰十日而具，则财物之贾什去一。令曰八日而具，则财物之贾什去二。令曰五日而具，则财物之贾什去半。朝令而夕具，则财物之贾什去九。"[1]这是国家下令征收货币赋税时的情况。农民要出售农产品换取货币以纳税，纳税的期限越短，农民求售的心情越迫切，商人压价就越厉害，商品跌价的情况也就越严重。在国家征收某种物品时，这种物品就会涨价。如"君

---

[1] 《管子·国蓄》。

守布则籍于麻,(麻)十倍其贾,布五十倍其贾"①。号令还不限于用于征敛(见后)。号令的作用这样大,所以《国蓄》说:"先王知其然,故不求于万民而籍于号令也。"

由于把第二个目的放在首位,就使《管子》轻重理论在很大程度上成为反映封建社会中国家商业资本和国家高利贷资本活动规律的理论。这种商业资本和高利贷资本同国家政权相结合,具有超经济强制的特点,其威力要比私人商业资本和私人高利贷资本大得多。

《管子·轻重》所涉及的流通领域的经济理论,范围之广在中国封建社会中既是空前的,也是绝后的。它总结了商品、货币流通的一些规律,分析了国家利用政权力量来控制商品和市场的意义和作用。其中的有些主张在中国历史上曾不同程度地付诸实施。但是它过分夸大了封建政权改变商品、货币轻重关系的能力和作用,往往使真理变成了谬误。因此,它的理论和主张不可能被当政者全盘接受,所举的许多荒唐的例证只能被当作寓言故事来看待。

三、价值论和货币论

要掌握控制市场和物价的主动权,首先要懂得物价变动的规律。计然已提出"论其有余不足,则知贵贱",《管子·轻重》进一步提出了带有普遍性的价值理论。它说:"夫物多则贱,寡则贵;散则轻,聚则重。"其中"夫物多则贱,寡则贵"的概括程度最高,可作为《管子·轻重》最根本的价值论。这种价值论认为商品的价值决定于商品的数量,可以称之为数量价值论。它同供求价值论属于同一类型,但没有明确提出物之多寡是指供求相比较后的多寡,故还是较原始的形式。分别言之,决定物价高低的有以下四种情况。

(1)"散则轻,聚则重。""物臧则重,发则轻。"②商品分散在市场中,商品多,"多则贱";商品被囤积,市场上商品少,"寡则贵"。

(2)"岁有凶穰,故谷有贵贱。"③丰年粮食生产得多,"多则贱";荒年粮食生产得少,"寡则贵"。

(3)"时有春秋,故谷有贵贱。"④春季是耕种季节,粮食供应少,"寡则贵";秋季是收成季节,粮食供应多,"多则贱"。

---

① 《管子·轻重丁》。
② 《管子·揆度》。
③ 《管子·国蓄》。
④ 《管子·七臣七主》。

(4)"令有缓急,故物有轻重。"①"政有急缓,故物有轻重。"②号令影响物价已见前述,也是"多则贱,寡则贵"的原理在起作用。

数量价值论没有揭示出商品交换的基础是什么,只把握了商品交换的一个外观。在前资本主义社会,具有这种价值观是很自然的。它是《管子·轻重》中国家制定控制市场、物价政策的理论基础。

关于货币的起源,《管子·轻重》说:"汤七年旱,禹五年水。民之无糟[有]卖子者。汤以庄山之金铸币,而赎民之无糟卖子者。禹以历山之金铸币,而赎民之无糟卖子者。"③禹、汤时的水旱之灾古老传说,在这里又赋予了新的内容。由于发生了严重的灾荒,民间有卖儿卖女的。禹、汤采铜铸币来替穷人赎回卖掉的儿女。实际上禹、汤时还不可能有铜铸币。单旗说"古者天灾降戾,于是乎量资币,权轻重,以振救民",《管子·轻重》好像为单旗的话作了一个注脚。单旗和《管子·轻重》的货币起源论属于同一类型,即认为货币起源于救荒。

《管子·轻重》又说:"玉起于禺氏,金起于汝汉,珠起于赤野,东西南北距周(周朝都城)七千八百里,水绝壤断,舟车不能通。先王为其途之远,其至之难,故托用于其重,以珠玉为上币,以黄金为中币,以刀布为下币。三币,握之则非有补于暖也,食之则非有补于饱也。先王以守财物,以御民事,而平天下也。"④这是说以何种物品作为货币是先王凭主观意志决定的,选择的标准是"其途之远,其至之难"。"握之则非有补于暖也,食之则非有补于饱也"即晁错所说的"饥不可食,寒不可衣"的意思。但晁错主张"贱金玉",《管子·轻重》则认为货币是先王用来守财物、御民事、平天下的武器,这反映了货币在《管子》轻重理论体系中的重要地位。

单旗强调货币的"权轻重"作用,《管子·轻重》则把货币看成是流通手段。它说:"黄金刀币,民之通施也。"⑤"黄金刀布者,民之通货也。"⑥"刀币者,沟渎也。"⑦这些都表明了货币作为流通手段的性质。尽管在《管子·轻重》所举国家经营商业的例证中也涉及货币的其他职能,但只有流通手段职能被当作货币的本质来看待。这种货币理论属于名目主义的货币理论。

---

① 《管子·国蓄》。
② 《管子·七臣七主》。
③ 《管子·山权数》。
④ 《管子·国蓄》。
⑤ 同上。
⑥ 《管子·轻重乙》。
⑦ 《管子·揆度》。

三币中,珠玉只是一种陪衬,《管子·轻重》中并无使用珠玉的实例。使用黄金的例子不少,《轻重》要求黄金的价值经常处于变动中,使国家得以从中取利。《地数》说:"令疾则黄金重,令徐则黄金轻。先王权度其号令之徐疾,高下其中币,而制上下之用,则文武是也。""高下其中币"即用号令来改变黄金的轻重。《揆度》中举了这样的例子:桓公要买阴山之马4 000匹,马价每匹万钱,他有黄金千斤,每斤也是万钱,只能买马1 000匹,要管子想办法。管子提出货币赋税改用黄金,使金价上涨为原来的4倍,千斤黄金值4 000万钱,就能买马4 000匹了。这就是"高下其中币"的意思。

《管子·轻重》还提到万物、谷物和货币之间的相互轻重关系。"彼币重而万物轻,币轻而万物重。"①"故粟重黄金轻,黄金重而粟轻,两者不衡立。"②这和墨经中的"刀籴相为贾"意思相同,但又有了发展。因为《管子·轻重》意在说明对立双方价值变动的相反趋势,国家有意识地造成这种变动而从中获利,而"刀籴相为贾"则只是一种静态的逻辑分析。

《管子·轻重》的研究者一般认为《轻重》的货币理论属货币数量论。用数量价值论解释货币的价值,自然可以认为是货币数量论,但这只是推论。《轻重》中货币数量影响物价的例子都是特殊情况下的例子,如"币之九在上,一在下,币重而万物轻"③等,而且所举货币价值的变化都是商品、货币数量共同作用的结果,并不是典型的货币数量论。

四、国家商业经营论

国家经营商业,要有相当数量的货币资本。"君有山,山有金,以立币。"④国家垄断货币铸造权,保证了货币的来源。粮食是最重要的商品,也是国家经营商业所不能或缺的。因此《管子·轻重》说:"五谷食米,民之司命也。黄金刀币,民之通施也。故善者执其通施,以御其司命,故民力可得而尽也。"国家掌握了粮食和货币就能控制市场,所以又提出:"使万室之都必有万钟(粮食)之藏,藏繦千万;使千室之都必有千钟之藏,藏繦百万。"⑤还说:"万乘之国,不可以无万金之蓄饰。千乘之国,不可以无千金之蓄饰。百乘之国,不可以无百金之蓄饰。"⑥归

---

① 《管子·山至数》。
② 《管子·轻重甲》。
③ 《管子·山国轨》。
④ 《管子·山至数》。
⑤ 《管子·国蓄》。
⑥ 《管子·山权数》。

纳成一句话,就是:"人君操谷、币、金衡,而天下可定也。"①

国家经营商业,要投入货币作为资本。为了购买全国的余粮,《山至数》提出要"布币于国"。究竟全国需要多少货币,要进行计算,称为"币乘(计算)马(筹码)"。它说:"币乘马者,方六里,田之美恶若干,谷之多寡若干,谷之贵贱若干,凡方六里用币若干,谷之重用币若干。故币乘马者,布币于国,币为一国陆地之数,谓之'币乘马'。"这里计算的是购买余粮的货币需要量,也就是货币资本的需要量,不是全国的货币流通需要量,计算货币流通需要量应属于更高级的理论思维。

对于粮食,则要使它发挥"万物之主"的作用,《国蓄》说:"凡五谷者,万物之主也。谷贵则万物必贱,谷贱则万物必贵。"在物价政策中,要使"谷独贵独贱",即保持粮食价格变动的独立地位,不受其他商品价格变动的影响。因此《管子·轻重》又拿粮食和万物进行价值对比:"谷重而万物轻,谷轻而万物重。"②

《国蓄》分析粮价、物价波动所造成的后果说:"岁适美,则市粜无予(售),而狗彘食人食。岁适凶,则市籴釜十绳,而道有饿民……物适贱,则半力(半价)而无予,民事不偿其本。物适贵,则什倍而不可得,民失其用。"国家经营商业,可以在价低时买进,价高时卖出:"夫民有余则轻之,故人君敛之以轻;民不足则重之,故人君散之以重。敛积之以轻,散行之以重,故君必有什倍之利,而财之櫎(指物价)可得而平也。"这样可以做到两个目的兼顾,既保持了物价的稳定,又取得了巨额利润。从稳定物价来看,这是对计然、李悝平粜理论的继承和发展。计然、李悝没有考虑利润问题,《管子·轻重》则同时强调了国家的财政利益。所谓"什倍之利",是《管子·轻重》特有的夸张笔法。

但书中国家经营商业的多数实例则是偏向于国家的财政利益,以下以《山国轨》中一个最复杂的实例为例证予以说明。全过程可以分解为九个步骤。第一步,先对州里进行调查:"田若干?人若干?人众不度食若干?""田若干?余食若干?"即调查各地的粮食产量和口粮有余、不足情况。第二步,对余粮户"谨置公币","大家众,小家寡",作为国家购买余粮的预付款;对缺粮户也视缺粮情况"置公币",作为他们购买粮食的救济款。第三步,粮食丰收后,要收到预付款的人家用谷来归还。这时谷价便宜,折谷数比预付款时所能买到的谷要多,故只按七折归还。还谷后,"谷为上,币为下",谷价上涨 10 倍。第四步,向民间购买布帛,"皆置而券之",即订立合同,用已上涨 10 倍的谷抵货款。谷流向民间,谷价恢复

---

① 《管子·山至数》。
② 《管子·乘马数》。

正常。第五步,投放货币收谷囤积,谷价又上涨10倍。第六步,国君以出巡为名,向"大家委资家"借钱,"人出若干币"。同时命令四邻各县有谷的人将谷封存,以准备出巡时人马借食。这样,邻县四周的谷价都"坐长而十倍"。第七步,用上涨的谷折价归还大家委资家的贷款,"币之九在上,一在下,币重而万物轻"。第八步,"敛万物应之以币,币在下,万物皆在上,万物重十倍"。第九步,按上涨的价格出卖万物,使物价恢复正常。

这个实例中,除提到要发救济款外,其余举措都在赤裸裸地追求国家的财政利益。国家通过号令,时而使谷在上币在下,时而使币在上谷在下,时而谷重币轻,时而谷轻币重。它利用货币、粮食、万物三者错综复杂的轻重关系的变化,制造垄断价格,以获取暴利。大量国家商业经营的实例证明了上述结论:《轻重》实际上是把增加国家财政收入的目的放到了首位。

在对外经济关系上,《管子·轻重》主张吸引外国的财物和人民为己所用。它指出:"为国不能来天下之财,致天下之民,则国不可成。""来天下之财"的办法是实行高物价政策。它举"纪氏之国"为例,说这个国家虽然做到了强本节用,由于物价政策的失误,五谷"四流而归于天下",结果"其国亡而身无所处"。因此提出:"故善为国者,天下下我高,天下轻我重,天下多我寡,然后可以朝天下。"[①]又说:"彼诸侯之谷(价)十,使吾国谷二十,则诸侯谷归吾国矣。诸侯谷二十,吾国谷十,则吾国谷归于诸侯矣。故善为天下者,谨守重流。"[②]

高物价政策主张说明,《管子》轻重理论更重视的是商品的使用价值。为了吸引外国的商品,即使是亏本的生意也要做,这反映了自然经济占统治地位的社会的特点。但国家控制物价的能力是有限的,在某种商品大量流入后,这种商品就会贬值。而且外国商品进口就标志着货币出口,一个国家总不能让货币一直无限制地外流。至多只能有选择地对某些急需的商品实行高物价政策,《管子·轻重》将特殊政策当作了普遍性的政策来宣传。

《轻重戊》中编了多个通过对外贸易不战而降服邻国的故事,被降服的邻国有鲁、梁[③]、莱、莒、楚、代和衡山[④]。降服的办法大同小异,以下举楚国为例:齐国在藏谷、铸钱的基础上,派中大夫王邑带20万钱到楚国收购生鹿。楚王认为

---

① 《管子·轻重乙》。
② 《管子·山至数》。
③ 这个梁国不是战国时的魏国,因为它的地理位置在"泰山之阳"。泰山南面的梁国是汉文帝十二年(前168年)徙淮阳王刘武为梁王时立的。
④ 项羽封吴芮衡山王,始有衡山国。汉初改为郡。文帝十六年立安阳侯刘勃为衡山王,再有衡山国。

这是楚之福,命令人民去捕鹿,"楚民即释其耕农而田(猎)鹿"。等到齐国"藏粟五倍",楚国"藏钱五倍",齐国就"令人闭关,不与楚通使"。楚国缺乏粮食,回过头来生产粮食。"谷不可三月而得",粮价大涨。齐国派人运粮食到接近楚国的边境,"楚人降齐者十分之四。三年而楚服"。这些故事都说明,关系一国存亡的是粮食而不是货币,也反映了自然经济占统治地位的社会的特点。

五、财政收入论

国家商业经营论中已涉及国家的财政收入,本目再从财政收入理论的角度来讨论《管子·轻重》的国家经营商业主张。

《国蓄》说:"夫民者信亲(信爱己之人)而死利(为利而死),海内皆然。民予则喜,夺则怒,民情皆然。先王知其然,故见(现)予之形,不见夺之理,故民爱可洽于上也。"征税是明显的夺,会引起人民的反感,造成种种不良后果。"夫以室庑籍(征房屋税),谓之毁成(毁坏房屋);以六畜籍,谓之止生(不育六畜);以田亩籍,谓之禁耕;以正人籍(征人头税),谓之离情(抑制情欲);以正户籍(征户口税),谓之养赢(壮大富户)。"在《海王》《轻重甲》中还增加"籍于树木"会"伐生(砍伐树木)"的一条。总之,征任何税都有副作用,最好是采用人们不易觉察的办法取得财政收入。

《管子·轻重》认为,对某些生活必需品实行专卖,对专卖商品加价,是一个无征税之名而有征税之实的好办法。如实行粮食专卖,每石加10钱,成年男子每月食4石,就等于每月向他征税40钱;成年女子每月食3石,就等于每月向她征税30钱;儿童每月食2石,就等于每月向他征税20钱。荒年的时候,粮食每石加价20钱,收入可增加一倍。这样,人君虽然没有下令按田亩或户口征税,"而男女诸君吾子(儿童)无不服籍者也"①。

粮食专卖实际上很难做到。《管子·轻重》的重点专卖商品是盐铁,实行盐铁官营政策,称为"官(管)山海"②。

盐是人人要吃的。"十口之家十人食盐,百口之家百人食盐。"1 000万人口的万乘之国,每天要食盐1 000钟,即100万升。如果每升盐加价2钱,每天就多收入200万钱,一个月是6 000万钱。而万乘之国征人头税的对象是100万人,如果每人每月征30钱,总计只有3 000万钱,只相当于加盐价收入的一半。

---

① 《管子·国蓄》。
② 《管子·海王》。

况且直接征人头税则"人必啴号",而用加盐价的办法,"人无以避此者"①。

有时,还可以把盐价定得更高。在国家囤积了 3 万钟盐以后,当春耕生产时,政府下令禁止妨碍农时的活动,其中包括"北海之众毋得聚庸而煮盐",于是"盐之贾必四什倍"②。然后把高价盐运往邻国,赚取高额利润。《轻重》还指出不产盐的国家也可以做盐的生意。先向产盐国低价买盐,再以高价卖出。"釜十五,吾受而官出之以百。"③以每釜 15 钱价格买进,100 钱卖出,仍然可以获取高利。

铁器是重要的生产工具。"一女必有一针一刀,若(然后)其事立。耕者必有一耒一耜一铫(大锄),若其事立。行服(修造)连、轺、辇(车名)者必有一斤一锯一锥一凿,若其事立。"④铁器加价也可以取得同样的效果。将针的价格提高 1 钱,30 枚针的加价就等于一个人的人头税;将刀的价格提高 6 钱,五把刀的加价就等于一个人的人头税;将耜的价格提高 10 钱,三把耜的加价就等于一个人的人头税。其余依此类推,用铁器的人就"无不服籍"。

铁器官营只限于铁器的销售。《轻重乙》说有一个叫衡的人向桓公建议:"请以令断山木,鼓山铁,是可以毋籍而用足。"这是要由国家垄断铁矿的开采和铁器的生产。管子反对说:"今发徒隶而作之,则逃亡而不守。发民,则下疾怨上。边竟(境)有兵,则怀宿怨而不战。"他主张由民间自由开铁矿并铸造铁器,"量其重,计其赢,民得其七,君得其三"。铁器由官府收购,根据产品价格计算赢余,对利润君民实行三七分成。国家控制了铁器,"有(又)杂之以轻重,守之以高下,则民疾作而为上虏矣"。认为这样既能调动民间的积极性,又使国家成为最大的得益者。

财政收入是国家机构的经济基础,如何使财政收入增加是统治者必须认真考虑的问题。适当地以商业利润充实国家的财政,从而避免加重人民的赋税负担,也未尝不是一件好事。在这个限度内,《管子》的财政收入理论是有创造性的,为中国以后的多数朝代所奉行。但它鼓吹"见予之形,不见夺之理"的愚民政策,而且对国家取得商业利润的可能性作了任意的夸大,则又反映了这种财政收入理论的消极性和片面性。

---

① 《管子·海王》。
② 《管子·地数》。
③ 《管子·海王》。
④ 同上。《轻重乙》中所说铁器的品种更多。

六、赈济和借贷论

"赈济"是后起的词,一般指国家或富人对贫民的无偿救济,有时也包括有偿的赈贷。《轻重甲》说"饥者得食,寒者得衣,死者得葬,不澹(赡)者得振,则天下之归我者若流水";"君出四十倍之粟以振孤寡,收贫病"。《轻重丁》说"以赈贫病"。这里的"振"和"赈"都是指赈济。

《轻重丁》说桓公因"齐西水潦而民饥,齐东丰庸(用)而粜贱",想以齐东的粮贱去补救齐西的粮贵,向管子问计。管子说齐西粟每釜100钱,齐东粟每釜10钱。下令征税每人30钱,可以用粮食抵钱,则齐西只要每人出3斗,齐东则要每人出3釜。粮食集中在国家粮仓以后,就能进行赈济:"西之民饥者得食,寒者得衣,无本者予之陈(粮),无种者予之新。若此,则东西之相被(补),远近之准平矣。"

借贷包括国家的借贷和民间的借贷。国家的借贷应是赈贷性质,但《管子·轻重》中的国家借贷不完全是赈贷性质,故笔者不以"赈贷"名之。《轻重丁》说桓公派宾胥无、隰朋、宁戚、鲍叔四人分别到四方调查称贷的情况,调查结果是:西方的称贷之家多的一家放债粟千钟,少的六七百钟,利率10分,借债的900余家。南方的称贷之家多的一家放债钱千万,少的六七百万,利率5分,借债的800余家。东方的称贷之家多的一家放债粟5 000钟,少的3 000钟,利率5分,借债的八九百家。北方的称贷之家多的一家放债钱千万,少的六七百万,利率5分,借债的900余家。总计放债数钱3 000万,粟三数千万钟,借债的3万家①。高利贷猖獗加剧了贫富矛盾,妨碍了社会的安定和政权的巩固。书中借管子之口说这是一国有五君的象征,并惊呼:"然欲国之无贫,兵之无弱,安可得哉?"管子提出的解决办法是借助于号令,下令贺献者都要用"镂枝兰鼓"(美锦名),这样镂枝兰鼓的价格就会上涨10倍。然后桓公宴请那些称贷之家,提出要用每纯(布帛单位)价值万钱的镂枝兰鼓来替民还债。只用了不到3 000纯,就还清了四方穷人的债。

《轻重丁》又说桓公因峥丘之战造成"民多称贷负子息"的后果,实行管子的办法。令左右"表(表彰)称贷之家,皆垩(涂)白其门而高其闾"。还派出八位使者用璧去聘问称贷之家,感谢他们"假贷吾贫萌(民)"。于是"称贷之家皆折其券而削其书,发其积藏,出其财物,以赈贫病"。用提高他们的政治地位来换取他们自动放弃债务,并主动赈济贫民。这反映了作者的一种天真的幻想。

---

① 总计数和相加数不符,原文如此。

另一方面,《管子·轻重》主张用国家的借贷来取代私人高利贷。它说:国家用积藏的粮食和货币,"春以奉耕,夏以奉耘。耒耜械器,种饷粮食,毕取赡于君。故大贾蓄家不得豪夺吾民矣"①。又说:"无食者予之陈,无种者贷之新,故无什倍之贾(价),无倍称之民。"②认为通过国家借贷可以防止大商人和高利贷者兼并农民。

《管子·轻重》没有说国家借贷是否收息。但不管是否收息,国家运用轻重之策的结果,实际上被贷的贫民是付出了利息的。例如《臣乘马》说:春天借钱给农民,秋天收成时谷价减半,政府要农民以减价的谷归还贷款。农民还谷后,"国谷之分(半)在上,国谷之重再十倍"。国家从中获得了很大的利益。

总之,《管子·轻重》的赈济和国家借贷主张属于轻重理论的一个组成部分,其目的也是两个。《国蓄》说:"春赋(贷)以敛缯帛,夏贷以收秋实,是故民无废事而国无失利也。"一是"民无废事",使农民能进行再生产,相当于前述第一个目的;二是"国无失利",使国家从中获得利益,相当于前述第二个目的。《管子》的国家借贷实际上具有国家高利贷资本的特征。

第四节 《淮南子》、董仲舒的经济思想

一、《淮南子》的经济思想

《淮南子》又名《淮南鸿烈》,"鸿"是大的意思,"烈"是明的意思。该书由淮南王刘安和他的门客苏飞、李尚等集体编著。

刘安(约前179—前122年),淮南厉王刘长之子。文帝六年(前174年),刘长因叛乱,死于被谪徙的途中。两年后,刘安被封为阜陵侯。十六年立为淮南王。吴楚七国叛乱时,刘安准备响应,因淮南相的反对和朝廷已有防备而中止。后来他"招致宾客方术之士数千人"③著书,成《内书》《外书》《中篇》等。武帝建元二年(前139年)刘安入朝,曾献《内书》给武帝。流传下来的《内书》21篇,即今本《淮南子》。元狩元年(前122年),刘安因谋反事泄而自杀,受株连被处死的有几千人。

《淮南子》以道家为中心,糅合儒、法、阴阳等家的观点,《汉书·艺文志》将其列于杂家。《淮南子》首篇《原道训》从说"道"开始:"夫道者,覆天载地,廓四方,

---

① 《管子·国蓄》。
② 《管子·揆度》。
③ 《汉书》卷四四《淮南王安传》。

枥(开)八极,高不可际,深不可测,包裹天地,禀授无形……植之而塞于天地,横之而弥于四海,施之无穷而无所朝夕。"可大可小,无所不在。

《淮南子》主张人主"处无为之事,而行不言之教",使事物能够按照其本身的规律顺利发展。它说:"禹决江疏河,以为天下兴利,而不能使水西流。稷辟土垦草,以为百姓力农,然不能使禾冬生。岂其人事不至哉,其势不可也。"这个"势"就是客观规律,是不能违背的。但人主又要掌握"权势之柄",才能"令行禁止"。还要发挥各人的所长,指出:"夫乘众人之智,则无不任也;用众人之力,则无不胜也。"它也强调法的作用,指出:"法者,天下之度量,而人主之准绳也。"①但法不是固定不变的,"圣人论世而立法,随时而举事……所以为法者,与化推移者也"②。法要随着时世的变化而变化。它认为夏、商因"不变法而亡",三代因"不相袭而王"③。这种因时而立法的主张继承了先秦法家商鞅、韩非的思想。

《淮南子》的经济思想主要集中在《主术训》和《齐俗训》两篇中。它主要论述了自然经济条件下的经济问题,主张用节赋税的办法保证农业生产的发展。对商业只是略有涉及,并无抑商思想。

《淮南子》将道、德、仁义分成三个层次,认为是反映了不同时代的需要。它说:"道者,物之所导也;德者,性之所扶也;仁者,积恩之见证也;义者,比于人心而合于众适者也。故道灭而德用,德衰而仁义生。"认为"上世体道","中世守德",而"末世绳绳乎唯恐失仁义"。所谓"末世",也就是当时的社会,在这个社会中必须用仁义来化民。因此它又说:"君子非仁义无以生,失仁义,则失其所以生;小人非嗜欲无以活,失嗜欲,则失其所以活。故君子惧失仁义,小人惧失利。"④"君子惧失义,小人惧失利"从形式上看是重复孔子"君子喻于义,小人喻于利"的观点,但战国以后的"君子""小人"仅是一种道德上的划分,因此两者的实际内涵是不同的。《淮南子》所说的是不同道德修养的人对义、利的不同态度。

《淮南子》主张每人只从事一种职业,"各守其职,不得相奸(乱)"⑤。它继承管仲的四民分业定居思想,要求"士农工商,乡别州异",以便提高职业技能和培养职业道德。"是故农与农言力,士与士言行,工与工言巧,商与商言数。是以士无遗行,农无废功,工无苦(粗劣)事,商无折(蚀)货,各安其性,不得相干。"它还

---

① 本段以上引文均见《淮南子·主术训》。
② 《淮南子·齐俗训》。
③ 《淮南子·氾论训》。
④ 本段引文均见《淮南子·缪称训》。王念孙指出引文中的三"仁义"应都只有"义"字。《太平御览》《群书治要》引此都无"仁"字。
⑤ 《淮南子·主术训》。

说尧的"导万民",使"水处者渔,山处者木,谷处者牧,陆处者农。地宜其事,事宜其械,械宜其用,用宜其人"①。这是说人们的职业选择要同客观的条件相适应。

人的思想要受经济条件的影响,前人已有很多论述。对此《淮南子》也指出:"夫民有余即让,不足则争。让则礼义生,争则暴乱起。扣门求水,莫弗与者,所饶足也。林中不卖薪,湖上不鬻鱼,所有余也。故物丰则欲省,求澹(赡)则争止。"②这说明了发展生产的重要性,做到财有余是防止争端的必要条件。

为了发展生产,"富国利民",《淮南子》要求人君做到:"上因天时,下尽地财,中用人力,是以群生遂长,五谷蕃植。教民养育六畜,以时种树(耕种),务修田畴,滋植桑麻,肥垮高下,各因其宜。丘陵阪险不生五谷者,以树竹木,春伐枯槁,夏取果蓏,秋畜疏食,冬伐薪蒸,以为民资。是故生无乏用,死无转(弃)尸。"此外还要实现保护生物资源的"先王之法":"畋不掩(尽)群,不取麛夭,不涸泽而渔,不焚林而猎。豺未祭兽③,罝罦(网)不得布于野;獭未祭鱼④,网罟不得入于水;鹰隼未挚(猛),罗网不得张于溪谷;草木未落,斤斧不得入山林;昆虫未蛰(冬眠),不得以火烧田。孕育不得杀,鷇卵不得探,鱼不长尺不得取,彘不期年不得食。"认为实行这一保护办法就能使"草木之发若蒸气,禽兽之归若流泉,飞鸟之归若烟云",满足人们的生活需要。

写于文帝时的《礼记·王制》提到粮食储备时说:"国无九年之蓄曰不足,无六年之蓄曰急,无三年之蓄曰国非其国也。三年耕必有一年之食,九年耕必有三年之食。"这就是耕三余一成语的来源。《淮南子》也有类似的话:"夫天地之大,计三年耕而余一年之食,率九年而有三年之畜,十八年而有六年之积,二十七年而有九年之储,虽涔(雨多)旱灾害之殃,民莫困穷流亡也。故国无九年之畜谓之不足,无六年之积谓之悯(忧)急,无三年之畜谓之穷乏。"《礼记》和《淮南子》都对粮食储备提出了很高的要求,这一直成为中国古代治国的理想经济目标。

《淮南子》指出,一个农民只能耕田10亩,亩收4石,全家靠它生活,常有水旱之灾,"无以给上之征赋车马兵革之费"。晁错说两个劳动力的五口之家耕田百亩,收成百石,亩产为1石,同《淮南子》所说的相差很大。两者的说法不同,但都在说明农民生活条件的艰苦。因此,统治者应该减轻人民的赋税负担。《淮南子》提出了一个征税的原则说:"人主租敛于民也,必先计岁收,量民积聚,知饥馑

---

① 《淮南子·齐俗训》。
② 同上。
③ 《吕氏春秋·季秋纪》:"豺则祭兽戮禽。"九月,豺杀兽陈列四周,称为"祭兽"。
④ 《吕氏春秋·孟春纪》:"鱼上冰,獭祭鱼。"正月,水獭捕鱼陈列水边,称"祭鱼"。

有余不足之数,然后取车舆衣食供养其欲。"这就是说,赋税的多少要以人民的实际负担能力为依据。

上述征税原则能否实行,关键在于统治者能否抑制自己的享受欲望,崇尚节俭。《淮南子》指出:"君人之道,处静以修身,俭约以率下。静则下不扰矣,俭则民不怨矣。"处静则少征发徭役,所以下不扰;俭约则少征收赋税,所以民不怨。下不扰增加了农民的农业劳动时间,民不怨提高了农民的生产积极性,这样可使农业增产。因此《淮南子》又说:"清静无为,则天与之时;廉俭守节,则地生之财。"如果违反这一"君人之道",就会造成相反的结果:"是故人主好鸷鸟猛兽、珍怪奇物,狡躁康(安)荒(乱),不爱民力,驰骋田猎,出入不时,如此则百官务乱,事勤(劳)财匮,万民愁苦,生业不修矣。人主好高台深池、雕琢刻镂、黼黻文章、绨(chī)绤绮绣、宝玩珠玉,则赋敛无度而万民力竭矣。"它批评衰世之主"竭百姓之力,以奉耳目之欲,志专在于宫室台榭、陂池苑囿、猛兽熊罴、玩好珍怪。是故贫民糟糠不接于口,而虎狼熊罴厌刍豢;百姓短褐不完,而宫室衣锦绣"。它又指出古之人君关心民间疾苦,"国有饥者,食不重味,民有寒者,而冬不披裘",只有在丰收时,才"县(悬)钟鼓,陈干戚(兵器,指干戚舞),君臣上下同心而乐之",使"国无哀人"。而乱主则相反,"取民则不裁(度)其力,求于下则不量其积",致使"男女不得事耕织之业以供上之求,力勤财匮,君臣相疾",而他还要"撞大钟,击鸣鼓,吹竽笙,弹琴瑟"。《淮南子》要求人君成为"取下有节,自养有度"的"仁君明王",不要成为"侵渔其民,以适无穷之欲"的"贪主暴君"。①

《淮南子》又把节欲和安民的关系表述为:"为治之本,务在于安民。安民之本,在于足用。足用之本,在于勿夺时。勿夺时之本,在于省事。省事之本,在于节欲。"②

节俭不只是对人君而言,应成为全社会的风气。《淮南子》认为"车舆极于雕琢,器用逐于刻镂,求货者争难得以为宝","工为奇器,历岁而后成,不周于用","贵远方之货,珍难得之财,不积于养生之具"等都是衰乱之世的表现。它指出奢侈的风气会造成百姓的"逐利"活动,使国家难以治理。奢侈还会造成富人、贫民消费水平的悬殊,虽然同为"编户齐民",而"贫富之相去"甚至超过了"人君与仆虏"。它也用类似于李悝的话说明奢侈品生产所造成的后果:"夫雕琢刻镂,伤农事者也;锦绣纂组,害女工者也。农事废,女工伤,则饥之本而寒之原也。夫饥寒并至,能不犯法干诛者,古今之未闻也。"主张"去末反本",这里的"末"仍是指奢

---

① 以上四段《淮南子》引文均见《主术训》。
② 《淮南子·诠言训》。

侈品的生产和销售,不是指一般工商业①。

二、董仲舒的义利论和限田论

董仲舒(前179—前104年),广川(治今河北景县西南)人。治公羊《春秋》。因专心学习,曾"三年不窥园"②。景帝时为博士。武帝元光元年(前134年)诏举贤良③,董仲舒的对策(即"天人三策")得到武帝的赞许,任为江都王相。曾降为中大夫。因受御史大夫公孙弘排挤,出为胶西王相。后病免回家。朝廷如有大事,仍派人到他家征求意见。著作有《董子文集》和《春秋繁露》,后者可能有后人观点掺入。

董仲舒将儒家学说和阴阳五行学说糅合在一起,建立了一个唯心主义的封建神学体系。他把天说成是有意志的神,能决定自然界和人间的一切。他鼓吹天人感应,说灾害、怪异是上天对国家失道的警示,而人君如果通过正心来正朝廷、百官、万民、四方,就能使"阴阳调而风雨时,群生和而万民殖,五谷孰(熟)而草木茂"。他认为有一个"万世亡弊"永远不变的道,"道之大原出于天,天不变,道亦不变"④。这是一种在中国历史上发生了深刻影响的形而上学思想。他又提出三纲五常,认为这也是天道的表现。

关于人性,董仲舒提出了性三品说,即把人性分为三类:一类是圣人之性,一类是中民之性,一类是斗筲(shāo)之性⑤。具有圣人之性和斗筲之性的人都是少数,后者是天生不能为善的。中民之性经过教育才能为善。而善性需要培养也是出于天意:"天生民性,有善质而未能善,于是为之立王以善之,此天意也。"⑥

在对策中,董仲舒向武帝提出了罢黜百家、独尊儒术的建议:"诸不在六艺之科孔子之术者,皆绝其道,勿使并进。邪辟之说灭息,然后统纪可一而法度可明,民知所从矣。"⑦这建议为武帝所采纳,但实际上西汉直到元帝时才真正实行了独尊儒术的政策。

董仲舒的经济思想主要有义利论、调节贫富论和限田论等。

---

① 本段引文均见《淮南子·齐俗训》。景帝后二年(前142年)诏中也提到:"雕文刻镂,伤农事者也;锦绣纂组,害女红者也。农事伤则饥之本也,女红害则寒之原也。夫饥寒并至,而能亡为非者寡矣。"(《汉书》卷五《景帝纪》)
② 《汉书》卷五六《董仲舒传》。
③ 《汉书》卷六《武帝纪》。《资治通鉴》将董仲舒对策的时间误为建元元年(前140年)。
④ 《汉书》卷五六《董仲舒传》。
⑤ 筲是竹制容器。斗、筲都是小容器,比喻才识短浅。《论语·子路》:"斗筲之人,何足算也。"
⑥ 《春秋繁露·深察名号》。
⑦ 《汉书》卷五六《董仲舒传》。

董仲舒也像荀子一样,认为义、利为人所两有。但他认为义、利都是与生俱来的,"天之生人也,使之生义与利"。义、利对人的作用是:"利以养其体,义以养其心。心不得义不能乐,体不得利不能安。义者心之养也,利者体之养也。"因为"体莫贵于心,故养莫重于义,义之养生人大于利"。既然"义之养生人大于利",为什么"民之皆趋利而不趋义"呢?董仲舒说是因为"物之于人,小者易知也,其于大者难见也"①。这是唯心主义的解释。利是人们的直接利益,自然是大家的追逐对象。义是社会的需要,对每一个人来说都是外生的。人的行为如果没有义来规范,就会发生利益的冲突,造成社会的动乱。对封建统治者来说,从巩固自己的统治地位和社会稳定考虑,当然是义大于利。用义来养心是社会的需要,董仲舒却把它说成是人们的生理需要。

用义来养心就是要限制人们的求利活动,因此董仲舒又说:"夫万民之从利也,如水之走下,不以教化堤防之,不能止也。"教化就是进行礼义教育。董仲舒认为统治者和被统治者对待义、利的态度不同:"夫皇皇求财利常恐乏匮者,庶人之意也;皇皇求仁义常恐不能化民者,大夫之意也。"②这是从孔子的"君子喻于义,小人喻于利"脱胎而来,因为这时"君子""小人"的含义已和孔子时不同,所以改用"大夫"和"庶民"。说大夫皇皇求仁义,既是对统治者的要求,也是对统治者的美化。

在任江都王相时,江都王刘非和董仲舒讨论仁人问题,董仲舒提出:"夫仁人者,正其谊(义)不谋其利,明其道不计其功。"③这是对仁人的道德评价,并不是对人们的普遍要求。意思是说称得上仁人的人,他们的行事只求符合道义,而根本不考虑能否得利。这是一种道德理想。如果从道义和功利的关系来考虑,则"正其谊不谋其利,明其道不计其功"是错误的命题,道义和功利并不是完全对立的,道义本身也具有功利性。

董仲舒并不否定适当满足人们的欲望的必要性。他不仅说"圣人"要"为天下兴利"和"为天下除害"④,而且指出民无所好、无所恶对加强君权不利。"有所好,然后可得而劝也,故设赏以劝之。有所好必有所恶。有所恶,然后可得而畏也,故设罚以畏之。"赏的方面除爵禄外,还要"利五味,盛五色,调五声,以诱其耳目","以感动其心"。但他又害怕人们的欲望太多,认为:"所好多则作福,所恶过

---

① 本段引文均见《春秋繁露·身之养重于义》。
② 《汉书》卷五六《董仲舒传》。
③ 同上。
④ 《春秋繁露·考功名》。

则作威。作威则君亡权,天下相怨;作福则君亡德,天下相贼。"因此要使人们的欲望有所节制:"故圣人之制民,使之有欲不得过节,使之敦朴不得无欲,无欲有欲,各得以足,而君道得矣。"①

董仲舒也同《管子》的《侈靡》《轻重》等篇一样,认为贫富过分悬殊不利于社会的稳定。他说:"孔子曰:'不患贫而患不均。'②故有所积重,则有所空虚矣。大富则骄,大贫则忧,忧则为盗,骄则为暴,此众人之情也。""圣者"有见于此,建立一种调节贫富的制度,"使富者足以示贵而不至于骄,贫者足以养生而不至于忧,以此为度而调均之。是以财不匮而上下相安,故易治也"。而现实的情况却是"弃其度制而各从其欲",人之欲无穷,于是"大人病不足于上,而小民羸(弱)瘠于下,则富者愈贪利而不肯为义,贫者日犯禁而不可得止,是世之所以难治也"。董仲舒认为社会的难治在于乱和贫,而治乱和治贫的根本办法则在于建立适当的制度。他指出:"上下之伦不别,其势不能相治,故苦乱也。嗜欲之物无限,其数不能相足,故苦贫也。今欲以乱为治,以贫为富,非反之制度不可。"③

董仲舒提出限制富人的办法,一是食禄者不与民争业。他用神学目的论说明食禄者与民争业的违反天意:"夫天亦有所分予,予之齿者去其角,傅其翼者两其足,是所受大者不得取小也。"动物中牙齿锐利的就没有角,有翅膀能飞的就没有四条腿。董仲舒认为这是上天的有意安排,这原则同样也适用于人间:"古之所予禄者,不食于力,不动于末,是亦受大者不得取小,与天同意者也。夫已受大,又取小,天不能足,而况人乎!此民之所以嚻嚻苦不足也。"有了俸禄的收入,就不应该再去从事体力劳动或经营工商业。他批评那些"身宠而载高位,家温而食厚禄"的权贵们"因乘富贵之资力,以与民争利于下";"是故众其奴婢,多其牛羊,广其田宅,博其产业,畜其积委,务此而无已",使"民日削月朘,寖(渐)以大穷"。他提出:"故受禄之家,食禄而已,不与民争业,然后利可均布,而民可家足。"④

董仲舒对策时,武帝的官营工商业政策尚未实行,所以他的这一主张并不是针对官营工商业政策而提出的。他的话说明在武帝初年以前,食禄之家与民争业、与民争利的情况已相当普遍。晁错、《管子·轻重》批评的是大商人,而董仲舒批评的则是有政治特权的人参与其他经济活动,其中自然也包括有政治特权

---

① 《春秋繁露·保位权》。
② 《论语·季氏》的原文是"不患寡而患不均"。
③ 本段引文均见《春秋繁露·度制》。
④ 本段引文均见《汉书》卷五六《董仲舒传》。

的商人,即官商结合的商人。实行官营工商业政策,按照董仲舒在对策中的观点,这是国家在与民争业和与民争利,他自然要持反对态度。《汉书·食货志上》说董仲舒曾提出"盐铁皆归于民"的建议,就是这种态度的表现。

限制富人的另一办法是限田。董仲舒指出:古时税民不过什一,使民不过三日。至秦用商鞅之法,"除井田,民得卖买,富者田连仟伯(阡陌),贫者亡(无)立锥之地"。政府"又颛(专)川泽之利,管山林之饶……一岁力役,三十倍于古;田租口赋,盐铁之利,二十倍于古"。农民"或耕豪民之田,见(现)税什五。故贫民常衣牛马之衣,而食犬彘之食"。这些情况汉朝"循而未改"。他提出限田的主张说:"古井田法虽难卒(猝)行,宜少近古,限民名田(占田),以澹不足,塞并兼之路。"①

晁错和《管子·轻重》作者只讲商人的兼并,董仲舒则讲食禄者和地主的兼并,两者结合起来就完整了。他们各强调了封建社会中兼并势力的一个方面。

第五节 司马迁的经济思想

一、主张经济自由的司马迁

司马迁(前145或前135—?年),字子长,夏阳(今陕西韩城南)人,太史令司马谈之子。司马迁年轻时曾从孔安国学古文《尚书》,从董仲舒学公羊《春秋》,20岁起游历了东部和中原地区的许多地方,后任郎中,曾奉使西南地区,又随武帝巡视各地。元封元年(前110年)司马谈去世,死前嘱他完成其写史书的遗志。元封三年司马迁任太史令,着手收集资料;太初元年(前104年)主持修订历法,并开始撰写《史记》;天汉二年(前99年)因替李陵投降匈奴辩解,得罪下狱,次年受腐刑。为了使《史记》的著述不致半途而废,他"受极刑而无愠色"②。太始元年(前96年)司马迁出狱,任中书令,又经过几年的努力,终于完成了史学巨著《史记》,当时称为《太史公书》。

司马迁自称他写《史记》是"欲以究天人之际,通古今之变,成一家之言"③。他为中国的纪传体通史创立了一个体例,为后世史家所沿用。《史记》不仅在史学上有很高的地位,而且在文学上也有很高的价值。今本《史记》不完全是司马迁的原作,其中有元帝、成帝时博士褚少孙的补作,以"褚先生曰"表明。还有后

---

① 本段引文均见《汉书》卷二四上《食货志上》。
② 《汉书》卷六二《司马迁传》。
③ 同上。

人增补的文字,则已经无从分辨。

《史记·太史公自序》中有司马谈的《论六家要旨》,对阴阳、儒、墨、名、法五家都有所肯定,也有所批评,独对于道家持完全肯定的态度。他说:"道家使人精神专一,动合无形,赡足万物。其为术也,因阴阳之大顺,采儒墨之善,撮名法之要,与时迁移,应物变化,立俗施事,无所不宜,指约而易操,事少而功多。"认为道家兼各家所长,能顺应时世的变迁和事物的变化,易于实行并取得成功。这种思想自然对司马迁有影响。但司马迁也尊崇儒家,将孔子列于世家,称孔子为"至圣"。他在《太史公自序》中对儒家的《春秋》《易》《礼》《书》《诗》《乐》都作了肯定,对《春秋》的评价尤高,称之为"礼义之大宗"。班固在《汉书·司马迁传》中批评他"论大道则先黄、老而后六经",后世有些学者指出这一评价不符合司马迁的实际。

司马迁反对用天人感应的神学观点来解释人事。如在《项羽本纪》中批评项羽所说的"天亡我,非战之罪"是谬说;在《伯夷列传》中对"天道无亲,常与善人"的说法表示了怀疑。

司马迁是中国古代彻底的经济自由主义者,不赞成国家对经济进行干预。他在《史记·货殖列传》中比较各种经济政策说:"故善者因之,其次利道(导)之,其次教诲之,其次整齐之,最下者与之争。"①"因之"即顺其自然,让民间自由进行自己的经济活动;"利道之"是用利来引导人们的经济活动;"教诲之"是对人民进行仁义道德的教育,使他们能自觉地约束自己的求利活动;"整齐之"指调节贫富,实行抑兼并的政策;"与之争"即实行与民争利的政策。反对"与民争利"首先由董仲舒提出,但批评的对象不同。董仲舒批评的是权贵,司马迁时已实行了官营工商业政策,则批评的对象已是官营工商业政策。司马迁将"与之争"列为最下等的政策,表明了他对官营工商业政策的不满。

《史记》中专谈经济的有两卷:《平准书》和《货殖列传》。《平准书》属于经济史的内容,为以后史书中《食货志》的前身。《货殖列传》为商人立传,其中既保留了一些前人(如计然、白圭)的经济思想资料,同时也集中反映了司马迁本人的经济思想,还有一些经济地理的内容。以下司马迁的经济思想只限于他本人的经济思想,可以归纳为义利论、农工商并重论、本末富论、素封论和货币起源论。

---

① 《史记》卷一二九《货殖列传》。本节以下《货殖列传》引文不另注出处。司马迁"善者因之"的政策主张,赵靖主编《中国经济思想通史》第1卷(北京大学出版社1991年版)称为"善因"论。

二、义利论

司马迁对义利关系的基本观点是义要以利为基础,赞成"仓廪实而知礼节,衣食足而知荣辱"的论断。他把各种人的活动都归结为一个"利"字,归结为对财富的追求。他说:"富者,人之情性,所不学而俱欲者也。"列举贤人、隐士、廉吏、廉贾、兵士、闾巷少年、赵女郑姬、游闲公子、渔夫猎人、赌徒、医方诸食技术之人、吏士、农工商贾畜长等,指出这些人的活动无不和自己的经济利益联系在一起。他把这种情况称为:"天下熙熙,皆为利来;天下壤壤,皆为利往。"他还追索历史,指出:"夫神农以前,吾不知已。至若《诗》《书》所述虞、夏以来,耳目欲极声色之好,口欲穷刍豢之味,身安逸乐,而心夸矜势能之荣使。"意思是说,从有文字记载以来,所谈到的人都是追求利的。

战国以来,关于人是追求利的论述已有很多,司马迁将这种观点具体化到社会上的各种人,而且认为是从来如此的。过去承认人是好利的思想家,都提出了影响或限制人们好利活动的办法,以利于政权的巩固和社会的稳定。法家主张用赏罚政策,儒家主张用道德教化,唯独司马迁没有提出任何限制好利活动的主张。不仅如此,司马迁还认为仁义道德是财富的派生物,为有钱人所专有。他说:"礼生于有而废于无。故君子富,好行其德;小人富,以适其力。渊深而鱼生之,山深而兽往之,人富而仁义附焉。"他还用范蠡经商致富后散财给贫贱之交和远房兄弟为例,指出"此所谓富好行其德者也"。仁义道德是财富的派生物的观点虽有片面性,但认为仁义道德的建立要以一定的经济条件为基础是正确的。因此,他反对空谈仁义,指出:"无岩处奇士之行,而长贫贱,好语仁义,亦足羞也。"

对于"匹夫编户之民"的求利活动,司马迁表示了同情的态度。他说:"夫千乘之王,万家之侯,百室之君,尚犹患贫,而况匹夫编户之民乎?"肯定了劳动人民追求自身利益的正当性。但他也指出贫富差别的存在是必然的:"贫富之道,莫之夺予,而巧者有余,拙者不足。"富人对穷人的奴役是客观的规律:"凡编户之民,富相什(倍)则卑下之,伯(百)则畏惮之,千则役,万则仆,物之理也。"

实际上司马迁知道人们对利的追求会造成不良的后果。他在《孟子荀卿列传》中说:"余读《孟子》书,至梁惠王问'何以利吾国',未尝不废书而叹也。曰:嗟乎,利诚乱之始也!夫子'罕言利'者,常防其原也,故曰'放于利而行,多怨'。自天子至于庶人,好利之毙(弊)何以异哉!"好利有弊病,司马迁对此只是表示了叹息,而并没有提出限制人们求利活动的主张。

看到了人们对利的追求会产生弊病,为什么又不主张对求利活动进行限制呢？这是因为司马迁深刻地认识到人们的好利可以带来经济的发展。只有对人们的求利活动不加限制，才能使"人各任其能，竭其力，以得所欲"。其结果是社会生产力得到提高，社会财富快速增长："故物贱之征(求)贵，贵之征贱，各劝其业，乐其事，若水之趋下，日夜无休时，不召而自来，不求而民出之。"他认为这是"道之所符，而自然之验"，是符合经济规律的要求的。"物贱之征贵，贵之征贱"是说物价经常处于由贱向贵、由贵向贱的不断变动中。他不知道变动的中心是什么，实际上是对价值规律作用的一种表象的认识。"不召而自来，不求而民出之"是说人们的经济活动并不需要由国家来"召"和"求"，但是事实上还是有"召"和"求"的，这"召"和"求"的主体就是市场。在市场"召"和"求"的推动下，人们就会"自来"和"出之"。司马迁是主张用市场的自发调节作用来促使人们"各任其能，竭其力"的，这样自然就不会提出限制求利活动的主张了。至于市场经济也需要用义来规范，则是司马迁所没有认识到的。

三、农工商并重和本末富论

司马迁对国民经济各部门一视同仁。他列举山西、山东、江南、龙门、碣石北各地的丰盛物产，指出这些都是中国人民所喜好的奉生送死之具。"故待农而食之，虞(开发山泽资源)而出之，工而成之，商而通之。"农、虞、工、商四个部门都是人们所必需。"此四者，人所衣食之原也。原大则饶，原小则鲜。上则富国，下则富家。"商鞅认为商人能够富家，但不能富国。荀子提出"工商众则国贫"。韩非把商官技艺之士的不垦而食比作产不出粮食的磐石。贾谊、晁错也极端重农。司马迁和他们不同，认为农、虞、工、商，无论哪一个部门都既能富国，也能富家，根本否定了重农抑商的必要性。

但并无抑商思想的司马迁却又赞成农本工商末的划分。以工商为末的提法在武帝时得到了流行，《史记》起了定式化的作用。不仅如此，司马迁还进而创造了"本富""末富""奸富"的新词汇。

"本富"指"不窥市井，不行异邑，坐而待收，身有处士之义而取给焉"的致富手段，即依靠农、牧、林、果、渔等广义农业的收入而致富。"末富"指经营工商业和高利贷而致富。"奸富"指"弄法犯奸"而致富，如"劫人作奸，掘冢(盗坟)铸币"，"舞文弄法，刻章伪书"等。奸富触犯刑律，末富的安全性不及本富，因此司马迁指出："今治生不待危身取给，则贤人勉焉。是故本富为上，末富次之，奸富最下。"这里的上下之分，是以是否"危身"为衡量标准，并不表示他重本富轻末富。

司马迁还分析农、工、商业的致富难易说："夫用贫求富，农不如工，工不如商,刺绣文不如倚市门,此言末业,贫者之资也。""农不如工,工不如商"是一般的情况,"刺绣文不如倚市门"则就小手工业和小商人而言,是对"工不如商"的补充。"刺绣文"的是小手工业者,"倚市门"的是小商人。手工业不如商业的利润高,同样刺绣文一类的小手工业者也不如在市场开店或设摊的小商人的收入多。虽然小手工业和小商业的收入有多有少,但都是穷人易于谋生的职业,所以司马迁说末业是"贫者之资"。

富商大贾发家致富的方法,司马迁总结为"与时俯仰,获其赢利,以末致财,用本守之,以武一切,用文持之"。"以末致财,用本守之"是说富商大贾以经营工商业致富,而以农业守富。他们用经营工商业赚来的钱购买土地,使自己转化为地主或成为兼营工商业的地主。这确是中国古代具有普遍性的情况,而由司马迁首先予以揭示。"以武一切,用文持之"中的"一切",在古时作"权时"解。《汉书·平帝纪》颜师古曰:"一切者,权时之事,非经常也。犹如以刀切物,苟取整齐,不顾长短纵横,故言'一切'。"由此可知"以武一切,用文持之"的意思是以"武"作为权时的致富手段,而致富以后则要用"文"来保持财富。这里的"武"应指一种不符合常规、出奇制胜的竞争手段,而不是指武力或暴力,因为司马迁在上文已指出他所说的富商大贾"皆非有爵邑奉(俸)禄弄法犯奸而富"的人,即靠做官而富和奸富起家的人都不在内。而且司马迁是以同情的态度为富商大贾立传的,绝不会以武力或暴力起家的评价来贬低富商大贾的致富手段。

司马迁的农工商业并重和自由放任主张很符合发展市场经济的需要,但不利于封建经济的巩固,因此在当时不可能被统治者所接受。东汉的班固就批评司马迁的《货殖列传》"述货殖则崇势利而羞贱贫"[①]。进入近代以后,主张发展资本主义的思想家往往引司马迁"善者因之"的一段话来鼓吹经济自由。梁启超在宣传维新变法时期作《〈史记·货殖列传〉今义》,对它做出了符合西方经济学原理的解释。

四、素封论和货币起源论

司马迁在讨论人们的经济收入时又创造了一个新词汇,叫作"素封"。"封"指封君。"素封"即指那些虽不是封君但其经济收入相当于封君的富人。封君是皇权的象征,而司马迁不考虑其特殊身份,仅仅以经济收入为标准,将封君和富人放在同一等级线上进行比较,反映了他注意从经济角度观察社会问题的特点。

司马迁说食禄千户的封君,每年每户交给他租税 200 文,年收入是 20 万;

---

① 《汉书》卷六二《司马迁传》。

"庶民农工商贾,率亦岁万息二千",即从事农、工、商等业年利润率为20%,有100万资本的家庭年收入也是20万,两者的收入相等。后者没有俸禄和爵邑,收入却和封君相等,故称之为"素封"。他列举获得20%年利润率的经营对象包括本业和末业,本业有养马、养牛、养羊、养猪、养鱼、种树、种枣、种栗、种橘、种荻、种漆树、种桑麻、种竹、种田、种卮茜(草名)、种姜韭等;末业则为制造、贩运、买卖各种商品,以及放高利贷、做驵会(牙人)等。

各行各业都有20%的利润率好像是一种平均利润率。但在封建社会中,资本转移并不容易,不可能形成平均利润率,司马迁所说的也不是利润率平均化的现象,因此不宜以"平均利润率"称之。事实上司马迁把20%的利润率看作是各行各业应该达到的利润率,是一种最低要求的利润率。他在谈利润率时又指出:"佗杂业不中什二,则非吾财也。"即利润率不到20%的经营对象,都不是好的经营对象。这说明20%的利润率是司马迁认定的合理利润率的下限。至于超过20%的利润率,则在《货殖列传》中亦有反映。白圭"积著率岁倍",是100%的年利润率。大盐商猗顿、大铁商郭纵"与王者埒富",如果只有20%的年利润率,不可能如此富有。吴楚七国起兵时,长安从军的列侯封君要借子钱(高利贷),子钱家因战争胜败未卜,多不愿借。只有无盐氏拿出千金贷放,利率10倍。结果吴楚七国平定,一年之中,无盐氏收回的利息使他"富埒关中"。司马迁还说:"贪贾三之,廉贾五之。"意为贪心的商人能获得30%的利润,而薄利多销的商人却能获得50%的利润。贪贾获得的利润已经超过了20%的水平,廉贾更多。这些都说明司马迁提出20%年利润率的标准是最低标准,不是平均标准,不是平均利润率的意思。

关于货币的起源,司马迁以前已有单旗和《管子·轻重》的货币起源于救荒的理论。司马迁则提出了新的货币起源论,见于《史记·平准书》的"太史公曰"。

司马迁说:"农工商交易之路通,而龟贝金钱刀布之币兴焉。"话虽简单,却很重要。它说明货币在商品交换中自发产生,并不是"先王"的创造。在将一切新事物的产生都归之于"圣人"或先王的时代,能有这样的认识是很不容易的。

关于货币产生的时间,司马迁说:"所从来久远,自高辛氏之前尚(上)矣,靡得而记云。"高辛氏即帝喾,相传是尧的父亲。将货币的产生时间定在高辛氏以前很久,是把货币产生的时间大大提前了。当时还没有考古学,司马迁只是根据传说,传说有时不会符合历史实际。他认为虞夏时期已经有了金、银、铜币:"虞夏之币,金为三品,或黄,或白,或赤;或钱,或布,或刀,或龟贝。"这是把后世的见闻附会到前代去了。称金(黄)、银(白)、铜(赤)为金三品,始于司马迁,这说法一直流传至近代。

第六节 桑弘羊及其批评者的经济思想

一、盐铁会议上的争论

昭帝始元六年(前81年),西汉朝廷举行了一次会议,召集各地的贤良、文学60余人参加,"问民间所疾苦"①。代表朝廷出席会议的有丞相田千秋、御史大夫桑弘羊及他们的属官。这次会议因以讨论盐铁官营等政策为主,被称为"盐铁会议"。宣帝时,桓宽根据盐铁会议的记录,写成了《盐铁论》一书。书中将会议的参加者概括成贤良、文学、大夫、御史、丞相史和丞相六位,详细记述了辩论的内容。大夫即桑弘羊。

桑弘羊(前152②—前80年),洛阳人,商人家庭出身,13岁入宫为武帝侍从。元狩四年(前119年)因财政困难,武帝命他参加经济工作。元鼎二年(前115年)桑弘羊任大司农中丞;元封元年(前110年)任治粟都尉,兼领大农,总管财经工作;天汉元年(前100年)任大司农(大农令改称);后元二年(前87年)武帝去世前任御史大夫,被指定为托孤大臣之一(昭帝即位时年仅八岁);昭帝元凤元年(前80年)因暗中支持燕王刘旦夺取帝位,以谋反罪全家被杀,实际上这是他同大司马大将军霍光(也是托孤大臣)争权失败的结果。

桑弘羊参与了盐铁官营、均输、平准和统一铸币权等重要经济政策的制订和推行,从财政上支持了武帝的文治武功,对西汉王朝的强盛起了重要的作用。国家垄断财利,对民间经济的发展会造成不利影响;原来可能由民间工商业者获取的经济利益有相当部分转到了政府的手中,必然会引起工商业者的不满。盐铁会议的争论不可避免。争论的范围非常广泛,涉及了武帝时所实行的政策的各个方面。贤良、文学对这些政策持全盘否定的态度,桑弘羊则进行辩护。争论进行得非常激烈,有时达到了人身攻击的程度。这次争论从思想体系上说,是儒家思想和法家思想的一次正面冲突,也是中国历史上儒法思想的最后一次旗帜鲜明的对立。当时儒家思想正越来越受到统治者的重视,大势对桑弘羊不利。桓宽就是站在贤良、文学一边来写《盐铁论》的。不过盐铁会议后只取消了酒类专卖,其他的经济政策仍继续执行,也没有因桑弘羊被杀而有所改变。

---

① 《盐铁论·本议》。
② 此生年据马非百说(《桑弘羊年谱订补》等)。桑弘羊在盐铁会议上自称13岁入宫,入宫已60余年。假定他在武帝建元元年(前140年)入宫,由此推定生年。又王利器将其生年定为景帝二年(前155年)(《盐铁论校注·前言》)。

《盐铁论》中贤良、文学分别发言，本书为叙述方便，视为一体。他们和桑弘羊在经济思想上的对立将做专题论述，以下先简述双方在其他方面的重要观点。

贤良、文学反对同匈奴作战，鼓吹"去武行文，废力尚德，罢关梁，除障塞，以仁义导之"，认为这样就能使"北垂无寇虏之忧，中国无干戈之事"[1]。桑弘羊则肯定武帝的抗匈"功勋粲然，著于海内，藏于记府（载入史册）"[2]。

贤良、文学主张礼治，反对法治。他们说"治国谨其礼，危国谨其法"[3]。桑弘羊则肯定法治的必要，指出"为治者不待自善之民，为轮者不待自曲之木"[4]。他把"人君不蓄恶民"比为"农夫不畜无用之苗"[5]。

贤良、文学鼓吹天人感应，认为"政有德则阴阳调，星辰理，风雨时"，"为善于下，福应于天"；反之，恶政行就要发生灾荒。桑弘羊则指出在"禹、汤圣主，后稷、伊尹贤相"统治时也有水旱之灾。他把发生自然灾害和年成的好坏的原因归之于"天之所为"和"阴阳之运"，用战国以来流行的"六岁一饥，十二岁一荒"的农业丰歉循环论来解释灾荒，不承认是"有司之罪"[6]。

贤良、文学主张复古。他们认为古时的社会一切都好，现实的社会一切都不好，提出："夫为君者法三王，为相者法周公，为术者法孔子，此百世不易之道也。"[7]桑弘羊批评儒生们不通世务，不知道时世变化。他强调"异时各有所施"[8]，反对复古。

争论也涉及对历史人物的评价问题，其中最突出的分歧是表现在对孔子和商鞅、李斯的评价上。贤良、文学肯定前者而否定后者，桑弘羊则反之。桑弘羊及其下属对孔子的批评，语气之直率、尖锐，为中国古代所仅见。

在经济思想方面，贤良、文学和桑弘羊的争论可以归纳为义利论、本末论、轻重论、货币论和奢俭论。

二、义利论

贤良、文学指出治国必须"以礼义防民欲"，而不能"示民以利"。他们说："窃

---

[1]《盐铁论·世务》。
[2]《盐铁论·结和》。
[3]《盐铁论·论诽》。
[4]《盐铁论·大论》。
[5]《盐铁论·后刑》。
[6]《盐铁论·水旱》。
[7]《盐铁论·刑德》。
[8]《盐铁论·大论》。

闻治人之道,防淫佚之原,广道德之端,抑末利而开仁义,毋示以利,然后教化可兴,而风俗可移也。"如果"示民以利",就会使"民俗薄。俗薄则背义而趋利,趋利则百姓交于道而接于市"①。这样就会形成贪鄙和淫佚的社会风气,妨碍国家的治理。因此,为了兴教化,移风俗,就要取消"示民以利"的盐铁官营等政策。

"以礼义防民"是儒家的传统观点,是冠冕堂皇的理由。贤良、文学真正所要反对的是"郡国有盐铁、酒榷、均输,与民争利"②。更明确地说,就是"与商贾争市利"③。官营工商业确实限制了民间工商业者的求利活动,减少了他们的利源,贤良、文学反映民间工商业者的呼声,要求国家放弃官营工商业政策,不要和商贾争利。贤良、文学认为利是一个常数,"利于彼者必耗于此","利不从天来,不从地出,一取之民间"④。这理论对国家通过税收进行国民收入的再分配来说是正确的,但对国家通过经营工商业所取得的利润来说,则并不完全适合。以盐铁官营为例,盐铁的原料属于自然资源,以国家控制的劳动力进行盐铁的生产和流通,在这一范围内所产生的利,就不一定是"利于彼者必耗于此","一取之民间"了。

官营工商业政策是通过有关的官吏实行的,在实行的过程中自然也使这些官吏获得了很多私利。因此贤良、文学把矛头指向了这些既得利益者。他们批评说:"今公卿处尊位,执天下之要十有余年,功德不施于天下而勤劳于百姓。百姓贫陋困穷,而私家累万金。"⑤"今之在位者,见利不虞害,贪得不顾耻,以利易身,以财易死。无仁义之德而有富贵之禄。"⑥又说:"临财苟得,见利反义,不义而富,无名而贵,仁者不为也……公卿积亿万,大夫积千金,士积百金,利己并财以聚;百姓寒苦,流离于路,儒独何以完其衣冠也?"⑦指出因为统治者讲利不讲义,兼并社会财富,所以百姓困苦,儒生们也只能过着贫寒的日子。他们也像董仲舒一样,要求统治者实行"贵德而贱利,重义而轻财","仕者不稼,田者不渔","不得兼利尽物"的古训⑧。

桑弘羊则用司马迁的话来说明人都是好利的。他说:"司马子言:'天下穰

---

① 《盐铁论·本议》。
② 同上。
③ 《盐铁论·园池》。
④ 《盐铁论·非鞅》。
⑤ 《盐铁论·国疾》。
⑥ 《盐铁论·毁学》。
⑦ 《盐铁论·地广》。
⑧ 《盐铁论·错币》。

穰,皆为利往。'赵女不择丑好,郑姬不择远近,商人不愧耻辱,戎士不爱死力,士不在亲,事君不避其难,皆为利禄也……故尊荣者士之愿也,富贵者士之期也。"他讽刺儒生们说:"今内无以养,外无以称,贫贱而好议,虽言仁义,亦不足贵者也!"①

针对儒生们对既得利益者的批评,桑弘羊进行了辩护。他说:"共其地,居是世也,非有灾害疾疫,独以贫穷,非惰则奢也;无奇业旁入,而犹以富给,非俭则力也。"②这本是韩非的理论。根据这一理论,穷人就不值得同情了。他说他自己的"致富成业"是由于"车马衣服之用,妻子仆养之资,量入为出,俭节以居之",对于俸禄赏赐的收入,都一一进行筹划的结果。还挖苦说:"未有不能自足而能足人者也,未有不能自治而能治人者也……文学不能治内(家),安能理外(国)乎?"③富贵骄人之心溢于言表。对于吏治,桑弘羊既承认"为吏既多不良矣,又侵渔百姓",但辩解说这是这些官吏贪鄙本性所造成的,责任不在有司,"有司岂能缚其手足而使之无为非哉?"④这种辩解未免缺乏政治家的风度。

三、本末论

贤良、文学认为社会贪鄙之风的另一表现是"百姓就本者寡,趋末者众",他们提出:"末修则民淫,本修则民悫(诚)。民悫则财用足,民侈则饥寒生。"⑤他们强调"非力本农无以富邦"⑥。并发挥说:"故三年耕而余一年之蓄,九年耕有三年之蓄。此禹、汤所以备水旱而安百姓也。草莱不辟,田畴不治,虽擅山海之财,通百末之利,犹不能赡也。是以古者尚力务本而种树(种植)繁,躬耕趣(趋)时而衣食足,虽累凶年而人不病也。故衣食者民之本,稼穑者民之务也。""故理民之道在于节用尚本,分土井田而已。"⑦对于工商业,贤良、文学提出:"市,商不通无用之物,工不作无用之器。故商所以通郁滞,工所以备器械,非治国之本务也。"工商业只生产和流通生活必需品,而且不能作为治国的重点。工商业太盛会妨碍农业的发展:"国有沃野之饶而民不足于食者,工商盛而本业荒也;有山海之货而民不足于财者,不务民用而淫巧众也。"他们以治国的重点在农业,工商业的发

---

① 《盐铁论·毁学》。
② 《盐铁论·授时》。
③ 《盐铁论·贫富》。
④ 《盐铁论·疾贪》。
⑤ 《盐铁论·本议》。
⑥ 《盐铁论·轻重》。
⑦ 《盐铁论·力耕》。

展和农业存在着矛盾为理由,要求国家退出工商业领域:"愿罢盐铁、酒榷、均输,所以进本退末,广利农业,便也。"①

重农抑商、以农富国原是法家的主张,至此成了儒家的观点。"进本退末"是要求国家只去加强对农业的管理,放弃官营工商业的政策。但重本抑末和国家是否经营工商业并不是一回事。贤良、文学以抑末为理由而否定官营工商业政策,是将两个不同性质的问题混淆在一起了。

贤良、文学坚持以农富国,桑弘羊则以"富国非一道"作答。他说:"故乃商贾之富,或累万金,追利乘羡之所致也。富国何必用本农,足民何必井田也?"②这是说富国何必靠农业,商业也同样可以富国。司马迁说农、虞、工、商都可以富国,是从各经济部门的总体说的,而桑弘羊则只强调以商富国,把富国思想引向了极端。实际上他这里所持的是狭义的富国概念,仅指国家财政收入的增加。他甚至说:"故物丰者民衍,宅近市者家富。富在术数,不在劳身;利在势居,不在力耕也。"③完全忘记了自己的当政者身份,将富国等同于富家。如果从广义的意义上理解富国,桑弘羊的理论在相当长的历史时期内都是错误的。

同儒生们的"进本退末"主张相反,桑弘羊提出了"开本末之途"的本末并重主张。他说:"古之立国家者,开本末之途,通有无之用……农商工师各得所欲,交易而退。《易》曰:'通其变,使民不倦。'故工不出则农用乏,商不出则宝货绝;农用乏则谷不殖,宝货绝则财用匮。"④农、工、商业都为社会所需要,不能偏废。商业起着互通有无的作用:"农商交易,以利本末。山居泽处,蓬蒿硗埆(贫瘠),财物流通,有以均之。是以多者不独衍,少者不独馑。"⑤桑弘羊引《管子》的话来证明工商业对农业以及人民富裕的促进作用:"无末利,则本业无所出。"⑥"国有沃野之饶而民不足于食者,器械不备也;有山海之货而民不足于财者,商工不备也。"⑦他还指出中国的物产已足够满足全国的需要,"天地之利无不赡,而山海之货无不富",其所以发生"百姓匮乏,财用不足"的情况,只是由于"多寡不调,而天下财不散也"⑧,即没有搞好商品流通的缘故。

---

① 《盐铁论·本议》。
② 《盐铁论·力耕》。
③ 《盐铁论·通有》。
④ 《盐铁论·本议》。
⑤ 《盐铁论·通有》。
⑥ 《盐铁论·通有》。今本《管子》中无此文。
⑦ 《盐铁论·本议》。今本《管子》中无此文。
⑧ 《盐铁论·通有》。

以上论述,似乎表明桑弘羊也如司马迁那样主张对农、工、商业一视同仁。但司马迁主张自由放任,桑弘羊则主张国家干预,两人对工商业的政策主张是根本对立的。而且桑弘羊在说"开本末之途"的同时又说盐铁官营有"建本抑末"①的作用,还说:"今县官(官府)铸农器,使民务本,不营于末,则无饥寒之累。"②既主张开末,又主张抑末,表现出了经济思想上的自相矛盾。但这是可以予以解释的,它反映了同一政策的两面。因为工商业有官营、民营之分,故对工商业的政策就可以有开有抑:开的是官营工商业,抑的是民营工商业。桑弘羊关于工商业作用的论述实际上是一种为官营工商业政策辩护的理论。

四、轻重论

桑弘羊把国家经营工商业的作用称为"以轻重御民"③。"以轻重御民"也可以用《管子》轻重理论的两个目的来说明。

第一,维护社会的稳定。桑弘羊说:"交币通施,民事不及,物有所并也。计本量委(积),民有饥者,谷有所藏也。智者有百人之功,愚者有不更(偿)本之事。人君不调,民有相万之富也。此其所以或储百年之余,或不厌糟糠也。民大富,则不可以禄使也;大强,则不可以罚威也。非散聚均利者不齐。故人主积其食,守其用,制其有余,调其不足,禁溢羡,厄利涂,然后百姓可家给人足也。"④这段文字和《管子·国蓄》中的文字差不多,说明"以轻重御民"要达到调节贫富差别的目的。他还说:"丰年岁登,则储积以备乏绝;凶年恶岁,则行币物,流有余而调不足也。"⑤国家进行粮食买卖,用丰年的有余补凶年的不足,这样可调节粮价,也就是实行平籴政策。

桑弘羊还分析了盐铁官营、均输、平准的具体作用。关于盐铁官营,他指出:"往者,豪强大家得管山海之利,采铁石鼓铸,煮海为盐。一家聚众,或至千余人,大抵尽收放流人民也……聚深山穷泽之中,成奸伪之业,遂朋党之权,其轻为非亦大矣。"⑥吴王刘濞就因为"专山泽之饶,薄赋其民,赈赡穷乏,以成私威"⑦,终于发展到叛乱。所以盐铁官营"非独为利入也,将以建本抑末,离朋党,禁淫侈,

---

① 《盐铁论·复古》。
② 《盐铁论·水旱》。
③ 《盐铁论·力耕》。
④ 《盐铁论·错币》。"相万"原作"相妨"。
⑤ 《盐铁论·力耕》。
⑥ 《盐铁论·复古》。
⑦ 《盐铁论·禁耕》。

绝并兼之路也"①。关于均输、平准,他指出:"郡国置输官以相给运,而便远方之贡,故曰均输。开委府于京师,以笼货物,贱即买,贵则卖。是以县官不失实,商贾无所贸利,故曰平准。平准则民不失职(所),均输则民齐劳逸。故平准、均输,所以平万物而便百姓,非开利孔而为民罪梯者也。"②说明均输、平准能起稳定物价的作用。

第二,获取国家的财政收入。桑弘羊指出匈奴侵盗不止,需要加强边备,因用度不足,"故兴盐铁,设酒榷,置均输,蓄货长财,以佐助边费"③。除补充边费开支外,还要用于救荒备荒:"往者财用不足,战士或不得禄,而山东被灾,齐、赵大饥,赖均输之蓄,仓廪之积,战士以奉,饥民以赈。故均输之物,府库之财,非所以贾万民而专奉兵师之用,亦所以赈困乏而备水旱之灾也。"④实行均输、平准,自然也具有财政的目的。

将轻重政策用于国外则是"御轻重而役诸侯"。桑弘羊说:"故善为国者,天下之下我高,天下之轻我重。以末易其本,以虚荡其实。今山泽之财,均输之藏,所以御轻重而役诸侯也。""天下之下我高,天下之轻我重"指维持高物价政策,同《管子·轻重乙》的说法相同。"以末易其本,以虚荡其实"为《管子·轻重》所无。意思是说:通过对外贸易,可以获得国外的农产品,可以拿别国的财物来充实府库。"御轻重而役诸侯"可以做到"外国之物内流,而利不外泄","异物内流则国用饶,利不外泄则民用给矣"⑤。

作为封建社会的官营工商业,存在一些弊病是必然的。贤良、文学揭露了官营工商业的种种弊端:实行均输,官府向百姓征收的不一定是当地的土特产,"释其所有,责其所无",百姓只得贱卖货物以满足官府的征求。官吏"行奸卖平(操纵物价),农民重苦,女工再税,未见输之均也"。实行平准,官吏"阖门擅市则万物并收。万物并收,则物腾跃……豪吏富商积货储物以待其急,轻贾奸吏收贱以取贵,未见准之平也"⑥。实行盐铁官营,官府为了赶铁器的制造进度,往往欢喜造大型的,不适合民用,农民花力多而"得获者少";铁器的质量差,价钱贵,购买时又"善恶无所择",买不起铁器的农民只好用木犁来耕地,用手来除草,用土块来碎土;农民购买农具时要走很多路,而且"吏数不在",不容易买到,耽误了农

---

① 《盐铁论·复古》。
② 《盐铁论·本议》。
③ 同上。
④ 《盐铁论·力耕》。
⑤ 同上。
⑥ 《盐铁论·本议》。

时;盐价贵,买不起盐的贫民只好淡食,如此等等,"故百姓疾苦之"①。他们否认盐铁官营等政策有"损有余,补不足"的作用,认为实行这些政策反而使"富者愈富,贫者愈贫"②。

贤良、文学所反映的民间疾苦,不限于经济方面,就是经济方面,也不限于盐铁官营等政策所引起的。例如他们也批评了赋役太重,有些农民缴不起税,"或假贷而益之",所以即使"疾耕力作",仍然受饥寒之苦;官吏在收税时,不敢督责大户,于是就"刻急细民",造成细民的大量流亡,致使"田地日荒,城郭空虚"③。这些意见和轻重论无关,在此一并提及,不细述了。

桑弘羊不承认盐铁官营等政策造成了民间疾苦。他说:"盐铁之利,所以佐百姓之急,足军旅之费,务蓄积以备乏绝,所给甚众,有益于国,无害于人。"④而且铁器的质量好,价格平。实行均输、平准,"人从所欲,虽使五尺童子适市,莫之能欺"。如果罢去,"则豪民擅其用而专其利",他们"决市闾巷,高下在口吻",使物价贵贱无常,造成"养强抑弱""一家害百家"⑤的恶果。

桑弘羊的"以轻重御民"和《管子》的轻重理论,目的相同,实际上以第二个目的为主要目的也一样。作为当政者,桑弘羊自然不会像《管子·轻重》那样宣扬不择手段地赚钱。但他不承认盐铁官营等政策有任何不利于民的地方,正像贤良、文学不承认这些政策有任何积极的作用一样,双方都是以论争的需要代替了实事求是的讨论。武帝时的官营工商业政策是轻重理论的第一次实践,它充裕了国家财政,削弱了豪强势力,加强了中央集权;同时也造成了民间生产和生活的很多不便,而且对中国商品经济的发展起了阻碍的作用。

五、货币论和奢俭论

贤良、文学批评了汉初以来的货币政策。他们指出古时没有货币,"各以其所有易所无,抱布贸丝而已"。后世以龟、贝、金、钱为币,"币数变而民滋伪"。"汉初乘弊,而不改易,畜利变币,欲以反本,是犹以煎止燔,以火止沸也。"西汉建立以来,多次改变货币政策和钱币重量,这被贤良、文学讥为"以煎止燔,以火止沸"。武帝铸行白金币,"币数易而民益疑"。由上林三官统一铸造五铢钱后,贤良、文学对新钱仍持否定的态度。他们说:"于是废天下诸钱,而专命水衡三官

---

① 《盐铁论·水旱》。
② 《盐铁论·轻重》。
③ 《盐铁论·未通》。
④ 《盐铁论·非鞅》。
⑤ 《盐铁论·禁耕》。

作。吏匠侵利,或不中式,故有薄厚轻重。"农民相信旧钱,怀疑新钱,不能辨别真假。"商贾以美贸恶,以半易倍。买则失实,卖则失理,其疑惑滋益甚。"他们责问说:"夫铸伪金钱以(已)有法,而钱之善恶无增损于故。择钱则物稽滞,而用人尤被其苦。"最后提出:"故王者外不鄣海泽以便民用,内不禁刀币以通民施。"主张恢复由民间自由铸钱的政策。第一节已指出,三官五铢是中国古代质量最好的钱币之一。贤良、文学所说的"钱之善恶无增损于故"反映的是新钱、旧钱都在流通的情况。

桑弘羊则强调铸币权必须由国家垄断。他说文帝时"纵民得铸钱、冶铁、煮盐","山东奸猾咸聚吴国,秦、雍、汉、蜀因邓氏,吴、邓钱布天下",所以又禁止民间铸钱。禁止民间铸钱可以息奸伪,"奸伪息则民不期于妄得,而各务其职,不反本何为?故统一,则民不二(专于本业)也;币由上,则下不疑也"①。这是继贾谊、贾山以后提出铸币权必须统一的观点。

贤良、文学发展了《淮南子》的崇俭思想。《淮南子》把形成奢侈社会风气的责任归之于君主,而贤良、文学则将其归之于士大夫。他们批评"士大夫务于权利,怠于礼义,故百姓仿效,颇逾制度"。他们也像《淮南子》一样指出:"百姓或短褐不完,而犬马衣文绣。黎民或糟糠不接,而禽兽食粱肉。"还进一步指出官府和富人的奴婢也比穷人富裕舒适:"百姓或无斗筲之储,官奴累百金;黎民昏晨不释事,奴婢垂拱(指不做事)遨游也。"奢侈造成了人力物力的浪费。造一个杯子要"用百人之力",造一架屏风要"就万人之功",使"功积于无用,财尽于不急"。他们把奢侈浪费比作耗蚀财物和人的生命的蛀虫,列举说:"宫室奢侈,林木之蠹也。器械雕琢,财用之蠹也。衣服靡丽,布帛之蠹也。狗马食人之食,五谷之蠹也。口腹从恣,鱼肉之蠹也。用费不节,府库之蠹也。漏积不禁,田野之蠹也。丧祭无度,伤生之蠹也。"②他们要求"公卿大夫子孙"做到"节车舆,适衣服,躬亲节俭,率以敦朴,罢园池,损田宅,内无事乎市列,外无事乎山泽",使"农夫有所施其功,女功有所粥(鬻)其业"③。

贤良、文学的崇俭议论抨击了当时豪门贵族的奢华习气,抒发了劳动人民心中的不平。但他们在提出崇俭主张时,把古人的生活描绘得极其俭朴而美满,以显示今人的奢侈和贫富之间生活水平的悬殊。这样以古人的生活状况作为节俭的标准,则是在宣扬禁欲,没有认识到消费水平必然要随着生产的发展而提高。

---

① 以上两段引文均见《盐铁论·错币》。
② 本段以上引文均见《盐铁论·散不足》。
③ 《盐铁论·救匮》。

他们似乎以为,消费水平越低越好,不知道过低的消费水平反而会妨碍生产的发展。

桑弘羊则借用孔子的奢俭论,指出:"君子节奢刺俭,俭则固。"①他针对儒生的崇俭论,挖苦说:"议不在己者易称,从旁议者易是,其当局者乱。"意为说旁人容易,自己去做就会出乱子。他还以公孙弘、倪宽为例,说他们虽然"衣若仆妾,食若庸(佣)夫",但在他们当政时,"淮南逆于内,蛮夷暴于外,盗贼不为禁,奢侈不为节"②,可见崇俭并不能治理好国家。不过他也表示了对奢侈的批评态度,指出:"夫居事不力,用财不节,虽有财如水火,穷乏可立而待也。"但他又把责任推之于民间,宣称:"有民不畜,有司虽助之耕织,其能足之乎?"③

第七节　贡禹、王莽的经济思想

一、贡禹的节俭论和罢货币论

贡禹(前124—前44年),字少翁,琅邪(治今山东诸城)人,西汉大臣。贡禹以明经洁行闻名,征为博士,任凉州刺史,因病去官,后被举为贤良,任河南令一年多,因被太守府官所责,又去官。元帝即位(前48年),征贡禹为谏大夫。初元五年(前44年)贡禹迁光禄大夫,月余后任长信少府,又升御史大夫列于三公。在任谏大夫后的五年间,贡禹多次上书谈论时政得失,他的节俭论和罢货币论就在这一时期提出。去世后,天子赐钱百万,以其子为郎。

贡禹主张节俭。他说古时"宫室有制,宫女不过九人,秣(养)马不过八匹";"苑囿不过数十里,与民共之";又任贤使能,什一而税,徭役每人一年只有三天。"千里之内自给,千里之外各置贡职而已。故天下家给人足,颂声并作。"汉高祖、文帝、景帝还能"循古节俭,宫女不过十余,厩马百余匹",但从武帝始"争为奢侈,转转益甚,臣下亦相放(仿)效"。"武帝时又多取好女至数千人,以填后宫。"武帝死后,昭帝幼弱,霍光专权,不知礼正,以大量金钱财物及禽兽殉葬,"又皆以后宫女置于园陵,大失礼,逆天心"。上行下效,"取女皆大过度,诸侯妻妾或至数百人,豪富吏民畜歌者至数十人,是以内多怨女,外多旷夫"。民间实行厚葬,"皆虚

---

① 《盐铁论·通有》。
② 《盐铁论·救匮》。公孙弘武帝时官至丞相,"外宽内深。诸尝与弘有隙者,虽佯与善,阴报其祸……故人所善宾客,仰衣食,弘奉禄皆给之,家无所余。士亦以此贤之"(《史记》卷一一二《公孙弘列传》)。倪宽武帝时官至御史大夫,在位九年,"久无有所匡谏于上"(《汉书》卷五八《倪宽传》)。
③ 《盐铁论·授时》。

地上以实地下"。到元帝时"厩马食粟将万匹"。由于饥荒,"人至相食,而厩马食粟"却"苦其大肥",形成了鲜明的对比。

贡禹建议元帝扭转这种奢侈风气,他说:"今大夫僭诸侯,诸侯僭天子,天子过天道,其日久矣。"完全恢复古制很难,"宜少放古以自节焉"。他提出大大节省宫廷的开支:"乘舆服御器物,三分去二";后宫"择其贤者留二十人,余悉归之",诸陵园女无子的亦遣归;厩马无过数十匹;只留长安城南苑地为猎场,其余苑地都赐给贫民耕种。元帝采纳了他的一部分建议,下诏缩减了一些费用,并将宜春下苑赐给贫民。

后来贡禹又提出将各宫的卫卒减去大半;10万余"戏游亡事"的官奴婢免为庶人,充作戍卒;口钱① 3 岁起征,致使有些人"生子辄杀,甚可悲痛",建议改为 7 岁;算赋②的起征年龄由 15 岁改为 20 岁等。元帝同意将口钱改为 7 岁起征,减少各宫卫卒的主张也得到了部分的实现。

文帝十二年(前 168 年)根据晁错的建议,曾实行纳粟拜爵或免罪的政策。后来大概是停止执行了。武帝时又重新实行这一政策。贡禹表示反对。他说文帝时无赎罪之法(这说法不确),"故令行禁止,海内大化"。武帝时"用度不足,乃行壹切之变,使犯法者赎罪,入谷者补吏,是以天下奢侈,官乱民贫,盗贼并起,亡命者众"。他提出"宜除赎罪之法,相、守选举不以实,及有臧(赃)者,辄行其诛"。认为这样才能使人"争尽力为善,贵孝弟,贱贾人,进真贤,举实廉,而天下治矣"。

贡禹对货币经济持否定的态度。他认为货币造成了以下五方面的问题:第一,妨碍农业生产。"古者不以金钱为币,专意于农,故一夫不耕,必有受其饥者。今汉家铸钱,及诸铁官皆置吏卒徒,攻山取铜铁,一岁功十万人已(以)上,中农食七人,是七十万人常受其饥也。"第二,造成水旱之灾。"凿地数百丈,销阴气之精,地臧空虚,不能含气出云,斩伐林木亡有时禁,水旱之灾未必不繇(由)此也。"第三,人民陷于刑罚:"自五铢钱起已来七十余年,民坐盗铸钱被刑者众。"第四,产生了追求货币的欲望。"富人积钱满室,犹亡厌足,民心动摇。"第五,商人、农民的收入和生活条件悬殊。"商贾求利,东西南北各用智巧,好衣美食,岁有十二之利,而不出租税。农夫父子暴露中野,不避寒暑,捽(拔)草杷土,手足胼胝(老茧),已奉谷租,又出稿(禾秆)税,乡部(乡官)私求,不可胜供。"由于"末利深而惑于钱","故民弃本逐末,耕者不能半"。即使赐田给贫民,他们也会将田贱卖而去经商,"穷则起为盗贼"。因此,贡禹得出结论说:"是以奸邪不可禁,其原皆起于

---

① 口钱即口赋。征收年龄原来是 3 岁至 14 岁,每人 20 钱。武帝时改为 23 钱。
② 算赋的征收年龄是 15 岁至 56 岁。征收额在西汉时曾变过多次,元帝时是每人 160 钱。

钱也。"①也就是说:货币是一切罪恶的根源。

马克思说过:社会赋予货币的权力"成为私人的私有权力。因此,古代社会咒骂货币是换走了自己的经济秩序和道德秩序的辅币"②。贡禹对待货币的态度也像马克思所说西方古代社会对待货币的态度一样。他把货币看成是"奸邪不可禁"的根本原因,因此就提出了取消货币的主张:"疾(速)其末者绝其本,宜罢采珠玉金银铸钱之官,亡复以为币,市井勿得贩卖,除其租铢(钱)之律,租税禄赐皆以布帛及谷。使百姓壹归于农。"朝议认为交易需要钱,"布帛不可尺寸分裂"③,未予采纳。

货币的根源在于商品,要取消货币就要取消商品生产,要取消商品生产就要取消形成商品生产的那种社会生产关系。这是贡禹所不懂的。货币固然会加深和扩大社会矛盾,但也是促使社会前进的动力,绝不能退回到没有货币的社会中去。以前主张重农抑商的思想家,都认为只有抑商才能驱民归农,而贡禹则认为只有取消货币才能"使百姓壹归于农",把重农抑商理论进一步引向了极端。贡禹是中国历史上第一个主张取消货币的人,但不是最后一个。

二、王莽的田制论和六管论

王莽(前45—23年),字巨君,元帝皇后侄。因其父早死,未得封侯。成帝阳朔三年(前22年),经伯父大将军王凤临死前推荐,拜为黄门郎,迁射声校尉。又经叔父成都侯王商上书及多人推荐,永始元年(前16年)封新都侯,迁骑都尉、光禄大夫及侍中。绥和元年(前8年)大司马曲阳侯王根致仕,举荐王莽为大司马。哀帝即位(前7年)后,王莽因受傅太后(哀帝祖母)排挤,一度罢官。元寿二年(前1年)哀帝死,太皇太后(元帝后)临朝称制,复王莽为大司马。平帝元始元年(1年)王莽为太傅,赐号安汉公;四年以女儿为平帝皇后;五年十二月平帝死(一说被王莽毒死),居摄称假皇帝;初始元年(9年)代汉即天子位,改国号为"新"。地皇四年(23年)新朝被农民起义军推翻,王莽被杀。

王莽在称帝前,曾以种种姿态博得人们对他的信任。"爵位益尊,节操愈谦。散舆马衣裘,振施宾客,家无所余。收赡名士,交结将相卿大夫甚众。"④次子王获杀死一名奴隶,他责令其自杀。每有封赠,总要谦让一番。在赐号安汉公后,

---

① 本目以上引文均见《汉书》卷七二《贡禹传》。
② 马克思:《资本论》第一卷,人民出版社2004年版,第156页。
③ 《汉书》卷二四下《食货志下》。
④ 《汉书》卷九九上《王莽传上》。

他上书愿出钱百万,献田 30 顷,付大司农助给贫民。议立其女为皇后时,有司议增封他新野土地 25 600 顷,辞让不受。聘皇后时,赐黄金 2 万斤,折钱 2 万万,他只受 4 000 万,而以 3 300 万分给陪嫁的人家。后来增赐 2 300 万钱,他又拿出 1 000 万分予九族贫者。因此,常常有人上书为他说好话。如他不受新野田,上书的人先后达 487 572 人。但他居摄和称帝后所实行的政策,却加剧了社会矛盾,造成了人民的极大灾难,终于丧尽了民心。

西汉后期,土地兼并严重。绥和二年哀帝即位后,代王莽为大司马的师丹曾提出:"古之圣王莫不设井田,然后治乃可平……今累世承平,豪富吏民訾(资)数巨万,而贫弱俞(愈)困。"建议限田和限制奴婢。丞相孔光和大司空何武奏请自诸侯王至吏民"名田皆毋过三十顷。诸侯王奴婢二百人,列侯、公主百人,关内侯、吏民三十人。"①以三年为期,三年后土地、奴婢仍超过这标准的没收入官。由于外戚丁、傅两家和宠臣董贤等贵族的反对,这建议没有被朝廷采纳。

王莽也想解决土地和奴婢问题。始建国元年(9 年),他颁布王田制的法令,并就土地和奴婢问题做了论述。

关于土地问题,王莽的论述同董仲舒提出限田时的理论相似,但董仲舒主要是批评秦朝,然后说汉"循而未改",王莽则除批评秦朝外还进一步直指汉朝。他也说废井田造成了土地兼并:"古者,设庐井八家,一夫一妇田百亩,什一而税,则国给民富而颂声作。此唐、虞之道,三代所遵行也。秦为无道,厚赋税以自供奉,罢(疲)民力以极欲,坏圣制,废井田,是以兼并起,贪鄙生,强者规田以千数,弱者曾无立锥之居。"他批评汉朝说:"汉氏减轻田租,三十而税一,常有更赋②,罢癃(老弱残疾)咸出,而豪民侵陵,分田劫假(指收取地租)。厥名三十税一,实什税五也。父子夫妇终年耕芸,所得不足以自存。故富者犬马余菽粟,骄而为邪;贫者不厌糟糠,穷而为奸。"③这样就使富人和穷人都陷于罪。

王莽宣布"更名天下田曰'王田'",不得买卖,一家男子不到八口而土地超过一井的,将余田分给九族邻里乡党。无田的人按制度受田。"敢有非井田圣制,无法惑众者,投诸四裔(边),以御魑魅(鬼怪),如皇始祖考虞帝故事。"④从"非井田圣制"这句话看,王莽认为王田制也就是井田制。但王田制规定一家至少可以有 900 亩土地,这同传说的井田制已有区别,是他对土地所有者的一种妥协。

---

① 《汉书》卷二四上《食货志上》。
② 更赋是一种代役税,应服徭役者自己不服役,出钱由政府雇人代役。
③ 《汉书》卷九九中《王莽传中》。
④ 同上。

实行王田制是一个脱离实际的轻率决定。战国以来,土地私人占有制度已深入人心,绝不可能通过一个法令就将它改变过来。土地王有,禁止买卖,必然要引起土地所有者,特别是一家占有土地超过 900 亩的地主的反对。他们绝不会自动地将超过的土地分给别人。国家又不分配土地给少田或无田的人,这些人得不到土地,而其中有能力买田的人却不能买,需要卖田以救急的又不能卖,自然也不会拥护这一制度。官府禁止土地买卖,还会造成很多纷扰。王田制的失败是必然的。地租剥削是封建制度的基础,王莽对西汉地租剥削的批评虽然击中了要害,但要取消它却是无能为力的。要想取消它,结果将是取消者被取消了作为封建统治者的资格。

关于奴婢问题,王莽批评奴婢买卖说:"又置奴婢之市,与牛马同兰(栏),制于民臣,颛断其命。奸虐之人因缘为利,至略卖人妻子,逆天心,悖人伦,缪于'天地之性人为贵'之义。"①他宣布"奴婢"改名为"私属",不得买卖。这并不是废除奴隶制度的政策。官奴婢不在改名之列,而且没为官奴婢仍是对触犯法令的人及连坐者的一种处罚办法。所以改名并无实质性的意义。

因买卖田宅、奴婢和铸钱,"自诸侯、卿、大夫至于庶民,抵罪者不可胜数"②。到始建国四年,王莽终因"民怨"而不得不下令土地、奴婢仍可买卖,不予治罪,正式宣告了王田制的破产。

始建国二年,王莽又宣布实行六管,或称"五均六斡(管)",其实五均是六管的内容之一。六管是指盐、铁、酒官营,垄断铸币权,收山泽物产税和行五均赊贷。王莽说"开赊贷,张五均,设诸斡"是为了"齐众庶,抑并兼"。又说:"夫盐,食肴之将;酒,百药之长,嘉会之好;铁,田农之本;名山大泽,饶衍之臧;五均赊贷,百姓所取平,卬(仰)以给澹;铁(钱?)布铜冶,通行有无,备民用也。此六者,非编户齐民所能家作,必卬于市,虽贵数倍,不得不买。豪民富贾,即要贫弱,先圣知其然也,故斡之。"③这六方面,都不是一般百姓所能经营的,为了抑制豪民富贾的兼并,所以由政府来管理,即实行垄断。负责推行六管的一郡有数人,都由富商承担。

盐铁官营是西汉政策的继续。酒榷在盐铁会议后已废除,王莽予以恢复。《汉书·食货志下》记载酒专卖的办法为:各酒店的销售额以 50 酿为准。一酿用粗米 2 斛、曲 1 斛为原料,得成酒 6 斛 6 斗。以各地每月初一日的粗米 2 斛、曲 1

---

① 《汉书》卷九九中《王莽传中》。
② 同上。
③ 《汉书》卷二四下《食货志下》。

斛的市价除以3,得出每斛酒的价格。6斛6斗酒中3斛酒的销售收入抵原料成本,还有3斛6斗酒的销售收入为毛利。毛利的七成交纳给政府,其余三成以及酒浆灰炭供给工匠器械柴火的费用。

王莽变乱币制的情况已见前述。在始建国二年实行宝货制时,王莽曾解释货币须分等级说:"宝货皆重则小用不给,皆轻则僦(运输)载烦费,轻重大小各有差品,则用便而民乐。"①他所说的"轻重大小各有差品",多数是不足值大钱,在当时的历史条件下,根本不可能保证其按规定的价值流通。更何况货币材料多至五种,货币种类多至28种,简直如同儿戏。铸造众多名目的不足值大钱,其实际作用就在加强对人民的搜括,以弥补财政收入的不足。

为了垄断铸币权,王莽用严峻的刑罚打击私铸。在始建国元年发行大泉五十后,百姓仍习用五铢钱,传言大泉当罢,不肯使用。王莽就宣布:"诸挟五铢钱,言大钱当罢者,比非井田制,投四裔。"实行宝货制后,百姓不从,只行大、小泉二品,盗铸难以禁止。王莽又加重对盗铸者的处罚:一家铸钱,五家连坐,没为官奴婢。天凤元年(14年)改行货布和货泉后又规定:私铸者与妻子没为官奴婢;吏及比邻五家知情而不举报的同罪;非议和阻碍宝货的,民罚劳役一年,吏免官。至地皇二年(21年),犯铸钱及五人连坐没为官奴婢的,男子用囚车,家属步行跟随,以铁锁锁颈,解送钟官(颜注:"主踌钱之官也。"),人数以10万计。"到者易其夫妇,愁苦死者什六七。"②王莽的大失民心,强制推行混乱不堪的货币制度是重要的原因之一。

五均赊贷分为五均和赊贷。"五均"一词,王莽诏书中说出自《乐语》。《乐语》是河间献王刘德所传乐元的著作,其中说:"天子取诸侯之土以立五均,则市无二贾,四民常均,强者不得困弱,富者不得要(要挟)贫,则公家有余,恩及小民矣。"③但《逸周书·大聚》已提到"五均"(见第一章第三节)。实行五均的办法是在长安、洛阳、邯郸、临淄、宛(治今河南南阳)、成都设五均司市师,长安东市称京市、西市称畿市,洛阳称中市,邯郸称北市,临淄称东市,宛称南市,成都称西市。各置交易丞五人,钱府丞一人,管理这些城市的市场和物价。司市在每年的二、五、八、十一月评定一次物价,分上、中、下三等,作为"市平"。当市场上某种商品超过市平一钱时,司市就要按平价出售这种商品以平物价,低于市平则不予干涉。如五谷、布帛、丝绵等生活必需品滞销,由司市按其本价收买。采得金、银、铜、铅、锡及获取龟、贝的,要向钱府申报,由钱府按市价收购。

---

① 《汉书》卷九九中《王莽传中》。
② 《汉书》卷九九下《王莽传下》。
③ 《汉书》卷二四下《食货志下》颜师古注。

赊贷则仿自《周礼》,也分别赊和贷:"祭祀无过旬日,丧纪毋过三月。民或乏绝,欲贷以治产业者,均授之,除其费,计所得受息,毋过岁什一。"①"祭祀无过旬日,丧纪毋过三月"指的是赊,和《周礼》的说法相同。贷的对象明确指出是用来治产业的人,即借钱者用作生产或经商的资本,贷款的年息不超过借钱者经营所得利润的十分之一。利息不是按贷款额计息,只收年利润的十分之一,可谓别出心裁。这个利率是很低的。

五均赊贷是一种物价管理和国家信用政策,单从办法本身看就有难以实行之处。在某种商品价格上涨超过市平时,司市就要抛售这种商品,司市要储备多少各种商品? 五谷等商品滞销时由司市收购,司市是否有此实力? 贷款利息按利润计算,收息时先要确定所贷款产生的利润,如何能保证计算符合实际? 而更重要的是当时正是推行宝货制的时期,货币制度极其混乱,物价上涨势所必然。在这种情况下,设官评定物价,只能是利用政权力量进行强制性的压价;货币价值不确定赊贷也不可能正常地进行。在"农商失业,食货俱废,民涕泣于市道"的市场背景下,五均赊贷只不过是王莽用来欺骗百姓的手段!

第八节　王符的经济思想

一、发愤著书的王符

王符(约85—162年),字节信,号潜夫,安定临泾(今甘肃镇原)人。王符"少好学,有志操",因"耿介不同于俗",不得仕进,遂发愤隐居著书,"以讥当时失得"②。著作有《潜夫论》,从内容看,可以肯定作于安帝年间(107—125年)。

《潜夫论》以《赞学》为首篇,表明了王符对学习的重视。他指出:"虽有至圣,不生而知;虽有至材,不生而能。""圣人"也要经过学习,"其智乃博,其德乃硕",何况是凡人。他引了孔子的"工欲善其事,必先利其器"后进而提出:"士欲宣其义,必先读其书。"认为"凡欲显勋绩扬光烈者,莫良于学矣"。

王符把治理国家的希望寄托在明君和贤臣身上,而起主导作用的又是明君,因为只有明君才能识别和选拔贤臣。他说:"国之所以治者君明也,其所以乱者君暗也。"③他把"和阴阳"定为治国的最高准则,认为"凡人君之治,莫大于和阴阳"。"和阴阳"的前提是"顺天心","天心顺则阴阳和,天心逆则阴阳乖";而"天

---

① 《汉书》卷二四下《食货志下》。
② 《后汉书》卷七九《王符传》。
③ 《潜夫论·明暗》。

以民为心,民安乐则天心顺,民愁苦则天心逆"①。这实际上是将天心归结为民心,要统治者实行使民安乐的政策。

王符既重视德化,也重视法治,认为乱世更要注重法治。他说:"法禁所以为治也,不奉必乱。"②他显然认识到当时已进入乱世,所以批评"刑杀当不用,而德化可独任"的论调是"非变通者之论也,非叔世(末世)者之言也"③。他强调人君要做到"明操法术,自握权秉",认为:"凡为人上,法术明而赏罚必者,虽无言语而势自治……法术不明而赏罚不必者,虽日号令,然势自乱。"④这主张同君权已经旁落到外戚、宦官手中的现实形成鲜明的对照。

王符对当时统治集团的腐朽和贪鄙进行了尖锐的揭露和批评。他指出举士制度"名实不相副","以钱多为贤,以刚强为上",所以在位的多非其人。"令、长、守、相不思立功,贪残专恣,不奉法令,侵冤小民。"⑤《潜夫论》中的《劝将》《救边》《边议》和《实边》是王符论对羌族战争的文章。在《实边》中,他批评将帅只管"便身利己",欺骗朝廷。"实杀民百则言一,杀虏一则言百;或虏实多而谓之少,或实少而谓之多。"他们耗尽府库后,又向民间借贷,强夺财货,使"万民匮竭,因随以死亡","其为酷痛,甚于逢虏"。为了强迫边民内迁,拆屋毁田,"破其生业","万民怨痛,泣血叫号"。"幽、冀、兖、豫、荆、扬、蜀、汉,饥饿死亡,复失太半。"边地至今无人,都是官吏之过。类似这样的批评很多,充分反映出王符对当政者的不满和对人民所受苦难的同情。

针对社会的贪鄙之风,王符提出了"遏利"的主张。他批评世人对利的虚伪态度说:"世人之论也,靡不贵廉让而贱财利焉,及其行也,多释廉甘利。"他认为求利必然会导致不良后果,就像"象以齿焚身,蚌以珠剖体"一样。他还认为"利物"都是"天之财"。"天之制此财也,犹国君之有府库也。赋赏夺与,各有众寡,民岂得强取多哉?""盗人必诛",更何况是"盗天",最后必会受祸。他的结论是:"自古于今,上以天子,下至庶人,蔑(无)有好利而不亡者,好义而不彰者也。"⑥王符主张人不以利为追求目标,只有好义才能得到好的结果,实际上他也是"义以生利"的主张者。

王符的经济思想除上述遏利主张同经济思想有关外,主要有本末论、反浮侈

---

① 《潜夫论·本政》。
② 《潜夫论·明忠》。
③ 《潜夫论·衰制》。
④ 《潜夫论·明忠》。
⑤ 《潜夫论·考绩》。
⑥ 本段引文均见《潜夫论·遏利》。

论和爱日论。其中本末论和爱日论较前人的经济思想有重要的发展。

二、本末论和反浮侈论

在《务本》一文中，王符论述了"务本抑末"问题。他说："凡为治之大体，莫善于抑末而务本，莫不善于离本而饰末。"王符所说的务本抑末，范围比较广，不限于经济方面①，而经济方面的本末也不限于农本工商末的本末，而是提出了三条："夫富民者，以农桑为本，以游业为末；百工者，以致用为本，以巧饰为末；商贾者，以通货为本，以鬻奇为末。三者守本离末则民富，离本守末则民贫"。除了以农为本以外，他还认为工商业也各有本末，而不是一概归之于末业。

粗看起来，好像王符主张对农业和属于他所说的本的范围的工商业一视同仁，但实际上还是有差别的。他并没有拿农来同工、商并列，而是说"夫富民者，以农桑为本，以游业为末"；同时他在本文初还说，"夫为国者以富民为本"。两句话连在一起，就是：为国者以农桑为本。这正是农本思想的表现。接下来王符进一步解释"夫富民者，以农桑为本，以游业为末"说："夫用天之道，分地之利，六畜生于时，百物聚于野，此富国之本也。游业末事，以收民利，此贫邦之原也……故力田所以富国也。"农桑既是富民之本，又是富国之本。农桑的对立面是游食："今民去农桑，赴游业，披采众利，聚之一门，虽于私家有富，然公计愈贫矣。"这些论述同传统的重农思想并没有什么不同。

在以农为本的前提下，王符才又肯定工、商也各有本末。他解释说："百工者，所使备器也。器以便事为善，以胶固为上。今工好造雕琢之器，巧伪饰之，以欺民取贿，虽于奸工有利，而国界（计？）愈病矣。商贾者，所以通物也。物以任用为要，以坚牢为资。今商竞鬻无用之货、淫侈之币，以惑民取产，虽于淫商有得，然国计愈失矣。"奸工、淫商以及游业者"外虽有勤力富家之私名，然内有损民贫国之公实"。他们只能富家而不能富民富国，所以治国者要"明督工商，勿使淫伪，困辱游业，勿使擅利，宽假本农，而宠遂（荣达）学士"，这样才能使"民富而国平"。

王符认为，务本还是务末（包括经济的和非经济的），责任在于人君，而不在下民。下民的爱好随国君的爱好而定。人君"务本则虽虚伪之人皆归本，居末则虽笃敬之人皆就末"。人民就本还是就末，并不决定于他们自身的贤还是不肖，

---

① 非经济方面的本末，王符举了五个方面："教训者，以道义为本，以巧辩为末；辞语者，以信顺为本，以诡丽为末；列士者，以孝悌为本，以交游为末；孝悌者，以致养为本，以华观为末；人臣者，以忠正为本，以媚爱为末。五者守本离末则仁义兴，离本守末则道德崩。"

而是势不得不然。因此王符指出:"故明君莅国,必崇本抑末,以遏乱危之萌。"

王符所定的末的概念,实际上是从商鞅、《管子》开始的以奢侈品的生产、销售和游业为末的思想的继承和发展。在王符以前,虽然已经将工商业分为生产、销售必需品的工商业和生产、销售奢侈品的工商业,但从没有人称生产、销售必需品的工商业为本。从这个意义上说,王符的本末思想是对本的概念的扩大,表明了他对生产、销售必需品的工商业的重要性的新认识。但就被称为本的工商业的内涵来说,则又不是凭空产生,只是重复前人的观点。

在《浮侈》一文中,王符批评了浮侈的社会现象。他说:"一夫不耕,天下必受其饥者;一妇不织,天下必受其寒者。今举世舍农桑,趋商贾……治本者少,浮食者众……今察洛阳,浮末者什于农夫,虚伪游手者什于浮末。是则一夫耕,百人食之,一妇桑,百人衣之,以一奉百,孰能供之?天下百郡千县,市邑万数,类皆如此,本末何足相供?"在这里,王符好像忘记了上述本末的划分。从"舍农桑,趋商贾"和"治本者少,浮食者众"可以看出,"治本"的"本"已不包括工商业,工商业只能属于浮食一类了。"浮末者什于农夫,虚伪游手者什于浮末"的话将农夫、浮末、虚伪游手分为三级,则游手又不在浮末之内了。据此似乎可以说"浮食"等于"浮末"加"虚伪游手",则浮末只能指工商业了。由此可见,王符的本末论并没有贯彻始终,反映了理论上的不彻底性。王符分析"浮食者众"的后果同前人所说的大体相同:"饥寒并至,则安能不为非?为非则奸宄,奸宄繁多,则吏安能无严酷?严酷数加,则下安能无愁怨?"这样就会导致"国危"。

对于浮侈的表现,王符举出了衣食奢侈逾制,婚丧讲究排场,生产奢侈品、迷信品和小儿玩具,以及进行欺诈、迷信活动和遨游玩乐等。他指出生产奢侈品浪费了大量的人力物力。为了生产华丽的丝织用品,"费缯百缣(双丝绢),用功十倍","既不助长(良?)农工女,无有益于世,而坐食嘉谷,消费白日,毁败成功,以完为破,以牢为行(不牢),以大为小,以易为难"。京师贵戚为了生产一具棺材,令"工匠雕治,积累日月,计一棺之成,功将千万";造成后"重且万斤,非大众不能举,非大车不能挽","费功伤农,可为痛心"。"京师贵戚,衣服、饮食、车舆、文饰、庐舍皆过王制",他们的仆妾也"骄奢僭主"。由于浮侈已成为社会风气,所以"富者竞欲相过,贫者耻不逮及",甚至"一飨之所费,破终身之本业",可见其严重的程度。

这里所说的"用功十倍""功将千万""费功伤农"等中的"功",都是指所花的劳动日。不管这些产品是否采取商品的形式,王符所考虑的是具体劳动的耗费,而没有考虑是否增加了商品的价值。他不是讨论所投入的功比起所生产商品的价格来是否合算,而只是认为投入那么多功去创造的那种使用价值是很大的浪费。社会上对奢侈品的生产趋之若鹜,是因为生产者可从中获取厚利,但在王符看来仍然是得不偿失。王符虽然谈到了功,但没有涉及功的创造价值的属性,仍然是一种自然经济的劳动观。

三、爱日论

在《爱日》一文中,王符提出了"为民爱日",即爱惜劳动者劳动日的主张。他说:"国之所以为国者,以有民也。民之所以为民者,以有谷也。谷之所以丰殖者,以有人功也。功之所以能建者,以日力也。"所以劳动日是不能浪费的。

王符认为劳动者劳动日的多少决定于国家的治乱:"治国之日舒以长,故其民闲暇而力有余;乱国之日促以短,故其民困务而力不足。"这不是真的改变了日子的长短,而是因为:"君明察而百官治,下循正而得其所,则民安静而力有余,故视日长也。""君不明则百官乱而奸宄兴,法令鬻而役赋繁,则希民(布衣?)困于吏政,仕者穷于典礼,冤民[鬻]狱乃得直,烈士交私乃见保,奸臣肆心于上,乱化流行于下,君子载质而车驰,细民怀财而趋走,故视日短也。"每天的时间是不能变的,但在政治清明的社会中,占用劳动者劳动时间的情况较少发生,对劳动者来说,就好像日子变长了。而在政治腐败的社会中,办任何事情都要花很多精力和时间,劳动者不能主动掌握和利用时间,就好像日子变短了。

不误农时,无夺民时,这种不妨碍农时的主张由来已久。从吏治好坏来分析劳动日的多少,商鞅也曾提出。《商君书·垦令》说:"无宿(隔夜)治,则邪官不及为私利于民,而百官之情不相稽(阻滞)。[百官之情不相稽],则农有余日;邪官不及为私利于民,则农不败。农不败而有余日,则草必垦矣。"王符则从国家治乱的高度来分析其对劳动日的直接影响,而且做出了劳动日变长变短的形象比喻,论述的深度大大超过了前人。

王符还指出:"礼义生于富足,盗窃起于贫穷,富足生于宽暇,贫穷起于无日。"告诫统治者要懂得"力者乃民之本也,而国之基"的道理,做到"务省役而为民爱日"。他揭露当时"万官挠(扰)民",使人民丧失了大量劳动日的情况:百姓到官府有事,"非朝晡(下午三至五时)不得通,非意气(馈献)不得见"。有讼案时更费时日,直到事情了结,"竟亡一岁功,则天下独有受其饥者矣"。遇到冤案,从下到上,虽经逐级审理,仍维持原判。"正士怀冤结而不得信(申),猾吏崇奸宄而不痛坐,郡县所以易侵小民,而天下所以多饥穷也。"如此等等,都造成了劳动日的损失。为了诉讼及应付官事,一天使 10 万人不能从事农桑,加上每人又须二人护持,一天共使 30 万人离业。按中农的生产率计算,一年就要使"三百万口受其饥也"①。面对各级统治者都不"为民爱日",王符发出了如下的叹息:"然则盗贼何从消,太平何从作?""今民力不暇,谷何以生? 百姓不足,君孰与足?"

第九节 崔寔、荀悦、仲长统的经济思想

一、崔寔的经济思想

崔寔(? 一约170年),字子真,一名台,字元始,安平(今属河北)人。喜读书。父亲崔瑗死后,隐居墓侧守孝。服满后不赴三公(太尉、司徒、司空)征召,以卖酒维持生活。桓帝初被郡国举为至孝独行之士,应征后因病未参加对策,授为郎。后经大司农羊傅、少府何豹上书推荐,召拜议郎,迁为大将军梁冀的属官司马,在东观(宫中藏书处)从事著述。后出任五原(治今内蒙古包头西北)太守。五原人民不懂纺织技术,冬天无衣,卧在细草堆中取暖,见官则披草而出。他到任后,出卖自己的积蓄制作纺织工具,教人民种麻织布,"民得以免寒苦"。还注意加强边防,有效地防止了匈奴对五原的侵扰。因病征为议郎。延嘉二年(159年)梁冀失势自杀,他作为梁冀故吏而被禁锢(禁止做官)数年。后被推荐任辽东太守,母死回家守丧。服满召为尚书,因世乱称病不理事,不久免官回家。死时"家徒四壁立"②,甚至无钱下葬。著作有《政论》《四民月令》等。

《政论》作于桓帝初年,《后汉书》本传说它"指切时要,言辩而确,当世称之"。仲长统认为"凡为人主,宜写一通,置之坐侧"。原书共五卷,已佚,现存清人严可均辑本一卷③。

在《政论》中,崔寔指出当时的汉王朝已面临十分严峻的局面:"政令垢玩,上下怠懈,风俗彫(凋)敝,人庶巧伪,百姓嚣然",都希望得到"中兴之救"。他批评了官吏的种种不法行为。如诱买民间的商品而不付钱,致使"老弱冻饿,痛号道路……历年累岁,乃才给之"。但又只付给原价的十分之三,而且用一些无用之物来抵偿。所以百姓都怕官,"遁逃鼠窜,莫肯应募"。被迫为官府制造用品时,则质量低劣,"虚费财用,不周于事"。对于这种情况,"罚则不恕,不罚则不治",就使风俗移于欺诈,狱讼繁多,国家难以治理。

---

① 孟子说中农夫食七人(《孟子·万章下》),贡禹也说"中农食七人"。王符的推算则是中农食十人。故清人汪继培说:"'三百'当作'二百'。中农食七人,三十万人当食二百一十万人,云二百者,举成数也。"(《潜夫论笺》,中华书局1979年版,第220页)

② 《后汉书》卷五二《崔寔传》。

③ 本目《政论》引文均据严可均辑本。

崔寔反对复古,他说"济时拯世之术"并不在于"体尧蹈舜",而是在于"取时君所能行,要措(置)斯世于安宁之域而已"。他主张治国"宜参以霸政","宜重赏深罚以御之,明著法术以检(检察)之"。他说宣帝用严刑峻法治国,使"海内肃清,天下密如(安定),嘉瑞并集,屡获丰年";而元帝"多行宽政","遂为汉室基祸之主"。认为德教只能用于兴平时期,而治乱世只能靠刑罚。另一方面,崔寔又提出统治者要"甚畏其民,既畏其怨,又畏其罚,故养之如伤病,爱之如赤子,兢兢业业,惧以终始"。不要将"百姓之命委于酷吏之手",免得造成"仇满天下"的危局。

崔寔认为人都是要追求物质欲望的:"夫人之情,莫不乐富贵荣华,美服丽饰,铿锵炫耀,芬芳嘉味者也。昼则思之,夜则梦焉。唯斯之务,无须臾不存于心,犹急水之归下,川之赴壑。"因此,要建立制度来进行限制。"是故先王之御世也,必明法度以闭民欲,崇堤防以御水害。"他所说的堤防是法度,而董仲舒所说的堤防则是教化。

崔寔提出当时的天下之患有三,这三患都同经济有关。第一患是僭侈。他说:"今使列肆卖侈功,商贾鬻僭服,百工作淫器,民见可欲,不能不买,贾人之列,户蹈僭侈矣。"认为这是由于禁令不严而造成的。第二患是躬耕者少,末作者众。因为"农桑勤而利薄,工商逸而入厚",所以"农夫辍耒而雕镂,工女投杼而刺绣,躬耕者少,末作者众"。农业不能充分生产财富,造成了百姓的穷匮而成为"奸寇"。崔寔指出:"国以民为根,民以谷为命,命尽则根拔,根拔则本颠,此最为国家之毒忧。"第三患是奢侈厚葬之风。针对"多藏宝货"和"高坟大寝(坟墓)"等厚葬之风,崔寔表示了极大的愤慨:"是可忍也,孰不可忍!"他指出有些人对老亲生前不好好奉养,办理丧事却"竭家尽业,甘心而不恨",等到家财花光,则"起为盗贼",被捕定罪,甚至处死。他感叹说:"在位者则犯王法以聚敛,愚民则冒罪戮以为健,俗之坏败,乃至于斯!"

上述三患都是王符说过的,反映了当时的社会现实。崔寔经济思想的突出之点是关于厚俸养廉的理论。他将"仓廪实而知礼节,衣食足而知荣辱"的话应用到官吏身上,说明官俸不能太低。他指出:"人非食不活,衣食足,然后可教以礼义,威以刑罚。苟其不足,慈亲不能畜其子,况君能检其臣乎!"国家要靠群臣治理,然而他们的俸禄却"仰不足以养父母,俯不足以活妻子"。父母、妻子"冻馁,虽冒刃求利尚犹不避,况可令临财御众乎"!这就像"渴马守水,饿犬护肉",非侵夺不可。俸禄薄而不侵夺的廉洁官吏虽不是绝对没有,却是百不及一,不能作为通例。

崔寔认为三代的俸禄使官吏"足以代其耕",暴秦视臣下为奴仆,才实行薄俸政策。汉朝循而不改,致使"百里长吏,荷诸侯之任而食监门之禄"。百里长吏每月的俸禄是粟 20 石,钱 2 000。他应有随从一人,如果是雇来的话,每月要付工钱 1 000,副食品和柴火费各 500。自己和随从每月的口粮共 6 石。收支相抵,剩下来的只够喂马,冬夏衣被、四时祭祀和接待宾客的费用都没有着落,怎么能养活父母、妻子?这样,就会发生卖官鬻狱、监守自盗等违法行为。因此,崔寔主张适当增加官吏的俸禄,"使足代耕自供,以绝其内顾念奸之心",然后对受贿者加重治罪。认为这样做以后,"则吏内足于财,外惮严刑",就不会贪赃枉法了。

两汉低级官吏的俸禄确实比较低。稍后的荀悦和仲长统也都提到汉代的俸禄低,可见这在当时确是一个不容忽视的问题。增加俸禄又辅以严刑,是防止官吏贪污的有效措施,崔寔的主张是正确的。只是当时的朝廷已经不可能在增加俸禄和严格执法上有所作为。

此外,崔寔还谈到贫富差别问题。他认为实行井田制时贫富差别不大,秦朝毁坏法度,"尊奖并兼之人。乌氏以牧竖致财,宠比诸侯,寡妇清以攻丹殖业,礼以国宾。"这样就造成了贫富悬殊。下户无以为生,"乃父子低首,奴事富人,躬帅(率)妻孥,为之服役⋯⋯历代为虏,犹不赡于衣食,生有终身之勤,死有暴骨之忧。岁小不登,流离沟壑,嫁妻卖子",痛苦不堪。虽然他向往井田制,但并没有想到要复井田,只是提出从"人稠土狭"的地方"徙贫民不能自业者于宽地"的移民主张。

《四民月令》是仿《礼记·月令》(即《吕氏春秋》月令)体例,按月记述地主家庭的生产和经营时序的著作。在西汉末年,还有氾胜之著的农书,称为《氾胜之书》。两书均已佚,各有辑本。《四民月令》有清任兆麟、王谟、严可均和近人唐鸿学的辑本四种。

《四民月令》[①]所记的地主家庭的生产和经营活动,包括农作物栽培和农产品收藏,牲畜饲养,食品加工,织染布帛和缝制衣服,修治场圃、仓窖、沟渎和建造墙屋,制造手工业品,采集和制作药品,饮食卫生,物品保存,商品买卖,子弟入学,习武防盗,救济穷乏,亲邻交往,祭祀等各方面,为北方的地主家庭提供了一个详细的活动时间表。这个家庭的劳动者有家庭成员和女工、缝人、蚕妾、典馈、任田者等。

《四民月令》中关于商品买卖的记载有:二月"可粜粟、黍,大小豆、麻、麦子等,收薪炭"。三月"可粜黍,买布"。四月"可籴穬(大麦无皮毛者)及大麦、敝

---

① 本目《四民月令》引文均见严可均辑本,少数文字据贾思勰《齐民要术》卷三所引《四民月令》订正。

絮"。五月"可粜大小豆、胡麻(芝麻)、籴矿、大小麦,收敝絮及布帛,至后籴麰麳(屑),曝干置罂中密封,至冬可养马"。七月"粜大小麦、豆,收缣、练(白绢)"。八月"韦(牛皮)履贱好,预买以备冬寒";"粜种麦,籴黍"。十月"卖缣帛、敝絮,籴粟、豆、麻子"。十一月"籴粳稻、粟、豆、麻子"。买进的商品有的是供生产和生活所需,有的则为卖而买;卖出的商品有的是剩余农产品,有的则是原来买进的商品。卖出剩余农产品和买入商品,是一种营利活动,但书中并无关于赢利和货币收入的记载。

《四民月令》中的农家是书香门第,家中既有藏书,又抓紧子弟的教育。这种家庭重礼仪,敬尊长,睦邻里,恤贫寒。管理家庭经济的原则是:"无或蕴财忍人之穷,无或利名罄家继富,度入为出,处厥中焉。"意思是说,不要为了积财而过于刻苦,不要为了摆阔而耗尽家财,要量入为出,适得其中。这种家庭能救济穷人,搞好亲邻关系。《四民月令》指出,三月要"顺阳布德,振赡穷乏,务施九族,自亲者始"。九月"存问九族孤寡老病不能自存者,分厚彻重(分给厚重衣被),以救其寒"。十月五谷收成,"同宗有贫窭久丧不堪(能)葬者,则纠合宗人共与举之,以亲疏贫富为差"。十二月则召请宗族、姻亲、宾客,"讲好和礼,以笃恩纪"。

二、荀悦的经济思想

荀悦(148—209年),字仲豫,颍阴(今河南许昌)人。因宦官专权,荀悦托病隐居;献帝建安元年(196年)被镇东将军曹操征辟入府,不久升黄门侍郎,在宫中侍讲;建安三年任秘书监时,奉诏"抄撰《汉书》,略举其要"①;建安五年完成《汉纪》一书进呈,当时已升为侍中;建安十年八月,又完成《申鉴》五篇呈献帝②,作施政参考。献帝只是一个傀儡,这些书自然起不了什么作用。

《申鉴》开宗明义提出:"夫道之本,仁义而已矣。"所谓"申鉴",就是"申重"仁义这个"前鉴",做到以仁义"经其事业"。但荀悦又指出,"凡政之大经,法教而已矣",表明他所说的仁义包括法和教两个方面。而且他认为仁、义、礼、智、信五德都以法教为归宿,即所谓:"仁也者,慈此者也;义也者,宜此者也;礼也者,履此者也;信也者,守此者也;智也者,知此者也。"

荀悦认为君、臣、民是"一体"的:"君为元首,臣为股肱,民为手足。"国君应关心民间疾苦。他提出"太上不空市,其次不偷窃,其次不掠夺"。"不空市"指统治者和被统治者都不能无代价地取得对方的东西,而要做到"上以功惠绥民,下以

---

① 《汉纪序》。
② 完成《申鉴》的时间据《后汉纪》卷二九。

财力奉上"。上对下空市,下不肯奉上,统治者就会"为巧诈而取之",这叫作"偷窃"。人民有了防备,"偷窃"不得,统治者又会"暴迫而取之",这叫作"掠夺"。这样势必导致祸乱。

荀悦又提出"致治之术"要"屏四患"和"崇五政"。四患是指伪、私、放、奢,"伪乱俗,私坏法,放越轨,奢败制"。五政是指:"兴农桑以养其生,审好恶以正其俗,宣文教以章其化,立武备以秉其威,明赏罚以统其法。"四患中的奢和五政中的兴农桑是经济方面的项目。他指出要"先丰民财以定其(民)志",而要丰民财,就要做到"帝耕籍田,后桑蚕宫,国无游民,野无荒业,财不虚用,力不妄加",使人们得以养生。① 荀悦还指出:"国有四民,各修其业,不由四民之业者,谓之奸民,奸民不生,王道乃成。"②

荀悦的经济思想主要表现在土地问题上。他也像董仲舒、王莽那样提出了地主对农民的地租剥削问题。他说:"古者什一而税,以为天下之中正也。今汉民或百一而税,可谓鲜矣。然豪强富人占田逾侈,输其赋太半。官收百一之税,民收太半之赋。官家之惠优于三代,豪强之暴酷于亡秦,是上惠不通,威福分于豪强也。今不正其本,而务除租税,适足以资富强。""收太半之赋"是指地主向佃农收取占产量一半以上的地租。因为豪强占有大量的土地,所以减轻土地税只对豪强有利,不是正本的办法。

要正本,就要从土地占有关系入手。荀悦说:"夫土地者,天下之本也。"根据"《春秋》之义,诸侯不得专封,大夫不得专地",即诸侯和大夫的封地都只有使用权而没有所有权。而现在豪民占田,多的达数百千顷,富过王侯,这是"自专封";土地自由买卖,这是"自专地"。他反对专封、专地,但并不主张复井田。认为"井田之制宜于民众之时"实行,地广民稀时不需要;而在民众时因土地已被豪强占有,如果实行,豪强"并有怨心,则生纷乱"。只有在西汉和东汉初年人民稀少时,实行起来才比较容易,现在已不是实行的时间。井田制不能实行,荀悦主张采取限田的办法。他批评哀帝时限民占田不得过 30 顷的政策,指出即使实行也仍"有不平"。他提出:"宜以口数占田,为立科限,民得耕种,不得买卖,以赡民弱,以防兼并"。③ 荀悦没有提出限田的标准,总要比每户 30 顷的规定低得多。

在《申鉴·时事》中,荀悦又说:"专地非古也,井田非今也。然则如之何?曰:耕而勿有,以俟制度可也。""耕而勿有"即人们对土地只有使用权而没有所有

---

① 以上三段引文均见《申鉴·政体》。
② 《汉纪》卷一〇。
③ 以上两段引文均见《汉纪》卷八。

权。"以俟制度"即等待限田制度的建立。但当时也有主张复井田的。丞相主簿司马朗(171~217年)认为"承大乱之后,民人分散,土无业主,皆为公田",正是"复井田"①的有利时机。曹操既没有实行限田,也没有采纳复井田的建议。

董卓铸小钱以后,货币流通混乱,物物交换盛行。曹操当政后,对于如何整理币制有不同的意见。有人主张废钱,有人主张改铸四铢钱,有人主张恢复五铢钱的流通。荀悦是后一种意见的主张者。他说:"海内既平,行之而已。"有人认为当时京师缺乏五铢钱,如果恢复五铢钱的行使,远方的人就会"以无用之钱,市吾有用之物",造成"匮近而丰远"的后果。荀悦反驳说:"官之所急者谷也。牛马之禁不得出百里之外。若其他物,彼以其钱取之于左,用之于右,贸迁有无,周而通之,海内一家,何患焉?"他强调货币的流通手段职能,认为除谷物、牛马等少数紧张商品外,都应该听任贸易,自由流通。荀悦虽然没有说货币是有用之物,但显然不同意"匮近而丰远"的说法。由于五铢钱已被董卓大量熔毁,恢复流通后可能流通数量不足,荀悦提出可以"官铸而补之",但反对"收民之藏钱",以免扰民。他反驳废钱的主张说:"钱实便于事用,民乐行之,禁之难。今开难令以绝便事,禁民所乐,不茂矣。"②曹操决定恢复五铢钱的流通,可能是接受了荀悦的建议。

关于俸禄,荀悦指出:"先王之制禄也,下足以代耕,上足以充祀。故食禄之家不与下民争利,所以厉其公义,塞其私心,其或犯逾之者,则绳以政法。"③但"汉之禄也轻",禄轻则不利于养廉:"公禄贬则私利生,私利生则廉者匮而贪者丰也。夫丰贪生私,匮廉贬公,是乱也。"④荀悦感到当时并不具备增加俸禄的条件,只能从"正贪禄(惩办贪污),省闲冗"等方面作改进。

三、仲长统的经济思想

仲长统(180—220年),字公理,高平(今山东微山西北)人。他少好学,博览群书,长于文辞,由于敢直言,不拘小节,被有些人称为"狂生"⑤。仲长统多次称病拒绝州郡征召,后经尚书令荀彧的荐举,任尚书郎,后又参丞相曹操军事。著作有《昌言》,已散佚不全,仅在《后汉书》本传、《群书治要》《意林》《齐民要术》中保留少部分内容。

---

① 《三国志》卷一五《司马朗传》。
② 本段引文均见《申鉴·时事》。
③ 《汉纪》卷五。
④ 《申鉴·时事》。
⑤ 《后汉书》卷四九《仲长统传》。

仲长统反对用天命来解释人事,提出了"人事为本,天道为末"的论点。他认为汉高祖、光武帝是"受命之圣主",萧何、曹参、丙吉、魏相、陈平、周勃、霍光等是"一代之名臣",他们"之所以震威四海,布德生民,建功立业,流名百世者,唯人事之尽耳,无天道之学焉"。他承认有"天之道",那是指自然规律,人们可以顺应这些规律,如"指星辰以授民事,顺四时而兴功业"等,同所谓吉凶预兆无关。他尖锐地指出:"信天道而背人事者,是昏乱迷惑之主,覆国亡家之臣也。"①

对于王朝的治乱兴亡,仲长统也用人事来解释。他认为在争夺天下时,豪杰并起,通过斗智和斗力,取得胜利者成为开国之君。后代继承为君时,"豪杰之心既绝,士民之志已定,贵有常家,尊在一人",即使是"下愚之才"也能统治天下。再后来的"愚主"自以为"天下莫敢与之违",因而荒淫无极,宠任奸佞;"使饿狼守庖厨,饥虎牧牢豚,遂至熬天下之脂膏,斫生人之骨髓"。于是"祸乱并起","昔之为我哺乳之子孙者,今尽是我饮血之寇仇也"。他说这种周而复始的变化是"天道常然之大数",即是一种规律。他看到从秦以来不到500年而"大难三起",因此得出了"乱世长而化世短"的结论,不知出路何在。②

关于德教和刑罚,仲长统强调德教。他说:"德教者,人君之常任也,而刑罚为之佐助焉。"但也要考虑时势的不同:"奸宄之成群,非严刑峻法,则不能破其党。时势不同,所用之数亦宜异也。"③法制要靠人来执行,"君子用法制而至于化,小人用法制而至于乱"④,因此要注意用人。他对外戚、宦官专权的情况提出了批评,主张"政不分于外威之家,权不入于宦竖之门"⑤。

仲长统指出从汉兴以来,"同为编户齐民,而以财力相君长者,世无数焉"。他对这些人的豪富和奢侈生活进行了抨击,其中说:"豪人之室,连栋数百,膏田满野,奴婢千群,徒附万计。船车贾贩,周于四方;废居积贮,满于都城。琦(贵重)赂(财物)宝货,巨室不能容;马牛羊豕,山谷不能受。妖童美妾,填乎绮(美)室;倡讴伎乐,列乎深堂……三牲之肉,臭而不可食;清醇之酎(重酿酒),败而不可饮。"

仲长统提出了治国纲领16条,称为"政务":"明版籍以相数阅,审什伍以相连持,限夫田以断并兼,定五刑以救死亡,益君长以兴政理,急农桑以丰委积,去末作以一本业,敦教学以移情性,表德行以厉风俗,核才艺以叙官宜,简精悍以习

---

① 本段引文均见《群书治要》卷四五。
② 本段引文均见《后汉书》卷四九《仲长统传》。
③ 《群书治要》卷四五。
④ 《后汉书》卷四九《仲长统传》。
⑤ 《群书治要》卷四五。

师田,修武器以存守战,严禁令以防僭差,信赏罚以验惩劝,纠游戏以杜奸邪,察苛刻以绝烦暴。"①其中同经济有关的主要有四条:明版籍以相数阅,限夫田以断并兼,急农桑以丰委积,去末作以一本业。以下分别予以说明。

"明版籍以相数阅"。"版籍"即户口册。此句意为造好户口册以便于查阅。现存史料没有仲长统对此条所做的解释。和他同时代的建安七子之一徐幹(171—218年)曾著文论述统治者知民数的重要性。徐幹指出一切政事都要以知民数为前提:"故民数者,庶事之所自出也,莫不取正焉。以分田里,以令贡赋,以造罢用,以制禄食,以起田役,以作军旅,国以之建典,家以之立度,五礼用修,九刑用措者,其惟审民数乎。"②仲长统不一定和徐幹有完全相同的认识,但由此可以想见他将"明版籍以相数阅"作为首条政务所包含的深刻内涵。当时经过战乱,户籍混乱,进行户籍整理尤为重要。

"限夫田以断并兼"。"限夫田"就是限制每夫的占田数。仲长统的理想是复井田,认为"欲张太平之纪纲,立至化之基趾,齐民财之丰寡,正风俗之奢俭,非井田实莫由也"。他分析井田制破坏以后的情况说:"井田之变,豪人货殖,馆舍布于州郡,田亩连于方国……荣乐过于封君,势力侔于守令。财赂自营,犯法不坐。刺客死士,为之投命。至使弱力少智之子,被穿帷败,寄死不敛,冤枉穷困,不敢自理。虽亦由网禁疏阔,盖分田无限使之然也。"土地占有的不平等是封建社会一切不平等的根源,仲长统正确地指出了这一点。但他知道复井田并不是想做就能做的事,故又提出了解决当前土地问题的具体主张。他指出当时"田无常主","土广民稀",中等以下的土地多未开垦。这些未开垦的土地都是官田,可分配给"力堪农事"的农民耕种,但不能"听其自取",以免造成奸弊。同时还要对"大家"(富户)的占有土地进行限制,"勿令过制",这就是"限夫田以断并兼"的意思。至于以多少亩为最高限额则没有说明。

"急农桑以丰委积"。战争使经济凋敝,社会动乱,仲长统分析当时人民的困苦之状说:"盗贼凶荒,九州代作,饥馑暴至,军旅卒(猝)发,横税弱人,割夺吏禄,所恃者寡,所取者猥(多),万里悬乏,首尾不救,徭役并起,农桑失业,兆民呼蹉于昊天,贫穷转死于沟壑矣。"因此恢复和发展农业生产、增加粮食储备是当务之急。民间生产的粮食通过税收有一部分成为国家的储备。税收有税率问题,仲长统主张"租税十一,更赋如旧"。汉景帝将田赋降为三十税一,仲长统认为这样"不循古法,规为轻税",一遇战争或灾荒,就会入不敷出。他借孟子的话批评说:

---

① 以上两段引文均见《后汉书》卷四九《仲长统传》。
② 《中论·民数》。"以造罢用"原作"以造罢用",据《文献通考·职役一》校改。

"二十税一,名之曰貉,况三十税一乎?"他估计当时每亩可收 3 斛,认为每亩收税 3 斗不算多。按照这标准征收,"一岁之间,则有数年之储,虽兴非法之役,恣奢侈之欲,广爱幸之赐,犹未能尽也"。① 实际上税率的多少并不是一个适用于一切时代的抽象的原则。景帝时三十税一已经足用,就没有必要提高税率,武帝初年的财政积累充裕就说明当时的税率是恰当的。仲长统主张什一税,认为三十税一已不能满足财政开支的需要,这可能符合东汉末年的情况,但以此来否定西汉的三十税一则是混淆了不同时代对税率的不同要求。

"去末作以一本业"。现存史料没有仲长统对此条的解释。称末为"末作",一般是指末技一类的末,又加上"去"字,则仍应是先秦"禁末"的意思。"去末作以一本业"接近于贾谊的驱民归农的主张。

---

① 以上两段引文均见《后汉书》卷四九《仲长统传》。

第五章 三国至五代的经济思想

(220—960年)

第一节 三国至五代的政治和经济

一、魏晋南北朝的政治和经济

魏晋南北朝的360多年间,只有西晋时有短暂的统一,其余都处于分裂的状态中。

魏元帝景元四年(263年),魏灭蜀汉。两年后,司马炎(晋武帝)夺取了曹魏的政权,建立晋朝,史称西晋(265—316年)。武帝太康元年(280年),晋灭吴,中国复归统一。

三国时各国都实行屯田,魏国尤为普遍。屯田农户按军事编制,归屯田官统率。它对曹操的军事胜利和魏国初期政权的巩固起了积极的作用。由于豪强兼并,以及军事编制不能适应新的情况,屯田制难以继续维持。晋武帝在即位前后两次下令罢屯田官,原来的屯田农民成为归郡县管辖的国家或私人的佃客。

太康元年宣布实行占田制。占田制规定:国王公侯在京城近郊的占田数,大国15顷,次国10顷,小国7顷;职官占田数,一品50顷,以下每品递减5顷,至九品为10顷;农民男子一人占田70亩,女子30亩。另外,还对职官的荫户数加以限制。实行这一制度,对贵族来说,是对他们的封建特权作适当的限制;对农民来说,则是要使他们保有必要的土地数量以资耕作。这一制度并没有认真地执行,因为八九年以后尚书郎李重就已说"人之田宅既无定限"①,根本没有提到前几年曾有限制占田之事。

在宣布实行占田制时也规定了征收田租和户调的标准。租调制原是曹操于建安九年(204年)开始实行的赋税制度。田租每亩4升,户调绢2匹、绵2斤。

---

① 《晋书》卷四六《李重传》。李剑农将李重说这话的时间定在太康九、十年间(《魏晋南北朝隋唐经济史稿》,中华书局1963年版,第129页)。

户调是取代汉代的算赋、口赋的,曹操取消货币赋税,是为了适应货币经济衰退的客观情况。晋武帝继续实行租调制,而改变其征收标准。丁男课田50亩,丁女20亩,次丁男25亩,次丁女不课。田租每亩8升,户调以丁男作户主的绢3匹、绵3斤,以丁女或次丁男作户主的减半。这里的征收标准只是一个平均数,每户的实际负担还要进行"九品相通"①,即按资产分九等来确定。

史称晋武帝太康年间"天下无事,赋税平均,人咸安其业而乐其事"②,但实际上早已潜伏着深刻的政治危机和社会危机。武帝分封的同姓王,具有选用官吏和设置军队的权力,因此一有机会就能起兵作乱。武帝死后的第二年即惠帝永平元年(291年),就爆发了长达16年之久的八王之乱。统治集团互相残杀,各族人民灾难深重,被迫流亡或起义。北方各少数民族贵族则乘机攻城掠地,纷纷建立割据政权。

建兴四年(316年),匈奴贵族刘曜围长安,晋愍帝出降。次年,琅邪王司马睿在建康(今江苏南京)即皇帝位,是为东晋(317—420年)。以后相继建立的宋(420—479年)、齐(479—502年)、梁(502—557年)、陈(557—589年)四朝,史称南朝。

西晋末年以来,北方人民大量流入南方。他们补充了南方的劳动力,带来了比较先进的生产工具和生产技术,促进了南方经济的发展。特别是长江流域,已成为富饶的地区。

东晋于成帝咸和五年(330年)实行度田收租,每亩税米3升。哀帝即位(361年),减为2升。孝武帝太元元年(376年)废除度田收租制,改为按口征收,口税米3石。八年增至5石。宋、齐的户调改为征布,因此租调也称租布。租布仍按资产征收,有时还部分折钱。梁武帝天监元年(502年)改为按人丁征收。《隋书·食货志》说南朝的租调为:"丁男调布绢各二丈,丝三两,绵八两,禄绢八尺,禄绵三两二分,租米五石,禄米二石。丁女并半之。"这应是梁、陈的制度③。除租调外,还有田税、杂税和力役。

北方自西晋亡后,各少数民族贵族长期混战,破坏极其严重。东晋孝武帝太元十一年,鲜卑族拓跋珪即代王位,同年改国号为魏,史称北魏(386—534年)。太武帝太延五年(439年)完成了北方的统一,结束了十六国时期。孝武帝永熙三年(534年)北魏分裂为东魏(534—550年)和西魏(534—557年)。不久东、西

---

① 《初学记》卷二七《绢》引《晋故事》。
② 《晋书》卷二六《食货志》。
③ 韩国磐:《南朝经济试探》,上海人民出版社1963年版,第112页。

魏分别为北齐(550—577年)、北周(557—581年)所代。周又灭齐。周静帝大定元年(581年)，外戚杨坚(宣帝皇后父、隋文帝)灭周，建立隋朝(581—618年)。文帝开皇十一年(591年)，隋灭陈，中国复归统一。从统一北方后的北魏到灭陈前的隋朝，史称北朝。

北魏原来的租调标准是：户调帛2匹，絮2斤，丝1斤，粟20石。每户还要交帛1匹2丈存放州库，供商人贸易取利，以充地方政府经费。北魏像西晋一样，"以九品混通"①定税，此外还有许多临时征发。孝文帝太和八年(484年)开始为官吏制俸禄，罢去为官府贸易的商人，严禁贪污。为此，每户增加帛3匹，谷2石9斗，又将存放州库的帛增至2匹。

在北方相继建立的政权中，北魏是比较重视农业生产的。在它的发展过程中，曾采用"计口授田"②、屯田等办法来发展农业。在长期战乱以后，国家手中有大量无主荒田。为了使丧失土地的人民成为直接由国家掌握的纳税农民，不致被豪家所隐占，太和九年根据李安世的建设实行了均田制。均田制一直延续到唐中叶才彻底崩溃，但各朝的具体办法不尽相同。

实行均田制的次年，又根据李冲的建议设立三长和改革赋税制度。三长是指五家为邻的邻长、五邻为里的里长和五里为党的党长。"旧无三长，惟立宗主督护，所以民多隐冒，五十、三十家方为一户。"③设立三长的目的是为了检核户口，催管税赋，限制豪强的隐占。改租调以户为单位为以一夫一妇为单位，而且取消了"九品混通"的办法。一夫一妇出帛1匹，粟2石，出麻的地方则出布1匹。民15岁以上未娶的四人当一夫一妇。奴婢任耕织的八人当一夫一妇。耕牛20头当一夫一妇。实行新税制后，一般农户的负担比原来要轻得多。北齐、北周的租调标准又有变化。

魏晋南北朝时期货币经济衰退，以谷帛为币的情况严重。在使用钱币之处，新旧钱并用，大小杂出。新铸的钱币钱文变化多端，可以分为八种类型。

(1) 纪重：除五铢外，南朝宋文帝时铸四铢，宋前废帝时铸两铢等。

(2) 纪值：蜀汉铸直(值)百。

(3) 纪值加纪重：蜀汉铸直百五铢。

(4) 名称加纪值：蜀汉铸太平百钱、定平一百，孙吴铸大泉五百、大泉当千等。

---

① 《魏书》卷一一〇《食货志》。
② 《魏书》卷二《太祖纪》天兴元年，卷三《太宗纪上》永兴五年。
③ 《魏书》卷五三《李冲传》。

(5) 名称加纪重：南朝陈宣帝铸太货六铢，北齐文宣帝铸常平五铢。

(6) 年号：成汉李寿铸汉兴，南朝宋前废帝铸永光、景和。

(7) 年号加纪重：南朝宋孝武帝铸孝建四铢，北魏孝文帝铸太和五铢，孝庄帝铸永安五铢等。

(8) 名称：后赵石勒铸丰货，北朝周武帝铸布泉、五行大布，周静帝铸永通万国等。

另一方面，这一时期也是货币经济由衰落走向逐步恢复的时期，南方比北方又恢复得较快一些。

魏晋时期两汉经学衰微，玄学兴起。玄学家用老庄思想糅合儒家经义，以门第、仪容、清谈相标榜，少数人主张毁弃礼法，多数人仍主张维护儒家的伦理观念。东晋以后，佛学和玄学合流，佛学渐盛，玄学渐衰。南北朝统治者大多信佛，寺院势力很大。中国最早的当铺——质库就产生于南朝的寺院。

魏晋南北朝的经济思想也处于衰退时期，除西晋傅玄外，都只有一些零星的议论。傅玄虽可能有较丰富的经济思想，但因他的论著大部分已失传，保留下来的经济思想资料并不多。北魏的贾思勰著有《齐民要术》，是一部农学著作，经济理论方面的创见不多。由于货币流通的混乱，产生了关于货币制度的多种主张，使得在不很发达的经济思想中，货币思想占有了突出的地位，在货币理论上有新的发展。讥刺货币权力和货币拜物教现象的名文《钱神论》也产生于西晋。

二、隋唐五代的政治和经济

隋文帝是以节俭著称的皇帝。在他统治时期，生产发展，人口增加，国用充裕。他置仓积谷，预防灾荒。除官仓外，还有义仓（社仓）。北齐的租调中有"义租"的名称，一床（一夫一妇）交义租粟 5 斗，奴婢减半，牛每头 5 升。在州郡建立富人仓，义租贮入仓内，供调节粮价用。这是义仓的前身。文帝开皇五年（585 年）根据度支尚书长孙平的建议，在秋收时向民户分等征粮贮于里社，由社司管理，以备荒年赈济用，名为"义仓"。开皇十六年，规定上户征粟麦不过 1 石，中户不过 7 斗，下户不过 4 斗。

炀帝即位后，征发民工营建洛阳，开掘通济渠和永济渠，还进行其他工程，又发动对高丽的侵略战争。沟通南北大运河的开成，对以后中国经济、文化的发展起着很大的作用。但炀帝的滥用民力和穷奢极侈的挥霍享受，很快激化了阶级矛盾。从大业七年（611 年）起，就爆发了大规模的农民起义。

在农民起义的基础上，贵族李渊（唐高祖）于隋恭帝义宁二年（618 年）称帝，建立唐朝（618—907 年）。在其子李世民（太宗）的指挥下，消灭了割据势力，统一了中国。经过战争的破坏，唐初户口从隋盛时的将近 900 万户降到 200 多万户。"自伊、洛以东,暨乎海、岱,灌莽巨泽,苍茫千里,人烟断绝,鸡犬不闻,道路萧条,进退艰阻"[1]。在太宗统治时期,实行有利于安定人民生活和恢复生产的政策,使国家逐步走向繁荣,被称为"贞观之治"。

高祖武德七年(624年)宣布实行均田和租庸调制。唐朝以3岁以下的男女为黄,4至15岁的为小,16至20岁的为中,21至59岁的为丁,60岁以上的为老。给田办法是:18岁以上的男丁给田一顷,其中20亩为永业田,80亩为口分田,后者在身死后归还国家。老男和残废人给田40亩。寡妻、寡妾给田30亩,为户主的加20亩。道士、和尚给田30亩,女道士、尼姑20亩。工商业者按男丁减半给田,狭乡不给。各级官员也有永业田,九品至正一品给田200亩至1万亩,勋官给田60至3 000亩。均田制的实行,对唐初农业生产的恢复和发展起了积极作用。但它只是分配国有的荒地,在荒地不足的地区就不可能得到充分的执行。随着土地兼并的加强,均田制逐渐趋于崩溃。

租庸调制中的庸是代替力役的赋税。隋朝已有用输庸来代替兵役或50岁以上者的力役的办法,唐朝加以推广。租庸调按人丁征收,每丁每年交租粟2石。调随乡土所产,蚕乡交绫、绢、绸(粗绸)各2丈,绵3两;非蚕乡交布2丈5尺,麻3斤。每丁每年服徭役20日,闰年加2日;如不服役,每日交庸绢3尺或布3尺7寸5分。如额外加役,加役15日可免调,30日租调全免。除租庸调外,还有户税、地税和杂役。户税按户等征钱。地税是征义仓粮,每亩2升,存贮州县。高宗永徽二年(651年)改为按户等征收,上上户5石。玄宗开元二十五年(737年)恢复地税,商人无田则仍按户等征收。租庸调制在杨炎实行两税法时废除。

玄宗开元年间(713—741年),国势强盛,社会安定,经济繁荣,被称为"开元之治"。当时"米斗至十三文,青、齐谷斗至五文。自后天下无贵物……东至宋、汴,西至岐州,夹路列店肆待客,酒馔丰溢,每店皆有驴赁客乘,倏忽数十里,谓之驿驴。南诣荆、襄,北至太原、范阳,西至蜀川、凉府,皆有店肆以供商旅,远适数千里,不持寸刃。"[2]但这时的社会矛盾也在发展。天宝十四载(755年),范阳(治今北京)、平卢(治今辽宁朝阳)、河东(治今山西太原晋源镇)三镇节度使安禄山起兵叛乱,造成了历时七年的安史之乱。从此,唐王朝由盛转衰,藩镇割据的局面一直延续到五代十国时期(907—960年)。中间还经过了一次由王仙芝、黄巢领导的农民大起义。

唐代的工商业有很大发展。重要的手工业有丝织、染色、坑冶、造船、制瓷、水力磨粉、印刷、造纸、制糖等。较大的城市都有相当种类的手工业作坊。京城

---

[1] 《旧唐书》卷七一《魏徵传》。
[2] 《通典·食货七》。

长安有东、西市,东市有220行。洛阳南市有120行。扬州是南北交通的枢纽,又是对外贸易的商埠。广州的对外贸易也很兴盛。大食(阿拉伯帝国)、波斯(今伊朗)有许多商人来中国经商,不少人长期在中国居住。

唐初对钱币的名称进行了一次改革。高祖武德四年废五铢钱,改钱文为"开元通宝"(或读"开通元宝"),每枚重2.4铢。因唐代衡制的单位重量和汉代不同,故重2.4铢的开元钱反而比重5铢的五铢钱略重。10枚开元钱重一两,一两等于10钱的衡制即源于此。开元钱也像西汉的五铢钱一样,常为后人所赞扬。高宗乾封元年(666年)铸乾封泉宝当十钱,造成物价上涨,次年即废。肃宗乾元时曾铸大钱乾元重宝,不久亦废。武宗会昌五年(845年)并省全国佛寺,用废寺的铜器铸开元钱,钱背有一字代表年号(昌)或铸地,俗称"会昌开元"。唐代绢帛仍起货币作用,白银的货币性有所加强,杂货也可用来作为交换媒介。由于钱币数量不足,政府还有意推行货币多元化的政策。五代十国期间,钱币流通又进入了混乱时期。

在信用制度方面,南朝的寺院质库已成为一种独立的行业。隋朝曾发给京官和各州政府公廨钱,用来经商或放债取利,将收入作为官府的行政费用。唐朝也在各地设置公廨本钱(又称食利本钱),交专人营运,收取息钱。唐代民间常有在店铺存钱的事。有一种柜坊,它的业务之一是替人保管钱物。唐后期还产生了汇兑业务,称为"飞钱"或"便换"。

隋唐五代的经济思想总的来说还缺乏系统性,而且较重要的经济思想都集中在唐玄宗至宪宗的一段时间内。论述经济问题涉及面比较广的只有陆贽和白居易。在财政思想方面,反对两税征钱是一个带有普遍性的意见。在商品和货币流通的问题上,唐代的思想家往往是在吸取和改造李悝、贾谊和《管子·轻重》的理论的基础上提出自己的理论和主张。《管子·轻重》自东汉以后就不大有人注意。傅玄说:"《管子》书过半是后之好事者所加,《轻重》篇尤鄙俗。"[①]唐代有些学者却不嫌它鄙俗,从中吸取了一些有积极意义的理论。但他们吸取的只是轻重理论的个别方面,并没有建立起一个类似于《管子·轻重》的理论体系。

第二节　傅玄、鲁褒、孔琳之的经济思想

一、傅玄的经济思想

傅玄(217—278年),字休奕,泥阳(今陕西铜州耀州东南)人。曹魏时傅玄

---

① 《傅子》卷三。

被州举为秀才,官郎中,参加编写《魏书》,后来任温县县令,升弘农太守,领典农校尉(屯田官)。魏元帝咸熙元年(264年)建五等爵,傅玄被封为鹑觚(今甘肃灵台)男,次年官散骑常侍,同年司马炎代魏,进爵为鹑觚子,加驸马都尉,迁侍中。因同散骑常侍皇甫陶不和,两人都被免官。泰始四年(268年)傅玄为御史中丞;五年迁太仆,转司隶校尉;咸宁四年(278年)免官;后死于家,谥"刚",后追封清泉侯。著作有《傅子》120卷,已佚。现存有《傅子》《傅鹑觚集》辑本多种。

傅玄反对当时的玄学清淡之风,认为儒学是"王教之首",主张"尊儒尚学"①,重新确定儒学的统治地位。他强调要"以礼教兴天下",指出:"礼义者,先王之藩卫也。秦废礼义,是去其藩卫也。"②但傅玄也很重视法,将礼、法放在一起,说"立善防恶谓之礼,禁非立是谓之法"。他甚至认为在乱世时法的作用比礼更大:"治世之民从善者多,上立德而下服其化,故先礼而后刑也。乱世之民从善者少,上不能以德化之,故先刑而后礼也。"③统治者必须礼、刑并用,才能治理好国家。

战国时的告子曾用水来比喻人性的无善恶④。傅玄也用水来做比喻:"人之性如水焉,置之圆则圆,置之方则方"⑤。后天形成的人性具有两重性,既"有好善尚德之性,而又贪荣而重利"⑥。人性有"重利"的一面,要从自己的利益出发来考虑问题,因此利对人们的品德形成有导向的作用:"人之性避害从利,故利出于礼让即修礼让,利出于力争则任力争。"他批评商鞅、韩非、孙武、吴起等只"知人性之贪得乐进,而不知兼济其善",实行"使天下唯力是恃,唯争是务"⑦的政策,结果只能造成大乱。傅玄还强调统治者要为民兴利,指出:"仁人在位常为天下所归者,无他也,善为天下兴利而已矣。"⑧

傅玄的经济思想有四民分业定人论、贵农贱商论和赋役论等。

四民分业定人论是要确定士、农、工、商四种职业的人数。傅玄说先王把人们的职业分为士、农、工、商四种,使他们"各一其业而殊其务。自士已上子弟,为之立太学以教之,选明师以训之,各随其才优劣而授用之。农以丰其食,工

---

① 《晋书》卷四七《傅玄传》。
② 《傅子·礼乐》。
③ 《傅子·法刑》。
④ 《孟子·告子上》:"告子曰:'性犹湍水也,决诸东方则东流,决诸西方则西流。人性之无分于善不善也,犹水之无分于东西也。'"
⑤ 《傅子》卷三。
⑥ 《傅子·戒言》。
⑦ 《傅子·贵教》。
⑧ 《傅子》卷二附录。

以足其器,商贾以通其货。故虽天下之大,兆庶之众,无有一人游手。"①在他的理想社会中,人人都有正当职业,根本没有游民。他认为古时的社会"民朴而化淳,上少欲而下鲜伪,衣足以暖身,食足以充口,器足以给用,居足以避风雨"。四民都具有自己的职业道德:"言非典义,学士不以经心;事非田桑,农夫不以乱业;器非时用,工人不以措手;物非世资,商贾不以适市。士思其训,农思其务,工思其用,贾思其常,是以上用足而下不匮。"②这也就是傅玄治国的理想目标。

为了实现上述目标,傅玄提出:"明主之治也,分其业而壹其事。业分则不相乱,事壹则各尽其力"③。"为政之要,计人而置官,分人而授事,士农工商之分不可斯须(一刻)废也。"他说"汉魏不定其分",以致"百官子弟不修经艺而务交游,未知莅事而坐享天禄;农工之业多废,或逐淫利而离其事"。晋朝建国不久,对汉魏之失还未有改正,因此建议晋武帝"亟定其制,通计天下若干人为士,足以副在官之吏;若干人为农,三年足有一年之储;若干人为工,足其器用;若干人为商贾,足以通货而已"。这是要皇帝根据社会的实际需要迅速确定四民的人数。这里虽然说的是四定,实际上只是三定,即规定士、工、商的人数,从事农业的人数则是三定的结果。所以他又说:"计天下文武之官足为副贰(辅佐)者使学,其余皆归之于农。若百工商贾有长(余)者,亦皆归之于农。"

傅玄还指出:王人赐官,冗散无事者,不督使学,则当使耕,无缘放之使坐食百姓也。今文武之官既众,而拜赐不在职者又多,加以服役为兵,不得耕稼,当农者之半,南面食禄者参(三)倍于前。使冗散之官农,而收其租税,家得其实,而天下之谷可以无乏矣。"并认为:"夫家足食,为子则孝,为父则慈,为兄则友,为弟则悌。天下足食,则仁义之教可不令而行也。"为了论证冗散之官应当参加农业生产,他说古时的"圣帝明王,贤佐俊士,皆尝从事于农",如"禹稷躬稼,祚流后世";"伊尹古之名臣,耕于有莘;晏婴齐之大夫,避庄公之难,亦耕于海滨"。④

对于称职的官,傅玄则主张重其爵禄,认为这是使吏治清明的先决条件。他在《重爵禄》中说:"夫弃家门委身于公朝,荣不足以庇宗人,禄不足以济家室,骨肉怨于内,交党离于外,仁孝之道亏,名誉之利损,能守志而不移

---

① 《晋书》卷四七《傅玄传》。
② 《傅子·检商贾》。
③ 《傅子·安民》。
④ 以上两段引文未注明出处的均见《晋书》卷四七《傅玄传》。

者,鲜矣。"即使是像伯夷、叔齐这样的人,如果俸禄太薄,"近不足以济其身,远不足以及室家,父母饿于前,妻子馁于后",也不可能做到"顾公制而守死"。重爵禄的主张从东汉末以来常有人提出,他们都希望通过厚俸以养廉。

四民分业定人论的实际意义在于保证农业生产的劳动力,以恢复因长期战争而造成的对经济的严重破坏。按适当比例在各业之间分配劳动力,本来是客观经济规律的要求。傅玄的四民分业定人论从原则上来说是符合这一规律的要求的。但实际的社会分工非常复杂,并不是简简单单地由无差别的士、农、工、商四种人组成。封建国家不可能对各业劳动力的分配比例做出符合实际的计算,即使能够计算也不可能按计算的结果进行安排,而且要使士、工、商的多余人口归农还需要解决归农者的土地问题。因此傅玄的分业定人主张动机虽好,却只能是一种无法实现的空想。

"贵农贱商"是重农抑商的另一种说法。傅玄在《检商贾》中说:"夫商贾者,所以伸盈虚而权天地之利,通有无而壹四海之财,其人可甚贱,而其业不可废。"这句话表示了傅玄对商业和商人的不同态度:商业是社会所必需的,商人却应受到人们的贱视。"其人可甚贱"的理由是商人要进行欺诈、专利和兼并等活动。他说自"秦乱四民"以后,人们"竞逐末利而弃本业",形成了"苟合壹切之风","于是士树奸于朝,贾穷伪于市,臣挟邪以罔其君,子怀利以诈其父。一人唱欲而亿兆和,上逞无厌之欲,下充无极之求。都有专市之贾,邑有倾世之商。商贾富乎公室,农夫伏于陇亩而堕沟壑。"另外,"商贾专利则四方之资困,民擅山泽则兼并之路开"。因此他要求"明君"做到"急商而缓农,贵本而贱末",使"朝无蔽贤之臣,市无专利之贾,国无擅山泽之民"。从这些有关商人的议论可见,傅玄的贱商主张意在防止形成垄断商人,抑制大商人的兼并活动,以巩固农业社会的社会秩序。

傅玄对于当时的屯田制提出了两点改进意见。第一,关于农产品的分配。曹魏时屯田如用官牛耕种,收成时官得六分,兵得四分;如用私牛耕种,官兵各半。但晋初改变分成办法,用官牛耕种的官得八分,兵得二分;用私牛耕种或不用牛的,官得七分,兵得三分。他建议恢复原来的分配比例,认为这样做"则天下兵作欢然悦乐,爱惜成谷,无有损弃之忧"。这是主张通过降低国家对收成的分配比例以提高屯田兵的劳动积极性。第二,关于人均耕地面积。魏初屯田,每一个劳动力所耕种的土地数量比较适当,"不务多其顷亩,但务修其功力",所以单位面积产量比较高,亩产量从十余斛至数十斛。但后来只追求扩大课田亩数,对屯田兵更为严重,所以亩产量只有数斛,甚至"不足以偿种"。他说这不是由于自然条件有什么变化,"其病正在于务多顷亩而功不修耳"①。这就是说精耕细作比广种薄收对发展农业生产更有利。这两点意见都是正确的。

在赋役方面,傅玄提出要"量民力以役赋"②,"计民丰约而平均之,使力足以供事,财足以周用"③。赋役的征收既要考虑征收对象的负担能力,又要做到合理负担。"量民力以役赋"的前提条件是统治者要克服奢侈之风。傅玄列举社会上的奢侈表现,如"一首之饰,盈千金之资;婢妾之服,兼四海之珍"等。而造成奢侈之风的根源则在于统治者不节制自己的欲望,主张通过"息欲"和"明制"④来予以克服。他指出"海内之物不益,万民之力有尽",如果统治者"纵无已之求,以灭不益之物,逞无极之欲,而役有尽之力"⑤,就会加重人民的负担,引起人民的反抗。因此,"不息欲于上而欲求下之安静,此犹纵火焚林而索原野之不凋瘁,难矣"⑥。

傅玄又认为赋役的轻重要看不同时期的具体情况而定。他说"用人之力岁不过三日",只适用于"治平无事之世",有事时就不能以此为限。"若黄帝之时,外有赤帝蚩尤之难,内设舟车、门卫、甲兵之备,六兴大役,再行天诛,居无安处",这时"天下之民亦不得不劳";但因为"用之至平",所以民能"劳而不怨"。夏禹治水,"天下乐尽其力而不敢辞劳",则是因为做到了"俭而有节,所趣公也"。由此他得出结论说:"故世有事即役烦而赋重,世无事即役简而赋轻。役简赋轻,则奉上之礼宜崇,国家之制宜备,此周公所以定六典也。役烦赋重,即上宜损制以恤其下,事宜从省以致其用,此黄帝、夏禹之所以成其功也。"制定赋役政策要想到"黄帝之至平,夏禹之积俭,周制之有常,随时益损而息耗之",这样就能够做到"虽劳而不怨"。⑦

关于当时赋税中的问题,傅玄提到:"一臣蔽贤则上下之道壅,商贾专利则四方之资困,民擅山泽则兼并之路开。"也就是说,征收的物品是少数当权者决定的,人民要交纳规定的物资就要用钱向商贾购买,垄断的商贾则借此涨价发财。其结果是"民财暴贱而非常暴贵,非常暴贵则本竭而末盈。末盈本竭而国富民安

---

① 本段引文均见《晋书》卷四七《傅玄传》。
② 《傅子·安民》。
③ 《傅子·平赋役》。
④ 《傅子·校工》。
⑤ 《傅子·曲制》。
⑥ 《傅子·检商贾》。
⑦ 本段引文均见《傅子·平赋役》。

者,未之有也。"①

自先秦以来,薄税敛是财政思想的主流观点。傅玄主张"量民力以役赋",也属于薄税敛的范畴。但是他并没有到此为止,又进而提出赋役的轻重要考虑政府的实际需要,在客观上需要加重赋役时,赋役就应该加重。无论赋役的轻重如何,财政支出都要力求节俭,征收时还要做到公平合理,而且政策要有稳定性,不能变动无常。至平、积俭、有常,是傅玄主张征收赋役的三原则。这是中国古代赋役理论的一个新的发展。

二、鲁褒的钱神论

鲁褒(生卒年不详),字元道,南阳(今属河南)人。关于他的生平,《晋书》本传只有如下寥寥数十字:"好学多闻,以贫素自立。元康之后,纲纪大坏,褒伤时之贪鄙,乃隐姓名,而著《钱神论》以刺之……褒不仕,莫知其所终。"元康(291~299年)是西晋惠帝的年号,可见他是惠帝时人。《钱神论》中故事的发生地是西晋的首都洛阳,文中有"京邑衣冠""洛中朱衣"等文字,说明《钱神论》作于西晋时。

《钱神论》在《艺文类聚》和《晋书》本传中各保留一部分,经严可均合抄,编入《全上古三代秦汉三国六朝文》中的《全晋文》卷一一三。

在鲁褒《钱神论》以前,已出现过一篇同名作品,那是魏晋之际的成公绥所作。成公绥(231—273年),字子安,白马(治今河南旧滑县城东)人。曾任博士、秘书丞、中书郎等官,参与制订晋初的法律。他的《钱神论》留传下来的只有《太平御览》卷八三六所引的一小段(辑入《全晋文》卷五九),内容基本上已被鲁褒的《钱神论》所包括。

"随着商品流通的扩展,货币——财富的随时可用的绝对社会形式——的权力增大了。"②《钱神论》是讥刺日益增大的货币权力和存在于整个社会的货币拜物教现象的文献。

《钱神论》中有两个人物出场:一个是"富贵不齿,盛服而游京邑"的司空公子。"不齿"一般作受人鄙视解,但《钱神论》中并无直接批评司空公子的文字,故这里的"不齿"应作年轻解,以反衬另一人物綦母(毋)先生的年老。司空公子遇见头发斑白、徒步而行的儒生綦母先生,问他将欲何往,回答说要去贵人之家。司空公子见他不带礼品,讥笑他不懂得"时易世变,古今异俗","无异于遗剑刻

---

① 《傅子·检商贾》。
② 资本论:《资本论》第1卷,人民出版社2004年版,第154页。

船,胶柱调瑟",活该"贫不离于身,名誉不出乎家室"。然后用钱能通神的大段议论来教训綦母先生,构成了《钱神论》的主要内容。司空公子不过是鲁褒笔下的人物形象,故他的议论也就是鲁褒的议论。

鲁褒从货币的产生谈起:"昔神农氏没,黄帝、尧、舜教民农桑,以币帛(财帛)为本。上智先觉变通之,乃掘铜山,俯视仰观,铸而为钱。故使内方象地,外员(圆)象天,大矣哉!"在这段话中,鲁褒没有把产生货币的时间提到尧、舜以前或神农时,也没有说货币是先王创造的,而把货币的产生放在舜以后,创造货币的人是"上智先觉"者。鲁褒把钱币的外圆内方说成是象征天圆地方,他是最早提出这一观点的人。但鲁褒在这里只是借题发挥,不能以他的话作为方孔圆钱是象征天圆地方的根据。

接着鲁褒对钱的特点做了如下形象概括:"钱之为体,有乾有坤:内则其方,外则其圆。其积如山,其流如川。动静有时,行藏有节。市井便易,不患耗折。难朽象寿,不匮象道。故能长久,为世神宝,亲爱如兄,字曰'孔方'。"鲁褒在这里创造的"孔方兄"一词,后来得到了长期和广泛的流传。

鲁褒把社会生活的一切方面都归结到一个"钱"字,有钱就能得到一切,无钱就会失去一切。他对钱的威力作了淋漓尽致的描述,主要内容为:"失之则贫弱,得之则富强。无翼而飞,无足而走。解严毅之颜,开难发之口。钱多者处前,钱少者居后;处前者为君长,在后者为臣仆。君长者丰衍而有余,臣仆者穷竭而不足……钱之为言泉也,百姓日用,其源不匮。无远不往,无深不至。京邑衣冠,疲劳讲肄(习),厌闻清谈,对之睡寐。见我家兄,莫不惊视。钱之所祐,吉无不利,何必读书,然后富贵……由是论之,可谓神物。无位而尊,无势而热。排朱门,入紫闼(门)。钱之所在,危可使安,死可使活;钱之所去,贵可使贱,生可使杀。是故忿诤辩讼,非钱不胜;孤弱幽滞,非钱不拔;怨仇嫌恨,非钱不解;令问笑谈,非钱不发……'有钱可使鬼。'而况于人乎!子夏云:'死生有命,富贵在天。'吾以死生无命,富贵在钱。何以明之?钱能转祸为福,因败为成,危者得安,死者得生。性命长短,相禄贵贱,皆在乎钱,天何与焉?天有所短,钱有所长。四时行焉,百物生焉,钱不如天;达穷开塞,振贫济乏,天不如钱。若臧武仲之智,卞庄子之勇,冉求之艺,文之以礼乐,可以为成人矣。今之成人者何必然,唯孔方而已。"

钱的威力是如此之大,因此司空公子劝告綦母先生说:"夫钱,穷者能使通达,富者能使温暖,贫者能使勇悍……使才如颜子,容如子张,空手掉臂,何所希望?不如早归,广修农商,舟车上下,役使孔方。凡百君子,同尘和光①,上交下

---

① "同尘和光"即"和光同尘",语出《老子》:"和其光,同其尘。"与世无争,随俗浮沉的意思。

接,名誉益彰。"

从以上引文可以看出,鲁褒以愤世嫉俗的态度对货币权力和货币拜物教现象作了有力的揭露和鞭挞。但他只是描绘了钱能通神的社会现象,没有进一步分析钱何以能够通神的问题,好像货币的威力是天生的。由于愤世嫉俗,也就难免夸大。在封建社会中,货币权力并不是唯一能左右一切的权力,建立在封建土地所有制基础上的政治权势往往在更大的程度上决定着人们的命运。有钱的人固然能获得相应的权力,但他的钱又是从哪里来的呢?鲁褒说钱可以从"广修农商"中获得,可是事实上那些具有大大小小封建特权的人却是先有权后有钱。对这些人来说,首先是权能通神的问题。而且那些豪门世族的权都是世袭的,并不需要用钱去买。鲁褒将政治权力的作用完全抹杀,甚至认为任何人的社会地位都决定于钱,这就夸大了货币权力的作用。

《钱神论》中,儒家学说在货币权威面前失去了光彩。綦母先生曾经学《诗》、学《礼》、学《易》,是一个儒家信徒。但是他到老还一无所成,只能低声下气地奔走于贵人之门,被司空公子嘲讽了一番。儒家主张按伦理纲常确定人们的社会地位,鲁褒则说"钱多者处前,钱少者居后;处前者为君长,在后者为臣仆"。孔子提倡"学而优则仕",鲁褒则说"京邑衣冠,疲劳讲肄……见我家兄,莫不惊视"。孔子的学生子夏信奉"死生有命,富贵在天"①,鲁褒则说"死生无命,富贵在钱"。孔子指出"若臧武仲之知,公绰之不欲,卞庄子之勇,冉求之艺,文之以礼乐,亦可以为成人矣"②,鲁褒则在引了孔子论成人的话后说"今之成人者何必然,唯孔方而已"。这些都反映了鲁褒对儒家学说的调侃态度,反映了儒学在他心目中的地位并不高,这种态度具有当时的时代特点。司空公子劝说不通世务、读书无功的綦母先生"不如早归,广修农商,舟车上下,役使孔方",倒是一帖对症的药方。

三、孔琳之的反废钱论

孔琳之(369—423年),字彦琳,山阴(今浙江绍兴)人,初被征为常侍。晋安帝元兴元年(402年),掌握朝政的桓玄任他为西阁祭酒,因不肯附和桓玄,迁为员外散骑侍郎,以后历任长史、太尉主簿、尚书左丞、扬州治中从事史等职。义熙六年(410年)孔琳之开始在刘裕(即南朝宋武帝)手下任长史、侍中;刘裕代晋(420年)后,出为吴兴太守;宋武帝永初二年(421年)任御史中丞,"明宪直法,无所屈挠","百僚震肃,莫敢犯禁";后迁祠部尚书,死时"家尤贫素"。

---

① 《论语·颜渊》。
② 《论语·宪问》。

桓玄在安帝时任荆、江二州刺史,元兴元年攻入建康,次年十二月称帝,元兴三年败于刘裕而被杀。他在称帝前控制朝政时,曾提出废钱用谷帛,孔琳之表示反对。反废钱的理由可以归纳为五个方面。

(1) 货币是商品交换和日常生活所必需的东西。孔琳之说:"《洪范》八政,以货次食,岂不以交易之所资,为用之至要者乎。"他把《洪范》八政的"货"解释为货币,以表明货币在商品交换中的重要作用。又说:"故圣王制无用之货,以通有用之财,既无毁败之费,又省运置之苦,此钱所以嗣(继)功龟贝,历代不废者也。"钱可以促进商品流通,决不能废除。但他仍认为货币是"无用之货",这还是从饥不可食、寒不可衣的角度看待货币金属的使用价值。

(2) 东汉末至魏初谷帛为币的历史已经证明其弊病严重。魏文帝(曹丕)黄初二年(221年)三月再次恢复五铢钱的流通,但十月又因谷贵,罢五铢钱,命令百姓以谷帛为币。谷帛为币的弊病,正如当时钟繇所指出的:"巧伪之民,竞蕴(藏)湿谷以要利,制薄绢以充资。"为了增加作为货币的粮食的重量,人们将粮食浸湿;为了增加作为货币的布帛的长度,人们把绢帛织得很薄。虽然用严刑禁止,也没有效果。明帝太和元年(227年),朝臣集议货币问题。司马芝(官至大司农)等认为"用钱非徒丰国,亦所以省刑",决定恢复五铢钱的铸造。根据这段历史,孔琳之总结谷帛为币的弊病说:"谷帛为宝,本充衣食,今分以为货,则致损甚多。又劳毁于商贩之手,耗弃于割截之用,此之为敝,著于自曩。"谷帛充作货币,总有一部分要经常处于流通中,不能作为衣食之用,这是一种损失。而且粮食在流通中会有损耗,布帛要裁剪成不同的长度,这又是一种损失。他引述钟繇和司马芝的话来证明自己的论点,并指出:东汉末年的废钱用谷帛是长期战乱造成的,因为"不便于民",所以魏明帝时"举朝大议。精才达治之士,莫不以为宜复用钱,民无异情,朝无异论。彼尚舍谷帛而用钱,足以明谷帛之弊,著于已试。"历史已经这样明确地做出的结论,有什么理由要加以推翻呢?

(3) 用钱并没有造成什么弊病。孔琳之说,如果百姓要"用力于为(铸)钱",以致妨碍他们的"为生之业",则可以禁止。但是现在"农自务谷,工自务器,四民各肄其业",并没有"致勤于钱"。私铸现象各个朝代都有,贡禹主张取消货币的理由之一就是因盗铸而受刑的人很多。孔琳之这样说,不见得完全符合实际情况。但两晋政府基本上没有铸钱,流通以旧钱为主,民间铸钱的人可能也比前代少些,没有成为严重的社会问题。所以,孔琳之就说没有什么人在"致勤于钱"。他指出"用钱之处不为贫,用谷之处不为富",并没有因用钱而造成社会的贫困。他还以晋武帝末年的"天下无事,时和年丰,百姓乐业,便自谷昂殷阜,几乎家给人足",来证明用钱并"不妨民"。

(4) 废钱会造成不良后果。孔琳之说:"今既用而废之,则百姓顿亡其财"。这有点像单旗的理论。但周景王只是废小钱铸大钱,并没有废除货币流通本身,桓玄则是要根本取消铜作为货币材料的资格。铜失去了这一重要的用途,它的交换价值必然会大为降低,这是孔琳之所说的"百姓顿亡其财"的实际含义。货币丧失了作为购买手段的资格,就会使有钱无粮的人陷于困境,所以他又说:"今括囊天下之谷,以周天下之食,或仓庾充衍,或粮靡(无)斗储,以相资通,则贫者仰富,致之之道,实假于钱。一朝断之,便为弃物,是有钱无粮之民,皆坐而饥困,此断钱之立敝也。"

(5) 孔琳之指出当时人民"饥寒未振"的原因在于"兵革屡兴,荒馑荐及";应从"弘敦本之教,明广农之科,敬授民时,各顺其业,游荡知反,务末自休"等方面下手。即要致力于发展农业生产,而不在于将废钱作为"救弊之术"。①

孔琳之反废钱论同西汉贡禹的罢货币论形成了鲜明的对比。贡禹只看到货币的消极作用,孔琳之则只看到货币的积极作用。两者都具有片面性。但孔琳之所得出的结论却是正确的。同样是主张用钱,孔琳之的理论比荀悦的要深刻得多。

桓玄以后,主张废除货币的还有南朝的周朗和沈约。

周朗(425—460年),字义利,汝南安成人。周朗于宋文帝时任通直郎等官,孝武帝时任中军录事参军、太子中舍人、庐陵内史等官。大明四年(460年),孝武帝以他居丧无礼为由,将他处死。

周朗主张以农为本,指出:"农桑者,实民之命,为国之本,有一不足,则礼节不兴。"认为若要重农,就要"罢金钱,以谷帛为赏罚"。他说:"凡自淮以北,万匹为市;从江以南,千斛为货,亦不患其难也。"意为淮北用帛万匹、江南用谷千石为货币,就能满足流通的需要。但他又对用钱作了一些妥协,提出:"今且听市至千钱以还者用钱,余皆用绢布及米,其不中度者坐之。"即千钱以内仍可用钱,超过千钱的才用谷帛,把钱作为一种有限法偿币。这实际上不是罢金钱,而只是缩小钱币的流通范围。他认为这样做,"则垦田自广,民资必繁,盗铸者罢,人死必息"。②小额用钱,有利于弥补布帛不便零割的缺点。铜钱的价值低,在金银成为货币以前,用绢帛作为大额支付有它的优点,再加上谷就没有必要了。使谷帛分地区流通则更加没有必要。而且谷帛为币是特定的历史条件所造成的,同重农政策并无必然的联系。认为重农就必须以谷帛为货币,在理论上是不能成

---

① 本目以上引文均见《宋书》卷五六《孔琳之传》。
② 本段引文均见《宋书》卷八二《周朗传》。

立的。

沈约(441—513年),字休文,武康(今浙江德清西)人。沈约历仕宋、齐、梁三朝,官至特进光禄大夫、侍中、太子少傅,谥"隐"。著作有《晋书》《宋书》等多种。

沈约的罢货币论以"史臣曰"的名义附在《宋书·孔琳之传》的后面。他说:"民生所贵,曰食与货。货以通币,食为民天。"他认为古时人们的欲望很少,容易满足生活的需要:"一夫躬稼,则余食委室;匹妇务织,则兼衣被体。"这时虽然有"通用济乏"的"懋迁之道",但龟贝(货币)的作用并不重要。发展到后来,由于农业劳动辛苦,从事商业比较安逸,弃农经商的人越来越多,于是"泉货所通,非复始造之意","天下荡荡,咸以弃本为事"。这时的货币就只有害处了:"钱虽盈尺,既不疗饥于尧年,贝或如轮,信无救渴于汤世,其蠹病亦已深矣。"因此他主张"一罢钱货,专用谷帛,使民知役生之路,非此莫由"。由于谷帛不便于运输,就能"使末技自禁,游食知反"。他也知道货币并不是说废除就能够废除的,因此又提出分两步走。第一步是"削华止伪,还淳反古","然后驱一世之民,反耕桑之路",使粟帛多得"同于水火"。第二步才"荡涤圜法,销铸勿遗,立制垂统,永传于后"。从以上可以看出,沈约同贡禹、桓玄在主张取消货币这一点上并没有什么分歧,只是后两人要立即取消,他则认为要创造条件逐步取消。他批评"桓玄知其始而不览其终,孔琳之睹其末而不统其本",把自己的主张看成是唯一正确的主张。

第三节 何尚之、颜竣、萧子良的经济思想

一、何尚之的货币论

何尚之(382—460年),字彦德,灊县(今安徽霍山)人。何尚之初任临津令,晋安帝义熙九年(413年)刘裕领镇西将军时,任为府主簿,以从征长安之劳,赐爵都乡侯;少帝即位(422年)后,任庐陵王刘义真车骑咨议参军;义真被废,入为中书侍郎,迁吏部郎;文帝时累官至尚书令、太子詹事;元嘉三十年(453年)太子刘劭杀文帝自立,进位司空,领尚书令;同年刘骏即位(孝武帝),杀刘劭,仍任尚书令;孝武帝大明二年(458年)任侍中、左光禄大夫、开府(开府置官)仪同三司(三公),复领中书令;死后赠司空,谥"简穆"。

何尚之主张借助于佛教来维护刘宋的统治。他说只要有十分之一的人信佛持五戒,"编户千万,则仁人百万矣"。如果按持一戒的人计算,则每10个人中可以有二三人。他认为佛教的传播使"《雅》《颂》之兴,理宜倍速",这样就能"坐致

太平"①。

文帝元嘉七年开始铸四铢钱。这是一种铸币减重行为,"民间颇盗铸,多剪凿古钱以取铜"。二十四年,江夏王刘义恭建议将大型的旧钱一枚当四铢钱两枚,以防止旧大钱被剪凿。

不同大小的钱币如果等值流通,大钱会被剪凿、销毁或收藏,刘义恭想解决这一问题。但以一当两则使大钱的名义价值超过了自身的实际价值,因为五铢钱虽重,决不会重于四铢钱(即使是减重的四铢钱)的一倍。这样的解决办法不可能得到市场的认同。刘义恭认为通过国家的法令就能改变一种钱的价值,"不劳采铸,其利自倍,实救弊之弘算,增货之良术"②。这是一种名目主义的观点。

何尚之不同意刘义恭的办法,他指出:"夫泉贝之兴,以估货为本,事存交易,岂假数多。数少则币重,数多则物重,多少虽异,济用不殊。况复以一当两,徒崇虚价者邪。"③"估货"是指衡量商品的价值,即"权轻重",也就是货币起价值尺度职能的作用。"以估货为本"是说价值尺度是货币的最根本的职能。这表明何尚之认为货币本身是有价值的,因此他批评大钱以一当两是"徒崇虚价",反对使大钱的名义价值超过它的实际价值。强调足值货币的流通,是一种金属主义的观点。"事存交易"则是指货币发挥流通手段的职能。

"事存交易,岂假数多","多少虽异,济用不殊"的话表明何尚之认为货币数量的多少无关紧要。类似的说法首先由范泰(355—428年)提出。宋武帝永初二年(421年),钱币减少,国用不足,有人提出全部收买民间铜铸造五铢钱。金紫光禄大夫领国子祭酒范泰提出了反对意见。他认为禁铜会扰民,收铜器铸钱是"毁必资之器,而为无施(无用)之钱",得不偿失;当时的问题是农民"仓廪未充,转运无已,资食者众,家无私积,难以御荒",而不在货币的多少。"夫货存贸易,不在少多,昔日之贵,今者之贱,彼此共之,其揆(理)一也。"④这种货币多少无关紧要的观点是错误的。第一,通货数量要适应商品流通的需要,至少要大于流通的必要量,不能说多少都无所谓。第二,物价由贵变贱,对各种人的影响并不相同,它会引起财富的再分配,并不是"彼此共之",对大家都一样。

何尚之说"多少虽异,济用不殊",没有讲到币值的变化问题,所以只是重复了范泰的第一个错误。范泰说"货存贸易",何尚之说"事存交易",意思完全一

---

① 僧祐:《答宋文帝赞扬佛教事》,《弘明集》卷一一。佛教的五戒是:不杀生,不偷盗,不邪淫,不妄语,不饮酒。
② 《宋书》卷六六《何尚之传》。
③ 同上。"数少则币重"的"重"原作"轻",中华书局点校本已改为"重"。
④ 《宋书》卷六〇《范泰传》。

样。但何尚之又加上"以估货为本"的话,这在货币理论上要比范泰的完整。何尚之没有重复范泰的第二个错误不是偶然的,因为他考虑到了币值变动对财富分配的影响问题。他说:"货偏则民病,故先王立井田以一之,使富不淫侈,贫不过匮。"现在井田已久废,"不可顿施",但应该仿效这种精神来制定政策。大钱当两却违反了这种精神,实行后会使"富人资货自倍,贫者弥增其困",加剧财富的不均。所谓"富人资货自倍",是说凡是藏有大钱的人,都能通过币值的提高而获得相当于所藏大钱数一倍的收入;所谓"贫者弥增其困",则可能是指"徒崇虚价"的结果会造成物价的提高,使穷人的支出增加。"富人资货自倍,贫者弥增其困"的论点在逻辑上虽不严密,但表明何尚之已认识到币值的变动会引起人们之间财富的再分配。

应当建立怎样的货币制度,何尚之也提出了意见。他说:"凡创制改法,宜从民情,未有违众矫物而可久也。"大钱当两违反了民情,不可能长久维持。他批评了汉武帝时的赤仄五铢、白金币和王莽时的混乱的宝货制,强调货币制度必须"画一"和"久长",使人民易于遵行,不能变动频繁。他还指出当时市场上钱币的品种很多,大小不一,难以确定何种钱是规定当两的大钱。四铢、五铢的钱文都是古篆,非下层人民所能认识,而且有些钱字迹漫灭,尤难分明,实行大钱当两政策将使"公私交乱,争讼必起"。对民间剪凿古钱的问题,何尚之认为只要加强纠察就可以发现。他主张利用人们"畏法希赏"的心理,用严格赏罚的办法来予以禁止,认为这样就能使货币制度"不日自定"。

何尚之的意见得到不少大臣的赞同,但是中领军沈演之(397~449年)则支持了刘义恭。他说:"愚谓若以大钱当两,则国传难朽之宝,家赢一倍之利,不俟加宪(法),巧源自绝,施一令而众美兼,无兴造之费,莫盛于兹矣。""国传难朽之宝"是指大钱从此不会再被剪凿或销毁。大钱当两即使成功,也只是使有大钱的人家获得加倍的利益,说"家赢一倍之利"是夸大之辞。宋文帝采纳刘义恭和沈演之的意见,实行了大钱当两的政策。"行之经时,公私非便,乃罢。"[①]

二、颜竣的货币论

颜竣(?—459年),字士逊,临沂(今属山东)人。宋文帝时颜竣任太学博士、太子舍人,后出为武陵王刘骏的抚军主簿,深得信任,后迁南中郎记室参军。元嘉三十年(453年)太子刘劭杀文帝自立后,刘骏出兵征讨,以颜竣为咨议参军,领录事,所有军机大事都取决于他。刘骏即位,任颜竣为侍中,迁左卫将军,

---

[①] 以上三段引文均见《宋书》卷六六《何尚之传》。

封建城侯。孝建年间颜竣任吏部尚书、丹阳尹、右将军等官。孝武帝"多所兴造",颜竣"谏争恳切,无所回避","而所陈多不被纳"。大明元年(457年)颜竣出任东扬州刺史,常口发怨言。大明三年,竟陵王刘诞谋反,孝武帝借此陷颜竣于罪,赐死狱中。

经过元嘉二十七年的宋魏大战,刘宋的财政非常困难。孝建元年(454年)铸造孝建四铢。孝建三年,尚书右丞徐爰建议"以铜赎刑",增加鼓铸,被孝武帝所采纳。"所铸钱形式薄小,轮郭不成就。于是民间盗铸者云起,杂以铅锡,并不牢固。"又剪凿古钱取铜,私铸小钱,虽用严刑而难以禁止。以致"百物踊贵,民人患苦之"。于是又禁止"薄小无轮郭"的恶钱流通。

大明元年①,始兴郡公沈庆之(386—465年)提出了放铸的主张。他为汉文帝时的自由铸钱政策辩护,说这政策虽然受到贾谊的批评,却使"朽贯盈府,天下殷富"。"朽贯盈府,天下殷富"是发展生产的结果,而沈庆之只是把它归之于钱币的增加。他说现在"仓库未实,公私所乏,唯钱而已",不如"听民铸钱"以增加钱币数量。为了增加钱币数量,他又主张由政府收藏有轮郭的好钱"以为永宝",不再投入流通,而开放那些去年被禁止流通的"新品"(即"形式薄小,轮郭不成就"的小钱)。这是要进一步实行通货减重。他所说的"听民铸钱",并不是采取汉文帝的老办法,而是由政府设立钱署,凡是愿意铸钱的都必须到钱署中来,在政府的监督下,以去年禁止流通的小钱为标准进行鼓铸。每铸成1万钱,要纳税3 000钱。同时还要严禁盗铸和剪凿。他说"禁铸则铜转成器,开铸则器化为财",采取这样的放铸政策,数年间就能"公私丰赡,铜尽事息,奸伪自止"。

孝武帝命公卿讨论沈庆之的建议。太宰、江夏王刘义恭认为这办法难以实行:百姓不愿与官交往,而且不能铸造伪杂钱,高兴入署铸钱的人必不会多;敛取有轮郭好钱,好钱的价格会上涨"百倍",百姓不愿以一对一换给政府,强迫换取"则状似逼夺";入署铸钱万税三千,私铸无税,百姓就会犯禁私铸。他只同意开放去年禁止流通的新品一条。

颜竣也反对沈庆之的办法。他的意见集中到一点,就是反对通货减重。

颜竣肯定货币的积极作用,指出"泉货利用,近古所同"。关于钱币的重量,他说:"轻重之议,定于汉世,魏、晋以降,未之能改。诚以物货既均,改之伪生故也。""轻重之议"在《资治通鉴》中作"五铢轻重"②,意思更加清楚。他的意思是说:钱币的重量发展到汉武帝时的五铢钱就已经固定下来了,魏、晋以来都沿用

---

① 《资治通鉴》卷一二八作孝建三年,误。
② 《资治通鉴》卷一二八孝建三年十二月。

五铢钱,说明这种重量的钱最符合商品流通的需要,假如要加以改变,就会发生弊病。他虽然没有明说要恢复五铢钱的铸造和流通,但从语气中可以看出,他是赞成钱币以五铢为标准的。他反对沈庆之恢复小钱流通的主张,指出恢复以后会使私铸和剪凿更加难以禁止,"五铢、半两之属,不盈一年,必至于尽。财货未赡,大钱已竭,数岁之间,悉为尘土",认为这是一种"取弊之道"。

对于沈庆之放铸主张,颜竣虽然也说"开署放铸,诚所欣同",但实际上却进行了反驳。他指出如果开不出更多的铜矿,而打造铜器又要耗铜,使铜越来越少;在这种情况下开署放铸,只能使铜器的价格上涨,假定铜器值1 000,铸钱以后却只值500,"为之无利,虽令不行"。沈庆之主张放铸的目的是为了增加钱币数量,颜竣则认为即使实行放铸的政策,钱币也不可能随心所欲地增加,铜器的价格必然要同钱币的购买力保持平衡。铸钱的成本超过一定限度就无利可图,只有在不超过这一限度的前提下钱币数量才有可能增加。他的意见是正确的。

颜竣还指出流通小钱并不能解决"府藏空匮"的问题:"今纵行细钱,官无益赋之理,百姓虽赡,无解官乏。"行使轻薄小钱,政府的货币赋税也只能收这种小钱。而小钱购买力低,政府又不能因此而增加赋税。所以颜竣认为是"百姓虽赡,无解官乏"。他强调解决财政困难的根本办法在于节约财政支出:"惟简费去华,设在节俭,求赡之道,莫此为贵。"

颜竣认为当时的钱币数量并没有成为突出的问题:"今百姓之货(货币),虽为转少,而市井之民,未有嗟怨"。解决钱币不足的办法在于"官开取铜之署,绝器用之涂,定其品式,日月渐铸",即采取禁止民间铸铜器和官府按品式铸钱的办法。他说这样做,"岁久之后"就"可为世益"①。

当时还有人主张铸减重的二铢钱,颜竣也表示反对。他提出了三条理由:第一,"于官无解于乏,而民奸巧大兴,天下之货,将靡碎至尽。空立严禁,而利深难绝,不过一二年间,其弊不可复救。"第二,铸小钱虽然可以获得一些利益,但"日用之费,不赡数月",靠这一点利益并不能解决财政困难,"徒使奸民意骋,而贻厥(遗给)愆(罪)谋"。第三,"市井之间,必生喧扰,远利未闻,切患猥(多)及,富商得志,贫民困窘。"他指出实行这一"未见其利,而众弊如此"的政策,不仅"失算当时",而且还要"取诮百代"。反对通货减重的态度非常明确。

二铢钱当时未铸,到前废帝即位(464年)后开始铸造。"官钱每出,民间即模效之,而大小厚薄,皆不及也。"这种"无轮郭,不磨鑢"的二铢钱称为"耒子"。景和元年(465年),沈庆之奏准允许私铸,"由是钱货乱败,一千钱长不盈三寸",

---

① "可为世益"原作"不为世益",据《册府元龟》卷五〇〇校改。

称为"鹅眼钱"。更坏的称为"綖环钱"①,"入水不沉,随手破碎,市井不复料数,十万钱不盈一掬,斗米一万,商货不行"。② 事实完全证明了颜竣的预见。

颜竣的反通货减重思想为南齐的孔觊(顗)③所发展。高帝建元四年(482年),奉朝请孔觊上《铸钱均货议》④,建议恢复五铢钱的铸造和流通,提出了铸钱不惜铜爱(省)工论。他批评铸钱中的惜铜爱工思想说:"铸钱之弊,在轻重屡变。重钱患难用,而难用为累轻;轻钱弊盗铸,而盗铸为祸深。民所盗铸,严法不禁者,由上铸钱惜铜爱工也。""惜铜爱工者"认为"钱无用之器,以通交易,务欲令轻而数多,使省工而易成",却不考虑这样做所造成的后患。五铢钱从汉武帝到宋文帝时已流通了500余年,表明它"轻重可法,得货之宜"。他建议铸造五铢钱后,严禁盗铸和剪凿,"小轻破缺无周郭者,悉不得行",以"利贫良之民,塞奸巧之路"。孔觊的铸钱不惜铜爱工论常为后世重视钱币质量者所称道,影响超过了颜竣。这是因为他的理论比颜竣的概括程度更高。

三、萧子良的轻赋役论

萧子良(460—494年),字云英,南兰陵(治今江苏常州西北)人,南齐武帝第二子。刘宋时,萧子良官至辅国将军、会稽太守;齐高帝即位(479年),封闻喜县公;次年为征虏将军、丹阳尹;武帝即位(482年),封竟陵郡王,任都督南徐、兖二州军事,镇北将军,南徐州刺史;永明元年(483年)任侍中,都督南兖、兖、徐、青、冀五州军事,征北将军,南兖州刺史;次年入为护军将军,兼司徒(丞相)。四年进号车骑将军;五年正位司徒;十年任都督扬州诸军事、扬州刺史,加中书监(掌机要);郁林王即位(493年),进位太傅,隆昌元年(494年),"加殊礼,剑履上殿,入朝不趋,赞拜不名"⑤。他死时年仅35岁。

萧子良"礼才好士","倾意宾客,天下才学皆游集焉"⑥。被他招致门下的著名文学家有萧衍(即后来的梁武帝)、沈约等八人,人称"八友"⑦。在正位司徒

---

① 钱币学界以中间被剪凿仅留外圈的钱为"綖环钱",和这里所说不同。
② 本目以上引文未注明出处的均见《宋书》卷七五《颜竣传》。
③ 孔觊或作孔顗,上书事见《南齐书》卷三七《刘悛传》。作"孔觊"的有中华书局点校本《南齐书》、《通典·食货九》《通志·食货略·钱币》和《文献通考·钱币一》等,作"孔顗"的有四库全书及其他多种版本《南齐书》、《册府元龟》卷五〇〇、《文献通考·钱币二》(引吕祖谦文)和《古今图书集成·食货典》卷三四五等。
④ 见《南齐书》卷三七《刘悛传》。
⑤ 《南齐书》卷四〇《竟陵文宣王子良传》。
⑥ 同上。
⑦ 《梁书》卷一《武帝纪》。

后,曾集学士抄五经、百家,编成《四部要略》1 000卷。他自己还著有内外文笔数十卷,现仅存有明人辑的《南齐竟陵王文集》二卷。他又广招僧徒,宣扬佛法,对南朝佛教的盛行起了很大的推动作用。他还集众僧非难范缜的神灭论,并对其进行威胁利诱,但没有达到目的。

萧子良比较关心民间疾苦。他常常开仓赈济贫民,或收养贫民,给衣和药。高帝建元三年(481年),萧子良任丹阳尹时提出了开垦荒地的主张。他感到民贫业废,地利久荒,派人到各县调查土地利用情况。查出在丹阳、溧阳、永世(治今江苏溧阳南)等四县有可以耕种的荒熟土地8 554顷,需要用118 000余民夫,花一个春天的时间修治水利,然后才能进行耕种。他的主张被高帝所采纳,但因迁官而没有实现。

萧子良的经济思想主要表现在对于赋役问题的论述。他一再提出减轻赋役的主张,在南朝极为突出。

宋孝武帝时,因嫌郡、县征税迟缓,派台使①到各地督责,"自此公役劳扰"。齐高帝灭宋后,萧子良向高帝陈述派遣台使的种种弊病。他指出,这些台使"朝辞禁门,情态即异;暮宿村县,威福便行"。到达任所后,立刻催交赋税,"四乡所召,莫辨枉直,孩老士庶,具令付狱"。欠一尺布的要交一匹,欠100钱的要交1 000。弄得"万姓骇迫,人不自固",于是竞相送礼:"值今夕酒谐肉饫(饱),即许附申赦格;明日礼轻货薄,便复不入恩科。"待到搜括来的猪鹅蒜粟等物一多,"远则分鬻他境,近则托贸吏民",最后还是要把未完成的收税任务推给地方。② 因此他提出停止派遣台使,取消这种扰民之政。

武帝永明二年,镇东将军、会稽太守王敬则认为塘役(修治堤岸桥路而征发的徭役)超过了实际的需要,提出全部改为折钱交台库以增加国家收入,得到了武帝的批准。萧子良提出了以下反对意见:首先,三吴(吴郡、吴兴、会稽)地区是"国之关辅,百度所资",但民间并不富裕:"民庶凋流,日有困殆,蚕农罕获,饥寒尤甚,富者稍增其饶,贫者转钟其弊,可为痛心,难以辞尽。"其次,当时是"钱贵物贱",币值比以前提高了将近两倍,一斛粟只值几十钱,一匹布只值300钱。这是租调折钱所造成的后果。由于流通的钱大多经过剪凿,完整的很少,而公家却要收受圆大的,经过剪凿的钱要"以两代一"。人民为了交税,只得用低价的商品换取货币,在交不起税时,还要遭受"鞭捶质系",痛苦更甚。第三,塘役本来不属于国家的收入,"均夫订直(值),民自为用",如果某一年堤岸桥路等完好,"则终岁

---

① 晋、宋间称朝廷禁中为"台",故称朝廷使者为"台使",国库为"台库"。
② 本段引文均见《南齐书》卷四〇《竟陵文宣王子良传》。

无役"。塘役改为折钱,使"租赋之外,更生一调"。既加重了人民的负担,又使塘役无人承担,"致令塘路崩芜,湖源泄散,害民损政,实此为剧"。第四,建元(高帝年号)初因为军费支出大,浙东五郡每丁征"丁税一千,乃有质卖妻儿,以充此限,道路愁穷,不可闻见"。许多人无力交纳,经他奏闻后免去,而且这年的租调也免去了三分之一。这说明人民的赋税负担已经太重,塘役折钱既"扰民",又"弊国"。根据以上理由,萧子良建议塘役仍实行旧办法。

萧子良还进而指出租布折钱的折价过高,加重了人民的负担。他说宋武帝永初年间(420—422年)入官好布市价千钱一匹,折钱每匹只收900。文帝元嘉时(424—453年)物价下跌,布600钱一匹,折钱只收500。现在市价已降到百余钱一匹,却仍要折钱500。"昔为刻上,今为刻下,氓庶空俭(贫乏),岂不由之。"因此他主张收钱除了不限钱的大小外,"若民有杂物,是军国所须者,听随价准直,不必一应送钱"。认为这样做"于公不亏其用,在私实荷其渥(沾润)"。他强调"救民拯弊,莫过减赋",指出减赋是"略其目前小利,取其长久大益,无患民资不殷,国财不阜也"。① 这些意见都没有被武帝所采纳。

永明四年,水旱不时,萧子良密陈武帝说:"夫国资于民,民资于食,匪(非)食匪民,何以能政?"他说当时欠税的人尚多,而官府催逼严切,这是在"相驱为盗"。因此又提出免除欠税,"微纾民命"。

武帝曾下诏户租布匹要三分之二折钱(原来是一半折钱)。因为折价高于布匹的实值,所以提高折钱的比例实际上就是加税。永明四年萧子良指出当时谷价虽平,绢绵虽贱,而挨饿、裸身的人家却很多。三吴是国家的腹地,"百度所资",应当实行赋税优免政策,"使其全富"。可是历任守宰一味聚敛,"围桑品屋,以准资课。致令斩树发瓦,以充重赋,破民财产,要利一时。"浙东五郡征发徭役又无限制,穷人为了充役,"乃有畏失严期,自残躯命,亦有斩绝手足,以避徭役。生育弗起,殆为恒(常)事。"他批评一些"守长不务先富民,而唯言益国",责问说:"岂有民贫于下,而国富于上邪?"强调了富国要以富民为基础。这些话揭露了苛重的赋税徭役对人民的生命财产所造成的严重危害。对于折钱问题,萧子良说:"泉铸岁远,类多剪凿,江东大钱,十不一在。"公家收税只要钱币轮郭完全的,以至应交布帛原来值1000钱的,交纳1700钱还无处肯收受。而公家拿到轮郭完全的钱,使用时仍一文抵一文用。这些钱又不拿来贮存,这样挑剔并无必要,只是增加了小民的困苦。他指出"钱帛相半,为制永久",但有些地方长官强令全部

---

① 以上两段引文均见《南齐书》卷二六《王敬则传》。

折钱,借以营私舞弊。①

萧子良身为高层统治者,能关心民间疾苦,多次提出减轻人民赋役负担的主张,这是很难得的。武帝没有完全采纳他的主张,但永明四年五月武帝所下的诏书看来则是萧子良的意见所起作用的结果。诏书说扬州(治今江苏南京)、南徐州(治今江苏镇江)当年的户租三分之二取布,三分之一取钱,降低了租布折钱的比例。"来岁以后,远近诸州输钱处,并减布直,匹准四百,依旧折半,以为永制。"②以后仍恢复一半租布折钱的旧例,但每匹折钱数减少100,也是一种减税行为。

第四节 李安世、贾思勰、苏绰的经济思想

一、李安世的均田论

李安世(443—493年),赵郡(治今河北赵县)人。北魏文成帝兴安二年(453年)李安世以秀俊被选为中书学生;献文帝天安初官中散;孝文帝时历任主客令、主客给事中、安平将军、相州(治今河北临漳邺镇)刺史,封赵郡公。在任相州刺史时李安世"敦劝农桑,禁断淫祀",镇压豪强李波,"境内肃然"③,后因病免官,死于家。

孝文帝太和八年(484年)前后④,当时任主客给事中的李安世上《均田疏》,提出了均田建议。《均田疏》的内容,《魏书·李安世传》中只记下331字,其中关于均田的只有148字,还不到一半。而这140余字中,大部分又是对井田制度所做的理想化的描述,关于均田主张本身的只有短短的61字。所以从现存文字看,李安世均田论的内容是很简单的。

在流传下来的简短的《均田疏》中,包含有两方面的内容。一是对于解决当时土地所有权纠纷的意见,一是关于井田制的描述和实行均田制的建议。

先说对于解决当时土地所有权纠纷的意见。经过战争和人口流徙,以致同一块土地可能产生不同的土地所有权人,因而发生了土地所有权的纠纷,旷日持久,长期得不到妥善解决。李安世分析了土地所有权问题的产生、现状及其后

---

① 以上两段引文均见《南齐书》卷四〇《竟陵文宣王子良传》。
② 《南齐书》卷三《武帝纪》。
③ 《魏书》卷五三《李安世传》。
④ 李安世的《均田疏》,《文献通考·田赋二》和《通典·食货二》都列在孝文帝元年诏后和九年诏前,未标明具体时间。《魏书·李安世传》也未标明时间,但列在齐武帝派刘缵到魏国通使以后。刘缵使魏是在太和七年冬,这是李安世上疏时间的上限。至于下限,自然在太和九年十月孝文帝下诏均田前。《资治通鉴》卷一三六将上疏时间定在太和九年八月。

果,指出:"窃见州郡之民,或因年俭(歉收)流移,弃卖田宅,漂居异乡,事涉数世。子孙①既立,始返旧墟,庐井荒毁,桑榆改植。事已历远,易生假冒。强宗豪族,肆其侵凌,远认魏晋之家,近引亲旧之验。又年载稍久,乡老所惑,群证虽多,莫可取据。各附亲知,互有长短,两证徒具,听者犹疑,争讼迁延,连纪(年)不判。良畴委而不开,柔桑枯而不采,侥幸之徒兴,繁多之狱作。欲令家丰岁储,人给资用,其可得乎!"纠纷各方都可以举出土地应属于自己的证据,官府无所适从,只能拖延不判,既妨碍了土地的利用,也影响了当事人的收入。对于这个纠缠不清的长期形成的问题,李安世提出了一个快刀斩乱麻的解决办法:对有争讼的土地,以一定的年限为断,"事久难明,悉属今主",即已经无法分清所有权的土地一律断归现在的使用者所有。认为这样可以使"虚妄之民,绝望于觊觎;守分之士,永免于凌夺"。

再说关于井田制的描述和实行均田制的建议。李安世描述井田制的优越性说:"臣闻量地画野,经国大式;邑地相参,致治之本。井税之兴,其来日久;田莱之数,制之以限。盖欲使土不旷功,民罔(无)游力。雄擅之家,不独(独占)膏腴之美;单陋之夫,亦有顷亩之分。所以恤彼贫微,抑兹贪欲,同富约(贫)之不均,一齐民于编户。"他认为井田制是使人们平均地占有土地、能够抑制兼并、解决贫富不均问题的理想的土地制度。但井田制虽好,李安世知道并不能实行,他提出的解决土地问题的实行方案则是均田。他说:"愚谓今虽桑井难复,宜更均量,审其径术(道路,指土地面积),令分艺(种植)有准,力业相称,细民获资生之利,豪右靡余地之盈。则无私之泽,乃播均于兆庶,如阜如山,可有积于比户矣。"

孝文帝采纳了李安世的均田建议,在太和九年十月下诏均田。诏书说:"朕承乾在位,十有五年。每览先王之典,经纶百氏,储畜既积,黎元永安。爰(乃)暨(及)季叶,斯道陵替,富强者并兼山泽,贫弱者望绝一廛,致令地有遗利,民无余财,或争亩畔以亡身,或因饥馑以弃业,而欲天下太平,百姓丰足,安可得哉?今遣使者,循行州郡,与牧守均给天下之田,还受以生死为断,劝课农桑,兴富民之本。"②均田诏和均田疏都把均田说成是抑制兼并和使民富足的措施。但也有不一致的地方:前者提到"劝课农桑",即承认有增加赋税收入的目的;后者则没有一字提及,而且把实行均田说成是播"无私之泽",好像完全是为了农民的利益。

---

① "子孙"《魏书·李安世传》作"三长"。三长是太和十年二月设立的,李安世上疏时还没有,不应该在疏中提到。此据《册府元龟》卷四九五校改。李剑农也认为"以从《册府元龟》为是"(《魏晋南北朝隋唐经济史稿》,中华书局1963年版,第162页)。

② 《魏书》卷七上《高祖纪上》。

李安世均田论中最主要的是这样一句话:"力业相称,细民获资生之利,豪右靡余地之盈。"所谓"力业相称",是指劳动力和所占有的土地数量要相适应。怎样才算相适应,李安世没有说明。我们只能结合太和九年"均给天下之田"的具体授田办法来了解它的实际含义。授田办法规定,15岁以上的男夫受露田(种粮食的田)40亩,桑田(种桑、枣、榆树的田)20亩;妇人受露田20亩。露田加倍授给,轮作土地加2倍。在不宜种桑的地方课麻布,男夫另给麻田10亩,妇人5亩。露田和麻田年老及身死的要归还政府,桑田则是世业。按劳动力授田,这是"力业相称"。农民有了土地,可以谋生,这就是"细民获资生之利"的意思。授田办法又规定,丁牛一头受田30亩,以四牛为限。从这个意义上说,则"力业相称"的"力"也包括牛的"力"在内了。对奴婢的授田办法同一般农民。牛和奴婢所受的田当然归主人占有,这就保证了地主可以占有比农民多得多的土地。这也是一种"力业相称"。而且均田政策中并无没收地主多余土地的规定,他们的多余土地并不需要拿出来"均"。所谓"豪右靡余地之盈",只是说说而已。但由于国家把土地分配给无地或少地的农民,使他们向国家交纳赋税,这对减少豪强的荫户是有作用的。因此,均田制确能在某种程度上限制豪强的兼并活动。

均田制是将国有土地平均分配给农民,既使他们具有谋生手段,又使国家能够获得赋税收入,还能在一定程度上限制豪强兼并,安定社会秩序。经李安世的创议,这种土地制度实行了将近300年,在中国历史上起了积极的作用。

二、贾思勰的以农治生思想

贾思勰(生卒年不详),益都(治今山东寿光南)人,曾任北魏高阳太守。著作有《齐民要术》。

《齐民要术》是中国现存最早的完整农书。其中引书达一百五六十种,有的原书已经失传,靠它得以部分保存,如《氾胜之书》、崔寔《四民月令》都在该书中有较多引录。贾思勰在《齐民要术序》中说:"今采捃(取)经传,爰及歌谣,询之老成,验之行事,起自耕农,终于醯(醋)醢(酱),资生之业,靡不毕书,号曰《齐民要术》。凡九十二篇,分为十卷。"现存《齐民要术》前九卷共91篇,卷十不分篇,从各种文献中引述"非中国所植"及仅见于传说之物134种(内两种有目无文)。《齐民要术》有《杂说》一篇,但卷首又有《杂说》,《四库全书总目》作者认为"一名再见,于例殊乖,其词亦鄙俗不类,疑后人所窜入"。后人窜入有可能,至于其词是否鄙俗则要看从什么角度,从经济思想上看其中的有些观点还颇重要。又序中说:"舍本逐末,贤哲所非,日富岁贫,饥寒之渐,故商贾之事,阙而不录。"而书中却又有《货殖》一篇,摘录《汉书·货殖传》等有关商业活动的文字,同序中的话有矛盾,故《四库全书总目》作者也认为可疑。

《齐民要术》全面记述各种农作物的栽培,禽畜和鱼类的养殖,农副产品的加工和储藏等,属于广义的农业。"齐民"即平民,"要术"指致富的主要技术。崔寔《四民月令》记述一个地主家庭一年的活动,包括经济、文化、教育、警卫、社交、祭祀等方面。《齐民要术》则不以一个特定的家庭为对象,而是按生产门类分篇。任何单个家庭都不可能进行如此广泛的农业经营活动,每家都只能实践其中的一部分。卷首《杂说》指出:"凡人家营田,须量己力,宁可少好,不可多恶。"说明了农业经营要量力而行,不能全线出击。当然,只有地主家庭更有条件进行多种经营,综合利用,因此它主要是以地主家庭为对象的。《四民月令》中涉及一些劳动者的身份,如女工、蚕妾等。而《齐民要术》则很少谈到由谁来劳动,只在书首《杂说》中提到"抚恤其人,常遣欢悦",可以看作是要求主人对奴仆采取安抚的态度。又在卷五《种红花蓝花栀子》中谈到:收摘一顷田的红花一天需要 100 人,"以一家手力,十不充一。但驾车地头,每旦当有小儿、僮女百十余群,自来分摘。正须平量中半取,是以单夫只妻亦得多种。"可见《齐民要术》的对象也包括自耕农民家庭。这种家庭人口少,并不出租土地,也不雇长工,只在农忙时雇零工帮做农活。

司马迁说"天下言治生祖白圭"[①],他所说的"治生"是指经商。《齐民要术》则提出以农业治生,书首《杂说》说:"夫治生之道,不仕则农。若昧于田畴,则多匮乏。"做官的只是少数人,对多数人来说农业是最重要的治生手段。不管《杂说》是不是贾思勰的原作,以农治生是符合《齐民要术》的精神的。

贾思勰重视农业的思想在《齐民要术序》中得到了充分的体现。《序》全文共 2 159 字,大多为引用前人有关经济(主要是农业)的事例和议论,包括一些可以引申借用的议论,偶尔加作者的评论说明自己的观点。如《序》中在提到神农、尧、舜、后稷、禹的重农事例后,贾思勰发挥说:"殷、周之盛,《诗》《书》所述,要在安民,富而教之。""富而教之"实为孔子的观点。又如在引《论语》樊迟请学稼,孔子回答"吾不如老农"的事例后,贾思勰发挥说:"然则圣贤之智,犹有所未达,而况于凡庸者乎?"这不一定是孔子回答的原意,用来说明人人都需要学习农业技术。《序》的基本思想是既重生财,也要注意节用,他说:"夫财货之生,既艰难矣,用之又无节。凡人之性好懒惰矣,率之又不笃。加以政令失所,水旱为灾,一谷不登,胔腐(人死肉腐)相继,古今同患,所不能止也。"强调只有坚持生财和节用才能安渡饥荒。

---

① 《史记》卷一二九《货殖列传》。

《序》中说"商贾之事,阙而不录",但书中除可能为后人所加的《货殖》外,其他各节也谈到了一些"商贾之事"。如种榆树,书中说可以卖荚叶,卖柴,卖椽,卖制成的各种榆木器皿。"卖柴之利,已自无赀,况诸器物,其利十倍。砍后复生,不劳耕种,所谓一劳永逸。能种一顷,岁收(绢)千匹。"①又如种柳树,书中说:"一亩二千一百六十根,三十亩六万四千八百根。根值八钱,合收钱五十一万八千四百文。百树得柴一载(衡量单位),合柴六百四十八载,(载)直钱一百文,柴合收钱六万四千八百文。都合收钱五十八万三千二百文。岁种三十亩,三年种九十亩。岁卖三十亩,终岁无穷。"②关于养鱼,则引陶朱公《养鱼经》说:"至来年二月,得鲤鱼长一尺者一万五千枚,三尺者四万五千枚,二尺者万枚。枚直五十,得钱一百二十五万。至明年得长一尺者十万枚,长二尺者五万枚,长三尺者五万枚,长四尺者四万枚。留长二尺者二千枚作种,所余皆货(卖),得钱五百一十五万钱。候至明年,不可胜计也。"③这些销售利益都是生产者出卖自己产品的所得,而不是独立的商业经营活动。书中没有为卖而买的记载,因此"商贾之事,阙而不录"也是说得通的。

三、苏绰的尽地利论和均赋役论

苏绰(498—546年),字令绰,武功(今属陕西)人。苏绰"少好学,博览群书,尤善算术",西魏文帝大统元年(535年),经任刺史的堂兄苏让推荐,被丞相宇文泰(北周太祖)召为行台郎中,二年升著作佐郎。他向宇文泰"指陈帝王之道,兼述申韩之要",深得宇文泰的赞赏,被目为"奇士",拜为大行台左丞,参与机密。他为西魏拟订文案程式和计帐、户籍之法。四年苏绰加卫将军、右光禄大夫,封美阳县(治所在今陕西扶风东南)子,后又进爵为伯;十年任大行台度支尚书,领著作兼司农卿。苏绰协助宇文泰改革政务,裁减冗官,设立正长④,实行屯田,并提出《六条诏书》。宇文泰很重视《六条诏书》,规定"牧守令长,非通《六条》及计帐者不得居官"。苏绰死后十年,宇文泰之子宇文觉夺取西魏政权,建立北周。武成二年(560年),明帝(宇文毓)以苏绰配享太祖庙,隋文帝开皇初追封为邳国公。著作有《佛性论》和《七经论》。

《六条诏书》是关于治国的六条方针,六条是:先治心、敦教化、尽地利、擢贤

---

① 《齐民要术》卷五《种榆白杨》。
② 《齐民要术》卷五《种槐柳楸梓梧柞》。
③ 《齐民要术》卷六《养鱼》。
④ "正长"《周书》卷二三《苏绰传》作"二长"。据范文澜意见改(《中国通史》第2册,人民出版社1978年版,第615—616页)。

良、恤狱讼、均赋役。

先治心是指统治者个人的思想修养。苏绰要求统治者做到"凡所思念,无不皆得至公之理",认为这样就能使下民从化。治心的同时还要治身,要人君躬行仁义、孝悌、忠信、礼让、廉平、俭约,"然后继之以无倦,加之以明察",用这八条来为民表率。

敦教化是指用道德观念来进行感化和教育。苏绰认为人之"性无常守,随化而迁","治乱兴亡,无不皆由所化"。他要求"凡诸牧守令长,宜洗心革意,上承朝旨,下宣教化",强调教化是先王"移风易俗,还淳反素,垂拱而治天下以至太平"的"要道"。

擢贤良是用人方针。苏绰说:"上至帝王,下及郡国,置臣得贤则治,失贤则乱,此乃自然之理,百王不能易也。"他反对凭门资选择州郡大吏,凭刀笔来选择末曹小吏,主张选举"不限资荫,唯在得人","将求材艺,必先择志行",批驳"邦国无贤"的论点,提出了识别人才的方法。

恤狱讼是指要正确断狱,不要滥用刑罚。但对于"深奸巨猾,伤化败俗,悖乱人伦,不忠不孝"的"背道者"则要施重刑,"杀一利百,以清王化"。

《六条诏书》中的尽地利和均赋役反映了苏绰的经济思想。

尽地利自然是指发展农业。关于农业的作用,苏绰指出:"人生天地之间,以衣食为命。食不足则饥,衣不足则寒。饥寒切体,而欲使民兴行礼让者,此犹逆坂(斜坡)走丸,势不可得也。"古之"圣王"知道这个道理,"故先足其衣食,然后教化随之"。

苏绰很强调抓紧农时。他说:"夫百亩之田,必春耕之,夏种之,秋收之,然后冬食之。此三时者,农之要也。若失其一时,则谷不可得而食……若此三时不务省事,而令民废农者,是则绝民之命,驱以就死然。"因此他提出从播种到收获,都要"少长悉力,男女并功,若援溺、救火、寇盗之将至"。在"三农之隙,及阴雨之暇",农民也不能闲着,要利用这些时间"种桑、植果,艺其菜蔬,修其园圃,畜育鸡豚,以备生生之资,以供养老之具"。为了做到不误农时,他还提出劳动力有余和有牛之家要帮助劳动力不足和无牛之家,做到"有无相通,使得兼济"。

以上苏绰对尽地利提出了很高的要求,但他认为农民自己并不具有这样做的自觉性,"必待劝教,然后尽其力"。他把官吏对农民的干预督促看成是尽地利的关键措施,说:"夫衣食所以足者,在于地利尽。地利所以尽者,由于劝课有方。主此教者,在乎牧守令长而已。"他提出要各州县官在每年岁首"必戒敕部民,无问少长,但能操持农器者,皆令就田,垦发以时,勿失其所"。整个生产过程都要在官吏的督促下进行,认为只有这样才能做到"使农夫不废其业,蚕妇得就其功"。如果有"游手怠惰,早归晚出,好逸恶劳,不勤事业"的农民,则由正长上报郡县,由"守令随事加罚",以收"罪一劝百"之效。

强调国家政权强制力量的作用,是苏绰尽地利论的一个显著特点。过去的重农思想家也重视政权的作用,但至少在理论上认为,国家政权起作用的途径,主要是通过实行有利于驱民归农的政策来影响农民。而苏绰则认为农民"必待劝教,然后尽其力",好像他们的尽力并不是为了自身的利益,因此要强迫他们抓紧农时劳动。这种主张的提出,反映了当时中国北方在生产上遭受严重破坏,需要政府进行有力的干预以迅速恢复和发展生产。

均赋役的重点是"均"。苏绰不像萧子良那样主张减轻人民的赋税负担。他认为当时"逆寇未平,军用资广",不可能减轻赋役"以恤民瘼",只能从平均赋役来做到"使下无匮"。他解释平均的含义说:"夫平均者,不舍豪强而征贫弱,不纵奸巧而困愚拙,此之谓均也。"所以均赋役的实质,就是通过限制豪强、奸巧转嫁赋役负担的活动,以适当减轻穷人的负担。

苏绰又指出:"然财货之生,其功不易。织纴纺绩,起于有渐,非旬日之间,所可造次。"既然财货要花劳力花时间才能生产出来,征税的官吏就要事先进行"劝课,使预营理。绢乡先事织纴,麻土早修纺绩。先时而备,至时而输,故王赋获供,下民无困。"如果事先不进行劝戒,到征税时用严刑逼交,富商大贾就会乘机射利,"有者从之贵买,无者与之举息。输税之民,于是弊矣。"这是说,"劝课"必须把着眼点放在发展生产以提高人民的纳税能力上,而不是消极地逼迫人们按时纳税。它正确地说明了财政和经济的关系。

均赋役的责任也在于正长和守令。苏绰说:"租税之时,虽有大式,至于斟酌贫富,差次先后,皆事起于正长,而系之于守令。若斟酌得所,则政和而民悦;若检理无方,则吏奸而民怨。"他批评一些守令任意征发徭役,"致令贫弱者或重徭而远戍,富强者或轻使而近防",指出这种"不存恤民之心"的守令都是"王政之罪人"。①

苏绰虽对赋役问题提出了一些正确的观点,然而由于西魏政府的财政困难,他拟定的赋税标准却是很重的。他自己也感到他所拟的"非平世法",希望"后之君子"②能予以减轻。他的儿子苏威在隋文帝时任度支尚书,果然奏请减轻赋役,为文帝所采纳。

---

① 本目以上引文均见《周书》卷二三《苏绰传》。
② 《隋书》卷四一《苏威传》。

第五节　刘秩、刘晏、杨炎的经济思想

一、刘秩的货币论

刘秩(生卒年不详),字祚卿,彭城(治今江苏徐州)人,唐代著名史学家刘知幾之子。玄宗开元年间刘秩历任左监门卫录事参军、宪部员外郎、陇西司马;肃宗至德年间任给事中、尚书右丞、国子祭酒;后来出为阆州刺史,又被贬为抚州长史。著作有《政典》《止戈记》《至德新议》等。杜佑的《通典》即以《政典》为基础,广泛搜集资料扩充编撰而成。

开元二十年(732年)因流通的钱币不足,政府曾下令绫、罗、绢、布、杂货等都可以"与钱货通用,违者准法罪之"[1]。二十二年三月,宰相张九龄建议让民自由铸钱以解决通货数量不足的问题。他在代玄宗拟的诏书《敕议放私铸钱》[2]中指出:"布帛不可以尺寸为交易,菽粟不可以抄勺[3]贸有无。故古之为钱,将以通货弊。盖人所作,非天实生。"这表明他认为将绫、罗、绢、布、杂货等作为货币不是一种理想的办法。他感到由于钱的数量少,以致钱的购买力提高,物价下降,不利于生产;想用增加铸钱的办法来提高物价,而增加铸钱的途径则在于使私铸合法化。诏书最后提出要"公卿百僚,详议可否",然后由皇帝"择善而从"。

百官讨论时,反对放铸的人占多数。宰相裴耀卿、黄门侍郎李林甫、河南少尹萧炅、秘书监崔沔和左监门卫录事参军刘秩等都提出了反对的理由,而以刘秩的论述最为全面。

刘秩首先谈了货币的作用,说货币是用来"平轻重而权本末"的。"平轻重"指平衡物价,和权轻重的意思不完全相同。"权本末"则是指调节农工商之间的关系,这是他的创见。他夸大了货币的作用,说"考诸载籍,国之兴衰,实系于是",用货币流通来解释国家兴亡的原因。

接着,刘秩举了五条反对放铸的理由。

第一,他大段引用《管子·轻重》关于货币作用的理论,强调货币是"人主之权"。他说:"古者以珠玉为上币,黄金为中币,刀布为下币。管仲曰:

---

[1]　杜佑:《通典·食货九》。
[2]　《唐丞相曲江张先生文集》卷七。
[3]　"抄勺",古量器名。"十撮为一抄"(《孙子算经》);勺,一厘升(据《辞海》)。

'夫三币,握之则非有补于暖也,舍之则非有损于饱也①。先王以守财物,以御②人事,而平天下也。'是以命之曰衡。衡者,使物一高一下,不得有常。故与之在君,夺之在君,贫之在君,富之在君。是以人戴君如日月,亲君如父母,用此术也,是为人主之权。"这段话除了最后的"用此术也,是为人主之权"外,全是引自《管子·轻重》,多数引自《国蓄》,但又插进《轻重乙》的"衡者使物一高一下,不得常固"的话,改成"衡者,使物一高一下,不得有常",意思更明白了。插进这句话反映了刘秩对《管子》轻重理论的理解,即要使物价上下波动才能充分发挥国家控制货币权的作用。接着再说"故与之在君,夺之在君,贫之在君,富之在君",就使"衡者,使物一高一下,不得有常"的话成了画龙点睛之笔。由此得出货币是"人主之权"的结论,然后指出:"若舍之任人,则上无以御下,下无以事上"。

第二,他指出国家要利用货币来调节物价:"夫物贱则伤农,钱轻则伤贾。故善为国者,观物之贵贱,钱之轻重。夫物重则钱轻,钱轻由乎钱多③,多则作法收之使少;少则重,重则作法布之使轻。轻重之本,必由乎是,奈何而假于人?"这几句话套自李悝和贾谊的理论,但又作了发展。李悝说"籴甚贵伤民,甚贱伤农",那是专指粮价而言。刘秩的"物贱则伤农,钱轻则伤贾",则包括了一切商品的价格。但实际上他所说的"物"仍只能是指农产品,因为只有农产品的价格低才会伤农。李悝所说的"籴甚贵伤民"是说粮食价格贵对需要买粮的非农业人口不利,这是说得通的。而刘秩所说的"钱轻则伤贾"则并不一定,因为物价高对商人不见得是坏事。贾谊说"上挟铜积,以御轻重,钱轻则以术敛之,重则以术散之,货物必平"。他还没有把形成物价贵贱的原因明确归之于货币数量的多少。刘秩则明确说"钱轻由乎钱多",而且说"轻重之本,必由乎是",倾向于单纯从货币数量来看待物价的涨落,已经具有货币数量论的特点,不过还不典型。刘秩的第二条理由又等于是对"平轻重而权本末"所加的注脚:调节物价是"平轻重",通过调节物价做到既不伤农、又不伤贾则是"权本末"。贾谊主张使"末民困",刘秩主张"权本末"。在对待工商业的态度上,两人有明显的差别。

第三是说私铸必然要杂以铅铁,这"是设陷阱而诱之人"犯罪。第四是说铸钱"有利则人去南亩者众。去南亩者众,则草不垦;草不垦,又邻于寒馁"。这两

---

① "舍之则非有损于饱也",《管子·国蓄》作"食之则非有补于饱也"。
② 唐太宗名李世民,唐人多讳"民"为"人"。
③ "钱轻由乎钱多"原作"钱轻由乎物多",据文意改。

条都是贾谊所指出过的。

第五,他又仿用《管子·国蓄》的话说:"夫人富溢则不可以赏劝,贫馁则不可以威禁,法令不行,人之不理①,皆由贫富之不齐也。"指出允许私铸就会使"贫者弥贫而服役于富室,富室乘之而益恣(放纵)",造成像刘濞、邓通那样有钱的富人。

对于钱重的原因,刘秩提出了两个理由。一是由于人口增加。他说:"夫钱重者,犹人日滋于前,而炉不加于旧。"二是由于"盗铸者破重钱以为轻钱",即把官铸钱销毁后改铸为恶钱。比起唐初来,当时的户口确有成倍的增加②。人口增加,对货币的需要量也增加,而政府并没有相应地增加钱币的铸造,这确是造成钱重的一个原因。刘秩的分析是正确的。将货币需要量和人口数量联系起来考虑,是货币理论上的一个新发展。

至于如何增加铜钱的数量,刘秩还是重复了贾谊的禁铜主张。他说用铜来制兵器则不如铁,作用具则不如漆器,"禁之无害"。认为禁铜以后,铜没有什么用了,铜价会降低,铸钱不亏本,就可以多铸,使钱足用。贾谊提出禁铜"七福",他则提出"四美":民间没有铜,不能盗铸,也不会销毁公钱去铸恶钱,"公钱不破",这是一;不盗铸,也就不会犯死刑,这是二;增加钱币数量,这是三;"末复利矣",即是对工商业也有利,这是四③。

禁铜的第四美是有利于工商业者,而第三美是可以增加钱币数量,照刘秩的理论,钱多则轻,"钱轻则伤贾",又怎么能对工商业者有利呢?在这里,刘秩不自觉地陷于理论上的自相矛盾。

由于反对放铸的人占优势,张九龄的建议没有被采纳。当时只是再一次下令禁止恶钱的流通。这年十月,又规定庄宅、马的买卖尽先用绢、布、绫、罗、丝、绵等,其余市价在1 000文以上的商品也要钱物兼用,违者定罪④,以减轻市场对钱的压力。

这次讨论,还留下一个问题,需要做进一步的说明。这问题就是前面提到的"故古之为钱,将以通货弊"的句子,"货弊"两字连用,总令人觉得不习惯。后来唐人杜佑(曾任同平章事〔宰相〕,封岐国公)编成《通典》200卷,曾于德宗贞元十七年(801年)派人献书朝廷。《通典》中有《钱币》两卷,五次提到"货币"。这是

---

① 唐高宗名李治,故讳"治"为"理"。
② 唐高宗永徽三年(652年)的户口是380万户,玄宗开元二十年的户口是786万余户(《唐会要》卷八四《户口数》)。
③ 刘秩论货币的引文均见《旧唐书》卷四八《食货志上》。
④ 《文献通考·钱币一》。

中国历史上第一次出现"货币"的名称(中国历史上有"货币"意义的词很多,如"货""币"也是,但"货币"两字连用却是第一次出现)。张九龄代拟的"故古之为钱,将以通货弊"被改为"古之为钱,以通货币"。严格地说,改得还不够彻底,因为"钱"已经是货币,怎么又去"通货币"? 但这一改容易被人们接受。另外,唐朝还有王溥等编的《唐会要》,有关的文字也改为"古之为钱,以通货币"(卷八九),显然是仿杜佑的做法。元代马端临著《文献通考》,在《钱币一》中谈到唐玄宗的敕,也引作"古之为钱,以通货币",他是转抄《通典》或《唐会要》。这样就出现了如下情况:如果查张九龄代拟的诏书,就可以看到"故古之为钱,将以通货弊";而查《通典》《唐会要》《文献通考》等,则看到的是"古之为钱,以通货币"。

二、刘晏的经济管理思想

刘晏(718[①]—780 年),字士安,南华(治今山东东明)人。开元十三年(725 年)玄宗东封泰山,年龄只有八岁的刘晏献颂于行在(皇帝行幸所至地方),被授为太子正字,号为"神童"。天宝年间刘晏官至侍御史;肃宗至德二载(757 年)任度支郎中兼侍御史,领江淮租庸事;上元元年(760 年)任户部侍郎兼御史中丞,充度支、铸钱、盐铁等使;次年贬通州刺史;代宗宝应元年(762 年),又任户部侍郎兼御史大夫,领度支、盐铁、转运、铸钱、租庸等使,加国子祭酒;二年任吏部尚书,同中书门下平章事(宰相),仍领各使;广德二年(764 年)罢相,任太子宾客,不久又兼御史大夫,领东都、河南、江淮、山南等道转运、租庸、盐铁使;永泰二年(766 年)和户部侍郎第五琦分理全国财赋;大历四年(769 年)改吏部尚书。五年第五琦被贬,刘晏又和户部侍郎韩滉分领关内、河东、山南、剑南租庸、青苗使;十三年升尚书左仆射;十四年总领全国财赋;德宗建中元年(780 年)因受杨炎诬陷,被贬为忠州(治今重庆忠县)刺史,不久即被杀。从他家中抄出的财物只有书二车,米麦数石。

刘晏任宰相的时间不长,但"任事十余年,权势之重,邻于宰相,要官重职,颇出其门"。他选任了一批能干的官吏来执行他的政策,办事效率很高。"其部吏居数千里之外,奉教令如在目前,虽寝兴宴语,而无欺绐(欺哄),四方动静,莫不

[①] 刘晏的生年各书不一致。《旧唐书》本传说他 66 岁死,《新唐书》本传说他 65 岁死,但《新唐书》和《唐语林》卷三都说他 8 岁(《旧唐书》本传作 7 岁)时献东封书,则应生于开元六年(718 年),死时 63 岁。此据鞠清远《刘晏评传》附《年谱》,商务印书馆 1937 年版。

先知"①。死后 20 多年,掌管财赋的还是他的故吏。

刘晏很有经济头脑,"自言如见钱流地上"②,在他看来,到处有增加收入的门路。他还抓紧一切时间考虑经济问题,在上朝时还要用马鞭来进行计算。在他的管理下,财政收入大幅度增加,代宗大历年间(766～779年)的"军国之用,皆仰于晏"③。但是他并不是单纯依靠增税的办法,而是在于实行了一系列有效的管理财政和经济的办法,其中最主要的有以下三项。

(1) 改革漕运。唐代的租庸调等税收收入以江南为重点,要将这些收入运到京城长安,困难很大。安史之乱以后,由于战争的破坏,运输路线受阻,转运更成为亟待解决的问题。通过实地的考察,刘晏决定由官府出钱雇工,"不发丁男,不劳郡县"④;采取分段运输的办法,"江船不入汴,汴船不入河,河船不入渭",既使粮食及时运入长安,又大大节省了运输费用,"岁转粟百一十万石,无升斗溺者"⑤。有一次京都盐价暴涨,要从扬州运 3 万斛盐来京,运输时间只花了 40 天,"人以为神"⑥。出钱雇工是用市场经济的办法来代替行政命令,对提高运输效率起了决定性的作用。

(2) 改革盐法。西汉武帝时开始的盐铁官营政策在东汉章帝章和二年(88年)废除后,三国到西晋时仍曾实行对盐的官营,东晋南北朝时政府对盐的控制逐渐放松,到隋文帝开皇三年(583年)彻底取消了盐禁,唐朝仍沿袭。到唐肃宗乾元元年(758年),为了解决财政困难,盐铁、铸钱使第五琦才又在全国实行盐的专卖,盐每斗原价 10 钱,加价为 110 钱出售。刘晏任盐铁使后,"以为因民所急而税之,则国足用",盐是人们的急需之物,是增加国家收入的重要手段。他进行了盐法的改革,盐户生产的盐由官府收购后转售给商人,任凭商人将盐运至任何地方出售,官府不加限制。离产盐区远的地方则设立常平盐,"每商人不至,则减价以粜民,官收厚利而人不知贵"。刘晏开始任盐铁使时,国家的盐利收入才 40 万贯,大历末年达到 600 余万贯,约占国家财政收入的一半。刘晏对盐商的"纵其所之"的政策一直为后世主张改革盐法的人视为楷模。⑦

---

① 《旧唐书》卷一二三《刘晏传》。
② 《新唐书》卷一四九《刘晏传》。
③ 《旧唐书》卷一二三《刘晏传》。
④ 《旧唐书》卷四九《食货志下》。
⑤ 《新唐书》卷五三《食货志三》。
⑥ 《新唐书》卷一四九《刘晏传》。
⑦ 本段引文均见《新唐书》卷五四《食货志四》。

(3) 行常平法。常平法也就是平准法。除实行常平仓、常平盐制度外,还包括平衡其他商品的价格。为了掌握各地的物价变动情况,刘晏建立了一个情报网:在各道设巡院,用高价招募快足,沿途遍布驿站,及时递送情报。"四方物价之上下,虽极远不四五日知,故食货之重轻,尽权在掌握,朝廷获美利而天下无甚贵甚贱之忧"①。沈括《梦溪笔谈》卷一一记载了刘晏管理粮食的办法:先令各产粮郡县统计几十年来的粮价和购粮数,各分成五等,定为制度。每年粮食收成时,各地政府只要根据当地的粮价,不必向主管部门申报,就可自行决定购粮数。第一等粮价按第五等购粮数收购,第二等粮价按第四等购粮数收购,余类推。主管部门统计各地的收购数,如收购得太多,则减少价贵和路远地区的购粮数;反之,则增加价贱和路近地区的购粮数。沈括对此评论说:"自此粟价未尝失时,各当本处丰俭,即日知价,信皆有术。"

广德二年刘晏重任转运使后,曾写信给宰相元载,把自己的复职比为"贾谊复召宣室,弘羊重兴功利"②。实际上就他实行的经济政策的社会效果而言,可以说是青出于蓝而胜于蓝。史家都对刘晏的经济工作高度赞扬,如《新唐书》本传说:"刘晏因平准法,斡(管)山海,排商贾,制万物低昂,常操天下赢资,以佐军兴。虽挈(乱)兵数十年,敛不及民而用度足。"《旧唐书》本传说:"历代操利柄为国计者,莫不损下益上",而"刘晏通拥滞,任才能,富其国而不劳于民,俭于家而利于众"。在中国古代运用轻重之术管理经济取得如此成功并受到史家一致好评的人,刘晏是唯一的一位。

此外,关于刘晏的经济管理思想还要提到以下两点。

《资治通鉴》说刘晏认为"户口滋多,则赋税自广,故其理财常以养民为先"③。"理财"一词在唐代尚未流行,《资治通鉴》提到"理财",是宋人的用语。这是说理财首先要实行有利于改善人民生活的政策,促进人口增殖,扩大税源,为税收的增加创造客观的可能性。《新唐书》和《资治通鉴》都说刘晏当政时户口有了增加,《资治通鉴》说得更明确:"由是民得安其居业,户口繁息。晏始为转运使,时天下见(现)户不过二百万,其季年乃三百余万,在晏所统则增,非晏所统则不增也。"④

刘晏认为"王者爱人,不在赐与,当使之耕耘织纴,常岁平敛之,荒年蠲救

---

① 《旧唐书》卷一二三《刘晏传》。
② 同上。
③ 《资治通鉴》卷二二六德宗建中元年七月。"理财常以养民为先"中华书局点校本作"理财常以爱民为先"。
④ 《资治通鉴》卷二二六德宗建中元年七月。

之"。又说:"使民侥幸得钱,非国之福。"①他反对单纯靠赈给来救荒,认为赈给的缺点有二:第一,如果赈给的数目小,救活的人有限,如果数目大,又会造成国用的不足,结果还是要加重人民的负担。第二,赈给会造成人民的侥幸心理和官吏的营私舞弊,结果使强者得到的多,弱者得到的少,"虽刀锯在前不可禁"。他采取的救荒办法,一是及早了解灾情,根据国家的财政能力,决定减免赋税办法和贷放对象②,"民未及困,而奏报已行"。二是利用常平法。发生灾荒时缺少的是粮食,国家可以在灾区贱卖粮食,而收购其他杂货,运往别处出卖或留给官府自用。这样做,既可使"国计不覂(乏)",又可使不入城市的"下户力农","转相沾逮(及),自免阻饥"③。

三、杨炎的财政思想

杨炎(727—781年),字公南,号小杨山人,天兴(治今陕西凤翔)人。杨炎以文藻雄丽著称,肃宗时任司勋员外郎,累迁中书舍人、知制诰(负责起草诏书)。代宗时,宰相元载引他为亲信,任为吏部侍郎,修国史。大历十二年(777年)元载被杀,杨炎亦被贬为道州司马。德宗即位(779年),杨炎任门下侍郎、同平章事(宰相)。建中二年(781年)转中书侍郎,不久罢相,任尚书左仆射,又被贬为崖州(治今广东琼山东南)司马,赐死于去崖州的途中。

杨炎任宰相时,人们因为他的名声,期望他能成为贤相。但除在财政上有所建树外,他的所作所为大多不得人心。他因个人恩怨害死刘晏(刘晏是奉旨主审元载的人),受到大臣的责问时,却将责任推给德宗,因而失去了皇帝对他的信任。加上另一宰相卢杞的倾轧,以致他只做了两年宰相就身败名裂。

唐代原来将国库和皇帝的私库分开,国库叫左藏库,皇帝的私库叫大盈内库。国家的财政收入存于左藏库。第五琦任度支盐铁使后,由于京师豪将的求取无节,使他感到难以应付,索性将财政收入全部纳入大盈内库,由宦官掌握。这样做,皇帝感到方便,宦官求之不得。所以到杨炎任宰相时,这种"天下公赋为人君私藏"的情况已经继续了20年,仍没有得到纠正。杨炎任宰相后,就向德宗进言说:"财赋者,邦国大本,而生人之喉命,天下治乱重轻系焉。先朝权制,以中人(宦官)领其职,五尺宦竖操邦之柄,丰俭盈虚,虽大臣不得知,则无以计天下

---

① 苏辙:《栾城后集》卷一二《颍滨遗老传上》。
② 苏辙在《颍滨遗老传上》中说"唐刘晏掌国计,未尝有所假贷",和《新唐书》本传的说法不尽相符。这里据《新唐书》。
③ 本段引文未注明出处的均见《新唐书》卷一四九《刘晏传》。

利害。"①他建议国家的财政收入仍归左藏库,每年从中提出一定数量交大盈内库充作宫中经费。这建议被德宗所采纳,使国库和皇帝的私库重新划分开来,得到了人们的好评。

杨炎在财政上的更重要的贡献是创立两税法。由于均田制的破坏和安史之乱后户籍记录和实际情况的严重不符,租庸调制已失去了存在意义。因此大历十四年杨炎又提出改革税制的建议。② 对于当时赋役上的积弊,他指出了以下几点:第一,开元以来没有整理过"版籍之书",原有的户籍记录已不是"当时之实":"丁口转死,非旧名矣;田亩移换,非旧额矣;贫富升降,非旧第矣。"有些人戍边已死,边将不肯申报,所以户口册上还有他们的名字。天宝时的户口使王鉷"方务聚敛",按籍征课,对死人除照规定戍边的人可免租庸六年外,还要"积征其家三十年租庸。天下之人苦而无告"。第二,肃宗至德以后的战乱,"始以兵役,因之饥疠,征求运输,百役并作,人户凋耗,版图空虚"。中央有度支使和转运使,方镇有节度使和都团练使,"赋敛之司数四,而莫相统摄,于是纲目大坏"。"权臣猾吏,因缘为奸",赃款动以万万计。第三,有重兵驻守的地方,靠增加赋税来维持官吏的优厚俸给,"故科敛之名凡数百,废者不削,重者不去,新旧仍积,不知其涯。百姓受命而供之,沥膏血,鬻亲爱,旬输月送无休息。吏因其苛,蚕食于人"。第四,富人多丁的可以用做官、做和尚或色役(品官或官衙的仆役)的名义免除赋税,这些赋税也要转嫁到贫民的身上,"故课免于上,而赋增于下",许多人因赋税负担太重而破产成为"浮人"(流民),仍留在原籍的"百不四五"③。

对于这一持续了30年之久的严重积弊,杨炎提出的对策是实行两税法:以原来的户税、地税为基础,重新确定税额,租庸调也折钱并入户税。地税以大历十四年的垦田数为标准征收。因新税定于每年夏、秋两季交纳,所以称为"两税"。德宗采纳杨炎的建议,于建中元年正月下令实行,并规定:"比来新旧征科色目,一切停罢。两税外辄别配率,以枉法论。"④就是说,实行两税法后不许再有其他杂税。但这一规定根本没有做到。

在建议实行两税法时,杨炎提出两税的征收原则是:"凡百役之费,一钱之敛,先度其数,而赋于人,量出以制入。户无主客,以见(现)居为簿;人无丁

---

① 《新唐书》卷一四五《杨炎传》。
② 杨炎提出建议的时间,《唐会要》卷八三《租税上》说是建中元年八月,但建中元年正月就已下诏实行两税法。故已有多人指出,提出建议的时间应比《唐会要》所说的提前一年。
③ 本段引文均见《旧唐书》卷一一八《杨炎传》。
④ 《唐会要》卷七八《黜陟使》。

中,以贫富为差。不居处而行商者,在所州县税三十之一,度所取与居者均,使无侥幸。"①这里包含了税额确定和征收对象两方面的内容,以下分别进行分析。

税额确定要"量出以制入"。在中国历史上,量出制入的财政原则早已实行过,如西汉王朝建立时的"量吏禄,度官用,以赋于民"②,就是一个例子,只是没有出现量出制入的概括性的说法而已。提出这种概括性的说法,杨炎是第一人。与量出制入相反的财政原则是量入为出,它首先见于作于汉文帝时的《礼记·王制》:"冢宰制国用,必于岁之杪(末),五谷皆入,然后制国用……量入以为出。"量入为出的财政原则在中国封建社会中一直占统治地位,至少在理论上是如此。从这个意义上说,杨炎是提出了一个新的财政原则。但实际上杨炎并没有完全否定量入为出的意思,因为他说的只是用量出制入的办法确定征收两税的总额,总额一经确定就不能再变了,再加税要以枉法论处,所以从理论上说仍然要实行量入为出的财政原则。在杨炎以后,中国古代讨论财政的人都仍主张实行量入为出的原则,有的还指名批评了杨炎的量出制入主张。在中国封建社会中,财政收入主要用于统治者和国家机构的开支,在财政困难时一般只能采取加税的办法,很容易走上竭泽而渔的道路,主张量入为出可以在舆论上对统治者的竭泽而渔行为作一定的限制。自然,理论的作用是有限的,历代封建王朝在实际需要时总是会实行量出制入的财政原则的。

租庸调以丁为征收对象,户税则以资产为征收对象。两税是承袭户税的办法,所以也是"以贫富为差"。"以见居为簿"则是为了解决主、客户的矛盾,使原来移居他乡的客户也要交纳赋税。这就使征收对象大为增加,从而扩大了税源。行商无固定居住地,则在所在地纳税,税率三十分之一,使他们的负担和当地的居民相当。

实行两税法曾受到一些原来掌管财赋的官员的反对,他们宣称"旧制不可轻改"。但德宗"行之不疑,天下便之"。史家赞扬两税法说:"人不土断(定户籍)而地著,赋不加敛而增入,版籍不造而得其虚实,贪吏不诫而奸无所取。自是轻重之权,始归于朝廷。"③杨炎这一大刀阔斧的改革,使他一度颇受好评。两税法简化了税制,符合税制由繁趋简的发展方向。可是由于实行后产生了一些问题,批评它的人也不少。

---

① 《唐会要》卷八三《租税上》。
② 《汉书》卷二四上《食货志上》。
③ 《旧唐书》卷一一八《杨炎传》。

第六节 陆贽的经济思想

一、两税法的批评者陆贽

陆贽(754—805年),字敬舆,嘉兴(今属浙江)人。代宗大历六年(771年)陆贽考中进士,授华州郑县尉,后又任渭南县主簿,升监察御史。德宗即位,陆贽被召为翰林学士,转祠部员外郎。建中四年(783年)十月泾原(治今甘肃泾川北)兵路过京城时哗变,陆贽随德宗逃往奉天(治今陕西乾县),转考功郎中;次年二月随德宗往梁州(治今陕西汉中),转谏议大夫;七月随德宗回京,转中书舍人;贞元六年(790年)权兵部郎;次年免翰林学士职,任兵部侍郎;八年任中书侍郎、门下同平章事(宰相);十年冬罢相,任太子宾客;十一年被贬为忠州别驾。顺宗即位(805年),王叔文等任事,准备起用陆贽,而陆贽身死,谥"宣"。著作有《陆宣公集》。

陆贽是唐代杰出的政治家。他直言敢谏,文思敏捷,议论深刻。在德宗出亡奉天期间,由他代拟的诏书,"虽武夫悍卒,无不挥涕感激"。当时德宗对他很重视,"虽有宰臣,而谋猷(谋划)参决,多出于贽",被"目为内相"。但德宗对他的直言谏诤并不满意,很迟才让他担任相职。而任相职不久,他又因揭发德宗宠臣、户部侍郎裴延龄的奸蠹而被贬官。陆贽在忠州的10年间,"常闭关静处,人不识其面,复避谤不著书",编辑《陆氏集验方》50卷行世。[①]

陆贽很关心民间疾苦,强调统治者得民心的重要,认为"理乱之本,系于人心"[②]。他要求皇帝做到"以天下之欲为欲,以百姓之心为心"[③],行民所欲,去民所恶。指出如果做到了"欲恶与天下同,而天下不归者,自古及今未之有也"[④]。

两税法实行后,产生了不少新的问题,主要有二:第一,由于爆发了藩镇之乱,军费开支增加,财政不能平衡,统治者根本没有履行不加税的诺言,很快又增加了新税。建中二年就改商税为十分之一。建中三年淮南节度使陈少游以供军为名,要求在该道两税中每千钱加征200,随后各道都一律照加。建中四年又征间架税(房屋税)和除陌法(原为按交易额征2%,改为5%)。总之,实行两税法后苛捐杂税仍在继续发展。第二,两税中的户税征钱,而通货数量不足,货币购

---

① 本段引文均见《旧唐书》卷一三九《陆贽传》。
② 《陆宣公奏议》卷二《奉天论奏当今所切务状》。
③ 《陆宣公奏议》卷六《收河中后请罢兵状》。
④ 《陆宣公奏议》卷二《奉天论奏当今所切务状》。

买力提高,这也使人民的实际赋税负担加重。

因此,在实行两税法后又出现了一批两税法的批评者,陆贽是其中最早也是最重要的一位。贞元十年,身任相职的陆贽作《均节赋税恤百姓》六条,比较集中地表述了他的主要经济思想。他在第一条《论两税之弊须有厘革》提出了实行两税法后使"人益困穷"的七大弊端。

(1) 过去征敛多少,由地方视需要而定,有余时就予以减免;实行两税后,一切杂税都并入两税,成为定额,从此有加无减。

(2) 新税既已重于旧税,由于"国用不充,复以供军为名,每贯加征二百",还有其他临时性征取,战事结束后都没有取消。

(3) 两税按钱计算,但纳税时多折交绫绢。"往者纳绢一匹,当钱三千二三百文;今者纳绢一匹,当钱一千五六百文。"这又使人民的赋税负担增加了一倍。

(4) 地方将收到的税物上交京都,度支司将税物颁给群司,照例将估价提高,加上奸吏侵夺,以致"所获殊寡,所扰殊多"。

(5) 赋税既重,又有所谓奉进、宣索之类,地方"莫敢阙供",于是巧立名目以增加收入。如"变征役以召雇之目,换科配以和市之名","召雇"只付很低的工钱,"和市"只算很低的价格。

(6) 原来的"非法赋敛"都已并入两税,"今于两税之外,非法之事,复又并存"。

(7) 实行两税时,各道的负担已不均衡,后来又因种种原因,税额难以完成,这些"逃死阙乏税额"又转嫁在现存的疲民身上,一室已空,四邻继尽。

其实,陆贽所提出的七条大多不是两税法本身的弊病,除了赋税征钱是属于税制的问题外,其他弊病即使不实行两税法,在当时的历史条件下也同样会出现。

二、薄税敛论

陆贽是薄税敛的坚决主张者。他发挥《大学》的"财聚则民散,财散则民聚"等财政观点,反复强调薄税敛对巩固封建统治的意义。

陆贽指出:"财者,人之心也"[1]。这是说,只有使人民能保住他们的财,统治者才能赢得他们的心。薄税敛正可以起这样的作用。用经济原因来说明人心的向背,陆贽并不是第一人,但做出"财者,人之心也"的概括,却是一个新的发展。

建中四年(783年),德宗和陆贽讨论泾原兵变以致被迫出逃的原因。德宗将它归之于"天命",陆贽反对这种观点,指出天命决定于人事,"非于人事之外,别有天命"。他所说的造成国家衰乱的"人事",其中一个重要方面就是因赋税太重而使

---

[1] 《陆宣公奏议》卷一《论两河及淮西利害状》。

统治者失掉了人心。他指出自德宗即位以来,"聚兵日众,供费日多。常赋不充,乃令促限。促限才毕,复命加征。加征既殚,又使别配。别配不足,于是榷算之科设,率贷之法兴……农桑废于征呼,膏血竭于笞捶。"这样就造成了"郡邑不宁"。又"聚敛之法,縠下(京城)尤严。邸第侯王,咸输屋税。裨贩(小贩)夫妇,毕算缗钱。"这样又使"京邑关畿不宁"①。对财政苛敛的恶果作了深刻的揭露。

陆贽反对对人民进行"捶骨沥髓,骔家取财"②式的财政搜括,指出朝廷对人民的诛求"皆出于疲人之肝脑筋髓"③。他告诫德宗说:"务鸠(聚)敛而厚其帑椟之积者,匹夫之富也;务散发而收其兆庶之心者,天子之富也。"④他把"失人心而聚财贿"的做法比作"割支体以徇(殉)口腹"的自杀行为。强调治天下者要"以义为本,以利为末;以人为本,以财为末"。他说:"自古及今,德义立而利用不丰,人庶安而财货不给,因以丧邦失位者,未之有也……自古及今,德义不立而利用克宣(显),人庶不安而财货可保,因以兴邦固位者,亦未之有焉。"⑤认为统治者以德义治国,不仅可以兴邦固位,而且国用也必然能够充裕。他认为这是古今王朝兴亡的一个必然规律。

减轻赋税势必减少国家的财政收入,因此陆贽又提出节用的主张。他说:"苟能黜其情,约其用,非但可以布帛为税,虽更减其税亦可也。苟务逞其情,侈其用,非但行今重税之不足,虽更加其税亦不足也。"⑥他举卫文公、汉文帝和唐太宗的节俭事例来证明"能节则虽虚必盈",又举秦始皇、汉武帝和隋炀帝的奢侈事例来证明"不节则虽盈必竭"。告诫德宗不要像秦始皇、隋炀帝那样"唯欲是逞"。

陆贽关于薄税敛的言论,反映了他对在"算敛周于万类,征徭被于八荒"⑦的严重财政搜括下痛苦万状的广大人民的同情。他希望能迅速改变这一情况,贞元八年(792年)指出,自从发生战乱以来,"天下常屯百万之师,坐受衣食。农夫蚕妇冻而织,馁而耕,殚力忍死,以供十倍之赋,日日引颈,望睹升平之化,惠恤之恩,凡四十九年矣。"⑧他认为只有大大地减轻赋役,才能缓和统治者和被统治者的矛盾,使唐王朝重新得到巩固。

---

① 本段引文均见《陆宣公奏议》卷二《论叙迁幸之由状》。
② 《陆宣公奏议》卷十二《均节赋税恤百姓第三》。
③ 《陆宣公奏议》卷七《谢密旨因论所宣事状》。
④ 《陆宣公奏议》卷四《奉天请罢琼林大盈二库状》。
⑤ 《陆宣公奏议》卷十一《论裴延龄奸蠹书》。
⑥ 《陆宣公奏议》卷十二《均节赋税恤百姓第二》。
⑦ 《陆宣公奏议》卷六《收河中后请罢兵状》。
⑧ 《陆宣公奏议》卷七《谢密旨因论所宣事状》。

三、税 制 论

陆贽批评两税法，提出了一套同杨炎的财政思想相对立的税制理论。

财政的基础是经济，陆贽对此有较好的论述。他说："建官立国，所以养人也；赋人取财，所以资国也。明君不厚其所资而害其所养，故必先人事（农事）而借其暇力，先家给而敛其余财。"①资国的基础是养民，只有搞好了养民，发展了生产，才能使国家有足够的财政收入。他提出："当今之要，在于厚人而薄财，损上以益下。下苟利矣，上必安焉，则小损者所以招大益也。人既厚矣，财必赡焉，则暂薄者所以成永厚也。"②

杨炎提出量出制入，陆贽则坚持要量入为出。他说："夫地力之生物有大数，人力之成物有大限。取之有度，用之有节，则常足；取之无度，用之无节，则常不足。生物之丰败由天，用物之多少由人。是以圣王立程（法），量入为出，虽遇灾难，下无困穷。理化既衰，则乃反是，量出为入，不恤所无。"也就是说，量出制入是衰世之法。

农业赋税征钱，对需要出卖农产品以获取货币的农民是不利的。针对两税征钱，陆贽提出了赋税不能征钱的理由说："夫国家之制赋税也，必先导以厚生之业，而后取其什一焉。其所取也，量人之力，任土之宜。非力之所出则不征，非土之所有则不贡。谓之通法，历代常行。"他认为金、木、水、火、土五材中，"水、火不资于作为，金、木自产于山泽"，而土地上的农产品却"非力不成，衣食之源，皆出于此"。所以只有布帛、百谷才"可以勉人功，定赋入"。人民不铸钱，向他们征收货币，就会"使贫者破产而假资于富有之室，富者蓄货而窃行于轻重之权。下困齐人，上亏利柄。"他的结论是："然则谷帛者，人之所为也；钱货者，官之所为也。人之所为者，故租税取焉；官之所为者，故赋敛舍焉。此又事理著明者也。"③

两年以后，河南尹齐抗（740—804年）也上疏论两税征钱之弊，指出："今两税出于农人，农人所有，唯布帛而已。用布帛处多，用钱处少，又有鼓铸以助国计，何必取于农人哉？"④

陆贽反对赋税征钱的主张在当时有它的合理性。唐代自然经济的色彩很浓，政府既多次下令买卖不能全用钱币，却要实现农业赋税货币化，这显然违背

---

① 《陆宣公奏议》卷十二《均节赋税恤百姓第四》。
② 《陆宣公奏议》卷十二《均节赋税恤百姓第三》。
③ 以上两段引文均见《陆宣公奏议》卷十二《均节赋税恤百姓第二》。
④ 《新唐书》卷五二《食货志二》。

了现实的社会经济条件。而且在实行两税法后政府也没有相应地增加钱币的流通数量,使问题更加严重化。两税征钱造成了物价下跌,大大加重了人民的实际赋税负担。因此从陆贽开始,反对赋税征钱的大有人在。但陆贽反对农业赋税征钱的理论却又是有问题的。他说"非力之所出则不征,非土之所有则不贡"是历代常行的通法,没有把它看成是一定历史条件下的政策。既说是"通法",就表示永远不能改变,反映了他的一种保守倾向。他说不铸钱的人不应该用钱来纳税,那么不铸钱的人也不应该用钱来买物,照此推论下去,那就只能进行物物交换了。不过,理论上的不妥不能否定反对两税征钱主张的正确性,后来陆贽等人的主张终于得到了实现(见后)。

陆贽还主张征税要"以丁夫为本",而反对"唯以资产为宗"。他的理由是:"夫财之所生,必因人力,工而能勤则丰富,拙而兼惰则窭(贫)空。是以先王之制赋入也,必以丁夫为本,无求于力分之外,无贷于力分之内……如是然后能使人安其居,尽其力"。他批评两税法"唯以资产为宗"的征税原则说:"曾不悟资产之中事情不一,有藏于襟怀囊篋,物虽贵而人莫能窥;有积于场圃囷仓,直虽轻而众以为富;有流通蓄息之货,数虽寡而计日收赢;有庐舍器用之资,价虽高而终岁无利。如此之比,其流实繁,一概计估算缗,宜其失平长伪。"①认为资产的估价不容易准确,因此按资产征税不可能真正做到合理负担,这自然是对的。但他却否定了按资产征税比按人丁征税要合理得多的事实。他的理论显然不能回答这样的问题:人丁如果丧失了生产资料,按人丁征税又怎么能使他们"安其居,尽其力"?这理论也表明了他思想上的保守的一面。

四、货币论和限田减租论

陆贽认为货币是国家用来掌握轻重敛散之权,调节物价贵贱的重要工具,必须由国家垄断铸造。他说:"先王惧物之贵贱失平,而人之交易难准,又立货泉之法,以节轻重之宜,敛散弛张,必由于是。盖御财之大柄,为国之利权,守之在官,不以任下。"他提出了一个国家通过控制货币流通以调节物价的公式:"物贱由乎钱少,少则重,重则加铸而散之使轻。物贵由乎钱多,多则轻,轻则作法而敛之使重。是乃物之贵贱,系于钱之多少;钱之多少,在于官之盈缩。"②这公式比刘秩的话更为完整,把形成物价贵贱的原因完全归于货币数量,因此是中国古代的最典型的货币数量论。以后直到西方经济学传入以前,中国再也没有产生过其他

---

① 《陆宣公奏议》卷十二《均节赋税恤百姓第一》。
② 《陆宣公奏议》卷十二《均节赋税恤百姓第二》。

类型的货币数量理论。

马克思曾经在《政治经济学批判》中批判了西方贵金属流通条件下的货币数量论(他还没有用"货币数量论"的名称)。这种货币数量论有两个根本错误:一是看不到货币本身的价值;二是看不到货币的贮藏手段职能对货币流通所起的蓄水池和泄水沟的作用,以为任何数量的货币都"必定成为流通手段,成为铸币,因而成为流通中商品的价值符号"①。西方贵金属流通条件下的货币数量论和中国古代钱币(主要是铜钱)流通条件下的货币数量论,其产生的历史背景有很大的不同。前者所说的货币是指全部货币贵金属,不限于贵金属的铸币;后者所说的货币则仅是指钱币,而铸钱的金属材料不是货币。因此,西方的贮藏货币包括退出流通的全部货币贵金属在内,而中国的贮藏货币仅限于退出流通的钱币。由于钱币是贱金属,不是一种好的贮藏手段,价值更高的金银布帛等都具有贮藏功能,又使钱币的贮藏手段职能难以充分发挥。这就使中国的贮藏货币没有西方的贮藏货币对货币流通量所起的调节作用大。更由于多数时期中国的钱币是由国家垄断铸造的,货币铸造数量不一定同流通需要量相适应,在流通中很容易成为价值符号。凡此种种,都说明了中国古代的钱币数量是要影响物价的。从这个意义上说,刘秩、陆贽的货币数量论有它符合实际的一面。但将物价变动的原因全部归之于货币数量则仍是错误的。

为了增加货币数量,陆贽主张"广即山殖货之功(铸钱),峻用铜为器之禁"②。另外,国家还可以从盐、酒专卖中取得货币收入。他指出,国家手中有了相当数量的货币,又以盐、酒专卖作为回笼货币的渠道,就能调节货币流通,做到敛轻为重或散重为轻。

《均节赋税恤百姓第六》是关于限制兼并问题。陆贽说:"天下之物有限,富室之积无涯。食一人而费百人之资,则百人之食不得不乏;富一家而倾千家之产,则千家之业不得不空。"他以占田为例,指出当时的情况是:"富者兼地数万亩,贫者无容足之居,依托强豪,以为私属。贷其种食,赁其田庐,终年服劳,无日休息,罄输所假,常患不充。有田之家,坐食租税。贫富悬绝,乃至于斯。厚敛促征,皆甚公赋。"京畿以内每亩田官税5升,而地租有收到1石的,相当于官税的20倍。中等土地每亩地租5斗,相当于官税的10倍。他说土地是"王者之所有","而兼并之徒居然受利,官取其一,私取其十",这样就造成了农民不能足食、公仓储备不丰、风俗贪、财货壅的后果。

---

① 《马克思恩格斯全集》第13卷,人民出版社1962年版,第164页。
② 《陆宣公奏议》卷十二《均节赋税恤百姓第二》。

陆贽认为一夫百亩的古制是最理想的土地制度，但现在"行之实难"，所以只能实行限田和减租。他建议"令百官集议，参酌古今之宜，凡所占田，约为条限，裁减租价，务利贫人"。做到"微损有余，稍优不足，损不失富，优可赈穷"。限田从西汉以来常有人提出，主张减租则陆贽是中国历史上的第一人。限田减租主张的提出，说明陆贽不仅注意到了表现在赋税上的封建国家和人民之间的矛盾，而且也注意到了表现在地租上的地主和农民之间的矛盾，认识比较全面。

第七节 白居易的经济思想

一、现实主义诗人白居易

白居易(772—846年)，字乐天，晚年号香山居士，原籍太原，生于新郑(今属河南)。德宗贞元十六年(800年)白居易考中进士，任秘书省校书郎、盩厔县尉；宪宗元和二年(807年)升翰林学士；次年任左拾遗；五年改京兆府户曹参军；九年任太子左赞善大夫；十年因发生宰相武元衡被暗杀事件，上书要求缉拿凶手，得罪权贵，被贬为江州司马；十三年迁忠州刺史；穆宗即位(820年)，升主客郎中、知制诰；长庆元年(821年)转中书舍人；次年任杭州刺史；四年任太子左庶子；敬宗宝历元年(825年)出为苏州刺史；文宗大和元年(827年)迁秘书监；以后历任刑部侍郎、太子宾客、河南尹、太子少傅等官；武宗会昌二年(842年)辞官；六年卒，谥"文"。著作有《白氏长庆集》，现编为《白居易集》。

白居易是唐代的现实主义大诗人。先后和元稹、刘禹锡齐名，人称"元白"和"刘白"。他主张"文章合为时而著，歌诗合为事而作"，写诗要"救济人病，裨补时阙"①。他早期所作的讽喻诗170多首，大胆地揭露了政治上的黑暗和民间的疾苦，表达了对劳动人民的深切同情。有些诗直接反映了他的经济观点。如《秦中吟·重赋》是批评实行两税法以后的弊端的，其中说："国家定两税，本意在忧人。厥初防其淫，明敕内外臣：税外加一物，皆以枉法论。奈何岁月久，贪吏得因循。浚(榨取)我以求宠，敛索无冬春。"②《赠友》诗中的一首则批评了两税法本身。《杜陵叟》揭露在发生灾荒后，官吏仍"急敛暴征求考课"，使农民"典桑卖地纳官租"；诗中将这种"虐人害物"的官吏比作"钩爪锯牙食人肉"的"豺狼"③。《卖炭翁》谴责了实质上是对人民进行掠夺的宫市。诗中描述了一个烧炭老翁辛勤劳

---

① 《与元九书》，《白居易集》第3册，中华书局1979年版，第962页。
② 《白居易集》第1册，第31页。
③ 同上书，第79页。

动所得的"一车炭,千余斤",被宫使强夺,只以"半匹红纱一丈绫,系向牛头充炭直"①。《盐商妇》讽刺了"每年盐利入官时,少入官家多入私"②的大盐商。讽喻诗是留传下来的白居易的近3 000首诗歌中最有积极意义的部分。他的长篇叙事诗《长恨歌》《琵琶行》也是享有盛名的作品。

白居易的诗通俗易懂,为人民群众所喜闻乐见,在当时就得到了广泛的流传。虽然他写讽喻诗的目的在于"惟歌生民病,愿得天子知"③,希望引起皇帝的重视,主动改革弊政,但是却招来了统治集团中人们的恶感。因此在他上书言事时,就遭到诽谤而被贬官。贬官后的白居易意志渐趋消沉,晚年更加严重,而且潜心于佛典。他的诗文也失去了早期的光彩,成为脱离现实的粉饰太平之作。

白居易早期的政治、经济思想,除反映在讽喻诗中外,还集中表现在作于元和元年的《策林》中。这是他为了准备参加才识兼茂明于体用科考试,和元稹在华阳观中"闭户累月,揣摩当代之事"④而写成的。《策林》共75篇,涉及的面较广。因为是应试的内容,当然不像他同时期写的诗那么尖锐,主要是从正面立论。

白居易也像许多地主阶级思想家一样,认为封建国家的治乱兴亡决定于国君个人。他说:"盖兴废理乱,在君上所教而已。故君之作为,为教兴废之本;君之举措,为人理乱之源。"⑤他希望宪宗能重振皇纲,重新巩固唐王朝的统治。认为要实现这一目标,就要以三皇五帝为榜样,做到"以天下心为心","以百姓欲为欲"⑥。

所谓"以天下心为心","以百姓欲为欲",也就是要以百姓的利益为利益。白居易很重视人民的实际经济利益,因此提出了"圣人"好利的观点说:"然则圣人非不好利也,利在于利万人;非不好富也,富在于富天下。"⑦这里的好利、好富仅指利万民、富天下而言,并不是"圣人"的一己之利和一己之富。国君的求一己之利和一己之富是白居易所反复批评的,如他说:"然则地之生财有常力,人之用财(供人用的财)有常数。若羡于上,则耗于下也;有余于此,则不足于彼也。"⑧在

---

① 《白居易集》第1册,第80页。
② 同上书,第84页。
③ 《寄唐生》,同上书,第15页。
④ 《策林序》,《白居易集》第4册,第1287页。
⑤ 《策林·策项》,同上书,第1289页。
⑥ 《策林·不劳而理》,同上书,第1293页。
⑦ 《策林·不夺人利》,同上书,第1316页。
⑧ 《策林·立制度》,同上书,第1320页。

一定时期内社会财富的生产只能是一个常数,国家所收的赋税多,留在民间的财富就少。他要国君注意利在上下之间的分配问题,应使利散于下而不壅于上,指出:"夫利散于下,则人逸而富;利壅于上,则人劳而贫。"①从这个意义上说,白居易又明确表示反对君王的"好利",指出:"上苟好利,则天下聚敛之臣将置力矣。"②

白居易的经济思想很重视对于利益的分析。他提出本于农桑而兴利的财政理论,其中包括反对两税征钱的观点。他主张国家通过调节商品流通来做到四民交利。此外,还有一些零星的经济观点。

二、本于农桑而兴利论

白居易谈到财富的生产时,总是说"地之生财",没有注意到其他生产部门也在创造财富。具有这种观点在农业社会是很自然的。由于他把生产财富的部门限于农业,因此提出:"若不本于农桑而兴利者,虽圣人不能也。""本于农桑而兴利",从字面上看,可以解释为重视发展农业生产。白居易对农业生产自然是很重视的,但他这里所说的"兴利",却是专指从何取得财政收入的问题。"本于农桑而兴利"是指只能从农业部门取得国家的财政收入。

"本于农桑而兴利"又叫作"利出一孔"。白居易说:"利出一孔者王,利出二孔者强,利出三孔者弱。此明君立国子人者,贵本业而贱末利也。"这里的"利出一孔",是不同于商鞅和《管子·轻重》所说的利出一孔的新的含义。商鞅的利出一孔,是指让人们从一条途径——农战上满足自己的名利欲望,《管子·轻重》的利出一孔是指利权要操在国君手中,而白居易的利出一孔则是指只能从农业上取得财政收入。他还说:"故唐尧、夏禹、汉文之代,虽薄农桑之税,除关市之征,弃山海之饶,散盐铁之利,亦国足而人富安矣。"农业税要轻,其他方面的收入都可以不要,这就是白居易的主张。所以他又说:"是以善为国者,不求非农桑之产,不重非衣食之货,不用计数之吏,不畜聚敛之臣。"③

"不求非农桑之产,不重非衣食之货",这不仅表示国家只应征农业税,而且还表示农业税只能征农产品。他分析了人们"舍本业,趋末作"的原因,指出:"臣伏见今之人,舍本业,趋末作者,非恶本而爱末,盖去无利而就有利也。夫人之蚩蚩趋利者甚矣:苟利之所在,虽水火蹈焉,虽白刃冒焉。故农桑苟有利也,虽日禁

---

① 《策林·不夺人利》,《白居易集》第 4 册,第 1316 页。
② 《策林·人之困穷,由君之奢欲》,同上书,第 1315 页。
③ 以上两段引文均见《策林·不夺人利》,同上书,第 1316—1317 页。

之，人亦归矣，而况于劝之乎？游堕苟无利也，虽日劝之，亦不为矣，而况于禁之乎？"①人们的活动是受经济利益驱动的，因为搞农业对自己无利，而趋末作(这里的"末作"是指"游堕")对自己有利，自然就要舍本趋末了。

为什么搞农业无利呢？白居易将它归因于赋税征钱。他说："当今游堕者逸而利，农桑者劳而伤。所以伤者，由天下钱刀重而谷帛轻也。所以轻者，由赋敛失其本也。"所谓"赋敛失其本"，就是农业赋税不征农产品而征钱。他说："租庸者，谷帛而已。今则谷帛之外，又责之以钱。钱者，桑地不生铜，私家不敢铸，业于农者何从得之……当丰岁，则贱籴半价，不足以充缗钱；遇凶年，则息利倍称，不足以偿逋(欠)债。丰凶既若此，为农者何所望焉？是以商贾大族乘时射利者，日以富豪；田垄罢(疲)人望岁勤力者，日以贫困。"②这就使农夫、织妇不安心于耕织。在《赠友》诗中，白居易也表达了赋税不应征钱的思想："私家无钱炉，平地无铜山。胡为秋夏税，岁岁输铜钱？钱力日已重，农力日已殚。贱粜粟与麦，贱贸丝与绵。岁暮衣食尽，焉得无饥寒！"③

由于白居易把赋税征钱看成是造成人们舍本趋末的原因，因此认为只要取消赋税征钱的办法，就能使"任土之利载兴，易货之弊自革。弊革，则务本者致力；利兴，则趋末者回心"④。实际上赋税征钱只是造成人们舍本趋末的原因之一，白居易却将它当作了唯一的原因。即使改变赋税征钱的办法，这个问题也不可能得到根本的解决。反对赋税征钱的是非前一节已做过分析，这里不重复。

"本于农桑而兴利"的财政思想产生于对财富生产的片面理解，必然也具有片面性。尽管农业税是封建国家财政收入的主要项目，但工商业税和盐利收入等其他收入也是不可忽视的财政收入项目。如果否定了其他收入，就会使国家的财政收入减少，这就非提高农业税率不可。白居易认为"不自地出"的利，就必然是"巧取于人"而获得的利。国家所获得的这种利"日引而月长"，人民却因此"日削而月朘。至使人心穷，王泽竭"。这样做"但见其害，不见其利"。⑤ 虽然这些话反映了白居易的反聚敛思想，在理论上却有绝对化的毛病。这是完全从自然经济的角度观察财政问题所造成的。

---

① 《策林·息游堕》，《白居易集》第4册，第1311页。
② 同上。
③ 《白居易集》第1册，第35页。
④ 《策林·息游堕》，《白居易集》第4册，第1312页。
⑤ 本段引文均见《策林·不夺人利》，同上书，第1316页。

三、调节商品流通论

白居易主张国家在财政上要"本于农桑而兴利",但他认为国家还应该管理市场,因此又提出调节商品流通的理论。他说:"古者圣王在上而下不冻馁者,何哉?非家至日见,衣之食之,盖能均节其衣食之原也。"这里所说的"均节其衣食之原",就是指通过国家对商品流通的调节来满足人们的衣食需要。

调节商品流通离不开货币。白居易认为货币就是"圣王"为了这一目的而创造出来的工具。他说:"夫天之道无常,故岁有丰必有凶;地之利有限,故物有盈必有缩。圣王知其必然,于是作钱刀布帛之货,以时交易之,以时敛散之。所以持丰济凶,用盈补缩,则衣食之费,谷帛之生,调而均之,不啻足矣。"他说这就是"管氏之轻重,李悝之平籴,耿寿昌之常平"所采取的办法,"上以均天时之丰凶,下以权地利之盈缩"①。

白居易发展了李悝的平籴理论。他说:"夫籴甚贵,钱甚轻,则伤人;籴甚贱,钱甚重,则伤农。农伤则生业不专,人伤则财用不足。故王者平均其贵贱,调节其重轻,使百货通流,四人交利。"②这几句话同李悝的平籴理论的区别有三点:第一,李悝只从年岁的丰歉来说明粮价的变动,白居易则加上货币方面的因素。第二,李悝说"农伤则国贫,民伤则离散",白居易则说"农伤则生业不专,人伤则财用不足",对后果的分析角度不同。第三,李悝实行平籴的目的是要做到"民无伤而农益劝",白居易则主张做到"使百货通流,四人交利"。他感到当时的钱"或积于国府,或滞于私家",流通数量"日以减耗",继续发展下去,会使谷帛贱、农业伤的情况越来越严重,因此又批评赋税征钱"非所谓平均调节之道"③。

白居易还进一步论述了用货币来调节物价的问题。他说:"谷帛者,生于农也;器用者,化于工也;财物者,通于商也;钱刀者,操于君也。君操其一,以节其三,三者和钧(均),非钱不可也。"他提出货币、谷帛、财物三者的相互轻重关系及国家应采取的政策说:"夫钱刀重则谷帛轻,谷帛轻则农桑困。故散钱以敛之,则下无弃谷遗帛矣。谷帛贵则财物贱,财物贱则工商劳。故散谷以收之,则下无废财弃物也。敛散得其节,轻重便于时,则百货之价自平,四人之利咸遂。"④这理论来源于《管子·轻重》,但又不同于《管子·轻重》。《管子·轻重》说国君要掌

---

① 以上两段引文均见《策林·辨水旱之灾,明存救之术》,《白居易集》第 4 册,第 1308—1309 页。
② 《策林·息游堕》,同上书,第 1311—1312 页。
③ 《策林·息游堕》,同上书,第 1312 页。
④ 《策林·平百货之价》,同上书,第 1313 页。

握货币和谷物,缺一不可;白居易则说国君只要掌握货币。《管子·轻重》将谷物和万物分开,这是表明谷物在商品世界中的重要地位;白居易则将谷帛和财物分开,这是从社会分工角度考虑的,谷帛代表农产品,财物代表独立手工业者的产品。《管子·轻重》很重视取得商业利润;白居易则只是要做到"百货之价自平,四人之利咸遂",不以取得商业利润为目的。这最后一点是白居易的调节商品流通论同《管子·轻重》理论的最重要的区别。

白居易一而说"四人交利",再而说"四人之利咸遂",说明他的理想社会是士、农、工、商四民的利益都能够得到实现,没有厚薄轻重之分。他在利出一孔论中提到"贵本业而贱末利","末利"一般指从事工商业的利益;但他又将"末作"解释为游堕,则可见他所说的"末利"不是一般意义上的"末利",而是指"游堕者逸而利"的利。白居易是中国古代以工商为末成为流行观点后不以工商为末而且无抑商思想的少数思想家之一。

白居易的调节商品流通论是对中国古代国家调节商品流通政策的一种理想化的描述。封建国家是不可能不考虑自身的财政利益而实行所谓的和均政策的,即使是刘晏这样的成功管理也不例外;而且单靠封建国家的干预商品流通也不可能实现"四人之利咸遂"的目标。还有,他所设想的货币、谷帛、财物三者的关系并不完全符合商品流通的实际情况。一般地说,谷帛贵其他财物也贵,并不存在着"谷帛贵则财物贱"的普遍规律。而且对于财物,也不一定要散谷去收,主要的还应该是货币。

对于当时的钱重,白居易认为另一重要原因是铜钱被销毁,因为"私家销钱为器,破一钱,成数钱之利",这就使"天下之钱日减而日重"[1]。因此他又主张禁民间持铜并禁铸铜器。

四、其他经济思想

白居易主张"均贫富"。地主阶级的"均贫富"思想不是指平均财富,白居易也是如此。他将"均贫富"解释为"贵贱区别,贫富适宜"[2]。

关于井田制,白居易指出"废之颇久,复之稍难,未可尽行",王莽"卒然复之",造成了混乱,使"农商者失其业";但他又主张"户繁乡狭者,则复以井田"[3]。户繁乡狭的地方土地问题更加突出,这可能是白居易提出这一主张的原因。他

---

[1] 《策林·平百货之价》,《白居易集》第4册,第1313页。
[2] 《策林·立制度》,同上书,第1320—1321页。
[3] 《策林·议井田阡陌》,同上书,第1350页。

没有考虑到这些地方实行起来困难更大。

白居易主张把利益驱动的原则应用于朝廷。第一，要提高官吏的俸禄。他指出："夫衣食阙于家，虽严父慈母不能制其子，况君长能检其臣吏乎？冻馁切于身，虽巢（巢父）、由（许由）、夷（伯夷）、齐（叔齐）不能固其节，况凡人能守其清白乎？臣伏见今之官吏，所以未尽贞廉者，由禄不均而俸不足也。"官吏"衣食不充，冻馁并至"，"则必冒白刃、蹈水火而求私利"。所以必须"厚其禄，均其俸"，使其能保持温饱，才能"去贪致清"。① 第二，要使谠直的臣下得利。他说："夫人之茧茧，唯利是务。若利出于慎默，则慎默之风大起；若利出于谠直，则谠直之风大行。"②只有用使后者有利、前者无利的办法才能发扬后者。

唐朝政府用贷放公廨本钱的办法来取利，产生许多弊病。太宗时谏议大夫褚遂良，玄宗时秘书少监崔沔等都曾提出过批评。白居易也提出了反对意见。他指出借钱的人都是贫户，他们虽然交纳了繁重的利息，使"私财竭于倍利"，但仍然免不了长期拖欠，政府的收入还是得不到保证。"王者恶言求利，患在不均。"他主张取消这种求利办法，原来的利息收入改用征税的办法取得，"随两税以分征，使万民而均出"。认为用赋税来取代官营高利贷，既使"贫户无倍息之弊"，又使"公食无告阙之虑"，"公私交便"。③

对于盐法，白居易认为当时的积弊是"院场太多，吏职太众"。官吏为了招徕盐商，就采用多给盐和降低收帛标准的办法来推销。"所以盐愈费而官愈耗，货（用作货币的帛）愈虚而商愈饶，法虽行而奸缘，课虽存而利失。"针对这一情况，他提出的改革办法是减省吏职和院场，"审货帛之精粗，谨盐量之出入"。他还认为山海之饶、盐铁之利归之于民是"政之上"，归之于国是"政之次"，归之于"幸人奸党"则是"政之疵，国之蠹"。他指出关东的"上农大贾"取得了盐商的身份后，"居无征徭，行无榷税"，他们经营其他商业，"利尽入于私室"，"下有耗于农商，上无益于管榷"，提出要清除这些"奸商"。④

对于和籴，白居易指出："凡曰和籴，则官出钱，人出谷，两和商量，然后交易也。"⑤但实际上并非如此，和籴只是强迫摊派，"苟有稽迟，则被追捉，迫蹙鞭挞，甚于税赋。号为和籴，其实害人。"⑥他主张官府直接向市场购买粮食，价格比市

---

① 本段以上引文均见《策林·使官吏清廉》，《白居易集》第4册，第1337页。
② 《策林·使百职修，皇纲振》，同上书，第1332页。
③ 本段引文均见《策林·议百司食利钱》，同上书，第1339页。
④ 本段引文均见《策林·议盐法之弊》，同上书，第1317—1318页。
⑤ 《论和籴状》，同上书，第1234页。
⑥ 《论和籴状》，同上书，第1235页。

价稍高。或者改为折籴,让人民以粮食折税交纳。

白居易还分析了国君的奢俭对人民贫富的深刻影响。他说从前代可见,人民的贫困是由于官吏的纵欲,而官吏的纵欲则是由于"君上之不能节俭"。国君只有一人,"以亿兆之人奉其一君",即使国君过穷奢极侈的生活,也不至于"扰于人,伤于物"。但是,国君的消费品是从民间逐级征取来的,"君取其一,而臣已取其百","上开一源,下生百端"。而且"君好则臣为,上行则下效","上益其侈,下成其私",其为害要十倍于国君自己的奢侈。因此,"君之躁静,为人劳逸之本;君之奢俭,为人富贫之源"。他要求国君注意节俭,做到"宫室有制,服食有度,声色有节,畋游有时;不徇己情,不穷己欲,不殚人力,不耗人财"。这样才能使"贪欲之吏不得不廉","贫困之人不得不安"。①

第八节 韩愈、李翱的经济思想

一、韩愈的经济思想

韩愈(768—824年),字退之,河阳(治今河南孟州)人,因郡望②在昌黎(治今辽宁义县),常自称为"昌黎韩愈",故被人称为韩昌黎。德宗贞元八年(792年)韩愈考中进士;十八年任国子监四门博士;次年任监察御史,因所上奏章触怒德宗,被贬为阳山县令;顺宗即位(805年),改为江陵法曹参军;宪宗元和元年(806年)征为国子博士;历任都官员外郎、河南县令、职方员外郎、比部郎中、考功郎中、中书舍人、太子右庶子等官;十二年因参加平定彰义军(治今河南汝南)节度使吴元济有功,授刑部侍郎。十四年,宪宗派人迎佛骨③进宫供奉并在长安寺院展出,韩愈上书谏阻,被贬为潮州(治今广东潮安)刺史;次年内迁为袁州(治今江西宜春)刺史,在任期间曾禁绝袁州穷人典贴儿女给富人的风俗,将没为奴隶的700余名穷人子女赎还给各家父母;穆宗即位(820年),任为国子监祭酒;以后历任兵部侍郎、吏部侍郎、京兆尹、御史大夫等官;长庆四年(824年)谥"文"。著作有《韩昌黎集》。

韩愈是唐代著名的文学家,古文运动的领导者。从南北朝以来,骈文盛行,造成文风的萎靡和形式的僵化。开展古文运动,就是要恢复先秦、两汉的散文传统。韩愈、柳宗元对古文运动都做出了很大贡献,并称"韩柳",都列名于唐宋八

---

① 本段引文均见《策林·人之困穷,由君之奢欲》,《白居易集》第4册,第1314—1315页。
② 魏晋至隋唐时每郡显贵的世族,称为"郡望"。
③ 佛骨相传是释迦牟尼的一节指骨,原藏凤翔法门寺的护国真身塔内。

大家。

韩愈继承了董仲舒的性三品说,并有所发展。他说人有"与生俱生"的性和"接于物而生"的情。性的内容是仁、义、礼、智、信五德,人们对这五种道德规范的符合程度有天生的差别,表现为上中下三品人性。情的内容是喜、怒、哀、惧、爱、恶、欲,也随人性而表现为上中下三品。他认为孟子的性善论、荀子的性恶论和杨子(杨雄)的性善恶混论,都是只看到中品的人性,"得其一而失其二"。他认为上、下品人性不可以改变,但"上之性就学而愈明,下之性畏威而寡罪",所以仍可以对它们施加影响,做到"上者可教而下者可制"。①

为了对抗魏晋以来的佛老思潮,恢复儒家的正统地位,韩愈提出了儒家的"道统"观念,为此而作《原道》②。"斯吾所谓道也,非向所谓老与佛之道",而是尧传禹,禹传汤,汤传文、武、周公,文、武、周公传孔子,孔子传孟轲的那个道。孟轲死后,道就失传了。他以孟子的道统继承人自居,把自己的辟佛老比作孟子的辟杨墨。韩愈反佛的态度非常坚决,他的《论佛骨表》深深激怒了宪宗,使他险些被杀。

在《原道》中,韩愈为加强君权提出了一种理论根据。他说古时人之害很多,"有圣人者立,然后教之以相生养之道,为之君,为之师"。圣人解决了人类社会中所遇到的一切难题:为人民"驱其虫蛇禽兽",使社会有衣、食、宫室、器用、商品交换、医药、葬埋祭祀、礼、乐、政、刑、符玺、斗斛、权衡以及城郭、甲兵等等,以满足各种需要。"害至而为之备,患生而为之防。"因此韩愈宣称:"如古之无圣人,人之类灭久矣。"

从上述理论出发,韩愈提出了君、臣、民的不同职责说:"是故君者,出令者也;臣者,行君之令而致之民者也;民者,出粟米麻丝,作器皿,通货财以事其上者也。君不出令,则失其所以为君;臣不行君之令而致之民,民不出粟米麻丝,作器皿,通货财以事其上,则诛。"这种统治者和被统治者的分工理论,实际上也就是孟子所说的"劳心者治人,劳力者治于人,治于人者食人,治人者食于人"的理论,但是韩愈更明确地鼓吹君王的至高无上的权力。

在《原道》中,韩愈把民穷的原因归之于大量僧、道的存在。他说:"古之为民者四(指士、农、工、贾),今之为民者六(加上僧、道)。古之教者处其一(士),今之教者处其三(士、僧、道)。农之家一,而食粟之家六;工之家一,而用器之家六;贾之家一,而资焉之家六。奈之何民不穷且盗也!"这一说法的积极意义在于指出了僧、道只消费而不生产。然而他的分析并不完全正确。它只适用于士、农、工、

---

① 本段引文均见《韩昌黎集》卷一一《原性》。
② 《韩昌黎集》卷一一。

贾、僧、道的人数相等的情况,只有这样才能说"农之家一,而食粟之家六"。实际上,农是社会上的大多数,即使有大量僧、道存在,也不会是一与五之比。至于工、贾,则占社会总人数的六分之一也并不算低。他当然不是这个意思,但由此表明他的分析在逻辑上是不严密的。此外,把民贫的原因只是归之于僧、道,也是不正确的。我们只要拿它来和陆贽的理论相比,就已经很清楚了。

对于具体的经济问题,韩愈主要是对货币和盐法提出了意见。

元和七年二月,宪宗令百官讨论钱重物轻问题,韩愈上《钱重物轻状》①,表述了自己的意见。他也指出赋税征钱和物价下跌的关系:"夫五谷布帛,农人之所能出也,工人之所能为也。人不能铸钱,而使之卖布帛谷米,以输钱于官,是以物愈贱而钱愈贵也。"他不仅主张赋税征农产品,而且主张"出布之乡租赋悉以布,出绵丝百货之乡租赋悉以绵丝百货"。生产什么就征什么,这比陆贽的主张还要彻底。为了保证京师的粮食和草料的需要,他又提出距京百里以内的地方都征草,300里以内的都征粟,500里以内及河渭地区可征草、粟或米。认为实行这一政策可以使人们更重视农业,并使"钱益轻,谷米布帛益重"。

关于货币制度本身,韩愈提出了以下几点。

(1) 禁铜。禁止蓄铜过若干斤,禁止铸铜器及用铜来造寺院的浮屠(塔)、佛像、钟磬,犯禁的"皆罪死不赦"。禁止造浮屠等反映了韩愈的反佛思想,开了武宗会昌五年(845年)用被毁寺院的铜像、钟磬来铸钱的先声。

(2) 以五岭为界,五岭以南用银,五岭以北用钱,五岭的旧钱任人运出。岭南本来有用银的历史②,韩愈想通过划分货币区的办法来增加五岭以北的钱币流通数量。

(3) 铸造当五钱,新旧钱兼用。韩愈说:"凡铸钱千,其费亦千,今铸一而得五,是费钱千而得钱五千,可立多也。"沈演之说大钱当两使"家赢一倍之利"。唐肃宗乾元元年(758年)根据御史中丞第五琦的建议铸造以一当十的乾元重宝,当时的诏书说是"冀(希)实三官之资,用收十倍之利"③。韩愈同沈演之和乾元元年铸钱诏书的观点一脉相承,都认为国家有规定货币价值的权力,只要给铸币以某种名义价值,就能使它按这一名义价值流通。这是名目主义的理论。新旧钱兼用,旧钱当一而新钱当五,旧钱必然会被人收藏或销熔改铸而退出流通。这一条建议如果实行,将会造成货币流通的混乱。

---

① 《韩昌黎集》卷三七。
② 《元稹集》卷三四《钱货议状》(元和十五年):"自岭已南,以金银为货币。"
③ 《旧唐书》卷四八《食货志上》。

长庆二年(822年)，户部侍郎张平叔提出改变盐法的建议，主张把原来的"国家榷盐粜于商人，商人纳榷粜于百姓"的办法改为国家直接卖盐给百姓。穆宗下诏令公卿详议。韩愈和中书舍人韦处厚都表示反对。韩愈上《论变盐法事宜状》①逐条批驳张平叔的建议。韩愈的基本观点是官府零售盐弊多利少，不如商人零售的好处多。他列举的理由主要如下。

(1) 商人因为"利归于己"，所以卖盐时杂物及米谷等"无物不取"，甚至可以赊销，约期归还，使买卖双方"两得利便"。而官府零售盐，经办的吏役"利不关己，罪则加身"，卖盐时就不会像商人那样灵活。他们"恐失官利"，当买盐的人拿不出现钱或布帛时，"必不敢粜"。百姓吃不到盐就会怨恨政府。

(2) 商人为了求利，乡村远处也会送盐上门。官府卖盐则不可能"将盐家至户到"，而且吏役"到村之后，必索百姓供应，所利至少，为弊则多"。

(3) 官府卖盐要和雇百姓的车牛运盐，会造成百姓的许多不便，因此"百姓宁为私家载物，取钱五文，不为官家载物，取十文钱"。"不和雇则无可载盐，和雇则害及百姓"。

(4) 张平叔认为官自卖盐可以使各种人都"因其所食，尽输官钱"，韩愈指出照原来的将盐卖于商人的办法已经使"天下百姓无贫富贵贱，皆已输钱于官"，不一定要百姓拿钱直接向政府买盐才算是"输钱于官"，批评他"知其一而不知其二，见其近而不见其远"。

张平叔还提出盐全部官营后，禁止原来的盐商在诸军、诸使求职，"把钱捉店②，看守庄磈(磨)，以求影庇"；如有违反，要没收其资财和治罪。韩愈不同意对盐商采取这样的打击政策。他承认"盐商纳榷，为官粜盐，子父相承，坐受厚利"的事实，但他们并没有犯罪，没有理由禁止他们从事上述职业。他警告说，如果使盐商"一朝穷蹙"，"则富商大贾必生怨恨，或收市重宝，逃入反侧(不安)之地，以资寇盗"，造成严重后果。

韩愈肯定私营零售商业比官营优越，反对加罪于无罪的富商大贾，这些都是正确的。这些意见反映了他的反抑商的思想。白居易虽也不主张抑商，但对盐商的态度还不如韩愈宽容。

二、李翱的财政思想

李翱(772—836年)，字习之，成纪(今甘肃静宁西南)人，韩愈的学生和侄女

---

① 《韩昌黎集》卷四〇。
② "把钱捉店"可能是指替诸军、诸使从事放债和经商活动。

婿。德宗贞元十四年(798年)李翱考中进士,授校书郎,后升为京兆府司录参军;宪宗元和初,任国子博士、史馆修撰;后历任考功员外郎、朗州刺史、礼部郎中、庐州刺史等官;文宗大和初,任谏议大夫、知制诰;三年(829年)拜中书舍人,因举荐不当,降为少府少监,出为郑州刺史;后来又累迁多种内外官,死时任山南东道(治今湖北襄阳)节度使。李翱从韩愈学文章,"辞致浑厚,见推当时"①,所以也谥为"文"。著作有《李文公集》。

韩愈认为人性有三品,李翱则回复到孟子的性善论,同时又保留韩愈的性和情相区别的理论。他说:"情有善有不善,而性无不善焉。"②他提出"复性"的主张,即要人们根据《大学》《中庸》的要求,格物致知,正心诚意,克服七情对本性的蒙蔽,恢复善良的本性。这种人性论后来被宋明理学进一步发展、完善,成为中国封建社会中占统治地位的人性论。

李翱也对佛教进行了批评。他指出由于"不蚕而衣裳具,弗耨而饮食充,安居不作,役物以养己"的几千百万佛教徒的存在,造成了许多人的饥寒;由于建造宏丽的佛殿,耗费了无数"百姓之财力"③。他强调只有"圣人之道"可使天下行之而无弊。

李翱的财政思想主要表现在《平赋书》④中,这是根据什一税率来规划国家财政收入的文章。

李翱认为孟子所主张的什一税是最合理的税率,符合这一标准的是轻敛,超过这一标准就是重敛。他指出:"四民之苦者,莫甚于农人。麦粟布帛,农人之所生也。岁大丰农人犹不能足衣食,如有水旱之灾,则农人先受其害。"百姓不足就会"视其长上如仇雠",自古国家危亡的原因都在于此。

重敛是为了增加国家的财政收入,李翱对此做出了相反的论断。他说:"人皆知重敛之为可以得财,而不知轻敛之得财愈多也。"他解释说:"重敛则人贫,人贫则流者不归而天下之人不来。由是土地虽大,有荒而不耕者,虽耕之而地力有所遗,人日益困,财日益匮……故轻敛则人乐其生,人乐其生则居者不流而流者日来。居者不流而流者日来,则土地无荒,桑柘日繁,尽力耕之,地有余利,人日益富,兵日益强。"轻敛反而比重敛的收入更多,这是急功近利的当政者所难以认清或无法做到的。

---

① 《新唐书》卷一七七《李翱传》。
② 《李文公集》卷二《复性书中》。
③ 《李文公集》卷四《去佛斋》。
④ 《李文公集》卷三。

李翱根据当时的亩积计算耕地面积。每方里540亩,其中10亩为"屋室径路,牛豚之所息,葱韭菜蔬之所生植",其余为耕地。每百方里540万亩,其中1 944 000亩为"州县城郭,通川大途,圳遂沟浍,丘墓乡井,屋室径路,牛豚之所息,葱韭菜蔬之所生植",其余3 456 000亩为耕地。每亩产量以1石计,收税十分之一,共可收345 600石,"以贡于天子,以给州县。凡执事者之禄,以供宾客,以输四方,以御水旱之灾,皆足于是矣"。在田间还要种桑树。耕地中约有三分之一因地势低不宜种桑,还有2 304 000亩,每亩种桑半功(一人种桑一天为一功),共1 152 000功。用来养蚕织帛,可得1 152 000匹。收税十分之一,共可收帛115 200匹,用途同上。对于鳏寡孤独要进行救济或免征。为了备荒,每乡要建立"公困",将每年征收粮食的十分之一存入公困。荒年时发公困粮食给缺粮户,丰年时收回,无力偿还的穷人则免除,使百姓在荒年时也不会饿死或流亡。李翱认为在全国实行上述政策,就能使"百姓各自保而亲其君上,虽欲危亡,弗可得也"。

《平赋书》存在着很多空想成分。第一,耕地面积占全部土地的64%,只是一种想象。它大概是参考《商君书·徕民》和李悝的分析而估计出来的。前者说,方百里的土地,山陵、川泽、都邑、道路等占十分之四,恶田占十分之二,良田占十分之四。耕地面积共占60%。后者则说方百里的土地中耕地面积占三分之二,即66%强。64%处于两者之间。从全国范围来看,这个比例数字是太高了。第二,《平赋书》没有提到国家的货币收入,事实上即使田赋征收粟帛,国家还会有大量的货币收入如商业税、榷盐收入等。第三,《平赋书》所勾画的是一幅十足的自然经济蓝图,连一点商品生产的影子都没有,这样的社会在现实世界中根本不存在。第四,李翱认为按照他所计算的收入,已足够国家的各种开支,而他却没有计算一下当时国家全年财政支出的最低限度是多少,因此他所说的"足于是"也只能是说说而已。总之,《平赋书》除了主张轻敛在理论上还有一定意义外,其中的具体设想完全背离了社会的实际,根本没有实行的可能。

元和十四年(819年),李翱向宪宗提出了"兴复太平"的六条建议。他声称只要"行此六者,五年不变",就能使"百姓乐康,蕃人入侍,天垂景星,地涌醴泉,凤凰鸣于山林,麒麟游于苑囿"。六条中,属于经济方面的有两条:"改税法,不督钱而纳布帛,则百姓足。绝进献,以宽百姓租税之重,则下不困。"[1]都是关于减轻人民赋税负担的内容。

所谓"改税法",就是改变赋税征钱的制度。他指出:自实行两税法以来,已

---

[1] 本段引文均见《李文公集》卷九《论事疏表》。

经有40年。当时绢一匹值4 000钱,米一斗值200钱。现在"粟帛日贱,钱益加重",绢一匹只值800钱,米一斗只值50钱。如果是1万钱的税额,当时只要2匹半绢,现在却要12匹。即使政府折绢收纳,也还要8匹。这就使人民的赋税负担大为加重。他也提出赋税不应征钱的理由说:"钱者,官司所铸;粟帛者,农之所出。今乃使农人贱卖粟帛易钱入官,是岂非颠倒而取其无者耶?由是豪家大商皆多积钱以逐轻重,故农人日困,末业日增。"他主张"不问远近,一切令不督见钱,皆纳布帛",政府收支都"以布帛为准"。①

"进献"是指诸道节度使、团练使以"军府羡余"的名义向朝廷献纳财物。李翱驳斥进献"不取于百姓"的论调说:"钱帛非天之所雨也,非如泉之可涌而生也,不取于百姓,将安取之哉?"②他揭露节度使和团练使以进献为名,"巧设名号","多方刻下",为自己聚敛的有三分,而进献的只有一分。因此他提出"绝进献"以减轻百姓的额外租税负担。

以上关于赋税问题的论述,其深度和广度都没有达到陆贽的水平。陆贽虽然反对赋税征钱,却没有反对货币经济本身。李翱则主张政府收支"以布帛为准",要把货币流通完全排除出政府的财政收支领域。这比单纯地反对赋税征钱具有更大的保守性。

李翱提出改税法的几个月后,即元和十五年正月,宪宗暴死,穆宗即位。闰正月,穆宗令百官讨论货轻钱重问题。朝廷采纳了户部尚书杨於陵的建议,两税改征布帛,于长庆元年(821年)开始实行。唐朝农业赋税货币化政策实行了40年以后终于废除。

---

① 本段引文均见《李文公集》卷九《疏改税法》。
② 《李文公集》卷九《疏绝进献》。

第六章 宋辽金元的经济思想

(960—1368 年)

第一节 宋辽金元的政治和经济

一、宋辽金元的更替

后周恭帝显德七年(960 年),殿前都点检赵匡胤发动政变,夺取政权,建立了宋朝,史称北宋(960—1127 年)。赵匡胤(宋太祖)和其弟赵光义(宋太宗)相继进行统一战争,到太平兴国四年(979 年)消灭北汉,基本上完成了统一事业。

公元 907 年,北方的契丹族建国。后晋石敬瑭称帝时(936 年),为了得到契丹主的支持,割幽、蓟等 16 州(后称"燕云十六州")与契丹。公元 947 年契丹改国号为辽(983—1066 年仍称契丹)。宋太宗灭北汉后,曾出师伐辽,打了败仗。此后对辽取守势的思想占了上风。真宗景德元年(1004 年)契丹侵宋,宋军虽在澶州(治今河南濮阳)打了胜仗,仍订立屈辱的和约(即"澶渊之盟"),议定给契丹岁币银 10 万两,绢 20 万匹。仁宗庆历二年(1042 年)又增岁币银 10 万两,绢 10 万匹。

在北宋的西北,党项族的李元昊于宋仁宗宝元元年(1038 年)建立夏国,史称西夏。宋军出兵讨伐,连打败仗。庆历四年双方订立和议,议定宋岁赐夏国绢 13 万匹,银 5 万两,茶 2 万斤。

对外战争的屡败,反映了北宋王朝的积弱之势。宋太祖为了防止高级将领发动政变,在即位的第二年就解除了拥立将领的兵权。为了防止出现藩镇割据的局面,宋代又将指挥军队的权力归于枢密院,以牵制带兵的将领。由于采取招募饥民入伍以防止农民起义的政策,军队人数激增,但他们主要是屯驻在内地冲要地区,用来镇压人民。这些政策有利于北宋政权的巩固,却难以对付外敌,使国势越来越衰弱。

对外要纳贡,对内要维持庞大的军队和官僚机构的开支,还有其他种种冗费,使北宋的财政收入从真宗时起即经常处于困难之中。这又形成了所谓积贫的现象。

仁宗以后,朝野经常有人提出改革意见。庆历三年(1043年),范仲淹任参知政事(副相),提出了改革建议。他说:"我国家革五代之乱,富有四海垂八十年,纲纪制度日削月侵,官壅于下,民困于外,夷狄骄盛,寇盗横炽,不可不更张以救之。"①改革建议分为明黜陟、抑侥幸、精贡举、择官长、均公田(官员职田)、厚农桑、修武备、减徭役、覃(广)恩信、重命令等10条,包括了政治、经济、财政、军事、法制等方面。仁宗将它颁行全国,号称"新政",由于受到贵族、官僚们的强烈反对而失败,范仲淹亦被调为外官。

皇祐二年(1050年),范仲淹以户部侍郎知杭州。恰值两浙发生严重灾荒,饿死人无数。范仲淹"乃纵民竞渡","日出宴于湖上";又动员各佛寺大兴土木,并更新粮仓吏舍,"日役千夫"。他的举措受到上司的弹劾,说他"不恤荒政,嬉游不节,及公私兴造,伤耗民力"。范仲淹自陈说:这样做"皆欲以发有余之财以惠贫者,贸易、饮食、工技服力之人,仰食于公私者,日无虑数万人。荒政之施,莫此为大。"②这一年两浙只有杭州社会安定,民不流亡。范仲淹的荒政思想对后世发生了积极的影响。

神宗即位(1067年)后,任用王安石,实行变法(见本章第四节)。元丰八年(1085年)哲宗继位,太皇太后(英宗皇后)听政,次年以司马光为相,尽罢新法。元祐八年(1093年)哲宗亲政,罢斥反变法派,推行新政。元符三年(1100年)徽宗继位,向太后(神宗皇后)听政,又起用反变法派。崇宁元年(1102年),徽宗再度罢斥反变法派,起用投机于新法的蔡京。蔡京定司马光等120人为"元祐奸党",立元祐党人碑。三年又将元祐、元符党人会为一籍,共309人,立碑朝堂。

徽宗时,统治集团的腐朽已达到了极点。统治者的大肆搜括,激化了阶级矛盾,农民纷纷起义。宋江、方腊就是当时著名的农民起义领袖。

公元1115年,北方的女真族建国,国号金(1115—1232年)。宣和二年(1120年),宋、金联合攻辽,议定在灭辽后,宋朝将原来给辽的岁币全部给予金朝。但金灭辽(1125年)后才两年,北宋也在金军的进攻下覆亡。

北宋亡后,康王赵构宋高宗在南京(治今河南商丘南)即位。他不顾人民的抗金要求,放弃了中原大片国土,在江南建立起偏安的小朝廷,史称南宋(1127—1276年)。绍兴十一年(1141年),高宗纵容秦桧集团杀害抗金名将岳飞,和金朝达成和议。宋向金称臣,岁贡银25万两,绢25万匹,双方以淮河

---

① 《范文正公政府奏议》卷上《答手诏条陈十事》。
② 本段引文均见沈括:《梦溪笔谈》卷一一。

至大散关为界。

绍兴三十二年,高宗传位于孝宗。孝宗一度主张抗金,为岳飞平反,起用抗战派。在金兵的进攻下,于隆兴二年(1164年)再次和金达成和议。宋向金改称侄皇帝,岁贡改为岁币,银绢各减5万,疆界依旧。

宁宗庆元元年(1195年),外戚韩侂胄(宁宗皇后叔祖)掌权,积极准备北伐。开禧二年(1206年)宁宗下诏伐金,战败,次年杀韩侂胄,又向金求和,增岁币为30万,另付犒师银300万两。

在宁宗下诏伐金的同一年,北方的蒙古族在成吉思汗(元太祖)的领导下建立了蒙古汗国。蒙古四处扩张,版图迅速扩大,太祖二十二年(1227年)灭西夏,太宗六年(1234年)灭金,宪宗四年(1254年)灭大理(在今云南),世祖至元八年(1271年)定国号为元(1271—1368年),十六年灭南宋,统一了中国。

元世祖在即位以前就重视笼络汉族学者。即位以后,他任用刘秉忠、姚枢、许衡等定朝仪,建官制,设学校,推行汉法,以争取汉族地主的支持和拥护,但政权主要掌握在蒙古贵族的手中。他实行民族歧视的政策,在选用官吏、科举、刑罚、赋税等方面都实行不同的待遇。

元朝稳定的时期并不长。从武宗时起,25年间就换了八个皇帝。统治集团腐败现象越来越严重,阶级矛盾和民族矛盾都日益激化。到顺帝时,终于爆发了大规模的农民起义。经过20年的反元战争和统一战争,元朝的统治才结束。

二、宋元的经济和农民起义领袖的均贫富思想

宋元时代的经济比唐代更加繁荣,江南地区则成为全国经济的重心。

农业在生产工具、耕作技术、农作物品种和土地利用等方面都有了新的发展。北方有些地区推广了水稻的种植,南方种稻地区则推广种麦。宋时棉花先在闽广一带种植,后来推广到江南各地。元世祖至元二十六年(1289年)设立木棉都提举司,在浙东、江东、江西、湖广、福建置木棉提举司,每年课棉布10万匹,说明当时这些地区已成为植棉区。宋、元产生了一些农学著作,主要有南宋初的陈旉《农书》,元至元时由政府编成并颁行各州县的《农桑辑要》,元仁宗时的王祯《农书》和鲁明善的《农桑衣食撮要》等。这些著作对农业的发展起了积极的作用。

手工业方面,纺织、制瓷、造纸、印刷、矿冶等业都有了显著的进步。丝织在唐代已出现独立的机织业者,宋元发展得更多。元成宗时,松江乌泥泾(今上海徐汇区华泾镇)人黄道婆在家乡传授从黎族人民那里学来的纺织技术,并改进生产工具,使松江成为棉纺织业发达的地区。制瓷不仅工艺水平有了很大提高,而且在瓷器的使用上走向普及。雕版印刷到宋代已相当精美。宋仁宗庆历时毕昇发明了胶泥活字版。后来又有铅制活字版和木刻活字版。印刷术的进步,不仅有利于文化的传播,而且也促进了造纸、卖书等行业,还为纸币的产生提供了前提条件。

宋元的国内商业和对外贸易都很发达。商税和专卖收入成了重要的财政收入项目。北宋汴京(开封)和南宋临安(杭州)的繁盛都超过了唐代的长安,临安又超过汴京。唐代的长安商业活动固定在东西市,而且限于白天。北宋的大城市则取消了这些限制。同业组织称为"行"或"团",临安共有414行。农村定期的集市贸易在宋代有了较普遍的发展。

宋、金、元各朝的货币除铜、铁钱外,还有纸币,白银的货币性也在逐步加强。最早的纸币是四川①的交子,产生于北宋真宗时或更早。它原来由16家富商主持,可以兑现。后来因不能维持兑现,发生纠纷,于仁宗天圣元年(1023年)由政府接办。官交子分界发行,二年为一界,界满换发新交子。徽宗时改交子为钱引,扩大流通地区,还在各路发行称为小钞的纸币。南宋、金、元的政府都发行过多种纸币,南宋主要是会子,金朝主要是交钞,元朝主要是中统元宝交钞和至元通行宝钞。交钞原来以七年为界,后来取消了分界发行的办法。会子最后也不分界。元朝则根本不分界。纸币大多作为钱币的符号,也有少数例外,如南宋有地方性的纸币银会子,金朝末年有以银为面值的元光珍货和天兴宝会,元朝有至大银钞和代表丝的丝钞。两宋、金、元的纸币都有过稳定流通的时期,后来又都成为封建国家弥补财政赤字的工具,导致严重的通货膨胀,以失败而告终。金朝纸币的贬值最为严重。

北宋初年荒地较多,土地兼并还不很激烈。到仁宗时就比较严重了,不少地主"一户之田及百顷"②。南宋土地集中的程度远远超过了北宋。理宗淳祐六年(1246年)谢方叔说:"今百姓膏腴皆归贵势之家,租米有及百万石者"③。如果租米一亩田是1石,100万石就是100万亩土地的地租。金、元原来都是奴隶制国家,统治者占领中原后,广占土地,迫使许多人民沦为他们的奴婢或佃户。元代土地集中的程度和南宋差不多。广大农民除受地租剥削外,还要受国家的赋

---

① "四川"的名称由宋川峡四路(益州、利州、梓州、夔州)演变而来,在官方文献中首见于宋徽宗崇宁年间(1102—1106年),产生交子时尚无"四川"之名。
② 《欧阳文忠公集》卷五九《原弊》。
③ 《宋史》卷一七三《食货志上一》。

役以及高利贷资本、商业资本的剥削。南宋时赋税名目繁多,人民的赋税负担比北宋更为沉重。

严重的阶级剥削和压迫使阶级矛盾尖锐化,导致农民起义的爆发。农民有平等、平均的要求,这种要求已成为唐、宋有些农民起义领袖的主张。唐末的王仙芝自称天补平均大将军。宋太宗淳化四年(993年),青城(治今四川都江堰市)王小波率领佃农和茶农起义,对他们说:"吾疾(恨)贫富不均,今为汝均之。"①得到了农民的拥护。不久王小波牺牲,由李顺继续领导起义。他召集乡里富人大姓,命令他们报告自己的所有财粟,除按人口留足日用的外,"一切调发,大赈贫乏"②。起义军迅速扩大到几万人。五年攻克成都,李顺被推为大蜀王,同年战败被杀(一说脱逃)。北宋末年,武陵(治今湖南常德)人钟相利用巫教组织农民。他指出:"法分贵贱贫富,非善法也。我行法,当等贵贱,均贫富。"③经过20多年的宣传和组织工作,在高宗建炎四年(1130年)宣布起义,被推为楚王。统治者称他们"谓劫财为均平"④,说明他们实行了夺取地主财产分给贫苦农民的政策。钟相同年被俘遇害。起义军由杨么(yāo)继续领导,发展到20万人,坚持了五年才被岳飞镇压。农民起义领袖的均贫富思想,应该具有更多的内容,但在地主阶级的文献中只有一些零星的记载。

宋元时期的经济思想以两宋为重点,内容的丰富程度超过了东汉至隋唐各朝,出现了不少新的见解。议论得最多的是关于土地、财政和货币问题。由于当时中国是世界上唯一使用纸币的国家,不管纸币理论的提出者对纸币采取何种态度,只要他的理论在中国具有首创的意义,在世界范围内也同样是如此。

第二节　李觏的经济思想

一、批评"何必曰利"的李觏

李觏(1009—1059年),字泰伯,南城(今属江西)人。他出身寒微,常自称"小人"⑤"贱民"⑥等,从小好学,23岁即开始著书。仁宗庆历二年(1042年)李

---

① 王辟之:《渑水燕谈录》卷八。
② 沈括:《梦溪笔谈》卷二五。
③ 徐梦莘:《三朝北盟会编》卷一三七,建炎四年二月十七日。
④ 同上。
⑤ 《上江职方书》,《李觏集》卷二七,中华书局2011年版。
⑥ 《上苏祠部书》,《李觏集》卷二七。

觏应茂材异等考试,未中。三年在南城立学,李觏执教,"学者常数十百人"①。皇祐二年(1050年)李觏经范仲淹推荐,授将仕郎,试太学助教;嘉祐二年(1057年)充太学说书;二年授海门主簿,仍任太学说书;四年代管太学,在请假回家迁葬祖母时死于家。著作有《直讲李先生文集》,现编有《李觏集》。

　　李觏年轻时就有志于用世,因不在其位,想通过著书立说"以昭圣人之法,拯王道之纲"②。他写了许多解经的论著,如《平土书》《周礼致太平论》《易论》等。他特别推崇《周礼》,采取刘歆、郑玄的说法,说《周礼》是"周公致太平"的书。他曾将《周礼致太平论》寄给朝士,希望引起重视,用它来致宋王朝的太平。《平土书》也是对《周礼》中有关田制的内容所做的解释和引申。

　　李觏自称"鸡鸣而起,诵孔子、孟轲群圣人之言",但曾指名对孟子的论点进行批评;他还"读孙、吴书,学耕战法,以备朝廷犬马驱指"③。他曾说:"九流百家同出于圣人而有所偏耳……亦非谓无一句一字与圣人合者也……学者之视诸子若异类焉,是亦过矣。"④反对对九流百家采取全盘否定的态度。

　　李觏把礼作为治国的最高准则。他说:"夫礼,人道之准,世教之主也。圣人之所以治天下国家,修身正心,无他,一于礼而已矣。"关于礼的产生,他说:"夫礼之初,顺人之性欲而为之节文者也。"人类社会的初期,饥渴寒暑是生民大患。"圣王有作,于是因土地之宜,以殖百谷;因水火之利,以为炮燔烹炙。治其犬豕牛羊及酱酒醴酏(酿酒用薄粥),以为饮食;艺麻为布,缫丝为帛,以为衣服。"⑤此外,还建造宫室,制作器皿。然后确定夫妇、父子、长幼、君臣、师友、宾客、死丧、祭祀等有关制度。把礼归结为"圣王"根据人们对于物质生活的需要和为了建立稳定的社会秩序而制定的"节文"。因此,他又说礼是"法制之总名"⑥。这同荀子的论点相似。

　　李觏认为将仁义和利欲对立起来的观点是错误的。他说:"利可言乎?曰:人非利不生,曷为不可言?欲可言乎?曰:欲者人之情,曷为不可言?"但言利言欲要以符合礼为前提,离开了礼来谈利和欲就是贪和淫,那才应该反对。他指出不许言利言欲会"贼人之生,反人之情",这正是人们不喜欢儒学的原因所在。他批评孟子的"何必曰利"的观点说:"孟子谓'何必曰利',激也。焉有仁义而不利

---

① 《宋史》卷四三二《李觏传》。
② 《上富舍人书》,《李觏集》卷二七。
③ 《上孙寺丞书》,《李觏集》卷二七。
④ 《答黄著作书》,《李觏集》卷二八。
⑤ 本段以上引文均见《礼论第一》,《李觏集》卷二。
⑥ 《礼论第五》,《李觏集》卷二。

者乎？其书数称汤、武将以七十里、百里而王天下,利岂小哉？"①仁义本身也是一种利,这一批评是很正确的。

利欲可以谈,但要以符合礼为前提,就是说对利欲仍要加以一定的限制。李觏指出人为了养生而需要的消费品是有限的:"食虽丰,不过数人之谷也;衣虽厚,不过数人之帛也。一夫之田,五亩之桑,亦足以自为矣。"但是人们并不以获得这些消费品为满足,他们具有无穷的贪欲,为了追求财富,"藏奸挟诈,昼争夜夺,如盗贼之为者"。这种情况不改变,"虽穷天地之产",也不能"济一民之欲"。他主张用"上下有等,奢侈有制"来限制人们的欲望,以安定社会秩序。② 虽然李觏仍然主张用礼来束缚人们对利欲的追求,但是敢于肯定言利言欲本身就是对儒家思想的一种突破。

李觏的经济著作不少。他的《平土书》《富国策》10 篇和《周礼致太平论》中的《国用》16 篇,都集中论述经济问题,其他著作也有一些涉及经济的内容。他的经济思想以广义富国为目标,提出了"治国之实必本于财用"的精辟论断,在农业、工商业、货币、财政等方面都做出了颇有深度的论述。

二、治国之实必本于财用论

李觏作《富国策》,以"治国之实必本于财用"作为他的理论前提。他说:"盖城郭宫室,非财不完;羞(美食)服车马,非财不具;百官群吏,非财不养;军旅征戍,非财不给;郊社宗庙,非财不事;兄弟婚媾,非财不亲;诸侯四夷朝觐聘问,非财不接;矜(鳏)寡孤独,凶荒札瘥(疾病),非财不恤。礼以是举,政以是成,爱以是立,威以是行。舍是而克为治者,未之有也。"③这是把财用作为一国政治、军事、外交、道德、文化等等的基础。这里的财用不是指一国的经济而只是指国家的财政收入。

为了增加财政收入,就需要富国。因此李觏说:"是故贤圣之君,经济之士,必先富其国焉。"他并没有把富国限于只是求得财政收入的增加,接着指出:"所谓富国者,非曰巧筹算,析毫末,厚取于民以媒怨也,在乎强本节用,下无不足而上则有余也。"④这是广义的富国概念,即是指整个国家经济实力的增强。由此我们可以引申出,李觏的"治国之实必本于财用"又包含有经济是一国政治、军

---

① 本段引文均见《原文》,《李觏集》卷二九。
② 本段引文均见《安民策第四》,《李觏集》卷一八。
③ 《富国策第一》,《李觏集》卷一六。
④ 同上。

事、外交、道德、文化等等的基础的意思。

财用对国家来说是如此重要,但李觏反对"厚取于民以媒怨",即反对以加重人民的赋税负担来作为增加财政收入的手段。他说:"一夫之耕,食有余也;一妇之蚕,衣有余也。衣食且有余而家不以富者,内以给吉凶之用,外以奉公上之求也。而况用之无节,求之无艺,则死于冻馁者,固其势然也。"①赋税的轻重决定人民的贫富,人民贫而国家富,这不是李觏所主张的富国。他在写给范仲淹的信中对当时的财政聚敛进行尖锐的批评说:"夫财物不自天降,亦非神化。虽太公复出于齐,桑羊(桑弘羊)更生于汉,不损于下而能益上者,未之信也。况今言利之臣乎?农不添田,蚕不加桑,而聚敛之数,岁月增倍。辍衣止食,十室九空,本之既苦,则去而逐末矣。又从而笼其末,不为盗贼将何适也?"②

李觏提出了一些可以减轻人民赋税负担的财政原则,如"量入以为出"和"节用"③,"地所无,及物未生,则不求"④,"观其丰凶,而后制税敛"⑤。这些原则大多是总结前人的成说,例如"地所无,及物未生,则不求",是因为"取之于非其地,求之于非其常,皆农人之病而商贾之利也"⑥。国家征农民所无的东西,农民要购买这种商品,商人就会乘机抬价。这种理论是前人所一再提出过的。在某些问题上他也有新的发展,如关于节用,他说天子的生活当然不能下同匹夫,但要视具体情况而定:"当其有余之时,用之可以盈礼;遇于不足之际,则宜深自菲薄。"⑦因为当时发生了对西夏的战争,军费不足,所以天子应"过自菲薄,损上益下","日损之又损之"⑧。

军费开支是国家财政的一项主要支出。李觏认为周以前"兵农未分","必耕而食,必蚕而衣",军费不属于国家财政开支项目,"故以九州之财,奉千八百君而有余";秦汉以后"兵农渐异",军费要用财政开支,而且越来越大,"故以九州之财,奉一君而不足"⑨。为了解决军食问题,他主张在边郡置屯军实行屯田,将边民内徙,他们原来的田宅供屯田用。内地的公田也"置屯官而领之。举力田之

---

① 《国用第八》,《李觏集》卷七。
② 《寄上范参政书》,《李觏集》卷二七。
③ 《国用第一》,《李觏集》卷六。
④ 《国用第九》,《李觏集》卷七。
⑤ 《国用第十》,《李觏集》卷七。
⑥ 《安民策第九》,《李觏集》卷一八。
⑦ 《富国策第一》,《李觏集》卷一六。
⑧ 同上。
⑨ 同上。

士,以为之吏。招浮寄之人,以为之卒。"①

三、尽地力论和垦田论

治国之实必本于财用的财用,在农业社会主要由农业部门提供,关键的产品则是粮食。李觏说:"民之大命,谷米也。国之所宝,租税也。天下久安矣,生人既庶矣,而谷米不益多,租税不益增者,何也? 地力不尽,田不垦辟也。"他提出的富国策首先在于尽地力和开垦荒地。

地力不尽和田不垦辟的原因何在? 李觏指出:"贫民无立锥之地,而富者田连阡陌。富人虽有丁强,而乘坚驱良,食有粱肉,其势不能以力耕也,专以其财役使贫民而已。贫民之黠者则逐末矣,冗食矣。其不能者乃依人庄宅为浮客耳。田广而耕者寡,其用功必粗。天期地泽风雨之急,又莫能相救,故地力不可得而尽也。"从这段话可以看出,李觏认为地力不尽的根本原因在于土地被地主所占有。许多农民由于丧失了土地而不再从事农业生产,因此出现了"田广而耕者(包括佃农)寡"的情况,势必不能做到精耕细作,更不能战胜自然灾害,这样地力自然就不能尽。他又指出可开垦的"山林薮泽原隰之地"很多,"贫者则食不自足,或地非己有",对开垦力不从心;"富者则恃其财雄,膏腴易致",对开垦根本没有兴趣,这是"田不可得而垦辟"的原因所在。② 以上论述的认识是很深刻的,它实际上说的是生产关系束缚了生产力发展的问题。

上述对地力不尽的原因的分析中,李觏提到了农民沦为地主佃农的问题。他又说:"吾民之饥,不耕乎? 曰:天下无废田。吾民之寒,不蚕乎? 曰:柔桑满野,女手尽之。然则如之何其饥且寒也? 曰:耕不免饥,蚕不得衣;不耕不蚕,其利自至。耕不免饥,土非其有也;蚕不得衣,口腹夺之也。"这里说的没有土地的耕者自然是指佃农,这是为佃农鸣不平的话。他希望农民有自己的土地,认为最理想的土地制度是井田制,把"井地之法"称为"生民之权衡",指出:"井地立则田均,田均则耕者得食,食足则蚕者得衣;不耕不蚕,不饥寒者希(稀)矣。"③在《平土书》的序中,他又说:"不知其本而求其末,虽尽智力弗可为已。是故土地,本也;耕获,末也。无地而责之耕,犹徒手而使战也。法制不立,土田不均,富者日长,贫者日削,虽有耒耜,谷不可得而食也。食不足,心不常,虽有礼义,民不可得

---

① 《强兵策第三》,《李觏集》卷一七。
② 以上两段引文均见《富国策第二》,《李觏集》卷一六。
③ 《潜书一》,《李觏集》卷二〇。

而教也……故平土之法,圣人先之。"①

李觏反复提到均田、平土,但他知道这只是一种最高理想,是不可能实现的。因此又提出了限田的主张:"限人占田,各有顷数,不得过制。"他认为这样就"兼并不行","土价必贱","田易可得"。农民有了自己的土地,加上政府实行抑末的政策,他们就能"一心于农,一心于农则地力可尽矣"。还有些仍不能获得土地的农民可"依富家为浮客,则富家之役使者众,役使者众则耕者多,耕者多则地力可尽矣"。此外,还有未开垦的土地则任人垦辟,"不限其数"。为了提高富人垦田的积极性,他又提出仿晁错的以粟为赏罚的办法,"有垦田及若干顷者",根据垦田的多少分别赏给适当的官爵。他认为实行这一奖励办法,富人就会"以财役佣,务垦辟矣"。②

在李觏提出限田主张前,北宋政府已经实行过限田的政策。仁宗即位(1022年)初,有人上书要求均赋役,立田制,仁宗就下诏限田:最高限额分30顷和15顷两种,一家的土地只能在一州以内。"而任事者终以限田不便,未几即废。"③历史已经证明限田主张也同样是不能实现的。

李觏希望解决农民的土地问题,同时又把农民耕种地主的土地看成是解决土地问题的有效措施之一。他还主张地主用"以财役佣"的方式去开垦土地,多多益善。他说富人是勤劳节俭和守法起家的:"田皆可耕也,桑皆可蚕也,材皆可饬也,货皆可通也,独以是富者,心有所知,力有所勤,夙兴夜寐,攻苦食淡,以趣天时,听上令也。"④又说富豪"智力或有以出众,财用亦足以使人",可以帮助国家解决困难,反对实行"特恶豪右"⑤的政策。这表明他的思想仍没有超越地主阶级思想家所能达到的水平。当然,他这样重视农民的土地问题是很有远见的,他的理论在一定程度上揭露了封建社会中地主和农民之间的深刻矛盾。

解决农民的土地问题为改变"田广而耕者寡"的情况创造前提条件,但要做到耕者众还要使脱离农业的人们能够回到农业中来。因此李觏又提出要"先行抑末之术,以驱游民"⑥的主张。他所说的游民包括逐末者和冗食者,逐末者指从事工商业的人,冗食者指"不在四民之列"的人。关于驱逐末者归农的问题留待后面再谈,这里只谈驱冗者归农的内容。

---

① 《平土书》,《李觏集》卷一九。
② 本段引文均见《富国策第二》,《李觏集》卷一六。
③ 《宋史》卷一七三《食货志上一》。
④ 《国用第十六》,《李觏集》卷八。
⑤ 《寄上孙安抚书》,《李觏集》卷二八。
⑥ 《富国策第二》,《李觏集》卷一六。

李觏说的冗者有四种。

(1)"缁黄",即僧道。李觏指出当时已度、未度以及为缁黄服役的人共有将近百万人,他们"广占良田利宅,媺(美)衣饱食,坐谈空虚以诳曜愚俗"。他分析了存缁黄的十害和去缁黄的十利。从利害的分析中可以看出,李觏不仅把缁黄看成是只消费不生产的冗者,而且是不可忽视的破坏经济的社会势力。他指出去缁黄的办法"莫若止度人而禁修寺观",这样可以使僧道的人数不会继续增加,而原有的僧道也因"不安其居"而可能还俗归农,坚持不还俗的几十年以后也会死光。

(2)"官府之奸",指那些钻营官府的人。李觏指出各郡县"冒名待阙,佣书雇纳,请嘱之流,动以千计。内满官府,外填街陌,交相赞助,招权为奸,狗偷蚕食,竭人膏血"。主张从整顿吏治入手,使这些奸人归农。

(3)"方术之滥",指巫医卜相之类。这些人多到"肩相摩,毂相击","或托淫邪之鬼,或用亡验之方,或轻言天地之数,或自许人伦之鉴,迂怪矫妄,猎取财物"。李觏主张培养一定数量精通医道的医生来治病,"其余妖妄托言祸福,一切禁绝"。

(4)"声伎之贱",指以歌舞、戏曲、杂技、下棋、踢球和养玩鸟兽等为业的人。李觏主张"令民家毋得用乐,衣冠之会勿纳俳戏(杂戏),申命关防,呵其过往",以驱之归农。①

总之,李觏认为投入农业的劳动力越多越好。他认为井田制的优点不仅在于"均则无贫,各自足",而且还在于能够做到"人无遗力,地无遗利,一手一足无不耕,一步一亩无不稼,谷出多而民用富,民用富而邦财丰"②。由于把富民和富国都只限于农业部门,他对驱民归农做了详细的论述,其内容的丰富大大超过了前人。但他的认识也存在着绝对化的缺点,如把工商业者看作游民,对"声伎"完全持否定态度等。

四、工商业理论

工商属于四民之列,李觏虽将工商业者称为游民,但他要驱的只是其中从事奢侈品生产和销售的人。他说古时"工不造雕琢,商不通侈靡",工商业所生产和

---

① 以上四段引文均见《富国策第四》,《李觏集》卷一六。《富国策》写于仁宗宝元二年(1039年)。这一年天章阁待制宋祁上书,也把僧道列为三冗之一,主张加以限制(《续资治通鉴长编》卷一二五宝元二年十一月癸卯)。

② 《国用第四》,《李觏集》卷六。

流通的都是有用之物,"用物有限,则工商亦有数"。现在"工以用物为鄙,而竞作机巧;商以用物为凡,而竞通珍异。或旬月之功而朝夕敝焉,或万里之来而坠地毁焉。物亡益而利亡算,故民优为之,工商所以日多也。"①这些话本来是老生常谈,不过他在如何驱工商归农的问题上能够从经济的角度来进行分析。他说"欲驱工商,则莫若复朴素而禁巧伪"②。并举出了如下的理由:恢复了朴素的风气,手工业产品的价格就会降低;禁止了巧伪的手工业品,由于牢度增加,对它的需求量就会减少。这样就使逐末者因利润薄、产品不容易出售而愿意归农。

在商品流通问题上,李觏还对平籴、盐法和茶法提出了改革的意见。

李觏反对谷贱伤农、谷贵伤末的说法,指出这种说法建立在"农常籴而末常粜"的错误看法的基础上。他认为谷"贱则伤农,贵亦伤农。贱则利末,贵亦利末"。因为农民并不总是粜粮食,有时也籴粮食;商人并不总是籴粮食,有时也粜粮食。收获季节,农民为了购买衣服用品,办理婚丧大事,交纳赋税或还债,总要粜粮。市场上粜粮的多,粮食就会跌价,商人乘势压价买进,这时是"贱则伤农而利末"。农民的粮食有限,在播种季节又需要籴粮。市场上籴粮的多,粮食就会涨价,商人乘势抬价卖出,这时则是"贵亦伤农而利末"。为了防止"蓄贾专行而制民命",因此有实行平籴的必要。李觏的这一分析比以前的平籴理论更加全面深刻。过去都从年岁的丰歉来说明平籴的作用,李觏则从粮价的季节变动来说明平籴的作用。

李觏指出当时的平籴法存在着三个弊病。第一是数少,在粮食收成时国家的收购量有限,"其余毕入于贾人";到春天需要平粜粮食时,国家掌握的粮食很快就会卖光,"于是贾人深藏而待其尽,尽则权归于贾人矣"。第二是道远,粮仓都设在郡治,贫民因路远籴粮不便,"故终弗得而食之矣"。第三是吏奸,经办官吏营私舞弊,粜粮时或扣减分量,或掺入杂质,"名曰裁价,实则贵矣"。③ 他主张增加粮食收购数量,将粮仓设在县一级,选择廉能官吏经办,以克服这三弊。

当时的盐专卖制度规定,东南各郡由官府直接运盐卖给各地的零售盐店,再由盐店卖给消费者。李觏指出在实行这一盐法之初,国家的盐利收入很大,但现在却销售困难,根本原因在于经办官吏的舞弊。在运盐时,军吏私卖其中的一部分,用掺杂来补足分量。入仓后,管盐仓的又私卖其中的一部分,也用掺杂来补足。因此"公盐常失其半"。盐店向官府买盐不能赊购,所以一郡只开数十家。

---

① 《富国策第四》,《李觏集》卷一六。
② 同上。
③ 以上两段引文均见《富国策第六》,《李觏集》卷一六。

官吏在卖盐给盐店时,又势必克扣斤两,"增以粪土,常不啻以倍价取半盐"。"公盐贵而污,私盐贱而洁",自然人们都想买私盐,而使官盐滞销。他认为去除上述弊病"莫如通商",即由官府卖盐给商人,再由商人运往各地出售。实行这一办法,国家既可从卖盐中获得收入,又可以征收盐的"关市之税",还节省了支出,所以"公利不减"。他认为盐由商人经销有以下一些好处:不会掺杂,盐的质量好;零售商可以赊购,盐店增多;卖私盐的改卖官盐,"刑罚以清";盐的销售量增加,"财用以足"。①

对茶的专卖,李觏也指出它所存在的无法克服的弊病。由于收购来的茶质量差,卖不出去,有些茶放在仓库中太久而变了质,"是以邦之泉布竭于市,估而积之亡用之地,息未收而本或丧矣"。而私茶则因质量好,买的人多,贩卖私茶现象虽严刑而不能禁绝。李觏说这是"势之所运",是无法加以改变的。他主张"一切通商",茶完全放手让商人来经营,国家只要"籍茶山之租,科商人之税"就可以了。认为让商人经营后,茶的销路必广,茶税的收入必多,"况不滞本泉,不烦威狱,利国便人,莫善于此"。②

李觏反对国家垄断山海之利。他说:"与众同利则利良民,不与众同利则利凶人。凶人嗜利,盗之所由兴也。"因为国家为了保护垄断利益,就要制定严酷的法令。"法重则良民悍,利重则凶人入。"凶人为了重利而不怕犯法,所以"董(督)之以法,是驱其为盗"。他认为只要"弛其禁,达其利",将"山海之货"让给商人去经营,凶人就会同良人一样,不至于成为犯法者。③

在平籴问题上,李觏也反对各种禁令。他指出由于诸郡"各自为谋,纵有余粮,不令出境",以致各地粮价差别很大。而且官府为了完成收籴任务,"止民籴以待官籴","官籴价一定,民籴价渐高"。他主张"弛一切之禁,听民自便"。④

李觏反对的是国家垄断经济利益,而不是反对国家经营商业。平籴、盐法都是国家经营商业的表现。他虽然批评桑弘羊是"聚敛之臣",但赞成桑弘羊的平准使"富商大贾亡所牟大利","万物不得腾跃","国用饶给而民不益赋"⑤。他还指出国君如果不注意理财,则"商贾操市井之权,断民物之命","蚩蚩之氓,何以能育?"强调要"事责其实,官得其人"⑥。

---

① 本段引文均见《富国策第九》,《李觏集》卷一六。
② 本段引文均见《富国策第十》,《李觏集》卷一六。
③ 本段引文均见《释禁》,《李觏集》卷二二。
④ 本段引文均见《寄上孙安抚书》,《李觏集》卷二八。
⑤ 《国用第九》,《李觏集》卷七。
⑥ 《国用第十一》,《李觏集》卷八。

既反对"商贾操市井之权",又在盐、茶问题上主张"通商",这是有矛盾的。李觏还认为由商人经营盐、茶符合他的驱末主张。他说:"昔之未通商也,文峻而网密。富厚重慎之子,罔(无)游其间。故蚩蚩细民以身易财者入焉。若法通商,则大贾蓄家,射时而趋,细民何利焉? 非逐末之路也。"①原来驱末只是要驱"蚩蚩细民"的逐末,而不是驱"大贾蓄家"的逐末,从有利于盐、茶的流通和消费考虑,李觏主张发挥大商人的积极性。从商人势力的发展可能危及地主阶级的统治考虑,他又主张国家干预商品流通。这一理论上的矛盾是当时社会矛盾在他头脑中的反映。

五、货币论

关于货币的起源,唐人杜佑在《通典·钱币上》中曾提到:"原夫立钱之意,诚深诚远,凡万物不可以无其数,既有数,乃须一物而主之。"万物各有贵贱,应该有一物来分别贵贱,以便流通,这一物就是货币。李觏对此说有了发展。他的《富国策第八》专论货币。关于货币的起源,他说:"昔在神农,日中为市,致民聚货,以有易无。然轻重之数,无所主宰。故后世圣人,造币以权之。"杜佑所讲的"数"是指商品的数量还是商品的价格并不清楚,似乎两者都包括。李觏则明确指出是"轻重之数"。"轻重之数"肯定是指商品的价格,价格则是价值的表现。李觏认为货币是为了解决物物交换时衡量商品价值的不便而被"圣人"创造出来的,认为货币是圣人创造这一点他不如司马光。但对产生货币的原因的分析,却是一个很大的进步。

李觏又说:"其始,以珠玉为上币,黄金为中币,白金为下币②。但珠玉金银,其价重大,不适小用。惟泉布之作,百王不易之道也。"从价值的角度肯定钱币是最适用的货币。他还说历代钱币之中,以唐代的开元钱"最得中制,相承遂至于今"。

李觏也用货币数量来说明物价:"大抵钱多则轻,轻则物重;钱少则重,重则物轻。物重则用或阙,物轻则货或滞,一重一轻,利病存乎民矣。"这是说物价太贵太贱对人民都不利。他说从国家财政考虑,还是以钱多为好,否则就不够用。他分析当时"旧泉既不毁,新铸复日多",而国家、私人藏钱却不多的原因,认为是由于:第一,法钱被奸人改铸成恶钱。销一枚法钱可铸成恶钱四五枚,使用时可

---

① 《富国策第十》,《李觏集》卷一六。
② 杜佑在《通典·食货八》中即已将《管子·轻重》的"刀布为下币"改为"白金为下币"。李觏是承袭杜佑的说法。

抵上二三枚,获利成倍。"国失法钱,而民得恶钱,恶钱终不可为国用,此钱所以益少也。"第二,缁黄之家用铜或钱铸佛像和铙钲钟磬等器。"像则日新,器则日长,其所销者,宁有纪极？此钱所以益少也。"

因此李觏主张收恶钱和铜像、铜器来铸钱,认为只要将恶钱收尽,"恶钱去则盗铸者无用,无用则盗铸自绝矣"。将铜像、铜器收尽,"则铜积足以资冶铸,工巧无所措其手,销钱之弊不禁而止"。他引用西汉贾山关于钱是人主操柄的话,强调搞好钱法是"有国之急务"。

第三节　欧阳修、苏洵、司马光的经济思想

一、欧阳修的经济思想

欧阳修(1007—1072年),字永叔,号醉翁,晚号六一居士,吉水(今属江西)人。仁宗天圣八年(1030年)欧阳修考中进士,官西京留守推官;景祐元年(1034年)任馆阁校勘;三年,由于为范仲淹被贬官鸣不平,降为夷陵县令;康定元年(1040年)被召回;庆历年间任集贤校理、通判滑州、知谏院、龙图阁直学士、河北都转运使等官;五年(1045年)因亲属犯罪事被政敌罗织罪名,降为外官;至和元年(1054年)迁翰林学士;嘉祐三年(1058年)任龙图阁学士、知开封府;五年任礼部侍郎兼翰林侍读学士,枢密副使;次年参知政事;英宗治平元年(1064年)转吏部侍郎;神宗时,先后以刑部尚书和兵部尚书知亳、青、蔡等州;熙宁四年(1071年)以太子少师致仕;次年卒,谥"文忠"。

欧阳修是北宋古文运动的领袖,唐宋八大家之一。"唐之文,涉五季(代)而弊,至宋欧阳修又振起之。"①他积极奖掖后进,曾巩、王安石、苏洵父子等在布衣时,都曾得到他的举荐。他又是金石学的研究者,收有历代金石铭刻1 000卷,著《集古录跋尾》10卷。他著有《新五代史》和《新唐书》中的本纪和部分志、表。此外,他的著作还被编为《欧阳文忠公集》《欧阳修全集》等。

在政治上,欧阳修有一定的改革要求。他曾支持范仲淹在庆历三年推行的新政。次年奉使河东路,"凡河东赋敛过重民所不堪者,奏罢十数事"②。他在庆历五年被贬官,实际上是庆历新政失败的必然结果。

---

① 《宋史》卷三一九《欧阳修传》。
② 同上。

早在庆历改革的前六七年，欧阳修就写了一篇专门讨论经济问题的文章《原弊》①。在《原弊》中，他首先肯定农业是"天下之本"，"王政所由起"。批评当时的官吏只知道"簿书听断"而不关心农事，听到人家谈农事还讥之为"鄙夫"。他强调治国要做到务农为先和节用爱农，指出："知赋敛财用之为急，不知务农为先者，是未原为政之本末也。知务农而不知节用以爱农，是未尽务农之方也。"

在不知务农为先方面，欧阳修指出：由于官吏不重视农事，督促不力，就使农民不能尽力于生产。此外还存在着许多对农业生产起耗损作用的弊端。弊端"不可以尽举"，大的有三个，它们是"诱民之弊""兼并之弊"和"力役之弊"。

所谓诱民之弊是指做和尚可以"坐华屋享美食而无事"，当兵可以"仰衣食而养妻子"，诱使农民脱离农业。他说："民尽力乎南亩者或不免乎狗彘之食，而一去为僧兵，则终身安佚而享丰腴，则南亩之民不得不日减也。"

所谓兼并之弊是指地主对农民的残酷剥削。他说："井田既坏而兼并乃兴。"一个有 1 万亩田的大地主，为他种田的农民有几十家。一种是地主出牛，农民出力。一种是农民出牛和出力。这两种农民一共不过十几家，其他都是租种地主土地的"浮客"。这几十家农民"素非富而畜积之家"，他们为支付婚丧祭祀费用，以及遇到荒年和"公家之事"，常常要向地主借债，偿付 2 到 3 倍的利息。"尽其所得，或不能足其场功，朝毕而暮乏食。"于是又要借债。"故冬春举食，则指麦于夏而偿，麦偿尽矣，夏秋则指禾于冬而偿也。"这样，几十家农民"常食三倍之物"，而一家地主却"尽取百顷之利"。因此，即使"国家有宽征薄赋之恩"，也只是使一家得到好处，几十家仍是"困苦常自如"。

所谓力役之弊是指自耕农和有一二百亩田的中小地主的繁重的差役负担。有些人因此而"贱卖其田，或逃而去"。

生产者难以维持正常的生活，他们的劳动产品却被不生产的人大量地消费掉了。这是一个尖锐的矛盾。欧阳修归纳说："富且贵者化粗粝为精善，是一人常食五人之食也。为兵者，养父母妻子而计其馈运之费，是一兵常食五农之食也；为僧者，养子弟而自丰食，是一僧常食五农之食也。贫民举倍息而食者，是一人常食二人三人之食也。天下几何其不乏也。"

在不知节用以爱农方面，欧阳修指出："方今量国用而取之民，未尝量民力而制国用也。"所谓"量民力而制国用"，也就是"量入以为出"。他认为古时一年的生产品，三分之一给公上，三分之一作民食，三分之一备凶荒。而现在却"一切临

---

① 《欧阳修全集(上)·居士外集》卷九。目录上说此文作于康定元年，但文中有"国家自景德罢兵，三十三岁矣"的话，景德罢兵是指景德元年(1004 年)的澶渊之盟。由此推后 33 年，应是景祐三年或四年。

民而取之,故有支移之赋(纳粮加缴运费),有和籴之粟,有入中之粟,有和买之绢,有杂料之物。茶盐山泽之利,有榷有征。制而不足,则有司屡变其法,以争毫末之利,用心益劳而益不足"。不仅不量民力,而且也"不量天力之所任",就是不考虑备荒,没有做到"三年耕,必留一年之蓄"。在这种情况下,农民一年的劳动收获,缴纳赋税的部分仅足供当年的国用,留作口粮的只能维持几个月,"甚者场功甫毕,簸糠麸而食粃稗,或采橡实、畜菜根以延冬春"。"不幸一水旱,则相枕为饿殍"。

欧阳修虽然揭露了矛盾,但提不出什么有效的解决办法。他指出"井田什一之法不可复用于今",认为只要做到"在下者尽力而无耗弊,上者量民〔力〕而用有节",就能使民与国俱富。

宝元年间(1038—1040 年)发生对西夏的战争,财政更加困难,欧阳修于康定元年(即宝元三年)底上书言事①。他指出"夫兵攻守而已,然皆以财用为强弱也",因此提出了理财三术:通漕运,尽地利,权商贾。

北宋建都汴京,所以对关西的漕运已不再进行。"通漕运"的意思是恢复秦、汉、隋、唐的办法,运粮食到关西,以支持对西夏的战争。

对于如何增加财政收入,他认为一般的取民之法都已用尽,不能再在这方面想办法了。他说:"臣闻昔之画财利者易为工,今之言财利者难为术。"因为古时的财政收入只是靠赋税,国家遇有意外支出而入不敷出时,"则铸山煮海,榷酒与茶,征关市而算舟车","以苟一时之用"。从汉、魏以来,这些取民之法都已经"用于无事之时",所以有事的时候就无法可想了。他认为只能从"尽地利"即发展农业生产下手。他指出当时"民有遗力,地有遗利",全国未开垦的土地还有很多。主张采取屯田的办法,由官府贷给种子,收获的农产品对分。他特别强调驱乡兵归农,"使不得群游而饮博,以为父兄之患"。

欧阳修对理财第三术"权商贾"的分析一反前人的抑商理论,是颇具特色的。他说:"臣闻秦废王法,启兼并,其上侵公利,下刻细民,为国之患久矣。自汉以来,尝欲为法而抑夺之,然不能也。"他还分析了不能抑制兼并的原因,指出:"盖为国者兴利日繁,兼并者趋利日巧,至其甚也,商贾坐而权国利。其故非他,由兴利广也。夫兴利广则上难专,必与下而共之,然后通流而不滞。"这里说的是商人兼并。根据上述理论,他反对"夺商之利",认为"利不可专,欲专而反损";"夺商之谋益深,则为国之利益损"。本来想使"十分之利皆归于公",结果反而"十不得三",还"不若与商共之",国家倒可以"常得其五"。他以大小商人的关系为例,说

---

① 《欧阳修全集(上)·居士集》卷四五《通进司上书》。

大商人并不需要亲自到市场零售商品,"必有贩夫小贾就而分之",这样虽然每一笔交易大商人取利有所减少,但因为"货行流速",反而能"积少而为多"。国家和大商人的关系也一样:"大国之善为术者,不惜其利而诱大商,此与商贾共利取少而致多之术也。"

上述"权商贾"的观点主要是针对当时的茶法、盐法夺商之利太甚,商人裹足不前,使茶"所在积朽,弃而焚之",盐"积若山阜"的情况而说的。这种对待商人的态度和李觏基本相同。但李觏还有抑商主张,欧阳修则公然提出封建国家"与商贾共利"。这是前人所没有论述过的。

在实行庆历新政期间,欧阳修提出了用千步方田法均税的建议。庆历三年,谏官王素建议均定天下田赋。欧阳修表示赞成。他说他通判滑州时,秘书丞孙琳和郭咨(大理寺丞)曾在肥乡县均税,用千步方田法计算土地面积,查清民田。"其时均定税后,逃户归业者五百余家,复得税数不少,公私皆利,简当易行。"①他建议仍由他们担任均税工作,朝廷接受了他的建议。只均了蔡州一县,就因"议者多言不便"②而罢。反对均税的自然有豪强地主,但可能执行中也有问题,因为17年以后欧阳修自己也反对均税了。

嘉祐五年,北宋政府再次决定均税,在执行中产生了很多问题。均税的本意是均定税额,但各地在实行时却乘机加税。有的地方把远年陈税一向无人缴纳的虚额摊入正税计算,有的地方对不能种植的土地也要征税。因此河北路发生了有上千人聚集到京师向三司申诉的事。针对这些情况,欧阳修指出:"盖均税非以规利而本以便民",但"俗吏贪功希赏,见小利,忘大害,为国敛怨于民"③。他提出除在已实行均税的地区按政策执行外,未曾实行的地区则停止实行。欧阳修从均税的创议人之一变成均税政策的反对者,从主观上看是由于改革思想不坚定,从客观上看则是由于当时政治腐败。王安石的方田均税法是欧阳修等人均税主张的继续,由此也预告了前景的不妙。

王安石开始变法时,欧阳修已进入晚年。他对新法的意见仅表现在写于熙宁三年的两个批评青苗法的札子中。他反对变法派所做的青苗法不是为了取利的解释,指出如果不是为了取利,就应该取消利息。他认为在五月份发放一期青苗钱根本不是为了"济阙",而只是为了"放债取利"④。他主张取消推行新法

---

① 《欧阳修全集(下)·奏议集》卷七《论方田均税札子》。
② 《欧阳修全集(下)·奏议集》卷一七《论均税札子》。
③ 同上。
④ 《欧阳修全集(下)·奏议集》卷一八《言青苗第二札子》。

的提举、管勾等官,以免抑配青苗钱。还要求神宗"赫然开悟,悉采群议,追还新制,一切罢之,以便公私",认为这是"天下之幸"①。

二、苏洵的义利论和田制论

苏洵(1009—1066年),字明允,眉山(今属四川)人。"年二十七,始大发愤……闭户读书,为文辞。"②嘉祐元年(1056年),欧阳修将他所写的《权书》《衡论》《几策》等文章上奏。五年苏洵被任为秘书省校书郎;后又任文安县主簿,参加纂修礼书,完成《太常因革礼》100卷,书成后去世。著作有《嘉祐集》。

苏洵和他的儿子苏轼(1037—1101年)、苏辙(1039—1112年)齐名,合称"三苏",称他为"老苏",都被后人列为唐宋八大家。他的文章经欧阳修推荐后,"士大夫争传之,一时学者竞效苏氏为文章"③。他"有志于当世"④,自比为贾谊。但52岁以前一直是个布衣,所以只能用政论来表达自己的主张,并希望借此而见用。后来虽做了官,可是官职很低,他对自己的处境仍然是不满意的。

北宋的中央集权超过了前代,因此苏洵认为宋代的客观形势应该是强的,但实际上却"常病于弱",这种"弱在于政,不在于势"⑤。根据这一分析,他强调要用威,即要严格赏罚,改变政治上软弱无能的状况。他批评了王道任德、霸道任刑的说法,指出:"用刑不必霸,而用德不必王,各观其势之何所宜用而已。"⑥他把辽称为匈奴,也像贾谊要求对匈奴采取强硬态度一样,反对对辽采取妥协求和的政策。他的《权书》10篇主要是军事著作,总结"古人已往成败之迹"⑧,以备在朝者采纳施行。

苏洵的经济理论有义利论和田制论。这两种理论都比前人有新的发展。

苏洵解释义说:"义者,所以宜天下,而亦所以拂(违背)天下之心。"所谓"宜天下",是指"宜乎君子",如果"不以至正"为心,就不可能做到义。因此,它又必然是"拂天下之心"的,所以他又说义是"圣人戕(伤害)天下之器"。他还举例说:伯夷、叔齐饿死于首阳山,这是"殉大义",但如果天下都好义,就不会见死不悲,

---

① 《欧阳修全集(下)·奏议集》卷一八《言青苗钱第一札子》。
② 《欧阳修全集(上)·居士集》卷三四《故霸州文安县主簿苏君墓志铭》。但苏洵在《上欧阳内翰第一书》中自称:"生二十五岁,始知读书"(《嘉祐集》卷一二)。
③ 《宋史》卷四四三《苏洵传》。
④ 《嘉祐集》卷一一《上余青州书》。
⑤ 《嘉祐集》卷一《几策·审势》。
⑥ 同上。
⑧ 《嘉祐集》卷一一《上韩枢密书》。

让他们活活饿死。周武王伐纣是"揭大义而行",但却要汲汲于发粟散财以"恤天下之人",单靠义他就不可能取得战争的胜利。

"徒义"行不通,义又是节制天下所不可缺少的,因此只有义利结合而行。他认为《周易·乾传》中的"利者,义之和也","利物足以和义"的说法正确地说明了义和利的关系。单有义不行,单有利也不行。所谓"君子之耻言利",就是耻言"徒利",而不是根本不言利。行义"必即于利。即于利则其为力也易,戾于利则其为力也艰。利在则义存,利亡则义丧"。除非是天下没有"小人",否则就不能行徒义。讲义时要以利为统率,这叫"利义";讲利时要以义为统率,这叫"义利"。"义利、利义相为用,天下运诸掌矣。"①

苏洵的义利论虽然没有揭示义的本质,但对义利关系的阐述却相当深刻。他实际上把利看作第一性的东西,而把义看成是外加于人的一种道德规范。义如果不结合利,只对少数能被称为"君子"的人有约束力,对大多数"小人"(一般人)是无能为力的。根据这一理论,就要求统治者重视人民的物质利益,而不是单纯用义来维护自己的统治,因为单靠后者是维护不住的。显然,这种义利论比较符合义利关系的实际情况。

关于田制,苏洵分析了井田制废除后的矛盾。他说:"井田废,田非耕者之所有,而有田者不耕也。耕者之田资于富民,富民之家地大业广,阡陌连接,募召浮客,分耕其中,鞭笞驱役,视以奴仆,安坐四顾,指麾于其间。而役属之民夏为之耨,秋为之获,无有一人违其节度以嬉。而田之所入,已得其半,耕者得其半。有田者一人而耕者十人,是以田主日累其半以至于富强,耕者日食其半以至于穷饿而无告。"明确指出地主的富强是向佃户收取占产量一半的地租而造成的。他又指出地主要向国家纳税,如果税额是十分之一,因为他的地租只占产量的一半,所以实际上是十分之二,更何况税额还不止十分之一。这又要使地主"怨叹嗟愤"。由此他得出结论说:"贫民耕而不免于饥,富民坐而饱以嬉,又不免于怨,其弊皆起于废井田。"

如何解决这个矛盾呢?他说"天下之士争言复井田",但又有人认为夺富民之田,富民会作乱,只能行于大乱后土旷人稀之时,因此以汉高帝、光武帝时未实行井田制为恨。他对此提出了不同看法。他指出:如果复井田,则要按井田规制平整土地,而且还要修道路沟洫,"此二者非塞溪壑、平涧谷、夷丘陵、破坟墓、坏庐舍、徙城郭、易疆垄,不可为也"。即使是平原,"亦当驱天下之人,竭天下之粮,穷数百年专力于此,不治他事",才有可能完成。完成后还要"为民作屋庐于其

---

① 以上两段引文均见《嘉祐集》卷九《利者义之和论》。

中,以安其居"。这样,"井田成而民之死,其骨已朽矣"。所以恢复井田制是不可能的。这一分析是从土地制度的形式上来揭露复井田主张的空想性。

苏洵提出的解决办法是限田。他主张由政府规定一个占田的最高限额,这限额不能像孔光、何武所定的那么高,而且已经超过限额的不禁,未超过限额的则不得过限。他说富人经过几代以后可能破落,或者田产被子孙分散,从而使田产降到限额以下。限田以后,农民获得土地成为自耕农,"各食其地之全利。利不分于人,而乐输于官"。这样就能"不惊民,不动众,不用井田之制,而获井田之利"。① 他想通过承认地主的既得利益来减轻限田的阻力,可是这仍然是一种无法实现的空想。

三、司马光的经济思想

司马光(1019—1086年),字君实,号迂夫、迂叟,夏县(今属山西)人。宝元元年(1038年)司马光考中进士;仁宗时,历任签书判官、大理评事、国子监直讲、馆阁校勘、同知礼院、集贤校理、并州通判、直秘阁、开封府推官、判礼部、天章阁待制兼侍讲、知谏院等官;英宗时,升谏议大夫、龙图阁直学士;神宗即位,任翰林学士、御史中丞。熙宁三年(1070年)司马光以端明殿学士知永兴军,次年判西京御史台,从此久居洛阳。哲宗即位(1085年),太皇太后听政,司马光任门下侍郎(副相),次年迁尚书左仆射兼门下侍郎(宰相),同年去世,赠温国公,谥"文正"。著作有《温国文正司马公文集》《司马文正公传家集》《稽古录》《涑水记闻》以及由他主编的《资治通鉴》等。

司马光是著名的史学家。治平三年(1066年),他向英宗提出编写编年体史书的打算:"凡开国家之兴衰,系众庶之休戚,善可为法,恶可为戒者,诠次为编年一书,删其浮长之辞,庶于奏御差便。"②英宗命他设局选人着手编写。司马光到洛阳,书局也迁往洛阳。元丰七年(1084年)全书完成,神宗将它定名为《资治通鉴》,并为它作序。《资治通鉴》共294卷,从周威烈王二十三年(前403年)开始,直到周世宗显德六年(959年),包括1362年的史事。它是中国编年体史书中的一部有代表性的著作,在史料的整理、剪裁和史实的考订方面,都有较高的成就。

司马光是反变法派的首领。在实行新法之初,他曾当着神宗的面同王安石辩论,还曾写信给王安石对其进行批评。神宗曾考虑用司马光,王安石说:"用光

---

① 以上三段引文均见《嘉祐集》卷五《衡论·田制》。
② 《温国文正司马公文集》卷六五《刘道原十国纪年序》。

即异论有宗主……若便使异论有宗主,即事无可为者。"①这表明王安石早已把他看作自己的主要对手。司马光看到自己的主张未被采纳,从熙宁四年到洛阳以后,就"绝口不复论新法"②。但在七年神宗下诏求言时,仍上书抨击新法。元丰五年他身体有病,事先作好《遗表》,内容也是针对新法的。在他终于当政时,就尽罢新法。这样做连反对新法的苏轼、苏辙都认为太过分。苏轼指出"差役、免役各有利害",将差役改为免役是"万世之利",只要去除它的弊病,"则民悦而事易成"③。苏辙批评司马光"不达吏事","不知差、雇之弊其相半"④。但司马光根本不接受他们的意见。

王安石主张"天命不足畏,祖宗不足法,流俗不足恤",司马光大不以为然。他在学士院举行的一次考试的策问题目中说:"今之论者或曰:'天地与人了不相关,薄食震摇皆有常数,不足畏忌。祖宗之法未必尽善,可革则革,不足循守。'"⑤要应试者对它进行批判。他说"人之贵贱贫富寿夭系于天"⑥。"违天之命者,天得而刑之。顺天之命者,天得而赏之。"⑦他又向神宗提出"祖宗之法不可变"⑧,反对王安石"变更祖宗旧法"⑨。

嘉祐七年(1062年),司马光写了《论财利疏》⑩,提出了如何解决财政危机的意见。他指出当时的情况是"民既困矣,而仓廪府库又虚",如果不"早为之谋,臣恐国家异日之患不在于它,在于财力屈竭而已矣"。他提出了三条解决财力屈竭的办法:一是"随材用人而久任之",二是"养其本原而徐取之",三是"减损浮冗而省用之"。

第一条是用人政策。他认为财用匮乏是由于"朝廷不择专晓钱谷之人为之"而造成的,强调要由内行的人来管理财政。他主张财政官员的任期要长,这样才有可能做到"二十七年耕,然后有九年之食"。

第二条是说要把财政收入放在发展经济的基础上。司马光说:"善治财者,养其所自来,而收其所有余,故用之不竭而上下交足也。不善治财者反此。"他认

---

① 《续资治通鉴长编》卷二一三熙宁三年七月壬辰。
② 《续资治通鉴长编》卷二二〇熙宁四年二月辛酉。
③ 《经进东坡文集事略》卷三一《辩试馆阁策问札子二首》。
④ 《栾城后集》卷一二《颍滨遗老传上》。
⑤ 《温国文正司马公文集》卷七二《学士院试李清臣等策目》。
⑥ 《温国文正司马公文集》卷七一《葬论》。
⑦ 《温国文正司马公文集》卷七四《士则》。
⑧ 《宋史》卷三三六《司马光传》。
⑨ 《温国文正司马公文集》卷六〇《与王介甫书》。
⑩ 《温国文正司马公文集》卷二三。

为农工商都是"财之所自来"的部门："农尽力，则田善收而谷有余矣。工尽巧，则器斯坚而用有余矣。商贾流通，则有无交而货有余矣。"他所说的"财之所自来"，只是从能取得经济收入的角度着眼，并没有考虑到财富从何产生的问题。因此不能由此得出司马光把农工商业都看成是生产部门的结论。他强调治财要从发展农工商业着手，然后收取其有余的部分作为国家的财政收入，这在理论上是正确的。他说："彼有余而我取之，虽多不病矣。"这好比砍柴，只砍去树木的枝条而"养其本根"，柴才不会被砍光；如果连根砍去，虽然一时可以多得，但以后就没有了。

如何做到"农尽力""工尽巧""商贾流通"呢？司马光分别做了论述。论述得最多的是农业，因为农是"天下之首务"。

他认为要使农尽力，就要"使稼穑者饶乐，而惰游者困苦"。但现在却是农民困苦，他们"苦身劳力，衣粗食粝，官之百赋出焉，百役归焉。岁丰贱贸其谷，以应官私之求；岁凶则流离冻馁，先众人填沟壑"。这就使许多人不愿种田。"故以今天下之民度之，农者不过二三，而浮食者常七八矣。"他主张农民除负担赋税外，就不再有其他负担；"衙前当募人为之"，人数不足时由坊郭上户担当，农民只负担其他轻役；丰年由政府收购粮食以提高粮价，荒年先救济农民，后救济浮食者；农民自耕而积谷多的不计入家产。这些主张中需要进一步说明的是衙前改为募役和劳动增加收入的不计家产的问题。

衙前是差役的一种，由富户轮流充当，负责运送或管理官物，损失官物的要赔偿，因此轮当此役的可能常常要陪垫家财，严重的甚至会倾家荡产。司马光曾写有《衙前札子》①，专门谈衙前的弊病。他指出充当衙前的富户"自非家计沦落，则永无休息之期"。由于富户有被迫充当衙前的危险，以致"贫者不敢求富"。他引述"农民"的话说："今欲多种一桑，多置一牛，蓄二年之粮，藏十匹之帛，邻里已目为富室，指使以为衙前矣，况敢益田畴、葺庐舍乎！"所以他的改衙前为募役、劳动增加收入不计家产的主张，都是针对衙前的弊病而发的。

衙前改为募役同后来王安石推行的免役法属同一性质，不过范围更扩大而已。可是后来司马光却提出种种理由来反对募役。他当政后全部恢复差役，把自己原来的主张也否定掉了。从对衙前的论述中还可以看出，司马光所说的农民是包括地主在内的。

他认为要使工尽巧，就要使"坚好便用者获利，浮伪侈靡者不售"。他说百工是"以时俗为心"的，而时俗又"以在上之人为心"，因此只要"上好朴素而恶淫

---

① 《温国文正司马公文集》卷三八。

侈",就能使时俗随之而变。对于在官的百工,则要派人监督他们生产功致(同工致,工巧精致)的产品,"物勒工名,谨考其良苦而诛赏之。取其用,不取其数",即要追求质量而不追求数量。

他认为要使商贾流通,就要使"公家之利,舍其细而取其大,散诸近而收诸远"。他指出商贾是"志于利"的,但现在政府的政策却是"弃信而夺之",他们见无利可图,就会改行,以致"茶盐弃捐,征税耗损",使国家的利也受到损失。

第三条是减少财政开支和消费。司马光举出了一些竭民财的弊病:① 对宗室、外戚、后宫及内外臣的赏赐太多,"竭天下之力以资众人";② 上行下效,上下都存在着奢侈的风俗,"其服食器用,比于数十年之前,皆华靡而不实";③ 吏胥没有廪禄,全靠"啖民为生",这是"百姓破家坏产"的重要原因之一;④ 由于"政令宽弛,百职隳废",国家"每有营造贸买,其所费财物什倍于前,而收功利曾不一二";⑤ 官职按期升迁,日积月累,以致"一官至数百人,则俸禄有增而无损";⑥ "兵多而不精",财政开支虽然很大,兵仍患贫。

《论财利疏》中的经济理论基本上还是荀子的开源节流理论,不过是针对北宋的具体情况而提出的。司马光把当时的经济问题仅仅限于国家的财政问题。他的着眼点是地主阶级国家同税收的负担者(包括剥削者和被剥削者)的矛盾,而不是表现在地租和高利贷剥削以及土地兼并问题上的地主同农民的矛盾。李觏、欧阳修、苏洵、王安石等都注意到后一种更为根本的矛盾,而司马光却没有。他的保守性在这里表现得很明显。后来他批评新法,有些确是新法的弊病,有些则在代表兼并势力说话。

司马光反对新法的理由,具有经济理论意义的主要有以下三个方面。

在《论财利疏》中,司马光把管理国家财政工作称为"治财"。治财和理财的意思好像差不多,但在司马光看来是有区别的。王安石将理财和言利分开,想肯定理财而否定言利,司马光则认为理财和言利是一回事。他用孔孟的义利论来批评新法,强调"君子""固不能言利"①,又把理财看成是"头会箕敛以尽民财"的同义语。王安石说"善理财者,民不加赋而国用饶",司马光反驳说这是桑弘羊欺骗汉武帝的话:"天地所生货财百物止有此数,不在民间,则在公家。桑羊能致国用之饶,不取于民,将焉取之?"②对王安石的理财理论作了全盘的否定。

在反对青苗法时,司马光提出了为富人辩护的理论。唐代柳宗元(773—819

---

① 《温国文正司马公文集》卷六〇《与王介甫书》。
② 《温国文正司马公文集》卷三九《八月十一日迩英对问河北灾变》。

年)说过:"夫富室,贫之母也,诚不可破坏。然使其大幸而役于下,则又不可。"①他既认为穷人要依靠富人,又对富人奴役穷人不满。而司马光则只强调前者。他说:"夫民之所以有贫富者,由其材性愚智不同。富者智识差长,忧深思远,宁劳筋苦骨,恶衣菲食,终不肯取债于人,故其家常有赢余而不至狼狈也。贫者偕(通砦)窳(贪懒)偷生,不为远虑,一醉日富,无复赢余,急则取债于人,积不能偿,至于鬻妻卖子,冻馁填沟壑而不知自悔也。"在他看来,人之分为穷人和富人,完全是由于人的才智和勤俭与否的差别而造成的。这本是韩非的理论,司马光继承并发展了它。他进一步宣称:"是以富者常借贷贫民以自饶,而贫者常假贷富民以自存,虽苦乐不均,然犹彼此相资,以保其生也。"把富人用高利贷来剥削穷人的关系美化成为"彼此相资,以保其生"的互利互助关系。既然富人放高利贷对穷人有利,那么青苗钱即使是高利贷也不是一样对穷人有利吗?可见他这样说的真正着眼点在于富人而不在于穷人。他批评青苗钱随户等抑配,富人要多借,而且地方官怕借给穷人的钱收不回来,还要富人为穷人作保,在穷人无力偿还时替他们还债。这些都对富人不利。所以他接着说:"贫者既尽,富者亦贫,臣恐十年之外,富者无几何矣。贫者既尽,若不幸国家有边隅之警,兴师动众,凡粟帛军须之费,将从谁取之?"②实际上青苗法并没有那么大的威力,他这样维护富人的利益,表明他是反对抑兼并的政策的。

新法实行后虽大量铸钱,但仍有钱荒之患③。因此司马光等也以唐人反对两税征钱的理由来反对新法。司马光说:"夫力者民之所生而有也,谷帛者民可耕桑而得也。至于钱者,县官之所铸,民不得私为也……彼农民之富者不过占田稍广,积谷稍多,室屋修完,耕牛不假而已,未尝有积钱巨万于家者也。其贫者缊缕不蔽形,糟糠不充腹,秋指夏熟,夏望秋成,或为人耕种,资采拾以为生,亦有未尝识钱者矣。"由于有司"唯钱是求","农民"为了交纳免役钱,在丰收时要减价出售粮食,而一遇荒年,"欲卖田则家家卖田,欲卖屋则家家卖屋,欲卖牛则家家卖牛"。无田可卖的,就"不免伐桑枣、撤屋材卖其薪,或杀牛卖其肉"。④他强调"自古农民所有,不过谷、帛与力,凡所以供公赋役,无出三者"⑤。赋税征钱所造成的这一矛盾在封建社会中是长期存在的,所以常常有人表示反对,如苏辙也

---

① 柳宗元:《答元饶州论政理书》,《柳河东集》下册,上海人民出版社1974年版,第514页。
② 本段引文未注明出处的均见《温国文正司马公文集》卷四一《乞罢条例司常平使疏》。
③ 《经进东坡文集事略》卷三一《辩试馆职策问札子二首》:"免役之害,掊敛民财,十室九空,钱聚于上,而下有钱荒之患。"
④ 《温国文正司马公文集》卷四五《应诏言朝政阙失事》。
⑤ 《温国文正司马公文集》卷四九《乞罢免役钱依旧差役札子》。

说:"夫钱者官之所为,米粟布帛者民之所生也。古者,上出钱以权天下之货,下出米粟布帛以补上之阙,上下交易,故无不利。今青苗、免役皆责民出钱,是以百物皆贱,而惟钱最贵,欲民之无贫,不可得也。"①

第四节 王安石的经济思想

一、推行新法的王安石

王安石(1021—1086年),字介甫,临川(今属江西)人,后来随其父定居江宁(治今江苏南京)。仁宗庆历二年(1042年)王安石考中进士,授签书淮南判官;七年改任鄞县知县。在任期间,王安石"起堤堰,决陂塘,为水陆之利;贷谷与民,立息以偿,俾新陈相易,邑人便之"②。又历任舒州通判、群牧判官、常州知州、提点江东刑狱、三司度支判官等官。嘉祐八年(1063年)王安石丁母忧回江宁,聚徒讲学。神宗即位(1067年),任为江宁知府。熙宁元年(1068年)召为翰林学士兼侍讲。次年王安石任参知政事,开始变法;三年十二月任同中书门下平章事;七年四月罢相;八年二月再相;九年十月又罢相;次年辞官,在家从事学术活动;元丰元年(1078年)封舒国公;三年封荆国公;哲宗即位(1085年),加司空;绍圣年间(1094—1098年)追谥"文";徽宗崇宁三年(1104年)追封舒王,南宋高宗时削去王封。

在文学上,王安石是唐宋八大家之一。在学术上,他创立了一个新学派,《宋元学案》称之为"荆公新学"。在他当政时,为了改变积贫积弱的局面,实现富国强兵,在神宗的支持下实行了新法。为了贯彻自己的主张,他曾提出"天命不足畏,祖宗不足法,流俗不足恤"③的大胆论点。

王安石的著作很多,但有些重要著作如《书义》《诗义》《字说》《钟山日录》等都已散失,《周礼义》(即《周官新义》)只有从《永乐大典》中辑出的残卷。现存著作除《周官新义》残卷外,还有《临川先生文集》(或《王文公文集》《王安石全集》等)。

王安石很重视人才问题。他在嘉祐三年曾上万言书言事,就以教育、保养、选拔、任用人才为中心内容。他指出:"然则方今之急,在于人才而已……在位者得其才矣,然后稍视时势之可否,而因人情之患苦,变更天下之弊法,以趋先王之意,其

---

① 苏辙:《栾城集》卷三五《自齐州回论时事书》附《画一状》。
② 《宋史》卷三二七《王安石传》。
③ 《温国文正司公文集》卷七二《学士院试李清臣等策目》。《宋史》卷三二七《王安石传》"天命"作"天变","流俗"作"人言"。

易也。"①把人才看成是治国的关键。因此在推行新法时,他改组各级学校,改革科举制度,取消用诗赋取士的办法,改试《诗》《书》《易》《周礼》《礼记》以及《论语》《孟子》等经义和策论。这种科举制度一直沿用到清末,经义式后来蜕化为八股文。同时设置经义局,训释"三经义"②,颁之学官。在第二次罢相后,又在江宁著《字说》。他要用这些新学著作来统一人们的思想,以保证新法的推行。

熙宁年间推行的新法除三舍法③、保甲法、将兵法(选派将官训练士兵)外,都是属于理财方面的,主要如下:

(1) 均输法。由总管东南六路财赋的发运使,以500万贯钱和300万石米作为籴本,根据"徙贵就贱,用近易远"④的原则,灵活筹办上贡物品。

(2) 青苗法(正式名称是常平法)。仁宗时,陕西转运使李参曾在陕西行青苗钱,"令民自隐度麦粟之赢,先贷以钱,俟谷熟还之官"⑤。青苗法是对这一办法的发展。将各路常平、广惠⑥仓的粮食或现钱贷给民户(如贷粮食,按时价折成现钱),预先规定归还的粮食数(按前10年中丰收时的粮价折算),实际归还时还钱或还粮食由民户自己决定。一年贷两次:一次在正月三十日以前,随夏税归还;一次在五月三十日以前,随秋税归还。利率每次2分。贷款数额根据户等:一等户不超过15贯,二等户10贯,三等户6贯,四等户3贯,五等户1.5贯。

(3) 农田水利法。奖励各地兴修水利和开垦荒田。水利工程所需的工料由受益户按户等负担,不足时由国家贷给青苗钱,利息比一般的青苗钱低,也可向民间借贷,利息依常例。

(4) 免役法。又叫雇役法或募役法,即把差役变成雇役。过去承担各种差役的民户不再服役,按户等高下出役钱,称为免役钱。过去不当差的官户、坊郭户、未成丁户、单丁户、女户、寺观等也要出钱,称为助役钱。为了防备灾荒时役钱征收不足,平时多收二成,称为免役宽剩钱。

(5) 市易法。熙宁三年,王安石曾采纳秦凤路(治今甘肃天水)经略司官员王韶的建议,在古渭(在今甘肃陇西)设市易务。熙宁五年,又有魏继宗上书建议

---

① 《王安石全集》卷三九《上仁宗皇帝言事书》。
② 《书义》《诗义》《周礼义》合称"三经义",《书义》和《诗义》在王安石领导下撰成,《周礼义》由王安石自撰。
③ 熙宁四年分太学为上舍、内舍、外舍,太学生按一定条件依次从外舍升入上舍,最后取得出身,称"三舍法"。
④ 《王安石全集》卷七〇《乞制置三司条例》。
⑤ 《宋史》卷三三〇《李参传》。
⑥ 广惠仓设立于嘉祐二年,将各路"户绝田"募入佃种,以所课赋税救济老弱不能自给的人。

在京师设常平市易司。于是正式推行了市易法。先在京师,接着又在一些边境和重要城市设市易务(京师的市易务改为市易司,领导各地的市易务),以收购滞销商品和贷款给商人。吸收参加市易务工作的商人可凭地产或金银作抵押,向市易务借钱,年息2分。一般商人也可以财产作抵向市易务借钱或赊购商品。赊购商品在半年内还款的利息1分,一年内还款的利息2分。过期不还,每月罚款2%。外来商人可以将滞销商品卖给市易务,收钱或收其他商品。政府机构所需物资,也可由市易务采买。

(6) 方田均税法(类似的办法在仁宗时即已推行过,参见上一节《欧阳修的经济思想》)。清丈土地,根据土地的肥瘠区分五等,均定税额。各县都以原来的租税额为限,不得增加。此法只实行于京东(治今河南商丘南)、河北、陕西、河东(治今山西太原)等路。

新法中最重要的是青苗法和免役法。这两法的实行,使货币需要量大为增加,熙宁、元丰年间又大力铸钱,这是宋代铸钱最多的时期。

新法实行后,统治集团中反对或批评新法的人很多,矛盾十分尖锐。王安石的两次罢相,就是这种矛盾冲突的结果。元丰年间王安石虽已失去了权力,但新法仍在执行。直到元丰八年神宗死后,年幼的哲宗即位,太皇太后高氏掌权,在司马光的主持下,才将新法废除。

王安石以理财和抑兼并作为实行理财新法的两个根本理由。理财和抑兼并理论构成了他的经济思想的主要内容。这些理论并不全是他的创见,但表现出某些新的特点。

二、理财论

王安石以理财为变法的首要目标。早在上书仁宗皇帝时,他就指出当时"公私常以困穷为患"是由于"理财未得其道"①。他把理财和言利作为两个截然不同的概念,肯定前者而否定后者。他曾批评"聚敛之臣"的"务以求利为功"②。当司马光批评他"大讲财利之事",违反了"孟子之志"③时,他回答说:"举先王之政,以兴利除弊,不为生事。为天下理财,不为征利。"④在《答曾公立书》中他也说:"孟子所言利者,为利吾国,如曲防遏籴,利吾身耳。至狗彘食人食则检之,野

---

① 《王安石全集》卷三九《上仁宗皇帝言事书》。
② 《王安石全集》卷七〇《议茶法》。
③ 《温国文正司马公文集》卷六〇《与王介甫书》。
④ 《王安石全集》卷七三《答司马谏议书》。

有饿莩则发之(发粮食救济),是所谓政事。所以理财,理财乃所谓义也。一部《周礼》,理财居其半,周公岂为利哉?"①他又对神宗说:"陛下不殖货利,臣等不计有无,此足风化天下,使不为利。至于为国之体,摧兼并,收其赢余以兴功利,以救艰厄,乃先王政事,不名为好利也。"②既要理财,又要避言利之名,这是王安石理论的一个深刻的矛盾。他不敢像李觏那样肯定言利的意义,是因为要把自己打扮成儒家的正宗,避免给反对派以口实。

王安石所说的理财之道,是要"因天下之力以生天下之财,取天下之财以供天下之费"③。这是说财政收入的增加要放在发展生产的基础上,理财的重点在于生财。所以他又说:"尝以谓方今之所以穷空,不独费出之无节,又失所以生财之道故也。富其家者资之国,富其国者资之天下,欲富天下则资之天地。"④"富其家者资之国"是指个人的致富活动,在这里只是一句陪衬的话。他所说的"失所以生财之道"是指"富其国者资之天下"的理财方法。这种方法的出发点只在于"言利",好比关起门来和儿子做生意,"虽尽得子之财,犹不富也"。这只是将民间的财富转移到国家手中,整个社会的财富并没有增加。正确的方法应该是"欲富天下则资之天地",目的是要富天下,即求社会财富的增加,应向大自然索取。也就是"因天下之力以生天下之财"的意思。

"欲富天下则资之天地"是一个很高的要求,说起来容易做起来难。农田水利法可以说是符合这一要求的,其他理财新法就不一定了。

在建议实行均输法时,变法派指出先王制定按地区定贡赋和调节商品流通的制度,不是为了统治者的"专利",而是为了以义理财:"盖聚天下之人,不可以无财;理天下之财,不可以无义。夫以义理天下之财,则转输之劳逸不可以不均,用度之多寡不可以不通,货贿之有无不可以不制,而轻重敛散之权不可以无术。"实行均输法就是为了贯彻"以义理天下之财"的原则,"稍收轻重敛散之权归之公上,而制其有无,以便转输,省劳费,去重敛,宽农民",使"国用可足,民财不匮"。⑤ 均输原为桑弘羊所创立,变法派对均输法的作用的说明也同桑弘羊的理

————————

① 《王安石全集》卷七三。"所以理财"有的同类书作"政事所以理财"。
② 《续资治通鉴长编》卷二四〇熙宁五年十一月丁巳。
③ 《王安石全集》卷三九《上仁宗皇帝言事书》。
④ 《王安石全集》卷七五《与马运判书》。
⑤ 本段引文均见《王安石全集》卷七〇《乞制置三司条制》。漆侠据《续资治通鉴长编》卷二六八吕惠卿奏,指出均输、农田、青苗三法最先由吕惠卿草成,将《乞制置三司条制》编入王安石的文集中是错误的(《王安石变法》,上海人民出版社1979年版,第270页注)。所以这里只说变法派,但可以看作是王安石的思想。

论相似,所不同的只是加上了"以义理天下之财"的帽子。但均输法即使取得了变法派所说的效果,也仍然是一种"富其国者资之天下"的方法,它不是通过发展生产而是通过商品流通领域来增加国家的财政收入。

实行青苗法,变法派说使受贷者不仅"足以待凶荒之患",而且"于田作之时不患厥(缺)食",这样就能"选官劝诱,令兴水土之利,则四方田事自加修益"①。这本是"欲富天下则资之天地"的意思,不过只是说说而已。王安石根本不承认青苗法具有财政的目的。他说贷款只收薄息:"昔之贫者举息之于豪民,今之贫者举息之于官,官薄其息而民救其乏"②。又说青苗法"专以振民乏绝","公家无所利其入"③;收取2分利息是因为要弥补实行青苗法本身的各项开支和损耗,如"官吏之俸,辇运之费,水旱之逋,鼠雀之耗"④等。

说青苗法"公家无所利其入",显然是掩饰之辞。青苗法规定2分取息,年息达到4分。有些地方实际上是3分,则年息达到6分。在借贷的具体办法上还存在着折算的问题。借款人实际上借的和还的可能都是粮食,但要折钱计算。借时按当时的粮价折钱,还时却按丰收时的粮价折钱。借时青黄不接,粮价高,丰收时粮价低,虽然归还的本金在钱数上没有变化,而粮食数却比借时增加了许多。这等于是借款人在规定的利息以外又负担了一笔无形的利息。熙宁四年,陕西每借出陈白米1斗,要归还小麦1斗8升7合半或粟3斗,"取利约近一倍"⑤,就是这样造成的。按丰收时的粮价折算还款额的办法,是有意加强对借款人的剥削,否则就没有实行这一折算办法的必要。更何况北宋自仁宗以后统治者日益腐朽,在实行青苗法的过程中经办官吏的营私舞弊势所必然。因此,青苗法并不是薄息贷款,也不是"公家无所利其入",而是一种封建国家经营的高利贷,从中可以获得很大的财政利益。这样的政策不仅是"富其国者资之天下"的理财方法的体现,而且是包含有巧取豪夺的成分。

关于免役法,王安石声称:"理财以农事为急,农以去其疾苦,抑兼并,便趋农为急。此臣所以汲汲于差役之法也。"⑥他解释免役法的作用在于"举天下之役,人人用募,释天下之农,归于畎亩",使"农时不夺而民力均"⑦。这些解释从字面

---

① 《宋会要辑稿·食货》四之一六。
② 《王安石全集》卷四一《上五事书札子》。
③ 《宋会要辑稿·食货》四之二三。
④ 《王安石全集》卷七三《答曾公立书》。
⑤ 《温国文正司马公文集》卷四四《奏为乞不将米折青苗钱状》。
⑥ 《续资治通鉴长编》卷二二○熙宁四年二月庚午。
⑦ 《王安石全集》卷四一《上五事书札子》。

上看也符合"欲富天下则资之天地"的方法,但免役法是否只是或主要是为了便农,却仍值得怀疑。北宋的差役原来由乡村上、中户轮流充当,而实行免役法后下户也要纳役钱①。未成丁户、单丁户和女户的经济条件以不好的居多,则要纳助役钱。除规定的免役钱外,还要纳二成免役宽剩钱,而且据说实际上达到四五成②。这些都具有向穷人加税的性质。王安石说各地剩余的免役钱,在遇到凶年时可以用来"募人兴修水利,即既足以赈救食力之农,又可以兴陂塘沟港之废",只要不将它用作皇帝的"苑囿陂池侈服之费,多取之不为虐"③。虽然他说是为了发展生产,但承认确是"多取",表明在这里贯彻的仍是"富其国者资之天下"的方法。

市易法相当于桑弘羊的平准,但内容更复杂,如对商人放款就为后者所无。王安石说:"市易之法起于周之司市、汉之平准。今以百万缗之钱,权物价之轻重,以通商而贳(赊)之,令民以岁入数万缗息。""市易之法成,则货赂通流而国用饶矣。"④这是公开承认增加财政收入的目的。利息是市易法的一项重要收入。神宗曾提出免除商人所欠的息钱,王安石表示反对。他说:"今诸司吏禄极有不足,乃令乞觅为生,不乞觅即不能存,乞觅又犯刑法。若除放息钱,何如以所收息钱增此辈禄。"⑤后来他甚至说:"市易务若不喻于利,如何勾当?且今不喻于义,又不喻于利,然尚居位自如,况喻于利如何可废?"⑥这就自己否定了自己所说的理财和言利无关的理论。实行市易法和均输法一样,也和"富天下者资之天地"的方法无关。

总之,王安石虽然批评了"富其国者资之天下"的理财方法,而他自己执行的却正是这一方法。其实,财政收入本来就是对国民收入的一种再分配,实行这一方法是理所当然的,只要不竭泽而渔,使人民的负担过重,就不能认为是错误的。王安石的问题不在于执行了这一方法本身,而是在于为了避言利之名,竭力用高调来加以掩盖。用高调来掩盖加强财政搜括的实质,是王安石理财论的一个重要特点。

---

① 《温国文正司马公文集》卷四九《乞罢免役钱依旧差役札子》:"旧日差役之时,下户元(原)不充役,今来一例出免役钱。"苏辙《栾城后集》卷一三《颍滨遗老传下》:"下户昔不充役,亦遣出钱。"

② 《经进东坡文集事略》卷三一《辩试馆职策问札子二首》(元祐二年):"今宽剩役钱名为十分取二,通计天下乃及十五。"但《文献通考·职役二》的引文中作"通计天下乃十四五。"

③ 李焘:《续资治通鉴长编》卷二三七熙宁五年八月辛丑。

④ 《王安石全集》卷四一《上五事书札子》。

⑤ 李焘:《续资治通鉴长编》卷二四〇熙宁五年十一月丁巳。

⑥ 李焘:《续资治通鉴长编》卷二六四熙宁八年五月丙子。

王安石理财论的矛盾还表现在对桑弘羊的出尔反尔的评价上。他曾说:"陛下修常平法所以助民,至于取息,亦周公遗法也。且如桑弘羊笼天下货财以奉人主私欲,游幸郡国,赏赐至数百万,皆出均输,此乃所谓兴利之臣也。今陛下广常平储蓄,抑兼并,振贫弱,置官为天下理财,非以佐私欲,则安可谓之兴利之臣乎?"①但又说:"泉府一官,先王所以摧制兼并,均济贫弱,而使利出于一孔者,以有此也……后世〔唯〕桑弘羊、刘晏粗合此意。自秦汉以来,学者不能推明其法,以为人主不当与百姓争利。"②这两段话,一段批评桑弘羊是"兴利之臣",一段却说桑弘羊是《周礼》经济政策的执行者,评价截然相反。他虽然处处强调《周礼》,但"利出于一孔"的话却不是来源于《周礼》,而是来源于《管子·轻重》,就是要把利权掌握在封建国家手中的意思。

王安石提出"欲富天下则资之天地"的理财方法时还没有执政,这反映了他当时的一种理想。在他执政以后,他主观上虽想做到这一点(如重视农田水利),然而在生产力低下的农业社会,要靠这一方法来富国,绝不是短时间所能见效的。迫切的财政需要,是王安石变法所必须尽快解决的难题。王安石说"理财为方今先急"③,"财用足,然后可以用兵"④。他在《上仁宗皇帝言事书》中说由于官吏的俸禄太薄,"故今官大者,往往交赂遗,营资产,以负贪污之毁;官小者,贩鬻、乞丐,无所不为",主张"增吏禄"。无论是对外用兵还是对内实行改革,都要有强大的财政力量作后盾。因此,千方百计增加财政收入,就成为王安石变法的强烈的内在动力。既然"资之天地"以发展生产的远水救不了国库空虚的近火,急功近利的王安石就只能采取"资之天下"的方法以求理财的速效。这样他就违背了自己的最初理想,把求得财政收入的增加放到了施政的首位。他的这一目的确实达到了。"熙宁、元丰之间,中外府库,无不充衍,小邑所积钱米,亦不减二十万。"⑤王安石说"善理财者,民不加赋而国用饶",事实上加赋或变相加赋却是他实现"国用饶"的重要手段之一。

"理财"一词首见于《周易·系辞下》:"理财正辞,禁民为非曰义。"经过王安石变法,此词得到了广泛的流传。它也像"富国"一样,具有广狭二义:广义的"理财"指理民之财,狭义的"理财"指理国之财。

---

① 《宋会要辑稿·食货》四之二〇。
② 杨时:《龟山先生集》卷六引《神宗日录》。
③ 李焘:《续资治通鉴长编》卷二二〇熙宁四年二月庚午。
④ 李焘:《续资治通鉴长编》卷二二一熙宁四年三月乙未。
⑤ 《宋史》卷三二八《安焘传》。

三、抑兼并论

王安石将理财和抑兼并紧密地联系在一起。如他说:"有财而莫理,则阡陌间巷之贱人,皆能私取予之势,擅万物之利,以与人主争黔首,而放其无穷之欲,非必贵强桀大而后能。"①这是把抑兼并看成是理财的目的。但更重要的,王安石是想通过抑兼并的政策来为国家增加财政收入,这样,抑兼并又成了理财的手段。

王安石为抑兼并造了许多舆论。熙宁四年实行免役法后,连神宗都感到"税敛已重",王安石却说:"以臣所见,今税敛不为重,但兼并侵牟耳。"②把造成人民贫困的原因完全归于兼并。熙宁五年,他对神宗说.:"今一州一县便须有兼并之家,一岁坐收息至数万贯者。此辈除侵牟编户齐民为奢侈外,于国有何功,而享以厚奉……天命陛下为神明主,驱天下士民使守封疆,卫社稷,士民以死徇陛下不敢辞者,何也? 以陛下能为之主,以政令均有无,使富不得侵贫,强不得凌弱故也。今富者兼并百姓,乃至过于王公,贫者或不免转死沟壑,陛下无乃于人主职事有所阙,何以报天下士民为陛下致死?"③指出抑兼并是巩固封建统治的需要。他又说:"秦能兼六国,然不能制兼并,反为寡妇清筑台。④ 盖自秦以来,未尝有摧制兼并之术,以至今日。"⑤所谓"自秦以来,未尝有摧制兼并之术",如果是指封建统治者不可能实行行之有效的抑兼并政策,自然是正确的。但如果是这个意思,他又怎么能抑兼并呢? 可见他的本意是说秦以来都不实行这一政策,以此表明他的主张具有首创意义。

除农田水利法外,其他几种理财新法都同抑兼并有关。均输法是要改变"富商大贾因时乘公私之急,以擅轻重敛散之权"的状况,"稍收轻重敛散之权,归之公上"⑥。市易法也差不多。熙宁五年,中书省提出在开封置市场务时说:"古者通有无,权贵贱,以平物价,所以抑兼并也。去古既远,上无法以制之,而富商大室得以乘时射利,出纳敛散之权一切不归公上。"⑦实行市易法是为了限制富商

---

① 《王安石全集》卷八二《度支副使厅壁题名记》。
② 李焘:《续资治通鉴长编》卷二二三熙宁四年五月丙午。
③ 李焘:《续资治通鉴长编》卷二四〇熙宁五年十一月戊午。
④ 《史记》卷一二九《货殖列传》:"而巴寡妇清,其先得丹穴,而擅其利数世,家亦不訾……秦皇帝以为贞妇而客之,为筑女怀清台。"
⑤ 李焘:《续资治通鉴长编》卷二六二熙宁八年四月甲申。
⑥ 《王安石全集》卷七〇《乞制置三司条制》。
⑦ 李焘:《续资治通鉴长编》卷二三一熙宁五年三月丙午。

大贾的乘时射利,把出纳敛散之权归之国家。实行青苗法是因为"人之困乏常在新陈不接之际,兼并之家乘其急以邀倍息,而贷者常苦于不得",发放青苗钱"使农人有以赴时趋事,而兼并不得乘其急"①。青苗法还要对富人强制贷款,使他们向政府支付利息以抑制兼并。实行免役法是要"抑兼并,便趋农"。浙西役钱上等户有出 600 贯的。王安石说:"出六百贯者或非情愿,然所以摧兼并,当如此。"②实行方田均税法是要查清豪绅地主的隐产漏税情况,使他们不能逃避应有的赋税负担。

关于抑制商人兼并的理论,《管子·轻重》和桑弘羊早有详细的论述,王安石并没有什么创见。他对待商业的态度也和传统的抑商思想没有多大差别。他认为商业太盛太衰都不好:"盖制商贾者恶其盛,盛则人去本者众;又恶其衰,衰则货不通。"③为了防止农民弃本逐末,他主张:"以作奇技淫巧以疑众者,纠罚之……工商逐末者,重租税以困辱之。民见末业之无用,而又为纠罚困辱,不得不趋田亩,田亩辟则民无饥矣。"④他的抑制商人兼并的主张和对商业的态度是一致的。

地主兼并的实质是兼并土地。王安石却不肯触及土地问题。他曾对神宗说:"今朝廷治农事未有法……播种收获,补助不足,待兼并有力之人而后全具者甚众,如何可遽夺其田以赋贫民?此其势固不可行,纵可行,亦未为利。"⑤既然不能夺取大地主的土地,又怎么能摧制兼并呢?王安石又说:"今百姓占田或连阡陌,顾不可夺之……然世主诚能知天下利害,以其所谓害者,制法而加于兼并之人,则人自不敢保过限之田;以其所谓利者,制法而加于力耕之人,则人自劝于耕而授田不敢过限。然此须渐乃能成法。"⑥不能夺取地主的土地,只能施加影响,而且还要慢慢来。道理是对的,但同他平日对于抑兼并的宣传显得很不相称。

抑兼并政策的效果究竟怎样呢?最明显的效果就是使兼并势力在经济上受到了一些损失。但是仅有这一面还不够,还要看被兼并的一方是否因此而改善了自己的经济状况,否则他们仍不能避免被兼并的命运。市易法要抑制大商人的兼并,但建议实行市易法的魏继宗,却在熙宁七年揭发吕嘉问主持市易务"榷

---

① 《宋会要辑稿·食货》四之一六。
② 李焘:《续资治通鉴长编》卷二三七熙宁五年八月辛丑。
③ 《王安石全集》卷七二《答韩求仁书》。
④ 《王安石全集》卷六九《风俗》。
⑤ 李焘:《续资治通鉴长编》卷二一三熙宁三年七月癸丑。
⑥ 李焘:《续资治通鉴长编》卷二二三熙宁四年五月癸巳。

固(垄断)掊克,皆不如初议,都邑之人不胜其怨"①。如果是这样的话,就不见得能改善小商人的经济地位。封建社会最主要的被兼并者是农民。通过实行新法而增加的财政收入,除可能有少量用作兴修水利的资金而使农民受益外,绝大部分都用来弥补财政开支和贮存国库。实行方田均税法的地区,因为规定总税额不增,均税后自耕农的赋税负担将有所减轻。可是不少地方实际上是增加了总税额,这样,农民的负担能否减轻也就难说了。从全局看,农民从新政中得到的好处并不能补偿因此而受到的损失。他们要交纳比原来更重的赋税(因要交免役钱和免役宽剩钱),要支付青苗钱的高利率,还因要向政府交纳货币而被迫向商人贱卖农产品。这一切又为新的兼并创造了条件。新法既不能防止农民的被兼并,也不能使大地主放弃他们的过限之田。王安石自己也知道新法对抑兼并的作用极为有限,如说:"今制法但一切因人情所便,未足操制兼并也。"②所以归根到底,他的抑兼并主张又成了高调。它的实际意义,不过是为封建国家向兼并势力分取一些剥削所得加上一个冠冕堂皇的理由。

西汉以来地主阶级中某些人的抑兼并主张,经过王安石变法的实践,进一步降低了人们对它的兴趣。以后反对实行所谓抑兼并政策的议论渐多,而且有一些是出于赞成改革的地主阶级思想家的笔下。

第五节 周行己、吕祖谦、辛弃疾的经济思想

一、周行己的货币论

周行己(1067③—?年),字恭叔,永嘉(今属浙江)人。周行己曾师事程颐,哲宗元祐六年(1091年)考中进士,历任太学博士、秘书省正字、权知乐清县等官。著作有《浮沚集》(因浮沚书院得名,又名《周博士集》)。原书失传,现存的从《永乐大典》中辑出,已不全。

南宋时,永嘉出现了一些知名的学者,如薛季宣、陈傅良、叶适等,他们所代表的学派被称为永嘉学派。这一学派主张功利之学,反对空谈性命。黄宗羲对其治学特点做了如下的评价:"永嘉之学,教人就事上理会,步步着实,言之必可

---

① 《续资治通鉴长编》卷二五一熙宁七年三月壬戌。
② 《续资治通鉴长编》卷二二三熙宁四年五月丙午。
③ 周行己在《上宰相书》(《浮沚集》卷五)中说自己"行年五十有四"。《上宰相书》是庚子年(1120年)写的,由此可推出生年。

使行,足以开物成务。"①陈振孙认为周行己是"永嘉学问所从出"②。

周行己的政治、经济主张主要表现在写于徽宗大观年间(1107—1110年)的《上皇帝书》③中。《上皇帝书》的基本精神是发挥"守位莫大于得人心,聚人莫先于经国用"的思想,分别就"得人心"和"经国用"提出自己的建议。在得人心方面,他提出了解除党人党籍的建议,主张"无问罪之轻重,时之先后,人之邪正,悉因大霈(雨,比喻恩泽),一切释之,两解其党"。希望以此来缓和统治阶级内部的矛盾。他还提出用人要以德为主,并把人的才德分为四个等级:"才德兼备者,上也。有德而无才者,次也。有才而无德者,又其次也。无才无德,斯为下矣。"在经国用方面,他对货币、茶盐、吏役、转输等都提出了改进意见,其中以论述货币问题为重点,具有一定的理论意义。所以这里只讨论他的货币观点。

北宋的铸币流通,原来四川用铁钱,其他各路用铜钱,仁宗庆历以后陕西、河东兼用铁钱。铜、铁钱有小平、折二、折三的等级,有时还有当五和当十。徽宗崇宁二年(1103年),在左仆射蔡京的主持下,铸造当十铜钱推行于除四川、陕西、河东以外的各路。又铸造夹锡(铁锡合金)钱,以一当二。通货贬值,造成了物价上涨,私铸盛行。崇宁四年,改当十钱为当五。五年又改为当三。这年蔡京罢相,政府发行小钞来收兑当十铜钱。但大观元年蔡京再相,仍推行当十钱和夹锡钱。周行己的货币主张即是针对以上的货币流通混乱情况而提出的。

周行己的货币理论颇有特色,但在价值观上比较混乱。他认为"钱本无用而物为之用,钱本无重轻而物为之重轻"。"钱本无用"的话过去已有多人讲过了,"钱本无重轻"则是一种新的见解。在他看来,货币本身并无价值的高低,它的重(贵)或轻(贱)是商品和货币交换时由商品所赋予的。他又说:"盖钱以无用为用,物以有用为用,是物为实而钱为虚也。"这很像把钱看成是本身没有实际价值的价值符号。

可是,周行己又认为"本无重轻"的钱币本身却存在着重轻之别。比起小钱来,大钱、铁钱、夹锡钱都是轻的,都是不足值铸币。这些钱的流通造成了物价上涨。不过他对物价上涨的原因做了如下的解释:"故钱与物本无重轻,始以小钱等之,物既定矣,而更以大钱,则大钱轻而物重矣。始以铜钱等之,物既定矣,而

---

① 黄宗羲:《宋元学案》卷五二《艮斋学案》。
② 陈振孙:《直斋书录解题》卷一七。
③ 《上皇帝书》共两篇,均见《浮沚集》卷一。这里是指第二篇,写作时间据文中所谈的货币流通情况来推定。

更以铁钱,则铁钱轻而物重矣。物非加重,本以小钱、铜钱为等,而大钱、铁钱轻于其所等故也。""钱与物本无重轻"是说商品和货币交换并不存在着等价关系,交换比例的建立起初完全是偶然的。但既然已经用小铜钱来和商品建立对等关系,再使用不足值大钱或铁钱,那就会造成"钱轻而物重"的后果了。根据这一理论,如果一开始就用大钱或铁钱来和商品建立对等关系,就不会出现物重钱轻的问题。所以周行己所说的商品和货币的"等",不是指价值上的相等,而是指惯性的相等。不承认商品和货币交换的等价关系,却承认各种货币有价值上的差别,从而会改变和商品的交换比例。"本无轻重,而相形乃为轻重",这就是周行己价值观的混乱所在。

周行己分析了铸造不足值铸币的弊病。他说:"臣窃计自行当十以来,国之铸者一,民之铸者十;钱之利一倍,物之贵两倍。是国家操一分之柄,失十分之利,以一倍之利,当两倍之物。又况夹锡未有一分之利,而物已三倍之贵。是以比岁以来,物价愈重,而国用愈屈。"这就是说由于不足值铸币流通,使私铸盛行,物价上涨,国家财政更加困难。对于最后一点,他又分析说:"天下租税常十之四而籴常十之六",即国家所需要的粮食只有十分之四是从租税中来的,十分之六要用钱去买;还有"供奉之物,器用之具"也要用钱去买。"物出于民,钱出于官","使其出于民者常重,出于官者常轻,则国用其能不屈乎?"货币购买力降低,买同样多的商品要花更多的钱,自然会加剧财政的困难。他还指出当十铜钱作价的两次变动对人民所造成的危害:"自十而为五,民之所有十去其半矣。自五而为三,民之所有十去其七矣。"而发行小钞,又存在着两个弊病:"小钞之法,自一百等之至于一贯,民之交易不能悉辨其真伪,一也。输于官而不可得钱,二也。"这些分析都是正确的。

从货币"本无轻重,而相形乃为轻重"的观点出发,周行己提出了解决货币问题的办法。当十大钱相当于小钱三枚,将它改为当三就能使"公私无所损而物价可平"。铁钱和夹锡钱则同铜钱分路流通,使它们不相遇,不能"相形",也就显不出轻重来。他建议河北、陕西、河东三路只使用铁钱和夹锡钱,禁用铜钱;其他各路(应当不包括四川,但他没有明说)则只使用铜钱,禁用铁钱和夹锡钱,认为"如此则铁钱与物复相为等,而轻重自均矣"。照他的办法,一个地区的物价体系是单一了(在河北、陕西、河东三路仍有铁钱和夹锡钱的两种物价体系),但使用铜钱同使用铁钱、夹锡钱地区的物价水平却不一致。他似乎没有考虑到这一点。大概他认为三路由于没有铜钱来"相形",物价水平会和使用铜钱的地区一样。

为了便利三路同其他各路之间的商品流通,周行己又提出在各路"置交子如川法"。他指出:"前日钞法①、交子之弊,不以钱出之,不以钱收之,所以不可行也。"如果可以兑现,"则交、钞为有实而可信于人,可行于天下"。设立交子的目的是维持铁钱和铜钱的兑换关系,因为交子既代表铁钱,又能换到铜钱。他说这样做则"铁钱必等",这说明他认为铁钱和铜钱的物价水平是能够一致起来的。

周行己已认识到国家发行的兑现纸币不会被全部拿来兑现。因为纸币流通"必有水火之失,盗贼之虑,往来之积"。他认为由于这些原因而不来兑现的纸币经常占有三分之一的数量。"是以岁出交子公据,常以二分之实,可为三分之用"。国家通过发行纸币"常有三一之利"。这是中国最早关于兑现纸币不需要十足准备的理论。

周行己的货币论中关于虚实的概念也需提一下。他说"物为实而钱为虚",这是因为他认为货币的轻重在同商品的交换中形成,所以把货币看成是虚的东西。可是在谈到纸币时,他又以金属货币为实,如说"交、钞如有实而可信于人","常以二分之实",这里的"实"都是指钱。以金属货币为实,则应以纸币为虚。不过周行己还没有认识到这一点②。

二、吕祖谦的经济思想

吕祖谦(1137—1181年),字伯恭,学者称东莱先生,婺州(治今浙江金华)人。孝宗隆兴元年(1163年)吕祖谦考中进士,任南外(皇宫外)宗学教授;乾道二年(1166年)丁母忧回家,住在明招山母墓旁,"四方之士争趋之"③;五年任太学博士,教授严州;六年召为国史院编修官、实录院检讨官;七年改左宣教郎;淳熙元年(1174年)主管台州崇道观④;三年任秘书郎、国史院编修官、实录院检讨官;次年迁著作郎,因病请祠,主管武夷山冲祐观;五年官直秘阁;六年又任著作郎兼史官。谥"成"。著作有《吕东莱先生文集》《历代制度详说》《吕氏家塾读书

---

① 北宋的钞法通常指盐钞法,但这里显然是指小钞的发行。
② 以金属货币为实、纸币为虚的观点是逐步形成的。许衡把纸币称为"虚券",可是他所说的"实货"却是指商品(见本章第八节《许衡的纸币论》)。元代又有人称纸币已经贬值的部分为"虚"(见本章第八节《王恽的经济思想》)。至元二十三年,赵孟頫说:"始造钞时,以银为本,虚实相权。"他解释说:"古者,以米、绢民生所须,谓之二实,银、钱与二物相权,谓之二虚。"(《元史》卷一七二《赵孟頫传》)这种虚实观同周行己一样。直到元末,才有金属货币实纸币虚的说法,如王祎说:"钞乃虚文,钱乃实器,钱、钞兼用,则民必舍虚而取实。"(《王忠文公集》卷一二《泉货议》)不过,这观点产生以后很久,人们在议论金属货币和纸币的关系时,仍说"子母相权"而不说"虚实相权"。在赵孟頫以后再次提到"虚实相权"那大概是在清道光年间了。
③ 《宋史》卷四三四《吕祖谦传》。
④ 这一类官职称为祠职,是虚衔,不必到任,没有实际职事。

记》等。

吕祖谦是金华学派的代表,和朱熹、张栻齐名,人称"东南三贤"。为学主张经世致用,开浙东学派①的先声。"其文辞闳肆(内容丰富)辨博,凌厉无前"②。他对朱熹和陆九渊的理学派别持调和折中的态度,曾在淳熙二年邀集两派学者在信州(治今江西上饶)鹅湖寺举行讨论会,史称"鹅湖之会"。

吕祖谦的经济思想主要反映在《历代制度详说》中。书共 15 卷,每卷分"制度"和"详说"两部分,前者谈历史,后者谈作者的观点。现选其中赋役、盐法、钱币、荒政四卷的"详说"部分,作为吕祖谦经济思想资料的主要代表。

1. 赋役

吕祖谦指出:"赋役之制自禹贡始可见。禹贡既定九州之田赋,以九州之土地为九州之土贡。"③甸(郭外称郊,郊外称甸)服百里,赋纳总至于 500 里,500 里以外其余四服米不运之京师,必以所当输者上贡于天子。大略而言,三代都沿此制。"孟子所谓有力役之征、有布缕之征、有粟米之征,当时赋役之征,三句该尽。"④唐高祖总括历代之政,立租庸调之法。租即粟米之征,调即布缕之征,庸即力役之征。德宗时杨炎为相,以户籍隐漏,征求烦多,改行两税法。吕祖谦批评新法取大历中科徭最多以为数,虽说所税之外并不取之于民,但后来如间架、借商、除陌等,取于民者不一。他说"因杨炎之变古乱常,所以为千古之罪人"⑤。

吕祖谦认为,田制虽经商鞅乱之于战国,而租税犹有历代之典制。惟两税之法立,古制前后扫地。大抵租庸调之法,自汉以来固是或轻或重,而先王之制尚有存而可见者。杨炎相德宗,固当通变,可惜趣办一时,非经久之制。他认为古制虽不能尽复,但"如限民名田之制、府兵之制,有意于为政者皆可以渐复"⑥。这些论述反映了他的保守观点。

2. 盐法

吕祖谦说:盐无所不在,种类品目甚多,主要为海盐、河盐和池盐,此外还有出于地、出于崖、出于山、出于石、出于水者。三代时盐虽入贡,未尝有禁法。管仲相桓公时始兴盐策以夺民利。汉武帝时盐始禁榷。昭帝时开盐铁会议讨论。元帝时虽暂罢,因用度不足而复建。"自此之后,虽盐法有宽有急,然禁榷与古今

---

① 浙东学派包括金华学派、永嘉学派和以陈亮为代表的永康学派。
② 《四库全书总目》卷一五九《东莱集》。
③ 《历代制度详说》,扬州古籍书店 1990 年版,第 59 页。
④ 《历代制度详说》,第 60 页。
⑤ 《历代制度详说》,第 61 页。
⑥ 《历代制度详说》,第 63 页。

相为终始。以此知天下利源不可开,一开不可复塞。"①吕祖谦主要介绍了宋朝盐法的本末。

宋朝就海论之,是淮盐最资国用。国初钞盐未行,当时建安军在真州(治今江苏仪征)置盐仓,远米转入其仓,空船回都载盐,散于江浙湖广诸路,其利广而盐榷最资国用。北方之盐尽出于解池,其中有契丹、西夏之盐,沿边多盗贩二国盐以夺解池。海盐、井盐用煎熬之制,必资人力;解池之盐如耕种,南风起才能结成盐,南风不起,课利遂失。自蔡京秉政,废转般仓之法,使商贾纳于官,自此为钞盐法。请钞于京师,商贾运于四方。蔡京专利罔民,所以盐法数十日一变。盐法既变,钞盐亦不可用,商贾折阅甚多。徽宗初年,雨水不常,管理不严,外水流入解池,不复成盐,数年大失课利。后大兴徭役,车出外水,逐渐恢复。

自唐安史之乱后,河北一路盐无禁榷。宋哲宗时章惇为相,开始行禁榷,犯刑者甚多。吕祖谦分析,因河北盐是卤地,其地甚广,不能封守,才煎便成,难以禁察。他的结论是:"兴贩煮盐皆非地著之人,因而取之以宽民力,本之民力。然而取之欲宽,不尽其利,则盐可以公行。若迫而取之,必有官刑,此见小失大,盐法所以不行。"②

3. 钱币

吕祖谦说:"泉布之设,乃是阜通财货之物,权财货之所由生者。"这相当于说货币既是流通手段,又是价值尺度。他根据《管子·轻重》,说禹以历山之金,汤以庄山之金,在凶年作币救民之饥;又引《周礼·司徒下·司市》"国有凶荒,则市无征而作布",以及单穆公陈周景王"古者天灾流行,于是乎量资币,权轻重,作币以救民"等,总结说:"观夏商之时,所以作钱币权一时之宜,移民通粟者,为救凶荒而设,本非先王财货之本虑。"据此,吕祖谦认为:"而以三代以前论财赋者,皆以谷粟为本,所谓泉布不过权轻重,取之于民。"③所以三代之人多地著,不为末作,钱之权轻,论钱帛者甚少。汉初尚有古意,未以钱帛为重。至武帝有事四夷,行告缗之法以括责天下,自此古意渐失,钱币方重。

吕祖谦指出,汉至五代用钱,惟五铢、开元最得其中。汉至隋屡更屡易,惟五铢之法终不可易。自唐至五代,惟武德时初铸开元钱最得其中。宋朝初用开元为法,其钱皆可以久,自太宗以张齐贤为江南转运,务欲多铸钱,甚薄而不可用。

---

① 《历代制度详说》,第63页。
② 《历代制度详说》,第94页。
③ 本段引文均见《历代制度详说》,第118页。

对此吕祖谦评论说："国家之所以设钱,以权轻重本末,未尝取利。论财计不精者,但以铸钱所入多为利。殊不知铸钱虽多,利之小者;权归公上,利之大者。南齐孔觊论铸钱不可以惜铜爱工。若不惜铜则铸钱无利,若不得利则私铸不敢起。私铸不敢起则敛散归在公上,鼓铸权不下分,此其利之大者。徒徇小利钱便薄恶,如此奸民务之皆可以为钱,不出于公上,利孔四散,乃是以小利失大利。南齐孔觊之言乃是不可易之论。"①吕祖谦认为汉五铢、唐开元是钱之正;刘备铸大钱以平军市之财,第五琦铸乾元钱,是钱之权;汉武帝以鹿皮、王莽以货为币是钱之蠹。或见财货之多欲得废财,或见财货之少欲得鼓铸,旨一时矫枉之论,不可通行者也。还有蜀创交子,是一时举偏救弊之政,亦非钱市经久可行之制。交子行于蜀,是因为当时用铁钱,行旅挟持不便,故创交子。出于民之所自为,托之于官,所以可行。

4. 荒政

荒政是发生灾荒时的救济政策。吕祖谦提到早期的记载有:"黎民阻饥,舜命弃为后稷,播时百谷"。禹之荒政制度不可考。"成周自大司徒以荒政十有二聚万民"。古者所谓"荒政以三十年之通制国用,则有九年之蓄。遇岁有不登,为人主者则贬损减省丧荒之式。"②当时天下各自有廪藏,所遇凶荒,则赈发济民而已。

春秋战国王政既衰,岁一不登,则乞籴于邻国,如秦饥乞籴于晋,鲁饥乞籴于齐。所谓九年的制度已败坏。吕祖谦说:"《管子·轻重》一篇无虑千百言,不过君民互相攘夺,收其权于君上。已非君道所谓荒政,一变为敛散轻重。"③"先王之制坏到后来,敛散轻重之权又不能操,所以启奸民幸凶年以谋祸害,民转死于沟壑。"④这已非君道所谓的荒政,而变成为敛散轻重的先王之制。

吕祖谦又指出,大抵其法愈坏,则其术愈粗。而且论荒政古今不同,如移民易粟(小米),孟子指为苟且之政,秦汉以下却谓之善政。汉高祖至唐明皇,不特移民就粟,高祖时且有"逐粮天子"之号。吕祖谦试举六七条历史上的荒政,有些是谷、粟交换。如劝民出粟散在田里,以田里之民令豪户各出谷散而与之。他很赞成平籴,指出此法常行,则谷价不贵,四民各安其居。

---

① 《历代制度详说》,第120、121页。
② 《历代制度详说》,第135、136页。
③ 《历代制度详说》,第136页。叶按:《管子·轻重》是《管子》中的一部分文章的总篇名,按目录有19篇,现存16篇。其内容确有本文所说的问题,但不能说是"一篇"。
④ 《历代制度详说》,第136页。

吕祖谦对荒政总的评价是:"统而论之,先王有预备之政上也。使李悝之政修次也。所在蓄积有可均处,使之流通移民移粟,又次也。咸无焉,设糜粥最下也。"荒政可行的很多。李悝的平籴,汉宣帝时大司农中丞耿寿昌的常平仓,元以后或废或罢,到宋朝成为定制。宋仁宗时,有常平、广惠、广济仓赈恤,德泽洽于民。至王安石变而为青苗,"取三分之息,百姓遂不聊生,广惠之田卖尽……元祐间虽复,章惇又继之,三仓又坏"①。

三、辛弃疾的纸币论及其他经济思想

辛弃疾(1140—1207年),原字坦夫,改字幼安,号稼轩居士。历城(今属山东济南)人。高宗绍兴三十一年(1161年)辛弃疾参加耿京的抗金部队,掌书记;次年奉耿京命向南宋朝廷上表,得到高宗的召见,授右承务郎。叛徒张安国杀耿京降金,辛弃疾和统制王世隆等闯入金营擒安国,并将他押回南宋正法。此后辛弃疾任江阴签判、建康府通判、司农寺主簿、知滁州等官。淳熙元年(1174年)辛弃疾任江东安抚司参议官、仓部郎官;二年出为江西提点刑狱,节制诸军;以后历任京西转运判官、知江陵府兼湖北安抚使、知隆兴府兼江西安抚使、大理寺少卿、湖北转运副使、湖南转运副使、知潭州兼湖南安抚使、两浙西路提点刑狱、福建提点刑狱、太府卿、知福州兼福建安抚使、知绍兴府兼浙东安抚使、知镇江府等官。恭帝德祐元年(1275年)谥"忠敏"。著作有《稼轩长短句》《辛稼轩诗文钞存》和《辛弃疾全集》等。

辛弃疾坚决主张抗金,在乾道年间相继写了《美芹十论》和《九议》等文,分析抗金形势,提出克敌制胜的办法。不仅未被采纳,反而受到排挤,曾两度被罢官闲居。他是南宋著名词人,和苏轼齐名,人称"苏辛"。他的词抒发了希望国家统一和壮志难酬的悲愤心情,有强烈的感人力量。曾和陈亮、朱熹、吕祖谦等交往,陈亮是他志同道合的挚友。

在《美芹十论》和《九议》中,辛弃疾提出了实行屯田、节约财政开支和宽民力等经济主张。他批评当时的军屯"利未十百而害已千万","名曰屯田,其实重费以敛怨"。他认为所以造成这种情况,士兵们对屯田缺乏积极性是重要原因之一。因为他们当兵,本来就想逃避劳动,如果要他们种田,他们何不"从富民租佃以为生"。强迫他们屯田,他们为了发泄"不平之气",平时"则邀夺民田,胁掠酒肉,以肆无稽",作战时则"疾视长上,而不可为用"。针对这种情况,他建议将两淮从金国归附来的军民作为屯田对象,将他们编为保伍,每家给田百亩,区别两

---

① 《历代制度详说》,第139页。

种情况:一种是当兵的,不收地税;一种是不当兵的,收十分之一的税。他认为实行这一办法,"则人有常产而上无重敛",归附军民就不会再"叛去以甘虏人横暴之诛求"。① 另外还可以徙州郡的兵卒和归附军民并耕,使他们更加不敢反叛朝廷。上述辛弃疾所主张的屯田办法同传统的屯田制度有很大的不同。照他的办法,屯田军民在经济上比自耕农还有利。这样的办法朝廷肯定是不会实行的。

辛弃疾曾镇压过农民起义,但他清醒地认识到农民起义是被统治者逼出来的。淳熙六年在他任湖南转运副使时,曾在奏折中列举许多"暴政苛敛"的弊端,然后指出:"故田野之民,郡以聚敛害之,县以科率害之,吏以取乞害之,豪民大姓以兼并害之,而又盗贼以剽杀攘夺害之。臣以谓'不去为盗,将安之乎',正谓是耳。"②强调要"讲求弭盗之术",而不要专靠"平盗之兵"。他把减轻对人民的搜括作为消弭农民起义的根本措施,反映出政治上的远见和对人民的同情。淳熙八年他第二次任知隆兴府兼江西安抚使时,正发生严重灾荒。他一到任就出榜禁止闭籴和强籴,"尽出公家官钱银器,召官吏、儒生、商贾、市民各举有干实者,量借钱物",不收利息,限一月内从外地运粮来城出粜。由于采取这些救荒措施,使粮源充沛,粮价下降,"民赖以济"③,并拿出三成粮食支援信州(治今江西上饶)。

淳熙二年,任仓部郎官的辛弃疾提出一个维持会子币值的建议,其中涉及一些货币理论问题。他说:"世俗徒见铜可贵而楮可贱,不知其寒不可衣、饥不可食,铜楮其实一也。"将"寒不可衣、饥不可食"的说法运用到纸币上,辛弃疾是中国历史上的第一个人。用"寒不可衣、饥不可食"来等同纸币和金属货币,是一种相当彻底的名目主义观点。

辛弃疾认为会子的发行"本以便民",他解释便民的理由说:"今有人持见钱百千以市物货,见钱有般(搬)载之劳,物货有低昂之弊;至会子,卷藏提携,不劳而运,百千之数亦无亏折(蚀),以是较之,岂不便于民哉。"现钱不便于运输,不同种类的钱有不同的购买力,所以"物货有低昂之弊"。纸币流通的确可以克服上述两个缺点。可是纸币却有贬值问题,说会子"百千之数亦无亏折",则是不符合当时实际情况的溢美之辞。

当时的实际情况是会子已经贬值。正因为如此,辛弃疾才提出了对策。他

---

① 本段引文均见《美芹十论·屯田第六》,《辛弃疾全集》,四川文艺出版社1994年版,第334～336页。
② 《淳熙己亥论盗贼札子》,《辛弃疾全集》,第368页。
③ 《宋史》卷四〇一《辛弃疾传》。

分析了会子贬值的原因。一个原因是"朝廷用之自轻"。他说,以前人民向政府输纳时,政府要多收现钱少收会子,而支出则多用会子少用现钱,所以引起会子跌价,一贯只能换钱六百一二十文。近来人民向政府输纳,规定现钱、会子各半,会子就上涨,可换现钱700多文①。可见会子跌价是朝廷自己重现钱轻会子而造成的。另一个原因是"印造之数多而行使之地不广"。这说明他虽然不懂得纸币所代表的价值量的形成原因,却已经约略地知道纸币发行量和货币必要流通量之间的关系。

辛弃疾将纸币和金属货币等同,不过他并没有由此得出纸币可以无限制发行的结论。为了提高和保证会子的币值,他建议暂停印造,而将现有会子的流通地区扩大到福建、江南、荆湖等路,除坚持现钱、会子各半使用外,民间上三等户租赋改用七分会子、三分现钱输纳(僻远州郡会子难得,所以不要中、下户多纳会子)。他指出这样做的结果:"会子之数有限,而求会子者无穷,其势必求买于屯驻大军去处。如此则会子之价势必踊贵,军中所得会子比之见钱反有赢余,顾会子岂不重哉。"他没有主张会子兑现,不过实行他的办法确能起到维持会子币值的作用。为了防止官吏营私舞弊,破坏上述政策的贯彻,辛弃疾又提出对州郡的官吏要加强督察,对不法者从严惩处。

辛弃疾从统治者的利益来分析维持纸币币值稳定的必要性。他说如果平时"重会子使之贵于见钱",使一贯会子值现钱一贯有余,那么"缓急之际不过多印造子以助支散,百万财赋可一朝而办"。又说稳定会子币值,可以逐步收兑民间现钱,"此所谓'将固取之,必固予之'之术也"。"如此则无事之时军民无会子之弊,缓急之际朝廷无乏兴(征发)之忧,其利甚大。"②他要把发行纸币作为紧急关头获得大量财政收入的有效办法。为了这一目的,在平时就要慎重对待,不能使人民丧失对会子的信任。这一主张虽然是为统治者的利益考虑,但稳定币值对人民也是有利的。

宋孝宗赵眘是南宋比较注意会子币值稳定的皇帝,他曾自称因担心会子贬值而"几乎十年睡不着"③。淳熙二年以后,由于注意会子的发行数量,会子的币值续有提高,有时能和铜钱平价流通。商人在需要运输货币时,宁愿用会子。这情况被人夸大为"楮币重于黄金"④。淳熙十年,孝宗指出:"大凡行用会子,少则

---

① 宋朝实行省陌制度,以 770 文为一贯。
② 以上五段引文均见《论行用会子疏》,《辛弃疾全集》,第 364~366 页。
③ 洪迈:《容斋三笔》卷一四《官会折阅》。
④ 佚名:《皇宋中兴两朝圣政》卷五四,淳熙二年四月壬子留正等曰。

重,多则轻。"①这是对纸币发行数量和纸币购买力之间的关系的典型说法。"少则重,多则轻"以后就成为中国历史上关于纸币流通的基本定理之一,常为人们所提起。这定理虽然只是说明了一种现象,但却是符合不兑现纸币的流通规律的,正如马克思所指出的:"流通的纸票的价值则完全决定于它自身的量"②。

第六节 朱熹的经济思想

一、程朱理学集大成者朱熹

朱熹(1130—1200年),字元晦、仲晦,号晦庵,原籍婺源(今属江西),生于尤溪(今属福建)。高宗绍兴十八年(1148年)朱熹考中进士,二十一年授同安县主簿;孝宗隆兴元年(1163年)候补武学博士;乾道三年(1167年)冬候补枢密院编修官;淳熙五年(1178年)知南康军;八年提举两浙东路常平茶盐公事;十四年任提点江西刑狱,还历任多种祠职。十五年侍郎林栗劾朱熹借道学"邀索高价","其伪不可掩"③,孝宗不为所动,仍任朱熹为直宝文阁。十六年朱熹知漳州;光宗绍熙二年(1191年)任秘阁修撰;四年知潭州;次年宁宗即位,升焕章阁待制、侍讲。庆元元年(1195年)韩侂胄当权,斥道学为伪学。朱熹于二年被解职,五年致仕。开禧三年(1207年)谥"文"。著作有《朱文公文集》《四书集注》《周易本义》等多种,另有讲学语录被后人编为《朱子语类》。

道学即理学,产生于北宋。朱熹以北宋理学家程颢(1032—1085年)、程颐(1033—1107年)的三传弟子李侗为师。以二程和朱熹为代表的学派被后人称为程朱学派。韩愈以孟子的道统继承人自居,朱熹则以二程上承孟子。他说:"自尧舜以下,若不生个孔子,后人去何处讨分晓。孔子后若无个孟子,也未有分晓。孟子后数千载,乃始有程先生兄弟发明此理。今看来汉唐以下诸儒说道理,见在史策者,便直是说梦。只有个韩文公,依稀说得略似耳。"④朱熹在世时并不得意。后来理宗推崇道学,于宝庆三年(1227年)追封他为信国公,又改为徽国公,确立了程朱理学在学术上的统治地位。元仁宗时恢复科举,以《四书集注》为

---

① 佚名:《皇宋中兴两朝圣政》卷六〇,淳熙十年正月辛卯。戴埴《鼠璞·楮券源流》说"会子少则重,多则轻"是宋孝宗对宰相叶衡说的。查叶衡于淳熙元年至二年曾任右丞相。两书所说的时间不同,现以前者为据。
② 马克思:《政治经济学批判》,《马克思恩格斯全集》第13卷,人民出版社1962年版,第109页。
③ 《宋史》卷四二九《朱熹传》。
④ 《朱子诸子语类》卷一。

考试内容之一。从此,这部书成为士子必读的经书。

朱熹综合北宋理学,又吸收佛教和道教的思想,建立了一个更为完整的理学体系。他认为万物的本源是理,理就是"形而上之道",由理的运动而产生气,气则是"形而下之器"①,也就是各种具体物质。理和气不能分离,但主宰气的是理。"统天地万物之理,便是太极。"②因此太极又是万事万物的总根源。他主张通过格物来穷尽天下万物的理,这里有研究事物客观规律的意思。他认为三纲五常都是理的表现,是永恒不变的。

《尚书·大禹谟》中有"人心惟危,道心惟微"的话。程颐说:"人心,私欲,故危殆;道心,天理,故精微。灭私欲,则天理明矣。"③朱熹继承并发展了这一观点。二程认为人心就是私欲,他则认为人心和道心本只是一个心,"知觉从耳目之欲上去,便是人心;知觉从义理上去,便是道心"④。主张用道心来主宰人心,使人心不至变成人欲。人欲和天理是对立的,学习的目的是要"革尽人欲,复尽天理"⑤。用天理来克服人欲,做到了这一点也就是做到了仁。

朱熹认为南宋社会存在着深刻的危机。淳熙十五年(1188年)上封事说:"盖臣窃观今日天下之势,如人之有重病,内自心腹,外达四肢,盖无一毛一发不受病者。"如何克服这一危机呢?他认为关键在于正君心:"天下之事千变万化,其端无穷,而无一不本于人主之心者,此自然之理也。故人主之心正,则天下之事无一不出于正;人主之心不正,则天下之事无一得由于正。"⑥完全用皇帝个人的品德来解释国家兴亡治乱的原因。因此他要求皇帝做到"正心诚意",自称"平生所学,唯此四字"⑦。

朱熹的经济思想以义利论为重点。其他都比较零碎,主要表现在关于赋税、荒政、经界、井田等议论或主张中。

二、义利论

在讨论朱熹的义利论以前,有必要介绍一下二程的义利论。

---

① 《朱文公文集》卷五八《答黄道夫》。《周易·系辞上》第十二章:"是故形而上者谓之道,形而下者谓之器。"
② 《朱子诸子语类》卷二《太极图》。《周易·系辞上》第十一章:"易有大(太)极,是生两仪,两仪生四象,四象生八卦。"周敦颐有《太极图说》,把太极作为世界的精神性本体。
③ 《河南程氏遗书》第二四。
④ 《朱子七经语类》卷一四《大禹谟》。
⑤ 《朱子性理语类》卷一三。
⑥ 《朱文公文集》卷一一《戊申封事》。
⑦ 《宋史》卷四二九《朱熹传》。

程颢对义利关系问题没有多做解释,只是强调了义利之辩的重要性。他说:"大凡出义则入利,出利则入义,天下之事,惟义利而已。"①这样用义利来概括人的一切活动,以前还没有过。

程颐肯定利是人们的生活所必需,指出:"天下只是一个利","人无利,只是生不得,安得无利?"②这几句话看起来比李觏所说的"人非利不生"还要彻底。但他强调利本身不是目的,只能作为仁义的派生物,而且是必然会得到的派生物:"君子未尝不欲利,但专以利为心则有害。惟仁义则不求利而未尝不利也。"③这实际上仍是先秦的"义以生利"的老话。他进一步解释说:"君子未尝不欲利,然孟子言'何必曰利'者,盖只以利为心则有害,如'上下交征利而国危',便是有害。'未有仁而遗其亲','未有义而后其君',不遗其亲,不后其君,便是利。仁义未尝不利。"④"仁义未尝不利"也就是李觏所说的"焉有仁义而不利者乎"的意思,只是李觏用这话来批评孟子,而程颐则为其辩护。他们的出发点不同,却都揭示了"何必曰利"的求利实质。但这里的利不是某一个人的私利,因此对于私利,不论是否正当,程颐仍采取否定的态度。他说:"利害者,天下之常情也。人皆知趋利而避害,圣人则更不论利害,惟看义当为与不当为"⑤。这样兜了一个圈子,还是回到了"何必曰利"的老框框。正像"何必曰利"不是不要利一样,"不论利害"实际上也不是不讲利害,只是讲的是统治阶级或社会的整体的利害。

朱熹继承和发展了二程的义利论。他肯定"义利之说乃儒者第一义"⑥。对于利的难言,他有以下一段议论:"这利字是个监界(尴尬)廛糟(肮脏)的物事,若说全不要利,又不成特地去利而就害。若才说着利,少间便使人生计较,又不成模样。所以孔子于《易》,只说'利者义之和',又曰'利物足以和义',只说到这里住……孟子……只说到个义字时,早是掉了那利字不说了。缘他(指利)是个里外牵连底物事,才牵着这一边,便动那一边,所以这字难说。"⑦利是客观存在,无法予以否定。但如果肯定利的地位,又可能因"上下交征利"而加剧社会矛盾。既不能否定,又不敢肯定,上述这段话充分反映出朱熹对于利的问题的进退两难的心情。

---

① 《河南程氏遗书》卷一一。
② 《河南程氏遗书》卷一八。
③ 《四书集注·孟子·梁惠王上》。
④ 《河南程氏遗书》卷一九。
⑤ 《河南程氏遗书》卷一七。
⑥ 《朱文公文集》卷二四《与延平李先生书》。
⑦ 《朱子四书语类》卷二三《子罕言利章》。

朱熹把义、利和天理、人欲联系起来,把"仁义"说成是"天理之公",把"利心"说成是"人欲之私"①。根据他的存天理、灭人欲的主张,利心自应属于被清除之列,不这样做的人就是"小人"。他宣称:"君子只知得个当做与不当做,当做处便是合当如此。小人则只计较利害,如此则利,如此则害。"②仍是程颐的"不论利害"的意思。

朱熹又把义和利说成是一件事的头和尾,并说:"君子……只是理会个义,却不曾理会下面一截利。小人却见得下面一截利,却不理会事之所宜。"③然义是头,那么从头就可以得尾,"君子"虽不"理会下面一截利",却自然可以得到利。因此朱熹说:"利是那义里面生出来底,凡事处制得合宜,利便随之,所以云'利者,义之和',盖是义便兼得利。"④"'罕言利'者,盖凡做事,只循这道理做去,利自在其中矣……圣人岂不言利?"⑤他解释这个利说:"只万物各得其分便是利。君得其为君,臣得其为臣,父得其为父,子得其为子,何利如之?"⑥显然,"各得其分"就是要维护封建等级制度,它对统治者来说固然是利,对被统治者来说可能就是不利。即使是对统治者来说,这种利也只是从整体意义上说的利,对于统治者中的每一个具体成员,义可能使他得利,也可能要他牺牲自己的利以成全整体的利。因此一概地说"是义便兼得利"在理论上是错误的。这是以偏概全,把反映统治阶级或社会整体利益的利当作了普遍意义上的利。

苏洵的义利论使朱熹大为反感,他批评说:"苏氏说'利者,义之和',却说义惨杀而不和,不可徒义,须着些利则和。如此则义是一物,利又是一物,义是苦物,恐人嫌,须着些利令甜,此不知义之言也。义中自有利,使人而皆义,则不遗其亲,不后其君,自无不利,非和而何?"⑦义虽然能带来统治阶级的利,但义和利到底不是一回事。朱熹硬要将义、利说成是一物。如果真是这样,为什么只有被称为"圣人""君子"的人才能不计较利害呢?这样就陷入了自相矛盾之中。

为了说明义利只是一物,朱熹又举例说:"喻义喻利,只是这一事上。君子只见得是义,小人只见得是利。如伯夷见饴,曰'可以养老';盗跖见之,曰'可以沃

---

① 《四书集注·孟子·梁惠王上》。
② 《朱子四书语类》卷一四《君子喻于义章》。
③ 《朱子四书语类》卷一四《君子喻于义章》。
④ 《朱子七经语类》卷四。
⑤ 《朱子四书语类》卷二三《子罕言利章》。
⑥ 《朱子七经语类》卷四。
⑦ 《朱子七经语类》卷四。

户枢'。"①其实,饴糖对伯夷和"盗跖"来说,同样都是利。伯夷面对饴糖想到可以养亲,难道不是在考虑饴糖对养亲有利?至于他对饴糖的使用符合义的要求,那也是计较利害的结果,根本不能由此得出他没有计较利害之心的结论。

三、其他经济思想

朱熹很注意防止阶级矛盾的激化。他曾在致宰相王淮的信中指出:"明公试观自古国家倾覆之由,何尝不起于盗贼;盗贼窃发之端,何尝不生于饥饿。"②为了使人民不致因饥饿而起来造反,朱熹一方面要求朝廷减轻人民的赋税负担,另一方面在他权力所及的范围内,革除了一些弊政,实行了一些有助于缓和阶级矛盾的措施。

朱熹分析了宋代赋敛不断加重的情况:北宋初就比前代重,熙丰变法颇有增加,南渡后又增加数倍。由于近来各路的上供大多进入内帑,"户部经费不足,遂废祖宗破分之法,而上供岁额必取十分登足而后已";州县完成上供额后,自己没有多余的经费,"则又于额外巧作名色夤缘刻剥"③。他批评政府不实行"量入以为出"的财政原则,而是"计费以取民";主张逐州逐县地重新计算民田的产量以及财政收支项目,均节各地的税额,"有余者取,不足者与,务使州县贫富不至甚相悬",使"民力之惨舒亦不至大相绝"④。

乾道年间(1165—1173年),朱熹住在崇安县(今福建武夷山市)开耀乡时,和地方官绅一起创立社仓。本来义仓的前身也叫社仓,但朱熹创立的社仓和义仓有区别,它是民办的,而且设在农村。朱熹指出常平仓和义仓有两个缺点:第一,粮食藏于州县,只能使"市井惰游辈"得到好处,"至于深山长谷力穑远输之民,则虽饥饿濒死而不能及";第二,法令太细密,"避事畏法"的官吏眼看饥民饿死而不肯发放粮食,存粮往往一关几十年,等到非打开来不可时,"则已化为浮埃聚壤而不可食"⑤。社仓则可以克服这两个缺点。他认为建立社仓是救荒和防乱的有效措施,于淳熙八年奏请推广。孝宗采纳了他的建议,诏各地参照实行。但只有少数地区响应。据说"数十年间,凡置仓之地,虽遇凶岁,人无菜色,里无

---

① 《朱子四书语类》卷一四《君子喻于义章》。
② 《朱文公文集》卷二六《上宰相书》。
③ 《朱文公文集》卷一二《己酉拟上封事》。宋代曾规定州县催征赋税达九成以上的叫"破分",不足之数户部不再问。孝宗时户部尚书曾怀废除这一制度,赋税必须收足。
④ 《朱文公文集》卷二五《答张敬夫》。
⑤ 《朱文公文集》卷七七《建宁府崇安县五夫社仓记》。

嚣声"①,对救荒起了积极的作用。

社仓米的最初来源有二:一是借拨州县的常平米,二是富人自愿出米。日后都要归还。每年于五月出借,十一月收回。起初要收息2分,小歉利息减半,大饥全免。等到息米相当于原本10倍时,不再收息,每石只收耗米3升。由于开始要收息,所以有人将它比为王安石的青苗法。朱熹对此做了解释。他说:"以予观于前贤之论,而以今日之事验之,则青苗者其立法本意固未为不善也。但其给之也以金而不以谷,其处之也以县而不以乡,其职之也以官吏而不以乡人士君子,其行之也以聚敛亟疾之意而不以惨怛忠利之心。"②应该说这四条区别都是有道理的。所谓"给之也以金而不以谷",不知他的原意是指饥荒时谷比钱更重要,还是指通过钱谷的折合加重了借钱人的负担。如果是后者,就更深刻了。朱熹的社仓如果按规定执行,即使在收息时,也要比青苗法好得多。不过不容易真正办好。如他自己就说:"官吏见这些米不归于官吏,所以皆欲沮(阻)坏其事。今若不存官仓,数年之间,立便败坏。"③而且所谓"乡人士君子",都是地方豪绅,其中确有远见、真心为社仓办事的人是不多的。社仓曾在部分地区推广,存废、成败不一。

绍兴年间(1131—1162年),南宋政府曾在户部侍郎李椿年的主持下清查田亩,核实税额,称为"经界"。福建路只有泉、漳、汀三州未曾实行。绍熙元年(1190年)朱熹知漳州时,提出在三州行经界的建议。他指出"版籍不正,田税不均""最为公私莫大之害",因为:"贫者无业而有税,则私家有输纳欠负追呼监系之苦;富者有业而无税,则公家有隐瞒失陷岁计不足之患。"④所以实行经界,"其利在于官府、细民,而豪家大姓、猾吏、奸民皆所不便",他驳斥行经界会使汀州"盗贼借口恐胁朝廷"的反对意见说:"往岁汀州累次贼盗,正以不曾经界,贫民失业,更被追扰,无所告诉,是以轻于从乱。"⑤光宗同意他先在漳州实行,但终因遭到豪家的反对而作罢。

朱熹在《劝农文》和《劝谕救荒》等文告中,往往就地主和农民双方分别进行劝谕,力求使阶级矛盾得到缓和。他说地主和佃户存在着互相依存的关系:"乡村小民其间多是无田之家,须就田主讨田耕作。每至耕种耘田时节,又就田主生借谷米,及至终冬成熟,方始一并填还。佃户既赖田主给佃生借以养活家口,田

---

① 真德秀:《真文忠公文集》卷一〇《奏置十二县社仓状》。
② 《朱文公文集》卷七九《婺州金华县社仓记》。
③ 《朱子诸子语类》卷二〇《论官》。
④ 《朱文公文集》卷二一《经界申诸司状》。
⑤ 《朱文公文集》卷一九《条奏经界状》。

主亦借佃客耕田纳租以供赡家计,二者相须方能存立。"①地主和佃农确实存在着相互依存的一面,但这种相互依存是以阶级压迫和阶级剥削为基础的。朱熹只强调前者,希望形成在维护封建生产关系前提下的阶级合作局面。他宣布"佃户不可侵犯田主,田主不可挠虐佃户"②。在遇到灾荒时,他告诫"上户有力之家切须存恤接济,本家地客(佃户)务令足食",免得农民流移,使"田土抛荒,公私受弊"。他还要上户将余粮出粜或出借。借粮的利息依常例,如到期不还,官府负责追究。在因灾荒农民确无力偿还债务时,则禁止逼债,允许延期归还。他又告诫农民"凡事循理,遇阙食时只得上门告籴,或乞赊借生谷举米。如妄行需索,鼓众作闹,至夺钱米"③,要受到严厉的处罚。

  理学家张载(1020—1077年)、二程(程颢、程颐)都主张行井田。张载认为"井田至易行,但朝廷出一令,可以不笞一人而定";他的办法是行"封建",按占有土地的多少授官,使原来的地主成为"田官",认为这样就会得到地主的支持,"悦者众而不悦者寡"④。二程提出不一定完全按照井田的形式:"其田则就得井处为井,不能就成处,或五七,或三四,或一夫,其实田数则在。又或就不成一夫处,亦可计百亩之数而授之,无不可行者。"⑤张载还和学者商议,想"共买田一方,画为数井",来做实行井田制的试验,以"明当今之可行"⑥。

  南宋高宗建炎三年(1129年),广州教授林勋上《本政书》,提出仿古井田之制的土地方案。他主张以 16 夫耕一井,每夫 50 亩耕地,5 亩住宅地,还有 20 亩公用,设社学和场圃。他认为这种制度不能通过"夺有余以补不足"来实现,建议采取以下的办法:一夫占田 50 亩以上的称为"良农",不到 50 亩的称为"次农",无业的闲民以及既不从事工商业也不作官的"游惰末作者,皆为驱之使为隶农"。良农一夫以 50 亩为正田,超过部分为羡田,正田要亲自耕种。"其有羡田之家,则无得买田,唯得卖田。至于次农,则毋得卖田,而与隶农皆得买羡田,以足一夫之数而升为良农。"次农、隶农不能买田的,则分耕良农的羡田,凑足 50 亩。分耕的田要按原来的租价支付地租,而且要一直种下去,除非是自己买田或田被业主收回。良农如不愿出卖羡田,官府不予干涉,等到他们的子孙长大分家,就会使

---

① 《朱文公文集》卷一〇〇《劝农文》。
② 同上。
③ 《朱文公文集》卷九九《劝谕救荒》。
④ 《经学理窟·周礼》,《张载集》,中华书局 1978 年版,第 249—251 页。
⑤ 《河南程氏遗书》卷一〇。
⑥ 《吕大临横渠先生行状》,《张载集》,第 384 页。

他们的占田数符合标准。① 林勋实际上只是主张限田,限制占田已超过50亩的土地所有者继续买进土地。

朱熹和上述几人的土地主张都不同。他一方面认为井田是"圣王之制"②,另一方面又对它表示怀疑。他说:"今看古人地制,如丰、镐皆在山谷之间,洛邑、伊阙之地亦多是小溪涧,不知如何措置。"③他不仅认为井田难以恢复,而且认为限田也行不通。他说只要减轻赋税,"无大故害民处","便是小太平了"④,不要去搞那些做不到的事。封建统治者的确无法解决土地占有严重不均的问题。朱熹认为井田、限田都不能实行,是符合实际情况的。

第七节 叶适的经济思想

一、永嘉学派集大成者叶适

叶适(1150—1223年),字正则,永嘉人,因晚年住在永嘉城外的水心村,人称水心先生。孝宗淳熙五年(1178年)叶适考中进士,淳熙年间历任平江节度推官、武昌军节度判官、浙西提刑司干办公事、太学正、太常博士兼实录院检讨官。淳熙十五年侍郎林栗弹劾朱熹,叶适曾上疏为其辩护。光宗即位(1189年),叶适出知蕲州,又入为尚书左选郎官;绍熙五年(1194年)参与光宗内禅宁宗的策划;宁宗时,历任国子司业、太府卿、湖南转运判官、知泉州、权兵部侍郎、权工部侍郎、权吏部侍郎等官。开禧二年(1206年)韩侂胄发动对金战争,叶适任宝谟阁待制、知建康府兼沿江制置使,在保卫江防中取得了胜利,升宝文阁待制兼江淮制置使,在江淮一带依山水险要建立堡坞,以加强防御力量。开禧三年韩侂胄兵败被杀,叶适以附和韩侂胄用兵而被夺职,以后任祠职达13年,官至宝文阁学士、通议大夫。谥"文定"。著作有《叶适集》《习学记言序目》等。

叶适是永嘉学派的集大成者。全祖望说叶适和朱熹、陆九渊成"鼎足"⑤,可见其学术地位的重要。

关于道统,叶适认为始于尧,然后是舜、禹、皋陶、汤、伊尹、文王、周公、孔子。

---

① 引自罗大经:《鹤林玉露》卷七。
② 《朱子诸子语类》卷一六。
③ 《朱子七经语类》卷二二《地官》。
④ 同上。《朱文公文集》卷六八有《井田类说》一文,此文抄自荀悦《汉纪》,不是朱熹的著作。有人把此文误作朱熹的著作,以为朱熹主张限田。
⑤ 黄宗羲:《宋元学案》卷五四《水心学案上》。

他不认为曾子、子思、孟子是传道统的,对他们的某些观点进行了批判,并批评后来的"学者不足以知其统而务袭孟子之迹",以致将道变成了"新说奇论"①。这样,从曾子一直到程朱学派,在他看来,都不属于尧、舜之道的正宗了。他还批评周、张、二程"自谓出入于佛、老甚久",用无极、太极等概念来批判佛学,"于子思、孟子之新说奇论,皆特发明之",反而使"子思、孟子之失遂彰"②。叶适推崇孔子而批判思孟学派以来的儒学正宗,表明他是当时占统治地位的儒家学说的反对派。

叶适也批判法家。他说"先王"虽然没有废除"令""权"或"法",但是并不以这三者作为维护君权的首要手段,由于"后世之君"想靠它们来进行统治,"是以申、商、韩非之祸,炽于天下而不可禁"。他强调"人君必以其道服天下,而不以名位临天下"③。这里的"道"是指"真意实德",也就是说人君要用真心实意来实行正确的政策。例如减轻赋税,比"急征横敛而无极"当然要好,但从"以其道服天下"的要求来说,则只是减轻赋税还不够;人君首先要对于"天下之民","真见其可佚而不可劳,可安而不可动,可予而不可夺"④。他说只要"真意实德充塞于人主之身而施于天下",就能"令不期而信,权不制而尊,法不严而必,兵强国富"⑤。

叶适又提出治理国家要注意势。这里所说的势不是指客观形势,而是指主动权。他说人君要使国家得到治理,就必须使"天下之势在己而不在物"⑥,即要把主动权掌握在自己的手中。做不到这一点,国家就会乱或亡。他分析造成国家乱亡的原因,除人君得罪于民外,还有五条:"一曰女宠,二曰宦官,三曰外戚,四曰权臣,五曰奸臣。"⑦他认为这五条在北宋仁宗以前都不存在,而到北宋末年则五患有其四。所以北宋虽亡于外患,而根本原因却在于内部。这是希望通过加强君权来巩固南宋王朝的统治。

叶适还把历代王朝的兴亡、治乱,归结为对待"祖宗之意"的态度。他认为开国之君所以能夺取和巩固政权,总有它的道理,而后代君主抛弃了祖宗的做法,就会使国家走向衰败。他把继世之君对待"祖宗之意"分成四种情况:"其中才者固能守祖宗之意,其贤圣者则增益祖宗之意,其好谋而寡德者徒以变乱祖宗之

---

① 《皇朝文鉴·序》,《习学记言序目》(下),中华书局1977年版,第739页。
② 同上书,第740页。
③ 《君德一》,《叶适集》第3册,中华书局1961年版,第633页。
④ 《君德二》,同上书,第636、635页。
⑤ 同上书,第636页。
⑥ 《治势上》,同上书,第637页。
⑦ 《治势中》,同上书,第639页。

意,而昏童(愚昧)不肖者则又不知祖宗之意。"①"增益祖宗之意"是他所肯定的,也就是只能对祖宗成法进行一些有限的改良。如果超过一定限度,就是"变乱祖宗之意",那就要予以否定的了。在中国历代王朝中,凡是延续较久的朝代,它们的开国之君往往能针对前朝之失而制订出一些防止后车之覆的政策法令。而王朝的衰败,也往往和不能守这些祖宗之法有关。这是叶适提出上述主张的客观依据。

叶适对时弊做了广泛而尖锐的揭露,并提出多方面的改革意见。他对经济问题比较重视,关于经济的言论在同时代的思想家中是最丰富的。

二、理财论

南宋的赋税很重,批评苛捐杂税和要求减轻赋税是叶适议论经济问题的重点。他揭露宋代赋税不断加重的情况说:"祖宗之盛时所入之财,比于汉、唐盛时一再倍;熙宁、元丰以后,随处之封桩,役钱之宽剩,青苗之结息,比治平以前数倍;而蔡京变钞法②以后,比熙宁又再倍矣……渡江以至于今,其所入财赋,视宣和又再倍矣。是自有天地,而财用之多未有今日之比也。"③

赋税何以会越来越重?叶适首先从人们的认识上找原因。他说:"理财与聚敛异,今之言理财者,聚敛而已矣。非独今之言理财者也,自周衰而其义失,以为取诸民而供上用,故谓之理财。而其善者,则取之巧而民不知,上有余而下不困,斯其为理财而已矣。"④这是说从周末以来,所有从事理财的人,实际上都是在进行聚敛,所不同的,只是取得巧不巧而已。他对春秋以来的理财史做了如下的描述:"盖王政之坏,始于管仲⑤而成于鞅、斯……若桑弘羊之于汉,直聚敛而已耳,此则管仲、商鞅之所不忍为也。盖至于唐之衰,取民之利无所不尽,则又有弘羊之所不忍为者焉。"⑥"盖王安石之法,桑弘羊、刘晏

---

① 《国本上》,《叶适集》第 3 册,第 645 页。
② 《宋史》卷四七二《蔡京传》:崇宁二年,蔡京"尽更盐钞法,凡旧钞皆弗用。富商巨贾尝赍持数十万缗,一旦化为流丐,甚者至赴水及缢死"。
③ 《财总论二》,《叶适集》第 3 册,第 773 页。
④ 《财计上》,同上书,第 657—658 页。
⑤ 叶适对管仲的这一评价是根据《管子·轻重》做出的,在《习学记者序目·管子·轻重》中,他又将《管子·轻重》和管仲分开,说:"独盐铁为后人所遵,言其利者无不祖管仲,使之蒙垢万世,甚可恨也!"(《习学记言序目》下册,第 673 页)
⑥ 《管子》,同上书,第 706 页。

之所不道；蔡京之法，又王安石之所不道；而经总制之为钱①也，虽吴居厚、蔡京亦羞为之。"②总之，所有这些列名的人，都被叶适视为聚敛者，而且一代胜过一代。

为什么周末以来的理财实际上都是聚敛呢？叶适认为是由于从那时以后理财的真义已经丧失。"夫君子不知其义而徒有仁义之意，以为理之者必取之也，是故避之而弗为。小人无仁义之意而有聚敛之资，虽非有益于己而务以多取为悦，是故当之而不辞，执之而弗置。"君上也以为"君子"不能理财，"故举天下之大计属之小人"。这就造成了"君子避理财之名，小人执理财之权"的局面，把理财变成了聚敛。

什么是正确的理财？叶适指出："夫聚天下之人，则不可以无衣食之具。衣食之具，或此有而彼亡，或彼多而此寡，或不求则伏而不见，或无节则散而莫收，或消削而浸（渐）微，或少竭而不继，或其源虽在而浚导之无法，则其流壅遏而不行。"这里所涉及的包括了生产、分配、流通、消费等各个方面的问题。正确的理财就是要解决这些问题，使全国人民都有衣食之具。叶适把这种理财称为"以天下之财与天下共理之"。这是广义的理财概念。他说大禹、周公就是这样的人。为了表明"君子"必须理财，他宣称："古之人，未有不善理财而为圣君贤臣者也。"③

王安石说自己的理财是行周公之法，叶适对此提出了批评。他并不否认王安石实行的是周公之法，但认为历史条件不同，不能照搬。他说周公时没有特别富裕的人，"开阖、敛散、轻重之权一出于上，均之田而使之耕，筑之室而使之居，衣食之具，无不毕与"。在这种情况下，政府赊贷于民要收息是应当的，收购滞销商品则是仁的表现。然后他批评王安石说："今天下之民，不齐久矣。开阖、敛散、轻重之权不一出于上，而富人大贾分而有之，不知其几千百年也，而遽夺之，可乎？夺之可也，嫉其自利而欲为国利，可乎？呜呼！居今之世，周公固不行是法矣。"④在他看来，由于历史条件不同，周公的贷款收息和收购滞销商品是理财，而王安石的青苗、市易等法则是聚敛。他不了解三代的美满社会不过是后人理想化的产物。

叶适为理财正名，反映了他既重视理财又反对聚敛的态度。在阶级社会中，统治者必然要加强财政搜括，从这个意义说，他说周末以来的理财都是聚敛也未

---

① 经总制钱包括经制钱和总制钱，是北宋末至南宋时为加强财政搜括而新设的税目。因分别由经制使和总制使创立，故名。
② 《经总制钱一》，《叶适集》第3册，第775页。
③ 以上两段引文均见《财计上》，同上书，第658页。
④ 《财计上》，同上书，第659页。

尝不可。然而他的正名却存在着矫枉过正的毛病。认为"取诸民而供上用"就是聚敛，难道还有完全排斥取之于民的理财？财政收入本来就是取之于民的，只要取得恰当，就不应称为聚敛。把理财只限于为天下理财，并将它和"取诸民而供上用"对立起来，就完全否定了狭义的理财。按照他的理财含义，除了理想化的人物像大禹、周公等少数三代以前的"圣君贤臣"外，就没有一个值得肯定的理财家了。把"取之巧而民不知，上有余而下不困"的理财方法也予以否定，反而混淆了正确理财和聚敛的界限。他希望由"君子"来理财，但按照他的理财含义，"君子"也是无能为力的。

将聚敛的原因归于"君子"不懂得理财的真义，因此由"小人执理财之权"，这是一种唯心的解释。南宋版图缩小，征税对象比北宋大为减少，而财政支出却不能缩减。加上统治集团的腐败，就使赋税越来越繁重。事实上叶适对于南宋赋税繁重的客观原因也不是没有认识，如他说："今天下有百万之兵，不耕不战而仰食于官；北有强大之虏，以未复之仇而岁取吾重赂；官吏之数日益而不损，而贵臣之员多不省事而坐食厚禄。"为了应付这些庞大的开支，就使千方百计增加财政收入成为当务之急。叶适论述这种急迫的情况说："今天下之财用责于户部，户部急诸道，每道各急其州，州又自急其县，而县莫不皆急其民。天下之交相为急也，事势使然，岂其尽乐为桑弘羊之所为耶？"①在这里，他又把聚敛的原因归于"事势使然"。既然是"事势使然"，就不是什么"君子"由于认识上的原因而不愿理财的问题了。叶适不自觉地修正了自己的理论。

为了说明聚敛不足恃，叶适又提出"财之多少有无不足为国家之患"，并用"隋最富而亡，唐最贫而兴"②来证明这个论点。他指出："夫计治道之兴废而不计财用之多少，此善于为国者也。古者财愈少而愈治，今者财愈多而愈不治；古者财愈少而有余，今者财愈多而不足。"③这里所说的"财"或"财用"是指国家的财政收入。他的意思在于说明只求财政收入的增加无益于国家的治理。但是从他所做的阐述来看，在理论上却是错误的。财政收入是国家政权的经济基础，财政收入的多少对政权的巩固并不是一个无足轻重的因素，事实上也不存在一个"财愈少而愈治""财愈多而愈不治"的规律。关键是在于人民的财政负担是否过重，而不是在于财政收入的多少。

叶适具体分析了各种赋税的弊病，认为有经总制钱之患、折帛之患、和买之

---

① 《财计下》，《叶适集》第3册，第664页。
② 《财总论一》，同上书，第771页。
③ 《财总论二》，同上书，第773页。

患和茶盐之患。他指出由于征收经总制钱,官吏以完成繁重的税额为急务,"簿书、期会迫之于前,而操切无义之术用矣",于是"名节日坏",使"人才日衰";民间除少数有权势的富人外,中产之家"昔可以耕织自营者,今皆转徙为盗贼冻饿",使"生民日困";"取之虽多,敛之虽急,而国用之乏终不可救",反而使"国用日乏"①。和买本来应由政府出钱向民间买绢,"今也举昔日和买之数委之于民,使与夏税并输"②,和买成为两税以外的又一新税。折帛是将征收的绢匹折收货币,折帛钱相当于绢价的3倍,"既有夏税折帛,又有和买折帛","其事无名,其取无义"③。茶盐则是"榷之太甚,利之太深,刑之太重"④。他建议减去总经制钱征收额的一半,罢掉和买和折帛,在条件许可时再降低茶盐的收入,认为这样就能使赋税归于正常。

南宋的财政支出中,最主要的是养兵费用,正如叶适所指出的:"今天下之财,自一缕以上无不尽取……为天下之大蠹,十分之九以供之,而犹不足者,兵是也。"⑤因此,降低军费开支就成为改革税制的前提条件。为了降低军费开支,叶适又提出了改革军制的建议。

对于养兵费用过巨的问题,叶适"注心凝想,昼夜不暂舍,积数十年"⑥,得出了这样一个结论:兵费过巨是由于从唐朝开始不以田养兵,而以税养兵。他说以田养兵,40至100亩田就可养一兵;以税养兵,则要400至1 000亩才能养一兵。用前一种办法可养兵100万,用后一种办法则不能超过10万。所谓以田养兵,就是使士兵同时成为耕种官田的自耕农或佃农,变消费者为生产者。实行以田养兵,首先要求有足够的官田,其次还要在军制上进行彻底的改革,而这两条都是难以做到的。

三、货币论

关于货币的起源,叶适说:"钱币之所起,起于商贾通行四方交至远近之制。物不可以自行,故以金钱行之。"⑦将货币的产生和商人的经商活动联系在一起,比起把货币说成是"圣人"、先王的主观创造,要深刻得多。这是继司马迁之后对

---

① 《经总制钱二》,《叶适集》第3册,第776—777页。
② 《和买》,同上书,第778页。
③ 《折帛》,同上书,第778页。
④ 《茶盐》,同上书,第779页。
⑤ 《廷对》,同上书,第753页。
⑥ 《孔子家语·正论解》,《习学记言序目》(上),第243页。
⑦ 《文献通考·钱币二》。

货币起源所做的比较接近历史实际的又一种说法。当然,叶适也还没有找到产生货币的真正原因。至于说"物不可以自行,故以金钱行之",则颠倒了货币流通和商品流通的真实关系。马克思指出:"虽然货币运动只是商品流通的表现,但看起来商品流通反而只是货币运动的结果。"①叶适也是被这种表面现象所迷惑的人。

叶适把此前中国货币流通的历史分成两个大的时期:一是"古者",即三代以前;一是"后世",指秦汉以后。这两个时期的特点是:"古者因物权之以钱,后世因钱权之以物。"所谓"因钱权之以物",反映了货币的作用和权力的加强,但这种说法是不妥当的。他指出:三代以前用钱极少,"当时民有常业,一家之用,自谷米、布帛、蔬菜、鱼肉,皆因其力以自致,计其待钱而具者无几"。后世"百物皆由钱起,故因钱制物……铢两多少,贵贱轻重,皆由钱而制。上自朝廷之运用,下自民间输贡,州县委藏,商贾贸易,皆主于钱。故后世用钱百倍于前。"

叶适还进一步分析了两个时期经济活动的不同特点:"三代各断其国以自治,一国之物自足以供一国之用,非是天下通行不可阙之物,亦不至费心力以营之。"商品交换少,对货币的需要也少。"后世天下既为一国,虽有州县异名,而无秦越不相知之患。臂指如一,天下之民安得不交通于四方。则商贾往来,南北互致,又多于前世,金钱安得不多。"古者以玉为服饰,以龟为宝,以金银为币,钱只处其一。朝廷大用途大赐予则是金,尽用黄金。汉朝犹用金银为币,到宣宗、元宗以后金币始尽。东汉以后黄金最少,又因佛、老之教盛行,黄金用于土木之饰,故金银不复为币,反皆以为器用服玩之具。故币始专用钱,所以后世钱多。"钱既多,制度不一,轻重、大小、厚薄皆随时变易。至唐以开元钱为准,始得轻重之中。"②

叶适也和吕祖谦一样,主张铸造足值钱币。他说现存的五铢、半两都太轻,唐代的开元钱轻重最为适中。宋初注意铸钱质量,"不计工费",但"后世惟欲其富,往往减工缩费"③。所以熙宁以后的钱质量下降,南宋的乾道、绍兴钱更差。他指出钱的规格要统一:"钱文宜一,轻重大小宜均,则民听不疑,行用不惑。"④不能老是变换花样,使民间难以辨认。因此他赞成禁止私铸,以免恶钱流通。他强调铸钱的"利权当归于上",不能"与民共之";指出汉文帝由于不垄断铸币权,

---

① 马克思:《资本论》第1卷,第138页。
② 以上两段引文均见马端临《文献通考·钱币二》。
③ 马端临:《文献通考·钱币二》。
④ 《淮西论铁钱五事状》,《叶适集》第1册,第23页。

"使吴、邓钱得布天下,吴王用之,卒乱东南"①。

叶适批评了纸币流通。他提出批评的时间在辛弃疾讨论纸币问题的10年以后②,但两人对纸币的态度截然相反。当时还是孝宗力求稳定会子币值的时期,会子贬值不多,这一年临安会子一贯值750钱③。叶适却已感到问题的严重性。他指出:"天下以钱为患,二十年矣……凡今之所谓钱者反听命于楮,楮行而钱益少,此今之同患而不能救者也……大都市肆,四方所集,不复有金钱之用,尽以楮相贸易。担囊而趋,胜一夫之力,辄为钱数百万。行旅之至于都者,皆轻出他货以售楮,天下阴相折阅(亏蚀),不可胜计。故凡今之弊,岂惟使钱益少,而他货亦并乏矣。设法以消天下之利,孰甚于此!"④这里提到的纸币流通的弊病有三:① 大城市只见纸币流通,金属货币退出了流通领域;② 纸币贬值,使获得纸币的人都受到贬值的损失;③ 引起了市场上商品的缺乏。

对这三种弊病,叶适特别注意第一种。钱币的去路,有人认为是由于外流和毁钱为器。叶适并不否认这一点,但指出主要是由于"造楮之弊,驱天下之钱,内积于府库,外藏于富室";"壅天下之钱,非上下之所欲也,用楮之势至于此也"⑤。也就是说,纸币驱逐钱币是不以人们的意志为转移的客观规律。在金属货币和纸币并行的条件下,只有金属货币具有贮藏手段的职能,这在纸币币值下跌时会表现得更加突出。叶适对这一客观规律的认识是正确的。

叶适对钱币的被贮藏感到忧虑,因此特别强调货币的流通手段职能。他说:"且钱之所以上下尊之,其权尽重于百物者,为其能通百物之用也。积而不发,则无异于一物……夫徒知钱不可以不积,而不知其障固而不流;徒知积之不可以不多,而不知其已聚者之不散,役楮于外以代其劳,而天下有坐镇莫移之钱,此岂智者之所为哉?"⑥在另一篇文章中也说:"然钱货至神之物,无留藏积蓄之道,惟通融流转方见其功用。"⑦叶适的批评,只有联系纸币贬值来考虑才有意义。如果纸币的购买力是稳定的,市场上只有纸币流通就不是什么坏事。在货币理论上,上述批评则存在着用货币的流通手段职能来否定贮藏手段职能的错误。说货币"积而不发,则无异于一物",是不懂得贮藏货币起着社会财富的一般代表的作

---

① 马端临:《文献通考·钱币二》。
② 叶适批评纸币流通的文章《财计中》是《进卷》中的一篇,《进卷》作于淳熙十二年(1185年)。
③ 洪迈:《容斋三笔》卷一四《官会折阅》。
④ 《财计中》,《叶适集》第3册,第660页。
⑤ 同上书,第661页。
⑥ 同上。
⑦ 马端临:《文献通考·钱币二》。

用。说货币的功用就在于"通融流转",是把流通手段当作了货币的唯一职能。

从理论上说明货币必须流通的,在叶适以前还有沈括(1031~1095年)。熙宁十年(1077年),神宗问翰林学士、权三司使沈括公私钱币不足的原因。沈括做了回答,其中提到:"钱利于流借。十室之邑,有钱十万而聚于一人之家,虽百岁,故十万也。贸而迁之,使人飨十万之利,遍于十室,则利百万矣。迁而不已,钱不可胜计。今至小之邑,常平之蓄不减万缗,使流转于天下,何患钱之不多也。"①这是说货币流通次数的增加可以弥补货币数量的不足。他实际上已经认识到货币流通速度和货币流通必要量成反比的规律。这在世界范围内具有超前地位②。实行新法以后,大量钱币流入国库,沈括指出将这些钱币投入流通,可以缓和钱币流通数量不足的矛盾。

沈括认为不流通的钱也是钱,叶适则认为不流通的钱"无异于一物"。而且叶适没有谈到货币流通速度问题。同样是主张货币应在流通中发挥作用,叶适的认识不及沈括正确和深刻。

把货币只看作是流通手段,往往成为名目主义者,但叶适却是金属主义者,因为他是针对钱币的被贮藏来强调钱币应起流通手段作用的,同一般的名目主义者不同。

在当时的历史条件下,叶适的金属主义表现在主张以足值铜钱为货币上。他认为铜钱是最适当的货币,重于铜钱的已被历史所淘汰,轻于铜钱的则更加不行:"贵莫如珠金,贱莫如泥沙,至钱而平矣。先王之用币也,钱居其一;而后世之用钱也,它敝(应作'币')至于皆废,诚以为轻重之适也。故夫天下之货,未有可轻于钱者也。"③他说纸币比铜钱"轻千倍",自然会产生严重的弊病。

叶适所说的纸币驱逐钱币的现象是发生在"大都",即大城市。他又说从全国范围来看,处于流通中的钱币还不少,而且相对于商品来说还太多,所以"天下百物皆贵而钱贱"。由此他得出结论说:"夫持空钱以制物犹不可,而况于持空券以制钱乎!"④"空钱"是指超过流通需要的钱,"空券"则是指不兑现纸币。他预计纸币流通的发展趋势说:"十年之后,四方之钱亦藏而不用矣,将交执空券,皇皇焉而无所从得,此岂非天下之大忧乎!"⑤他忧的始终是纸币驱逐钱币问题。这就降低了批评的意义,表明他之反对纸币流通,主要是因为纸币在流通界取代

---

① 李焘:《续资治通鉴长编》卷二八三熙宁十年六月壬寅。
② 西方最早的货币流通速度理论是英国的洛克(J. Looke)在1691年提出的。
③ 本段引文均见《财计中》,《叶适集》第3册,第661页。
④ 同上书,第662页。
⑤ 同上书,第660页。

了金属货币的地位。

真正应该批评的是纸币贬值使"天下阴相折阅,不可胜计"的问题。叶适已经提到了这一点,但由于当时还处在纸币流通的早期阶段,封建统治者通过纸币实行通货膨胀政策来掠夺人民财富的必然性还没有充分暴露,因此他也没有将纸币贬值作为一个主要问题来考虑。

四、其他经济思想

在义利问题上,叶适反对离开利来谈义。他批评董仲舒说:"仁人正谊不谋利,明道不计功。此语初看极好,细看全疏阔……后世儒者行仲舒之论。既无功利,则道义者乃无用之虚语尔。"①所谓"后世儒者",自然包括程朱学派在内。由此表明了他同程朱学派在义利观上的对立。

叶适又对传统的重本抑末思想提出了异议。他说:"夫四民交致其用而后治化兴,抑末厚本,非正论也。使其果出于厚本而抑末,虽偏,尚有义。若后世但夺之以自利,则何名为抑。"②这里含有两层意思:第一,主张农工商并重,反对抑末。他说春秋时期"通商惠工,皆以国家之力扶持商贾,流通货币"③,对这一政策表示赞赏。第二,更反对借抑末为名,行夺商人之利以自利之实。这就是前面已做过分析的反对聚敛的意思。他批评蔡京"行钞法,改钱币,诱赚商旅,以盗贼之道利其财"④。把蔡京掠夺商人的政策贬为"盗贼之道"!

关于人口问题,叶适首先肯定人多的好处。他说:"民多则田垦而税增,役众而兵强。田垦税增,役众兵强,则所为而必从,所欲而必遂。"认为"因民之众寡为国之强弱,自古而然"。那么为什么宋代"户口昌炽,生齿繁衍,几及全盛之世",而国家仍然贫弱呢?叶适指出这是由于"民虽多而不知所以用之,直听其自生自死而已"。所谓"用之",就是要做到"有民必使之辟地,辟地则增税,故其居则可以为役,出则可以为兵"。而当时的实际情况却是:有地的人不到三分之一,其余的人都"无地以自业。其驽钝不才者,且为浮客,为佣力;其怀利强力者,则为商贾,为窃盗"。"有田者不自垦而能垦者非其田",这是人口"虽蕃炽昌衍而其上不得而用之"的主要表现,也是造成人口众多而国势仍贫弱的根本原因所在⑤。这样将人口和生产资料结合起来考虑是正确的。但他提不出什么根本的解决方

---

① 《汉书三》,《习学记言》,上海古籍出版社1992年版,第201页。
② 《平准书》,同上书,第168页。
③ 同上。
④ 《经总制钱一》,《叶适集》第3册,第775页。
⑤ 本段引文均见《民事中》,同上书,第653—654页。

案,只是主张移闽、浙的多余人口去充实荆楚,把它作为当时的急务。

叶适反对用复井田或抑兼并的办法来解决社会矛盾,认为这二说"皆非有益于当世,为治之道终不在此"①。

关于复井田,他指出前提条件是要使土地都成为官田,而即使具备了这一条件,也还是不能实行,因为"其为法琐细烦密,非今天下之所能为"。他认为井田只能同封建并存,那时各国范围小,诸侯世袭统治,有可能实行。现在国家统一,郡县吏"率二三岁一代,其间大吏有不能一岁半岁而代去者",谁还会来实行?如果要实行,至少要十几年的时间,这十几年的耕种又怎么办?因此他指出:即使"文、武、周公复出而治天下,亦不必为井";后世之不如三代,"罪在于不能使天下无贫民耳,不在乎田之必为井不为井也"②。

关于抑兼并,叶适提出反对的理由说:"县官不幸而失养民之权,转归于富民,其积非一世也。小民之无田者,假田于富人;得田而无以为耕,借资于富人;岁时有急,求于富人;其甚者,庸作奴婢,归于富人;游手末作,俳优伎艺,传食于富人;而又上当官输,杂出无数,吏常有非时之责无以应上命,常取具于富人。然则富人者,州县之本,上下之所赖也。富人为天子养小民,又供上用,虽厚取赢以自封殖,计其勤劳亦略相当矣。"③这样长篇大论为地主辩护,比司马光、朱熹都有过之而无不及。叶适说这些话,反映了王安石变法以后,地主阶级进步思想家对待抑兼并政策的一种新的倾向。

既不能解决农民的土地问题,又不能抑制兼并势力,叶适只能说一些如下的空话:"因时施智,观时立法。诚使制度定于上,十年之后,无甚富甚贫之民,兼并不抑而自已,使天下速得生养之利,此天子与其群臣当汲汲为之。"④这些话恐怕连他自己也不会相信能够得到实现。

第八节 董煟、许衡、王恽的经济思想

一、董煟的救荒论

董煟(?—1217年),字季兴,号南隐,德兴(今属江西)人。光宗绍熙四年

---

① 《民事下》,《叶适集》第3册,第655页。
② 本段引文均见《民事下》,同上书,第656页。
③ 同上书,第657页。
④ 同上。

(1193年)董煟考中进士。他自己说"半生奇蹇,晚叨一第"①,这时可能已50岁左右。他历任新昌尉、成都征商、应城令、郢州文学等官②;后知瑞安(今属浙江),"值岁饥,立救荒策,以赈流民"③,因此得到宁宗的召见,升通议郎。他进呈所著的《救荒活民书》,得旨颁行各州县。后来他又知辰溪,致仕后创南隐书院。著作还有《南隐文集》等,已失传。

《救荒活民书》是总结前人救荒经验之作,共三卷。卷一摘引先秦至南宋孝宗淳熙九年(1182年)的有关救荒史料,各条史料下都附有作者的议论。卷二条陈救荒之策,提出常平、义仓、劝分、禁遏籴、不抑价、检旱、减租、贷种、恤农、遣使、弛禁、鬻爵、度僧、治盗、捕蝗、和籴、存恤流民、劝种二麦、通融有无、借贷内库等条目,而以前五条为主。这些条目分别言之,过去都已由政府或某些地方官实行过,董煟则将它们集中在一起,并针对时弊提出自己的意见。卷三记载"本朝名臣贤士之所议论施行"④可资借鉴者。此外还有《拾遗》一卷。清人俞森于康熙二十九年(1690年)辑成《荒政丛书》,将《救荒活民书》卷二编为卷一,题名为《救荒全书》。

董煟重视救荒,总结和条陈救荒之策,一方面表明他对饥民的同情,另一方面也是为了巩固封建制度。他指出:"自古盗贼之起,未尝不始于饥馑。上之人不惜财用,知所以赈救之,则庶几其少安。不然,鲜有不殃及社稷者。"⑤他既主张及时搞好荒政,安定饥民,又把"治盗"作为救荒的条目之一,指出如果不禁盗,"其患有不可胜言者"⑥。不过在他的救荒政策中,后者不占主要地位。

常平和义仓是行之已久的两项基本救荒措施。董煟仍将它们放在首位。他指出"憔悴之民,多在乡村",而常平、义仓的粮食却都贮存在州县,在需要赈粜或赈济时往往不能遍及乡村。他主张将粮食贮存乡村;在贮存城市的情况下,则在赈粜或赈济时应将粮食运下乡,使乡村饥民真正得到粮食。他还提出将赈粜粮的运费加在粮价中,每升增价一文,免得地方官因怕发生亏折而不肯运粮下乡。赈济粮的运费也可以在粮食中抵消。他批评常平、义仓的粮食常被官府移作他用,即使不移作他用,在应该用来赈粜或赈济时,官府也往往存而不发,以致使存粮积久化为灰尘。特别是义仓的粮食,本来就是为了救荒而征自民间的,更不应

---

① 《救荒活民书·序》。
② 程珌:《洺水集》卷一〇《董知县墓志铭》。
③ 同治《德兴县志》卷八《人物志·名臣》。
④ 《救荒活民书·序》。
⑤ 《救荒活民书·拾遗》。
⑥ 《救荒活民书》卷二《治盗》。

该这样做。因此他尖锐地指出:"义仓,民间储蓄以备水旱者也。一遇凶歉,直当给以还民,岂可吝而不发,发而遽有德色哉!"

对于赈济的弊病,董煟揭露说:"赈济之弊如麻:抄札之时,里正乞觅,强梁者得之,善弱者不得也;附近者得之,远僻者不得也;胥吏、里正之所厚者得之,鳏寡孤独疾病无告者未必得也。赈或已是深冬,官司疑之,又令复实。使饥民自备糇粮(干粮),数赴点集,空手而归,困踏于风霜凛冽之时,甚非古人视民如伤之意。"他建议每乡委一"平时信义,为乡里推服"的土户任提督赈济官,责成他在各都选择一二个"有声誉行止公干"的人任监司,来监督里正抄札。如有舞弊行为,人民可向提督官或直接向县衙申诉,"当痛惩一二以励其余"。这办法同样适用于赈粜。他还认为赈济"支米最为重费,弊窦又多",如果当地还有粮食可买,"不如支钱最省便,更无伪滥之弊";或者"钱米兼支"。①

常平的粮食来源于和籴,而和籴的弊病也不少。董煟批评当时的和籴说:"今之和籴者,务求小利以为功,殊忘敛散所以为民之意。""今之和籴,其弊在于借数定价,且不能视上中下熟,故民不乐与官为市。所为患者,吏胥为奸,交纳之际,必有诛求,稍不满欲,量折监赔之患纷然而起。故籴买之官不得不低价满量,豪夺于民,以逃旷责。"②他建议实行李悝的平籴原则,和籴要在丰熟处进行,收购价每升比出价高出一二文;指出这是使有粮的人竞售粮食给国家的有效方法。

劝分是劝谕富民粜米以救荒。董煟指出由于"官司以五等高下一例科配",以致"人户忧恐",反而要"闭籴深藏",造成人为的紧张。而"人之常情,劝之出米则愈不出,惟以不劝劝之,则其米自出"。他提出的办法是:劝诱上户和富商巨贾出钱,由官府派牙吏到丰熟处贩来米豆赈粜,最后仍将本钱归还给原出钱者。有些村落没有巨贾,可以由十几家联合出钱。如果乡人不愿出钱而愿自粜,官府不限其价格。他指出:"利之所在,自然乐趋,富室亦恐后时,争先发廪,则米不期而自出矣。此劝分之要术。"③

禁遏籴是不禁止他处的人来购运粮食。董煟针对不遏籴会使本处无米的议论指出:救济邻郡有道义上的责任。如果因此造成本地粮食不足,则可派人到其他丰熟处转籴,"循环籴贩,非惟可活吾境内之民,又且可活邻郡邻路之饥民"。不然的话,粮食不能流通,"一有饥馑,环视壁立,无告籴之所,则饥民必起而作

---

① 以上两段引文均见《救荒活民书》卷二《义仓》。
② 《救荒活民书》卷一。
③ 本段引文均见《救荒活民书》卷二《劝分》。

乱,以延旦夕之命"①,这样就会造成更严重的祸乱。

不抑价是不限制粮食的价格。董煟分析抑价的弊病说:"官抑其价,则客米不来。若他处腾涌,而此间之价独低,则谁肯兴贩？兴贩不至则境内乏食,上户之民,有蓄积者,愈不敢出矣。饥民手持其钱,终日皇皇,无告籴之所,其不肯甘心就死者必起而为乱,人情易于扇摇,此莫大之患。"②抑价不仅使客米不来,还会造成本地粮食的外流。

其他救荒条目,董煟谈到的主要内容有:检旱是检查灾伤的程度,但州县官往往"贪丰熟之美名,讳闻荒歉之事,不受灾伤之状"③。发生这种隐瞒灾伤的流弊,一个重要的客观原因是州县官迫于诸司之征催而不得不如此,就是说责任不完全在地方。减租是减免灾区的赋税,这一条当时做得也很差。贷种应"不必责其偿"④。恤农是要在赈济时防止"不耕者得食,而耕者反不得食"弊病的发生,做到"以农为先,浮食者次之"⑤。遣使则"类多虚文","而王人之来,所至烦扰,未必实惠及民,而先被其扰者多矣",还是以"勿遣之为愈"⑥。弛禁是指减少灾区场务(征税机构)的课额,使它们能放松对过往米船的征课,以利粮食流通。鬻爵是用官爵来奖励纳米救荒的富户。度僧是让想做僧道的人用米来换度牒。通融有无包括公私两方面,公的"如假军储以救民饥",私的如劝人发廪、籴贩以救乡人等。董煟把通融有无称为"救荒活法"⑦。此外,还有捕蝗、存恤流民、劝种二麦、借贷内库等条目,意思很清楚,就不一一介绍了。

从以上的介绍可以看出,董煟的救荒论有两个明显的特点:一是要统治者充分认识救荒和巩固封建统治的密切关系,关心民间疾苦,克服救荒中的弊病,及时做好救荒工作,免得在发生灾荒时出现饥民流离失所、冻饿而死或起而为盗的情况。二是要统治者采取正确的政策,他的关于解决粮荒的政策,立足于疏导而不是单纯依靠政治的强制干预,是符合经济规律的要求的。

但董煟的救荒论也表现出他的局限。他揭露了许多救荒弊政,却没有揭露剥削阶级利用灾荒来加强对劳动人民掠夺的情况。他没有丝毫侵犯富户利益的打算,反而认为有田富民和无田富民都会出力救济穷人。他说:"天下有有田而

---

① 《救荒活民书》卷二《禁遏籴》。
② 《救荒活民书》卷二《不抑价》。
③ 《救荒活民书》卷二《检旱》。
④ 《救荒活民书》卷二《贷种》。
⑤ 《救荒活民书》卷二《恤农》。
⑥ 《救荒活民书》卷二《遣使》。
⑦ 《救荒活民书》卷二《通融有无》。

富之民,有无田而富之民。有田而富者,每岁输官,固借苗利。一遇饥馑,自能出其余以济佃客。至于无田而富者,平时射利,侵渔百姓,缓急之际,可不出力斡旋以救饥民,为异时根本之地哉?"①这是一个不符合实际的论断。

二、许衡的纸币论

许衡(1209—1281年),字仲平,号鲁斋,河内(治今河南沁阳)人。他学习程朱理学,"慨然以道为己任"②。蒙古宪宗四年(1254年),受封于京兆(治今陕西西安)的忽必烈召他为京兆提学,在关中大兴学校,不久辞归。中统元年(1260年)世祖(忽必烈)即位,召许衡至京师,次年任为国子祭酒,不久告病归。至元二年(1265年)又召至京师,入中书省议事;四年任国子祭酒;六年参与制定朝议、官制;次年任中书左丞(副宰相),上疏弹劾权臣阿合马专权罔上、蠹政害民;八年任集贤大学士兼国子祭酒,因受权臣排挤,于十年辞归;十三年又召任原官。十五年领太史院事,与太史令郭守敬等制定新历法;十七年因病辞归。成宗大德元年(1297年)谥"文正"。著作有《许文正公遗书》等。

许衡是程朱理学的继承者,是元朝理学家的主要代表。许衡的理学和他的思想,适应了元朝贵族巩固其统治的需要,因此受到元世祖的重视。

至元三年许衡在中书省时,向世祖上《时务五事》,提出了立国规摹、农桑学校等五项建议。在立国规摹中,他提出行汉法说:"考之前代,北方奄(尽)有中夏,必行汉法,可以长久。故魏、辽、金能用汉法,历年最多,其他不能实用汉法,皆乱亡相继,史册具载,昭昭可见也。国朝……非用汉法不可也。"③行汉法有利于对汉人进行统治。农桑和学校放在一起,是表明要一手抓经济,一手抓教育,使人民能以衣食"厚其生",以礼义"养其心"。他指出:"上多贤才,皆知为公,下多富民,皆知自爱,则令自行,禁自知。"主张"优重农民,勿使扰害,尽驱游惰之民归之南亩,岁课种树(种植),恳谕而督行之"。在全国设立学校,"使皇子以下至于庶人之子弟,皆从事于学。日明父子君臣之大伦,自洒扫应对至于天下之要道。"④

许衡的经济思想主要表现在一篇代人拟的约千字的《楮币札子》⑤中。从这奏札的内容来看,可以肯定是代南宋的官员拟的,大约写于理宗淳祐年间(1241—1252年)。这是许衡被忽必烈初次征召以前的事。

---

① 《救荒活民书》卷二《劝分》。
② 《元史·许衡传》。
③ 《许衡集》卷七《立国规摹》,东方出版社2007年版。
④ 《许衡集》卷七《农桑学校》。
⑤ 《许衡集》未收《楮币札子》,此据乾隆时的刻印本《许文正公遗书》卷七。

南宋的会子,在宁宗庆元以后发行量渐增,进入了恶性通货膨胀的时期。嘉定二年(1209年),曾以1∶2的比率用新会子收兑旧会子①。嘉熙四年(1240年),又以第18界会子一贯合第16、17界会子5贯,第16界收回,第17界继续流通。政府一方面增加发行,另一方面又大讲称提②之策,当然不会有什么效果。许衡的《楮币札子》就是针对这种纸币严重贬值的情况而写的。当时对纸币流通发表意见的人很多,许衡代表了对纸币采取否定态度的一派人的意见。

叶适和许衡都反对聚敛。叶适还没有将聚敛和纸币贬值的问题联系在一起考虑;许衡则明确地把纸币贬值的原因归之于聚敛,所以他批评纸币流通是从财政角度着手的。这表明认识的进一步深化。

在谈财政问题时,许衡也像叶适一样,用"君子""小人"来解释采取不同财政政策的原因。他把利分成天下之大利和个人私利,肯定前者而否定后者。他说:"圣人遂万物之生,顺万物之情,故能致天下之大利。后世遂一己之生,顺一己之情,故能致天下之大害。"由于"后世学者"不懂得这个"天下之大利",以为利都是不好的,所以耻言利,结果就把言利的事都归之于小人。"以小人而谋利,未有不为天下国家之祸者也。"他提出应由"君子"来谋利,因为"君子不以利为利",而是"以义为利"。他对比"君子""小人"的谋利情况说:"惟君子之喻于义也,必损上以益下,蠲无名之征,罢不正之供,节用度,减浮食,国家若不足于调度。然而土地辟,田野治,年谷丰登,盖藏充溢,人民繁阜,鸟兽草木咸(遍)若(然)。以此观之,谓之国贫,可乎?惟小人之喻于利也,必剥下以奉上,急暴横之征,创苛虐之敛,仓廪实,府库充,国家若足于用度矣。然而土地日削,田野荒芜,水旱相仍,闾里愁叹,人民冻馁,兄弟妻子离散。以此观之,谓之国富,可乎?"

然后,许衡把话题转向纸币。他认为从"君子"的立场看起来,"楮币之折阅,断无可称提之理,直一切罢而不行已耳"。根本否定纸币有正常流通的可能。

许衡认为纸币之所以没有在古时产生,并不是因为"古先圣王智虑不及后人而不能用",而是因为"制法无义","知其为天下害,必不可行",不肯用"虚券以易百姓之实货"。他指出汉武帝造白鹿皮币,是出于"虚耗无聊之末计",所以经过了1300年③,也无人敢于"染指于其后"。以此来表示纸币流通的不正当性。

许衡把"虚券"能够和"实货"相交换的现象比作神仙的点金术。他说:"夫以

---

① 据《宋史》卷一八一《食货志下三·会子》和《文献通考·钱币二》。但南宋人张端义的《贵耳集》卷上说是嘉定四年的事。

② "称提"指维持或提高纸币的购买力。也可以指维持或提高钱币的购买力以及商品的价格。

③ 汉武帝造白鹿皮币的时间是在公元前119年,1300年后已是南宋淳熙年间,而纸币产生于北宋,许衡的这一说法有误。

数钱纸墨之资,得以易天下百姓之货,印造既易,生生无穷,源源不竭,世人所谓神仙指瓦砾为黄金之术,亦何以过此。"接着指出纸币流通的两个弊病:"然后世不期于奢侈,而自不能不奢侈,虽有贤明之资,恐不能免也。奸民不期于伪造,而自不能不伪造,虽制以死刑,不能绝也。此岂良法哉!"认为纸币必然助长统治者的奢侈之风,而且无法禁绝伪造。关于第一个弊病,实际上包含的内容是:因为发行纸币比征税容易,所以在纸币流通的条件下,封建统治者在财政收支不能平衡时,总要将纸币作为弥补财政赤字的工具。由于存在着这一弥补财政赤字的简便方法,封建统治者就有恃无恐,不去注意节约财政开支。许衡对这一带有规律性的问题不一定认识得很深刻,但已经触及。第二个弊病在封建社会的纸币流通中也是长期存在的。在封建社会中,造纸技术的水平不像近代那么高,纸币确是比较容易伪造,所以伪造纸币的现象始终较为严重。不过用这两个弊病来否定纸币流通同从货币理论上看纸币能不能流通是两个不同性质的问题,许衡则将它们混淆在一起了。他根本反对用"虚券"来交换"实货",说明他不懂得货币作为流通手段的特点。许衡是一个金属主义者。

许衡对封建统治者利用通货膨胀掠夺人民财富的行径作了有力的批判。他指出:"是故讲称提之术者,今三四十年矣,卒无能为朝廷毫发之助。但见称提之令每下,而百姓每受其害,而贯陌益落矣。嘉定以一易二,是负民一半之货也。端平以一易五①,是负民四倍之货也。无义为甚。""以一易二",是政府从人民手中无偿取走了相当纸币发行总额一半的财富。"以一易五",是政府从人民手中无偿取走了相当纸币发行总额五分之四的财富。这就是"小人"所进行的聚敛!许衡是中国历史上第一个揭露封建统治者利用纸币对人民进行掠夺的人。

最后,许衡建议用盐这种"实货"来收回"虚券",完全废除纸币流通。

三、王恽的经济思想

王恽(1227—1304年),字仲谋,号秋涧,汲县(治今河南卫辉)人。元世祖中统元年(1260年),东平路宣抚使姚枢辟他为详议官。次年王恽授翰林修撰、同知制诰兼国史院编修官;后又兼中书省左司都事;至元五年(1268年)任监察御史;九年升承直郎、平阳路总管府判官;十四年授翰林待制;次年起历任河南北

---

① "端平"应是"嘉熙"之误。据《续文献通考·钱币一》,第18界会子于端平二年预造,到嘉熙四年九月才明令和17界会子按1∶5的比率行用。另外张端义于淳祐元年的《贵耳集》卷上说:"今以五易一,倍于二易一矣。"这里的"今"也以指嘉熙四年(淳祐元年的前一年)比较恰当。许衡不是宋人,对南宋的纸币流通难免有传闻失实之处。

道、燕南河北道、山东东西道提刑按察副使;二十年告病归;二十六年授福建闽海道提刑按察使;二十九年授翰林学士;成宗元贞元年(1295年)知制诰同修国史,纂修《世祖实录》;大德五年(1301年)致仕。谥"文定"。著作合编为《秋涧先生大全文集》,《四库全书》定名为《秋涧集》。

王恽博学能文,切直敢言,历官40年,多次上书言事。在任监察御史期间,"知无不言,论列凡百五十余章"①。"窃直敢言,不畏强御,于政体多所裨益"②。至元十八年,他向皇太子进《承华事略》。十九年和二十九年又先后向世祖上书。元贞元年向新即位的成宗上《守成事鉴》。至元十九年的上书即下文的《便民三十五事》。二十九年的上书是《上世祖皇帝论政事书》③,书中提出了16条治国政策:一曰议宪章以一政体;二曰定制度以抑奢僭;三曰节浮费以丰财用;四曰重名爵以揽威权;五曰议廉司以厉庶官;六曰议保举以核名实;七曰设科举以收人材;八曰试吏员以清政务;九曰恤军民以固邦本;十曰复常平以广蓄积;十一曰广屯田以息远饷;十二曰恤抚略以抚已有;十三曰感和气以消水旱;十四曰崇教化以厚风俗;十五曰减行院(管军机构)以一调遣;十六曰绝交贡(外国进贡)以示旷度。这十六条中,有三条(第三、第十、第十一)是属于经济的内容。特别是设常平仓,是他经常提起的主张。

元统一江南后,江南人民的反抗斗争连绵不断,而世祖还要远征日本,所以军费开支仍旧很大。世祖又经常以大量的金、银、钞、帛等财物赏赐宗室、诸王、大臣和立战功的将士。这使元代的财政一开始就处于比较紧张的状态中。至元二十九年十月,尚书右丞相完泽等奏言:"凡赐诸人物,有二十万锭④者,为数既多,先赐者尽得之,及后将赐,或无可给,不均为甚。"⑤他们还说:预计岁入为2 978 305锭,当时尚未收齐,而实际支出已达 3 638 543 锭,超过预计岁入660 238锭。由此可见元初财政困难之一斑。正是出于增加财政收入的考虑,世祖先后重用阿合马、卢世荣和桑哥。阿合马掌权20 年,纳贿营私,尽情搜括,使人民的财政负担十分沉重。

阿合马于至元十九年被刺杀,接着他的罪恶也被揭露。王恽在此时上书提出《便民三十五事》。在前言中他指出:"弊积日久,事端非一。必更张其大者重

---

① 《元史》卷一六七《王恽传》。
② 《秋涧先生大全文集》附录《王公神道碑铭》。
③ 《秋涧集》卷三五。
④ 这里的"锭"是纸币的单位,一锭为50贯。实际上世祖时的赐物以银居多,20万锭是折合为中统钞的数字。
⑤ 《元史》卷一七《世祖本纪十四》。

者,使有定制,则实惠可及于民。今国家疆宇、民数远过汉唐,岁入经费又为不赀,所急者立法、选官、恤民、息兵力、养人材、节浮费之用、停不急之务而已。"要格弊须大臣力任其责,以经国远图为念,开诚心,布公道,使上有所守而不劳,下知奉行而不乱。如果只是"究钱谷之已然,缓纲维之大柄,未见其可也"。最后他自己表态:"某以不才,谬当言责,区区之诚,有不能自己者。谨条陈切时便民三十五事,开列于后,伏乞御史台备呈中书省照详施行。"

"便民三十五事"分为八条"事目"。

(1) 立法,下分三事:定法制、置发兵符契、通行奏事。

(2) 选官,下分三事:议保举、立审官院、选参佐。

(3) 恤民,下分八事:议恤民、除军户闪下差发、救灾、秋税准喂养马驼草料、复常平仓、论匠户、括户土断、七品以上官言任内利病。

(4) 息兵力,下分四事:军人交番、缓远征、合并十一年军、定夺军户析居地税。

(5) 养人材,下分三事:设学校(附复立国子学议)、用中选儒士、试吏员。

(6) 节费用,下分五事:并州县省官吏、行券法减祗应、禁酝酒、振武屯田、输票充监当官。

(7) 停不急之务,下分二事:权停一切工役、省罢铁冶户。

(8) 侵夺民利不便等事,下分七事:课程再不添额、论钞法、论盐法、辉竹还民、分闲官占民田、定夺官地给民、禁约侵扰百姓。

以上介绍了王恽的"便民三十五事",这是他的治国思想的一次集中的表现,但不看其全文难以完全理解其意思,本书也不可能对它作逐条解释。以下综合王恽的重要经济思想,分薄敛、常平仓、钞法、盐法四方面做一些总的评述。

1. 薄敛

王恽认为元统一江南后应实行休养生息的政策。他指出:自从攻取襄阳、樊城(至元十年事)以来,中等以上的民户签充军户、站(驿站)户,军事费用都由下户负担。加上阿合马当政,"横取白著(搜括),急于星火。州县官吏视其如此,因缘作弊,科敛无度"。和买往往不支价钱,只是科配民间,强迫百姓出钱买物交官。即使发下价钱,也不及原价的一半,而且还要被官吏克扣,甚至全部侵吞。和雇民夫,官支的价钱不到实际运费的十分之二三。这样,就使民户的赋税负担比原来的 4 两包银[①]增加 20 倍。还有军户、逃户原来的差税[②]也由现存民户包

[①] "包银"是元代的一种赋税,按户征收,规定每户银 4 两,折成纸币或其他物资交纳。

[②] "差税"又称"科差"或"差科",按户征收。元代的差税包括包银、丝料和俸钞。

纳。因此人民"愁叹不绝,感伤和气,岁旱不收,百物踊贵,衣食艰难"。为了"结民心",他提出了以下一些恤民的办法:和买要由官府"降给见钱,从实支价,责委正官办集其事",以防止经办人员作弊。和雇要"两平雇募,从实支价,以纾民力"。发生饥荒时搞好赈济工作,停止在被灾州县收籴粮食,"弛山林河泊材木鱼蒲之禁"。累年欠税已征入官的发还民户,未征的免征。逃亡复业的归还原来的事产,免三年差役。免收人民一年赋税,用阿合马及其党羽的没官财产抵补,"使二十年愁怨之苦一旦消释"。① 这些办法大多难以实现,最后一条更是如此。

2. 常平仓

元宪宗七年(1257年)开始设立常平仓。八年"宣德、西京等处霜损田禾,谷价腾踊,百姓缺食。官为减价出粜,民赖以安,此先事之效也"。但这次成立的常平仓并没有坚持下去。其后如有灾荒,"不过发仓廪、免租税,重为赈济而已"。世祖至元八年,王恽提出恢复"先帝常平之制,就各路已有之仓,令有司预为修理,讲明定法,不使有名无实"。他建议将各路平准行用钞库工墨钞息增余现在等钞,分标州郡作常平粟本。令本路转运司兼以提举收籴勾当续用,"逐年所得钱数源源不已,则三年之间百万石之粟可不劳而办,是常有一年之蓄矣"。

王恽还指出办常平仓其利有五:一、不动官本,无害经费,取办于息,取息之法又无窒塞;二、岁或饥馑,就未全济,使民心先安,不必家至户到,感念恩惠;三、力穑之家,又知国家贵谷贱货,务农大本,使趋末之徒争缘南亩,不致有过贱伤农之叹;四、军旅调度,粮饷为先,比岁军兴,动以和籴,若常平一立,除屯田粮及正税外,复有百万余石之谷,积于中而壮于外,时和岁丰,民无所仰,推以济军,虽调度加倍,民无和籴之扰,军免缺食之虞;五、岁稍不丰,平价出粜,钞本不失,人赖以安,使市廛之徒绝幸灾贪利之心,贫乏之家脱转死流移之苦。在五利以后,他还指出:"若夫平籴、常平、富人社义等法,历代相沿,莫能便易,能一旦举而复行,则天下幸甚。所谓不害经费,为国远图,良以此也。"②

《便民三十五事》中,有"复常平仓"一条,其中说:"至元八年设立常平仓,验随路户数收贮米粟约八十万石,以备缓急,接济支用。近年以来起运尽绝,甚非朝廷恤民救荒本意……当时金谓,若常平有票,各路不过依时价出粜三五千石,则物价自平,人心倚安,低昂权在有司,兼并不复高下其手。向前收成去处,依然收籴以实常平,恐亦恤民平估之一策也。"③

---

① 本段引文均见《秋涧集》卷九〇《便民三十五事·恤民》。
② 以上两段引文均见《秋涧集》卷八八《论钞息复立常平仓事》。
③ 《秋涧集》卷九〇《便民三十五事·复常平仓》。

3. 钞法

中统元年发行中统元宝交钞,用可向平准行用库兑银的办法来维持其币值,保持了十七八年的币值稳定。王恽曾这样称赞中统钞:"艰得,一也;经费省,二也;银本常足不动,三也;伪造者少,四也;视钞重于金银,五也;日实不虚,六也;百货价平,七也。"①元平江南后,中统钞逐渐贬值。王恽在《便民三十五事·论钞法》中又指出:中统钞一贯的购买力,只相当于过去的100文,"其虚至此,可谓极矣!"他似乎认为纸币原来是不虚的,贬值的部分才叫作"虚",因此又把纸币贬值称为"致虚"。在元代,并不是他一个人有这种说法,例如陈天祥在弹劾卢世荣时说:"始言能令钞法如旧,钞今愈虚。"②这里的"虚"也是指贬值。

王恽认为当时纸币贬值的原因有四。

(1) 至元十三年以后,将各处平准行用库金银和原发下钞本课银节次尽行起讫,"自废相权大法"。

(2) 钞法初立时,印数有限,"致钞常艰得,物必待钞而行",所以钞重。"今则不然,印造无算,一切支度,虽千万锭一于新印料钞内支发,可谓有出而无入"。纸币"既多而易得,物因踊贵而难买"。

(3) 用纸币预买货物,总库行钱人等,物未收成,预先定买,惟恐被人先取,视钞轻易添买,物重币轻,多此之由。

(4) 由于库令库子等人舞弊,昏钞调换困难,只能继续行用,"故昏者转昏,烂者愈烂,流转既难,遂分作等级"。③

其中重要的是两条:一是纸币不能兑现,二是发行数量过多。他主张用银收钞,或改发新钞,按1∶2收兑旧钞。这一年的十月整治钞法,规定对官吏作弊的处罚办法,并由官库买卖金银来维持纸币的购买力,不过没有改发新钞。后来中统钞继续贬值,到至元二十四年发行至元宝钞,以1∶5的比率和中统钞一并流通。

4. 盐法

王恽对于盐法的基本思想是既要保证国家的财政收入,又要尽量做到少扰民,并防止盐利落入官吏的私囊。他提出了"便商贾为利"的主张,指出对于商人的赴场买引关盐不加刁难是"最为急务"。而要做到这一点,就必须禁止主管官吏自己出资来经营盐的买卖。他分析官吏买卖食盐的弊端说:"盐价贵则官吏尽

---

① 《秋涧集》卷八〇《中堂事记上》,第25页。
② 陈天祥:《论卢世荣奸邪状》,《元文类》卷一四。
③ 本段引文均见《秋涧集》卷九〇《便民三十五事·论钞法》。

数拘买,客旅不能得买。盐价贱则官吏并不收买,客旅……亦不兴贩。亏损官课,皆此之由。又官吏买盐,先拣离场近便去处,次拣洁净干白好盐,又不依序,先行搀支,使客旅人等无所措手。其弊不能一一遍举。窃惟盐场天下号为争利之所,况本管官吏乎!"这一主张虽然符合盐商的要求,但根本出发点还是为了维护封建国家的利益。这主张对食盐的消费者也是有利的。此外,王恽关于盐法的建议中还有两点也值得一提。其一是:出卖长芦盐场的盐只收米和钞,不收诸物。他指出:"收钞纳钞其便有三:一则钞法通快,二则革去旧弊(指诸物官司无用),三则官民两便。"这是将改进盐法和维持纸币的购买力联系起来了。其二是:解州(今属山西)池盐是天然盐,成本低,盐价高,有些人就私煎私卖,事发到官,"往往有破家戕生者"。他建议降低解盐的价格,"使民易得食用"。[①] 这表明他反对用过高的垄断价格来榨取人民的财富。

第九节 郑介夫、马端临、刘基的经济思想

一、郑介夫的经济思想

郑介夫(生卒年不详),字以居,开化(今属浙江)人。他曾在湖南道任小官,后在京任学官多年[②],死前任江西金溪县丞[③]。他在湖南和在京时,多次上书议政,在湖南的上书,被地方官所扣压[④]。他曾于成宗大德七年(1303年)上万言书一纲二十目,此外还有其他奏疏。明永乐年间编辑的《历代名臣奏议》中收录了他在大德七年所上的一些奏疏,占了整整两卷的篇幅。

郑介夫认为自己的"胸中抱负,颇异凡庸",而怀才不遇,屈居下位,因此在奏疏中敢于用尖锐的言辞抨击时弊。他把他的上书比作贾谊的上《治安策》,说如果贾谊处于今日,"不知何如其痛哭流涕,又何如其长太息也"[⑤]。在经济方面,他议论的重点是抑强、钞法、盐法、备荒、俸禄等五个问题。

---

① 本段引文均见《秋涧集》卷九〇《便民三十五事·论盐法》。
② 关于郑介夫的生平,他自己说过以下一些话:"玠夫前任湖湘司征,猥役下僚,区区忠爱,无由自达。""介夫幼勤于学,长习于吏,备员儒泮,偃蹇无成,侍直禁垣,有年于此。"(《历代名臣奏议》卷六七)"介夫久随禁直,愧乏才资,厕名学官"(《历代名臣奏议》卷六八)。
③ 柯劭忞:《新元史》卷一九三《郑介夫传》。
④ 关于在湖南上书的情况,郑介夫说:"钦睹累朝诏书……遂于前陈,已准《太平策》内言有不尽者,摘出钞法、抑强、户计、僧道四事,罄竭底蕴,赴湖南廉访司及宣慰司投进。虽蒙称善,靳于转达,言剧明切,竟沦故纸。"(《历代名臣奏议》卷六七)。
⑤ 《历代名臣奏议》卷六七。

抑强就是抑制豪强的土地兼并。郑介夫对豪强表现了高度的愤激之情。他说:"今之豪霸,所谓御人于国门之外者,真生民之蠹,国家之贼也。""圣朝开国以来,轸恤民忧,禁治豪霸,制令甚严,终莫能少戢其风。今上而府县,下而乡都,随处有之,小大不侔,而蠹民则一。蜂起水涌,诛之不可胜诛。虽有智者,莫如之何。"他认为"制之之道,唯有井田一法",但自从唐朝"令民得卖其口分、永业",公田逐渐"尽变为私田",就使"井田永不可复"。"田既属民,乃欲夺富者之田以与无田之民,祸乱群兴,必然之理也。"因此只能行"限田之法"。他批评西汉哀帝时孔光、何武议限田,定最高额为 30 顷,"以一人而兼三十夫之田",是定得太高了。规定期限三年,又太迫蹙。他提出如下的限田建议:"每一家无论门阀贵贱,人口多寡,并以田十顷为则。有十顷以上至于千顷者,听令分析,或与兄弟子侄姻党,或立契典卖外,人但存十顷而止……十顷以下至于一亩者,许令增买,亦至十顷而止。"期限为五年,五年后仍超过 10 顷的,超过部分没收入官。没官田卖给贫民,所得田价,一半归官,一半还给原土地所有者。他还指出"寺观布满天下,田业过于巨室",也必须进行限制:大寺观占田不得超过 10 顷,中等的 5 顷,小寺观 2 顷。超过部分没收入官。他认为超额土地被没收后,土地所有者可收回田价的一半,富人就会"甘心而无辞"。实行这一限田政策以后,"不出十数年",就能使"豪强不治而无";"不惊民,不动众,不用井田之制,而获井田之利"。① 这自然只是一种幻想。

元代当时只用纸币而禁止用钱。至元二十二年(1285 年),中书右丞卢世荣曾建议"括铜铸至元钱,及制绫券,与钞参行"②,但没有实现。郑介夫也主张用铜钱和以绢制钞,而且还分析了采取这一主张的理由。

郑介夫并不赞成纸币流通,认为"钞为一时之权宜,钱为万世之长计"。但面对纸币流通的现实,他只能提出以铜钱来辅钞而行。他用"子母相权"理论来分析纸币流通说:"天下之物,重者为母,轻者为子,前出者为母,后出者为子。若前后倒置,轻重失常,则法不可行矣。汉以铜钱而权皮币之重,皮币为母,铜钱为子。宋以铜钱而权交、会之重,交、会为母,铜钱为子。国初以中统钞五十两为一锭者,盖则乎银锭也,以银为母,中统为子。既而银已不行,所用者惟钞而已,遂至大钞为母,小钞为子。今以至元(钞)一贯准中统五贯,是以子胜母,以轻加重,

---

① 本段引文均见《历代名臣奏议》卷六八。比郑介夫略早(世祖末年),东平(今属山东)布衣赵天麟也上书提出通过限田来复兴井田,他的限田标准是宗室王公之家几百顷,官民之家几十顷(《历代名臣奏议》卷一一二)。

② 《元史》卷二〇五《卢世荣传》。

以后逾前,非止于大坏极弊,亦非吉兆美谶也。"这并不是对"子母相权"理论的经典解释。

对于当时纸币流通的弊病,郑介夫说了很多,主要如下。

(1) 贬值。"往年物直(值)中统一钱者,今直中统一贯。"即贬值成千分之一。"物直钱而钞不直钱,将见日贱一日,而钞法愈见涩滞"。

(2) 伪造。"今天下真伪之钞,几若相半。"又说:"今民间之钞,十分中九皆伪钞耳。伪钞遍满天下,而朝廷略不动念,不知谋国之臣何如其用心也。"

(3) 易坏。"纸之为物,安能长久,五年之间,昏烂无余。"他主张将纸币改为绢制,而且要制造得难以伪造,就是针对第二、三两个弊病而提出来的。

(4) 民贫。他认为"贫富相悬,系乎铜钱之兴废",用铜钱能使民富,用纸币则使民贫。其理由为:"农家终岁勤动,仅食其力,所出者谷粟、丝绵、布帛、油漆、麻苎、鸡豚畜产等物,所直几何?若得铜钱通行,则所出物产可以畸零交易,不致物价消折。得钱在手,随意所用,入多而出少,民安得而不富?今穷山僻壤,钞既难得,或得十贯一张,扯拽不开。若肯(计?)物还钞,则零不肯贴;欲尽钞买物,则多无所用……或丧婚之家,急切使用,只得以家藏货物贱价求售。货不直钱,而利尽归于商贾之辈,民安得而不贫?"他用纸币面值大不便零析来作为民贫的原因,显然没有抓住要害。农民急用时贱卖商品,用铜钱同用纸币并无区别。用纸币使民贫的关键在于纸币贬值,纸币贬值则是由于不能兑现和发行过多。郑介夫对纸币流通的弊病说了很多,就是没有提到纸币不能兑现和发行过多的问题(他只批评用新钞1比旧钞5或10的办法发行新钞)。

郑介夫还批评了反对用钱的主张。他说:"言者谓铸一钱费一钱,无利于国,殊不知费一钱可得一钱,利在天下,即国家无穷之利也。"他指责"内外官吏以利国为重,利民为轻",所以对用钱持异议态度,"以至于误天下国家"。

对于盐法,郑介夫指出各地设立盐运司衙门专管,"致弊百端"。他说:"夫畜猫防鼠,不知馋猫窃食之害愈甚;养犬御盗,不知恶犬伤人之害尤急。今盐司官吏,犹馋猫恶犬之为害也。"他建议将盐运司衙门及各盐场所设官吏、团军、巡卒尽行革罢,采取刘晏的办法来管理盐政。"令客人径于收盐去处支买,依时价两平交易,听从他处发卖,随所至缴盐引。"这对盐商、盐的食用者以至国家的财政收支都有利,"官享其利而民安其业"。

在备荒问题上,郑介夫议论了义仓和赈粜。元代的义仓开始设立于至元六年。至元二十八年颁布的《至元新格》中也有关于义仓的规定。但实际上只是具文,并没有认真地贯彻。郑介夫认为设立义仓是最重要的备荒措施。他反对官办,指出:"贪官污吏,并缘为奸。若官入官出,民间未沾赈济之利,且先被打算计点之扰,及出入之时,又有克减百端之弊,适以重困百姓也。"主张"令百姓各输己粟,自掌出入之数",官府则起拟订办法和监督执行的作用。至于赈粜,郑介夫指出荒年时勒令富家平粜流弊很大:"大户纵贿而求免,小户力贫以奉行。徒资官吏之买卖,初无济闾里之危急。"因此应由政府自己来进行。但这首先要保证政府手中有粮。郑介夫设想的办法是出卖从七品、正从八品的虚名敕牒和僧道度牒,认为"二者但费朝廷之一纸,不动声色,而数百万粮可立而致"。他又指出鬻爵"可暂不可常",出家的人纳米则可"永著为令"。僧道是郑介夫认为需要加以限制的对象。他的上书中有一目专谈僧道之弊,揭露张天师是"江南一大豪霸",反对让"不蚕而衣,不耕而食"的僧道享受全免徭税的特权。出卖僧道度牒也具有限制的作用。

元代的俸禄制度很混乱,特别是纸币贬值,更使俸禄不均的现象加剧。郑介夫分析了俸禄不均的现象:第一,地方官官俸10两(中统钞10贯)的有职田2顷,但江南减半。第二,地方官中,只有路府州县和廉访司官有职田,其余没有。第三,有官田的地方才有职田,无官田的地方没有,有的地方虽有官田仍不发职田。无职田的官生活困难,如九品官俸钞12两,只够10口之家六天的伙食费。而小吏俸钞虽只8两,每两每月加米1斗,则"六品以下之无职田者,反不如一小吏"。第四,京官俸钞倍于外官,但京城物价高,"以日用计之,实无外任一半所得",更何况京官没有职田。这样,就使"随朝三品四品之官,反不如外任九品簿尉之俸"。针对以上情况,郑介夫感叹说:"制禄不均,则人心不一,放辟邪侈,无不为已,其流弊可胜言哉!"①他建议收回职田,官俸一律按俸禄高低支米,不愿支米的按支俸时的米价折钞。他认为这样可以做到俸禄的平均,实际上也含有不使官吏的收入遭受纸币贬值损失的意思。

二、马端临的经济思想

马端临(约1254—1323年),字贵与,乐平(今属江西)人,宋末右丞相马廷鸾之子。宋亡后,马端临隐居不仕,"用心二十余年",编著《文献通考》。元仁宗延祐四年(1317年),派真人(道士的封号)王寿衍寻访有道之士,发现了这一著作,于六年进呈,得旨"官为镂板,以广其传"②。英宗至治二年(公元1322年)印行,马端临亲任校勘。他又曾任慈湖、柯山二书院山长(院长),台州路学教授。著作还有《大学集传》《多识录》,已失传。

---

① 以上六段引文均见《历代名臣奏议》卷六七。
② 《文献通考抄白》,《文献通考》(上),中华书局1986年版。

《文献通考》记述上古至宋宁宗时历代典章制度的沿革,在杜佑《通典》的基础上进一步作了发展。马端临认为《通典》"纲领宏大,考订该(完备)洽",但"节目之间未为明备,而去取之际颇欠精审"①。因此调整和增加门类,充实内容,即使是属于《通典》记载时间范围以内的中唐以前部分,也较《通典》更为详备。《通典》共200卷,《文献通考》扩充至348卷。杜佑根据"理(治)道之先在乎行教化,教化之本在乎足衣食"②的观点,把经济部分放在《通典》之首,这在史书的体例中是具有首创意义的。马端临继承了这一传统,也把经济部分放在前面,而且在比重上还有所增:《通典·食货》共12卷,占总卷数的6%;《文献通考·食货》共27卷,约占总卷数的7.8%。

《文献通考》中有马端临的《自序》和散见于各卷的按语,从中反映出他对各种问题的见解。他的有些见解受到了父亲马廷鸾的影响。书中还直接用"先公曰"来表达马廷鸾的观点。

马端临以公和私为标志,把中国的历史分为三个大阶段。第一个大阶段是唐、虞以前,那时的统治者是公天下的。第二个大阶段是夏、商、周三代,从夏开始就已经家天下了,但不像秦以后私得那样厉害。第三个大阶段从秦开始,"举宇内而郡县之,尺土一民始皆视为已有"③。虽然他也像儒家的传统看法一样,将上古的社会理想化,但他比较注意从客观上寻找历史变化的原因。因此他对某些历史人物或历史事件的评价,要比吕祖谦、叶适来得客观。

马端临的经济思想,主要表现在以下几个方面。

关于田制,马端临也认为不能恢复井田。他称赞苏洵、叶适的反对复井田的议论"最为确实",并对叶适的议论进行补充。他补充的理由主要是:授受土地是一个很复杂的问题,"为人上者必能备知闾里之利病","然后授受之际可以无弊"。这只有在三代"分土而治",使"贪夫豪民不能肆力以违法制,污吏黠胥不能舞文以乱簿书"的情况下才有可能。春秋战国,诸侯兼并,井田制就遭到破坏。秦废"封建"而为郡县以后,"守令之迁除,其岁月有限,而田土之还授,其奸弊无穷"。因此他得出结论说:"欲复封建,是自割裂其土宇以启纷争。欲复井田,是强夺民之田产以召怨讟(谤)。书生之论,所以不可行也。"④

商鞅被儒家目为历史罪人,杨炎也受到一些人的批评,如吕祖谦就说杨炎是

---

① 《文献通考自序》,《文献通考》(上)。
② 杜佑:《通典·自序》。
③ 《文献通考自序》,《文献通考》(上)。
④ 《田赋一》,同上书,第35—36页。

"天下之罪人"。马端临在《文献通考自序》中将这两人作为历史转变时期的关键人物,对他们做出了自己的评价。他说:"随田之在民者税之,而不复问其多寡,始于商鞅。随民之有田者税之,而不复视其丁中,始于杨炎。三代井田之良法坏于鞅,唐租庸调之良法坏于炎。二人之事君子所羞称,而后之为国者莫不一遵其法。一或变之,则反至于烦扰无稽,而国与民俱受其病,则以古今异宜故也。"这就是说,他认为商鞅、杨炎虽然为"君子所羞称",但因为"古今异宜",他们的做法却是符合历史发展的要求的。谁违反了它,谁就会受到历史的惩罚。在儒家思想占统治地位的情况下,有这样的认识是很可贵的。

马端临还进一步分析了实行两税法的合理性。他指出均田制破坏以后,租庸调就非废除不可,否则许多无田的人仍要成为征税对象。他强调"赋税必视田亩,乃古今不可易之法"。两税法的"人无丁中,以贫富为差"符合这一原则。虽然在计算资产时可能存在着陆贽所批评的"失平长伪"的缺点,但它所困的只是富人,比租庸调的"不问贫富而一概按元(原)籍征之"要合理得多。至于两税征钱,物价下跌,使人民的赋税负担加重,则是"掊刻之吏所为,非法之不善"。根据这些理由,马端临认为两税法"虽非经国之远图,乃救弊之良法"。①

桑弘羊、刘晏是叶适所否定的人物,马端临却对他们持肯定的态度。他指出:"然弘羊所谓理财,若盐铁则取之山泽也;若酒酤、均输、舟车之算,则取之商贾逐利者也。盖山海天地之藏,而商贾坐笼不赀之利,稍夺之以助县官经费,而不致尽倚办于农田之租赋,亦崇本抑末之意。然则弘羊所为,亦理财之良法,未可深訾(诋毁)也。"②他还称赞桑弘羊、刘晏有过人之才,能够"阴笼商贩之利,潜制轻重之权,未尝广置官属,峻立刑法,为抑勒禁制之举",做到了"国富而民不知"③。

不过,马端临又认为桑、刘的政策对后世起了消极的影响。他说:"善言利者则曰:山海天地之藏而豪强擅之,关市货物之聚而商贾擅之,取之于豪强商贾以助国家之经费,而毋专仰给于百姓之赋税,是崇本抑末之意,乃经国之远图也。"这里所说的"善言利者",桑、刘自然是主要角色。接着马端临又说:"自是说立,而后之加详于征榷者,莫不以借口征之不已,则并其利源夺之。官自煮盐、酤酒、采茶、铸铁以至市易之属,利源日广,利额日重。"后来又发展到按人口、按户或按田亩摊派税额,于是就使"征榷遍于天下"。他总结这一发展情况说:"盖昔之榷

---

① 本段引文均见《田赋三》,《文献通考》(上),第48页。
② 《征榷六》,同上书,第190—191页。
③ 《市籴一》,同上书,第197页。

利,曰取之豪强商贾之徒以优农民。及其久也,则农民不获豪强商贾之利,而代受豪强商贾之榷。"①他反对借口崇本抑末而实行征榷遍天下的政策,却并不反对崇本抑末政策本身。除前引肯定桑弘羊的话中有赞成崇本抑末的意思外,在批评王莽时也说:"古人之立法,恶商贾之趋末而欲抑之。后人之立法,妒商贾之获利而欲分之。"②他想将抑末和夺商贾之利分开,实际上这两者之间并没有一个不可逾越的鸿沟。

对于王安石的理财新法,马端临只肯定其中的免役法。他指出免役法是"救时之良策"③,征助役钱"士夫豪右不能无怨,而实则农民之利"④。免役法之所以失败,根本原因在于"礼义消亡,贪饕成俗,为吏者以狐兔视其民"⑤,把人民作为榨取对象。因此只能从以"四维"(礼、义、廉、耻)来激励士大夫和整顿吏治入手,单单在役法上进行改革不解决问题。

在总体上,马端临是否定王安石变法的。他说:"盖荆公新法大概主于理财,所以内而条例司,外而常平使者,所用皆苛刻小民。虽助役良法,亦不免以聚敛亟疾之意行之,故不能无弊。"⑥又说:"介甫志于兴利,苟慕前史均输之名,张官置吏,废财劳人,而卒无所成,误矣。至于市易,则假《周官》泉府之名,袭王莽五均之迹,而下行黠商豪家贸易称贷之事,其所为又远出桑、刘之下。"⑦他还批评王安石说的和做的不一致,在建议行青苗法时用"美言"来"惑上听而厌(压)众论,而施行之际实则不然"⑧。这是符合王安石变法的实际情况的。

对于南宋的财政,马端临除了批评经总制钱等苛敛弊政外,还提出一个"革弊之方"。他认为防止苛敛的关键在于"正其名色",改"暗取"为"明取"。通过"考核名实","择其可取者,正其名而使不失经常之赋;其不应取者,削其名而可绝并缘之奸"。他为宋孝宗及当时"诸贤"都没有想到这个"革弊之方"而大感惋惜。⑨ 好像这时只要按此要求整顿一下税制,南宋的苛敛弊政就能够一扫而光。这种想法未免太天真了。

此外,在财政问题上,马端临还坚持一些传统的观点,如统治者要注意节俭,

---

① 本段以上引文均见《文献通考自序》,《文献通考》(上)。
② 《市籴一》,同上书,第194页。
③ 《职役二》,同上书,第140页。
④ 《职役一》,同上书,第130页。
⑤ 《职役二》,同上书,第140页。
⑥ 《职役一》,同上书,第129页。
⑦ 《市籴一》,同上书,第197页。
⑧ 《市籴二》,同上书,第208页。
⑨ 本段引文均见《征榷六》,同上书,第191页。

要量入为出以制国用等。为了表明厚敛不足取,他也像叶适一样,提出"国之废兴非财也,财少而国延,财多而国促"①的论点。

关于货币的起源,马端临说:"生民所资,曰衣与食。物之无关于衣食而实适于用者,曰珠玉五金。先王以为衣食之具未足以周民用也,于是以适用之物作为货币以权之。"这表明,马端临也认为货币产生于先王的主观意志。过去有些思想家认为作为货币的币材是无用之物,马端临则认为是"适用之物"。他又说:"至于以楮为币,则始以无用为用矣。"明确指出只有纸币才是无用之物。这是货币思想上的一个新的发展。

马端临根据《管子·轻重》中三币的说法,认为作为上、中币的珠玉、黄金是"难得之货","权轻重、通贫富而可以通行者,惟铜而已"。后世由于"钱之直日轻,钱之数日多",难以致远。因此在唐代产生了"飞券、钞引之属",在宋代产生了交子、会子。飞券、钞引只是取钱的凭证,"自交、会既行,而始直以楮为钱矣"。他描述纸币的威力说:"举方尺腐败之券而足以奔走一世,寒借以衣,饥借以食,贫借以富,盖未之有。"他并没有全盘否定纸币,指出纸币具有分量轻,印造简易,而且用它可以"下免犯铜之禁,上无搜铜之苛"的"一便"。②

然而纸币的便利要以纸币的币值稳定为前提条件。光宗以后的恶性通货膨胀造成了货币流通的严重混乱。针对宁宗以后的纸币贬值情况,马端临指出:"自是岁月扶持,民不以信,特以畏耳。然籴本以楮,盐本以楮,百官之俸给以楮,军士支犒以楮,州县支吾无一而非楮。铜钱以罕见为宝,前日桩积之本,皆绝口而不言矣。是宜物价翔腾,楮价损折,民生憔悴,战士常有不饱之忧,州县小吏无以养廉为叹,皆楮之弊也。楮弊而钱亦弊。"这段文字,深刻地揭露了由于滥发纸币而引起的种种恶果。接着他又指出:"昔也以钱重而制楮,楮实为便;今也钱乏而制楮,楮实为病。"所谓"以钱重而制楮",是指纸币只是用于代替钱币发挥流通手段的职能。而"钱乏而制楮"的"钱乏",则含义不很明确,可以解释为市场缺乏钱币,也可以解释为政府缺乏钱用。如果是后者,则"钱乏而制楮"是指用纸币来弥补财政赤字,意义就更深刻了。从他对滥发纸币之害的分析来看,应是指后者。

南宋的纸币除会子外,还有川引、湖会、淮交等地方性纸币。马端临对这种纸币流通的不统一性提出了意见。他指出:"钱币之权当出于上,则造币之司当归于一。"金属货币因搬运不便,在坑冶附近置监铸钱犹有可说。纸币"赍轻用

---

① 《文献通考自序》,《文献通考》(上)。
② 以上两段引文出处均同上。

重,千里之远,数万之缗,一夫之力,克日可到,则何必川自川,淮自淮,湖自湖"。他认为这是"立法之初讲之不详"的缘故。他说这些纸币"流落民间,便同见镪"。① 这已经从贮藏手段的角度来考虑纸币贬值所造成的后果了。

最后,还要谈一下马端临的人口思想。他认为"民众则其国强,民寡则其国弱"的说法只适用于古时。那时"户口少而皆才智之人"。这些人既能为士,又能为农或为兵,而且"所向无不如意"。因此人口的多少就决定国家的强弱。但"后世生齿繁而多窳惰之辈",人们只能从事于某一项职业,士不会打仗,农不会写字。非农业人口如"九流、百工、释老之徒"越来越多。国家对于人民,不是要依靠他们的才能,而只是将他们作为征税对象。这就使"民之多寡不足为国之盛衰"。② 这一分析虽然存在着美化古人的毛病,但认为人口的质量比数量更重要,则是一种新的见解。

三、刘基的经济思想

刘基(1311—1375年),字伯温,青田(今属浙江)人。刘基是元至顺年间(1330—1333年)进士,任江西高安丞,后弃官隐居,又出任江浙儒学副提举,因上书言事被阻,再次弃官。顺帝至正八年(1348年)方国珍起义,刘基被举为浙东元帅府都事,参与镇压活动,后又任江浙行省都事、行枢密院经历、行省郎中等官,因与当道政见不合,仍弃官,隐居于青田山中。至正二十年刘基受朱元璋聘至应天(治今江苏南京),以后为朱元璋运筹定策,屡建奇功,被誉为汉之张良。洪武元年(1368年)朱元璋即皇帝位,以刘基为御史中丞兼太史令。因与右丞相李善长不合,刘基遂辞归;洪武三年进封诚意伯;次年因受权臣胡惟庸构陷而被夺禄,并留京待罪。后来刘基忧愤成疾,太祖于洪武八年遣使护送他回家,一月后病殁于家,传说是被胡惟庸在药中下毒致死。武宗正德九年(1514年)谥"文成"。著作有《诚意伯文集》。

刘基博通经史,长于天文历算之学。他生活在元末乱世,深明元政之弊。在元末最后一次弃官隐居时,"著《郁离子》以见志"③。《郁离子》主要是通过书中的主人公郁离子来表达作者的思想。有的采取寓言的形式,也有直截了当的议论。刘基的经济思想基本上都表现在这本书中。因此,虽然刘基是明朝的开国功臣,但他的经济思想仍应放在元末来阐述。

---

① 以上两段引文均见《钱币二》,《文献通考》(上),第100—101页。
② 本段引文均见《文献通考自序》。
③ 《明史·刘基传》。

元末农民起义蜂起,中国的封建社会又一次面临改朝换代的时期。民为什么会叛?刘基认为责任在于统治者不会聚民。他把聚民比作聚沙,说尧、舜时像"以漆抟沙",三代时像"以胶抟沙",霸世时像"以水抟沙",更下的则像"以手抟沙"。聚沙的办法不同,牢固的程度也自然不同。由此他得出结论说:"不求其聚之之道,而以责于民曰:是顽而好叛。呜呼,何其不思之甚也!"①

　　聚民的最重要的办法就是要"聚其所欲,而勿施其所恶"②。人们的欲望各有不同,要采取不同的满足欲望的办法。《郁离子》中记郁离子回答什么是"致人之道"(也就是"聚人之道")的问题时说:"道致贤,食致民,渊致鱼,薮致兽,林致鸟,臭致蝇,利致贾。故善致物者,各以其所好致之,则天下无不可致者矣。"③问的是"致人之道",回答却谈到了鱼、兽、鸟、蝇,这不过是比喻,说明只有投人所好,才能聚人。刘基又把聚人的办法归结为三个基本内容,用来针对三种不同的人:"太上以德,其次以政,其下以财……致君子莫如德,致小人莫如财,可以君子可以小人则道(导)之以政,引其善而遏其恶。圣人兼此三者而弗颠其本末,则天下之民无不聚矣。"④所谓"小人"总是多数,所以财是最主要的。以上提到的聚人手段食、利、财,都属于经济范畴。很明显,刘基认为只有在经济上使人民得到适当的满足,人民才不至于起来造统治者的反。

　　刘基主张以农为本。他说:"耕,国之本也,其可废乎?"⑤他将农耕与兵战并提,指出"有国者必以农耕而兵战"。他分析兵农的关系说:"故兵不足则农无以为卫,农不足则兵无以为食,兵之与农犹足与手,不可以独无也。"⑥认为兵的作用在于卫农,这是一种新的观点。

　　人类通过自己的劳动向自然界索取财富,刘基把这种生产劳动形象地比作盗取天地的财物。他说:"人,天地之盗也。天地善生,盗之者无禁。惟圣人为能知盗,执其权,用其力,攘其功而归诸己,非徒发其藏,取其物而已也。庶人不知焉,不能执其权,用其力;而遏其机,逆其气,暴夭其生息,使天地无所施其功。则其出也匮,而盗斯穷矣。"所谓"知盗",就是善于利用自然力,使自然界为人类提供尽可能多的产品。"不知"盗则是阻遏自然界的生机,使自然力不能充分为人类所利用,这样就会使产品不足。他说上古的伏羲、神农是最"善盗者",他们教

---

① 本段引文均见《抟沙》,《郁离子》,上海古籍出版社1981年版,第10页。
② 《道术》,同上书,第55页。
③ 《致人之道》,同上书,第40页。
④ 《公孙无人》,同上书,第77页。
⑤ 《好禽谏》,同上书,第25页。
⑥ 《祛蔽》,同上书,第29页。

民盗天地之"力以为吾用。春而种,秋而收,逐其时而利其生;高而宫,卑而池,水而舟,风而帆,曲取之无遗焉。而天地之生愈滋,庶民之用愈足"。刘基的盗天地理论,强调了处理好人与自然的关系对发展生产力的重大意义。

和"天地之盗"对立的则有"人之盗"。刘基说:"非圣人之善盗,而各以其所欲取之,则物尽而藏竭,天地亦无如之何矣。是故天地之盗息而人之盗起,不极不止也。""人之盗"只是夺取现有的社会财富,因此不是生产问题而是分配问题。参照《郁离子》中的其他有关文章,可以肯定"人之盗"主要是针对封建统治者的横征暴敛而言。他的意思是说:统治者应该组织人民去向自然界索取财富,没有做到这一点,却只是向人民索取财富,这只能导致民穷财尽的后果。他主张"遏其人盗,而通其为天地之盗",把发展生产放在首要地位。①

刘基用一些形象性的比喻来说明不能横征暴敛的道理。他以菜农种菜为例,指出菜农是在精心种植的基础上,然后"相其丰瘠,取其多而培其寡,不伤其根",用它来反衬统治者"知取而不知培之"②的错误做法。他又以灵丘丈人的养蜂为例。灵丘丈人精心管理蜂群,为蜜蜂提供了一个能顺利繁殖、酿蜜的生活环境。在取蜜的时候,则"分其赢而已矣,不竭其力"。"于是故者安,新者息,丈人不出户而收其利","其富比封君"。而丈人的儿子却反其道而行之,使蜜蜂难以安居,纷纷飞走,"其家遂贫"。最后,刘基画龙点睛地指出:"为国有民者可以鉴矣。"③要统治者引以为戒。

在货币方面,刘基说的话不多,可是在理论上的意义却不容忽视。元代始终使用纸币,直到顺帝至正十年,摇摇欲坠的封建统治者还在发行新纸币。所以刘基以向郁离子提问的形式提出了"币之不行而欲通之,有道乎"④的问题。这里的"币"是专指纸币。刘基用币来代表纸币,还可以从他的咏纸币诗中得到证明:"八政首食货,钱币通有无。国朝币用楮,流行比金珠。至今垂百年,转布弥寰区。此物岂足贵,实由威令敷……至宝惟艰得,韫椟(藏在柜中)斯藏诸。假令多若土,贱弃复谁沽?钱币相比较,好丑天然殊。"⑤"钱币相比较"就是指铜钱和纸币相比较,"币"就是纸币。在这首诗中,刘基指出纸币是靠"威令"而流通的。

现在再回到"币之不行而欲通之"的问题。刘基借郁离子之口回答说:"币非有用之物也,而能使之流行者,法也。行法有道,本之以德政,辅之以威刑,使天

---

① 以上两段引文均见《天地之盗》,《郁离子》第53页。《列子·天瑞篇》有"盗天地之时利"的寓言。
② 《治圃》,同上书,第54页。
③ 《灵丘丈人》,同上书,第23页。
④ 《行币有道》,同上书,第99页。
⑤ 《诚意伯刘文成公文集》卷一三《感时述事》。

下信畏,然后无用之物可使之有用。今盗起而不讨,民不知畏信。法不行矣,有用之物且无用矣,而况于币乎?如之何其通之也?"①纸币是无用之物,它的流通要靠"法",即国家政权的作用。类似的话元初就有人说过。世祖至元三年(1266年)户部尚书马亨说:"交钞可以权万货者,法使然也。"②刘基则进一步指出要"本之以德政,辅之以威刑,使天下信畏"。他们都不懂得国家只是利用了纸币有代替金属货币流通的客观可能性,以为国家政权是能使纸币正常流通的最终原因。刘基既不谈纸币能否兑现,也不谈纸币发行数量,把纸币的流通归于政府的德政、威刑或威令,这在货币理论上是一种后退。不过,他由此引出了当时人民对政府的信任已发生动摇,因此纸币就不可能正常流通的结论。国家纸币的正常流通确以政权的巩固为前提条件,刘基对这个问题的认识是超过前人的。

在咏纸币的诗中,刘基虽然肯定了金属货币和纸币的区别,但是又认为金属货币也是靠国家政权的力量来流通的。他说:"故铸钱造币虽民用之所切,而饥不可食,寒不可衣,必借主权以行世。""铸钱"是说铸铜钱,造币则是说造纸币。他认为在"借主权以行世"这一点上,两者并无区别。刘基的货币理论可以说是一种货币法定理论。

刘基对国家垄断经济的范围提出了一个原则:"天下之重禁,惟不在衣食之数者可也。"即凡是属于生活必需品的生产和流通,国家都不应该垄断,让民间自由经营。他拿货币和盐来进行对比:货币"饥不可食,寒不可衣,必借主权以行世",所以理应由国家垄断铸造,私铸的人即使处以死刑,"而人弗怨,知其罪之在己也"。而盐产自海水,"海水天物也,煮之则可食,不必假主权以行世,而私之以为己,是与民争食也。故禁愈切而犯者愈盛,曲不在民矣。"③这种主张同《管子·轻重》恰好相反。后者认为人人要吃盐,国家实行食盐专卖是取得财政收入的有效方法之一。刘基则认为正因为食盐是生活必需品,所以不应该由国家垄断经营。这反映了他对民间疾苦的同情,也同其在野的地位有关。这种主张自然不会被朝廷所接受,新建立的明王朝也不例外。

刘基还表现出对井田制的向往。他曾写过这样的诗歌:"我闻在昔兮,有虞夏商。一夫百亩兮,家有稻与粱,生不饿殍兮死有藏。呜呼!今不见兮,使我心伤。"④他认为在有"大德"的人出来平定"大乱"⑤的条件下,井田可以恢复。

---

① 《行币有道》,《郁离子》,第 99—100 页。
② 《元史》卷一六三《马亨传》。
③ 以上两段引文均见《重禁》,《郁离子》,第 100 页。
④ 《诚意伯刘文成公文集》卷九《麦舟图歌》。
⑤ 《井田可复》,《郁离子》,第 95 页。

第七章 明至清前期的经济思想

(1368年—18世纪末[①])

第一节 明至清前期的政治和经济

元顺帝至正二十八年(1368年),朱元璋(明太祖)建立明朝(1368—1644年)建元洪武。洪武三十一年(1398年),太祖死,皇太孙朱允炆(惠帝)继位,次年改元建文[②]。建文元年(1399年),燕王朱棣(成祖)起兵争夺帝位,于建文四年取得胜利,并于永乐十九年(1421年)迁都北京。太祖、惠帝、成祖、仁宗、宣宗统治的60多年间,是明朝政权比较巩固的时期。

经过元末的战争,人口减少,荒地很多。洪武元年,太祖即下令奖励垦荒,荒田归垦辟者所有,并免徭役三年。三年又下令召民耕种北方土地,"人给十五亩,蔬地二亩,免租三年。有余力者,不限顷亩"[③]。还多次迁移狭乡的农民到宽乡耕种。对垦荒的农民,有时由政府供给耕牛、种子、农具等。河南、山东等地荒地较多,凡往开垦者给予"永不起科"的优待。

明初还实行屯田,可以分为民屯、军屯、商屯。在河南、山东、北平、陕西、山西及直隶、淮安等地,民屯由政府供给耕牛、种子的,政府得产品的一半,否则政府得三成。军屯由卫所军户耕种。商屯来源于明初实行的开中法[④]:盐商在边境纳粮,以获取领盐凭证——盐引,再凭盐引去盐政部门兑换盐,方可进行贩卖。有的盐商为避免长途运输,就在边境募民屯垦,产生了商屯。后来随着开中法的废弛,商屯也自然停止。

明初又组织农民进行水利建设,还提倡纺织原料的生产。朱元璋立国之初

---

① 中国古代史的下限是1840年。因19世纪初的重要经济思想已写入拙著《近代中国经济思想史》中,故本章以18世纪末为下限。

② 朱棣起兵后否认建文年号,仍用洪武年号,故明代文献中建文年号不常见。洪武三十二年至三十五年即建文元年至四年。

③ 王圻:《续文献通考·田赋二》。

④ 《明史》卷八十《食货志四》:"召商输粮而与之盐,谓之开中。"

规定:民田 5 至 10 亩须栽桑、麻、木棉各半亩,10 亩以上的加倍;不种桑的要出绢一匹,不种麻、木棉的要出麻布、棉布各一匹①。洪武二十七年还规定:各地农民如有余力额外种植棉花,免其赋税②。

由于自耕农的比重增大,加上社会安定,政府的政策适当,明初的农业很快得到了恢复和发展。洪武二十六年,全国的耕地达到了 850 万余顷。成祖永乐时,"宇内富庶,赋入盈羡,米粟自输京师数百万石外,府县仓廪蓄积甚丰,至红腐不可食"③。

英宗以后,明朝统治者日益腐败。英宗至武宗的 80 多年间,朝政被宦官掌握。武宗时的宦官刘瑾权力极大,内阁都要听命于他。正德五年(1510 年)刘瑾因叛逆案被杀,籍没金银累数百万。这一时期的土地兼并和农民流亡现象已很严重。天顺八年(1464 年)开始设立皇庄,后来皇庄增加至 31 处,共占地 37 000 余顷④。王公、勋戚、宦官及其他权势之家也尽情掠夺土地,广置庄田,如宪宗成化十年(1474 年)定西侯蒋琬指出:"大同、宣府诸塞下腴田无虑数十万,悉为豪右所占;畿内八府良田半属势家,细民失业。"⑤由于土地兼并的加剧,明中叶曾发生了一些规模较大的农民起义。

世宗即位,抑制宦官势力,内阁首辅掌握大权。嘉靖二十一年(1542 年),权奸严嵩入阁;嘉靖二十三年、二十七年,严嵩两次出任首辅,直到四十一年被罢官,专权十余年。神宗万历初,张居正任首辅。他在掌权的 10 年间,进行了一些整顿和改革,阶级矛盾有所缓和。自万历二十四年(1596 年)起,神宗派出许多宦官充作矿监、税监,到各地搜括金银,人民大受其害。因此,在许多地方发生了城市居民的反矿监、反税监的斗争。

万历年间,地主阶级中有些有识之士不满于统治者的腐败,形成了一个要求改革的政治集团。这个集团以在无锡东林书院讲学的顾宪成、高攀龙等为创始人,故被称为东林党。东林党人批评矿监、税监的掠夺,主张减轻商税,得到了城市居民的同情和支持。熹宗时,宦官魏忠贤专权,镇压东林党人。思宗即位,大治阉党,但明朝的统治已无法继续维持下去了。

明末的农民起义军,以李自成、张献忠领导的两支力量最为强大。李自成是

---

① 《明太祖实录》卷十七,乙巳六月乙卯日条。
② 《明太祖实录》卷二三二,洪武二十七年三月庚戌日条。
③ 《明史》卷七八《食货志二》。
④ 夏言:《勘报皇庄疏》,《明经世文编》卷二〇二。皇庄数量根据文本统计得到。
⑤ 王圻:《续文献通考·田赋二》。

杰出的农民起义领袖。以他为首的农民军领导集团,提出了"贵贱均田"①"均田免粮"②"割富济贫"③"平买平卖"④等经济主张,得到了广大人民的热烈拥护。"均田"反映了农民的土地要求。把农民的平等、平均要求明确地表现在土地问题上,这在中国的农民战争史上还是第一次。崇祯十七年(1644年),李自成建立大顺政权,同年攻入北京,推翻了明王朝。

万历四十四年(1616年),东北的女真族建国,国号金。后金多次大举进攻明朝。太宗天聪九年(1635年)改女真为满洲,次年改国号为清(1636—1911年)。明亡后,驻守山海关的明总兵吴三桂引清兵入关,农民起义被清统治者所镇压。清兵入关后,在南方还先后有福王、鲁王、唐王、桂王等南明政权。农民军和南明政权继续抗清,最后都失败了。顺治十八年(1661年),郑成功率军在台湾登陆,赶走了占据台湾达38年之久的荷兰殖民者。康熙二十二年(1683年),清军攻取台湾,结束了清初的抗清武装斗争。

明清之际的战争以及清兵的屠杀和劫掠,使中国的社会经济又遭到了一次严重的破坏。清初还实行圈地政策,被圈占的耕地达153 000余顷⑤。另一方面,经过农民战争,许多农民获得了土地。清政府承认农民对这些土地的所有权,如把明宗室藩王原所占田称为"更名田",归垦种农民所有。清政府也奖励垦荒和实行屯田。垦荒土地的免征时间少则一年,多则十年,以三年、六年较为普遍。有困难的借给耕牛、种子和口粮。雍正二年(1724年)全国耕地增加到890万余顷⑥,超过了洪武二十六年的数字。

清朝前期武功极盛,在中国历史上仅次于元朝。到乾隆时,清已经成为一个包括蒙古、西藏、新疆等地在内的幅员辽阔的强大国家。但是乾隆朝也是清王朝由盛转衰的转折点,这个封建大国很快就暴露出外强中干的虚弱本质。

明清的工商业超过了前代。明代把户籍分为军籍、民籍和匠籍,世代承袭,不得任意更改。入匠籍的工匠要在官营手工业机构中服徭役。工匠按服役办法分为两种:一是轮班匠,起初规定三年一役,每次三个月;一是住坐匠,每月服役十天⑦。由于匠户的逃亡,成化二十一年(1485年)规定轮班匠可以缴银代役,

---

① 查继佐:《罪惟录》纪一七《毅宗烈皇帝》。
② 查继佐:《罪惟录》传三一《李自成》。
③ 丁耀亢:《出劫纪略·保全残业示后人存纪》。
④ 计六奇:《明季北略》卷二〇《四月三十日自成西奔》附。
⑤ 《清朝通典》卷二《食货二》。
⑥ 《清世宗实录》卷二七雍正二年十二月。
⑦ 《明会典》卷一八九《工部九·工匠二》。

嘉靖四十一年(1562年),轮班匠服役一律改为征银。这使匠户的自由程度增加。清初废除了匠籍制度。

手工业的生产技术更加进步,分工更细,产品种类更多。棉纺织业在明代已成为普遍的家庭副业,有些已脱离农业而独立。例如松江,除了有以织布为业的机户外,还有轧花、弹花、浆染、踹布、制袜等行业。手工业工人除从事个体经营外,成为雇工的人渐多。

明初对于对外贸易采取限制的政策:只容许外国使臣在朝贡时附带地同中国进行贸易,严禁私人出海贸易。嘉靖初因倭寇之祸加剧,连官方的海上朝贡贸易也受到影响。但实际上,明朝海禁政策并未得到严格落实,民间的海外贸易仍在发展。嘉靖末倭患解除,穆宗隆庆元年(1567)明朝开放了海禁,对外贸易有了较大的发展。清初为了防范台湾的郑氏政权,也实行海禁。自收降台湾后的第二年(1684年),清朝逐步开放海禁,并在广州、泉州、宁波、松江设立海关。乾隆二十二年(1757年),清朝又将西方国家来华通商口岸改为广州一地。

明朝于洪武八年(1375年)发行国家纸币大明宝钞,发行不久即贬值。为了推行宝钞,明朝先后禁止金银和铜钱的流通。英宗正统元年(1436年)开放用银,后来又开放用钱,逐步形成了大数用银、小数用钱的货币流通格局。崇祯十六年(1643年),明朝还想发行纸币,自然已经太晚了。清前期只在顺治年间发行过10年纸币。白银自明末起从国外大量流入,其中有不少是外国的银元。

明代的金融机构有当铺、钱铺、银铺等。钱铺又发展为钱庄,明末南京已有钱庄①,清朝更普遍。银铺本是打造、买卖金银器饰的店铺,明代已参与倾熔银锭、兑换货币的活动,至清代又演化为作为金融机构的银号。有些商店兼办汇兑业务,汇款凭证仍称"会票"。清前期钱庄、银号成为主要金融机构,金融机构的发展使兑换券流通范围扩大,兑换券的名称有会票、银票、钱票等。道光三年(1823年)前后产生的山西票号,成为以汇兑为主要业务的金融机构。

中国的赋役制度在明清有了进一步的改革。明朝的田赋本来以征米、麦为主,还附征丝、麻、棉等。米、麦称本色,折其他土产以及货币为折色(明中叶后折色专指折货币)。明朝的徭役很重,有里甲、均徭和杂役(又称杂泛)。里甲是指由里长、甲首充当的徭役。明初规定110户为一里,从中推丁多田多的10户为里长,其余100户分为10甲;每年按顺序由里长一户率领一甲十户应役,每户出一人。均徭原来也是杂役,英宗正统时将一些经常性的杂役编为均徭,而均徭以外仍旧有杂役。均徭一部分折银,称为银差;一部分仍须亲自服役,称为力差。

---

① 明人所画《南都繁会景物图卷》中有两个"钱庄"的市招。

征收赋役的根据是各州县按田亩编制的《鱼鳞图册》和按户口编制的《黄册》。《黄册》每10年重编一次。由于编制时不易掌握实际情况和官吏的营私舞弊,册籍同实际情况越来越不相符。从明中叶开始,各地陆续对赋役进行了改革,逐渐演变成一条鞭法。一条鞭法的具体内容因时因地而有所不同,主要是总括一州县的徭役,量地计丁,统一均派,不分银差、力差,一律用银折纳。这是继唐代两税法以后的又一次重要的赋役改革。嘉靖十年(1531年)已有一些地区试行此法。嘉靖十六年以后,应天巡抚欧阳铎和苏州知府王仪、松江知府黄润在苏、松两府推行征一法,即一条鞭法的前身。嘉靖四十四年,巡按浙江御史庞尚鹏将它推行于浙江。万历九年(1581年),首辅张居正将它推行于全国。但是,实行一条鞭法后徭役并没有全部取消,如白粮①、绢布的收兑和解运仍归民办,这方面的徭役依旧存在。

清朝继续进行赋役的改革。康熙五十一年(1712年)上谕:"海宇承平日久,户口日增,地未加广,应以现在丁册定为常额,自后所生人丁,不征收钱粮"②。此后,清政府对新增人丁不再征丁赋。雍正初,又命令各省将丁赋摊入田亩,统称"地丁"。这一"摊丁入地"的办法,康熙五十五年(1716年)广东即已开始实行,随后又在四川实行。雍正时向全国推广,到乾隆初绝大多数省份已经完成。摊丁入地使农业税完全按田亩征收,而且简化了税制,比一条鞭法又前进了一步。

明至清前期遗留下来的经济思想资料不少,本章只是选择较有理论意义的经济思想来作为代表。这一时期的经济思想涉及面很广,有许多新的观点产生。除了前面所提到的农民起义领袖的经济思想外,以下各节所谈的都仍然是地主阶级的经济思想。少数地主阶级思想家可能反对抑商,他们的某些观点可能有利于商品经济的发展,但当时的历史条件还不可能使他们产生发展资本主义经济的要求。他们的理想仍然是封建社会的太平盛世。

第二节 方孝孺、刘定之的经济思想

一、方孝孺的复井田论

方孝孺(1357—1402年),字希直、希古,浙江宁海人。因蜀献王朱椿(明太

---

① 白粮是向苏州、松江、常州、嘉兴、湖州等五府征收的额外漕粮。
② 《清史稿》卷一二一《食货志二·赋役》。

祖子)将他的书斋命名为"正学",所以学者称他为正学先生。他是明初文学家宋濂的学生,"恒以明王道、致太平为己任"①。洪武十五年(1382年),方孝孺因人推荐受到太祖召见,"陈说多称旨"②。二十五年,方孝孺再次被召见,任为汉中府学教授。蜀献王慕其名,聘为世子师。三十一年惠帝即位,方孝孺被召为翰林博士,次年升侍讲学士,参议朝政,改定官制,后改文学博士。燕王朱棣起兵,朝廷发布的征讨诏檄都由他起草。朱棣攻陷南京,命他起草即位诏书,他拒绝草诏,被处死。宗族亲友受株连而被杀者前后有800多人。著作现存的有《逊志斋集》。

方孝孺主张以仁义礼乐治天下,而以庆赏刑诛为补充,他把前者比作谷粟,后者比作盐醢(酱),认为这样就能做到"功成而民不病"③。他强调统治者得人的重要,指出:"夫天下固未尝好乱也,而乱常不绝于时,岂诚法制之未备欤?亦害其元气故也。夫人民者,天下之元气也,人君得之则治,失之则乱,顺其道则安,逆其道则危。"④要不害"元气",就要寻找致病的根源,对症下药。例如要禁民"攘夺盗窃",先要使民"有土以耕,有业以为,有粟米布帛以为衣食"⑤,才能有效。他还认为人民之所以将粟米布帛供奉君上,是因为人君为他们"平其曲直,除所患苦,济所不足,而教所不能",借以表达"尊荣恭顺之礼",所以这是"民之情"而不是"天之意"⑥。至于天意则要求人君养民,不养民而只求民奉上,是有亏君职的表现。这实际上是对韩愈《原道》中的观点提出了异议。

王安石认为《周礼》之法强调理财,方孝孺对此提出了批评。他承认"《周官》之言利亦稍密",但又认为它并不主张"厉民以自养"。他说:"为治有本末,养民有先后,制其产使无不均,详其教使无不学,文、武、周公之大意也……不治其本,而以理财为先,此文、武、周公之所诛,而《周官》之所弃者也。"⑦反对"以理财为先",是方孝孺的基本主张之一。他分析造成国家贫富的原因说:"贫国有四,而凶荒不与焉。聚敛之臣贵则国贫,勋戚任子(由父任命而得官)则国贫,上好征伐则国贫,赂贿行于下则国贫。富国有四,而理财不与焉。政平刑简也,民乐地辟

---

① 《明史》卷一四一《方孝孺传》。
② 《逊志斋集》附录《方先生小传》。
③ 《逊志斋集》卷二《深虑论五》。
④ 《逊志斋集》卷二《深虑论二》。
⑤ 《逊志斋集》卷二《深虑论二》。
⑥ 《逊志斋集》卷三《君职》。
⑦ 《逊志斋集》卷四《周官二》。

也,上下相亲也,昭俭而尚德也。此富国之本也。"①在这里,他把理财排除在"富国之本"以外,而导致国贫的"聚敛之臣"中则肯定要包括所谓理财家在内。在他看来,理财和聚敛是没有多大区别的。他认为只要实行有利于发展生产的政策,国家自然会富足。他说:"天下何患乎无财,能养民而富安之,不求富国而国自富矣。"②这种思想符合大乱以后人民需要休养生息的社会状况,对惠帝的政策曾发生较大的影响。

方孝孺最突出的经济思想是主张恢复井田。他认为"井田废而天下无善俗"③,只有井田能"定天下之争"④。

明初主张复井田的不只是方孝孺一人。在他以前还有胡翰和解缙。

胡翰(1307—1381 年)在洪武初任衢州府学教授。他在一篇题为《井牧》⑤的文章中提出了复井田的主张。他说行井田有十便:知重本、齐民力、通货财(指有无相济)、绝兼并、无横敛、足军实、无边患(指布满沟洫,不便戎马驰突)、少凶荒、成礼俗、成政教。他否定认为井田难行的两个论点:一是"穷天下之力,倾天下之财,非数十年之久,不克责于成"(这基本上是苏洵、叶适的论点);二是富人不愿意失去自己的土地,而且人多田少,授田难以周遍,以致"怨归于上,奸兴于下"。他根据汉、唐的最高户口——汉平帝元始二年(2 年)的 1 200 多万户和当时的垦田数 827 万多顷计算,得出每户平均有耕地 67 亩,约相当于古时的 140 亩。而盛唐时户口数还不超过汉,因此,他认为"以天下之田给天下之民"已足够,并由此推论出后世也不会"有不足之患"。这样,他就认为实行井田制,"取诸民以与民",不仅不会遭到人们的反对,而且还会"响应于下"。又以秦始皇筑长城和建造阿房宫为例,说明只要皇帝下决心,就没有办不成的事。他提出复井田可先从一乡开始,成功以后推广到一郡,然后"行之天下"。他说:"事不劳者不永逸,欲长治久安而不于此图之,亦苟矣。"把复井田看作是取得封建统治的"长治久安"的根本途径。胡翰的复井田是要完全按《周礼》中的规定来办,其空想性比宋代张载等人更有过之。

解缙(1369—1415 年)则比较灵活。他于洪武二十一年任中书庶吉士时,向太祖提出了《太平十策》⑥,其中第一策就是"参井田均田之法"。"参"是参照,不

---

① 《逊志斋集》卷一《杂诫》。
② 《逊志斋集》卷一四《送陈达庄序》。
③ 《逊志斋集》卷一《宗仪·睦族》。
④ 同上书卷一《杂诫》右第七章。
⑤ 《胡仲子集》卷一。
⑥ 《解文毅公集》卷一。

是原封不动地照搬,即"不必拘拘于方里而井,劳民动众,设沟治途,而事事合古"。他的设想主要是:"令民二百丁为一里,里同巷,过失相规,出入相友,守望相助,疾病相扶持。中为堂,右为塾,左为庠。"堂中推一"年高德厚"的父老居住,进行管理。塾、庠是学校,各择一教师,民8岁入塾,15岁入庠,接受教育。"一里之人各治其私田若干亩,而共耕公田若干亩"。"民年二十受田,老免及身后还田。卖买田地则有重刑。朝而毕出,各事其事。暮而毕入,习学左庠。后为中堂,妇人相聚以治女工。"人多地狭或土地贫瘠的地区,则移民到江淮一带闲旷之地。他认为这样做以后,就能取得贫富均、词讼息、天下治以至太平万世的结果。上述方案的空想性也仍然是显而易见的。

方孝孺在《与友人论井田》①中论述了他认为井田可复的理由。他的朋友王叔英曾在写给方孝孺的信中说:"天下之事固有行于古而亦可行于今者,亦有行于古而难行于今者。如夏时、周冕之类,此行于古而亦可行于今者也。如井田、封建之类,可行于古而难行于今者也。"②方孝孺把井田难行于今的话斥为"流俗人之常言",并将持这种观点的人比作井底之蛙。他列举反对行井田的理由并一一进行反驳。

反对井田的理由之一是井田不适应时代,只能行于古,不能行于今。方孝孺反驳说:"古之时席地而食,手掬而饮,歃(吸)血而啖毛,衣皮而寝革,为巢为窟以相居,拍手鼓腹以为乐,此其不得已也"。这些原始生活自然"不若后世宫室钟鼓服食器用之美且适",因而不可行于今,也不必行于今。但井田是"三代圣人公天下之大典",它是经过"三四圣人""酌古今之中,尽裁成之理"而创立和完备起来的。"古者之世,富庶胜于今,风俗美于今,上下亲洽过于今,国之盛强且久过于今",就是因为实行井田制的缘故。井田是一种行之有效的完美制度,与那种简陋的原始生活,不可同日而语。它在古代实行的成果斐然,又怎么会在今世不能实行呢?这种反驳美化了三代社会,本是儒家的通病,可以不去管它。问题在于,即使在一定历史时期曾起过积极作用的政策或制度,是否对任何历史时期都适用。回答应该是否定的。但方孝孺的逻辑却相反,认为适用于古的也一定适用于今。

反对井田的理由之二是"禹之洪水,桀、纣之暴虐",使"人民稀少,故田可均",人多时则不能实行。方孝孺反驳说:"古之时人民之众,后世莫及。"井田并不是行在人少之时。"今天下丧乱之余,不及承平十分之一,故均田

---

① 《逊志斋集》卷一一。
② 《王静学先生文集》卷二《与方正学书》。

之行莫便于此时。"他所举古时人多的理由是：桀、纣的暴虐，汤、武的夺取政权所造成的死亡，都没有因后世的苛政和战乱而死的那样多。死掉的人少，就表示活着的人多。这种逻辑显然是不能成立的。他既说古时的井田行于人多之时，又说现在人口不及承平时的十分之一，正便于行井田，说明他自己也认为井田对于人少之时比人多之时更适用。友人举王莽改制失败的例子来证明井田不可行，方孝孺则认为王莽的失败是由于其他原因而和行井田无关。

反对井田的理由之三是汉、唐都没有实行井田，现在实行起来就很困难了。方孝孺反驳说："汉、唐不行者，非不可行也，未尝行也。汉高祖之世可行也，而时无其人导之。唐太宗有志于三代之盛，而魏徵之流未知先后，不能辅之以成大业。孰谓不可行也？"汉、唐之所以不行井田，应从当时的历史条件中得到说明，方孝孺只是从少数统治者的主观认识来解释，认为只是没有人倡导实行井田，这也是不正确的。

反对井田的理由之四是吴、越一带，"山溪险绝而人民稠"，不能划成井田的形式。方孝孺反驳说：山溪之地不一定划成井田，"但使人人有田，田各有公田，通力趋事，相救相恤，不失先王之意则可矣。江汉以北，平壤千里，画而井之，甚易为力也"。解缙认为"不必拘拘于方里而井"，方孝孺则认为江南可以如此，江北还是要"画而井之"，这同胡翰的主张比较接近。说平原画井甚易，同苏洵、叶适的观点恰恰相反。把实行井田制看得那样轻而易举，即使仅仅从画井的形式上看，也是毫无根据的。

在《与友人论井田》中，方孝孺还正面论述了实行井田制的意义。他指出"富者益富，贫者益贫"是"乱之本"。因为"富者之威，上足以持公府之柄，下足以钳小民之财。公家有散于小民，小民未必得也；有取于富家者，则小民已代之输矣。"这样就会加剧社会矛盾。贫者无以为生，势必起来造反。他举例说："使陈涉、韩信有一廛之宅，一区之田，不仰于人，则且终身为南亩之民，何暇反乎？"造反的反面是行仁义。"仁义之行，贵人得其所"，对封建统治者是有利的。但人民丧失土地，也就不会行仁义。所以他说："井田之废，乱之所生也。欲行仁义者，必自井田始。"

上述实行井田制的意义，有一点是正确的：只有使人民具有足以谋生的生产资料，才有可能使他们接受统治阶级的道德观念，服从统治阶级的统治。但是一定要实行传说中的井田制，则反映出方孝孺思想上的迂阔。事实上，不仅井田制不能实行，就是缩小贫富之间土地占有数量的差距，封建统治者也是无能为力的。

二、刘定之的经济思想

刘定之(1409—1469年),字主静,号保斋、呆(bǎo,通保)斋,江西永新人。宣宗宣德十年(1435年),刘定之考中举人;英宗正统元年(1436年)考中进士探花,授行在(北京)翰林院编修;十四年升翰林侍讲;代宗景泰三年(1452年)升司经局洗马,七年升右春坊右庶子,仍兼侍讲;英宗天顺元年(1457年)调通政司左参议,升翰林学士,以后一直兼此官。八年宪宗即位,刘定之升太常寺少卿;成化二年(1466年)入直文渊阁;三年升工部右侍郎;四年升礼部左侍郎;五年卒,谥"文安"。著作有《刘文安公全集》。

刘定之"以文学名一时"[①],曾任纂修《大明一统志》《英宗实录》的副总裁。宣德九年,刘定之为了准备应举,撰写了《十科策略》(刊本又名《刘文安公呆斋先生策略》,或编入全集,或单独刊行,以下简称《策略》)。十科是指经、书、子、史、吏、户、礼、兵、刑、工十科。此书后来在士子间流传,有一定的社会影响。其中关于经济问题的论述,反映了刘定之早年的思想,在中国经济思想史上可占有一席地位。

程朱学派在明代学术思想中所占据的统治地位,在《策略》中得到了充分的反映。《策略》中有如下一些说法:"考圣经于三代之前,当折衷于孔子。考圣经于三代之后,当折衷于朱子。孔子集群圣之大成,故圣经之作至孔子而明。朱子集诸儒之大成,故儒者之说至朱子而定。"[②]"自有圣经以来,莫有大于孔孟之四书。自有贤传以来,莫有过于程朱之二子。"[③]

但是,单靠儒家的传统思想是对付不了复杂的经济问题的。因此刘定之在分析经济问题时,除了以儒家思想为指导外,还广征博引,并结合现实的情况,作出自己的结论。这样才使他的经济思想具有某些新意。《策略》中关于经济的内容有两个科,即户科和工科,包括荒政、积贮、理财、币制、漕运、田赋、田制、水利等方面。下面只择其在经济思想上有一定创见的观点,分荒政、理财、货币和田制四个方面,作扼要的分析。

刘定之将荒政分为"备荒"和"救荒"两个概念。这两个概念并非他所首创,但是他把备荒和救荒列为荒政中的两个等级,把备荒的重要程度放在救荒之上。

---

① 《明史》卷一七六《刘定之传》。
② 《刘文安公呆斋先生策略·经科·易经源流异同考辨》。本目以下《刘文安公呆斋先生策略》引文只注科名和篇名。
③ 《书科·四书源流异同考辨》。

他说:"岁之不能无荒,自然之数也。荒之不可不救,必然之政也。不患于有荒,而患救荒之无策。不患于救荒,而患备荒之无素。"所谓备荒,是指国家增加粮食贮备,包括常平、义仓等制度。救荒则是指临时采取的救济灾民的措施。他认为备荒是整个国家的事,救荒则是地方性的局部政策。他列举历史上一些救荒有成绩的官吏,然后得出结论说:"惟国家无备荒之具,斯贤者擅救荒之名。备荒者,天下之福也;救荒者,一郡一县之福也。备荒者,百年之计也;救荒者,一朝一夕之计也。"这一结论的实质就是要国家把荒政定为一项经常性的制度,搞好备荒,免得在需要救荒时无粮可发,只能让一些比较关心民瘼的官吏去临时筹划救荒办法。而这样的地方官总是少数,所以只是"一郡一县之福"。他还批评本朝政府对备荒和救荒都"茫无其策"。乡里的官仓"无颗粒之粟而虚张敛散之数,官以点视为名而假为渔猎之计"。守令对救荒只是虚应故事,根本没有"恤民之心"。他对这种情况感到"寒心"。①

刘定之认为知识分子应该关心经济问题。他肯定理财的重要意义,并指出:"不观《禹贡》,不知理财为圣君之急务。不读《周官》,不知理财为圣相之首事。国用视之为盈缩,民命倚之为惨舒,而可不知乎!"②他把理财分为"理民之财"和"理国之财",反对不以"理民之财"为前提的"理国之财",而"理民之财"的前提又在于"生民之财"。理财当然要富国,他指出几种富国的办法:发展生产、增加贮备、开源节流。"如孟子务农重谷之说,贾生驱民归田之论"是"富国之上策"。权衡轻重实行敛散,斟酌斗俭进行籴粜,如管仲(实际上是《管子·轻重》)、李悝的政策是"富国之中策"。桑弘羊的平准、唐玄宗的和籴,或剥削下层来迎合上层,或满足国用而不恤民急,犹如"凿井以救渴,抱瓮以止燎",是"下策"。至于汉唐季世的"卖官鬻僧(卖度牒)",则犹如"割股肱之肉救心腹之疾",更是"无策"的表现。富国的上策重视"生民之财";中策"徒知理民之财而不知生民之财";下策则"徒知理国之财而不知理民之财,损于下而以益于上,国于是有仓卒乏用之忧矣,民于是有荒歉不给之患矣"。最后发展到卖官卖度牒,国家就贫到极点了。他希望政府"修平籴之法,重务本之意",即同时采用中策和上策,同时还要淘汰冗官和僧尼,选贤能、禁游惰,不要出现"卖鬻以开其门"的局面。③

以上对理财、富国所做的多层次的论述,在理论上是正确的,而且相当精辟。不过所举的史例并不完全恰当。他对于管仲的评价主要根据《管子·轻重》,而

---

① 本段引文均见《户科·历朝救荒得失》。
② 《户科·历朝财赋法制得失》。
③ 本段引文未注明出处的均见《户科·历朝财粟积济得失》。

《管子·轻重》的轻重敛散主张比桑弘羊的平准更富于掠夺性。他显然对《管子·轻重》缺乏深入的研究,只因为把它当作是管仲之作,就把它的主张列为富国的中策。

关于货币,刘定之同时论述了金属货币(主要是钱币)和纸币。对于金属货币的起源,他没有提出什么新的见解,只是重复《管子·轻重》中禹、汤铸币和《汉书·食货志下》"太公为周立九府圜法"等说法。

对于纸币的起源,明初由宋濂等撰写的《元史·食货志一·钞法》说:"钞始于唐之飞钱,宋之交、会,金之交钞,其法以物为母,钞为子,子母相权而行,即《周官》质剂之意也。"《周礼·冢宰上》小宰之职中有"听买卖以质剂"的话,郑玄注说"质剂"就是券书。把纸币比作质剂的说法早已有之。北宋僧人文莹《湘山野录》卷上就说发行交子是"设质剂之法"。但说纸币"即《周官》质剂之意",则明确地将纸币的起源同《周礼》挂起钩来了。洪武十一年(1378年),叶子奇在《草木子·杂制篇》中说:"元之钞法,即周、汉之质剂,唐之钱引(即'飞钱'),宋之交、会,金之交钞。"把质剂放在前面,而且语气更为肯定了。

刘定之也将纸币的起源和《周礼》挂钩,不过他没有联系质剂而是联系傅别。小宰之职中又有"听称责(债)以傅别"的话,郑玄注说:"傅别、质剂,皆今之券书也。事异,异其名耳。"刘定之认为纸币同傅别相当。他说:"民有称贷则为符验,斯固楮之比类也。"①这当然同样是牵强附会。他和《元史》《草木子》的说法不同,说明当时对这个问题还没有比较一致的看法。后来凡是将纸币起源与《周礼》联系的大多采取质剂说。

刘定之对钱币和纸币持同样肯定的态度。他说:"珠玉金宝可以为用矣,而不能多得。谷粟布帛可以为用矣,而不能致远。腰万贯之缗,手方寸之楮,寒可以衣,饥可以食,不珠玉而自富,不金宝而自足,盖亦古人抚世便民之良规也。"②他还赞成以纸币代替钱币流通:"民之所赖以用者钱货……然而楮可以代钱货,则用楮可也。"③他所说的"楮"都是指不兑现纸币。他甚至根本没有考虑到纸币应否兑现的问题。

如何保持钱币或纸币流通的稳定?对于钱币,刘定之指出:"夫钱轻则物必重,而有壅遏不行之患;钱重则物必轻,而有盗铸不已之忧。必若汉之五铢、唐之

---

① 《户科·历朝钱法楮(chǔ)法得失》。
② 《工科·钱钞法制异同》。
③ 《户科·历朝钱法楮法得失》。

开元,则庶乎轻重得中矣。"①以汉五铢、唐开元通宝作为钱币重量的标准,前人已说过多次,所不同的是他在前面加上"钱轻则物必重""钱重则物必轻"的公式。从字面上看,这公式也是前人已重复过多次的。但是,前人在说这一公式时,钱轻、钱重都是指钱币购买力的高低,而刘定之所说的却是钱币分量的轻重。他的逻辑是:钱的分量轻,购买力就低,所以物价高;钱的分量重,购买力就高,所以物价低。不同重量的钱会造成不同的物价,从这个意义上说,刘定之的公式是对的。然而同样的钱也可以有不同的物价,因为引起物价变动的不只有钱币的重量,例如唐代在实行两税前和两税后物价不同,而钱的重量却并没有什么变化。因此,刘定之的公式只适用于一定的范围,不如把轻重代表相对价值高低的公式那样普遍适用。刘定之的论述还存在着错误:他所举重钱的例子,大多是不足值大钱,这样的"钱重"就不会是"物必轻"了;而小平钱的"钱重",则又不会造成"盗铸不已"的后果。

对于纸币,他指出:"夫少造之则钞贵,而过少则不足于用;多造之则钞贱,而过多则不可以行。必也如宋之天圣,元之中统,则庶乎贵贱得中矣。"②天圣是宋仁宗的年号,那时交子刚刚由官府接办。中统是元世祖的年号,那时刚刚发行中统钞。这两个时期的纸币是比较稳定的,所以刘定之举出这两个时期为代表。这里的着眼点只是币值稳定,而不是说要以这两个时期的发行数量为准。交子是地方性的纸币,中统时元朝还没有统一中国,发行数量都不足为据。纸币的购买力决定于它的数量,从宋孝宗以来已有多人指出过,从这个意义上说,刘定之并没有说出什么新的东西。但他毫不含糊地分别提出维护钱币和纸币流通稳定的不同办法,实际上是说钱币和不兑现纸币具有不同的流通规律。这对发展货币理论还是有贡献的。

大明宝钞在洪武年间即已贬值,永乐、宣德年间贬值更甚。洪武九年(1376年)规定大明宝钞一贯折米一石,50年后的宣德元年,米价涨到每石宝钞四五十贯至六七十贯③。刘定之一方面肯定纸币流通,另一方面又对现实纸币流通的弊端进行了尖锐的批评。他指责政府把"古人利民之事"变为"今日病民之本"④,希望政府限制发行数量,既管发,也管收,使纸币流通恢复正常。

关于田制,刘定之批评了复井田的主张。他说:"必欲复井田,是驱斯民于奋

---

① 《户科·历朝钱法楮法得失》。
② 《户科·历朝钱法楮法得失》。
③ 《续文献通考·钱币考四》。
④ 《工科·钱钞法制异同》。

(běn,盛土器)锸(chā,锹)),而非惠以饱暖也。"他不仅认为井田不能复,还认为"所谓代田、限田、均田、永业、司均、口分、世业,其初未尝无可观者,而其后同归于文具而已"。他指出对于井田要"取其意"而不要"取其法"。也就是说井田不在于形式而在于实质。实质就是要"抑豪强之兼并,均赋役之轻重"。革除豪强兼并之弊,"则即井田之经界矣";革除赋役不均之弊,"则即井田之赋役矣"。①这一主张可以说是言之成理,但抑兼并和均赋役也是老生常谈,同样难以实现。中国封建社会的历史早已证明了这一点。

第三节 丘濬的经济思想

一、《大学衍义补》作者丘濬

丘濬(1421—1495年),字仲深,号琼台,广东琼山(今属海南)人。英宗正统九年(1444年)丘濬考中举人;代宗景泰五年(1454年)考中进士,选庶吉士,散馆授翰林院编修;宪宗继位(1464年),进侍讲;成化三年(1467年)升侍讲学士;十三年升翰林学士,迁国子监祭酒;十六年进礼部右侍郎,仍主持国子监。二十三年孝宗即位后,丘濬进呈他所著的《大学衍义补》,得到了孝宗的赞扬和奖励。孝宗下令刊行此书,并特进丘濬为礼部尚书,掌詹事府事。弘治四年(1491年),丘濬兼文渊阁大学士,参与机务,创尚书入阁的先例。七年,丘濬改户部尚书兼武英殿大学士;次年卒,谥"文庄"。著作还有《家礼仪节》《世史正纲》《朱子学的》《丘文庄公集》和传奇剧本《五伦全备》《投笔记》等。

《大学衍义补》是丘濬自称"竭平生之精力,始克成编"②的得意之作。南宋的真德秀曾著有《大学衍义》。他说《大学》是"君天下者之律令格例","本之则必治,违之则必乱",因此"推衍《大学》之义"而成书,供帝王披览。但《大学衍义》衍的只是格物致知、诚意正心、修身和齐家四方面,真德秀认为懂得了这四者,"则治国平天下在其中矣"。丘濬对此感到不满足,于是又"仿真氏所衍之义,而于齐家之下,又补以治国平天下之要"③。因为是补《大学衍义》之作,所以丘濬将书名定为《大学衍义补》,全书除《卷首》外,共160卷。

丘濬为《大学衍义》的《诚意正心之要》补充《审几微》一篇,作为《大学衍义补》的卷首。然后他以《治国平天下之要》为总题,分为《正朝廷》《正百官》《固邦

---

① 本段引文均见《户科·历朝田制考辨》。
② 《大学衍义补·进〈大学衍义补〉表》。
③ 《大学衍义补·原序》。

本》《制国用》《明礼乐》《秩祭祀》《崇教化》《备规制》《慎刑宪》《严武备》《驭夷狄》《成功化》等12目。目中又分节,各节在广征博引经传子史中有关文字的基础上,加按语抒发己见。丘濬说他这本书"凡古今治国平天下要道莫不备载,而于国家今日急时之先务尤缕缕焉"①。他在按语中确实对如何巩固明王朝的统治提出了广泛的建议。《大学衍义补》的指导思想仍是程朱理学,朱熹在书中具有突出的地位。在《审几微》中,丘濬根据"存天理""遏人欲"的说教,要君主"谨理欲之初分"②。他解释"几"和"微"说:"天下之事,必有所始。其始也,则甚细微而难见焉,是之谓几。""微者,几之初动,未大者也。"③所谓"审几微",就是要从防止产生最初的恶念开始,做到防患于未形。他指出:"自古祸乱之兴,未有不由微而至著者也。人君惟不谨于细微之初,所以驯(渐渐)至于大乱极弊之地。"④任何事物的发展都由微至著,由小到大,丘濬的"审几微"主张从这个意义上说是正确的。但他把社会的治乱归之于君主的最初的善恶之念,从根本上说是唯心的。

丘濬继承了历史上重民思想的传统,反复强调统治者得民心的重要性。他指出:"得乎民心则为天子,失乎民心则为独夫。"⑤"国之所以为国者,民而已,无民则无以为国矣……无国则无君矣。国而无君,君而无身与家,人世之祸,孰有大于是哉!"⑥因此,统治者的"爱民""恤民",正是巩固自身统治的必要条件。他要人君把《尚书·五子之歌》中"民惟邦本,本固邦宁"的话作为必须"铭心刻骨"的座右铭。

丘濬把"毋轻变祖宗之法制"⑦作为一条重要的施政原则。他说:"自古国家,其初立法未尝不善,而其末流之弊,皆生于子孙轻变祖宗之成法。"⑧他批评"王安石变祖宗旧法,以驯致靖康之祸"⑨。但事实上丘濬并没有反对一切改变祖宗成法的事,例如王安石实行以经义取士,就得到了他的肯定。他的改革建议也并不全都是符合祖宗法制的。他指出祖宗法制"不幸行之久而弊生,其间不能无有窒碍难行之处",有必要"就其阙而补之,举其滞而振之",只是不能"失祖宗

---

① 《丘文庄公集·欲择〈大学衍义补〉中要务上献奏》。
② 《大学衍义补》卷首《审几微·谨理欲之初分》。
③ 《大学衍义补》卷首《审几微·察事几之萌动》。
④ 《大学衍义补》卷首《审几微·炳治乱之几先》。
⑤ 《大学衍义补》卷一三七《严武备·遏盗之机中》。
⑥ 《大学衍义补》卷一三《困邦本·总论固本之道》。
⑦ 《大学衍义补》卷一一九《严武备·群国之守》。
⑧ 《大学衍义补》卷二四《制国用·经制之下》。
⑨ 《大学衍义补》卷六《正百官·敬大臣之礼》。

立法之初意"①。这和叶适的"增益祖宗之意"的意思差不多。

为了补缺振滞,丘濬在按语中触及了一些时弊。如对于科举制度,他指出当时的试官"设心欲窘举子以所不知,用显己能",出经书题时,"往往深求隐僻,强截句读,破碎经文,于所不当连而连,不当断而断。遂使学者无所据依,施功于所不必施之地,顾其纲领体要处,反忽略焉。"在这种考试办法下,甚至名列前茅的士子也"不知史册名目,朝代前后,字书偏旁",很少有"博古通今之士"。②他希望对考试办法做些改革,真正能选取有用的人才。他还批评了按资格用人的制度。他说:"今日用人必循资格,而人才需选者,往往老于选调而不得及时以进用,及用之,太半衰老矣。衰老之人,志气消沮,筋力废弛,其不为身家子孙计者无几……衰老之人布满天下,而欲事理民安,难矣。事不理民不安,乱亡之兆也。"不过他也不主张完全不以资格用人,对才能一般的人来说要按资格,对有才能的人则可以适当变通,不受资格限制,"非不用资格,亦不纯用资格"。③他认为这样就能弥补按资格用人的缺陷。

《大学衍义补》中和经济思想有关的主要是《制国用》《固邦本》二目,在正朝廷、备规制、严武备、驭夷狄中也有所涉及。丘濬的经济思想是明人中最丰富的,在中国封建社会后期的经济思想史中具有较突出的地位。

二、养民论

丘濬很重视养民。他说:"朝廷之上,人君修德以善其政,不过为养民而已。"④"人君之治,莫先于养民。"⑤把养民作为治国的根本目标和首要任务。养民对于统治者的意义,丘濬有很多论述。他说:"人君诚知民之真可畏,则必思所以养之安之,而不敢虐之苦之,而使之至于困穷矣。夫然,则天禄之奉在人君者,岂不长可保哉!"⑥这就是说,养民十分重要,不这样君位就不能长保。他还从增加人口的角度来谈养民的重要性:"天下盛衰在庶民,庶民多,则国势盛,庶民寡,则国势衰。盖国之有民,犹仓廪之有粟,府藏之有财也。是故为国者,莫急于养民。"人口增加也是长保君位的必要条件:"民生既蕃,户口必增,则国家之根本以

---

① 《大学衍义补》卷二四《制国用·经制之义下》。
② 本段以上引文均见《大学衍义补》卷九《正百官·清入仕之路》。
③ 本段引文未注明出处的均见《大学衍义补》卷一〇《正百官·公铨选之法》。
④ 《大学衍义补》卷一《正朝廷·总论朝廷之政》。
⑤ 《大学衍义补》卷一四《固邦本·制民之产》。
⑥ 《大学衍义补》卷一三《固邦本·总论固本之道》。

固,元气以壮,天下治而君位安矣。"①丘濬从巩固封建统治的角度来认识养民的重要性,是正确的。他用这些话来告诫封建帝王,具有积极意义。

养民本来只是一个经济问题,可是丘濬把伦理道德教育也包含在内。他说:"诚以民之为民也,有血气之躯,不可以无所养;有心知之性,不可以无所养;有血属之亲,不可以无所养;有衣食之资,不可以无所养;有用度之费,不可以无所养。一失其养,则无以为生矣。"②这里的"有心知之性,不可以无所养",就属于教育的问题。因此他所说的"养民之政",包括"设学校,明伦理,以正其德;作什器,通货财,以利其用;足衣食,备盖藏,以厚其生"③等。把"设学校,明伦理,以正其德"作为养民的政策,和董仲舒所说的"义以养其心"是一个意思。

当然,丘濬也知道生活资料是养民的根本内容,而且生活资料主要来自农业部门。他指出"民之所以得其养者,在稼穑、树艺而已",有时还要加上牧畜:"所谓生生之具,稼穑、树艺、牧畜三者而已。"④为了养民,就要重农:"农以业稼穑,乃人所以生生之本,尤为重焉。"他解释《尚书·洪范》中的"农用八政"除食、货外为什么还要包括祀、司空、司徒、司寇、宾、师时说:"故凡朝廷之上,政之所行,建官以涖(lì,通莅)事,行礼以报本,怀柔以通远人,兴师以禁暴乱,何者而非为民,使之得以安其居,尽其力,足其食,而厚其所以生哉?"这是说一切政治活动归根到底都是"为民",而农业是民生之本,所以政治活动要为发展农业服务。这里仍然存在着歪曲国家本质的毛病,但指出政治要为经济服务却又是一个深刻的见解。他批评后世朝廷很少关心"农民之事","本意之出于为农,泛然而施之,漫然而处之,往往反因之以戕民生,废农业",违背了《洪范》农用八政之本旨。⑤

封建社会中的基本生产资料是土地,丘濬说,"民之所以为生产者,田宅而已。有田有宅,斯有生生之具。"⑥但由于地主兼并土地。使广大农民丧失了生生之具。如何解决这个矛盾呢? 丘濬反对用抑制富人的办法来解决。他阐发《周礼》"安富"一词的意义说:"诚以富家巨室,小民之所依赖,国家所以藏富于民者也。小民无知,或以之为怨府……是则富者,非独小民赖之,而国家亦将有赖焉。彼偏隘者,往往以抑富为能,岂知《周官》之深意哉!"⑦

---

① 本段引文未注明出处的均见《大学衍义补》卷一三《固邦本·蕃民之生》。
② 《大学衍义补》卷一《正朝廷·总论朝廷之政》。
③ 《大学衍义补》卷一《正朝廷·总论朝廷之政》。
④ 《大学衍义补》卷一四《固邦本·制民之产》。
⑤ 本段引文未注明出处的均见《大学衍义补》卷一《正朝廷·总论朝廷之政》。
⑥ 《大学衍义补》卷一四《固邦本·制民之产》。
⑦ 《大学衍义补》卷一三《固邦本·蕃民之生》。

丘濬也反对用复井田的办法来解决农民的土地问题。他除赞成苏洵、叶适的理由外,还批评了井田可以行于"国初人寡之时"的观点,指出即使可行,"然承平日久,生齿日繁之后,亦终归于隳废"。他也像刘定之一样,认为限田、均田、口分、世业等办法都不是长久之计,"终莫若听民自便之为得"。

在无他法可想的情况下,丘濬想出了一个"不追咎其既往,而惟限制其将来"的解决土地问题的方案,叫作"配丁田法"。配丁田法的要点是:规定一个期限,在这期限以前,"其民家所有之田,虽多至百顷,官府亦不之问"。在这期限以后,一丁只许占田一顷,余数不得超过50亩。丁多田少的,可以买足田数,买田超过限额的没收入官。丁少田多的,只许卖田不许买田,"有增买者,并削其所有"。根据丁田定差役。"以田一顷,配人一丁,当一夫差役。"占田超过标准的,以田配丁,超过部分每田二顷算一丁,"当一夫差役,量出雇役之钱"。占田不足的,以丁配田,超过部分每二丁算田一顷,"当一夫差役,量应力役之征"。在田多人少的地方,占田限额可适当提高;反之,则适当降低,"尽其数以分配之"。对做官的人家则按官品的高低做适当的优免,优免部分只是不出差役,仍要纳粮。"其人已死,优及子孙,以寓世禄之意"。他描述实行配丁田法以后将会出现的情况说:"既不夺民之所有,则有田者惟恐子孙不多,而无匿丁不报者矣。不惟民有常产,而无甚贫甚富之不均,而官之差役亦有验丁验粮之可据矣。行之数十年,官有限制,富者不复买田;兴废无常,而富室不无鬻产。田直日贱,而民产日均。虽井田之制不可猝复,而兼并之患日以渐销矣。"①

配丁田法的限田从限未来不限过去来看,和苏洵的限田主张相似。丘濬的创新在于以田、丁相互结合来定差役,将限田和均赋役结合起来。这办法比苏洵的更复杂,因此实行起来也更困难。丘濬知道历史上的限田主张行不通,但对自己的设想抱乐观态度。这种乐观估计是没有根据的。养民和安富本来存在着矛盾,丘濬却想将它们统一起来。配丁田法就是将两者统一起来的一种尝试。事实上这个办法把安富放在第一位,养民放在第二位。它恰恰表明,封建统治者绝不可能把养民提到丘濬所说的那种高度,就是丘濬自己也是如此。

三、理财论

丘濬肯定理财,对理财下定义说:"所谓理财者,制其田里,教之树畜,各有其有而不相侵夺,各用其用而无有亏欠,则财得其理而聚矣。"②这一理财定义完全

---

① 以上两段引文均见《大学衍义补》卷一四《固邦本·制民之产》。
② 《大学衍义补》卷一《正朝廷·总论朝廷之政》。

是指"理民之财"。从它的直接意义看,根本不涉及国家财政收入的问题。这并不是说他认为理财和国家财政无关。在《制国用》中,首先列有《总论理财之道》一节,说明他认为制国用也属于理财的范围。他引《尚书·益稷》中的"懋迁有无化居",说"万世理财之法,皆出于此",并说这是"为民而理,理民之财"。这一说法同定义是一致的。接着他又指出:"古者藏富于民,民财既理,则人君之用度无不足者。是故善于富国者,必先理民之财,而为国理财者次之。"①这样,又把理财的含义扩大为包括"理民之财"和"为国理财"两个方面,而以"理民之财"居于首位。

丘濬认为"《大学》以用人、理财为平天下之要道"②。他同意元人金履祥(1232—1303年)的以下观点:《大学》所说的"生之者众,食之者寡,为之者疾,用之者舒"是"万世理财之大法"。确实,《大学》的话包括了生产和消费,不只是一个生财问题,但就生财和理财的词义来说,则应有所区别。丘濬也指出了两者的区别:"理之为言,有人为分疏之意;生之为言,有生生不穷之意。有以生之,而财之源生生不穷;有以理之,而财之流陈陈相因。"③生财是源,理财是流。前者属于生产领域,后者属于分配和流通领域。但广义的理财也包括生财,所以金履祥、丘濬也把《大学》的生财之道说成是理财之法。

事实上,对于封建国家来说,理财的主要内容只能是"为国理财"。丘濬以《制国用》作为《治国平天下之要》的一目,说明他虽然在理论上强调"理民之财"高于"为国理财",但还是很关注后者,即讨论有关财政收支的问题。

丘濬指出:"人君为治,莫要于制国用,而国之所以为用者财也。财生于天,产于地,成于人,所以制其用者君也。"④这是说国家的财政收入来源于人民的劳动所得,并由国君来使用。他反对把财政收入用来奉国君一人,认为"君制其用,虽以为国,实以为民"⑤。这一认识自然是不符合封建财政的本质的。不过他又指出用之于民是"三代盛王"时的情况,至于后世的财政支出,则"专以为宫禁之用,官府之用,兵卫之用,边鄙之用,而所以为民者,特于此数用之外,而别有所谓常平、义、社之仓,仅千百之一二耳"⑥。这表明所谓"实以为民"只存在于虚无缥缈的幻想之中。

---

① 《大学衍义补》卷二〇《制国用·总论理财之道上》。
② 《大学衍义补》卷二四《制国用·经制之义下》。
③ 《大学衍义补》卷二〇《制国用·总论理财之道上》。
④ 《大学衍义补》卷二一《制国用·总论理财之道下》。
⑤ 《大学衍义补》卷二一《制国用·总论理财之道下》。
⑥ 《大学衍义补》卷二三《制国用·经制之义上》。

从"为国理财"的角度,丘濬提出了"经制之义"的新概念。这里的"义",是义利之义,不是意义之义。所谓"经制之义",就是制国用所应遵循的义。如果不考虑义,只考虑利,就会变利为害。他说:"利之为利,居义之下,害之上。进一等则为义,经制得其宜,则有无穷之福。退一等则为害,经制失其宜,则有无穷之祸。"①这是丘濬提出"经制之义"的理论基础。

丘濬解释"经制之义"说:"国家经制之义,在乎征敛有其艺(限度),储蓄有其具,费用有其经而已。"②他还说过"生之(财)有道,取之有度,用之有节"③和"生财有道,取财有义,用财有礼"④的话。"征敛有其艺""取之有度""取财有义"都是指财政收入的原则。"费用有其经""用之有节""用财有礼"都是指财政支出的原则。

财政收入原则的实际含义有两点。一是取民要有限度,不要聚敛。丘濬说:"治国者,不能不取乎民,亦不可过取于民。不取乎民,则难乎其为国;过取乎民,则难乎其为民。"他认为什一之税是"万世取民之定制"。二是取民"必立经常之法,以为养民足国之定制"。他说《尚书·禹贡》的贡、赋办法就是大禹、孔子用来示法后世的,除此以外而另立名目的,"皆非中正之道,天下经常之制"。受到丘濬批评的取民之法有盐铁官营、均输、平准、算缗、告缗、进奉、和买、劝借、榷酤、算舟车、五均、借商税、和籴、承买、间架税、除陌钱、青苗、市易、经总制钱、鬻爵、度僧等。他主张田赋征粮食,认为"后世以钱物代租赋"是"失轻重之宜,违缓急之序"的。⑤他还反对"一物而再税",如认为"民种五谷,已纳租税,无可再赋之理"⑥。

财政支出原则的实际含义也有两点。一是要严格控制财政支出,做到"不耗其财于无益之事,不费其财于无用之地,不施其财于无功之人";二是不要把财政收入看成是国君的私财,要"为天守财","为民聚财","凡有所用度,非为天,非为民决不敢轻有所费"⑦。

"经制之义"中的"储蓄有其具"⑧,是指有足够的粮食储备。丘濬根据《礼

---

① 《大学衍义补》卷二四《制国用·经制之义下》。
② 《大学衍义补》卷二四《制国用·经制之义下》。
③ 《制国用·总论理财之道下》。
④ 《制国用·经制之义上》。
⑤ 本段以上引文均见《大学衍义补》卷二二《制国用·贡赋之常》。丘濬批评的取民之法散见于《制国用》诸节中。
⑥ 《大学衍义补》卷三〇《制国用·征榷之课》。
⑦ 《大学衍义补》卷二一《制国用·总论理财之道下》。
⑧ 《大学衍义补》卷二四《制国用·经制之义下》。

记·王制》的说法,说要做到30年有9年(他有时又说10年)之蓄。如何实现这一目标?丘濬多次提到量入为出。但他提出的预计次年国用的办法,实际上是量入为出和量出制入两种原则的结合。他建议每年十二月下旬由户部会同执政大臣,根据各地上报的次年计划开支钱谷数、积存数和本年的两税收入数,"通行计算"次年的收支和储备情况,然后上报国君。这样就能"知不足则取之何所以补数;有余则储之何所以待用;岁或不足,何事可从减省,某事可以暂已。"①这里既有量出制入,也有量入为出,是用双管齐下的办法来保证国家财政的收入大于支出并有所结余。

明代没有专管财政工作的高级官员。丘濬建议在户部"添设尚书一员,专总国计。凡内外仓库之储,远近漕挽之宜,咸在所司,稽岁计之出入,审物产之丰约,权货币之轻重,敛散支调,通融斡转,一切付之,久其任而责成功。凡国家有所用度,悉倚办之。"②

上述制国用的主张,有很大的理想成分。它体现了丘濬的反聚敛思想。丘濬自己也知道单靠像《禹贡》所说的贡、赋一样的财政收入是不可能使国用充足的,所以又说:"民之租赋有限,国之用度无穷,苟非于岁计常赋之外别有所经营,而欲其优裕丰赡,难矣。"③他提出另辟收入的主要途径是屯田,包括围垦海滩,京畿种水稻等。此外,他还提出了增加收入的其他办法,后面将陆续指出。

四、货币论和价值论

丘濬对金属主义货币理论做了重要的发展。

关于货币产生的原因,丘濬说:"日中为市,使民交易以通有无。以物易物,物不皆有,故有钱币之造焉。"这是认为货币是为了解决物物交换的困难而制造出来的,和李觏的观点相似。但李觏说的是衡量价值的困难,丘濬则说的是缺乏交换媒介的困难,而且后者在文字上更加简练。

丘濬对货币的价值尺度和流通手段职能都有所论述。他指出"钱以权百物",又指出"所以通百物以流行四方者,币也"。对于后者,他还分析说:"盖天下百货皆资于钱以流通。重者不可举,非钱不能以致远。滞者不能通,非钱不得以兼济。大者不可分,非钱不得以小用。货则重而钱轻,物则滞而钱无不通故也。"④这些话从

---

① 《大学衍义补》卷二〇《制国用·总论理财之道上》。
② 《大学衍义补》卷二四《制国用·经制之义下》。
③ 《大学衍义补》卷三五《制国用·屯营之田》。
④ 以上两段引文均见《大学衍义补》卷二六《制国用·铜楮之币上》。

理论上看并不很精确，只是反映出丘濬对于作为流通手段的货币的重视。

丘濬认为封建国家垄断货币权是完全必要的。他说："夫天生物以养人，如茶、盐之类，弛其禁可也。钱币乃利权所在，除其禁，则民得以专其利矣，利者争之端也。"①"上之人苟以利天下为心，必操切之，使不至于旁落……则利权常在上。"统治者掌握这个利权，"得其赢余，以减田租、省力役，又由是以赈贫穷、惠鳏寡，使天下之人养生丧死皆无憾。是则人君操利之权，资以行义，使天下之人不罹其害而获其利也。"②这里所说的利权，是指铸币所得之利和通过控制货币流通数量调节物价之权。丘濬肯定国家可以从控制货币铸造权中获取财政收入，但认为这收入仍应用之于民，这就是义的表现。

对于商品买卖，丘濬强调了等价交换原则："必物与币两相当值，而无轻重悬绝之偏，然后可以久行而无弊。"大钱是不足值铸币，不符合等价交换原则。丘濬指出铸大钱是"时君世臣"因用度不足，"设为罔利之计，以欺天下之人，以收天下之财，而专其利于己"。认为这是违反"上天立君之意"的，所以"卒不可行"。他赞成南齐孔顗(yǐ)的主张，称孔顗所说的"不惜铜，不爱工"是"万世铸钱不易之良法"。③ 如果造一钱费一钱，就不会有铸利收入，也就没人会盗铸了。至于等价交换的价如何决定，后面还要谈到。

明代盗铸严重，私钱盛行。政府屡下禁令，没有什么效果。丘濬除认为铸钱要符合标准外，还提出"拘盗铸之徒以为工，收新造之钱以为铜……别为一种新钱，以新天下之耳目，通天下之物货，革天下之宿弊，利天下之人民"④。另外唐宋以来的真钱加刻标志后亦可流通。除此两种钱币外，其余均不得使用。官府还要将精选的唐宋真钱分发至各地市集，随处悬挂作为式样。民众可将不同于之的伪币送至官府，按一定比例兑换新钱。丘濬想用这个办法来消灭盗铸，革新币制。

丘濬对纸币流通进行了尖锐的批评，在理论上较许衡又有发展。他说纸币是人君"设为阴谋潜夺之术，以无用之物而致有用之财，以为私利"的表现，完全不符合"天意"。商品买卖必物与币两相当值，而用纸币买物却不具备这一条件。丘濬指出："所谓钞者，所费之直不过三五钱，而以售人千钱之物。呜呼，世间之物虽生于天地，然皆必资以人力，而后能成其用。其体有大小精粗，其功力有浅

---

① 《大学衍义补》卷二六《制国用·铜楮之币上》。
② 《大学衍义补》卷二七《制国用·铜楮之币下》。
③ 本段引文均见《大学衍义补》卷二六《制国用·铜楮之币上》。
④ 《大学衍义补》卷二六《制国用·铜楮之币上》。

深,其价有多少,直而至于千钱,其体非大则精,必非一日之功所成也。乃以方尺之楮,直三五钱者而售之,可不可乎?"①在这里,丘濬用朴素的劳动价值观点来否定纸币流通。在丘濬以前,已有不少人讲到劳动耗费,如王符所说的"计一棺之成,功将千万"②,那是从具体劳动的角度说的,没有涉及价值问题。丘濬所说的"功"却是指决定价值的功,也就是抽象劳动。当然,他还不懂得抽象劳动和具体劳动的区别,也不懂得价值和价格的区别,只是认为花功的多少决定商品价格的高低。而印造纸币的成本很低,所以丘濬认为不合理。在中国,自从《管子·轻重》提出数量价值论以来,一直到19世纪末,这一理论都为人们所信奉。其间只有丘濬一度用劳动耗费来说明商品的价值,这是非常难得的,但是他用等价交换原则来说明纸币流通的不合理,在货币理论上却并不正确。

丘濬还分析了纸币流通的后果:"民初受其欺,继而畏其威,不得已而黾勉(勉力)从之。行之既久,天定人胜,终莫之行。非徒不得千钱之息,并与其所费三五钱之本而失之,且因之以失人心,亏国用,而致乱亡之祸如元人者,可鉴也已。"③从宋以来,历代纸币都以失败而告终,所以丘濬这样说是有根据的。但是,他没有将纸币和通货膨胀分开,不是把失败的原因归于通货膨胀,而是归于纸币流通本身。这是其理论上的不足之处。

成化元年(1465年)规定商税"钱、钞中半兼收",每钞一贯折钱4文④,可见大明宝钞贬值的严重。虽然丘濬在理论上否定纸币流通,却不敢否定大明宝钞流通的现实。他提出一个改革币制的建议:"臣请稽古三币之法,以银为上币,钞为中币,钱为下币,以中下二币为公私通用之具,而一准上币以权之焉。"银一分抵钱10文。新钞每贯抵钱10文,旧钞按其破损程度每贯抵钱5文、3文或1文。大明宝钞的作价虽然大大低于其名义价值,但仍比当时的市价高了很多。丘濬说:"虽物生有丰歉,货直有贵贱,而银与钱、钞交易之数,一定而永不易,行之百世,通之万方……既定此制之后,钱多则出钞以收钱,钞多则出钱以收钞。银之用,非十两以上,禁不许以交易。"⑤两种各以其自身价值流通的货币,不可能长期按国家规定的比价流通,丘濬对此还没有什么认识。

---

① 《大学衍义补》卷二七《制国用·铜楮之币下》。
② 《潜夫论·浮侈》。
③ 《大学衍义补》卷二七《制国用·铜楮之币下》。
④ 《明宪宗实录》卷一九成化元年七月丁巳。
⑤ 本段引文均见《大学衍义补》卷二七《制国用·铜楮之币下》。

五、商业理论

丘濬不仅反对侵犯地主的利益,而且也反对侵犯商人的利益。他在批评王安石的市易法时说:"呜呼,天生众民,有贫有富,为天下王者,惟省力役、薄税敛、平物价,使富者安其富,贫者不至于贫,各安其分、止其所,得矣。乃欲夺富与贫以为天下,乌有是理哉? 夺富之所有以与贫人且犹不可,况夺之而归之于公上哉! 吁,以人君而争商贾之利,可丑之甚也。"他还主张给商人充分的经营自由,反对封建国家从事商业活动,"乘时贵贱以为敛散"。他说这样做"虽曰摧抑商贾居货待价之谋,然贫吾民也,富亦吾民也,彼之所有,孰非吾之所有哉! 况物货居之既多,则虽甚乏,其价自然不至甚贵也哉。"①丘濬认为贫、富都是吾民,民之所有即国之所有,所以不需要夺富与贫。他的不干涉的理由在现代人看来是缺乏逻辑的。富者更富会使贫者更贫,商人屯积居奇也必然使物价提高。然而这一主张有利于商品经济的发展,因此具有进步意义。他不知道商人势力的发展不利于治封建之国、平帝王的天下。

《管子·轻重》的盐铁官营专卖政策受到丘濬的猛烈抨击。他以为这是管仲的主张,所以批评管仲说:"示之以予之之形,而阴为夺之之计,是乃伯(霸)者功利之习,见利而不见义,知有人欲而不知天理,乃先王之罪人也……后世言利之徒,祖其说以聚敛,遂贻千万世生灵无穷之祸。"②笔者曾经指出,《管子·轻重》主张封建国家控制商品流通有两个目的,其主要目的是为了增加国家财政收入。丘濬对《管子·轻重》整体上既有批评,又有肯定。这里的批评除了"人欲""天理"的说教外,总的来说是正确的。

实际上,丘濬并没有完全否定国家经营商业的作用。他将市和籴分开,市指一般商业,籴指收购粮食。他说:"籴之事犹可为,盖以米粟民食所需,虽收于官,亦是为民。"他肯定李悝的平籴,并称赞《管子·国蓄》(《管子·轻重》中的一篇)稳定粮价的政策说:"上之人制其轻重之政,而因时以敛散,使米价常平以便人。是虽伯者之政,而王道亦在所取也。"③

丘濬提出了关于粮食政策的具体建议。第一,各地定期逐级上报粮食价格,"使上之人知钱谷之数,用是而验民食之足否,以为通融转移之法。务必使钱常不至于多

---

① 本段引文均见《大学衍义补》卷二五《制国用·市籴之令》。
② 《大学衍义补》卷二八《制国用·山泽之利上》。
③ 《大学衍义补》卷二五《制国用·市籴之令》。

余,谷常不至于不给,其价常平"①。第二,在各地设立常平司,按市价收籴余粮,包括谷、麦、豆等。何种粮食歉收,就发粜何种粮食。"诸谷俱不收,然后尽发之。"粜粮不一定收货币,也可以收货物。收到的货物有些可上交充国用,其余变卖后作为籴本。丘濬说这办法"虽不尽合于古人,是亦足以为今日养民足食之一助"。第三,边郡采取不同的办法。在辽东、宣府(治今河北宣化)、大同各设常平司,在收成时收购粮食。能久存的粮食存储边城,不能久存的作为官兵的口粮,原来负责供应边仓粮食的州县则改为折钱运往。这样做的好处是"不独可以足边郡,而亦可以宽内郡"②。

从以上介绍可以看出,丘濬虽然在理论上否定国家通过经商获取财政收入的积极意义,但他的粮食政策主张中却包含着财政目的,因此他的否定是不彻底的。还有,既然从稳定粮价的目的出发,国家可以经营粮食买卖,那么,为什么不可以为稳定物价而实行平准或均输呢?可见把粮食和其他商品分开而采取截然不同的政策,在理论上也是不能自圆其说的。丘濬虽然批判了《管子·轻重》和桑弘羊的理财政策,但他仍在小心翼翼地吸收其中的一些有益的东西。

从明初开始,明王朝就禁止私人进行海外贸易。丘濬是较早提出开放海外贸易的人。他一方面说中外通商有利于外国:"国家富有万国,故无待于海岛之利。然中国之物自足其用,固无待于外夷,而外夷所用,则不可无中国物也。"另一方面又说开放海外贸易,国家从中抽税,"不扰中国之民,而得外邦之助,是亦足国用之一端"。这是把对外贸易看成是增加财政收入的又一有效途径,认为这样取得的财政收入比"前代算间架、经总制钱之类滥取于民"的苛敛要好得多。丘濬批评了开放海外贸易会"招惹边患"的说法。他说"以前代史册考之,海上诸蕃,自古未有为吾边寇者",只有日本是例外,"当遵祖训不与之通……乞下有司详议以闻。然后制下滨海去处,有欲经贩者,俾其先期赴舶司告知,行下所司审勘,果无违碍,许其自陈自造舶舟若干料数、收贩货物若干种数、经行某处等国、于何年月回还,并不敢私带违禁物件,及回之日,不致透漏。待其回帆,差官封捡抽分之余,方许变卖"。③

六、救荒论及其他

救荒也是丘濬重点议论的内容。他指出:"古之善为治者恒备于未荒之先。救之已患之后者,策斯下矣。"他提出的救荒主张有些是重复前人的意见,如鬻爵用于其他不可,用于救荒则可;鼓励富人放债,"许其取息,待熟之后,官为追偿";

---

① 《大学衍义补》卷二六《制国用·铜楮之币上》。
② 本段引文未注明出处的均见《制国用·市籴之令》。
③ 本段引文均见《大学衍义补》卷二五《制国用·市籴之令》。

禁止穷人抢夺富人财产,"谕之不从,痛惩首恶,以警余众"等。不过,他也提出了一些与众不同的主张。

对于义仓,丘濬认为"其名虽美,其实于民无益"。"所谓义者,乃所以为不义"。当时有人认为义仓建在农村就能克服饥民得不到救济的弊病。丘濬反对这种观点,他主张将义仓米储入官仓,凶年时选择可靠的官员负责,将粮食运往农村给散。

凶年时穷人有卖儿卖女的,丘濬提出由官府来买,每一男一女给价5贯以上,买来后改名不改姓,送往边郡交军士养育,以充实边城。如遇到荒年,官府预支进行购买。以后江南民户中应去边境当兵的,如愿出钱500贯以上,就可取消军籍;出钱200贯以上,就可改充近卫。这部分收入用以弥补购买人口的支出。他说采取这一办法,"则除一军,得百军;移一军,得四十军。随以所得,抵数还官。数十年之后,边境之军日增,而南方之伍亦不缺矣"。

为了增加粮食储备,丘濬还主张将仓米出纳时"尖入平出"所得的余米存仓,"以待荒年之用"。又提出凡是民间诉讼,无论有理无理,都要交粮食给政府。例如争田的,有理一方上田每亩交3斗,中田2斗,下田1斗;争婚的,有理一方上户30石,中户20石,下户10石或四五石。无理的一方则"罚米以赎罪"。① 这些粮食也用来备荒。

如果国家存粮很多,发给饥民的粮食可以不要归还。否则,在丰年时将民户分成三等:上户如数归还,中户归还一半,下户不归还。

从上述救荒论中可以看出,为了增加国家的收入,丘濬再也顾不得他的"取财有义"的主张了。他鼓吹由国家收买穷人的子女充实边郡,而从日后不愿去边境当兵的民户中获取更多的收入。他公然把"尖入平出"作为增加粮食储备的正常手段,这势必为经办官吏的营私舞弊开了方便之门。民间诉讼有理无理都要交粮,更是堂而皇之的聚敛。这些办法的提出,说明既要维持庞大国家机器的日常花费,又要应付各种意外开支,势必不能不求助于聚敛。在理论上反对聚敛的丘濬终于也落入这一窠臼,是有其深刻的社会原因的。

此外,丘濬还有以下一些重要的经济思想。

前面已经提到,丘濬认为人口的多寡决定国势的盛衰。他的人口理论还不止这一点。他分析造成人口多寡的原因说:"夫自天地开辟以来,山川限隔,时世变迁,地势有广狭,风气有厚薄,时运有盛衰,故人之生也,不无多寡之异焉。"② 他既认为人多能使国势强盛,又感到人多会加剧社会矛盾,以下一段话就反映了他

---

① 以上四段引文均见《大学衍义补》卷一六《固邦本·恤民之患》。
② 《大学衍义补》卷一三《固邦本·蕃民之生》。

的后一观点:"当夫国初民少之际,有地足以容其后,有田足以供其食,以故彼此相安,上下皆足,安土而重迁,惜身而保类。驯至承平之后,生齿日繁,种类日多,地狭而田不足以耕,衣食不给,于是起而相争相夺,而有不虞度(料想)之事矣。"人多难以谋生,就会起来争夺,甚至导致大乱。如何解决这个矛盾?认为人多是好事的丘濬当然不会主张节制人口。他要"圣王"从两方面下手:"既为之足食以顺其生,又为之足兵以防其变。"①前一条就是前面所说的养民,后一条则是武力镇压。

元代的漕运以海运为主。明初也曾实行海运,永乐十三年(1415年)改为河运,经会通河运京。丘濬提出了复海运的主张。他说:"会通一河,譬则人身之咽喉也,一日食不下咽,立有死亡之祸。"只有河运、海运并行,才不致临时发生问题。海运可以使用大船,装载量更大,运送同样重量的货物,所需人力更少,因此比河运费用省。海船除运粮外,还可以附载其他南货,空船南回又可装运北货,使南北物资交流。因此丘濬说:"今日富国足用之策莫大于此。"实行海运后,可以减少河运军卒,并使国家"有水战之备",所以又是"万世之利"②。这一主张在当时并未引起朝廷的重视。到嘉靖时,果然发生河道淤塞,主张海运的人渐多。但终明之世,海运漕粮只是偶有实行。

丘濬还很重视造林。其目的一是为了巩固边防,二是为了满足民用燃料的需要。他指出北京以北的一带边塞,"高山峻岭,蹊径狭隘,林木茂密,以限虏骑驰突。不知何人,始于何时……伐木取材,折枝为薪,烧柴为炭,致使木植日稀,蹊径日通,险隘日夷(平)。"这样不仅难以阻挡敌人的入侵,而且会使民间发生燃料恐慌。关于后一点,他指出:"木生山林,岁岁取之,无有已时。苟生之者不继,则取之者尽矣。窃恐数十年之后,其物日少,其价日增,吾民之采办者愈不堪矣。"因此他除了提出制止滥伐树木的建议外,又提出了造林的建议:从山海关往西,"于其近边内地,随其地之广狭险易,沿山种树,一以备柴炭之用,一以为边塞之蔽"。"每山阜之侧、平衍之地,随其地势高下曲折,种植榆柳,或三五十里,或七八十里。"种树的人有两种:一种是判处赎罪的犯人,罚他们种树,数量按判罪的轻重而定;一种是专职种树的人,"当官领价,认种某树若干",规定长短大小,必须达到标准,"有枯损者,仍责其赔"。有司还要派官巡视,"不许作践砍伐,违者治以重罪"。树木成材后,每年派官"采其支条,以为薪炭之用"。③ 对造林的重要性有这样的认识,在古人中是很罕见的。

---

① 本段引文未注明出处的均见《大学衍义补》卷一一四《严武备·总论威武之道上》。
② 本段引文均见《大学衍义补》卷三四《制国用·漕挽之宜下》。
③ 本段引文均见《大学衍义补》卷一五〇《驭夷狄·守边固圉之略上》。

第四节 林希元、陆楫的经济思想

一、林希元的经济思想

林希元(1481—1565年)①,字茂贞,号次崖,福建同安(今属厦门)人。武宗正德十一年(1516年),林希元考中举人;正德十二年考中进士,授南京大理寺评事,历升寺副、寺正。世宗嘉靖二年(1523年),林希元因执法不阿,反被大理寺卿陈琳论参,贬为泗州(治今江苏盱眙西北洪泽湖中)判官。当时泗州灾荒严重,他举办荒政,灾民"多赖全活"②。嘉靖三年,林希元告病回家;六年又起为大理寺寺副;七年升广东按察司盐屯佥事,后改提学;九年末(1530年)授南京大理寺右寺丞;十二年调北京;十四年因上疏反对对大同、辽东叛军采取姑息政策,被降为知钦州(今属广西);十八年升广东按察司佥事,兼管兵备。在两广时,正值安南内乱,他多次上疏分析形势,提出用兵建议。因与当道意见不合,嘉靖二十年,林希元被罢官。他晚年编《大学经传定本》一册,对朱熹所定的《大学》有所订正。他将此书及他所著的《四书存疑》《易经存疑》上呈世宗,请求下旨颁行,反而被削除官籍。著作还有《林次崖先生文集》《太极图解》《读史疑断》《考古异闻》等。

林希元有强烈的用世思想。世宗即位之初,曾下诏革除武宗朝弊政,朝野一时以为中兴有望。这时,林希元就应诏陈言,上《新政八要疏》③,建议世宗"必为尧、舜,必法祖宗","凡自宣德、正统以来随时更置,间有不利于国、不便于民者",尽行革除。"八要"中,针对宦官干政的占了两条:一是"息内臣机务以拔祸根",二是"罢内臣镇守以厚邦本"。第二条在嘉靖八年后得到了实现,但明代内臣干政的祸根始终没有拔除。

嘉靖八年,林希元上论荒政的万言书——《荒政丛言疏》④,经世宗诏有司施行。他说疏中所谈的都是他对"往哲成规,昔贤遗论"作了"斟酌损益,或已行而有效,或欲行而未得,或得行而未及,谓可施行于今日者"。全文分二难(得人难,审户难),三便(极贫之民便赈米,次贫之民便赈钱,稍贫之民便转贷),六急(垂死

---

① 林希元的生卒年据《林次崖先生文集》中《林次崖先生传》和同书卷一四《先府君明夫先生行状》推出。林希元生于他父亲47岁时,活了85岁。他父亲生于宣德十年(1435年),由此可以算出他的生卒年。
② 《林次崖先生文集·林次崖先生传》。
③ 《林次崖先生文集》卷一。
④ 《林次崖先生文集》卷一。清人俞森将《荒政丛言》编为《荒政丛书》卷二。

贫民急馆粥,疾病贫民急医药,病起贫民急汤米,既死贫民急募瘗(yì),遗弃小儿急收养,轻重系囚急宽恤),三权(借官钱以籴粜,兴工役以助赈,借牛、种以通变),六禁(禁侵渔、禁攘盗、禁遏籴、禁抑价、禁宰牛、禁度僧),三戒(戒迟缓、戒拘文、戒遣使),共 6 纲 23 目。这些条目中,有些一看就知道它的意思,有些在董煟的救荒论中已有过说明,不需要做进一步的介绍。下面只谈谈其中需要说明而又较有意义的几点。

审户难是指难以确定真正的饥民,赈济的钱、粮往往落入里正、书吏或富人之手。林希元提出一个解决这一困难的办法:把民分为极富、次富、稍富、稍贫、次贫、极贫六等。"稍富不劝分,稍贫不赈济"。极富的民户贷银给本乡稍贫的民户,次富的民户贷种子给本乡次贫的民户,贷给谁都由他们自行挑选决定。富户在挑选贷放对象时一定会考虑对方的偿还能力,所以极富之民不肯贷钱的民户是次贫,次富之民不肯贷种的民户是极贫,这是"于劝分之中而寓审户之法"。他认为采取这一办法,"不用耳目而民为吾耳目,不费吾心而民为吾尽心,法之简要似莫有过于此者"。林希元在泗州救荒时还没有想出这个办法,它没有经过实践的检验,很难说是否行得通。不过从中可以看出,他对救荒是用了一番心思的。

极贫之民需要赈米,因为如果赈货币,"未免求籴于富,抑勒亏折,皆所必有",而且还可能发生"不得食而立毙"的后果。次贫之民不急于得食,"得钱复可营运,以继将来",所以以赈钱为便。至于稍贫之民,在荒歉之时只是临时有困难,所以只要由极富之民贷银,就可渡过难关。贷银"官为立券,丰岁使偿,只收其本,不责其息"。这样,"贫民得财而有济,富民捐财而有归,官府无施而有惠,一举而三得备焉"。

"借官钱以籴粜"是说由政府出钱,"令商贾散往各处籴买米谷归本处"出粜,售价比原价增二分,"一分为搬运脚力,一分给商贾工食"。粜完后再籴、再粜,直至完事后将籴本还官。董煟主张劝富户出钱作为籴本,林希元的办法因富民要出贷给贫民,所以他不主张再让富民出钱作为籴本。

"兴工役以助赈"就是以工代赈。《管子·轻重》中已有这种主张。南朝宋时的周朗提出用官府兴役的办法来解决流民的口粮。[①] 北宋范仲淹以公私兴造为救荒的措施之一。宋神宗熙宁七年(1074 年)下诏"兴修水利,以赈济饥民",正式把以工代赈定为救灾的项目。董煟在《救荒活民书》中提到了这个诏,并说:"此以工役救荒者也。"[②]但在他条陈的救荒之策中却没有这一项目。林希元则

---

① 《宋书》卷八二《周朗传》。
② 《救荒活民书》卷一。

把它作为重要的救荒项目,并分析说:"故凡圮(倒塌)坏之当修,湮塞之当浚者,召民为之,日受其直。则民出力以趋事,而因可以赈饥;官出财以兴事,而因可以赈民,是谓一举而两得。"

"借牛、种以通变",则是从恢复生产考虑。林希元介绍了他在泗州的经验。先调查民间牛、种有无的情况,然后规定:有牛一头的"带耕二家,用牛则与之共养,失牛则与之均赔"。次富民户每人借种子给 10 至 20 人,各 2 至 3 斗,"耕种之时,令债主监其下种",以防用作口粮。"收成之时,许债主就田扣取,不许因而拖负。官为立契,付债主收执。"他说实行上述办法,"有牛、种者皆乐于借而不患其无偿,缺牛、种者皆利于借而不患其乏用"。这一通变办法,"江北州县多有仿行者"。他希望更推广到其他受灾地区。

《荒政丛言疏》虽然已经世宗下诏施行,但当时已经相当腐败的封建官僚机构是不可能认真加以贯彻的。所以《万历野获编》的作者沈德符说:"希元之疏,真荒政第一义,恨无人能举行耳。"①

嘉靖十年,林希元又"应明诏敷陈治道",上《王政附言疏》②。全文 29 000 余字,与经济思想有关的有农桑、赋役、蓄积、均税、恤穷、辟邪(去僧)、财用、屯田、禄米等 9 目。下面择要介绍其中的经济思想。

第一,林希元仍主张重农抑末。他在分析"天下之民益趋于末而农民益困"的情况和原因时说:"今天下之民从事于商贾、技艺、游手、游食者十而五六,农民盖无几也。今天下之田入于富人之室者十而五六,民之有田而耕者盖无几也。商贾挟资大者巨万,少者千百,不少(稍)输官,坐享轻肥(轻裘肥马)。农民终岁勤动,或藜藿(野菜)不充而困于赋役,此民所以益趋于末也。富者田连阡陌,民耕王田者二十而税一,耕其田乃输半租。民之欲耕者或无田,有田者或水圮沙压而不得耕,得耕者或怠惰而至饥寒,或妄用而失撙节,此农民所以益困也。"他认为要"使民尽力于农桑衣食",就要"抑末作,禁游手,驱民尽归之农",同时还要"更定制度,专官以理其事"。他提出模仿《周礼》建立农官制度:"五十家择善农者一人为田副"③,相当于《周礼》中的里正。"每里择善农者一人为治农老人",相当于《周礼》中的鄹长。"令县丞当县正","令府判当遂大夫","令藩司(布政使)一员当遂人、遂师"。农官到任,就要调查统计本属区以下事项:"有田而耕者

---

① 沈德符:《户部·救荒》,《万历野获编》上册,中华书局 1959 年版,第 319 页。
② 《林次崖先生文集》卷二。
③ 这里未提到"田正"。但原文中又说"田老、田正、田副复其身役",应该另有"田正",可能此处有缺文。

几人,人田几亩?有田而坍没者几人,人田几亩?荒田无人耕者几顷,可给几人?赁田而耕者几人,人田几亩?富人有田者几人,人田几顷?商贾逐末者几人,人资多少?百工技艺几人,人业何术?游手游食者几人,有无田宅,原何职事?"然后采取相应措施:督促自耕农和佃农种好田,土地坍没的取消租税;给无地和少地的农民补给荒田,没有牛、种的给与牛、种;对"商贾之重资者"根据所得利润和房租收入征税;对"百工作淫巧者以伤农事、害女工"的理由进行处罚;"略为蠲富人之税(地租)",富人田五顷以上的不许买田;处罚游手之民,将强壮而不安于种田的人"籍为兵"。他认为采取这样一些措施,就能使"男耕女织,各修其业,商贾、技艺、游惰之民渐趋于农,百姓充足而无饥寒之苦"。

上述重农抑末主张,设想得很周到。重视农业并没有错,可是重复战国、西汉思想家的驱民归农主张,却犯了逆时代的错误。以维护自给自足的自然经济作为王政的目标,是同历史的要求背道而驰的;要求根据《周礼》来改变官制,则更是一种空想。

第二,关于赋税徭役,林希元的主张一是轻徭薄赋,二是均税。

刘基用种菜来比喻征税的恰当与否,林希元则用种树来比喻。他说:"譬之种树,树根入地,必灌溉培养而时卫护之,不为风雨牛羊之所残害,则机完气固、根深叶茂而不可摇。若培养亏而卫护不至,则生气日削,根不固地,一遇狂风暴雨,鲜不拔矣。民之困于赋役,犹木之培养功亏,卫护不至,常为风雨、牛羊、斧斤之所残害也。一遇水旱凶荒,安得不流离失所乎!"他指出长江以北"大抵苦于重差",而苏、松、常、镇之民则"大抵苦于重赋",希望对过重的赋役能有所节减。

林希元又指出了赋税严重失均的情况:"有田二三亩而纳五六亩之税者,有田五六亩而纳二三亩之税者,此犹可也。甚者田先税存,人户逃亡而税累其里甲。又甚者里甲亦逃,而税累其里排。又甚者里排亦困而税累其州县。"他主张凡有以上情况的州县,都要"责委的当官员通行丈量,通与均处","务使田称其税,税称其田,彼此画一,不得失均"。为了防止富人隐瞒土地,"许邻里首告,罪人谪戍边方,田地给赏告者"。邻里互相隐瞒或官吏舞弊,都要治罪。

第三,林希元主张去除僧人。世宗信道而不信佛,嘉靖九年曾令地方官劝诱僧人还俗,并以此作为考察他们治绩的一项内容。一年以后,只有北直隶巡按御史朱廷立上奏说,已劝化5 200僧人还俗。林希元认为成绩不显著,进一步提出去南方之僧的办法。他指出南方和北方为僧的动机不同:"北方之僧则逃贫乏,南方之僧则利富腴。"由于动机不同,劝诱还俗的难易也不同:去北方之僧易,去南方之僧难。南方之僧"田园连阡,富拟封君,坐享轻肥",甚至仍旧娶妻生子。"为僧而获大利",当然不愿意"不为僧而受寒饥"。因此去南方之僧不能靠"虚言"劝诱而是要从"去其田"下手。宪宗成化十六年(1480年)曾规定每寺观可占有土地60亩,但只是具文。他主张"江南僧田每寺量留百亩,其余尽令还官"。寺院田产减少了,僧人也就无法从中得利。还俗僧人每人再"量留田二十亩,与为世业,则彼来无所获,去有所归,而僧之去也不难矣"。林希元从经济上分析人们为僧的原因并主张从经济入手解决僧人还俗的问题,确是抓住了问题的关键。

第四,林希元提出了解决财政问题的方法。他说:"臣惟财者国家之命脉,犹人之食也。人无食则必饥,国无财则非国。"他认为"三代而下国之盛衰"都"起于财之盈缩"。这里的"财"仅是指国家财用,也就是政府的财政收支。他指出"理财"要靠"浚源"和"塞漏"。"浚源之说,生财是也。塞漏之说,节财是也。"这里的"浚源"和"生财"不是指发展生产,因为林希元所说的"理财"只是指理国之财,所以他的着眼点只在于浚国家财政收入之源,并认为这种浚源就是"生财"。他认为当时"生财之途"已经很广,而财用常常匮乏,关键在于"节财之道"有欠缺。为了有效地节财,他主张效仿唐人、宋人编会计分录的办法,编造洪武以来的历朝会计分录,作为节财的依据,使"正统、成化以来之幸位可削,中外无名之费可损,无益之作可已"。在"生财"方面,他提到社仓、铸币、屯田、商税等。他特别强调征商,指出:"商店之税虽久不行,然今贫民力穑而服官政,富商大贾坐牟大利,分文不输官,若税之以宽民力,独不可乎?……榷酤虽唐之弊政,然今富人避赋役而不殖产,并力于市坊以牟利于四方者皆是,若榷之以稍代农征,亦抑末趋本之意也,何不可乎?"

第五,林希元谈到了宗室禄米过多的问题。明制,皇子封亲王,亲王嫡长子袭封亲王,余子封郡王;郡王嫡长子袭封郡王,余子封镇国将军,孙封辅国将军,曾孙封奉国将军,四世孙封镇国中尉,五世孙封辅国中尉,六世以下都封奉国中尉。皇族女子也有封爵。他们不做事,世世食禄米,男婚女嫁另有资助。随着时日推移,宗室繁衍,人数越来越多,成为明代财政的沉重负担。孝宗弘治(1488—1505年)时,礼部尚书倪岳曾"条请节减,以宽民力"①。林希元也对此发表了意见。他指出当时关于宗室岁禄的急迫情况:"各府郡王、将军、都尉而下,禄米频年不得关支,有穷乏不能自存,狼狈至甚者,往往至京奏扰,有愿入高墙求饱者"。他认为"今日天下之弊,独此为最大;今日救天下之弊,独此为最先"。他提出一个"稍损虚名而施实惠"的救弊之策:禄米只发到诸王五服之内的伯叔昆弟。其余一下子发给数年的禄米,"令有司为立产业,随力所及多寡,每人不出田二顷,使其营运自养,免其赋役,以别于黎庶,此后不复之管"。男婚女嫁仍有资助,但

---

① 《明史》卷八二《食货志六·俸饷》。

比原来减少。有愿意读书求仕的,允许他们和士子一样参加科举。"其贫乏不能自存者,仍加优恤,不使失所。"林希元知道宗室是皇帝的骨肉之亲,对这个问题提出意见,弄得不好会招来杀身之祸,所以预先声明自己是在为皇帝着想,而不考虑个人的祸福。这是要有一点勇气的。

嘉靖四十一年,御史林润(1530—1569年)也指出了宗室禄米问题的严重性。他说:"天下岁供京师粮四百万石,而诸府禄米凡八百五十三万石。以山西言,存留百五十二万石,而宗禄三百一十二万;以河南言,存留八十四万三千石,而宗禄百九十二万……故自郡王以上,犹得厚享,将军以下,多不能自存,饥寒困辱,势所必至,常号呼道路,聚诟有司。守土之臣,每惧生变。"①世宗同意了他的建议,令朝臣共陈善后良策。嘉靖四十四年起,宗室禄米的一部分折为纸币发放。这项措施实施后,虽然财政紧张状况有所缓和,但爵位低的宗室处境更加窘迫了。

二、陆楫的反禁奢论

陆楫(1515—1552年),字思豫,号小山,松江上海人。以父荫入国子监读书,有文名,曾主持纂辑《古今说海》。书中辑录历代野史、杂记、传奇等135种,是中国最早的小说丛书。著作有《蒹葭堂稿》,其中部分内容以《蒹葭堂杂著摘抄》之名收入《纪录汇编》卷二百四。

《蒹葭堂杂著摘抄》不分卷,不分目。其中关于经济思想的有两大段议论:一是批评禁奢的,一是对宗室禄米提出改革意见。

讨论宗室禄米的文字写于嘉靖二十七年前后②,比林希元迟,但比林润早。他指出:"我太祖高皇帝生二十四子,传至今百八十年矣。除以事削籍外,尚存十五府,及列圣所封亲支,星布海内,共三十三府,今玉牒(皇族谱牒)几(近)十万口。"由于国家经费不足,"将军、中尉之家,苦于关给(发放)失时,不沾实惠,至贫窭不能自立,慕庶人作商贾而不可得"。他提出一个解决这一问题的"经久之策",其要点是:亲王第一世禄米2万石,以后袭封的一律减为1万石;郡王禄米2千石;郡王的嫡长子爵衔降一位(镇国将军),余子降二位(辅国将军);镇国将军以下依此类推,禄米如制③。这样余子只封到五世就可停封,其余不分嫡庶一律称"宗庶人",每月禄米5石,有志读书的可以入学应举,愿意经商务农的任其

---

① 《明史》卷八二《食货志六·俸饷》。
② 据文中"传至今百八十年矣"句推出,但不能确定在嘉靖二十七年,所以加上"前后"两字。
③ 明代宗室爵位从高到低依次是:亲王、郡王、镇国将军、辅国将军、奉国将军、镇国中尉、辅国中尉、奉国中尉。

自便。皇族女子的常禄也递减一半。他指出采取这一办法，禄米"可省数十倍"。因为他是布衣，议论宗室问题又有一定的危险性，所以没有像林希元那样上书皇帝，只是著之于书，等待"英君贤相采择"。

陆楫反对禁奢，继承了《管子·侈靡》的观点。他说："论治者类欲禁奢，以为财节则民可与富也。噫，先正有言：'天地生财，止有此数。'彼有所损，则此有所益。吾未见奢之足以贫天下也。""天地生财，止有此数"本来是用来说明赋税不能太重的，陆楫却用来说明一家之损就是另一家之益，和原来的意义已有不同。他认为节俭仅对个人和家庭有利，而从社会考虑则是有害的："自一人言之，一人俭则一人或可免于贫。自一家言之，一家俭则一家或可免于贫。至于统论天下之势则不然。""治天下者"不应该只求一人、一家之富，而是要做到"均天下而富之"。

陆楫分析奢侈对社会的积极作用说："予每博观天下之势，大抵其地奢则其民必易为生，其地俭则民必不易为生者也。"这是因为富人的奢侈能为穷人增加谋生手段。"所谓奢者，不过富商大贾、豪家巨族自侈其宫室、车马、饮食、衣服之奉而已。彼以粱肉奢，则耕者、庖者(厨师)分其利。彼以纨绮奢，则鬻者、织者分其利"。他举苏、杭为例来证明他的观点："今天下之财赋在吴越。吴俗之奢，莫盛于苏、杭之民，有不耕寸土而口食膏粱，不操一杼而身衣文绣者，不知其几何也。"在这里，许多人已不靠耕织来谋生，他们可以通过经商解决生活问题："盖俗奢而逐末者众也。只以苏、杭之湖山言之，其居人按时而游，游必画舫肩舆，珍羞良酝，歌舞而行，可谓奢矣。而不知舆夫、舟子、歌童、舞妓，仰湖山而待爨者不知其几。"陆楫认为这种"彼有所损，则此有所益"的奢，能起"均天下而富之"的作用，奢不是"倾财而委之沟壑"，所以根本不应该禁止。

范仲淹用宴游来救荒，同陆楫对奢作用的看法基本上是一致的。不过范仲淹只是针对特定情况而言，在理论上还只是就事论事，没有像陆楫那样抽象出一个奢的概念，并对它做出带有普遍意义的肯定。

对于俭的结果，陆楫也举例为证。他说宁波、绍兴、金华、衢州等地的风俗"最号为俭"，但是人民"至不能自给，半游食于四方"，可见俭并不能使民富。

陆楫的反禁奢思想和100多年后英国人孟迪维尔(B. Mandeville)的思想颇有相似之处。18世纪初，孟迪维尔写了一部讽喻诗《蜜蜂的寓言》，诗中叙述了一群蜜蜂的盛衰史。起初它们追求繁华虚荣，无不奢侈挥霍。于是整个社会反倒兴盛繁荣，就业充分。后来蜜蜂们改变了原有习惯，放弃奢侈生活，崇尚节俭朴素。结果却是宫室荒芜，货弃于地，商业萧条，民生凋敝。国家因为要厉行节约，所以削减军备，以致无力抵抗外敌的侵略。最终这群蜜蜂只好飞遁他处。孟迪维尔还在评语中指出:"因为这种节俭的经济,有些人称之为'储蓄',在私人家庭中,乃是增加财产最可靠的途径,所以有些人就这么设想,一个国家,不论其得天之厚薄,如果采取同样的方法,也可增加财富……我认为这种想法是错误的。"①陆楫也说俭只能使一家富而不能使一国富,孟迪维尔的上述观点并没有超过陆楫的水平。

奢侈在一定条件下有积极作用,在以节俭为传统美德的中国封建社会中能深刻地认识到这一点是不容易的,可是陆楫夸大了这种作用。他不同意这样一种论点:"苏、杭之境为天下南北之要冲,四方辐辏,百货毕集,使其民赖以市易为生,非其俗之奢故也。"他说持这一论点的人只看到"市易之利,而不知所以市易者正起于奢"。并反驳说:"使其相率而为俭,则逐末者归农矣,宁复以市易相高耶?"这是把奢侈的风俗看成是使商品经济得以发展的决定性原因。他还说:"吾邑辟处海滨,四方之舟车不一经其地,谚号为小苏州。游贾之仰给于邑中者,无虑数十万人。特以俗尚甚奢,其民颇易为生尔。然则吴越之易为生者,其大要在俗奢。市易之利,特因而济之耳,固不专恃乎此也。"其实,上海虽然不是陆上交通要道,却是航运贸易的一个重要港口,宋、元都曾在上海设市舶司,可见它的繁荣是航运贸易造成的。陆楫说上海是靠"俗尚甚奢"发展起来的,显然不符合实际情况,他是一个消费决定论者。

但是,陆楫的个别论断又背离了上述观点。他说:"要之,先富而后奢,先贫而后俭,奢俭之风起于俗之贫富。"既然奢俭之风是由贫富造成的,那么俗奢或俗俭就不是决定经济发展的根本原因了。可是他又说苏杭之富是因为"其俗奢",宁绍金衢之民"不能自给"是因为"其俗俭",奢俭之风又成了贫富的原因。贫富决定奢俭,奢俭决定贫富,陆楫不自觉地陷入了循环论证。究竟是谁起最终的决定作用,他并没有完全考虑清楚。

第五节 海瑞、张居正的经济思想

一、海瑞的经济思想

海瑞(1514—1587年),字汝贤,一字国开,号刚峰,广东琼山人。海瑞于世宗嘉靖二十八年(1549年)考取举人,三十二年任福建南平教谕,三十七年升浙

---

① 《蜜蜂的寓言》的内容及孟迪维尔的评语均转引自杨雪章:《凯恩斯主义》,商务印书馆1962年版,第7—8页。

江淳安知县,四十一年调江西兴国知县,四十三年升户部云南司主事。次年十月,他"愤时政阙失"①,上《治安疏》。疏中指责世宗"一意玄修","二十余年不视朝"②,对其弊政进行了尖锐的批评。海瑞因而被捕下狱。几个月后,世宗崩,穆宗即位(1567年),复海瑞官。隆庆三年(1569年),海瑞以右佥都御史巡抚应天十府。他实行打击豪强的政策,"贫民田入于富室者,率夺还之"③,因而遭到大地主们的反对。次年,给事中戴凤翔上疏弹劾海瑞,时任内阁首辅高拱也与之有隙,于是借题发挥,迫使海瑞告病还乡。海瑞在家15年,直至神宗万历十二年(1584年)才再被起用。次年召为南京右佥都御史,改南京吏部右侍郎。两年后海瑞死于任上,"仅存俸银十余两,旧袍数件"④,谥"忠介"。著作有《海瑞集》。

海瑞是中国封建社会中著名的清官。他关心民间疾苦,每到一个地方,都大刀阔斧地兴利除弊,因而得到当地人民的拥护。海瑞罢应天巡抚时,百姓"号泣载道,家绘像祀之";他死后,百姓"罢市,丧出江上,白衣冠送者夹岸,酹而哭者百里不绝"⑤。

任应天巡抚期间,海瑞组织百姓修浚了吴淞江和白茆河,"由是旱涝有备,年谷丰登",人称他的"开河之功,创三吴所未有"⑥。修浚白茆河时,恰逢饥荒,海瑞便招募饥民充当工役,兼行赈济。这是中国历史上采用以工代赈的办法救荒取得成功的少数事例之一。

海瑞主张"富国强兵",对把富国强兵视为霸术而不屑一谈的"儒者"进行了驳斥。他指出:"谓圣人言义不言利,兵非得已。天下宁有这等痴圣人、死地圣人耶?"他认为"世主乐就功利,厌仁义之谈",乃是厌腐儒的无用。如果有超过孙、吴、管、晏,能很快取得富国强兵之效的"真圣人出焉",一定会得到"千百世主"的欢迎。他说"霸道"和"王道"的区别就在于前者"于其速不于其迟",后者"为其迟亦为其速"。⑦ 也就是说,"霸道"只求速效而不考虑长远后果,"王道"则眼前和长远都能取得成效,并非后世腐儒的不屑实干、空谈礼义。讲义而不排斥利,是海瑞思想的一个重要特点。

对于言利,海瑞还强调说:"有天下而讳言利,不可能也。"他所说的"言利",

---

① 黄秉石:《海忠介公传》,《海瑞集》(下),中华书局1962年版,第555页。
② 《治安疏》,《海瑞集》(上),第218页。
③ 《明史》卷二二六《海瑞传》。
④ 王国宪:《海忠介公年谱》,《海瑞集》(下),第599页。
⑤ 《明史》卷二二六《海瑞传》。
⑥ 王国宪:《海忠介公年谱》,《海瑞集》(下),第591页。
⑦ 本段引文均见《复欧阳柏庵掌科》,《海瑞集》(下),第442—443页。

包括利民(足民)和利国(富国),而"利国之道于利民得之",即利国要以利民为基础:"必先有以生其财于先,然后得其财而用之于后。"这是源和流的关系,"竭其源而欲流之长",是"拙于谋利"的表现。所以他又指出:"足民之外,更无理财之方。"①类似的观点,前人早有论述,如源和流的关系是由荀子首先提出来的,但海瑞公开提出不"讳言利",仍表现出了冲破传统思想束缚的勇气。

足民的根本途径仍是发展农业,海瑞把从事农业称为"四民首务"②。不过他又说"士而下惟农为重",虽和前一说法不相一致,但重视农业则是相同的。他批评一些官吏"口云重农",实际上却"以农为贱"。农民"无财帛,不能嘱吏胥,口木讷不能胜巧诈,且人品微末",统治者往往不将他们放在眼里。这样就造成了人民"舍本趋末,变质鲁而狡诈"的结果。他要求改变这种贱农的状况,尖锐地指出:"舍此而言政事,本院不知其所以为政事也。"③

海瑞不主张抑商。他除了沿袭四民的说法外,有时还加上军,合称"五民"。他说:"今之为民者五,曰士、农、工、商、军。士以明道,军以卫国,农以生九谷,工以利器用,商贾通焉而资于天下。"④这五种职业都是社会所需要的,属于正常的社会分工。五民之外的"游惰之民",则为"君子之所不齿"。他只是主张"驱缁黄游食使归四民"⑤,而没有重复驱民归农的老话。

在任淳安知县时,海瑞曾出《劝赈贷告示》⑥。告示中批评高利贷者说:"今本县细访得各都图富积谷粟之家,每每乘荒岁勒掯贫民,质物典当,倍约利息。其贫甚虑无可偿者,虽倍约亦固吝不与。夫当凶岁,小民菜色羸形,妻啼子号,甚者颠仆路衢,展转沟壑,少有人心者见之有不能为情者。尔辈独无恻隐之心至是耶!"告示要富人"借贷贫民,不许取利",如"倍称取利,许贫民指告以凭重治"。禁止高利贷是对的,但要求富人无息借贷,却亦违反常情。

均税和均徭(或合称均赋役)是海瑞身体力行的重要经济主张。任淳安知县时,他就论述了它们的意义并做出了有关规定。

关于均税,海瑞指出:"富豪享三四百亩之产,而户无分厘之税。贫者产无一粒之收,虚出百十亩税差。不均之事,莫甚于此。"⑦他认为均税是对地方官

---

① 本段引文均见《四书讲义·生财有大道(节)》,《海瑞集》(下),第493页。
② 《劝农文》,《海瑞集》(上),第276页。
③ 本段引文未注明出处的均见《督抚条约》,《海瑞集》(上),第252页。
④ 《乐耕亭记》,《海瑞集》(下),第488页。
⑤ 《治安疏》,《海瑞集》(上),第221页。
⑥ 《海瑞集》(上),第178—179页。
⑦ 《兴革条例户属》,《海瑞集》(上),第73页。

的最起码的要求,非做到不可。他说:"井田不可得矣,而至于限田,限田又不可得,而均税行焉,下下策也。而尤谓不必行也,弱不为扶,强不为抑,安在其为民父母哉!"①均税必须核实田亩,所以海瑞很重视清丈土地,认为:"一丈田而百弊清矣。士君子为部民久长之计,无过于此。"②因此,海瑞"自为县以至巡抚,所至力行清丈,颁一条鞭法"③。

均徭是明代徭役的一种,名为均徭,实际上却不均。海瑞说:"徭而谓之均者,谓均平如一,不当偏有轻重也。然人家有贫富,户丁有多少,税有虚实。富者出百十两,虽或费力,亦有从来。贫人应正银,致变产、致典卖妻子有之。若不审其家之贫富,丁之多少,税之虚实,而徒曰均之云者,不可以谓之均也。"为了做到"均平如一",他指出:"均徭,富者宜当重差,当银差;贫者宜当轻差,当力差。"他强调均徭的依据应是资产而不是人丁:"不许照丁均役,仍照各贫富各田多少,贫者轻,富者重,田多者重,田少者轻,然后为均平也。"④明代编派徭役以民户的资产和人丁作为依据,这种办法有利于田多丁少的富户,不利于田少丁多的贫户。海瑞提出不许照丁均役,目的在于消除贫户徭役负担过重的弊病。这在当时来说是一种新的见解,符合历史发展的方向。他批评按丁计役的不合理说:"三代而下,不复制民常产,而听民各自为养矣。夫民孑然一身,上父母,下妻子,朝不得以谋其夕,有之乃欲使之应里役,出徭银,每丁至六两七两之数,独非桀而又桀也耶!"⑤不过海瑞也没有完全否定按丁计役的办法,认为可以象征性地保留一点,"田亩应其十,人丁应其一",借以表示"以下奉上,义不可缺"⑥。

任应天巡抚时,海瑞继续欧阳铎30多年前的赋役改革,进一步巩固了一条鞭法。他指出将"均徭银力二差""总一条鞭概编银"是"补偏救弊"的"一时良法"⑦。他针对官吏任意摊派均徭"剥民为毒"⑧的弊病,制定《均徭册式》,以健全制度。为了使人民的均徭负担不致年年变动,他推广长洲(治在今江苏苏州)、吴县的办法,令所属各县设置备用银作为机动。"如田地一亩,今征银一分,年年

---

① 《兴革条例·户属》,《海瑞集》(上),第74页。
② 《奉分巡道唐敬亭》,《海瑞集》(下),第457页。
③ 《明史》卷二二六《海瑞传》。
④ 本段以上引文均见《兴革条例·户属》,《海瑞集》(上),第61页。
⑤ 同上书,第118—119页。
⑥ 同上书,第119页。
⑦ 《督抚条约》,《海瑞集》(上),第249页。
⑧ 《均徭册式》卷首,《海瑞集》(上),第268页。

止是一分。"①使用后有剩余归入备用银,不足时以备用银支付。

海瑞认为"欲天下治安,必行井田"②。他写了一篇题为《使毕战问井地》③的文章来专论井田。在这篇文章中,不同于在淳安时所说的"井田不可得矣",海瑞像方孝孺一样,认为井田"决可复于后世",对反对复井田的论点进行了批评。方孝孺批评的只是时人的论点,海瑞则批评了苏洵、叶适、马端临、丘濬等人的在历史上具有代表性的论点。

关于井田的作用,海瑞指出:"不井田而能致天下之治者,无是理也。何也?人必衣食有所资,然后为善之心以生;日夕有所事,然后淫侈之念不作。井田者,衣食之资,日夕之事,返朴还淳之道,去盗绝讼之原,举赖于此。故尝以为一井田而天下之事毕矣。"他不仅把井田看作理想的养民制度,而且认为它能起很好的教民作用。因为井田制使人人有一份土地,没有贫富的差别,人们就不会产生"厚田宅、丰衣食、美妻妾"等追求富贵的念头,所以"井田立"就使"先王之教"完成了一大半,"井田教于始,学校不过成教于终"。总之,海瑞认为只有行井田才能克服封建社会的矛盾,这和方孝孺的"定天下之争者,其惟井田乎"④的认识基本上是一致的。

苏洵指出实行井田制要"塞溪壑,平涧谷,夷丘陵,破坟墓,坏庐舍,徙城郭,易疆垄",劳民伤财,"井田成而民之死其骨已朽矣"⑤。叶适也指出"其为法琐细烦密,非今天下之所能为"⑥。海瑞批评他们是"以不通之见而议古法","以胶柱鼓瑟而论圣人",根本不懂得"圣人"的行事决不会这样"愚痴不通"。对于马端临所说的井田不可复的理由,如统治者不能备知闾里弊病、污吏黠胥舞文以乱簿书、守宰任职时间太短、土地还授奸弊无穷等,也一一进行了反驳。他说:"然则自周而下吏于民者,举(都)不欲知其利病也耶?不知民间之利病,用民之脂膏以奉之何用?设官分职,旁午(交错)而纵横之者何为?守令之迁除,其岁月有限,独不可举而久任之乎?污吏黠胥能舞文以乱簿书,田里之一一可睹,丈尺可凭,或不可乱。还授之奸弊无穷,今则然矣。井田既行之后,而民犹有无穷之弊耶?"他批评马端临"不揣其本而齐于末",只看到一些"末流之弊",就要"举而弃之"。实际上这些反驳是很牵强的。丘濬说井田即使"国初人寡之时"可以实行,"承平

---

① 《均徭册式·通法》,同上书,第269页。
② 《明史·海瑞传》。
③ 《海瑞集》(下),第312—316页。"使毕战问井地"是《孟子·滕文公上》中的句子。
④ 《逊志斋集》卷一《杂诫》右第七章。
⑤ 苏洵:《嘉祐集》卷五《论衡下·田制》。
⑥ 《民事下》,《叶适集》第3册,第656页。

日久,生齿日繁之后,亦终归于隳废"①,海瑞则认为生齿日繁也不成问题。他说:"今之糜费五谷,计当数倍吾民日夕之食,而犹可以取给,事可知矣。"他宣称:"文庄之见,亦端临之见也,误之者苏、叶。而二公之言尤自可笑。"

在批评了上述四人以后,海瑞提出了自己对井田的设想。他说:"随田之广狭,而为多少之授,可井则井,不可井则一夫二夫当之。可同则同②,不可同则百夫千夫当之。助不必野而行,赋不必国中而行,此圣人之法也。"这就是说,不必拘泥于井田的形式,一切视土地的实际情况而定。因此他又提出井田有名和实的区别:"井田者,井田之名也。人必有田而不必于井者,井田之实也。"他所要行的井田是井田之实,"按今日之土田随地区画",参考《周礼》的有关规定而灵活掌握,认为这样做就可以避免产生苏洵、叶适所说的弊病。井田名实论虽是由海瑞第一次提出,但这样的意思张载已经说过了。

在认为井田难行的古今议论中,海瑞只承认有一句话还有一点道理,那就是"强夺民田以召怨黩(dú,怨恨)",但是他认为这也不成问题。因为贫人是多数,"田井而贫者得免奴佃富家之苦",他们是必定会"欣从"的;至于富人,"取其有余之田而不夺其上下之养",他们也不会起来反对,通过"反覆晓谕,委曲变通",必定不会发生动乱。张载、程颢都认为愿意行井田的人是多数,海瑞则进一步分析贫人和富人的态度,在他看来,井田简直可以成为全民拥护的土地制度。他还认为井田不一定和"封建"并行,只要延长地方官的任期,加上里长的从中维持就可以了。

海瑞对行井田的乐观态度在中国历史上是少见的,但在井田问题上,乐观和空想成正比例关系。分配地主所占有的土地,必然要受到地主阶级的抵制,封建国家也绝不可能通过取消地主土地所有制来巩固自身。海瑞认为井田不在形式,而是在于"人必有田"这个实质,以为实质比形式更容易做到,可是这一实质对地主阶级来说正是生死攸关的问题。海瑞的井田论表现了他对丧失土地的农民的同情,却没有正确地认识封建制度。

二、张居正的理财论

张居正(1525—1582年),字叔大,号太岳,湖广江陵(治在今湖北荆州)人。世宗嘉靖二十六年(1547年),张居正考中进士,选庶吉士;二十八年授翰林院编修;三十三年告病回家;三十九年复出,以右春坊右中允领国子监司业;四十二年以右春坊在谕德侍裕邸(指穆宗)讲读;四十五年升翰林院侍读学士,掌院事。穆

---

① 《大学衍义补》卷一四《固邦本·制民之产》。
② 《周礼·考工记下·匠人》:九夫为井,方十里为成,方百里为同。

宗隆庆元年(1567年)正月,张居正升礼部右侍郎兼翰林院学士,二月升吏部左侍郎兼东阁大学士参赞机务,四月进礼部尚书兼武英殿大学士;二年加少保、太子太保;四年加太子太傅、吏部尚书,寻又加少傅兼建极殿大学士;六年加少师兼太子太师。神宗即位(1572年),张居正代高拱为首辅,升中极殿大学士,是后掌国政达10年之久。万历四年(1576年),张居正加特进左柱国;九年加上柱国、太傅;十年六月加太师,不久病终,谥"文忠"。著作有《张太岳集》。

张居正是明代的名相。他公开声称治国以富国强兵为目标,并批评儒家的所谓王霸之辩说:"后世学术不明,高谈无实,剽窃仁义,谓之王道,才涉富强,便云霸术。不知王霸之辩、义利之间,在心不在迹,奚必仁义之为王、富强之为霸也?"[1]他认识到明代发展到嘉靖时政治、社会危机已相当严重,指出:"自嘉靖以来,当国者政以贿成,吏胥民膏以媚权门,而继秉国者又务一切(权宜)姑息之政,为逋负渊薮以成兼并之私。私家日富,公室日贫。国匮民穷,病实在此。"[2]他要一反姑息之政,"务在强公室、杜私门、省议论、核名实,以尊主庇民,率作兴事"[3]。"核名实"也叫"综核名实",是指加强对官吏的考核,做到名实相当、赏罚分明。张居正通过整顿吏治,提高了政府办事效率,朝廷发布的政令"虽万里外,朝下而夕奉行"[4]。在军事方面,张居正对内严厉镇压农民起义,对外注意巩固边防,用李成梁、戚继光等守边,做到了"边境晏然"。在财政方面,张居正于万历六年至八年间清丈了土地,使纳税土地从隆庆年间的467万余顷[5]增加到701万余顷[6](其中有清丈官吏故意缩小亩积标准的因素);九年又在全国推行一条鞭法;十年奏请免除隆庆元年至万历七年各省积欠钱粮100余万银两(其中苏、松两府70余万银两)。张居正的当政,使明朝的政治危机和社会危机暂时得到了缓解,封建统治暂时有所加强。

但另一方面,张居正的改革措施也引起了一些官僚和地方豪猾的不满。由于张居正大权独揽,对神宗有失"君德"的行为又多所谏阻,神宗对他也逐渐由敬畏而生厌心。他当政的后几年往往凭爱憎用人,"左右用事之人多通贿赂"[7]。这些因素加在一起,导致张居正死后不久就被弹劾,于万历十一年被夺官,十二

---

[1] 《张太岳集》卷三一《答福建巡抚耿楚侗谈王霸之辩》。
[2] 《张太岳集》卷二六《答应天巡抚宋阳山论均粮足民》。
[3] 《张太岳集》卷二五《与李大仆渐庵论治体》。
[4] 《明史》卷二一三《张居正传》。
[5] 《明穆宗实录》卷六四。
[6] 《明神宗实录》卷三七九。
[7] 《明史》卷二一三《张居正传》。

年被抄家。所以海瑞说他"工于谋国,拙于谋身"①。直到神宗死后,张居正才得到平反。朝议说他在辅政时"中外乂(yì)安(太平),海内殷阜,纪纲法度,莫不修明",肯定他"功在社稷"②。

早在嘉靖二十八年(1549年),张居正就在《论时政疏》③中提出明王朝当时存在着的五大弊。其中第五弊是经济方面的"财用大匮"。他说:"天地生财,自有定数。取之有制,用之有节,则裕;取之无制,用之不节,则乏。今国赋所出,仰给东南。然民力有限,应办无穷,而王朝之费又数十倍于国初之时,大官之供,岁累巨万,中贵征索,溪壑难盈,司农屡屡告乏。"他在告病回家期间,曾对如何理财提出了一个基本的设想,写在《赠水部周汉浦榷竣还朝序》④一文中。下面分析其中的理财理论。

张居正认为理财要把节约财政支出放在首位。他赞同《盐铁论》中贤良、文学"力本节俭"的主张。他说:"其言似迂,然昭帝行之,卒获其效。故古之理财者,汰浮溢而不骛厚入,节漏费而不开利源。不幸而至于匮乏,犹当计度久远,以植国本、厚元元也。""国本"即"民为邦本"的"邦本",和"元元"一样,都是指百姓。所谓"植国本、厚元元",就是说财政政策的目的是增强民力。

历代封建政府在财政发生困难时,往往用加征商税的办法来取得收入,明代也不例外。张居正对这一做法提出了批评,他认为农业和商业是互为依存、互为利害的,一方受到损害就会影响另一方。他说:"古之为国者,使商通有无,农力本穑。商不得通有无以利农,则农病;农不得力本穑以资商,则商病。故商农之势,常若权衡,然至于病,乃无以济也。"在这里,张居正提出了一种农商关系的新理论。自战国以来,主张重农抑商的思想家总是强调商业和农业之间的矛盾,认为商业的过分发展会妨害农业生产。虽然包括他们在内的许多人都肯定了商业的积极作用,却还没有人从农商相互促进的一面来认识两者的关系。张居正是第一个指出这种关系的人。

张居正也没有完全否定抑商。他解释征商的必要性说:"异日者(指明代过去实行征商政策比较正常的时期),富民豪侈莫肯事农。农夫藜藿不饱,而大贾持其赢余役使贫民。执政者患之,于是计其贮积,稍取奇羡以佐公家之急。然多者不过数万,少者仅万余,亦不必取盈焉,要在摧抑浮淫,驱之南亩。"他承认征商

---

① 《张太岳集》后序《太师张文忠公集跋》。
② 《明史》卷二一三《张居正传》。
③ 《张太岳集》卷一五。
④ 《张太岳集》卷八。

有"摧抑浮淫,驱之南亩"的作用,不过这只是对传统主张的重复,并不是他要强调的观点。他批评当时朝廷由于财政困难,大大加重了赋额,指出只有减轻赋税才有利于农商的发展:"故余以为欲物力不屈,则莫若省征发以厚农而资商;欲民用不困,则莫若轻关市以厚商而利农。"减轻农业税可以厚农,厚农又可以资商;减轻商业税可以厚商,厚商又可以利农。农商在相互促进中得到发展,这就能实现"植国本、厚元元"。

张居正当政后,仍坚持节约财政支出的主张。他一直以此告诫神宗,如说:"夫天地生财止有此数,设法巧取,不能增多。惟加意樽节,则其用自足。"①这又同他的安民思想有关。鉴于阶级矛盾尖锐,张居正很重视安民。他指出:"窃闻致理之要,惟在于安民"②。"盖安民可与行义,而危民易与为非,其势然也。"③万历十年(1582年)他奏请免除欠赋100余万两,就是以安民为理由。

除节约财政支出外,张居正也采取了一些增加财政收入的措施。他认为这些措施兼顾了足国和足民两个方面。他说:"上损则下益,私门闭则公室强。故惩贪吏者所以足民也,理逋负者所以足国也……夫民之亡且乱者,咸以贪吏剥下而上不加恤,豪强兼并而民贫失所故也。今为侵欺隐占者权豪也,非细民也,而吾法之所施者奸人也,非良民也。清影占则小民免包赔之累,而得守其本业;惩贪墨则闾阎无剥削之扰,而得以安其田里。"④这里他提到三项措施:惩办贪污、清理欠赋、清查田亩。前一项是足民的措施,后两项是足国的措施,而清查田亩对"小民"也有利,可以限制豪强把自己应负担的赋税转嫁到农民头上。

清查田亩以核实赋役就是被海瑞称为下下策的均税政策。它对抑制兼并的作用是极为有限的,不可能由此而根本改变"豪强兼并而民贫失所"的局面。不过作为地主阶级的政治家,做到这一点也已很不容易了。张居正反对通过"开利源"来理财,他的确没有提出什么新的理财项目。

第六节 徐光启、宋应星、李雯的经济思想

一、徐光启的重农论和人口论

徐光启(1562—1633年),字子先,号玄扈,松江上海人。他家境贫寒,22岁

---

① 《张太岳集》卷四三《看详户部进呈揭帖疏》。
② 《张太岳集》卷四六《请蠲积逋以安民生疏》。
③ 《张太岳集》卷三六《陈六事疏·固邦本》。
④ 《张太岳集》卷二六《答应天巡抚宋阳山论均粮足民》。

后即以教书自给。神宗万历二十一年(1593年),徐光启被聘往广东韶州(治今韶关)教书,二十四年移馆广西浔州(治今桂平)。万历二十五年徐光启考取举人,二十八年在南京结识传教士意大利人利玛窦(M. Ricci),三十一年受洗为天主教徒。万历三十二年徐光启又中进士,选庶吉士;三十五年散馆授翰林院检讨;四十五年升詹事府左春坊左赞善。四十七年明军大败于后金,徐光启几次上疏建议练兵,被超擢为詹事府少詹事兼河南道监察御史,管理练兵事务。熹宗天启三年农历十二月(1624年)魏忠贤党举荐其升礼部右侍郎兼翰林院侍读学士,徐光启未赴任;五年被魏忠贤党羽智铤论劾免职。思宗崇祯元年(1628年)徐光启复职;次年任礼部左侍郎,管部事,领导历局修订历法,又奉旨练兵;三年升礼部尚书;五年以礼部尚书兼东阁大学士参与机务;六年加太子太保、文渊阁大学士,不久病死,死时"囊无余资"①,谥"文定"。著作有《农政全书》《徐光启集》,并译有《几何原本》《勾股义》等,还主持编写了《崇祯历书》。

徐光启是中国古代杰出的科学家。他年轻时"感愤倭奴蹂践,梓里丘墟,因而诵读之暇,稍习兵家言。时时窃念国势衰弱,十倍宋季,每为人言富强之术"②。他治学以求实用为主,重视科学研究,在接触西方传教士以前,即已写出《量算河工及测量地势法》这一自然科学著作。他"从利玛窦学天文、历算、火器,尽其术,遂遍习兵机、屯田、盐策、水利诸书"③。在他的一生中,花了很大的精力从事译著自然科学书籍,为引进和传播西方的科学技术做出了贡献。崇祯二年(1629年),他在《条议历法修正岁差疏》中提出"度数旁通十事"④,包括气象、水利、音乐、军器制造、算学、建筑、机械制造、测量、医学、钟漏(计时工具)制造等,反映了他要普遍发展科学的愿望。

农学是徐光启特别重视的一门学科。他研究农学的成果集中反映在《农政全书》中。此书共60卷,50多万字,在他死后经陈子龙等整理修订,于崇祯十二年(1639年)刊行。书中辑录了大量古今文献,也汇总了徐光启自己的研究成果。

徐光启的经济思想以重农为核心。他解释"何者为财"说:"唐宋之所谓财者,缗钱耳;今世之所谓财者,银耳。是皆财之权也,非财也。古圣王所谓财者,食人之粟,衣人之帛……若以银钱为财,则银钱多将遂富乎?是在一家则可,通天下而论,甚未然也。银钱愈多,粟帛将愈贵,困乏将愈甚矣。故前代数世之后

---

① 《明史·徐光启传》。
② 《复太史焦座师》,《徐光启集》下册,上海古籍出版社1984年版,第454页。
③ 《明史》卷二五一《徐光启传》。
④ 《徐光启集》(下),第337页。

每患财乏者,非乏银钱也;承平久,生聚多,人多而又不能多生谷也。"①这段话表明了徐光启对财富的基本看法:粟帛是最基本的财富,货币不是财富,只是衡量财富的工具。

上述财富观既受到传统思想的影响,也有现实社会的原因。就传统思想影响来说:第一,从战国以来,绝大多数思想家都认为富国要靠农业,《管子》就有"时货不遂,金玉虽多,谓之贫国也"②之说。第二,许多思想家认为货币是饥不可食、寒不可衣的无用之物。这些观点可以看作是形成徐光启财富观的先行思想资料。就现实社会的原因来说,当时正是农民起义兴起的时期,而农民起义的导火线就是饥荒,民众缺少粮食而不是货币,而且白银的购买力在明代有了明显的降低。③ 徐光启所说的"银钱愈多,粟帛将愈贵",在当时是有事实依据的。不过他不知道物价的变化是由商品或货币价值的变化所引起的,而只是把粟帛价格的上涨归之于货币数量的增加。粟帛不足,即使有货币也不解决问题,这种在封建社会中常见的现象,使徐光启得出了货币不是财富的错误结论。

由于把货币排斥于财富之外,所以徐光启对"食货"的"货"也做了新的解释。他用《大学》中的话来解释"食货",指出:"'生之者众,食之者寡',此言食也。'为之者疾,用之者舒',此言货也。"④"为之者疾,用之者舒"原意是指生产和消费的关系,将它来解释"货"的含义是不恰当的。但从这里可以看出徐光启并不认为货币属于"货"的范围。

徐光启认为财富产生于农业,因此他主张"务农贵粟"。他指出:"古之强兵者,上如周公、太公,下至管夷吾、商鞅之属,各能见功于世,彼未有不从农事起者……沿至唐宋以来,国不设农官,官不庀(pǐ,具备)农政,士不言农学,民不专农业,弊也久矣。"他说当时"农人不过什三,农之勤者不过什一,然则一人生之,数十人用之",是造成财源枯竭的根本原因。他所说的"贵粟"是指重视粮食的生产,而不是指提高粮价。"农事兴则粟贱",他肯定粮价降低的好处,例如边镇的士兵要用银子买粮,粮价降低一半,可使"边兵得倍食";降低三分之二,可使边兵"得三倍食"。⑤

为了发展农业,徐光启也主张抑末。他说:"今世末业之人至众,而本业至

---

① 《钦奉明旨条画屯田疏》,《徐光启集》(上),上海古籍出版社1984年版,第237页。
② 《管子·八观》。
③ 据彭信威估计,洪武时米一石值银0.461两,崇祯时涨到1.159两(《中国货币史》,上海人民出版社1965年版,第704页)。
④ 《农政全书》卷一《农本·经史典故》。
⑤ 本段引文均见《拟上安边御房疏》,《徐光启集》(上),第8页。

少,宜有法以殴(同驱)之,使去末而就本。如古之法制贱商贾,尊农人"①。他提出的最重要的办法则是垦荒,主张仿元人虞集(1272—1348年)关于在京东开辟水田的建议,在各地普遍推行垦荒,招募"南北官民人等""自备工本,到闲旷地方","或认佃无主荒田,或自买半荒堪垦之田"②;国家按垦田的多少授予垦荒者"不管事,不升转,不出征"③的空名官爵以资鼓励。北方人少田多,实行这一办法可以使一部分南人向北方迁移,起到"均民"的作用。徐光启按照司马迁的本富、末富、奸富的划分,指出:"南人太众,耕垦无田,仕进无路,则去而为末富、奸富者多矣。末富未害也,奸富者目前为我大蠹,而他日为我隐忧"。他虽然说"末富未害",却仍主张减少末富之民,所以又说:"今均民之法行,南人渐北,使末富、奸富之民皆为本富之民。"认为这样就能使"民力日纾,民俗日厚,生息日广,财用日宽",恢复"唐虞三代"的"旧观"。他还主张"均浙、直(南直隶,今江苏、安徽一带)之民于江、淮、齐、鲁,均八闽之民于两广"。④

徐光启认为发展农业必须靠富户。他既不主张行井田,也不主张限田。他说:"但真治田,即是井田之法,舍此别无法矣。故实有意为民,民田自均,不必限民名田。且今之举事正须得豪强之力,而先限之田,可乎?何时无豪强,与下民何害?顾用之何如耳。禹治水土,建万国,其后王(天子)、君公(诸侯),皆豪强也。""令势族即十倍何害,愚意止求粟多价贱耳。"⑤从这些议论中可以看出,徐光启很注意生产力的提高,却对当时的阶级矛盾视而不见。事实上束缚生产力发展的正是以大地主为代表的封建势力。他以为给大地主一些虚衔就能调动他们垦荒的积极性,从而使农业生产得到恢复和发展,而当时社会向人们提出的要求却首先是推翻明王朝的腐朽统治。

徐光启对水利和农业的关系有深刻的认识。他认为"人多而又不能多生谷"的原因在于"土力不尽",而"土力不尽"的原因则在于"水利不修",如果"能用水,不独救旱,亦可弭旱"⑥。他强调垦荒要以垦成水田为上,旱田水利条件好的也可作数,差的只能几亩折一亩。他将《泰西水法》编入《农政全书》,这是《农政全书》中唯一采用西学的部分。

明代的宗禄问题也是徐光启所关心的。他在任庶吉士期间分析宗室繁衍的

---

① 本段引文均见《拟上安边御虏疏》,《徐光启集》(上),第9页。
② 《钦奉明旨条画屯田疏》,《徐光启集》(上),第229页。
③ 同上书,第227页。
④ 本段引文未注明出处的均见《徐光启集》(上),第228页。
⑤ 《农政全书》卷一二《水利·西北水利·徐贞明西北水利议》。
⑥ 《钦奉明旨条画屯田疏》,《徐光启集》(上),第237页。

情况说:"洪武中亲郡王以下男女五十八位耳,至永乐而为位者百二十七,是三十年余一倍矣。隆庆初丽属籍(登记在册)者四万五千,而见存者二万八千;万历甲午(1594年)丽属籍者十万三千,而见存者六万二千,即又三十年余一倍也。顷岁甲辰(1604年)丽属籍者十三万,而见存者不下八万,是十年而增三分之一,即又三十年余一倍也。"由此他得出了人口增长率是30年加一倍的结论:"夫三十年为一世,一世之中人各有两男子,此生人之大率也"①。他始终没有改变这个观点,因为在《农政全书》中他又说:"生人之率,大抵三十年而加一倍,自非有大兵革,则不得减。"②徐光启最初提出人口每30年增加一倍的时间至迟在1605年,比英国经济学家马尔萨斯提出人口每25年增加一倍早了将近两个世纪。

其实,徐光启得出人口30年加一倍的结论,所据的是特殊人口增长的资料。宗室的生活条件优越,他们的增长率必然是高的,不能代表整个社会的人口增长率。据梁方仲统计,如以明太祖时的在籍人口数为100,整个明代只有宪宗、武宗、世宗、穆宗四朝的在籍人口超过100,最高的世宗朝也只有107.32,其他九朝都不到100③。整个明代270多年间人口都没有增加一倍,更何况是30年。虽然在籍人口和实际人口有差距,但实际人口也不可能有如此快的增长速度。徐光启所说的人口增长规律,在中国封建社会中是不存在的。

根据宗室30年加一倍的增长速度,徐光启估计100年后将使坐而食厚禄者增加到100万人,"为禄当万万石,尺布斗粟皆取之民间",根本不可能办到。因此他提出了以下的解决办法:宗禄只发到郡王为止;将军以下通过授田使他们成为依靠土地谋生的人,并允许从事工商业,只是禁止他们到远处经商,以防止出现奸弊。他说采取此法可以使"国计十倍省,而小民之输将十倍易"④。这是徐光启为明王朝设想的"百千万年之计"⑤,但是40年后农民起义军就打进北京城了。

二、宋应星的经济思想

宋应星(1587—?年),字长庚,江西奉新人。神宗万历四十三年(1615年)宋应星考取举人,思宗崇祯七年(1634年)任江西分宜教谕,十一年任福建汀州

---

① 《处置宗禄查核边饷议》,《徐光启集》(上),第14页。
② 《农政全书》卷四《田制·玄扈先生井田考》。
③ 《明代历朝户口、田地的升降百分比》,《中国历代户口、田地、田赋统计》,上海人民出版社1980年版,第201页。
④ 本段以上引文均见《处置宗禄查核边饷议》,《徐光启集》(上),第15页。
⑤ 同上书,第14页。

推官,十六年任亳州知州。清兵入关后宋应星弃官回乡,大约在康熙初年去世。著作有《天工开物》《野议》《论气》《谈天》《思怜诗》①等。

宋应星是明末的科学家。他在崇祯十年刊行的《天工开物》,全面地总结了中国古代农业和手工业的生产技术和经验,内容十分丰富。《天工开物》是科学技术史上的一部重要著作,曾被译成日、法、英、德、俄等国文字。《论气》和《谈天》也讨论了自然科学方面的一些问题,体现了朴素唯物主义思想。

《野议》则是政论,作于崇祯九年。宋应星将它比为东汉仲长统的《昌言》和崔寔的《政论》。他在书中对明末的社会矛盾作了尖锐的揭露。不过他认为当时已是"乱极思治之时,天下事犹可为",劝人们不要"自沮惑"②,即不要对明王朝的前途丧失信心。

宋应星站在地主阶级立场,称起义农民为"寇盗",并主张强力镇压。不过他又很同情民间的疾苦,认为广大人民之所以"从乱如归"③,责任并不在于他们自身。他指出"乱萌之起"是由于"守令畏显绅如厉鬼,而宁以草菅视子民"④。他特别注意从经济上分析造成农民起义的原因,把农民起义的经济原因归之于"民穷财尽"⑤四个字。

宋应星也对财做了解释,但与徐光启的解释不同。他说:"夫财者,天生地宜而人功运旋而出者也……财之为言,乃通指百货,非专言阿堵(指货币)也。"徐光启认为货币不是财,宋应星则说财"非专言阿堵",并没有说货币不是财。徐光启认为财就是粟帛,宋应星则说财"乃通指百货",包括了各种劳动产品。宋应星的财富观要比徐光启的正确得多。但两人的观点也有共同之处,他们都认为当时所缺的是农产品而不是货币,只是宋应星所指的农产品的范围更为广泛而已。他说:"今天下何尝少白金哉!所少者,田之五谷、山林之木、墙下之桑、洿池之鱼耳。有饶数物者于此,白镪、黄金可以疾呼而至,腰缠箧盛而来贸者,必相踵也。"明后期从国外流入的白银渐多,只要搞好生产,确是可以从对外贸易中取得白银。宋应星这样说是有客观依据的。农民起义首先是由于缺乏最起码的生活资料,所以宋应星强调当时缺少的是农产品而不是货币。他描绘当时农业生产遭受严重破坏的情况说:"今天下生齿所聚者,惟三吴、八闽,则人浮于土,土无旷

---

① 后四种书原为宋应星佚著,1976年由上海人民出版社集为一书出版,书名为《野议、论气、谈天、思怜诗》。
② 《野议·世运议》。
③ 《野议·居财议》。
④ 《野议·乱萌议》。
⑤ 《野议·民财议》。

荒。其他经行日中,弥望二三十里,而无寸木之阴可以休息者,举目皆是。"针对这种情况他责问道:"生人有不困,流寇有不炽者?"因生产破坏而造成的"民穷财尽"是导致农民起义日益发展的一个根本原因。

那么,生产为什么遭到破坏呢?宋应星指出这首先是由于百年以来守令的"全副精神尽在馈送邀誉,调繁内转",军兴以来"又分其精神"于军饷的"催征参罚,以便考成(考核成绩)",根本不了解农村"为何景象"。其次则由于"富贵闻人"的"全副精神只在延师教子,联绵科第,美宫室,饰厨传(馆舍)";他们的"家人子弟出其称贷母钱,剥削耕耘蚕织之辈"。农民"目见勤苦耕桑,而饥寒不免",就不愿从事农业生产,"始见寇而思归之"。以上两个原因的共同结果就是"从此天下财源遂至于萧索之尽,而天下寇盗遂至于繁衍之极矣"。

宋应星驳斥了不进行借贷穷人就无所得食的论点。他说如果"称贷无路",人们就会下决心凭自己的能力谋生;称贷却"助成慵懒,甚至左手贷来,右手沽酒市肉",结果反而连粥都吃不上。即使借债者的"田亩有收,绩蚕有绪",也为了归还"重息"而"输入富家",农具还没有收藏,"室中业已悬罄"。借款拖欠两年,累计的本利就无力偿还,富人也就不会再出借。穷人别无出路,势必"从乱如归"。他还指出"当世建言之人"都"无片语"提到"子母称贷"的"朘(juān)削酿乱",是因为"凡力可建言之人,其家未必免此举也"。对那些在朝的人进行了有力的鞭挞。①

高利贷吮吸着穷人的膏血,破坏了再生产的条件。宋应星正是这样认识它的后果的。在宋应星以前,孟子、《管子·轻重》、欧阳修和海瑞等都批评过高利贷,但对高利贷后果的认识要以宋应星最为深刻。不过他的反高利贷理论也有不足之处。他认为如果没有借贷行为,农民就会勤奋地劳动。这在逻辑上就会得出以下的结论:农民之所以需要借债是因为他不够勤劳。其实,因懒惰而借债的人固然有,但对多数农民来说,造成借债的原因并不是懒惰,正如马克思所指出的:"对小农来说,只要死一头母牛,他就不能按原有的规模来重新开始他的再生产。这样,他就坠入高利贷者的摆布之中,而一旦落到这种地步,他就永远不能翻身。"②宋应星以借贷会促使农民懒惰为理由,来驳斥为高利贷辩护的论点,表明他对农民坠入高利贷陷阱的客观原因缺乏正确的认识。另外,还需要指出的是:他抨击了高利贷剥削,却根本没有提到地主的地租剥削,不懂得地租剥削是造成农民贫困、促使农民起义的更加重要的原因。

---

① 以上三段引文均见《野议·民财议》。
② 马克思:《资本论》第3卷,人民出版社2004年版,第678页。

越来越厉害的财政搜括是宋应星分析的造成农民起义的另一重要经济原因。他说:"自军兴议饷,搜括与加派两者并时而兴。"其结果是:"已经寇乱之方,乱不可弭;未经寇乱之方,日促之乱。"他认为如果只是税重,而征税得法,人民还比较容易忍受。当时的情况却不然,税项繁多混乱,"于是一里长之身,甲日条鞭,乙日辽饷,丙日蓟饷,丁日流饷,戊日陵工,己日王田,庚日兑米,辛日海米,壬日南米,癸日相连甲乙日,去年、前年、先前年旧欠,追呼又纷起"。里长"皆食力耕作之人",他们难以向本里的显宦、绅衿催缴各项加派额征,而散户的负担能力又有限。官府日日用严刑向里长催逼,使他们困苦不堪,也只得"从乱如归"。①宋应星在分析了催征中的种种弊端后,提出停止追呼旧欠,以减轻民间的疾苦。

人民不胜负担,军饷又非筹不可,因此宋应星又提出了筹措军饷的五策。"因敌取粮,为上上策;酌发内帑,节省无益上供,修明盐、铁、茶、矾,为中上策"②。此外还有中策、中下策和下下策。他特别强调上供可大大节省,例如:宫内的糊窗用纸,向市场购买,一年花1 000两银子已经足够,而上供糊窗纸,一年却要花费一二十万两;好茶市价一斤只值数钱银子,而上供一斤却要花费10两以上。诸如此类的例子很多,节约的潜力很大,但这却是腐朽的封建统治者所难以做到的。

宋应星认为修明盐政是国家的大利所在。他指出每人每年食盐50斤,淮盐的煎炼成本只有4分银子,市价却值4钱多至5钱多。从一人一年的食盐中,国家便可获利4钱多银子。他还指出盐政一定要使商人有利可图,"商贫而盐政不可为矣"。天启初年以来,由于盐政的积弊严重,经营淮盐的盐商大半成为债户,集中在扬州的资本由3 000多万两下降到500万两,他们也就无力资助国家。因此他提出一个简易的改革盐政办法:完全取消以前的"烦苛琐碎法",只在扬州"立院分司",各省买淮盐的商人买盐后,"一出瓜洲、仪真(今仪征)闸口,任从所之"。宋应星认为"此法一行,则四方之人奔趋如鹜。不半载,而丘山之积成矣。"这实际上就是刘晏曾经采用过的办法。所以宋应星又说:"使以刘晏得扬州,必镇日见钱流地面。"③宋应星的这种改革主张符合商品经济发展的要求。

以上是《野议》中宋应星的主要经济思想。另外,宋应星还在一首七绝中表达了他的人口观点:"一人两子算盘推,积到千年百万胎。幼子无孙犹不瞑,争教杀运不重来?"④这说明他认为人口过多也是造成战乱的原因。徐光启虽说人口

---

① 本段引文均见《野议·催科议》。
② 《野议·军饷议》。
③ 本段引文均见《野议·盐政议》。
④ 《思怜诗·怜愚诗(十四)》。

"自非有大兵革,则不得减",但并没有说发生大兵革的原因是由于人多。宋应星却提出了一个人多会导致战争的新观点。这观点到清代有了进一步的发展。

三、李雯的盐策论及其他

李雯(1608—1647年),字舒章,青浦(今属上海)人。他是思宗崇祯十五年(1642年)举人,颇有才华,和陈子龙齐名。其父李逢甲受冤被谪戍,"雯叩阍陈辨,得清白"①。李自成进北京,逢甲尽节而死,李雯行乞收敛父亲遗骨。清顺治初,李雯受廷臣推荐,任内阁中书舍人。相传摄政王多尔衮致史可法书即出于他之手。李雯因忧伤成疾,于顺治四年(1647年)去世。著作有《蓼斋集》(又名《李舒章先生全集》),在他死后由石维崑于顺治十四年编成刊行。

崇祯时,李雯曾拟献策皇帝。《蓼斋集》中有《策》四卷半,共31篇。关于经济的主要有《赋役》《财用》《节滥》《俗靡》《盐策》②五篇,其中以《盐策》论述最详,也最为著名。

《赋役》是为富人受役之累鸣不平的。李雯说粮长、里正、仓兑、布花、牧马等役都由富民充当。他们受吏胥的侵夺,承担官府的各种费用,"或一人也任数人之责,或一马也兼数马之费"。运官物到京,又要受到官吏和内官们的勒索,"其不弊衣号泣而归者,幸焉耳"。于是富民巧者只得设法隐避,"拙者至欲弃田产、辞家业而苟免"。官府对待逃役者就像对待盗贼,借以要挟贿赂,"是以郡县高资之家大抵无虑皆破。惟贵有势者出橐(tuó)中金,益市卖(买)良田,广被阡陌,而不可得役之。"以至服役的对象,由上户发展到中户,中户发展到下户。李雯希望皇帝严令禁止这类侵害富民利益的事发生。他警告说:"今贫民无资寄种,不可得而役,游民转徙浮生,不可得而役,陛下之所役者独富民耳。富民者,贫民之母也,而长吏又从而饕餮之,龁齚(zé,咬)之。陛下又不自忧也,民岂得陛下有哉?"

《财用》对解决当时的财政困难提出了建议。李雯说:"陛下所少者谷耳,其次则金钱。"对于谷少的问题,他的对策是"莫如收天下之权利,而尽博之于生谷"。办法是由朝廷控制出铜、铁、木材之山及盐场;凡垦田若干,将所生产的谷输一半给朝廷的,朝廷给以相当的铜、铁、木材或盐,并免除其税。这样,需要这些物产的人就会去"博于生谷",谷就不会少了。然后皇帝"乃择心计之臣,置常平之仓,管天下之利而灌输之,则金钱又可为也"。显然,他的建议只是一种天真的想法,并无实行的可能。

---

① 李桓:《国朝耆献类征》(初编)卷一三九《李雯》。
② 前四篇均见《蓼斋集》卷四三,《盐策》见《蓼斋集》卷四五。

《节滥》要求节省宫廷的开支,指出后宫的种种糜费和侵盗情况。李雯说根据惯例,宫中如置办一件器物,价值数千,宦官必定说是数万;就像修一根椽,换一块瓦这样的小事,宦官也一定要大办而高估其费用。他要求皇帝将宫廷开支同明太祖时作比较:"昔后宫用度几何?今几何也?昔宦官、宫妾几何?今几何也?昔衣帽胶漆诸费几何也?今又几何也?"超过部分应尽行罢斥,"定成数而归之大农(户部)。一尺之帛,一圜之钱,天子无所滥焉"。宗室的俸禄制度也要进行改革。

《俗糜》批评了奢侈的社会风气,主张禁奢。李雯分析好奢的后果说:"欲多而事费,财寡而势争。小争不已而大争生焉,大争者大乱也。"有的人并不富裕,为了追求奢华的生活,"朝乐而暮愁,身笑而家叹。不继则斥(卖)鸡豚矣,已而市(卖)椽瓦矣,已而鬻子矣。又不足则椎埋(杀人埋尸)探囊,起为风波之民耳。"他要求皇帝下决心禁奢,指出:"夫豪大之族,奢之母也;贪没之吏,侈之原也。"要禁奢,就要"奖廉素者,至疏至贱而升之;屈豪侈者,致亲至贵而斥之"。他还驳斥了"富者糜之,工巧者为之,舍此则无以食之也"的崇奢观点,认为只要皇帝招巨商垦荒,利之所在,就会使多数人转向务农。"其才弱者,苟有以自业,亦不至乏食",不至受游惰之困。

《盐策》总结了历朝盐策的得失,并对明朝的盐策提出了改革意见。李雯肯定盐利是国家财政收入的重要来源,认为"天下之用莫博于盐,利莫多于盐"。他以《管子·轻重》中有关盐策的论述,说明齐桓公时"煮海之利为天下饶"。他称赞桑弘羊的盐铁官营和均输政策,指出如果不实行这些政策,雄才大略的汉武帝只能"横赋于农民,则天下嗷嗷,环视而起,何可胜数。故贤良、文学之论不可谓尽是,而御史大夫之议不可谓尽非也。"还不指名地批评司马光说:"后之儒者乃以为不加赋而用足,桑弘羊以此欺武帝,是又安知富强之术乎!"但他也批评了王安石,认为"王安石以儒者而行商贾之事则弊滋,桑弘羊以商贾而行商贾之事则利便"。他没有解释为什么儒者行商贾之事必然弊多,事实上王安石变法产生弊病的原因并不在此,桑弘羊的政策也并非只有利而没有弊。对于刘晏,李雯引述史书的记载,对他作了充分的肯定,指出盐利"至于唐而大盛者,则刘晏为之也"。李雯对元以前的盐策史作了简要的分析后,将它概括为:"盐策之兴,始于齐,衍于汉,盛于唐,杂于宋,极于元。"

对于明朝的盐策,李雯肯定其初期的成功,但也认为后来积弊越来越严重。"每立一法,则商增一弊,商增一弊而贪官猾胥又增一利。故商日益困,国日益贫,盗鬻私贩日益多,浮食奸民日益横。"针对这种情况,李雯提出了"笼豪强之奸利而课之于国,夺中饱之私橐而归之于上"的盐策改革办法。他建议让商贾自行煮盐,由国家分给海滨盐场,或万亩,或几顷,由他们自养其灶丁。原来的豪强侵利之家不必禁绝,让他们成为煮盐的商贾,因为去掉"私盐"之名,他们也必能乐从。"朝廷为之设官以平其价值,理其讼狱,辨其行盐之地分,然后度其岁之所出者,重为之额而一税之。"李雯认为实行这办法可以得到两个好的结果。第一,增加盐税收入,增加的收入来自贪官污吏:"诚能省官吏,一法制,一税之后,从其所之[①],不为苛细,则虽多倍其额及于唐宋,要不夺之商贾,而夺之于贪吏,又何伤哉!"第二,变私盐为官盐,私盐不禁而自止:"今官盐之不行,私盐壅之也。而私盐之横比于盗贼者,惟其挟私之名而畏人之捕也。此法行而强家豪族皆可使为商贾,私煮盗贩皆坦然于民间。盖天下皆私盐,则天下皆官盐也,又何必防之若盗贼,纵之若骄子乎!"

李雯还声明他的办法是针对东南之盐而言,而西北之盐或近京师,或近塞下,仍应官办,由商人用粮食向官府买盐。东南盐利大增以后,则可以兴西北水利。待"耕屯云兴,五谷太溢",就可下令对往京师及诸边输送粮食达一定数量的商人实行免税或任命为农官作为奖励。李雯认为这样"则末利举而本富兴,国家转漕之费自此其省也"。

万历四十五年(1617年),盐法道袁世振创行纲盐制度,将各商所领盐引分为10纲,编成纲册,册上无名的不得加入,纲商可以世袭。从此官不收盐,由纲商直接向盐户买盐,盐的收买和运销权都归于纲商。李雯的办法和纲法的主要区别有三。

(1) 废除纲商世袭制,任何商人都可以成为盐商。
(2) 盐商不是凭盐引向盐户买盐,而是自己拥有盐场,有盐的生产和运销权。
(3) 盐商生产的盐都是私盐,但经过就场征税,又都成为官盐。

他认为采取这一办法可以免除各级官吏对盐利的侵蚀,并能节省盐政的管理费用,大大增加朝廷的盐利收入。他的办法要求国家分配给盐商土地的使用权,使盐商成为自主经营的盐场主。这同传统的榷盐制度差别太大,很难被当政者所接受,后来清朝仍用纲法。至于李雯所说的"一税之后,从其所之",则是刘晏的办法,同宋应星的主张也是一致的。

第七节 黄宗羲、顾炎武的经济思想

一、黄宗羲的田制论和财计论

黄宗羲(1610—1695年),字太冲,号梨洲,浙江余姚人。其父黄尊素任御

---

① 顾炎武在《日知录》卷一〇《行盐》中说:"松江李雯论盐之产于场,犹五谷之生于地,宜就场定额,一税之后,不问其所之,则国与民两利。"这是述其大意,而非引李雯的原文,于此可见。后来的学者引录这段话时多把它当作了李雯的原话。

史,因弹劾魏忠贤而死于诏狱。思宗即位,他入京为父辩冤,在公堂上用袖锥击伤仇人。回家后,黄宗羲专心学习,"于书无所不窥"①。崇祯十一年(1638年),他和东林子弟顾杲(gǎo)为首撰写《南都防乱揭》,反对起用魏党阮大铖。南明福王即位(1644年),阮大铖任兵部尚书,逮捕黄宗羲及顾杲等。因熟人祖护,黄宗羲逃回浙东。次年清兵入南京,黄宗羲得免于难。鲁王监国于绍兴,黄宗羲建立世忠营相从,授兵部职方司主事,改监察御史,仍兼职方。不久兵败,黄宗羲隐居嵊县(今嵊州)。清顺治六年(1649年)黄宗羲到海上投鲁王,授左佥都御史,寻升左副都御史,又随冯京第到日本乞师。后来黄宗羲潜回大陆,仍和鲁王有联系,屡经艰险。南明势力被肃清后,他在家乡从事著述和教育。"大江南北,从者骈集,守令亦或与会。"②黄宗羲始终拒绝清廷征召。其著作有《明儒学案》《宋元学案》(部分)《明夷待访录》《孟子师说》《黄梨洲文集》等。《明儒学案》是中国最早的成系统的学术史著作。《明夷待访录》是政论,作于康熙二年(1663年)。"明夷"是《周易》的卦名。《易经》中有"箕子之明夷"句,以"明夷待访"作为书名,是自比箕子之待访于周武王。

在政治上,黄宗羲对封建专制主义进行了尖锐的批判。他认为"有生之初"人们都是"自私"和"自利"的,而只有不顾自己的私利,为天下兴"公利"除"公害"的人才成为人君,所以当时的人君"必非天下之人情所欲居"。但后来的人君却相反,他们"使天下之人不敢自私,不敢自利,以我之大私为天下之大公"。他们"视天下为莫大之产业",为了取得这个"产业","屠毒天下之肝脑,离散天下之子女";取得"产业"以后,又"敲剥天下之骨髓,离散天下之子女,以奉我一人之淫乐"。由此他指出:"然则为天下之大害者,君而已矣。向使无君,人各得自私也,人各得自利也。"黄宗羲也批判了"君臣之义无所逃于天地之间"的说教,把宣扬这种观点的人斥为"小儒"。③ 他说:"原夫作君之意,所以治天下也。天下不能一人而治,则设官以治之;是官者,分身之君也。"④君臣是共同治天下的关系,臣不是"为君而设"的,所以不能只顾一姓的利益。"盖天下之治乱,不在一姓之兴亡,而在万民之忧乐。"⑤这些观点具有民主思想的色彩,对清末资产阶级思想的发展曾起过积极的作用。

《明夷待访录》中的《田制》和《财计》各三篇是关于经济方面的论文。《田制》

---

① 全祖望:《鲒(jié)埼亭集》卷一一《梨洲先生神道碑文》。
② 同上。
③ 本段以上引文均见《明夷待访录·原君》。
④ 《明夷待访录·置相》。
⑤ 《明夷待访录·原臣》。

包括土地制度和赋税两个问题，《财计》包括货币和重本抑末两个问题。

黄宗羲反对限田、均田，认为"授田之政未成而夺田之事先见"，是一种"不义"的行为，但是他又主张复井田。他分析前人关于井田的议论说："后儒言井田必不可复者，莫详于苏洵；言井田必可复者，莫切于胡翰、方孝孺。"他认为行井田不必"拘泥其制度疆界之末"，所以苏洵的担忧"皆非为井田者之所急也"，而"胡翰、方孝孺但言其可复，其所以复之之法亦不能详。"

黄宗羲用屯田的可行来证明井田的可复。他说屯田每名士兵拨田50亩，相当于古时的百亩，就像周代时一夫授田百亩一样。万历六年(1578年)丈量的土地共7 013 976顷28亩，屯田居其十分之一。既然十分之一的土地能授田，"由一以推之九，似亦未难为行"。700多万顷田中，官田占三成，这些田当然也属于可授之列。他说当时共有10 621 436户，每户授田50亩，还有余田170 325 828亩，"以听富民之所占，则天下之田自无不足，又何必限田、均田之纷纷，而徒为困苦富民之事乎！"①

上述设想存在两个问题：第一，私有土地占总耕地面积的七成，这些土地并不是平均分散在各户，如果每户授田50亩，势必要侵犯一些占地较多者的土地所有权。第二，这一设想以富人的超占土地不超过170万余顷为前提，而地主兼并土地的欲望是无止境的，如果不加限制，必然发生土地不足的问题。这两点都说明，实行黄宗羲的关于土地制度的设想，必然要通过限田和均田，必然要行"困苦富民之事"，也就是必然要采取被他认为"不义"的行为。幻想在不侵犯地主土地所有权的条件下解决农民的土地问题，使他的设想处于自相矛盾的境地。

在赋税方面，黄宗羲认为什一之税在以"井田养民"的三代是轻税，在秦以后"上既不能养民，使民自养"的情况下就不是轻税了，即使是汉朝的三十税一"较之于古亦未尝为轻"。所以后世行什一之税名为行古法，实际上并不合于古法。他还认为三十税一是以下下田的产量为标准的，"下下者不困，则天下之势相安"，国家也用不着花功夫去区别田土的等级；十而税一"则是以上上为则"，非造成民困不可，更何况"兵兴之世"连什一之法都不能守。这就使"天下之赋日增，而后之为民者日困于前"。江南的田赋特重，有些田亩甚至将一年的产量"尽输于官，然且不足"。他主张"重定天下之赋"，定赋的标准应"以下下为则"。②

黄宗羲分析了使人民苦于"暴税"的三害："有积累莫返之害，有所税非所出之害，有田土无等第之害"。

---

① 以上两段引文均见《明夷待访录·田制二》。
② 本段引文均见《明夷待访录·田制一》。

"积累莫返之害"是指税制每经过一次改革,都导致赋税的进一步加重。一开始只有田赋,魏晋有户、调之名,征收户税;唐初立租庸调法,又加征丁税;杨炎的两税法只是并庸、调于租;宋代在两税以外又征丁身钱米。一条鞭法已将各种杂税归并,但后来又有杂役、旧饷、新饷、练饷。明末户部尚书倪元璐将三饷合并,又成为固定税收。黄宗羲提出"须反积累以前而为之制":国家授予的田十而税一,不是国家授予的田二十税一,另按户口征兵赋。

"所税非所出之害"是指田赋征银,银非农业生产之所出,纳税者因折银而加重了负担。这同实行两税法后陆贽等人反对田赋征钱的理由是一样的。他主张征收田赋"必任土所宜,出百谷者赋百谷,出桑麻者赋布帛,以至杂物皆赋其所出"。

"田土无等第之害"是指不分土地的肥沃程度而按统一的标准征收赋税,"至使不毛之地岁抱空租,亦有岁岁耕种而所出之息不偿牛种"①。官府催种不暇,瘠土得不到休耕就成不了沃土。他主张重新丈量土地,肥沃程度不同的土地按不同的标准计算亩积,划为五等,分别以 240、360、480、600 和 720 步作为一亩。这样,虽然每亩的税额仍一样,却因亩积有大小而显出实际税额的轻重差别,从亩积不齐中做到实际赋税负担的齐。这个设想很新奇,却并无实践的意义。如果能分出土地的等级,只要据此定出不同的税额就可以了,何必多此一举来搞不统一的亩积呢?用不统一的亩积来丈量土地,势必会造成丈量混乱,使工作根本无法进行下去。

黄宗羲不仅反对田赋征银,还反对以银作为货币。他说:"后之圣王而欲天下安富,其必废金银乎!"他的理由是银作为主要货币以后,供不应求,成了"天下之大害"。他论述这种"大害"说:"夫银力已竭,而赋税如故也,市易如故也。皇皇求银,将于何所!故田土之价,不当异时之什一,岂其壤瘠与?曰:否,不能为赋税也。百货之价,亦不当异时之什一,岂其物阜与?曰:否,市易无资也。"②这是说由于流通用的白银严重不足,造成了田价和物价的急剧下跌。明末土地跌价是事实,但并不是由于货币的原因。清人钱泳曾指出:"前明中叶,田价甚昂,每亩值五十余两至百两……崇祯末年,盗贼四起,年谷屡荒,咸以无田为幸,每亩只值一二两,或田之稍下,送人亦无有受诺者。"③这表明田价下跌是明末的特殊社会条件所造成的,和白银的作为货币无关。至于物价,整个明代呈上涨趋势④,黄宗羲的

---

① 以上四段引文均见《明夷待访录·田制三》。
② 本段以上引文均见《明夷待访录·财计一》。
③ 钱泳:《田价》,《履园丛话》上册,中华书局 1979 年版,第 27 页。
④ 彭信威《中国货币史》:"但从整个明代来看,白银的购买力,仍有轻微的下跌。以十五世纪后半和十七世纪前半下跌得比较多。"(上海人民出版社 1965 年版,第 707 页)

说法可能不符合事实。不管怎样,认为当时的用银已使银力竭是错误的。他提出"废金银"的七利说:"粟帛之属,小民力能自致,则家易足,一也。铸钱以通有无,铸者不息,货(货币)无匮竭,二也。不藏金银,无甚贫甚富之家,三也。轻赍不便,民难去其乡,四也。官吏赃私难覆(掩盖),五也。盗贼肱(撬开)箧,负重易迹,六也。钱钞路通,七也。"①从这七利中可以看出,黄宗羲向往的是略有货币流通而以自然经济占主导地位的社会。其中的三、四、五、六利的反面意思都是说用银会加深社会矛盾。他只看到用银加深了社会矛盾,却一点也没有看到用银对社会经济发展所起的巨大的促进作用。废金银的主张显然是违反时代的要求的。

废金银以后,"使货物之衡尽归于钱",也就是以钱为唯一的价值尺度。黄宗羲主张铸造符合标准的钱币,同时辅以行钞。他总结了宋、元称提钞法的经验:纸币可以向政府兑现或购买盐酒等商品,"故钞之在手,与见钱无异"。纸币分界发行,规定限额,界满收旧换新。他批评明宝钞库"凡称提之法俱置不讲",以致造成纸币流通的失败。② 他主张发行兑现(钱)纸币,以五年为一界。

关于崇本抑末问题,黄宗羲提出了工商皆本的论点。他认为轻赋敛以后,还有三件事是妨碍民富的。这三件事就是"习俗未去,蛊惑不除,奢侈不革"。"习俗"是指婚丧的讲究排场,"富者以之相高,贫者以之相勉"。"蛊惑"是指佛和巫,由于信佛信巫,人们浪费了许多钱财。关于"奢侈"他举出倡优、酒肆和机坊:"倡优之费,一夕而中人之产;酒肆之费,一顿而终年之食;机坊之费,一衣而十夫之暖。"针对这些情况,他主张"小民吉凶一循于礼,投巫驱佛",而且"倡优有禁,酒食有禁,除布帛外皆有禁"。然后他指出:"今夫通都之市肆,十室而九,有为佛而货(卖)者,有为巫而货者,有为优倡而货者,有为奇技淫巧而货者,皆不切于民用;一概痛绝之,亦庶乎救弊之一端也。此古圣王崇本抑末之道。世儒不察,以工商为末,妄议抑之。夫工固圣王之所欲来,商又使其愿出于途者,盖皆本也。"③

以上就是黄宗羲的崇本抑末和工商皆本论。工商皆本论的提出,抽象地说,是符合商品经济发展的要求的,但不能因此就认为他是市民阶级的代表。全面分析黄宗羲的经济思想,可以肯定他仍是地主阶级思想家。对于他的工商皆本论我们应该看到:第一,以奢侈品的生产和销售为末,本来就是一种古老的思想,

---

① 《明夷待访录·财计一》。
② 本段引文均见《明夷待访录·财计二》。
③ 本段引文均见《明夷待访录·财计三》。

在战国时比较普遍,西汉的贾谊、东汉的王符都曾这样主张。特别是王符工商也有本末的思想,和黄宗羲的工商皆本论更为接近。第二,黄宗羲主张"除布帛外皆有禁",这样的禁末范围会对工商业的发展起阻碍作用,而所谓"奇技淫巧",却可能包含有技术创新的成分。至于反对用银,则不利于商品流通的扩大和商人资本的积累,不符合商品经济发展的要求。凡此种种,说明把工商皆本论的意义提得过高是不符合黄宗羲的实际思想的。

二、顾炎武的经济思想

顾炎武(1613—1682年),原名绛、继坤,字忠清,顺治二年(1645年)清兵破南京后改名炎武,字宁人,又字石户,号亭林,或化名蒋山佣,南直隶昆山(今属江苏)人。顾炎武早年曾参加复社,清兵南下后,随昆山知县杨永言抗清,福王授他为兵部司务。福王、曾王、唐王相继兵败,顾炎武不复出仕,离家出游,先后六谒孝陵(太祖墓,在南京)、六谒思陵(思宗墓,在今北京昌平)。顺治十四年起,顾炎武垦田于山东章丘长白山下,康熙三年(1664年)又垦田于雁门之北、五台之东,十六年定居陕西华阴。他将"用世之略"小试于"垦田度地,累致千金"。康熙十七年诏举博学鸿儒,次年修《明史》,大臣争相推荐他,都因他以死相誓而作罢。他关注各地风俗地理选择华阴定居就具有这方面的考虑:"秦人慕经学,重处士,持清议,实他邦所少;而华阴绾毂关河之口,虽足不出户,亦能见天下之人、闻天下之事。一旦有警,入山守险,不过十里之遥;若志在四方,则一出关门,亦有建瓴之便。"①著作有《日知录》《音学五书》《顾亭林诗文集》等。

顾炎武年轻时就留心经世之学。从崇祯十二年(1639年)起即广泛查阅二十一史、地方志以及文集、奏章等,辑录有关资料,编成《天下郡国利病书》和《肇域志》。后来他游历各地,仍不放松学习和著述。他出游时"以二马二骡载书自随,所至厄塞,即呼老兵退卒询其曲折,或与平日所闻不合,则即坊肆中发书而对勘之。或径行平原大野无足留意,则于鞍上默诵诸经注疏,偶有遗忘,则即坊肆中发书而熟复之。"②他主张治学要以"明道""救世"③为目的,以毕生精力写成《日知录》,考证详博,自称"平生之志与业皆在其中",准备供以后"王者"④的采择。他批评宋明理学说:"今之所谓理学,禅学也,不取之五经而但资之语录,校

---

① 本段引文均见全祖望:《鲒埼亭集》卷一二《亭林先生神道表》。
② 同上。
③ 《与人书二十五》,《顾炎武全集》卷二一,上海古籍出版社2012年版,第148页。
④ 《与友人论门人书》,同上书,第101页。

(较)诸帖括之文(科举文)而尤易也。"① 由于对宋明理学持批判态度,所以梁启超在《清代学术概论》中把他列为开清代新学风的第一人。

在政治制度上,顾炎武曾提出一个"寓封建之意于郡县之中"的救弊政策。他认为"封建之失,其专在下;郡县之失,其专在上"。在郡县制下,守令无权,因此不肯为民"兴一日之利"。② 所谓"寓封建之意于郡县之中",主要是指将知县"封建"化:改知县为五品官,名为县令;经试用证明称职的,就可以终身任职,老病需要致仕时,可举子弟或他人自代,本人仍留县为祭酒,俸禄终身;县令如得罪于民,轻则流放,重则处死。③ 他认为实行这种制度,做县令的就会从自身及子孙的利益考虑而做好官。他说:"天下之人各怀其家,各私其子,其常情也。为天子、为百姓之心,必不如其自为,此在三代以上已然矣。圣人者因而用之,用天下之私,以成一人之公而天下治。"④ 顾炎武认为天下之人都是倾向于为私的,而利用这种私可实现天子的"公",这在程朱思想占统治地位的时代是一种大胆的观点。不过他所提的办法并不能有效地解决封建统治的矛盾,势必加强地方豪强的势力,仍会发生"其专在下"的弊病。

顾炎武主张以农富国。他说:"天下之大富有二:上曰耕,次曰牧。国亦然……事有策之甚迂,为之甚难,而卒可以并天下之国、臣天下之人者,莫耕若。"针对当时中原经长期战乱土地荒芜的情况,他提出如原有田主无力耕种的土地可"籍而予新甿(民)",即分给他人耕种。他建议政府"捐数十万金钱,予劝农之官,毋问其出入,而三年之后,以边粟之盈虚贵贱"作为考核的标准。他认为采取这一办法,就能使边粟盈,"物力丰,兵丁足,城圉(yǔ,马厩)坚,天子收不言利之利,而天下之大富积此矣"。⑤

在分析寓封建之意于郡县之中的优点时,顾炎武也谈到他的主张是"富国之策"。他说:"今天下之患莫大乎贫。用吾之说,则五年而小康,十年而大富。"他举了三条理由。第一,能大大节省政府的行政费用。例如因官府的各种往来减少,驿站的马可节省十之六七,而"西北之马骡不可胜用矣";因文书、贺帖等用纸减少,造纸费用可节省十之七八,"而东南之竹箭不可胜用矣"。第二,县令能关心生产,"而田功之获、果蓏(luǒ,瓜类)之收、六畜之挚、材木之茂,五年之中必当倍益"。第三,"山泽之利"可开。他说:"譬之有窖金焉,发于五达之衢,则市人聚

---

① 《与施愚山书》,《顾炎武全集》卷二一,第109页。
② 本段以上引文均见《郡县论一》,同上书,第57页。
③ 见《郡县论二》,同上书,第58页。
④ 《郡县论五》,同上书,第60页。
⑤ 本段引文均见《田功论》,同上书,第188—189页。

而争之;发于堂室之内,则唯主人有之,门外者不得而争也。"县令就像一县的主人,所以开矿不会"召乱",这样就能做到"利尽山泽而不取诸民"。① 上述三条富国途径并无新奇之处。但这里讨论的是政治制度的变化与经济发展的关系问题。这说明顾炎武认为原有的政治制度已不利于经济的发展,改变政治制度能取得很大的经济效果,因此一种有利于经济发展的政治制度本身就是富国之策。在这里,顾炎武把政治改革对经济的促进作用提到了很高的程度,至于他所提的改革办法是否正确则又当别论。

关于田赋,顾炎武的议论涉及以下三个问题。

(1) 苏州等地的田赋改革。明代苏州、松江两府田赋特重,苏州尤甚。田赋加重的情况在宋代就已开始。从元朝六德年间(1297—1307年)到元末张士诚据苏州,许多土地被占为官田。明朝继承了这些官田本来农民自有地每亩税5升,佃种富室田亩私租每亩1石。土地收为官田后,每亩租8斗。宣德五年(1430年)曾诏减各地官田田赋二成至三成。由于《鱼鳞图册》和实际土地占有情况日益不符,嘉靖时,嘉兴、苏州、松江、常州等府不再区分官田、民田,统一征收赋税,以三斗起征。各州县赋额根据官田多少有所调整。顾炎武称这一情况是"国家失累代之公田,而小民乃代官佃纳无涯之租赋,事之不平,莫甚于此"。针对这一不合理情况,他提出了改革的意见。他认为"犹执官租之说以求之固已不可行,而欲一切改从民田以复五升之额,即又骇于众而损于国"。他主张重新清丈苏州各县土地,按土地肥瘠分三等定赋:上田2斗,中田1斗5升,下田1斗。除学田、屯田仍是官田外,其余一律称为民田。他认为这样"则民乐业而赋易完,视之绍熙(南宋光宗年号)以前,犹五六倍也",可以"去累代之横征而立万年之永利"。②

(2) 不通商的州县田赋征本色(实物赋税)。顾炎武指出偏僻之处银子难得,田赋征银造成了很大的祸害。他说:"今来关中,自鄠(hù,今陕西户县)以西至于岐下,则岁甚登,谷甚多,而民且相率卖其妻子。至征粮之日,则村民毕出,谓之人市。问其长吏,则曰:一县之鬻于军营而请印者,岁近千人,其逃亡或自尽者,又不知凡几也。"由于停止开银矿和海外贸易,"中国之银在民间者已日消日耗",更何况是商贾绝迹的"山僻之邦",因此"谷日贱而民日穷,民日穷而赋日诎。逋欠则年多一年,人丁则岁减一岁"。他把田赋征银、倚银富国的政策比作"畜羊而求马"、"恃酒而充饥",认为必须加以改变。不过他又认为"通都大邑行商麇集

---

① 本段引文均见《郡县论六》,《顾炎武全集》卷二一,第61页。
② 本段引文均见《日知录》卷一○《苏松二府田赋之重》。

之地,虽尽征之以银,而民不告病",所以只是提出:"凡州县之不通商者,令尽纳本色,不得已,以其什之三征钱。"①就偏僻地区而言,这一主张有它的合理性,反映了中国经济发展的不平衡。

(3) 田赋征银中存在加收火耗的弊病。银子熔零为整会有损耗。顾炎武指出:"所谓耗者,特百之一二而已",但官吏却"借火耗之名,为巧取之术",以致火耗越来越重。"于是官取其赢十二三,而民以十三输国之十;里胥之辈又取其赢十一二,而民以十五输国之十。"而且官吏对交纳银两的人家和交纳钱币的人家所收的火耗又有厚薄。交纳银两的人家"必其地多而豪有力",交纳铜钱的则是穷下户,"虽多取之,不敢言也。于是两之加焉十二三,而铢之加焉十五六矣。"正赋和杂赋所收的火耗也有厚薄,正赋监管力度大于杂赋,"于是正赋之加焉十二三,而杂赋之加焉或至于十七八矣"。② 在火耗问题上,顾炎武只揭露了矛盾,并没有提出解决的办法。

在提出改革苏州等地的田赋时,顾炎武还谈到要减轻佃户交给地主的地租。减轻地租的主张唐代的陆贽就曾提出过。元代有三次减轻江南土地私租的记载。第一次是世祖至元二十二年(1285年),由中书右丞卢世荣建议,诏江南地主减收佃客租课一成③。第二次是至元三十一年(1294年),成宗即位后曾下诏减免当年的田赋三成,江浙行省提出私租也应如数减免,得到皇帝的批准④。第三次是成宗大德八年(1304年),下诏说:"江南佃户私租太重,以十分为率减二分,永为定例。"⑤顾炎武则专谈苏州的私租。他说:"吴中之民有田者什一,为人佃作者十九。其亩甚窄,而凡沟渠道路,皆并其税于田之中。岁仅秋禾一熟,一亩之收不能至三石,少者不过一石有余,而私租之重者至一石二三斗,少亦八九斗。佃人竭一岁之力,粪壅工作一亩之费可一缗,而收成之日所得不过数斗,至有今日完租而明日乞贷者。"⑥佃农人口占90%,缴纳的地租很重,这是民众贫困的原因。因此顾炎武提出在减轻田赋后"当禁限私租"。他认为上等田的地租每亩不得超过8斗,这样就能使"贫者渐富而富者亦不至于贫"。照他的主张,上等田的地租至多占产量的三分之一。在顾炎武提出减轻苏州田赋和地租主张的两个世纪以后,苏州、松江、太仓才实现了减赋,但地租仍未减。

---

① 本段引文均见《钱粮论上》,《顾炎武全集》卷二一,第64—65页。
② 本段引文均见《钱粮论下》,同上书,第65—66页。
③ 《元史》卷二〇五《卢世荣传》。
④ 《元史》卷一八《成宗纪一》。
⑤ 《元史》卷二一《成宗纪四》。
⑥ 《日知录》卷一〇《苏松二府田赋之重》。

关于货币,顾炎武对银、钱、纸币都做了分析。他认为纸币是"因于前代未以银为币,而患钱之重"而兴起的,所以"今日上下皆银,轻装易致,而楮币自无所用"。纸币和用银"势不两行,灼然易见"。他批评明代为了流通纸币"而并钱禁之,废坚刚可久之货,而行软熟易败之物",终因"弗顺于人情"而失败。纸币流通是"罔民"之政,纸币的失败证明了"天子不能与万物争权"。① 上述的分析正确地指出了封建统治者利用纸币来欺骗人民以及它失败的必然性。不过顾炎武没有区别兑现纸币和不兑现纸币,完全按不兑现纸币立论,因此认为用银和纸币流通势不两立。

顾炎武以用银来否定纸币流通,却并不赞成用银。他也认为用银增加了社会矛盾。第一,用银便于贪污。他说:"又闻之长老言,近代之贪吏倍甚于唐、宋之时。所以然者,钱重而难运,银轻而易赍。难运,则少取之而以为多;易赍,则多取之而犹以为少。非唐、宋之吏多廉,今之吏贪也,势使之然也。"② 第二,用银便于盗贼。他说如果有两辆车在路上,一车装钱,一车装银,大盗总是会以银为目标,因此用银以后,"河朔之间所名为响马者,亦当倍甚于唐、宋之时矣"③。他赞成用钱,认为虽然明代铸的钱比前代精美,但由于政府不注意收钱,使钱不能上下流转,以致"物日重,钱日轻,盗铸云起,而上所操以衡万物之权至于不得用"。为了提高铜钱的货币地位,他提出建议:"请略仿前代之制,凡州县之存留支放,一切以钱代之。使天下非制钱不敢入于官而钱重,钱重,而上之权重。"④前面说过顾炎武认为通都大邑征银并无害处,在这里他却根本反对州县的财政收支用银。这是为重钱而重钱,是一种保守思想的表现。

第八节　王夫之的经济思想

一、隐居著书四十年的王夫之

王夫之(1619—1692年),字而农,号姜(薑)斋,中年曾号一瓠道人,改名壶,晚年又改回原名,衡阳(今属湖南)人。因他隐居于衡阳石船山,被称为船山先生。崇祯十五年(1642年),王夫之考中举人。南明桂王永历二年(清顺治五年,1648年),王夫之在衡山起兵抗清,战败后至广东肇庆,经大学士瞿式耜特疏奏

---

① 本段引文均见《日知录》卷一一《钞》。
② 《钱粮论下》,《顾炎武全集》卷二一,第66—67页。
③ 《钱粮论下》,同上书,第68页。
④ 《钱法论》,同上书,第190页。

荐,于永历四年守父孝期满后出任行人司行人。同年王夫之因上疏弹劾大学士王化澄不成而辞官。五年王夫之见南明大势已去,决定回湖南隐居,筑室石船山,"晨夕杜门……著书凡四十年"①。其著作经后人陆续增刻为《船山遗书》,保留下来的有300余卷。

王夫之认为人类社会是从野蛮状态逐步发展过来的,后代胜于前代。"唐、虞以前……人之异于禽兽无几也。"②从唐、虞直到殷末,则是"人自为君,君自为国,百里而外,若异域焉,治异政,教异尚,刑异法,赋敛惟其轻重,人民惟其刑杀,好则相昵,恶则相攻,万其国者万其心,而生民之困极矣"③。周初还不能彻底改变这种情况,所以"大封同姓,而益展其疆域,割天下之半而归之姬氏之子孙",于是"渐有合一之势"④。降至春秋,经"帝王经理之余,孔子垂训之后",人民的教化又要比"唐、虞、三代帝王初兴、政教未孚之日,其愈(胜过)也多矣"⑤。"后世郡县一王,亦缘此以渐统壹于大同,然后风教日趋于画一,而生民之困亦以少衰。"⑥这一社会发展观有力地批判了崇古思想,否定了历代儒家对三代社会的美化。他指出:"后世无识之士,欲挠乱成法,谓三代之制一一可行之今,适足以贼民病国,为天下僇(同戮),类此者众矣。"⑦

从"封建"制发展到郡县制,王夫之认为是一种历史的必然。他说:"郡县之制,垂二千年而弗能改矣,合古今上下皆安之,势之所趋,岂非理而能然哉?"他分析这个必然性说:在人类社会开始的时候,"各推其德之长人、功之及人者而奉之",因此有了天子。他们的后代"安于其位者习于其道",即使"愚且暴",还是贤于草野之人。这样相安了几千年。经过"强弱相噬",到战国时只留下少数诸侯王,他们已不能统治九州,"于是分国而为郡县,择人以尹之"。实行郡县制,使"才可长民者皆居民以上以尽其才",表现了"天下之公"。他还指出:郡县制"非天子之利",因为"天子孤立无辅",所以国祚不长;"而为天下计",则害处要比"封建"制少得多。因此,他认为"秦以私天下之心而罢侯置守",却是"天假其私以行其大公"。⑧ 实行郡县制是符合社会发展的要求的。

---

① 余廷灿:《王先生夫之传》,《碑传集》卷一三〇。
② 《读通鉴论》卷二〇《(唐)太宗》八。
③ 《读通鉴论》卷二〇《(唐)太宗》二。
④ 同上。
⑤ 《读通鉴论》卷二〇《(唐)太宗》八。
⑥ 《读通鉴论》卷二〇《(唐)太宗》二。
⑦ 《读通鉴论》卷二三《(唐)代宗》六。
⑧ 本段引文均见《读通鉴论》卷一《秦始皇》一。

王夫之的经济思想涉及义利、田制、赋役、商业、货币等方面，以赋役论为重点。他在理论上有创新，如对三代的田制作出了与众不同的解释。但是，他主张以夫定赋，坚持抑商，反对用银，这些都不符合历史发展的方向。

二、义利论

王夫之很强调义、利之分。他说："天下之大防二：中国、夷狄也，君子、小人也。"而两个大防的归宿点则是义、利之分："天下之大防二，而其归一也。一者，何也？义、利之分也。"①他主张严夷夏之防，这一方面反映了王夫之坚持民族气节，对满洲贵族的统治持彻底的不妥协态度，另一方面也表现出他对少数民族存有狭隘的民族偏见。他又说："君子、小人之大辨，人、禽之异，义、利而已矣。"②所谓"人、禽之异"，好像是说人和禽兽的区别，但是他又把小人、庶民比为禽兽，理由就是他们都只追求利而不懂得义。他说："鸡鸣而起，孳孳为利，谓之勤俭传家。庶民之所以为庶民者此也，此之谓禽兽。"③因此，所谓"人、禽之异"就是君子同小人、庶民之异。归根到底，义只是君子才具有的品德。这是对孔子"君子喻于义，小人喻于利"思想的继承和发展。

义既然只为君子所有，可见不是人们的自发要求，可是王夫之又把它说成是人心所固有的。他说："盖义非仅事之宜，而实心固有之制也。"④义本来是统治阶级为了调节人们的相互关系而创立并发展起来的一种道德规范，人们接受这种道德规范完全是教育的结果，把义当作人性的表现是错误的。人心所固有的东西，却又是多数人所没有的东西，这在理论上也陷于自相矛盾。

不仅如此，王夫之还反对"衣食足而后廉耻兴，财物阜而后礼乐作"的观点，批评这是"执末以求其本"，是"管、商之托辞"。他的反驳理由有三：第一，"待其足而后有廉耻，待其阜而后有礼乐，则先乎此者无有矣"。意思是说礼乐、廉耻是不依赖于一定的经济条件而独立产生和发展起来的，它们早在衣食足、财物阜以前就已存在。第二，"无有之，姑且置之，可以得利者无不为也，于是廉耻刓（wán，损）而礼乐之实丧"。意思是说不先提倡廉耻、礼乐，人们为了求利而无所不为，廉耻、礼乐根本建立不起来。第三，"有余不足无一成之准"。如果"廉耻刓而欲知足，礼乐之实丧而欲知阜"，即使是"天地之大，山海之富"也不能满足人们

---

① 《读通鉴论》卷一四《(晋)哀帝》三。
② 《读通鉴论》卷一八《(陈)宣帝》六。
③ 《俟解》，古籍出版社1956年版，第3页。
④ 《四书训义》卷二七。

的欲望。因此他提出:"先王以裕民之衣食,必以廉耻之心裕之;以调国之财用,必以礼乐之情调之",也就是要"以廉耻、礼乐之情为生物、理财之本"。① 他反对把"疆圉固而后田莱可辟,衣食足而后教化可兴"作为"富强之术",说这是"偷一时之利而召无穷之乱"②。

"衣食足而后廉耻兴,财物阜而后礼乐作"和《管子·牧民》的"仓廪实则知礼节,衣食足则知荣辱"意思相同,强调了经济条件对道德观念所起的决定作用。当然这种提法不是十全十美的,因为道德观念不会自发地形成,还需要有统治阶级的大力提倡,而且即使这两个条件都已具备,以上的话也并非对所有人都适用。但无论如何,它毕竟比较正确地说明了道德与经济之间的关系。王夫之反对这一观点,把道德观念作为本源性的东西,是对真实关系的颠倒。只有在指出了这一点以后,我们才能说他的论点也包含着合理的因素:对于统治者来说,加强思想上的统治具有十分重要的意义。

王夫之也认为义可以生利。他说:"义非以为利计也,而利原义之所必得;义非徒以其名也,而名为实之所自生。"③"如使义而不利,利而可以为利,犹可言也。乃义亦何尝不利,但有国者不知以义为利尔。"④他又指出义也有不利的时候:"但在政教衰乱之世,则有义而不利者矣。"承认在一定条件下义不一定生利,这是以前主张"义以生利"的人所没有说过的。不过把义而不利的情况局限于"政教衰乱之世",还很不全面,实际上这一矛盾经常会发生。接着他又说:"乃义或有不利,而利未有能利者也。利于一事则他之不利者多矣,利于一时则后之不利者多矣,不可胜言矣。利于一己而天下之不利于己者至矣。"显然,这里所说的利是指局部的、暂时的或个人的利,而不是指国家整体、长远的利。在王夫之看来,整体、长远的利就是义,正如他自己所说的:"义者,正以利所行者也。事得其宜则推之天下而可行,何不利之有哉?"⑤他承认义可以得利,却不敢把这种义直截了当地称为利。在这点上,王夫之和程、朱的观点基本上是一致的。

王夫之特别强调"有国者"要懂得"以义为利"的道理。他指出统治者要求"以养民为义,而即以养民为利,而不可屑屑然求财货之私己以为利"。"而惟好利之主用用小人,小人既用而利谋益进",就会造成人民叛散的后果。他又发挥《大学》德本财末的观点说:"德为万化之本原,而财乃绪余之必有。"王夫之认为

---

① 本段以上引文均见《诗广传》卷三《小雅》一〇《论鱼丽》。
② 《四书训义》卷一六。
③ 《四书训义》卷二五。
④ 《四书训义》卷一。
⑤ 本段引文未注明出处的均见《四书训义》卷八。

统治者只要讲德就可以了,财是德的必然派生物,"宜置之度外而听其自有",不能"置德于不讲而惟财是图"①。

《大学》的德本财末思想意在反对聚敛,王夫之也一样。他说:"夫财之所大患者,聚耳。天子聚之于上,百官聚之于下,豪民聚之于野。"②他特别反对封建统治者聚敛五谷,认为"聚钱布金银于上者,其民贫,其国危;聚五谷于上者,其民死,其国速亡……故天下之恶,至于聚谷以居利而极矣。"儒家历来把"九年耕,必有三年之蓄"看作是理想境界。王夫之却对此持否定态度,说它只适用于诸侯分立的时代。因为那时国家小,需要储粮以备荒,后来"四海一王,舟车衔尾以相济",再"敛民之粟,积之窖窌",让它霉烂变质,使人民无食而饿死,就是"至不仁"的表现了。他还说:"粟者财之本也,粟聚则财无不聚,召奢诲淫,皆此粟为之也。"③他批评隋文帝广置粮仓的做法,认为这是导致隋亡的原因。

反聚敛具有积极意义,反对聚敛粮食让其霉烂而使人民挨饿也是正确的,可是对国家的粮食储备采取一概否定的态度却具有片面性。其实有时王夫之也提出了不尽相同的观点。例如他肯定刘晏的理财"为功于天下",认为因刘晏"理财而斥之","非君子之正论"。他说:"夫所恶于聚财者,以其殃民也。使国无恒畜,而事起仓卒,危亡待命,不能坐受其毙,抑必横取无艺以迫民于死,其殃民又孰甚焉?"④这又认为国家的恒蓄是必要的了。

离开了反聚敛的意义,王夫之对待财利的态度则是错误的。他认为"天下之财自足以应天下之用,缓不见其有余,迫不见其不足"⑤。这大概就是他要求统治者把财"置之度外"的理由。他根本反对"读圣贤书"的士人"劳身心以营鸡豚蔬果之务以为利",指责他们"尤不足列于人类"⑥。他批评许行要"一驱天下贤智之心思尽之于谋食之中,以皇皇于求利,此其为道去禽兽不远"⑦。他甚至把所谓"孳孳为利"、实则"勤俭传家"的庶民比为禽兽。这一切都说明轻视生产劳动、轻视劳动人民的观念在他的头脑中打下了深深的烙印。

---

① 本段引文均见《四书训义》卷一。
② 《宋论》卷三《真宗》六。
③ 本段引文未注明出处的均见《读通鉴论》卷一九《(隋)炀帝》七。
④ 《读通鉴论》卷二四《(唐)德宗》五。
⑤ 《宋论》卷一《太祖》一二。
⑥ 《四书训义》卷一七。
⑦ 《四书训义》卷二九。

三、田制论

王夫之对井田制持怀疑的态度。他既认为井田是"轩辕氏之良法"[1],又说"大抵井田之制不可考者甚多""古制已湮,阙疑焉可矣"[2]。事实上,他对古时的田制提出与众不同的看法,认为"归田、授田"是"千古所必无之事"[3]。何以见得古时没有归田、授田之事呢?王夫之主要从两个方面进行论证。

第一,他认为土地历来而且永远是私有的:"人各自治其田而自收之,此自有粒食以来,上通千古,下通万年"[4]。因此,帝王不可能侵占私人的土地所有权来重新分配土地,夏、商、周也不例外。他说:"天下受治于王者,故王者臣天下之人而效职焉。若土,则非王者之所得私也。天地之间,有土而人生其上,因资以养焉。有其力者治其地,故改姓受命而民自有其恒畴,不待王者之授之。"[5]他还从天地不可分割来论证土地不能被王者私有:"地之不可擅为一人有,犹天也。天无可分,地无可割,王者虽为天之子,天地岂得而私之,而敢贪天地固然之博厚以割裂为己土乎?"[6]其实,"天无可分,地无可割"只能说明土地不应该被任何个人所占有。王夫之却只用它来否定王有,而不否定土地所有者的私人占有。难道私人占有不是分割?所以这论证并不恰当。土地私有制是一定历史时期的产物,把它说成是历来如此、永远如此,是错误的。

第二,他认为孟子所说的"夏后氏五十而贡,殷人七十而助,周人百亩而彻"中的田亩数不可能指授田数。他提出一连串的质疑说:周代每夫的授田数比殷代多30亩,"岂武王革商之顷,域中之田遽垦其十之三乎?洪水之后,污莱(荒地)千载,一旦而皆成沃土,无是理也。"授田以后人口会增加,如果一家生四子,归田100亩,授田却要400亩,增加的授田数从哪里来?是"夺邻井之地,递相推移以及于远"?还是"择远地绝产而随授之"?还是"候邻叟之老死"以后再授田?还是事先"多取良田置之不耕以候后来之授"?子男之国土地无几,难道"取邻国之田以授之"?[7]这些质疑都在说明授田之不可能。他对孟子的话另外做了解释,因不属于田制问题,留待下一目再讨论。

---

[1] 《读四书大全说》卷八《孟子·滕文公上篇》九。
[2] 同上书,《孟子·滕文公上篇》八。
[3] 《四书稗疏·孟子上篇·五十而贡七十而助百亩而彻》。
[4] 《四书稗疏·论语下篇·彻》。
[5] 《噩梦》,中华书局1956年版,第1页。
[6] 《读通鉴论》卷一四《(晋)孝武帝》四。
[7] 本段引文均见《四书稗疏·孟子上篇·五十而贡七十而助百亩而彻》。

对于限田和均田,王夫之也持否定态度。他认为汉武帝时董仲舒的限田之说还有实行的可能,因为当时"去三代未远,天下怨秦之破法毒民而幸改以复古;且豪强之兼并者犹未盛,而盘据之情尚浅"。不过即使限田能够实行也不能持久,因为兼并归根到底是禁止不了的。"师丹乃欲试之哀帝垂亡之日,卒以成王莽之妖妄,而终不可行。"不仅如此,在"赋役繁,有司酷,里胥横"的情况下,农民"得田而如重祸之加乎身,则强豪之十取其五而奴隶耕者,农民且甘心焉"。因此他认为只要"轻其役,薄其赋,惩有司之贪,宽司农之考,民不畏有田,而强豪无挟以相并,则不待限而兼并自有所止"。① 在这种情况下如果再有农民丧失土地,那责任就在于他们自己懒惰了。他批评隋文帝的遣使均田是"欲夺人之田以与人,使相倾相怨以成乎大乱",宣称"为均田之说者,王者所必诛而不赦"②。在谈到南宋的经界法时,他又指出限田、抑兼并就像是"割肥人之肉置瘠人之身,瘠者不能受之以肥,而肥者毙矣"。只要减轻赋役和澄清吏治,"则兼并者无可乘以恣其无厌之欲,人可有田,而田自均矣"。否则,即使用"峻法"来夺富人之田与贫民,"疲懦之民"也会"匿走空山而不愿受"。③

地主土地所有制是封建生产关系的基础,剧烈的土地兼并又会加剧封建社会的矛盾,因此地主阶级中经常会有人提出限制土地兼并的主张和方案。它们大多没有付诸实施,即使实施了,或者只能见效于一时,或者立即造成混乱,最后都导致彻底的失败。王夫之这样坚决反对限田、均田,表明他已经认识到土地兼并是不可能依靠封建国家的政权力量来予以解决的。所以他说:"处三代以下,欲抑强豪富贾也难"④。他想通过轻徭薄赋等政策,对土地兼并做到不抑而抑。这可能会延缓土地兼并的趋势,但认为这样就能使"田自均",则仍是一种空想。

不过王夫之也提出了一个限制土地兼并的办法:区分自耕与佃耕的土地,根据每家的劳动力,核实各家自耕土地的亩数,最多不超过 300 亩,300 亩以外的则按佃耕土地征税。"轻自耕之赋,而佃耕者倍之"⑤,平均税率为什一。发生水旱时,自耕土地免税,佃耕土地则只有在极荒时才能减免。这是想用有利于自耕的赋税政策来防止农民丧失土地,但这同样是无法实现的。

---

① 本段以上引文均见《读通鉴论》卷五《(汉)哀帝》二。
② 《读通鉴论》卷一九《隋文帝》一一。
③ 本段引文未注明出处的均见《宋论》卷一二《光宗》二。
④ 《读通鉴论》卷二《(汉)文帝》一八。
⑤ 同上。

四、赋役论

王夫之很重视赋役问题。他列举的几项国家大政,在经济方面有两项,即钱谷和赋役。他说:"钱谷者,国计之本也;赋役者,生民之命也"①。由此可见,赋役问题在他的经济思想中占有重要地位。

王夫之比较了赋税和力役对人民的影响,认为"役之病民,视赋而剧"②。理由有二。第一,民财产生于民力,赋税虽重,只要力役不重,人民还能用自己的劳动力重新生产财富;而力役过重,妨碍了人民的生产,即使赋税不重,人民也无财缴纳。第二,赋税的标准一经确定,"虽墨吏附会科文以取之,不能十溢其三四";而力役却"随时损益,固难画一",官吏可以任意调发,"虽重法以绳吏,而彼固有辞"。根据这两点,王夫之认为三代时"简于赋而详于役"③,能使地方官吏难以钻役法的空子而营私舞弊。

两税法将庸(力役)并入两税,但后来仍有力役。王安石将差役改为雇役,又征役钱。一条鞭法将杂徭并入正供,条鞭之外的力役仍不能免。王夫之指出这是在"免役之外"又"三征其役"④,加重了人民的负担。因此,他主张"役与赋必判然分而为二"⑤,认为这样可以避免上述弊病的发生。

中国历代的赋税制度有按丁夫征收和按资产征收的,资产主要是土地。租庸调按丁夫征收,两税法则按资产征收。陆贽批评两税法,主张"以丁夫为本"。王夫之是继陆贽以后主张以夫定赋的人。他说:"役其人,不私其土,天之制也"⑥。他把按丁征赋看成是天经地义的事。

为了证明以夫定赋是良法,王夫之对三代的赋制作了与众不同的解释。他说三代的贡、助、彻都是"取民之制",即赋法,而不是"授民之制"。"其言一夫五十亩者,盖五十亩而一夫也;一夫七十亩者,盖七十亩而一夫也;一夫百亩者,盖百亩而一夫也……夏后氏一夫则取其五十亩之税,殷人取其七十亩之税,周人取其百亩之税。"⑦意思是说,所谓50亩、70亩、100亩,不过是三代按夫征赋的不

---

① 《读通鉴论》卷一九《(隋)炀帝》一。
② 《诗广传》卷一《王风》二《论君子于役》。正文中并无"役之病民,视赋而剧"等语,但文后附有周调阳校勘记所录异文,其中有此语。
③ 本段引文未注明出处的均见《思问录》,古籍出版社1956年版,第55页。
④ 《宋论》卷六《神宗》五。
⑤ 《思问录》,第56页。
⑥ 《读通鉴论》卷二〇《唐高祖》九。
⑦ 《四书稗疏·孟子上篇·五十而贡七十而助百亩而彻》。

同标准,不是每夫的实有田数,"地虽辟而赋不溢,若其荒废而赋亦不减"①。《周礼·地官上》说:"不易之地,家百亩;一易之地,家二百亩;再易之地,家三百亩。""易"是指轮休,"一易"是种一年需要休耕一年的土地,"再易"是种一年需要休耕二年的土地。因为要休耕,所以授田数要加一倍或二倍。王夫之对这一记载也用赋制来解释:"再易者,百亩三岁而一征也。一易者,间岁而一征也。"土质差的田要减轻赋额,是否进行轮休或实际耕种多少,国家是不管的。他从以夫定赋的角度称赞他所理解的井田制说:"其始也以地制夫而夫定,其后则唯以夫计赋役而不更求之地,所以百姓不乱而民劝于耕……此井田取民之制所以为盛王之良法,后世莫能及焉。"②

对于春秋以后的赋税制度,王夫之往往根据是否以夫定赋来进行评价。他说鲁国的初税亩、作丘甲、用田赋等都是"舍人而从土"③,因此受到《春秋》的讥讽。他指责晋代的"度田收租之制"是"稗政",是"鲁宣公税亩之遗弊"④。他赞成唐代的租庸调制,因为它重于庸而轻于租,"调、庸之职贡一定于户口而不移,勿问田之有无,而责之不贷"⑤。他指责一条鞭法,因为它将赋税"概责之地亩"⑥,使以田定赋的情况更加突出。

以田定赋有什么害处呢?王夫之认为这是造成土地兼并的根本原因所在。他说:"后世之法,始也以夫制地,其后求之地而不求之夫,民不耕则赋役不及,而人且以农为戒,不驱而折入于权势奸诡之家而不已。"⑦因为以田定赋,"计田之肥瘠以为轻重,则有田不如无田,而良田不如瘠土"⑧。"村野愚懦之民以有田为祸,以得有强豪兼并者为苟免逃亡、起死回生之计。唯强豪者乃能与墨吏猾胥相浮沉,以应无艺之征。"这就使"田不尽归之强豪不止,而天下之乱且不知所极矣。"他认为只要减轻赋税,而且赋税不责之田亩,"人以有田为利",强豪就不可能"横夺"土地为己有。⑨ 东晋孝武帝太元元年(376 年)废除度田收租之制,"口收税米三斛,不问其田"。王夫之称赞这种"度人而不度田"的税制是"劝农以均

---

① 《噩梦》,第 2 页。
② 同上书,第 1 页。
③ 同上书,第 2 页。
④ 《读通鉴论》卷一四《(晋)孝武帝》四。
⑤ 《读通鉴论》卷二〇《唐高祖》九。
⑥ 《噩梦》,第 38 页。
⑦ 同上书,第 1 页。
⑧ 《读通鉴论》卷三〇《五代下》五。
⑨ 本段以上引文未注明出处的均见《噩梦》,第 4—5 页。

贫富之善术","不禁兼并,而兼并自息"①。

土地兼并的根本原因在于封建剥削制度,其中也包括赋税制度的因素。赋税的加重会加速土地兼并的进程,但即使没有赋税的因素,土地兼并也不会从根本上消除。王夫之只从赋税制度上寻找土地兼并的原因,认识很不全面。以田定赋固然对有田的人不利,确有可能成为一部分中小地主或自耕农丧失土地的原因;但以夫定赋也不是解决矛盾的正确方法,因为它也有利于豪强的兼并。大地主田多人少,以夫定赋对他最有利。以夫定赋的前提是每夫都有生产资料可以进行生产,没有生产资料的劳动者又怎么能向国家缴纳赋税呢?以田定赋是封建社会中赋税制度发展的方向,以夫定赋的主张和这一方向背道而驰,实质上是保守的。

自孟子提出什一之税是尧舜之道以后,历代有许多人把什一税看成是理想的税率。王夫之则认为这是先王不得已而采取的税率。他说:"三代沿上古之封建,国小而君多,聘享征伐一取之田,盖积数千年之困敝,而暴君横取,无异于今川、广之土司吸齕其部民,使鹄面鸠形,衣百结而食草木。"在这种情况下,什一税已比原来的"暴君横取"有所减轻。他还指出三代时由于国小,人民纳税的运输费用不大,所以什一是真正的什一。更何况如果以一易、再易来计算,则只有二十或三十税一。秦汉以后,"合四海以供一王",运粮到京城或边塞费用很大,"使输十一于京边,万里之劳,民之死者十九"。如果改征折色,农民要求取得货币,只能贱粜粮食,墨吏则会在征收时多取其值。所以后世税率名为什一,实际上却大大超过。因此他认为在秦汉以后仍主张行什一之税是"不智而不仁,学焉而不思"。②

王夫之对田赋征折色的看法比较复杂,有时存在着矛盾。

对于粮食征折色,王夫之首先肯定它是一种弊政。他说:"农出粟而使之输金,唐、宋以降之弊政也。"③他指出粮食征折色"有三易","官易收,吏易守,民易输";但是考虑到"金夺其粟之贵,则宁使民劳于输,官劳于收,吏劳于守,而勿徇其便"④。根据上述论点,可见王夫之认为粮食征折色是弊大于利的。然而他又认为长途运输粮食劳民伤财,有时还是以征折色为是,说"近者纳本色,远者纳折色"是《禹贡》所定而为"万世必因"⑤的原则。既然远途运输的粮食征折色是"万

---

① 《读通鉴论》卷一四《(晋)孝武帝》四。
② 本段引文均见《读通鉴论》卷二〇《唐高祖》九。
③ 《思问录》,第59页。
④ 《读通鉴论》卷二《(汉)文帝》一八。
⑤ 《噩梦》,第40页。类似的观点还见《读通鉴论》卷二八《五代上》一五。

世必因"的,那么宁可使"民劳于输"的说法就不正确了。在这里他陷入了自相矛盾之中。

对于布帛的征折色,王夫之则认为它"利民而无病于国"。他分析了征折色的四利。第一,布帛质量精粗不齐,如果征收的官吏受贿,不坚持质量标准,则纳税者要制造质量差的布帛来交纳,既"损国计",又"导民奸";如果坚持质量标准,则为墨吏、猾胥提供索贿的借口,"民困不可言矣"。改为折钱,农民在出卖布帛时"虽受欺于奸贾",但比起受抑于官府要好得多。第二,不产布帛的地区,纳税者要先出卖农产品,换得货币以购买布帛,可能"费十而不能得五",不如直接交钱为有利。第三,布帛不能零星分割,小户"必计值以求附于豪右",受其挟持,"钱则自一钱以上,皆可自输之官"。第四,布帛不能久存,如果变质,"是竭小民机杼之劳,委之于粪土矣。钱则在民在官,以收以放,虽百年而不改其恒"①。但是,他还提到"土产者征本色,非土产者征折色以和买"②。如果根据这一条,则产布帛的地区仍要征本色,这又同布帛以征折色为利的论点发生了矛盾。

上述对赋税征折色的看法,比起同时代的黄宗羲、顾炎武来已大有进步。能够这样肯定征折色的积极作用,在地主阶级思想家中并不多见。至于在观点上有矛盾,表明他对征折色的态度还不够坚决,因而在某些看法上还有动摇。在不同时期的著作中存在一些矛盾的观点,也是不可避免的。

王夫之的赋役论还包括属于商业税方面的论点,这同抑商思想有关,留待下一目讨论。此外,他还有一些零星的议论,例如他批评了杨炎的量出制入原则,指出:"盖后世赋役虐民之祸,杨炎两税实为之作俑矣……因出以求入,吏之奸,民之困,遂浸淫而无所止。"③他认为江南的赋税过重是从唐代的第五琦开其端,刘晏继之,"东南之民力殚焉,垂及千年而未得稍纾"④。他也指出苏、松、常、湖等地的田赋过重,主张按《明会典》所载标准征收,每亩"以七升八合递下为准",以"苏民之困"⑤。

五、抑商论和对外通商论

王夫之主张重农抑商。他说:"民之生也,莫重于粟;故劝相其民以务本而遂

---

① 本段以上引文均见《读通鉴论》卷二四《(唐)德宗》三四。
② 《噩梦》,第37页。
③ 《读通鉴论》卷二四《(唐)德宗》四。
④ 《读通鉴论》卷二三《(唐)肃宗》三。
⑤ 《噩梦》,第4页。

其生者,莫重于农。商贾者,王者之所必抑;游惰者,王者之所必禁也。"①他对西汉的困辱商贾政策作了充分的肯定。

王夫之认为商人是"贫人以自富"②的剥削者,剥削对象是农民:"农人力而耕之,贾人诡而获之"③。所以他说"生民者农,而戕民者贾"④。他认为"贾人富于国,而国愈贫",暴君污吏必然要和商人相勾结:"暴君非贾人无以供其声色之玩,污吏非贾人无以供其不急之求"⑤。封建统治者如果喜欢商业或商人,就会使自己的统治发生危机:"人主移于贾而国本凋,士大夫移于贾而廉耻丧。"⑥他甚至认为少数民族贵族夺取中原的统治权也和商人势力的发展有关,如说"夷狄兴而商贾贵","夷狄资商贾而利,商贾恃夷狄而骄,而人道几于永灭"⑦。

前面已经提到,王夫之认为"处三代以下,欲抑强豪富贾也难"。所以他虽主张抑商,却又感到没有行之有效的办法。他指出晁错的入粟拜爵免罪政策只对豪强和富贾有利。农民不可能有很多粮食,豪强"役人以佃而收其半","富商大贾以金钱笼致",只有他们手中才能有大量粮食。因此实行这一政策的后果只能是"重农而农益轻,贵粟而金益贵"⑧。晁错的贵粟政策只能使豪强、富贾得利,这分析是正确的。不过说实行以后使农益轻、金益贵,则未免过甚其词。

不要把应由商人负担的赋税转嫁到土地所有者的身上,是王夫之抑商思想在经济政策主张方面的主要体现。他分析应由商人负担的赋税说:"人各效其所能,物各取其所有,事各资于所备,圣人复起,不能易此理也。且如周制,兵车之赋出于商贾,盖车乘、马牛本商之所取利,而皮革、金铁、丝麻、竹木、翎毛、布絮之类皆贾之所操,是军器、皮作、火器各局之费,应责之于商贾也无疑。"⑨又说:"若皮张、弓箭、翎毛、蜡油、颜料、铅、铁、筋、角之类,皆商贾之所居盈以射利者也……乃自一条鞭之法行,而革税课河泊所官之税务,尽没其从出之原,概责之地亩,抑本崇末,民日偷而国日贫矣。"⑩认为减轻商税是"抑本崇末"的表现,不符合崇本抑末的要求。

---

① 《读通鉴论》卷一四《(晋)孝武帝》四。
② 《读通鉴论》卷二《汉高帝》一四。
③ 《读通鉴论》卷三《(汉)武帝》二七。
④ 《读通鉴论》卷三《(汉)景帝》七。
⑤ 《读通鉴论》卷二《汉高帝》一四。
⑥ 《读通鉴论》卷三《(汉)景帝》七。
⑦ 《读通鉴论》卷一四《(晋)哀帝》三。
⑧ 《读通鉴论》卷二《(汉)文帝》一八。
⑨ 《噩梦》,第11页。
⑩ 同上书,第37—38页。

王夫之对认为征商税会提高物价,"农民亦受其病"的观点进行了反驳。他说:"人必免于冻馁而后可有求于市,则以税故而价稍增,亦其所可堪者也。若苦于饥寒征徭,而无告之民经年而不入市者多矣,曾何损耶!"这反驳完全从自给自足的自然经济的角度着眼。他指责那些"议法于廷"的在朝者都是"不耕而食,居近市而多求于市买,利商贾以自利,习闻商贾之言而不知稼穑之艰难"的人,因此谁也不去注意通过征商来减轻"田亩之科征"以利国利民。他还对孟子的反对征商主张做了解释,说孟子的主张只适用于"列国分据"时需要通过不征商来诱商的历史条件,"后世四海一家,舟车衔尾而往来,何患于商贾之不来乎"。① 也就是说这一主张早已过时,不足为据。

除征商外,王夫之还主张由国家控制盐、茶之利。他说:"唯海之有盐,山之有茶,农人不得而有也,贫民不得而擅其利也……富民大贾操利柄以制耕夫之仰给,而军国之盈虚杳不与之相与;则逐末者日益富,力田者日益贫,匪独不均,抑国计民生之交蹙矣。"②他批评了《盐铁论》中"文学、贤良竞欲割盐利以归民"的态度,指出他们的主张只对豪民大贾有利,"未闻割利以授之豪民大贾而可云仁义也"③。他肯定刘晏的"榷盐之利,得之奸商,非得之食盐之民"④。

主张抑商不等于否定商业的积极作用,王夫之也是这样。他说:"商贾贸贩之不可缺也,民非是无以通有无而赡生理,虽过徼(求)民利,而民亦待命焉。"⑤因此,他并不完全地反对商人求利,只是反对商人垄断利源。例如,他认为商人向政府买盐后各在限定的地区出售是适应了奸商垄断盐利的需要,是官府"听奸商之邪说"而造成的。"地界限,则奸商可以唯意低昂,居盈待乏,而过索于民。"他主张取消售盐地界的限制:"一入商人之舟车,其之东之西,或贵或贱,可勿问也。"⑥这样做,"则盐价恒平,商之利亦有恒,而狡者愿(老实)者不至赘(资)获之悬绝"⑦。"商之利亦有恒"表明王夫之对商人正当利益的肯定。售盐不分地界的主张同宋应星、李雯相同。明清之际具有这种主张的人不少。

王夫之又说过这样的话:"故大贾富民者,国之司命也。"这好像和他的抑商思想有矛盾,实际上是提出问题的角度不同,这一句话是从贫富关系的角度说

---

① 本段引文均见《噩梦》,第38页。
② 《宋论》卷二《太宗》一一。
③ 《读通鉴论》卷九《(汉)献帝》一八。
④ 《读通鉴论》卷二四《(唐)德宗》五。
⑤ 《宋论》卷二《太宗》一一。
⑥ 本段以上引文未注明出处的均见《读通鉴论》卷二四《(唐)德宗》六。
⑦ 《噩梦》,第12页。

的。类似的说法还有:"国无富人,民不足以殖。"①"大贾富民"包括大地主和大商人,又称为"素封巨族"或"豪右"。王夫之认为他们能起"流金粟,通贫弱之有无"的作用;在发生旱涝时,政府救济往往不及时,以致"道殣相望",而缺粮者只要"怀百钱,挟空券,要(求)豪右之门,则晨户叩而夕炊举矣"。这就是"大贾富民"是"国之司命"的真实含义。他批评无赖官吏以"借锄豪右"为名来达到个人的目的,以致"粟货凝滞","贫弱孤寡佣作称贷之涂室,而流死道左相望",因此主张"惩墨吏,纾富民"。②把富人看作是穷人的救星,这在宋以后的地主阶级思想家中并不少见,王夫之也是这样。不能孤立地抽出一句话来作为他反对抑商的依据。

在涉及农商关系时,王夫之总是以重农抑商作为分析问题的准绳。例如对于"粟贵伤末,粟贱伤农"的老话,他只强调"粟贱伤农"的一面,认为"太贱之后,必有饿殍",指出:"故善为国者,粟常使不多余于民,以启其轻粟之心,而使农日贱;农日贱,则游民商贾日骄"③。孟子说使"菽粟如水火"一样多,人民就会归仁。王夫之则认为这只能使农夫受制于奸商,"故菽粟如水火,而天下之不仁益甚"。他主张通过常平或其他调节办法,即使在丰年也能做到金钱贱而粟贵。所以他说:"故粟生金死而后民兴于仁。菽粟如水火,何如金钱之如瓦砾哉!"④

王夫之肯定对外通商的积极作用。他指出对外通商的好处有二。第一,可以互通有无。"夫可以出市于人者,必其余于己者也。此之有余,则彼固有所不足矣;而彼抑(或)有其有余,又此之所不足也。天下交相灌输而后生人之用全,立国之备裕。"第二,可以获取货币。"金钱者,尤百货之母,国之贫富所司也。物滞于内,则金钱拒于外,国用不赡,而耕桑织纴采山煮海之成劳,委积于无用,民日以贫。"这两条,一条着眼于商品,一条着眼于货币,对对外通商的作用认识得比较全面。他认为对外通商是禁止不了的。"禁之于关渡之间,则其雠(售)之也愈利,皇皇求利之民,四出而趋荒险之径以私相贸,虽日杀人而固不可止。"秘密的对外通商还会造成内外的勾结。"奸民外告以腹心,间谍交午(纵横交错)于国中而莫之能御,夫且曰吾禁之已严,可无虑也。不亦愚哉?"⑤因此,他主张在据地拒敌的情况下也要同对方实行自由通商的政策。实际上,交战的双方不可能不对对方实行经济制裁,认为在任何情况下都以进行自由通商为有利,则是太绝

---

① 《读通鉴论》卷二《汉高帝》一四。
② 本段引文未注明出处的均见《黄书·大正》,古籍出版社1956年版,第28—29页。
③ 《读通鉴论》卷七《(汉)明帝》七。
④ 本段引文未注明出处的均见《读通鉴论》卷一六《(齐)武帝》五。
⑤ 本段引文均见《读通鉴论》卷二七《(唐)昭宗》五。

对了。

六、货币论

王夫之分析了国家垄断铸币权的意义。他指出汉文帝取消《盗铸钱令》只有利于豪右,因为贫民是无力铸钱的。豪右用自己铸造的钱来购买各种商品,"居赢以持贫民之缓急",使"奸富者益以富,朴贫者益以贫"。而且铸钱的利益很大,不铸钱的"富者虽多其隶佣,而什取其六七焉",比起铸钱的利益来还是相差很远。贫民如果要铸钱的话,只能受雇于豪右,所以实行自由铸钱政策是国家在"驱人听豪右之役"。他指出:"利者,公之在下而制之在上,非制之于豪强而可云公也。"①基于这种观点,他认为铸币权、盐茶之利以及矿产资源都应该控制在国家手中。

国家垄断了铸币权,则应铸造符合标准的钱币。王夫之指出铸钱通过减重或掺杂铅锡来取利,钱"行未久而日贱,速敝坏而不可以藏",这种利根本不是长久之利。他还从钱是贱金属的角度来分析铸造足值钱币的必要性:"铜者,天地之产繁有,而人习贱之者也。自人制之范以为钱,遂与金玉珠宝争贵,而制粟帛材蔬之生死。然且不精不重,则何弗速敝坏而为天下之所轻。"只有坚持质量标准,才"可以久其利于天下"。明代铜钱已处于银货币的附属地位,王夫之的这一分析就是针对这一情况而言的。这样来说明铸造足值钱币的必要性,虽有一定道理,却缺乏理论上的普遍意义。他主张铸钱成本要相当于钱的十之八九,并指出"即使一钱之费如一钱焉,而无用之铜化为有用",对国家仍是很有利的。② 这就是说:国家垄断铸币权的根本利益在于建立一个稳定的货币制度,而不在于获取铸利。因此,他赞扬唐玄宗时宋璟发10万石粟收民间恶钱的措施是"富国之永图",认为它的长远利益"百倍十万粟之资"③。

王夫之也是用银有害论者。他说:"自银之用流行于天下,役粟帛而操钱之重轻也,天下之害不可讫矣。"铜、铁为制造械器所必需,白银却不是,因此王夫之认为白银本无足贵。"尊之以为钱、布、粟、帛之母,而持其轻重之权,盖出于一时之制"④。所谓"一时之制",也就是"流俗尚之,王者因之,成一时之利用"⑤的意思。这是说白银成为货币是人们只看到一时的利益而造成的。

---

① 本段引文均见《读通鉴论》卷二《(汉)文帝》八。
② 本段以上引文均见《读通鉴论》卷二《(汉)文帝》九。
③ 《读通鉴论》卷二二《(唐)玄宗》七。
④ 《读通鉴论》卷二〇《(唐)太宗》一三。
⑤ 《读通鉴论》卷二七《(唐)昭宗》二。

王夫之提到的用银之害，归纳起来有四点。第一，用银使天下贫，"其物愈多，而天下愈贫"。他所举的理由是统治者垄断了白银的开采，用它来"笼致耕夫红女之丝粟"，使"财亟(屡)聚于上，民日贫馁而不自知"。其实，这理由是难以成立的。用白银来交换民间的劳动产品，人民在价值上并没有受到损失，不能成为"民日贫馁"的原因。第二，用银要求开采银矿。"严禁民采，则刑杀日繁，而终不可戢(jí,止)"；不禁民采，"则贪惰之民皆舍其穑事"，而且游民聚集在山谷，"则争杀兴而乱必起"。即使不乱，"耕者桑者戮力所获，养游民以博无用之物，银日益而丝粟日销"，也只能造成国危民死的后果。西汉的贡禹认为开铜矿减少了从事农业生产的劳动力，王夫之则将这观点运用到开银矿上。第三，用银有利于官吏贪污。银比钱易运易藏，珠宝又不易得，官吏贪污以银为最便。第四，用银有利于盗贼。偷盗粮食、布帛或钱币，"其利薄，其刑重，非至亡赖者不为，银则十余人而可挟万金以去"。后两点也是黄宗羲、顾炎武所指出过的。因此，王夫之得出结论说："奸者逞，愿者削，召攘夺而弃本务，饥不可食，寒不可衣，而走死天下者，唯银也。"针对所谓用银之害，王夫之提出要禁开银矿，"广冶铸以渐夺其权，而租税之入以本色为主，远不能致而后参之以钱，行之百年，使银日匮而贱均铅锡"①。这一主张违背了历史发展的要求，在理论上也是有问题的。既然开银矿有害，难道开铜矿就没有害？银少就会价高，怎么会"贱均铅锡"？"租税之入以本色为主"则同布帛以征折色为有利的观点发生了矛盾。

　　当谈到纸币时，王夫之就把白银和铜钱放在同一地位了。他指出：古时民用有限，"故粟米、布帛、械器相通有无，而授受亦易"。后世"民用日繁，商贾奔利于数千里之外，而四海一王"，长途运输困难。这时如果仍用粟米、布帛来交易，弊病很大。"故民之所趋，国之所制，以金以钱为百物之母而权其子。事虽异古，而圣王复起，不能易矣。"他还分析了金、银、铜、铅的特点，指出它们是"得(生产)之也难，而用之也不敝；输之也轻，而藏之也不腐"，所以虽不是宝，却"有可宝之道"，"故天下利用之，王者弗能违也"。

　　官交子产生于宋仁宗时，王夫之批评这是仁宗实行的"病民者二百年，其余波之害延于今而未已"的"大弊政"。他分析纸币制度的弊病说："有楮有墨，皆可造矣，造之皆可成矣；用之数，则速裂矣；藏之久，则改制矣。以方尺之纸，被以钱布之名，轻重唯其所命而无等，则官以之愚商，商以之愚民，交相愚于无实之虚名，而导天下以作伪。"从宋至明初，统治者利用纸币"笼百物以府利于上，或废或兴，或兑或改，千金之资，一旦而均于粪土，以颠倒愚民于术中"。这是"君天下

―――――――――――
①　本段引文均见《读通鉴论》卷二〇《(唐)太宗》一三。

者""不仁之甚"的表现。他认为明代纸币流通的失败是人民觉醒的结果:"夫民不可以久欺也,故宣德以来,不复能行于天下。"①中国封建社会中国家纸币流通的屡次失败,使王夫之对它做出了全盘否定的结论。他对封建统治者利用纸币来欺骗人民作了较深刻的揭露,但在货币理论上则没有提出什么新的观点。

第九节 唐甄、王源、洪亮吉的经济思想

一、唐甄的富民论

唐甄(1630—1704年),原名大陶,字铸万,号圃亭,四川达州(今达县)人。八岁时其父为吴江知县,他随父赴任,离开四川。唐甄于顺治十四年(1657年)考中举人;次年会试未中,参加吏部考试,被分往山西。到康熙十年(1671年)唐甄才任长子知县,②十个月后又被革职,后来定居苏州。康熙二十五年,四川巡抚姚缔虞因四川人少,奏请驱蜀人归蜀。唐甄不愿回乡,由大陶改名为甄,以逃避官府的驱赶。他在苏州原有田70亩,地租收入41石,但正赋及加耗等共达23石,难以维持生活。于是唐甄卖田得60多两银子,交给养子及仆人贩卖纺织品求利。经营亏本后,唐甄又改开牙行,结果因客户失金而被控,牙行倒闭,晚年生活贫困。

唐甄虽不得志,但用世的思想不衰。他声称自己的经商是出于"不得已"③,其意义就像吕尚未遇时"卖饭于孟津"④一样。他希望自己成为"立于明主之侧,从容咨询"的谋臣,认为实行他的主张,"不出十年"就能够使"天下大治"⑤。他写的政论名为《衡书》,寓"志在权衡天下"⑥之意。《衡书》初刊于康熙十八年,只有13篇。后来陆续增写,积至97篇,改名为《潜书》,在他死后才刊行。其他著作大多散失,仅留有少数诗文。

唐甄主张"尊孟""宗孟""法王(守仁)"⑦。他反对空谈心性,对程朱理学的不讲事功进行了批判。他说:"儒之为贵者,能定乱、除暴、安百姓也。"⑧"儒者不

---

① 以上两段引文均见《宋论》卷四《仁宗》三。
② 唐甄任长子知县的时间据李之勤《唐甄事迹丛考》。《潜书》,中华书局1963年版,第274页。
③ 《养重》,同上书,第91页。
④ 《食难》,同上书,第88页。
⑤ 《潜存》,同上书,第204—205页。
⑥ 王闻远:《西蜀唐圃亭先生行略》,同上书,第228页。
⑦ 《尊孟》《宗孟》《法王》是《潜书》的三个篇名。
⑧ 《辨儒》,《潜书》,第3页。

言事功,以为外务。海内之兄弟,死于饥馑,死于兵革,死于虐政,死于外暴,死于内残,祸及君父,破灭国家。当是之时,束身锢心,自谓圣贤。世既多难,已安能独贤!"①他认为文学、事功都是无所不包的道的组成部分,把文学、事功、道学分别为三涂(途)是宋代"儒大兴而实大裂"②的表现。

由于政治上的失意和生活上的贫困,唐甄对现实产生了强烈的不满。他也像黄宗羲一样,对封建君主制度进行了抨击。他说:"大清有天下,仁矣。自秦以来,凡为帝王者皆贼也。"把清朝同以前各朝分开,是因为不便直指本朝,并不是说他真的认为清朝是例外。他论证帝王是贼的理由说:"杀一人而取其匹布斗粟,犹谓之贼;杀天下之人而尽有其布粟之富,而反不谓之贼乎?"③开国皇帝在夺取政权的过程中,大肆屠杀无辜百姓:"杀人之事,盗贼居其半,帝王居其半。大乱既定,君臣安荣,海内之男女死者已十六七矣。"④在封建社会中,能用这样尖锐的语句来揭露封建帝王的罪恶,是很难得的。但唐甄不可能根本否定封建制度,他只是希望对君权有所抑制。他指出"人君之尊,如在天上",公卿大臣"不得比于严家之仆隶"的情况,只会造成国家的乱亡。因此他提出:"位在天下之上者,必处天下之下。古之贤君,不必大臣,匹夫匹妇皆不敢陵;不必师傅,郎官博士皆可受教;不必圣贤,闾里父兄皆可访治。"只有这样,才能使"天下之善归之",真正"为尊"于天下⑤。这反映了唐甄的初步民主思想。

从自己的生活感受出发,唐甄表示了对贫富差别的不满。他说:"天地之道故平,平则万物各得其所。及其不平也,此厚则彼薄,此乐则彼忧。为高台者,必有洿池;为安乘者,必有茧足。王公之家,一宴之味,费上农一岁之获,犹食之而不甘……人之生也,无不同也,今若此,不平甚矣。"他认为舜、禹之所以要"恶衣菲食,不敢自咨",就是因为惧怕经济上的不平会导致"倾天下"的后果。⑥ 在这里,唐甄认为存在着贫富差别是违反天道的。不过从他的经济思想体系来看,他并不要求消灭贫富差别或缩小贫富之间的差距。

唐甄所主张的治国的经济目标是富民。《管子》说过:"夫治国之道,必先富民。民富则易治也,民贫则难治也。"唐甄的富民思想接近这一观点。他说:"为治者不以富民为功,而欲幸致太平,是适(去)燕而马首南指者也,虽有皋陶、稷、

---

① 《良功》,《潜书》,第53页。
② 《劝学》,同上书,第46页。
③ 本段以上引文均见《室语》,同上书,第196页。
④ 本段以上引文未注明出处的均见《全学》,同上书,176页。
⑤ 本段引文未注明出处的均见《抑尊》,同上书,第68—69页。
⑥ 本段引文均见《大命》,同上书,第96—97页。

契之才,去治愈远矣。"①他也主张富国:"立国之道无他,惟在于富。自古未有国贫而可以为国者。"但富国要以富民为内容:"夫富在编户,不在府库。若编户空虚,虽府库之财积如丘山,实为贫国,不可以为国矣。"②这是广义的富国概念。为了富民,就要求以养民作为施政目标。他说只要做到使"天下之官皆养民之官,天下之事皆养民之事",就能保证"三年必效,五年必治,十年必富,风俗必厚",甚至使"麟凤必至"③,对封建统治者的养民政治充满了美好的幻想。

幻想不同于现实。唐甄指出:"清兴五十余年矣,四海之内,日益困穷,农空,工空,市空,仕空。谷贱而艰于食,布帛贱而艰于衣,舟转市集而货折赀,居官者去官而无以为家,是四空也。"由于"四空"又导致"风俗日偷,礼义绝灭,小民攘利而不避刑,士大夫殉财而不知耻"。"人心陷溺,不知所底"。他认为这是"天下之大忧"。他批评当政者说:"国家五十年以来,为政者无一人以富民为事,上言者无一人以富民为言。至于为家,则营田园,计子孙,莫不求富而忧贫。何其明于家而昧于国也!"④这些话不无偏激之处,但也反映出他对富民的迫切心情。

民何以会贫呢?唐甄认为有两个根本原因:一是封建统治者的虐取,一是以银为货币。

所谓封建统治者的"虐取",从字面看,可以是指重赋。唐甄则主要是指贪官污吏的敲诈勒索行为。他说:"天下之大害莫如贪,盖十百于重赋焉。"⑤"蠹多则树槁,痈肥则体敝,此穷富之源,治乱之分也。"⑥把官吏是否贪污作为"穷富之源",认识是很不全面的。但仅从贪污所造成的严重后果来看,他的分析则极为深刻。

唐甄分析虐取所造成的后果说:"虐取者,取之一金,丧其百金;取之一室,丧其百室。"他还用实例来说明:兖州有一家卖羊餐的,靠它谋生的有十余人,因被诬盗羊,"罚粟三石,上猎其一,下攘其十",以致失业求乞。"此取之一金,丧其百金者也。"潞安州(治今山西长治)有一姓苗的人家,以冶铁为业,靠它谋生的有百余人,因被诬为盗,"上猎其一,下攘其十,其冶遂废",百余人都成为流民。"此取之一室,丧其百室者也。"他也分析了不虐取的好处:"陇右牧羊,河北育豕,淮南饲鹜,湖滨缲丝,吴乡之民,编蓑织席,皆至微之业。然而日息岁转,不可胜算。

---

① 《考功》,《潜书》,第111页。
② 《存言》,同上书,第114页。
③ 《考功》,同上书,第111页。
④ 本段引文均见《存言》,同上书,第114页。
⑤ 《富民》,同上书,第106页。
⑥ 同上,同上书,第105页。

此皆操一金之资,可致百金之利者也。"里有千金之家,同这家发生商业关系的人很多,需要向这家借贷的人也很多。"此借一室之富,可为百室养者也。"因此,唐甄认为不扰民是使经济得以发展的最好办法:"海内之财,无土不产,无人不生;岁月不计而自足,贫富不谋而相资。是故圣人无生财之术,因其自然之利而无以扰之,而财不可胜用矣。"又举种柳树为例:"折尺寸之枝而植之,不过三年而成树。"成树后它的枝条不可胜用。如果在植枝时就被童子拔去,无穷之用就没有了。"不扰民者,植枝者也,生不已也;虐取于民者,拔枝者也,绝其生也。"①

这里所说的不扰民,虽然本意仍是指官吏的不虐取,但它的适用范围要广得多。这表明,唐甄反对国家干预民间的经济活动,把自由放任作为经济发展的前提条件。自由放任必然会加剧贫富差别,前面我们说他并不要求消灭贫富差别或缩小贫富之间的差距,根据就在于此。

怎样来防止官吏的贪?唐甄认为主要靠人君用节俭之风来化下,"于是官不扰民,民不伤财"。人君节俭还能减轻赋税。这样,就"可使菽粟如水火,金钱如土壤,而天下大治"②。他还说奢是"天地之终气。在物为茂,在时为秋,在人为老多欲,在国为将亡之候"③,对奢持绝对否定的态度。

关于以银为货币造成的民贫,唐甄说:"自明以来,乃专以银。至于今,银日益少,不充世用。有千金之产者,尝旬月不见铢两,谷贱不得饭,肉贱不得食,布帛贱不得衣,鬻谷肉布帛者亦卒不得衣食,银少故也。当今之世,无人不穷,非穷于财,穷于银也。"④"无人不穷"是为了突出用银之害所做的夸大的描述,显然不符合实际。例如他自己在谈到苏州的蚕桑之利时就说在每年五月,各地商人"载银而至,委积如瓦砾"⑤,可见那些大商人并不穷于银。他指出银便于贮藏和运输,一库的银子换成钱有百库,一头骡子驮的银子换成钱要百头骡子驮。"财之害在聚",而银却是"易聚之物"⑥。用银使财富更快地向少数人手中集中。在唐甄看来,这少数人主要是虐取于民的贪官,而不包括非官僚地主和大商人。

根据上述观点,唐甄把"废银而用钱"作为救民的措施。他主张"以谷为本,以钱辅之",赋税、官俸、军饷等都用谷和钱。他认为采取这一政策,不出三年,白银的地位就会降低到和铜锡一样。钱不易多藏多运,"有出纳皆钱之便,无聚而

---

① 本段引文均见《富民》,《潜书》,第105—106页。
② 《富民》,同上书,第107页。
③ 《尚治》,同上书,第103页。
④ 《更币》,同上书,第140页。
⑤ 《教蚕》,同上书,第157页。
⑥ 《更币》,同上书,第140页。

不散之忧"①。这种废银主张违反了时代的要求,是保守思想的反映。

唐甄对各种经济部门一视同仁。他指出"农不安田,贾不安市,其国必贫";主张"为政之道"要做到"农安于田,贾安于市"②。他特别重视发展蚕桑,在任长子知县时就动员百姓种桑,据称在30天内全县共种植桑树80万株。他分析苏州的蚕桑之利说:苏州"虽赋重困穷,民未至于空虚,室庐舟楫之繁庶胜于他所",就是因为有"蚕之厚利"③。养蚕每年只要花30天的劳动,收入却相当于种田的年收入的一半。因此,他主张在全国推广养蚕业,"使桑遍海内,有禾之土必有桑"④;从蚕乡择人到非蚕乡传授养蚕缫丝的方法,并以种桑养蚕的成绩作为奖惩地方官的标准。

二、王源及颜李学派的经济思想

王源(1648—1710年⑤),字崐绳,直隶大兴(今属北京)人。王源幼年随父流寓江淮,"喜任侠、言兵"⑥。王源于康熙二十四年(1685年)北归,三十二年考中举人,三十九年开始成为颜李学派的信奉者,这时他已53岁。

颜李学派以颜元和他的得意弟子李塨为代表。颜元(1635—1704年),字易直、浑然,号思古人、习斋,直隶博野(今属河北)人。他为学起初尊陆王,后又归程朱,34岁时揭起了反对宋明理学的旗帜,"毅然以明行周、孔之道为己任"⑦。他提倡实学,反对脱离实际的死读书和空谈。指责宋明理学"误人才、败天下事",强调"必破一分程、朱,始入一分孔、孟"⑧。颜李学派认为孔孟之学为"圣学",孔孟之道为"圣道",主张复古礼。它的进步作用在于敢于向占统治地位的程朱理学宣战,揭露这种学说对社会所造成的严重危害。

李塨(1659—1733年),字刚主,号恕谷,直隶蠡县(今属河北)人。康熙二十九年,李塨考取举人,三十五年任通州学政,三个月即告病回家。颜元死后,他继续力行和光大颜学。著作编为《恕谷全集》。康熙三十九年,他在北京和王源相识,向王源宣传颜学。王源看了他的《大学辨业》后,觉得有道理,又读颜元的《存学编》,认

---

① 本段引文均见《更币》,《潜书》,第141页。
② 《善施》,同上书,第83页。
③ 《教蚕》,同上书,第157页。
④ 同上,同上书,第158页。
⑤ 王源的生卒年据《恕谷后集》卷六《王子传》。其中说康熙癸未(康熙四十二年)王源56岁,由此推出生年。卒年则有明确记载。
⑥ 方苞:《王崐绳传》,《居业堂文集》卷首。
⑦ 《颜习斋先生年谱》卷上,戊申三十四岁。
⑧ 《颜习斋先生年谱》卷下,甲戌六十岁、壬申五十八岁。

为它"说透后儒之弊,直传尧、舜、周、孔之真,开二千年不能开之口,下二千年不敢下之笔"①,于是决定以颜学为宗。三年后,王源经李塨的介绍正式拜颜元为师(次年颜元即去世)。由于王源信奉颜学,颜李学派的影响进一步扩大了。

拜颜元为师四年以后,王源以所著《平书》稿交李塨订正。《平书》意为"平天下之书"②。原稿分三卷,列分民、分土、建官、取士、制田、武备、财用、河淮、刑罚、礼乐等10目,共15篇(有些目不止一篇)。次年李塨订《平书》成,名《平书订》,改篇为卷。《武备》原有两篇,李塨认为其中一篇不属于基本制度的范围,将它删去,因此只有14卷。每卷先列《平书》的内容,然后附以李塨的意见,对它除"遵同之外",还"有补有改"③。其中七卷最后还附有颜元的另一弟子恽鹤生的零星意见。《平书》未单独刊行,我们只能从《平书订》中了解它的内容。王源可能没有看到《平书订》,因为一年后他就移家江苏淮安,次年就去世。王源的著作还有《兵论》《易学通言》《居业堂文集》等,前两种已佚。

王源在《平书》中对封建国家的各项基本制度提出了自己的主张。这些主张都是属于具体办法,理论分析不多。有些主张能够不落前人窠臼,在经济方面表现尤为突出。

王源把人们的职业分工分为七种,其中"良民"五为士、农、军、商、工,"贱民"二为役(在官隶胥,应募徒役)、仆。海瑞也曾把民分为五,次序是士、农、工、商、军。王源所列的次序不尽相同。王源故意将商排在工的前面,这和他主张提高商人地位的观点是一致的。

李塨主张寓兵于农,不赞成把军列于四民之外。他也反对将商放在工的前面。他说:"古四民,工居三,商末之。盖士赞相天地之全者也,农助天地以生衣食者也。工虽不及农所生之大,而天下货物非工无以发之成之,是亦助天地也。若商则无能为天地生财,但转移耳,其功固不上于工矣……今分民而列商于工上,不可。"④他把人类的生产活动说成是"助天地"的活动,这是颠倒了人类与自然界的主客关系。但他指出商人不能生财,只起转移财富的作用,因此要放在工之后,则是正确的。这里所说的生财和转移财,都是从产品的自然形态的角度立论,和商品价值无关。

土地问题是颜李学派注意的问题。颜元在24岁时曾作《王道论》(后改为

---

① 《居业堂文集》卷八《与婿梁仙来书》。
② 《居业堂文集》卷一二《平书序》。
③ 《恕谷后集》卷四《与方灵皋书》。
④ 《平书订·分民》,丛书集成本。

《存治编》),提出复井田的主张。他批评认为井田不宜复的人说:"岂不思天地间田宜天地间人共享之,若顺彼富民之心,即尽万人之产而给一人,所不厌也。王道之顺人情,固如是乎?况一人而数十百顷,或数十百人而不一顷,为父母者,使一子富而诸子贫,可乎?"①对于井田的形式,他说"可沟则沟,不可则否","可井则井,不可则均"②,采取比较灵活的态度。55岁时,他又提出"将以七字富天下:垦荒,均田,兴水利;以六字强天下:人皆兵,官皆将;以九字安天下:举人材,正大经,兴礼乐"③。

王源在土地问题上提出了"有田者必自耕"的主张。他说:"有田者必自耕,毋募人以代耕。自耕者为农,无得更为士、为商、为工……士商工且无田,况官乎?官无大小,皆不可以有田,惟农为有田耳。"这是要根本取消地主对土地的私人占有,改为国家向自耕农民平均分配土地的制度。实行这一制度,首先要使土地都变成官田。王源知道"夺民田以入官"会使有田者"怨咨骇扰,致离叛之忧",因此提出"诱之以术,不劫之以威;需之以久,不求之以速"的收田方针。他建议实行六条收田之策:清官地、辟旷土、收闲田、没贼产、献田、买田。献田、买田是针对自耕农以外的土地所有者的:愿献于官的给以爵禄,愿卖于官的给以报酬,卖给农民也可以,但每个自耕农民占有的土地不得超过100亩。

土地入官以后,要不要实行井田制?王源说:"师其意,不必师其法。"他考虑到划分成方方整整的井田会浪费不能成井的土地,因此主张实行罝(象形)田制。600亩为一罝,长60亩,广10亩。中100亩为公田;上下500亩为私田,10家受之,各50亩。"地分上中下,户亦分上中下,受各以其等"。60岁还田。在罝田中,农民除助耕公田外,每户还纳绢3尺、绵1两,或布6尺、麻2两;每丁每年服役三天。民田的赋役照旧。他认为由于民田的赋役重,民田的所有者就宁愿将它"归之官而更受之于官",使"天下之田尽归诸官无疑"。另外,官有的果园、菜圃募民种植,国家收取产量的一半,私有的则只收什一税。他还主张城市土地私有。

李塨对上述田制主张提了很多意见。他认为"井田必宜行",而且不同意王源的"需之以久,不求之以速"的方针,"以为久以待之,即不行之说也"。他认为田制的各种形式都可以采用:"井田罝田,或贡或助,或陆或水,随地随宜,无所不可,但不得过授田之数耳。""田制以井为主,不可井乃罝,不可罝乃奇零授之。"就

---

① 《存治编·井田》,《颜元集》(上),中华书局1987年版,第103页。
② 《存治编·井田》,《颜元集》(上),第104页。
③ 《颜习斋先生年谱》卷下,己巳五十五岁。

是"每家五十亩,亦约略言之",还要看户口和田亩的对比情况而定。他指出置田制的税率是六分之一,未免太重,主张将一置的土地改为560亩,其中公田为60亩。他同意"官士工商皆不得有田",但提出以下补充办法:致仕之官分情况给原俸的三分之一或十分之二;士工商儿子超过六七口的,有的可授田为农;"士即至大官者,其子之田不夺";小工商业者收入少"不足养"的,"可与半产"耕种。①

李塨对田制的基本主张是"可井者井,难则均田,又难则限田"②。他赞成颜元设想的使地主放弃过限土地的过渡办法。颜元说:"如赵甲田十顷,分给二十家,甲止得五十亩,岂不怨咨?法使十九家仍为甲佃,给公田之半于甲,以半供上,终甲身。其子贤而仕,仍食之。否则,一夫可也。"③这是说地主本人在世时还可以得到一些地租(不知道公田是多少,"公田之半"的收入总不如原来的地租多),他死后还要看儿子的情况,如果儿子不是"贤且仕",则只能留一夫之田,其余土地就归佃种的农民所有。李塨在《平书订·制田上》中将这一办法作为补充的收田策之一(另三策为:田多的犯罪者以田赎罪;无子者死后,田分给族亲,余田归官;收寺庙田),但只引颜元的话到"终甲身"为止,不再把地主之子的情况作为考虑土地是否归农民的因素。雍正七年(1729年),李塨写成代表"一生总结"④的《拟太平策》,在《地官》中也引用了颜元设想的过渡办法,但做了修改和补充。新办法的要点是:如一富家有田10顷,自己留一顷,其余给九家佃户佃种,每家一顷。收成后以40亩的粮食交地主,10亩代地主交税,自收50亩。30年以后土地归佃户所有。在此以前,允许地主将土地卖给佃户。如地主子弟多,情愿自种,也可以分二三顷给他们,但不得多雇工。地主土地不足的,每家佃户分50亩亦可。无地可分者,则移民到有荒地之处。这一新办法比颜元原来的办法更富于妥协性,然而也不会被地主所接受。

地主阶级学者提出的形形色色的解决土地问题的方案,以王源的"有田者必自耕"为最彻底,而空想性也最严重。但这主张的提出却是有重大意义的,因为它表明只有农民才应该占有土地,和近代的"耕者有其田"思想有相通之处。

王源对传统的重本抑末思想提出了批评。他说:"嗟夫,重本抑末之说固然。然本宜重,末亦不可轻。假令天下有农而无商,尚可以为国乎?"这一批评反映了他对商业的重视,但所举的理由却是无的放矢,因为主张抑商的人并不认为可以

---

① 以上三段引文均见《平书订·制田上》。
② 《存治编·书后》,《颜元集》(上),第118页。
③ 《颜习斋先生年谱》卷上,丁巳四十三岁。
④ 《李恕谷先生年谱》卷五。

"有农而无商"。他反对对商人征重税,指出原来用榷关的办法征商,"税日增而无所底,百数十倍于旧而犹不足,官吏如狼虎,搜及丝忽之物而无所遗,商旅之困惫已极……宜尽撤之,以苏天下而通其往来。"他提出以下新的征商办法:分别坐商和行商,坐商每年征利润的十分之一,行商每年除征资本的1%外,在商品售出地区再随时征收利润的十分之一。政府要参加经商活动以调节物价:如商人出售某种商品会亏本,则由官府按成本买进(烟酒除外)。他说这样做的好处是:"使商无所亏其本者,便商也。贵则减价以卖,又便民也,而官又收其利也。"

为了防止商人漏税,王源又设想出一个"使之自不肯隐"的办法:将商人分等。除本钱不到100贯的散商和不到50贯的行商不抽税外,其余商人按其资本的多少分成九等。资本100至900贯的为下商,1 000至9 000贯的为中商,1万至10万贯的为上商。上、中、下商又按资本各分三等:首位数字1至3为下,4至6为中,7至9为上(原文上上为8万至10万,缺7万),超过10万贯的也属于上上。"九等各以次为尊卑,行立坐拜不得越"。上、中、下商的衣服和交通工具也有区别。下商不得有奴仆,中商可有一二人,上商可有三四人。凡税满2 400贯的授以九品冠带,再满的增一级,到五品为止。他说:"夫欲胜者,人之同情也。分之等杀(降)而限之制,孰肯自匿其实而甘为人下哉!"他认为采取上述一些政策就能促使商人据实纳税。

李塨仍坚持抑商观点。他说:"末不可轻,崑绳为财货起见也,然商实不可重。何者? 天下之趋利如骛矣,苟有利焉,虽轻之而亦趋也,岂忧商贾之少而无乎? 夫商有利亦有害,懋迁有无以流通天下,此利也。为商之人,心多巧枉,聚商之处,俗必淫靡,此害也。"他认为商人只要在乡里或近省进行商品买卖就可以了,根本用不着远途贩运以及进行对外贸易。他的结论是:"然则贵布粟,贱淫技,重农民,抑商贾,以隆教养,先王之良法远虑,不可不考行也。"他批评王源将商人的资本定得太高,主张改以100至300贯为下商,400至600贯为中商,700至1 000贯为上商。"过千金者加税一之三。过万金者没其余。贩鬻淫巧及异方珍奇难得之物者没其货。"他还指出王源关于政府经商的主张"未必惠及商民,反以扰及商民";授商人冠带还应看这商人是否"素颇孝弟,而无暴横欺诈行者"。①

王源很重视理财。他所拟的取士办法中,太学生要分科学习,理财是其中的一科。他所拟的官制,原来的六部中取消吏部、户部和工部,改设农部、地部和货

---

① 以上三段引文均见《平书订·财用下》。

部。货部是"司财用之官","掌财货出入,革朝廷政费"①,也就是理财官。货部的长官称大司均。王源对理财充满了信心,认为"十年之内,入将不可胜穷。天子富于上,州藩郡县富于下,时施恩于天下,百姓将日富而不知。天子以四海之富为富,四海无人不以天子之富为富。故吾名货部为司均。均也者,均上下,均贫富,均有无,均出入也。"②这里的"均",是指财政收支要均平合理,也就是指正确地理财,而不是指平均财富。

关于理财的意义,王源说:"(《洪范》)九畴之八政,一曰食,二曰货。则货财原上下所恃以为用,而国家不可以或无者。但货财所以权谷帛之轻重而通其穷,非为一人之私蓄也。理之不得其术,则公私皆困;苟得其术,则公私皆利。至于公私皆利,岂非圣人之道乎!"这里的"货财"专指货币。这样,他所说的理财就只是指理货币这种财了。他认为田赋征货币是"不知理财之道"的表现,所以置田制的助法是收公田之谷,户调是收布帛、丁钱。商税、丁钱和房租(城市房税)仍收钱。

王源以钱法、盐法和商税作为"生财"(指增加财政收入)的重要途径。商税已在前面谈过。关于钱法,他认为"钞法必不可行",主张物物交换和以钱交换并行,"但不得以银为交易",只有政府向民间买铜和商人向政府买盐用银,对政府纳税也可折银。钱分大小两种,小钱用黄铜,大钱用青铜。小钱一贯值银1两,铸费约合银7钱;大钱一贯值银2两,铸费约合银1两2钱。这是要以铸利作为财政收入。为了防止私铸,他又强调铸钱要"铜精而式美",实际上这和他的高铸利主张是矛盾的。民间用钱,政府却以收银为利。禁止以银为货币,却又让银在某些场合执行货币的各种职能。货币制度之混乱可想而知。关于盐法,王源也主张"一遵唐刘晏之制"。他指出:"商无定所,盐无定商,而无盐处亦用常平盐法,尽除今日之弊,则上下交利而商民俱便矣。"

李塨力求缩小货币流通的范围。他说:"金刀之制,先王原为救荒而设,以后遂踵行之,以其赍轻致远,为移易天下之具也。如不为赍轻而致远,衣食之计,焉所用之?"这基本上是采取南宋吕祖谦的观点,用来说明银钱的不可重。李塨也认为用银刺激了贪污:"夫银可卷怀而藏,键(锁)笥(sì)而积也,而贪官污吏比比矣。若出入皆以粟布,能贮丘山以取败耶?"他还认为兵饷用银在平时导致了官兵的奢侈,使他们不足于用,这是"病兵";在战时由于米价上涨,"势必饷当一金者,费至数金数十金",这是"病国"。因此他不仅主张"赋用本色",而且主张"所

---

① 《平书订·建官上》。
② 《平书订·财用下》。

有者尽可以粟布货物相易。至于钱与银,特储之以备流通之具耳,不专恃以为用也。"①这种主张比单纯反对用银还要保守。

三、洪亮吉的人口论

洪亮吉(1746—1809年),字君直、稚存,号北江,晚年号更生居士,江苏阳湖(治在今江苏常州)人。乾隆四十五年(1780年),洪亮吉考中举人;五十五年中进士榜眼,授翰林院编修,充国史馆纂修官;五十七年任贵州学政。嘉庆元年(1796年)洪亮吉任满回京,充咸安宫官学总裁;次年奉旨在上书房行走(入值办事);四年充实录馆纂修官、庶吉士教习。他因针对嘉庆元年以来的川、陕、楚白莲教起义,上书批评弊政,被革职审问,遣戍伊犁,七个月后遇赦。回籍后洪亮吉曾主讲洋川书院,参与编纂《泾县志》《宁国府志》。著作有《春秋左传诂》《洪北江诗文集》等。

乾隆五十八年,洪亮吉在贵州学政任上著《意言》20篇,阐述了他对自然界和社会的一些问题的看法。

在《意言》中,洪亮吉指出人只是天地中的一物。"当其偶然而生,是天地间多一我也,多一我而天地之精气不加减。及其倏然而死,是天地间少一我也,少一我而天地之精气不加增。"②"天生百物",并不是用来"专以养人",人和各种动物的关系,完全取决于"强弱之势,众寡之形"③。他否认有神鬼的存在,指出神鬼都是人心的产物:"山川社稷、风云雷雨之神,林林总总(众人)皆敬而畏之,是山川社稷、风云雷雨之神,即生于林林总总之心而已。高曾祖考之鬼,凡属子孙亦无不爱而慕之,是高曾祖考之鬼,亦即生于子子孙孙之心而已。"④他也对天命观进行了批判,指出"修短穷达之有命"是"圣人为中材以下之人立训",和释氏的"轮回果报之说"是"为下等之人说法"⑤一样,实际上都是不存在的。这些看法表明,洪亮吉是一个彻底的无神论者。

在社会问题方面,洪亮吉除提出一个人口理论外,还对乾隆朝吏治变坏的情况作了深刻的分析。他说在他童年时,"见里中有为守令者,戚友慰勉之,必代为之虑曰:此缺繁,此缺简,此缺号不易治,未闻及其他也。"但在他20岁(乾隆三十年)以后的二三十年间,"风俗趋向顿改。见里中有为守令者,戚友慰勉之,亦必

---

① 以上三段引文均见《平书订·财用上》。
② 《洪北江诗文集·意言·父母篇》。本目以下《意言》引文只注篇名。
③ 《百物篇》。
④ 《天地篇》。
⑤ 《命理篇》。

代为虑曰:此缺出息若干,此缺应酬若干,此缺一岁之可入己者若干。而所谓民生吏治者,不复挂之齿颊矣。"守令及其亲朋奴仆等一起上任,目标都在谋利。"不幸一岁而守令数易,而部内之属员,辖下之富商大贾以迄小民,已重困矣。"实心为民的守令十不及一二,还常被其余七八人所讥笑。上司也看不中这一二人,"不幸而有公过,则去之亦惟虑不速"。① 这种形势只能迫使一二人向七八人看齐。

除守令外,还有吏胥问题。洪亮吉认为,"官之累民者尚少,吏胥之累民者甚多"。"若有奸狡桀出把持官府之人,则官府亦畏之矣"。他估计入于官者什之三,入于吏胥者已有十之五。"其权上足以把持官府,中足以凌胁士大夫,下足以鱼肉里闾。子以传子,孙以传孙,其营私舞弊之术益工,则守令闾里之受害益不浅。"他指出,"此辈即必不可少,亦惟视其必不可少者留之,余则宁缺无之滥而已"。"今州县之大者胥吏已千人,次至七八百人,至少亦一二百人。此千人至一二百人者,男不耕,女不织,其仰食于民无疑矣。大率十家之民不足以供一吏。至有千吏,则万家之邑亦嚣然矣。"②

《意言》中的《治平篇》和《生计篇》是属于人口论的文章。洪亮吉对人口增长速度的看法比徐光启所说的还要高几倍。他说:"治平至百余年可谓久矣。然言其户口,则视三十年以前增五倍焉,视六十年以前增十倍焉,视百年、百数十年以前不啻增二十倍焉。"这种增长速度距事实太远,完全出于主观想象。

洪亮吉分析人口增长造成了人们生活困难的情况说:假定高、曾祖时有屋10间,田一顷,夫妻2人生活宽然有余。以一对夫妇生3子计算,到儿子一代娶妻后就有8人,加上佣仆就超过10人。"以十人而居屋十间,食田一顷,吾知其居仅仅足,食亦仅仅足也。"到孙子一代娶妇后,即使有人死去,仍会达到20余人。"以二十余人而居屋十间,食田一顷,即量腹而食,度足而居,吾以知其必不敷矣。"而到曾孙、玄孙一代,人口还要增加到五六十倍。

上述分析,把生产资料土地和生活资料房屋都看作是一个常数。洪亮吉知道这里有漏洞,因此补充说:"或者曰:高、曾之时,隙地未尽辟,闲廛未尽居也。然亦不过增一倍而止矣,或增三倍五倍而止矣,而户口则增至十倍二十倍。是田与屋之数常处其不足,而户与口之数常处其有余也。"他认为生产资料和生活资料增长速度只能远远地落在人口增长速度的后面,加上"兼并之家"的兼并,"一

---

① 本段以上引文均见《守令篇》。
② 本段引文均见《吏胥篇》。

人据百人之屋,一户占百户之田",就使生产资料和生活资料不足的情况更加严重。①

洪亮吉又从经济收支的角度来分析人口增加对生活的影响。他说:"四民之中,各有生计。农工自食其力者也,商贾各以其赢以易食者也,士亦挟其长佣书授徒以易食者也。"10口之家的农民须40亩田的收入才能足食。士、工、商的收入一天均可收入100钱,一年"不下四十千"。50年以前物价便宜,米六七钱一升,布三四十钱一丈。每人每年须米4石,值钱2800;布5丈,值钱200。所以一人养10人,衣食还是宽然有余。"今则不然,为农者十倍于前,而田不加增;为商贾者十倍于前,而货不加增;为士者十倍于前,而佣书授徒之馆不加增。"在这里,他又认为生产资料、生活资料以及职业都是常数,人口增加了10倍,而这些数字不变。事实上,人口增加后货物和佣书授徒之馆必然会增加。问题在于增加多少,而他却认为根本没有增加。他又说:现在的米已涨到三四十钱一升,布一二百钱一丈。"所入者愈微,所出者益广,于是士农工贾各减其值以求售,布帛粟米又各昂其价以出市。此即终岁勤动,毕生皇皇,而自好者居然有沟壑之忧,不肖者遂至生攘夺之患矣。"②这一分析也有问题。所谓"减其值以求售",是指减受雇于人的值。但农、工、贾中的大多数却并不受雇于人,物价上涨,他们手中的商品也属于涨价的范围,根本不存在"所入者愈微"的问题。因此,这一分析只对少数人适用,他错误地把适用于少数人的情况扩大成为普遍真理。

有没有解决人口问题的办法呢?洪亮吉认为没有。他指出有"天地调剂之法"和"君相调剂之法"。"天地调剂之法"是水旱和疾疫,这样减少的人口"不过十之一二"。"君相调剂之法"包括"使野无闲田,民无剩力",移民垦荒,减轻赋税,禁浮靡,抑兼并,发生水旱、疾疫时进行赈济等。这也抵消不了人口增加所造成的谋生困难。既然人口问题得不到解决,人类社会也就不可能长治久安了。因比,洪亮吉说:"一人之居,以供十人已不足,何况供百人乎! 一人之食,以供十人已不足,何况供百人乎! 此吾所以为治平之民虑也。"③"户口既十倍于前,则游手好闲者更数十倍于前。此数十倍之游手好闲者,遇有水旱疾疫,其不能束手以待毙也明矣。是又甚可虑者也。"④他为找不到人口问题的出路而忧虑不安。

乾隆年间,人口增长速度确是比较快,从乾隆六年(1741年)至五十六年

---

① 以上三段引文均见《治平篇》。
② 本段引文均见《生计篇》。
③ 本段以上引文均见《治平篇》。
④ 《生计篇》。

(1791年)的半个世纪间统计人口增加了一倍多。同时物价也在上涨。乾隆十二年(1747年)末,朝廷曾询问各督抚关于米价上涨的原因,不少督抚的回答提到了人口增加的因素。如次年湖南巡抚杨锡绂在《陈明米贵之由疏》中说:"盖户口多,则需谷亦多。虽数十年荒土未尝不加垦辟,然至今日而无可垦之荒者多矣。则户口繁滋,足以致米谷之价逐渐加增,势使然也。"①洪亮吉的人口论就产生在这样的历史条件下。不过他却充分驰骋了想象力,极度夸大了人口增长速度,以致完全失真。他担心人口增加会破坏社会的安定,却没有鼓吹用残暴的手段来减少人口,这和后来产生于太平天国革命期间汪士铎的人口论有着本质的区别。

---

① 《清经世文编》卷三九。彭信威认为"乾隆年间物价上涨的基本原因,是美洲的低价白银流入中国"(《中国货币史》,上海人民出版社1965年版,第852页)。

图书在版编目(CIP)数据

古代中国经济思想史/叶世昌著. —修订本. —上海：复旦大学出版社，2021.5
(复旦博学.经济学系列)
ISBN 978-7-309-15533-4

Ⅰ.①古… Ⅱ.①叶… Ⅲ.①经济思想史-中国-古代 Ⅳ.①F092.2

中国版本图书馆 CIP 数据核字(2021)第 044104 号

古代中国经济思想史(修订版)
叶世昌　著
责任编辑/戚雅斯
复旦大学出版社有限公司出版发行
上海市国权路 579 号　邮编：200433
网址：fupnet@fudanpress.com　http://www.fudanpress.com
门市零售：86-21-65102580　团体订购：86-21-65104505
出版部电话：86-21-65642845
上海四维数字图文有限公司

开本 787×960　1/16　印张 27　字数 485 千
2021 年 5 月第 2 版第 1 次印刷

ISBN 978-7-309-15533-4/F·2788
定价：68.00 元

如有印装质量问题，请向复旦大学出版社有限公司出版部调换。
版权所有　　侵权必究